Christian Jänig

Wissensmanagement

Die Antwort
auf die Herausforderungen
der Globalisierung

Mit 88 Abbildungen

 Springer

Professor Dr. Christian Jänig
Heinrich-Hertz-Straße 2
59423 Unna
christian.jaenig@sw-unna.de

ISBN 3-540-40660-3 Springer-Verlag Berlin Heidelberg New York

Bibliografische Information Der Deutschen Bibliothek
Die Deutsche Bibliothek verzeichnet diese Publikation in der Deutschen Nationalbibliografie; detaillierte bibliografische Daten sind im Internet über <http://dnb.ddb.de> abrufbar.

Dieses Werk ist urheberrechtlich geschützt. Die dadurch begründeten Rechte, insbesondere die der Übersetzung, des Nachdrucks, des Vortrags, der Entnahme von Abbildungen und Tabellen, der Funksendung, der Mikroverfilmung oder der Vervielfältigung auf anderen Wegen und der Speicherung in Datenverarbeitungsanlagen, bleiben, auch bei nur auszugsweiser Verwertung, vorbehalten. Eine Vervielfältigung dieses Werkes oder von Teilen dieses Werkes ist auch im Einzelfall nur in den Grenzen der gesetzlichen Bestimmungen des Urheberrechtsgesetzes der Bundesrepublik Deutschland vom 9. September 1965 in der jeweils geltenden Fassung zulässig. Sie ist grundsätzlich vergütungspflichtig. Zuwiderhandlungen unterliegen den Strafbestimmungen des Urheberrechtsgesetzes.

Springer-Verlag ist ein Unternehmen von Springer Science+Business Media

springer.de

© Springer-Verlag Berlin Heidelberg 2004
Printed in Germany

Die Wiedergabe von Gebrauchsnamen, Handelsnamen, Warenbezeichnungen usw. in diesem Werk berechtigt auch ohne besondere Kennzeichnung nicht zu der Annahme, dass solche Namen im Sinne der Warenzeichen- und Markenschutz-Gesetzgebung als frei zu betrachten wären und daher von jedermann benutzt werden dürften.

Einbandgestaltung: Erich Kirchner, Heidelberg
SPIN 10949641   42/3130/DK-5 4 3 2 1 0 – Gedruckt auf säurefreiem Papier

Vorwort

Globalisierung als Aggregation von Liberalisierung und (R)Evolution der Informationstechnologie erfordert zum einen den Paradigmenwechsel von tayloristischen zu prozessorientierten Strukturen und zum anderen den (Mentalitäts-) Wandel der Mitarbeiter vom „industriellen Berufsmenschen" zum „Jobholder" bzw. „Unternehmer seiner selbst". Des Weiteren impliziert sie die antizipative Wahrnehmung von Marktveränderungen sowie das kundenindividualisierte Angebot von Produkten und Dienstleistungen im Rahmen des Kundenlebenszyklus. Die hierdurch mit verbundene Marktdynamik erfordert Kreativität, Flexibilität sowie Kundenbindungsführerschaft anstelle von Preis- und Kostenführerschaft. Die Unternehmung muss somit selbstlernend zu einem permanenten Veränderungsmanagement auf der Basis von rekursiv verknüpften Team- bzw. Gruppenstrukturen fähig sein. Sie muss überdies im Rahmen „virtueller Unternehmen" mit Dritten kooperieren, um mittels dieser Aggregation von Kernkompetenzen umfassende Produkt- bzw. Dienstleistungsangebote konzipieren und vermarkten zu können. Grundlage hierfür ist ein Informationsmanagement als „ontologische" (technologische) Dimension sowie ein Wissensmanagement als „epistemologische" Dimension – transferierte Informationen müssen vom „Empfänger" kognitiv in neues Wissen umgesetzt und anderen als Information wieder zur Verfügung gestellt werden. Aufgrund der bisher (fast) ausschließlich technologisch definierten Struktur derartiger Informations- und Wissensmanagementsysteme wird gerade dieser individuelle Transformationseffekt negiert – Wissen wird jedoch nicht durch informationstechnologische Systeme, sondern durch den Menschen (derzeit noch) generiert. Diese auf Kant und Brandom beruhende Differenzierung des Informations- und Wissensmanagements führt dann (beispielhaft) beim Strategieentwicklungs-, Risiko- und Kundenbeziehungsmanagement zu neuen (anderen) Strukturen im Vergleich zu den bisherigen wissenschaftlichen sowie praxisorientierten Ansätzen.
Der Autor gesteht: Das vernetzte selbstlernende Unternehmen, das hier entworfen wird, ist in seiner eigenen Praxis auch noch ein Zukunftsentwurf. Dies wird, und das ist sicher der Vorteil wie Nachteil des Konzeptes, immer so bleiben. Das vernetzte selbstlernende Unternehmen wird nie auslernen.
Dies gilt auch für den vorliegenden Diskussionsbeitrag. Er fußt auf und fasst viele Diskussionen mit ein, die der Autor in den vergangenen Jahren mit Kolleginnen und Kollegen führte. Im eigenen Unternehmen, in der Branche, in Wirtschaft, Politik und Hochschule. Der Dank des Autors geht deshalb an dieser Stelle an die vielen virtuellen Autoren, die mit ihren Beiträgen mit an dem Konzept schrieben.
Er geht insbesondere auch an Heike Walter, die mit einer unvergleichlichen Geduld wie Präzision die xxl-Varianten des Manuskriptes und die vielen handschriftlichen Ergänzungen und Korrekturen immer wieder in eine Form brachte. Er geht auch an Thomas Horschler, der das Manuskript noch einmal mit den

Augen des professionellen Verlagsgeschäftsführers wie Journalisten auf Sprache wie Logik prüfte, letztendlich auch das Werk setzte. Ich freue mich auf Reaktionen, Ergänzungen, Kommentare und natürlich Kritik. Auf das der Autor den Anspruch des vernetzten selbstlernenden Individuums in kollektiven Zusammenhängen weiter einlöse.

Unna, im September 2003   Christian Jänig

Inhaltsverzeichnis

1.		Neue Unternehmensstrukturen aufgrund veränderter System- und Umfeldbedingungen 1
1.1		Einführung 1
1.2		Das Konzept der „Hybrid Economy" als Reaktion auf die Globalisierung 10
1.3		Veränderungen im gesellschaftspolitischen Umfeld 23
1.3.1		Globalisierung - Versuch einer analytischen Definition 28
1.3.2		Globalismus - die ökonomische Dimension der Globalisierung ... 42
1.3.3		Das „virtuelle Unternehmen" als spezifische Ausprägung global tätiger Klein- und Mittelunternehmen 58
1.3.4		Der Wandel vom „industriellen Berufsmenschen" zum Jobholder 68
2.		Der organisationsstrukturelle Kontext der Hybrid Economy 95
2.1		Die Kontextbedingungen der Hybrid Economy 95
2.2		Der Paradigmenwechsel von hierarchisch-funktionalen zu prozessorientierten, vernetzten Strukturen 96
2.2.1		Grundlagen und Rahmenbedingungen prozessorientierter Strukturen 100
2.2.2		Leistungsorientierte Entgelt- und Anreizsysteme als Bestandteil prozessfokussierter Strukturen 118
2.2.3		Die Implementierung prozessfokussierter Strukturen 125
2.3		Die Bedeutung des Informations- und Wissensmanagement als vierter Produktionsfaktor 129
2.4		Das Intelligenzsystem der Unternehmung 137

3.	**Konzeption und Architektur des Informationsmanagements auf der Grundlage operationalisierter und instrumentalisierter Informationen**	**143**
3.1	Die informationstechnologischen Grundlagen	143
3.1.1	Systemoffenheit	147
3.1.2	Netzwerkarchitekturen	149
3.1.3	Dezentrale (verteilte) Daten- und Informationsverarbeitung	152
3.2	Die informationstechnologische Prozessunterstützung (Enterprise Process Intelligence)	159
3.3	Enterprise Business Intelligence (EBI)	169
3.3.1	Enterprise Application Integration (EAI)	172
3.3.2	Die Informationsbeschaffung	181
3.3.2.1	Portale	181
3.3.2.1.1	Vertikale „intraorganisationale Portale"	189
3.3.2.1.2	Hybride Portale	194
3.3.2.2	Informationsbeschaffung durch „Agentensysteme"	197
3.3.3	Informationsaufbereitung und -bereitstellung	201
3.4	Zusammenfassung	220
4.	**Konzeption und Struktur des Wissensmanagements**	**237**
4.1	Wissen - Versuch einer deduktiven Abgrenzung	238
4.2	Wissensmanagement - strukturelle und funktionale Komponenten	244
4.2.1	Der Wissenstransfer	247
4.2.1.1	Der Transfer des expliziten Wissens	248
4.2.1.2	Der Transfer des impliziten Wissens	255
4.2.2	Wissenstransformation	259
4.2.3	Die Prozessstruktur des Wissensmanagements	266
4.3	Informations- und Wissensmanagement als Module des Ressourcenmanagements (Enterprise Resource Management) der Unternehmung	276

5.	Das Strategiemanagement als Modul des Wissensmanagementsystems	289
5.1	Einführung	289
5.2	Die Strukturelemente der Balanced Scorecard	295
5.3	Die Balanced Scorecard als Bezugsrahmen für den iterativen Strategieentwicklungsprozess	309
6.	Das Risikomanagement als Modul des Wissensmanagementsystems	325
6.1	Aufgaben und Funktionen des Risikomanagements	325
6.2	Die Struktur des Risikomanagements	331
6.2.1	Unternehmensbezogene Risikofelder und Risikofaktoren	331
6.2.2	Die Prozessstruktur des Risikomanagementsystems	334
6.3	Die Strukturelemente des Risikomanagementsystems	338
6.3.1	Controlling	339
6.3.2	Das „Frühwarnsystem"	351
6.3.3	Konzeption und Struktur der Balanced Riskcard	357
6.4	Die Implementierung des Risikomanagements	370
7.	Kundenbeziehungsmanagement (Customer Relationship Management) als Modul des Wissensmanagements	375
7.1	Die „neuen" Anforderungen liberalisierter Märkte	375
7.2	Der Paradigmenwechsel vom produktorientierten zum beziehungsfokussierten Marketing	381
7.2.1	Die Mutation der Produktions- zu Dienstleistungsunternehmen	381
7.2.2	Die Professionalisierung der wertschöpfenden Beziehung zum Kunden	394
7.3	Konzeptionelle und strukturelle Grundlagen des Kundenbeziehungsmanagements (CRM)	404
7.3.1	Die ontologische Dimension (Wissenstransfer)	410
7.3.1.1	Das operative Modul des ontologischen CRM	411
7.3.1.2	Das analytische Modul des ontologischen CRM	416

7.3.1.3	Das interaktive, kollaborative Modul des ontologischen CRM	423
7.3.1.4	Das Graphische Informationssystem (GIS) als Modul des ontologischen CRM	427
7.3.2	Die epistemologische Dimension (Wissenstransformation)	432
7.3.3	Die Implementierung des Kundenbeziehungsmanagements	440
7.4	Die Einbindung des CRM-Systems in das unternehmensweite Ressourcen-Managementsystem (ERM)	455
7.5	Appendix	459
7.5.1	Grundlagen des „Energie-Marketings"	459
7.5.2	Bedingungen des nachfragefokussierten „ökologischen Energiemarketings"	463
8.	**Die wissensbasierte, selbstlernende Unternehmung**	**477**
8.1	Strukturmerkmale der wissensbasierten, selbstlernenden Organisation	477
8.2	Konzeption und Struktur der Lernprozesse in der Unternehmung	489
Literaturverzeichnis		503
Verzeichnis der Abbildungen		519

> Es ist nicht gesagt, dass es besser wird,
> wenn es anders wird; wenn es aber besser werden soll,
> muss es anders werden.
> Georg Christoph Lichtenberg (1564 – 1642)

1. Neue Unternehmensstrukturen aufgrund veränderter System- und Umfeldbedingungen

1.1 Einführung

Derzeit beschäftigt uns (wieder?) eine lebhafte Diskussion – viele sprechen von einem „Paradigmenwechsel"[1] – über die primären Aufgaben und Zielsetzungen sowie das „richtige Funktionieren" einer Unternehmung als utilitaristischer Organisation. Sie wurde durch evolutionäre, bisweilen schon revolutionäre Veränderungen des gesellschaftspolitischen, wirtschaftlichen, technologischen und sozialen Kontextes ausgelöst. Globalisierung, Liberalisierung und Deregulierung sind Tatsachen, die tradierte Marktgrenzen verschieben. Zugleich wird die Rückbesinnung auf die Kernkompetenzen und -prozesse[2] propagiert – häufig verbunden mit dem Rückbau der vertikalen bzw. horizontalen Fertigungstiefe und -breite. Dabei versteht man unter Kernkompetenzen jene Fähigkeiten und jenes Wissen einer Unternehmung, die einen dauerhaften Wettbewerbsvorteil begründen bzw. gewährleisten. Die zusätzlich für den Marktauftritt notwendigen „peripheren" Kompetenzen müssen dann im Rahmen eines Kompetenzportfolios analysiert, definiert und durch Kooperationen mit Drittanbietern[3] in den eigenen Geschäftsprozess eingebunden werden. Damit muss zwangsläufig „fremdes Wissen" in die eigenen Geschäftsprozesse integriert werden – und somit auch eine konzeptionelle Strukturierung eines „Informations- und Wissensmanagements" erfolgen. Dadurch soll nach Ansicht von G. Hamel – im Gegensatz zum früheren Diversifizierungsansatz – im Zuge einer weltweiten Vermarktung der Kernkompetenzen im Rahmen spezialisierter Funktionen, Dienstleistungen bzw. Produkte die Bedingung der „economies of scale" erfüllt und durch die ausgelösten Skaleneffekte eine Marktdominanz erreicht werden[4].

Zu konstatieren ist in diesem Zusammenhang, dass in den vergangenen 30 Jahren vier „Modetrends" vollzogen wurden: Nach der **Diversifizierungsphase** zu Beginn der 70er Jahre mit der Zielsetzung der Minimierung konjunkturell bedingter Risiken erfolgte in den 80er Jahren die **Beschränkung auf die Kernkompetenzen**. Das Problem dabei war für die auf Kernkompetenzen fokussierten Unternehmen, die in unterschiedlichen Regionen mit unterschiedlichen Zielgruppen sowie differierenden Wertschöpfungsstufen und -prozessen agierten: Sie sahen sich plötzlich mit einer hohen Diversifizierung und Komplexität konfrontiert – und mit den entsprechenden strukturellen Auswirkungen bei Aufbau- und Ablauforganisation. Entscheidend ist daher sowohl bei der Diversifizierung als auch bei der Beschränkung auf Kernkompetenzen, dass eindeutige Geschäftsmodelle, innovative und langfristig orientierte Unternehmensstrategien sowie eine hohe Flexibilität hinsichtlich der Reaktionen auf Marktveränderungen sowie der jeweiligen Lebenszyklen von Produkten und Kunden existieren müssen.

In der zweiten Hälfte der 90er Jahre „regierte" dann die **„Fusionitiswelle"**, bei der schnelles Wachstum durch Übernahmen sowie durch die Internationalisierung im Sinne des „Global Player" erreicht werden sollte. Ergänzt wurde dies durch eine Fokussierung auf den Kapitalmarkt auf Basis eines übersteigerten „Shareholder-value-Denkens" zur kurzfristigen Renditeoptimierung, um sowohl die Unternehmensübernahmen als auch die Aktienoptionen als Bestandteil der Vergütungen „refinanzieren" zu können. Ihr Ursprung beruhte auf der Hypothese, dass als Folge von Liberalisierung bzw. Globalisierung in jeder Branche nur ein Oligopol überleben kann. Dieses Paradigma bestätigt anscheinend auch eine empirische Erhebung von Müller-Stewens, der die „Fusionswellen" seit dem Ende des 19. Jahrhunderts untersuchte. Diese verliefen – analog zu Kondratieff[5] – zyklisch als Reaktion auf sich verändernde Rahmenbedingungen des unternehmensbezogenen Kontextes. So ergab sich der erste Zyklus in den Jahren 1897 bis 1904 als Reaktion auf die Auswirkungen der ersten industriellen Revolution. Der zweite Zyklus war in den Jahren 1916 bis 1929 eine Folge der sich abzeichnenden vertikal-integrierten Weltwirtschaft. Der dritte Zyklus war die Reaktion auf die bereits erwähnte Diversifizierungsphase in den Jahren 1965 bis 1969, während der vierte Zyklus in den Jahren 1984 bis 1990 die Antwort auf die sich aufgrund der GATT-Beschlüsse abzeichnende Marktliberalisierung war. Der fünfte Zyklus schließlich begann 1995 als Konsequenz der einsetzenden Globalisierung. Deutlich wird hieraus, dass – bedingt durch die jeweils damit verbundene steigende Marktdynamik – der zeitliche Abstand zwischen den jeweiligen Zyklen immer kürzer wird, analog zum Verlauf der Kondratieff-Zyklen.

Mittlerweile hat man erkannt, dass sich einerseits die früher statischen Branchengrenzen aufzulösen beginnen und vor allem aufgrund des „Electronic Business" immer neue Spielfelder mit anderen Akteuren entstehen, die (beispielsweise im Bereich der Kapital- und Finanzmarktdienstleistungen) nicht in das klassische Branchendenken zu integrieren sind. Andererseits wurde und wird die Erfahrung gemacht, dass die Synergieeffekte und Kostensenkungspotentiale bei Großfusionen häufig nur auf dem Papier bestehen, weil die Integrationsprobleme verschiedener Unternehmenskulturen unterschätzt wurden bzw. im Sinne des tayloristischen Denkens gelöst werden sollten[6]. Des Weiteren implizierte (fast) jede Großfusion, dass die fusionierten Unternehmen anfangs überwiegend mit sich selbst beschäftigt waren – der Kunde hatte keinen Ansprechpartner mehr „und blieb auf der Strecke" bzw. wendete sich neuen Lieferanten oder Geschäftspartnern zu. Dies führte zur wesentlichen Erhöhung der Transaktionskosten, die häufig die Synergieeffekte überkompensierten. Die überwiegend von Beratungsunternehmen „errechneten" Synergieeffekte in Form von Kostensenkungspotentialen vernachlässigten die qualitativen Faktoren (Unternehmenskulturen, social and human capital), so dass die erhofften Synergien letztlich doch nicht realisiert werden konnten. Im Bemühen, diese quantitativen Vorgaben dennoch zu erreichen, wurde häufig zum Instrument der Personalkostenreduzierung gegriffen. Allein: Dadurch wird auch das „organisationale Wissen" verringert, das überwiegend nicht gespeichert und beliebig abrufbar ist, sondern im Rahmen der Entlassungen „outgesourct" wird. Aufgrund dieser Erfahrungen wird derzeit als vierter Trend die Idee des „small is beautiful" im Rahmen der informationstechnologischen und prozessbezogenen Vernetzung mehrerer kleiner Unternehmen („**virtuelle Organisation bzw. Unternehmung**") vertreten: Ein „Geschwader von vernetzten Schnellbooten" kann schneller als ein Schlachtschiff auf Markt- bzw. Umweltveränderungen reagieren, eben aufgrund des größeren und flexibleren Innovationspotenzials. Grundlage hierfür ist ein „back to basics", d. h. die Beschränkung auf die Kernkompetenzen sowie „alten Stärken" anstelle des Nachvollziehens aktueller Moden und -ismen.

Die gegenwärtige Diskussion wird durch Schlagworte wie „vernetzte, systemische Organisation", „prozessorientierte Ablaufstrukturen", „Orientierung an der Wertschöpfungskette aus Sicht des Produkt- bzw. Dienstleistungsempfängers" sowie „Wandel vom Abnehmer zum multioptionalen Kunden" geprägt. Dadurch wird letztlich die seit dem Beginn des vergangenen Jahrhunderts implementierte, hierarchisch-funktionale Organisationsstruktur in Frage gestellt. Ein „sicheres" Indiz für die Stringenz dieser Diskussion ist die Zahl der diesbezüglichen Veröffentlichungen alter oder neuer „Management-Gurus" – die bisweilen die Bestsellerlisten anführen, auch wenn deren Inhalt ab und zu die Grenze der Simplizität oder Scharlatanerie überschreitet. Überdies entstehen immer neue Begriffe und Schlagworte. Die kaum noch nachvollziehbare Begriffs- und Konzeptvielfalt ruft manchmal schon eher den Eindruck einer „sinnentleerten Ziellosigkeit" hervor, statt als Indikator für Komplexität und Vielfältigkeit zu dienen. Problematisch bleibt in jedem Fall dabei, bloße Modeerscheinungen oder interessengeleitete Rhetorik von der Veränderungsnotwendigkeit aufgrund veränderter Rahmenbedingungen zu differenzieren.

Unternehmensbezogene Veränderungs- bzw. Anpassungsprozesse sind sicher keine „neuzeitliche" Besonderheit. Sie hat es auch bei früheren Veränderungen der Rahmenbedingungen schon gegeben – zum Beispiel etwa ausgelöst durch die Erste Industrielle Revolution. Neuartig ist nur die Zeitkompression, also die Kürze der Zeitspanne, innerhalb derer die Anpassungsprozesse durchgesetzt werden müssen. Das lässt sich beispielhaft mittels der „Long Wave Theory" erklären: Anfang der 20er Jahre ermittelt Kondratieff[7] anhand statistisch-empirischer Untersuchungen eine Gesetzmäßigkeit zwischen Konjunkturaufschwung einerseits sowie technisch-wirtschaftlichen Innovationen andererseits. Die von ihm begründete „Theorie der langen Wellen" definiert vier Konjunkturzyklen von jeweils ca. 50 Jahren[8], die in den Industriegesellschaften in den vergangenen zwei Jahrhunderten stattgefunden haben; Ende des letzten Jahrhunderts schließt sich dann „technologisch" der fünfte Zyklus in Form der Informationstechnik bzw. der Informationsgesellschaft[9] an:

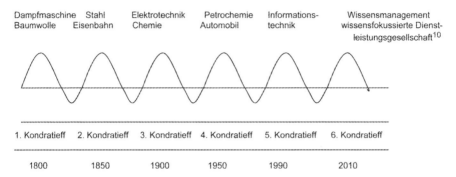

Abb. 1: Die langen Wellen der Konjunktur und ihre Basisinnovationen (in Anlehnung an Nefiodow (1991), S. 31)

Diese (auf Vorschlag von Schumpeter[11] später nach Kondratieff benannten) Zyklen basieren auf den folgenden Sachverhalten:
1. Die wirtschaftliche Entwicklung vollzieht sich in Wellen mit einer Zykluslaufzeit von ca. 30 bis 50 Jahren.
2. Der Zyklusverlauf wird durch die Phasen „Aufbruchstimmung und Aufschwung" sowie „Reife und Einschwingen auf höherem Niveau" dominiert: In der ersten Phase überwiegen die fundamentalen Entwicklungen als neue Technologiekombinationen vorhandener Erfindungen, deren Applikationsvorstellungen noch vage sind und für die die Märkte noch erschlossen werden müssen. Die zweite Phase wird dann durch inkrementale Weiterentwicklungen geprägt.
3. Nur wenige neue Applikationen prägen in Wahrheit den gesellschaftlichen Fortschritt und befriedigen in der Breitenwirkung fundamentale Bedürfnisse (zum Beispiel Dampfmaschine/Eisenbahn, Elektrizität, Auto etc.); sie benötigen in der Regel flächendeckende Netze bzw. Infrastrukturen.
4. Konjunkturzyklen werden durch Innovationen, d. h. nicht durch technische Erfindungen per se, sondern ausschließlich durch deren ökonomische Verwertung ausgelöst. Diese erzeugen zusätzlich positive Externalitäten, d. h. sie kommen wirtschaftlich auch denjenigen zu Gute, die nicht zu ihrer Genese beigetragen haben[12].

Aus der o. a. Abbildung ergibt sich, dass der fünfte Zyklus durch Applikationen geprägt wird, die auf „Informationen, Wissen und Ökologie" basieren[13]. Gemäß der Überzeugung des Verfassers wird dieser fünfte Zyklus jedoch mit etwa 20 Jahren eine wesentlich kürzere Laufzeit als die bisherigen haben und durch den sechsten Zyklus, der „wissensfokussierten Dienstleistungsgesellschaft"[14] abgelöst werden. Das Auftreten von „Megatrends"[15] im Bereich der (makro-)

ökonomischen Entwicklung beschäftigte schon die klassischen Ökonomen von Adam Smith über David Ricardo bis zu John Meynard Keynes. Im Rahmen der Globalisierung sowie der Wissensgesellschaft ist allerdings vor allem die Evolution der Informationstechnologie derjenige Faktor, der eine – im Gegensatz zu früheren Epochen – wesentlich höhere Dynamik sowie gravierendere Strukturveränderungen auslöst. Dies gilt vor allem für den Dienstleistungsbereich[16], der letztlich auf der Verarbeitung von Daten, Informationen und Wissen basiert. Sie sind „per Mausklick" global rund um die Uhr verfügbar, so dass anstelle der Größe die Schnelligkeit und anstelle der Kontinuität die Innovationsfähigkeit dominieren werden. Deutlich wird hieraus, dass sich die früheren Zykluslängen von 30 bis 50 Jahren nicht mehr einstellen werden – denn die Beschleunigung des Wandels zum Beispiel entspricht fast einer Exponentialfunktion. Die überschaubaren Zyklusprognosen unterstellen deshalb Periodenlängen von ca. 10 bis 20 Jahren.

In analytisch ähnlicher Weise werden in den Sozialwissenschaften ebenfalls schon seit geraumer Zeit mehrere, einander ablösende Entwicklungsstufen des gesellschaftspolitischen Kontextes diskutiert[17], die ebenfalls in die „Wissensgesellschaft" einmünden. Legt man demnach ökonomische und gesellschaftspolitische Veränderungen[18] als Differenzierungskriterien zu Grunde, so lassen sich seit der „Industriellen Revolution" vor ca. 200 Jahren vier Entwicklungsstufen abgrenzen:

- **die Industriegesellschaft** (ausgelöst durch die Erste Industrielle Revolution),
- **die postmoderne Gesellschaft** (initiiert durch verhaltens- und sozialwissenschaftliche Erkenntnisse),
- **die Informationsgesellschaft** (ausgelöst durch globale Vernetzung sowie der Installation von technischer „Intelligenz" am Arbeitsplatz) sowie
- **die „Wissensgesellschaft"** (geprägt durch Begriffe wie „Cyberspace", multimediale Kommunikation, Informations- und Wissensmanagement etc.).

1. Industrielle Revolution	Hawthorne-Experimente	PC als techn. Intelligenz Am Arbeitsplatz, Inter-, Intra-, Extranet, Interaktive Medien	Inter-Intranet, interaktives Wissensmanagement
Industriegesellschaft	Postmoderne Gesellschaft	Informationsgesellschaft	Wissensgesellschaft
1790	1940	1980	1995

Abb. 2: Von der Industrie- zur Dienstleistungs- bzw. Wissensgesellschaft

Die ersten beiden Stufen sind generell durch die Veränderung von Produktion und Transport sowie den Austausch der menschlichen Muskelkraft durch mechanische/elektrische Kraft gekennzeichnet. Als primärer Effekt ergab sich hierdurch die Möglichkeit zur Massenproduktion mit niedrigeren Stückkosten sowie die Erhöhung der Beschäftigtenzahl durch den Einsatz auch niedrig qualifizierter MitarbeiterInnen, verbunden mit dem Aufstieg des Industriearbeiters. Im Sekundärbereich implizierte das ein fast permanentes Wirtschaftswachstum und höheren Wohlstand bei neuen Wirtschafts- und Sozialstrukturen.

Bei der *Informationsgesellschaft* als dritter Stufe tritt nunmehr die frei verfügbare Information sowie ihr rascher, weltweiter Transport als **die wirtschaftliche Ressource** in den Fokus von Prozessplanung und -steuerung. Aus der Prämisse des „just in time" der Information[19] resultieren jedoch einerseits informationslogistische und andererseits rechtliche Probleme (zum Beispiel wie etwa Vertragsmanagement, Datenschutz, Datensicherheit, Urheberrecht) aufgrund der verteilten Datenbestände, hierarchisch strukturierten Netzwerke, Struktur der Zugriffsrechte etc. Die Information sowie ihr „logistisches Vehikel" Telekommunikation einerseits sowie die Interaktiven Medien als Aggregat aus Computertechnologie, Vernetzung und Kommunikationsmedien andererseits determinieren die Informationsgesellschaft und implizieren eine (zumindest quantitativ) bessere und schnellere Kommunikation. Damit verändert sich allerdings auch die früher monovalante Zuordnung von Infrastrukturen sowie spezifischen Nutzungszwecken: So werden die Telefonkabel nicht mehr ausschließlich zum Telefonieren genutzt bzw. die Stromkabel bei Anwendung der Nachrichtentechnik nicht mehr nur zur Verteilung von elektrischer Energie. Durch den Einsatz der Informationstechnologien sollen die intellektuellen Fähigkeiten des Menschen durch den Computer ergänzt und von repetitiven Tätigkeiten entlastet werden. Sie führen zwangsläufig jedoch auch zur Entwicklung neuer Sozialformen in Politik (zum Beispiel Computer-Demokratie), Wirtschaft (zum Beispiel neue Arbeitsstrukturen und Rechtsformen der Arbeitsbeziehungen) und Kultur (zum Beispiel Tele-learning, Tele-teaching, virtuelle Museen, Computerkunst), weil die (fast) unbegrenzte Verfügbarkeit von Informationen und Wissen viele Kulturbereiche irreversibel und revolutionär verändert hat. Die Informationsgesellschaft umfasst primär jedoch auch Informationsüberladung bzw. -überflutung durch eine exponentiell steigende Informationsmenge ohne geeignete bzw. einfach zu handhabende Werkzeuge zur Transformation von Informationen in nutzbares, anwendbares Wissen im Sinne des Cyborg[20] als Mensch-Maschine-Organismus.

Diese Transformation von Daten bzw. Informationen in nutzbares Wissen ist unter anderem Fokus der *Wissensgesellschaft*[21], bei der kognitive und nicht physische Arbeit nachgefragt wird, so dass in der Ökonomie die klassische Arbeit reduziert und die physische zur kognitiven Arbeitsgesellschaft mutieren wird. Der dominierende Faktor für kontinuierliche Wertsteigerungen wird die bessere, zeitaktuellere und umfassende Nutzung des Wissens bzw. das Wissensmanagement sein, weil Informationen und Wissen den Charakter eines komparativen Wettbewerbsvorteiles besitzen. Da überdies die kognitive Arbeit – auch in Verbindung mit den Informationstechnologien – sehr mobil und unabhängig vom jeweiligen Arbeitgeber ist, werden emotionale Verbindungen und Beziehungen zur Unternehmung im geringeren Maße als bisher existieren, so dass der Voluntarismus an Bedeutung gewinnt: Der Mitarbeiter mutiert zum

„Coach in eigener Sache". Umgekehrt kann diese Arbeit „global" nachgefragt bzw. angeboten werden, so dass der einzelne Anbieter von kognitiver Arbeitsleistung einem stärkeren Wettbewerbsdruck ausgesetzt ist. Das führt dazu, dass zwingend notwendige Kernbelegschaften zukünftig temporär mit autonomen, bedarfs- und objektfokusierten Arbeitsgruppen vernetzt werden. Die Konsequenz hieraus ist auf der Unternehmensebene die Bildung virtueller Organisationen sowie auf individueller Ebene das Entstehen von „Patchworkbiographien". Die sich herbei entwickelnden sozialen Netzwerke generieren zum Kohäsionsfaktor, indem sie – zumindest temporär – das Zusammengehörigkeits- und Gemeinschaftsgefühl steigern. Zudem wird ihre „kollektive Intelligenz" überkommenes Herrschaftswissen und -denken ersetzen. Das bedingt allerdings die damit verbundenen höheren Anforderungen an Ausbildung und Intellekt und somit auch und nicht zuletzt die Bereitschaft und Befähigung zum lebenslangen Lernen. Neben der physikalischen Ökologie entwickelt sich daher auch eine geistige Ökologie im Sinne eines neuen Bewusstseins für die entstandenen bzw. entstehenden „Wissenslandschaften". Dieses neue Bewusstsein fokussiert gemäß I. Boyle auf den kostenlosen Zugang sowie die Nutzung des kollektiven Wissens nach dem Vorbild der mittelalterlichen Allmende, die durch die Schaffung politischer Rahmenbedingungen geschützt werden müssen. Entscheidend für die individuelle (Weiter-)Entwicklung ist daher nach Ansicht von J. Rifkin vor allem der Zugang (Access) zu den Informationen, weil die Omnipräsenz von Information und Wissen dazu führen wird, dass sie analog zur Luft zum Atmen ein „besonderes Gut" repräsentieren. Zu konstatieren ist allerdings derzeit, dass die Ökonomisierung im Sinne einer wirtschaftlichen Verwertung von Informationen und Wissen weitgehend erfolgt ist, nicht jedoch die Sicherung des gesellschaftspolitischen Interesses am freien Zu- und Umgang mit Informationen und Wissen, so dass das inhärente Entwicklungspotenzial der Wissensgesellschaft noch nicht genutzt wird.

Die mit der Wissensgesellschaft verbundene Dynamik wird des Weiteren beispielsweise durch eine steigende Prozesskomplexität determiniert: Waren die Geschäftsprozesse der Agrargesellschaft noch relativ einfach strukturiert, so wiesen die Prozesse der arbeitsteiligen Industriegesellschaft schon eine wesentlich höhere Komplexität auf. Sie steigerte sich noch bei der „Dienstleistungsgesellschaft im engeren Sinne", bei der das Produkt um Dienstleistungskomponenten (sog. Value Added Services), zum Beispiel Finanzierung und Wartung, angereichert wird. Bei der „Dienstleistungsgesellschaft im weitesten Sinn" schließlich – gekennzeichnet durch das „BOT-Prinzip"[22] – werden in den eigenen Kernprozess „fremde" Wertschöpfungsprozesse integriert, die Struktur und Handhabung sowie Beherrschbarkeit des Prozesses äußerst komplex werden lassen: Dies erfordert einerseits eine leistungsfähige und skalierbare informationstechnologische Vernetzung in und zwischen Unternehmen, weil die kundenindividuelle Problem-(System-)Lösung aus mehreren arbeits- und unternehmensteilig „produzierten" Produkten sowie (Dienst-)Leistungen besteht (vgl. Abb. 3). Zum anderen verlangt es die Nutzung und Anwendung interfakultativen und interdisziplinären Wissens. Das kann durch die Ausnutzung aller im

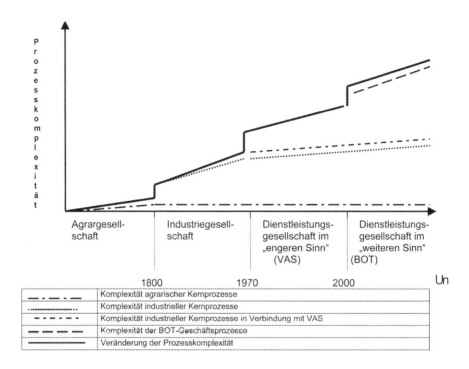

Abb. 3: Veränderungen der Prozesskomplexität im Rahmen volkswirtschaftlicher Entwicklungsstufen

ternehmen vorhandenen Wissensressourcen mittels eines Informations- und Wissensmanagements ermöglicht werden.

Die „Auslöser" für derartige ökonomische Zyklen bzw. gesellschaftspolitische Entwicklungsstufen treten jedoch nicht „überfallartig", sondern meistens „schleichend" auf. So ist beispielsweise die Globalisierung letztendlich ein Resultat der fast 50-jährigen GATT-Verhandlungen[23]. Problematisch ist es häufig, diesen inhärenten und inkonsistenten Veränderungsprozess so rechtzeitig wahrzunehmen, dass zeitadäquat (re-)agiert werden kann und somit die Stabilität der Unternehmung gewährleistet bleibt. Veränderungen besitzen überwiegend latenten Prozesscharakter, deren Manifestation – analog zu Verhaltenskonflikten – häufig zu spät erkannt wird[24]. Das führt zum Paradoxon der Veränderung: In „guten Zeiten" wird der Einzelne kognitiv inflexibel, weil er wie ein Spieler die „Erfolgssträhne festhalten will, obwohl gerade jetzt genug Handlungsoptionen für einen Wandel zur Verfügung stehen. Im Krisenfall dagegen reduzieren sich die Handlungsoptionen häufig auf ein „Alles oder Nichts". Entscheidend ist es daher, die zu verändernde Situation kognitiv zu emotionalisieren sowie Handlungsdruck zu erzeugen, der dann konsequent und methodisch realisiert und gehandhabt wird, da derartige Prozesse strukturierbar sind. Das erfordert die Existenz eines Veränderungsmanagements, so dass die Gesamtkomplexität aufgelöst wird und die einzelnen Phasen bzw. Prozessepisoden[25] durch ganzheitliche, systemische und zielgerichtete Gestaltungspläne und Aktivitäten „handhabbar" werden. Es impliziert zudem die situativ unterschiedliche Kombination von „evolutionären" sowie „revolutionären" Vorgehensweisen[26]. In der Literatur[27] wird häufig unterstellt, dass Veränderungsprozesse der Funktion eines „Veränderungsmanagers" bedürfen. Diese Ansicht basiert offenkundig noch auf den Denkkonzepten von Macchiavelli bzw. Taylor und negiert, dass bei prozessorientierten Strukturen die erforderlichen Veränderungen von den in den Prozess involvierten MitarbeiterInnen selbstständig und antizipativ erkannt und umgesetzt werden müssen. Überdies wird bei der Prozessstrukturierung häufig die Lewin'sche Triade des „Unfreezing, Moving, Freezing"[28] zu Grunde gelegt. Sie unterstellt, dass Veränderungsprozesse durch definierte und eindeutige Anfangs- und Endzustände charakterisiert werden können. Veränderungsprozesse im Sinne eines permanenten „geplanten Wandels" können jedoch zwangsläufig keine „Verankerungsphase" (Freezing) kennen, weil dadurch der Prozess erstarren würde.

Nicht unterschätzt werden darf, dass negative Auswirkungen auf die Durchführung eines Veränderungsprozesses im Sinne des „geplanten Wandels" häufig durch folgende Aspekte initiiert werden:

- In der Organisation existieren nur geringe Erfahrungen mit dem „Veränderungsmanagement" bzw. es fehlen Handlungsanweisungen oder „Kochrezepte".
- Die Dauer des Veränderungsprozesses ist zu lang, so dass situative, unvorhersehbare Einflüsse bzw. Auswirkungen die antizipierte Struktur konterkarieren.
- Die Ergebnisse sind nicht kurzfristig erkennbar.
- Statische, dominante Unternehmenskulturen (die in der Vergangenheit erfolgreich waren) verhindern ein flexibles Veränderungsmanagement.
- In Krisensituationen überwiegt das routinebehaftete Reagieren mit bekannten Aktionsmustern statt „riskant" zu experimentieren[29].

Für ein erfolgreiches Veränderungsmanagement müssen daher intraorganisationale Voraussetzungen geschaffen werden, so zum Beispiel durch:

- Existenz diskursiv vereinbarter und definierter Unternehmensvisionen[30], -strategien und –ziele.
- Existenz eines werte- und zielfokussierten Führungsstiles.
- Existenz einer Veränderungskultur im Unternehmen.
- Implementierung des erforderlichen Wissensmanagements.
- Dezentralisierung der Entscheidungs-, Informations- und Kommunikationsstrukturen im Rahmen prozessorientierter Strukturen.
- Installierung einer vernetzten und konsistenten informationstechnologischen Architektur.
- Informationstechnologisch unterstützte Erfassung, Analyse und Antizi-

pation zukünftiger Entwicklungen bzw. der diese Veränderung auslösenden Faktoren.

Nachfolgend soll daher als „state of the art" der derzeitige Diskussionsstand der Veränderungen des unternehmensspezifischen Umfeldes auf makroökonomischer Ebene kurz skizziert werden, um die implizierten bzw. erforderlichen mikroökonomischen Strukturveränderungen aufzeigen zu können. Hieran anschließend sollen einige relevante Module (Prozessstruktur, Informations- und Wissensmanagement etc.) ausführlicher diskutiert werden, um daraus die Grundbedingungen und -strukturen der „selbstlernenden Unternehmung" ableiten zu können, die sich antizipativ und adaptiv an der Dynamik des Marktes orientiert.

Unterstellt wird dabei als – noch zu evaluierende – These, dass sich die Wettbewerbsfähigkeit einer Unternehmung im liberalisierten bzw. globalisierten Markt weniger auf ein neues Produktdesign oder eine „kreative" Marketingkonzeption gründet, sondern vor allem durch prozessorientierte Strukturen, einer Vertrauenskultur sowie einem „Management des korporativen Wissens" determiniert wird. Wettbewerbsfähigkeit bedingt sowohl die Fähigkeit zur Innovation und Kreativität als auch die Möglichkeit, die Effizienz der Wertschöpfungsprozesse kontinuierlich zu erhöhen. Die heraus resultierende ständige Steigerung der Unternehmensleistung erfordert ein umfassendes und systematisches Informations- und Wissensmanagement als Voraussetzung für das zum Selbstlernen und zur eigenständigen, antizipativen Weiterentwicklung fähige Unternehmen.

Der Betrachtung liegt die Auffassung zu Grunde, dass der Anfang der 90er Jahre begonnene Globalisierungsprozess sowohl durch einen neuen politischen Ordnungsrahmen (Markt- bzw. Handelsliberalisierung) als auch durch die (r)evolutionäre Veränderung von Informations- und Kommunikationsstrukturen sowie -technologien determiniert wird. Allein die „Marktliberalisierung" hätte nicht zur Globalisierung, sondern „nur" zu Welthandelsstrukturen analog zu denen des Jahres 1910 geführt[31]. Erst die Informationstechnologien ermöglichen die asynchrone und ageographische Produktion, Distribution und Vermarktung von Waren und Dienstleistungen sowie die Generierung immaterieller Produkte und Güter wie dem Wissen zum Beispiel. Diese gravierenden Veränderungen des Unternehmenskontextes implizieren (fast) zwangsläufig, dass die tradierten Unternehmenskonzeptionen, Strukturen, Führungssysteme und Kulturen sowie die Mentalitäten der „Old Economy" den neuen Anforderungen nicht mehr gerecht werden können. Notwendig ist daher – plakativ – deren Wandel zur „Hybrid Economy".

1.2 Das Konzept der „Hybrid Economy" als Reaktion auf die Globalisierung

Unbestritten ist sicherlich, dass – im Vergleich zur Ersten Industriellen Revolution – die derzeitige Unternehmensumwelt zunehmend komplexer, dynamischer, instabiler und dadurch im immer geringeren Maß antizipierbar geworden ist. Deshalb befinden sich die Unternehmen in einem transienten Zustand. So besitzen die ökonomischen, technologischen, gesellschaftspolitischen sowie kulturellen Veränderungen immer kürzere Halbwertszeiten[32]. Die bei stabiler Umwelt extrapolierbaren Trends werden mithin durch einen quasi „permanenten Wandel" in einer sich immer schneller verändernden Umwelt abgelöst werden[33]. Zusätzlich verlieren die klassischen Unternehmensressourcen aufgrund ihrer relativ einfachen Imitier- und Substituierbarkeit ihren Stellenwert, während die Humanressourcen sowie darauf aufbauende intangible Ressourcen an Bedeutung gewinnen: Die Befähigung zum organisationalen Lernen, also die ständige Generierung neuen Wissens sowie dessen Management impliziert einen, wenn nicht gar den wichtigsten Überlebensfaktor im Rahmen liberalisierter Märkte, weil dabei nachhaltige Wettbewerbsvorteile im Rahmen eines strukturierten Veränderungsmanagements evolutionär generiert werden können. Diese Überlegung beruht zum einen auf der Erkenntnis, dass die Prägung des marktwirtschaftlichen Umfeldes durch

- Individualisierung der Kundenwünsche,
- Dynamisierung im Hinblick auf Reaktionsfähigkeit und Flexibilität und
- Globalisierung hinsichtlich des multioptional informierten Kunden

das **Customizing**[34]" als Fokussierung auf die individuellen Produkt- und Dienstleistungserwartungen einzelner Kunden bzw. -segmente erfordert[35]. Zudem ist einsichtig, dass liberalisierte bzw. globalisierte Märkte neuen „Spielregeln" gehorchen und deshalb ebenfalls die strategisch-fundamentale Neuorientierung der Unternehmen verlangen, die den Grundsätzen der **Kundenorientierung** und damit **Prozessfokussierung**[36] gehorchen. Die weichen „Überlebenskriterien" einer Unternehmung im liberalisierten Wettbewerb sind daher unter anderem

- die Existenz von Unternehmensvisionen,
- daraus abgeleitete Unternehmensstrategien,
- diskursiv vereinbarte Unternehmensziele,
- Definition, Implementierung und „Vorleben" einer neuen (anderen) Unternehmenskultur[37], weil neue Organisationsstrukturen stets eine neue Kultur verlangen.

Letztere wird unter anderem nicht zuletzt durch „Zielorientierung", „Wertebestimmung" sowie „Team- und Zielgruppenfokus" geprägt. Das verlangt Veränderungen und damit den Bruch mit gewachsenen, verinnerlichten und bisweilen liebgewonnenen Verhaltensmustern und Arbeitsweisen: Neben „rationalen" betriebswirtschaftlichen Aspekten als Hardfacts sind deshalb auch Softfacts in Form prozessual-sozialer sowie psychologischer Aspekte zu berücksichtigen. Generalisiert lassen sich als Ursachen für diesen Veränderungs-(Denk)prozess nachfolgende Merkmale anführen:

- Die Wettbewerbsintensität erhöht sich ständig; dieser Vorgang wird durch einen intensiven Kosten- und Preiswettbewerb sowie einen zielgruppenkonformen Qualitäts- und Servicewettbewerb begleitet.
- Spürbare Marktanteilsverschiebungen bzw. -reduzierungen werden im klassischen (originären) Produktbereich durch rückläufige Rentabilitäten verschärft.

▷ Die „liebgewonnene" Markttransparenz bei den bisherigen Produktbereichen wird durch teilweise inkrementale Veränderungen bestehender Produkte nicht mehr existent sein (beispielhaft seien hierfür die derzeitigen Kfz-Versicherungstarife bzw. Telefontarife genannt).

Erforderlich sind somit zwangsläufig sowohl der Paradigmenwechsel vom anonymen Massenmarketing zur Individualisierung der Kundenbeziehung als auch von der fast ausschließlich durch den Preis geprägten Wettbewerbsorientierung zur Kundenorientierung: Nur so ist der multioptionale und wechselwillige Kunde zu binden. Der unternehmerische Fokus liegt damit konsequenterweise nicht mehr nur bei der Produkt-, sondern auch bei der Kundenprofitabilität und entsprechend beim Wert des Kunden für das Unternehmen während der gesamten Dauer der Geschäftsbeziehung. Kotler[38] definiert daher Marketing als Kunst, günstige Marktmöglichkeiten und -potentiale aufzufinden, zu entwickeln und von ihnen zu profitieren:

„Marketing is the science and art of finding,
keeping and growing profitable customers".[39]

Die hiermit verbundene Zielsetzung ist also nicht das kurzfristige Erreichen von Volumina, sondern die Sicherung einer nachhaltigen Wettbewerbsfähigkeit[40].
Ein derartiges Kundenbeziehungsmanagement hat es schon früher bei den sogenannten „Tante-Emma-Läden" gegeben: Die vielen derartigen Geschäfte haben sich bei gleichartigen und -wertigen Produktangeboten nur durch das „Beziehungsmanagement" unterschieden, indem der Händler seine Kunden sowie deren individuelle Bedürfnisse kannte und darauf einging.
Ein derartiges prozessorientiertes und kundenfokussiertes Marketing aggregiert die nachfolgenden drei Ebenen:[41]

▷ intern: die kundenorientierte Fokussierung der MitarbeiterInnen einschließlich einer „mentalen Verankerung" der Servicebereitschaft, um gegenüber dem Kunden ständig interaktions- und dialogfähig zu sein.
▷ extern: die mittelbare Kundenorientierung.
▷ interaktiv: die unmittelbare Kundenorientierung durch Individualkommunikation im Sinne der „due diligence"[42].

Das zwangsläufig daraus erwachsende „**Customer Relationship Management**" (CRM)[43] beinhaltet demnach unter anderem die

▷ Segmentierung und Bildung von Kundengruppen (Clustering),
▷ Ermittlung und Analyse deren Anforderungs- und Nutzungsprofile,
▷ Definition der Produkt-/Dienstleistungsportfolien je Segment,
▷ Abbildung der Kundenstrukturen in den Geschäftsprozessen sowie das
▷ Management der Kundenkontaktprozesse.

Plakativ kann dies mit dem Paradigmenwechsel von der organisationsgetriebenen zur kundengetriebenen Unternehmung charakterisiert werden. Bekanntlich basierte die traditionelle Kundensegmentierung auf der Sichtweise der unternehmensinternen Ablauforganisation, nicht jedoch auf einer Segmentierung aus der Sicht des Kunden. Diese „Individualisierung" soll durch das Kundenbeziehungsmanagement erreicht werden. Eine der Zielsetzungen dabei ist, dass aus anonymen Elementen von Zielgruppensegmenten personalisierte Kunden mit exakten Nutzer- sowie Anforderungsprofilen werden. Verbunden hiermit ist gemäß I. Lopez der „Value-to-Customer"-Gedanke, der auf die Leistung für den Kunden als auch die Interaktionen mit sowie den Beziehungen zum Kunden fokussiert. Überpointiert ausgedrückt mutiert das CRM somit zu einem **„Collaboration Relationship Management"**. CRM als Komponente des kundenzentrierten, offensiven Marketing muss daher als dynamischer Prozess verstanden werden, der auf dem Wissen über den Kunden mit seinen (auch inhärenten) Erwartungen basiert. Neben der erforderlichen informationstechnologischen Unterstützung (zum Beispiel Workflow-Systeme, Data-Warehouse etc.) zur Integration und Aggregation aller kundenspezifischen Informationen sowie deren Verarbeitung als auch Auswertung in ständig verfügbarer Berichtsform (die Ebene des Wissenstransfer) impliziert es vor allem ein organisatorisches Problem: Fokussieren die Geschäftsprozesse auf den Kunden, so erzwingt dies die Aufhebung der klassischen, funktional begründeten Differenzierung in Front- und Back-Office, weil jede/r MitarbeiterIn als Element eines Geschäftsprozesses dem Kunden gegenüber als „Front-Office" agieren können muss (Ebene der Wissenstransformation). Das erfordert unter anderem die Vernetzung von Marketing-, Vertriebs- und Servicemanagement, um interaktiv und auf einer einheitlichen Strategie basierend die emotionale Bindung des Kunden aufbauen und pflegen zu können. Notwendig ist dafür zum einen im Rahmen des zu Grunde liegenden Informationsmanagements ein neues Datenmodell[44], um Back- und Front Office aus Sicht des Kunden auf Grundlage konsistenter Daten und Informationen in den informationstechnologischen Systemen (beispielsweise ERP) sowie den Modulen des Wissensmanagement (zum Beispiel ‚Supply Chain Management' (SCM), Kundenbeziehungsmanagement (CRM), Strategiemanagement (BSC) etc.) zusammenzuführen. Dadurch wird einerseits für das Unternehmen eine ganzheitliche Sicht des Kunden ermöglicht, andererseits kann es auch als ganzheitliche Einheit vom Kunden wahrgenommen werden. Erforderlich sind jedoch auch „Entrepreneureigenschaften" bei allen MitarbeiterInnen, damit ein derartiges „Kundennutzenmanagement" auch mental „in den Köpfen" verankert wird. Nur dann ist es möglich, die Forderung von Kotler zu erfüllen:

- aktiv und innovativ auf den Märkten zu agieren,
- sie permanent zu analysieren und durch Antizipation der Erwartungen der Marktteilnehmer zu beeinflussen sowie
- durch den Informationsvorsprung aufgrund enger Kundenbindungen schnell und flexibel auf Veränderungen reagieren zu können.

Ersichtlich wird, dass ein diesbezüglich verstandenes Marketing bzw. CRM-Konzept kein „Kochrezept" bzw. ein fertiges, statisches Konzept sein kann, sondern individuellen Prozesscharakter besitzt, dessen Struktur von Unternehmen zu Unternehmen unterschiedlich ist[45].
Neben der notwendigen organisationsstrukturellen sowie mentalen Verände-

rung erzwingen die neuen Marktstrukturen (radikale) Veränderungen des klassischen Produktangebotes. Standardisierte „Commodities" reduzieren zwar die Transaktionskosten, sie erhöhen jedoch die Vergleichbarkeit und verschärfen somit die Wettbewerbssituation. Die monovalenten Produkte müssen daher durch periphere Dienstleistungen, die kundenspezifisch zugeschnitten und somit „individualisiert" sind, angereichert werden. Werden diese Zusatzleistungen auf Basis einer „molekularen Modulbauweise" generiert, ermöglichen sie ebenfalls eine Verringerung der Transaktionskosten. Sie erschweren jedoch wesentlich Vergleichbarkeit und Transparenz und gestatten deshalb unterschiedliche Preisdifferenzierungen bzw. zusätzliche Deckungsbeiträge[46]. Die „neuen" Dienstleistungen als „Value Added Services" werden dabei aus dem Kerngeschäft bzw. den bisherigen Wertschöpfungsketten heraus im (häufig noch zu weckenden) Interesse und aus der Sicht des Kunden entwickelt, um die sogenannten „Convenience-Bedingungen"(die Bedürfnisse des Kunden im Hinblick auf Bequemlichkeit, Einfachheit, Ganzheitlichkeit etc.) erfüllen zu können. Neben der punktuellen, situativen Problemlösung für den Kunden umfasst diese Sichtweise auch eine ständige Problem-(prozess-)begleitung, die auf einem permanenten individuellen Dialog basiert und durch eine emotionale, auf dem Vertrauen des Kunden zu seinem „solution provider" beruhenden Beziehung ergänzt wird. Dies bestätigen beispielsweise die Erhebungen für den Zufriedenheitsindex der nordamerikanischen Verbraucher[47] : nicht der Preis dominiert bei Kaufentscheidungen, sondern das Vertrauen zum Unternehmen sowie die Gewissheit, wahrgenommen sowie geschätzt zu werden. Diese „neue" Strategie repräsentiert somit den Paradigmenwechsel von der Quantität im Sinne der „economies of scale" zu Qualität und Individualität (economies of scope) im Rahmen einer permanenten Ansprechbarkeit sowie Innovations- und Kreativitätsführerschaft auf der Grundlage der Kundenbeziehungsführerschaft.
Die Unternehmen mutieren entsprechend vom industriellen Produzenten zum Dienstleister aufgrund einer steigenden Ausdifferenzierung der einzelnen Wertschöpfungsstufen. Die Fokussierung auf marktorientierte Problemlösungen aus der Sicht und im Sinne des Kunden erzwingt letztlich den Wandel vom klassischen Produktlieferanten zum Systemlieferanten.
Deshalb müssen neben Effizienz- und Effektivitätskriterien vor allem die Fähigkeit zur Innovationsfähigkeit und Flexibilität, also zur organisatorisch eigenständigen und automatischen Anpassung an sich verändernde Rahmenbedingungen in den Vordergrund treten. Dies impliziert die Notwendigkeit innovativer Zukunftsstrategien, weil tradierte, bislang erfolgreiche Arbeitsmethoden, -verfahren sowie -prozesse und diesen zugrundeliegende Organisationsstrukturen an Wert und Bedeutung verlieren dürften[48]. Letztere basieren auf den funktional-hierarchischen bzw. tayloristischen Grundaussagen und -annahmen und „funktionieren" nur aufgrund der stringenten Einhaltung exakter, detaillierter Regelwerke, Organisationshandbücher, Normen[49] sowie Anweisungen oder Verordnungen. Dynamik und Komplexität sind jedoch kontraproduktiv und „produzieren" einen ständigen Anpassungszwang des Regelwerkes und dessen zeitnahe Weitergabe an die MitarbeiterInnen, was letztlich zu einem „in-

formation overload" bzw. „information overkill" führt. Marktdynamik erfordert dagegen **„Agilität"** als strategische Eigenschaft von Unternehmen[50]. Hierunter können wir ein – digital basiertes – Netzwerk von geographisch verteilten, interdisziplinär und multifunktional tätigen Gruppen verstehen, in die auch Externe sowie die potentiellen Produktanwender „auf Zeit" einbezogen werden. Dieses Netzwerk bleibt für die gesamte Produktlebensdauer bestehen, so dass durch diese enge Partnerschaft der Anwender nicht nur den Status eines Rezipienten besitzt, sondern von Beginn an aktiv an der Problemlösung beteiligt ist – der Lieferant ist Partner seines Kunden, d. h. seines Auftraggebers. Der Verkauf von Produkten bzw. Dienstleistungen verliert den Charakter des „einmaligen Ereignisses" und mutiert zu einem permanenten, zweiseitigem Transferprozess während der gesamten Zykluszeit eines Produktes. Das führt zu der von J. Pine und J. Gilmore als „experience economy" bezeichneten „Käufer-Verkäufer-Beziehung": weil Produkte und Dienstleistungen substituierbar sind, müssen dem Kunden Erfahrungswerte (Qualität, Image, Nimbus) vermittelt werden, um die eigenen Absatzpotentiale zu erhalten bzw. zu vergrößern. Im Rahmen einer strategischen, intraorganisationalen Neuorientierung erfordert dies zum Beispiel

- die unternehmensspezifische Profilierung durch „eigenständige" Produkte – also die Abkehr von der „me-too- bzw. cosi fan tutte-Strategie" – und die Entwicklung kundenindividueller Problemlösungen,
- eine entscheidende Verbesserung des Beschwerdemanagements sowie der Servicequalität,
- die Erhöhung der Lern- und Veränderungsbereitschaft sowohl der MitarbeiterInnen als auch der Unternehmung als Ganzes,
- die Installation einer abgestuften Ergebnisverantwortung im Rahmen einer Entscheidungsdezentralisierung und Prozessfokussierung bei hoher Informations- und Prozesstransparenz,
- die Entwicklung einer neuen und verbesserten Kommunikationsfähigkeit (eine verstärkte Nutzung des sog. „human- bzw. social capital"[51]; die klassische Führung in Form der Befehlsgewalt und institutionellen Autorität wird durch die Fähigkeit zur Information, Kommunikation und sozialer Adaption sowie Moderation ersetzt, um aus „Betroffenen" Mitwirkende und Mitgestalter werden zu lassen – dies impliziert den Rollenwandel vom „Sub-jekt" (Unter-worfener) zum „Ob-jekt") sowie
- den Aufbau bzw. die Installation eines „Corporate Memory" bzw. des Wissensmanagements.

Künftig entscheidet nicht die optimale Ausführung singulärer Funktionen über den Unternehmenserfolg, sondern die qualitative und quantitativ-messbare Verbesserung des Gesamtprozesses als Aggregation der einzelnen Aktivitäten bzw. Funktionen. Die damit verbundene (R-) Evolution von der tayloristischen zur vernetzten, prozessorientierten Organisation ist nicht der berühmte „Quantensprung", sondern vor allem ein Mentalitätssprung, quasi eine sozio-kulturelle Revolution, weil dieser folgende sozio-psychologische (Denk-) Veränderungen impliziert:

▷ die Zurückstellung des persönlichen, subjektiven Interesses sowie diesbezüglicher Nutzenerwartungen über die des Teams, der Gruppe,
▷ die Rücknahme eigener Ansprüche und Erwartungsvorstellungen zugunsten der Förderung von Ansprüchen Dritter,
▷ die Aufgabe der eifersüchtigen, egoistischen Distanz und Kritik zugunsten der Kooperation und der Akzeptanz der Arbeitserfolge Dritter,
▷ das „selbstlose" Teilen von Wissen anstelle des „Bunkerns" sowie
▷ die Umorientierung vom Input zum Output.

Durch diese Eigenschaften wird – neben anderen – die Konzeption der „**Hybrid Economy**" als Synthese aus Old- und New Economy definiert und determiniert. Letztere ist allerdings im Verständnis dieser Ausführungen nicht identisch mit der häufig populistisch verwendeten Bezeichnung der „New Economy", beispielsweise für die sogenannten. „dot.com's". Überschwänglich wurden diese häufig als „Urheber" der sog. „Dritten Industriellen Revolution" gefeiert, für die die konservativen ökonomischen Regeln nicht gelten, weil sie häufig durch die Fokussierung auf die Internet- bzw. Web-Technologien (sog. Web-Enabler), anderen Finanzierungsformen (zum Beispiel Venture Capital) sowie Teamgeist und kreativem Chaos anstelle arbeitsfähiger Strukturen gekennzeichnet waren. Überdies war das Geschäftskonzept häufig „virtuell" und beinhaltete keinen realisierbaren Wettbewerbsvorteil, weil die Produkte bzw. Dienstleistungen entweder nur schwierig kommunizierbar oder nicht nachgefragt waren. Überpointiert charakterisiert lag ihr Fokus auf Visionen ohne Berücksichtigung ihrer Markt- und Deckungsbeitragsfähigkeit sowie auf Geschäftsmodellen ohne reale Gewinnerzielungsabsicht und -potenzial. Schließlich bestand häufig ein Erfahrungsdefizit hinsichtlich der Organisation und Führung von Unternehmen. Das kann aber allein durch Kreativität (innovatives Chaos) sowie unkonventioneller Flexibilität nicht kompensiert werden. Hieraus resultierten zwangsläufig strukturelle Defizite (mangelhaftes Controlling, Nichtberücksichtigung klassischer Finanzierungsregeln, Überbewertung von erwarteten Deckungsbeiträgen anstelle real erzielter Gewinne etc.), die neben den technologischen und administrativen Mängeln fast zwangsläufig die Überlebensfähigkeit reduzierten. Inzwischen hat es den Anschein, als ob diese Form der „New Economy" ihre eigenen Krisen potenziert auf die Old Economy überträgt und diese mit sich (herunter-)zieht. Hervorgerufen wird dieser Anschein zum einen durch die Herdenmentalität an der Börse, quasi einer kollektiven Katastrophenmentalität analog zur „Theorie der nervösen Frösche"[52]. Zum anderen ermöglichen sowohl schnellere, umfassendere und aktuelle Marktinformationen als auch flexiblere Produktionsverfahren die fast zeitgleiche Anpassung[53] an zyklische Schwankungen, so dass kurzfristige, negative Tendenzen verstärkt werden[54]. Trotz aller geäußerten Häme dürfen allerdings die positiven Aspekte nicht übersehen werden, weil sie sich in der weiterentwickelten Hybrid Economy wiederfinden werden. Dazu zählt beispielsweise das „Jugendkultur-Business" mit den Faktoren Teamgeist, Kooperationsfähigkeit, Kreativität sowie der Zielsetzung nach Anerkennung und Spaß. Hieraus resultieren neben einer neuen Identität sowie einer anderen Relation von Arbeit und Leben („worklife balance") der freie Wissensaustausch sowie kaum existierende Hierarchien. Wissen wird zum freien Gut im Rahmen intra- und interorganisationaler Netzwerkstrukturen, die im Bereich des Wissenstransfers auch externe Dritte einbeziehen. Das impliziert die Fähigkeit zur Kooperation anstelle des internen Wettbewerbs und der Konfliktgenerierung. Zugleich manifestiert sich ein „entrepreneurship", der Freiheits- bzw. Spielräume für die Kreativität schafft und somit zur Verwirklichung neuer Ideen führt.

Die New Economy als digitale Weiterentwicklung der Old Economy sowie die Hybrid-Economy werden im Gegensatz zur „Old Economy" durch hoch dynamische, technologisch implizierte anstelle der früher ökonomisch determinierten Innovationszyklen bestimmt (vgl. Abb. 4). Zur Realisierung dieser schnell aufeinander folgenden Zyklen sind einerseits wesentlich höhere Investitionen im Bereich Forschung und Entwicklung erforderlich, weil sich sonst hohe Innovationsquoten bei einer extremen Zeitverkürzung nicht realisieren lassen. Um sie zu finanzieren und Produkte bzw. Dienstleistungen kurzfristig auf den sich dynamisch verändernden Märkten durchsetzen zu können, ist eine hohe Risikoinvestitionsbereitschaft bei einem hohen Kapitaleinsatz mit einer extremen Volatilität der Kapitalbindung notwendig. Katalysatoren dafür sind neben den Risikokapitalfonds auch der erleichterte Zugang zur Kapitalbeschaffung über die Börse sowie die Akzeptanz einer leistungsorientierten Vergütung bei den MitarbeiterInnen. Zwangsläufig werden dadurch auch höhere Risikopotenziale ausgelöst, weil beispielsweise der massive Rückzug des Risikokapitals – wie in jüngster Zeit bei den „High Tech-Unternehmen" feststellbar – zu einer Reduzierung der Innovationsquote führt und sowohl die Liquidität der mit hohem Fremdkapitaleinsatz finanzierten Unternehmen gefährdet als auch branchenspezifische Rezessionen auslösen kann[55]. Diese hohe Kapitalbindungsquote erzwingt sowohl steigende Produktivitätswachstumsraten als auch die Fokussierung auf ein höheres Gewinn- statt Größenwachstum. Voraussetzung hierfür wiederum ist, dass der Lohnkostenanteil variabel gestaltbar ist. Das kann einerseits durch einen höheren Anteil erfolgsorientierter Lohnbestandteile[56] in Verbindung mit „Incentives" erreicht werden[57]. Zum anderen wird zwangsläufig der Anteil der Festangestellten zu Gunsten von Zeitverträgen sowie projekt-/auftragsbezogen engagierter „Free-Lancer" wesentlich zurückgehen. Die zukünftige Arbeitswelt wird deshalb wesentlich durch fragmentierte Berufskarrieren bzw. „Patchwork-Biographien", ständig wachsende Lernanteile in Relation zu den Arbeitsstunden sowie sich ständig verändernde Strukturen gekennzeichnet sein. Strategische Erfolgsfaktoren sind somit neben der Entwicklungsgeschwindigkeit sowie der Beherrschbarkeit des Wachstums vor allem Organisations-, Marketing- sowie soziale Kompetenzen. Zudem muss die informationstechnologische Integration der vorhandenen ERP- und „Legacy-Systeme" realisiert werden, um eine Verbesserung der Prozessunterstützung zu erreichen. Zur Realisierung technologisch implizierter Innovationszyklen sowie deren Umsetzung ist ein effizientes Informations- und Wissensmanagement erforderlich – verstanden als ganzheitliche Betrachtung und Steuerung von Strukturen,

Prozessen, Strategien und Kulturen[58]. Die daraus erwachsende Aggregation von Komplexität und Dynamik führt zu der „Dynaxität" (Dynaxity), die zu ihrer Beherrschung die Fähigkeit der sogenannten „Dynamibility" erfordert. Letztere ist beispielsweise das Kennzeichen der „virtuellen Organisation"[59], die durch die stattfindende Arbeitsteilung die „Dynaxity" reduziert. Die dabei dominierenden (informations-) technologischen Elemente sind das Zusammenwachsen von Workflow- und Workgroupsystemen, Data-Warehouse-Systemen, Wissensmanagementsystemen sowie Elementen der „Künstlichen Intelligenz" auf Grundlage von Inter-, Intra- und Extranet[60] (TCP/IP-Technologien).

Derzeit wird die New Economy noch durch die globale Vernetzung sowie effizientes Informationsmanagement geprägt. Dabei ist allerdings das Internet nur das Medium und nicht das Objekt des Prozesses; es ermöglicht die virtuelle Rekonstruktion des „alten Marktplatzes", auf dem gehandelt, gefeilscht und kommuniziert wird, als E-Business- Modul[61]. Ironisch sei angemerkt, dass der Begriff „E-Business" mittlerweile zu einer „sinnentleerten Worthülse" mutiert ist, weil jede Unternehmensfunktion, die informationstechnologisch unterstützt wird oder werden kann, zwischenzeitlich das „E-Prädikat" erhält. Zynisch überspitzt gibt es demnach das „E-Business" schon seit der Einführung der automatisierten Datenverarbeitung (ADV) mittels der Lochkartenverarbeitung. Aus explanatorischen Gründen soll nachfolgend gemäß einer Differenzierung der Meta-Group dabei zwischen

- Online- Verkauf (Sell-Side E-Business) in Form von Business to Business[62] und Business to Consumer (B2B[63] und B2C),
- Webbasierter Einkauf (Buy-Side E-Business) einschließlich des digitalisierten Beschaffungswesens (E-Procurement) sowie der Synchronisation der Warenwirtschaftssysteme[64] sowie
- Supply Chain Management (Optimierung der Wertschöpfungskette) mit differenzierenden Ausprägungen bei der Produkt- bzw. Dienstleistungsindustrie

unterschieden werden. Daraus ergeben sich die internetbasierten, digitalisierten Module in Form des E-Procurement (Einkauf), des E-Asset Management (Anlagenmanagement), des E-Trading (Handel) sowie des E-Sales (Verkauf). Die beiden letzteren werden entweder in Form des direkten, interaktiven Internetvertriebs, auf den „virtuellen Marktplätzen" oder im direkten Extranetvertrieb (mit einem passwortgeschützten Zugang für ausgewählte Kunden) realisiert. Diese virtuellen Marktplätze können als „geschäftlicher Mikrokosmos" analog zu virtuellen Organisationsformen verstanden werden, auf denen Partner projekt- bzw. objektbezogen kooperieren und teilweise auch kollaborieren[65]. Das E-Procurement umfasst demnach ein Gesamtkonzept im Rahmen einer (neuen) Einkaufsstrategie sowie der Reorganisation der Geschäftsprozesse und der Materialwirtschaft auf der Grundlage internetbasierter Informationstechnologien. Es wird allerdings auch in Zukunft „nur" ein zusätzlicher Beschaffungskanal, vor allem für sog. „C-Güter"[66], sein, der allerdings auf Dauer digitalisierte Lieferantennetzwerke generieren will. Realistisch ist allerdings festzuhalten, dass derzeit unausgereifte Technologien, benutzerunfreundliche bzw.

sogar -untaugliche Applikationen sowie skeptische Marktpartner überwiegen, so dass diese „virtuellen Marktplätze" noch keine Relevanz besitzen.
Mittels der Informationstechnologie sollen vollständige Geschäftsprozesse bzw. Wertschöpfungsketten bei gleichzeitiger funktionaler Fragmentierung in das Internet transformiert werden. Hierbei ist die Informationstechnologie das Vehikel für eine effizientere und effektivere Kommunikation und somit für die Senkung der Transaktionskosten. Des Weiteren ergibt sich eine Steigerung der Wertschöpfung durch die zeitgleiche Vernetzung einer großen Anzahl von Nutzern zwangsläufig vor allem bei digitalisierbaren Produkten bzw. Prozessen. Ziel dabei ist einerseits, die im analog-manuellen Beschaffungsprozess durch Überwachungs- und Kontrollsysteme (Wareneingangsprüfung, Rechnungsstellung und -prüfung etc.) sowie repetitiven Prozessen entstehenden Transaktionskosten zu reduzieren sowie diese Prozesse zu beschleunigen. Diese digitale Ergänzung des „Just in time" reduziert zusätzlich die Lagerhaltungskosten. Andererseits sollen die Beschaffungskosten verringert werden, da durch den aktuellen und transparenten Preisvergleich Lieferantenabhängigkeiten sowie Preisvolatilitäten teilweise kompensiert werden können[67]. Kritisch anzumerken ist allerdings, dass diese teilweise auch „analog" zu realisierenden Kostensenkungspotenziale häufig ausschließlich der „Digitalisierung" zugeschrieben werden – damit der Einsatz dieser Systeme kostenrechnerisch/kalkulatorisch begründet werden kann. Die Digitalisierung erlaubt ein komplexes Netzwerk interdependenter Transaktionen, die (im Idealfall) von einer zentralen Steuerungsinstanz angestoßen und von den eingebundenen Geschäftspartnern parallel oder sequenziell abgearbeitet werden. Nach Beendigung einer jeden (Teil-) Funktion wird eine Bestätigung (Commitment) an die zentrale Steuerung gesandt. Bei virtuellen Unternehmen mit dezentralen Steuerungsinstanzen ist die Prozesskomplexität zwangsläufig noch größer, so dass derartige Prozesse nicht gehandhabt werden können, so lange die erforderlichen informationstechnologischen Werkzeuge noch fehlen[68]. Die hierzu erforderliche elektronische Datenweitergabe (zum Beispiel EDI) ist im Bereich der „Mensch-Maschine-Kommunikation" schon leistungsfähig genug, um die entsprechenden (Dienst-) Leistungen direkt in die Geschäftsprozesse integrieren zu können[69]. Das gilt allerdings nicht für die parallel dazu notwendige „Maschine-zu-Maschine-Kommunikation", weil hier derzeit verschiedene inkompatible Protokolle existieren[70]. Schließlich besitzen die angebotenen Applikationen noch keinen hohen „Reifegrad" und können in heterogene DV-Landschaften überwiegend nicht implementiert werden[71].
Erschwerend kommt hinzu, dass die Handhabung dieser Systeme zu kompliziert ist und trotz intensiver Nutzerschulung eine ständige Lernfähigkeit und -bereitschaft erfordert. Das kann zwangsläufig zu keiner Senkung der Transaktionskosten führen. Nicht unterschätzt werden darf schließlich die überproportionale Steigerung des Kommunikationsvolumens, weil jeder Teilnehmer eine „just-in-time-Reaktion" erwartet. Je größer und komplexer die Netzstrukturen aber sind, desto größer ist zum einen auch die Ausfallwahrscheinlichkeit kritischer Elemente (zum Beispiel Netzknotenserver) und damit der teilweise oder völlige Zusammenbruch des Netzwerkes. Zum anderen „wächst" die Wahr-

scheinlichkeit, dass die implementierten informationstechnologischen Strukturen und Architekturen „ewige Baustellen" bleiben, weil ständige Veränderungen, Anpassungen sowie Zusatzimplementierungen realisiert werden (müssen). Für eine erfolgreiche Implementierung der E-Business-Module sind deshalb letztlich neben den informationstechnologischen Instrumenten auch organisationale Restrukturierungen erforderlich, da funktional-hierarchische Aufbau- und Ablaufstrukturen die erforderliche Entscheidungsfindung „in Echtzeit", die Abstimmung unterschiedlicher Zykluszeiten sowie die ständige (ageographische) Synchronisation aller Beteiligten nicht leisten können[72].

Im Hinblick auf das E-Business waren viele Prognosen über Relevanz und Auswirkungen der Informationstechnologie falsch bzw. zu optimistisch. Sie lösten dennoch einen „Hype" aus. Die Ursache für diese Fehleinschätzungen sind zum einen in methodischen Fehlern und zum anderen in der interessengeleiteten Zielsetzung der Prognosen zu sehen. Im methodischen Bereich werden grundsätzlich zwei Erhebungsverfahren präferiert: der „Top down-Ansatz" sowie die „Bottom-up-Methode". Bei der ersten Vorgehensweise werden individuell ausgesuchte Entscheidungsträger der relevanten Branche (zum Beispiel dot.coms) nach ihren Zukunftserwartungen befragt und diese dann mit linearen oder dynamischen Prognoseverfahren „hochgerechnet". Zwangsläufig werden dabei die von ihrem Geschäftsbereich überzeugten Entscheidungsträger weder bewusst noch unbewusst negative Entwicklungstendenzen erkennen (können). Bei der „Bottom-up-Methode" werden zwar auch Entscheidungsträger anderer Branchen befragt; weil die „Rücklaufquote" jedoch häufig im einstelligen Bereich bleibt, muss die Repräsentationsgenauigkeit ungenügend sein[73]. Diese „erhebungstechnischen" Einschränkungen werden zusätzlich durch die verwendeten Prognoseverfahren noch vergrößert, weil die sich ergebenden statistischen Zeitreihen der Vergangenheit häufig linear fortgeschrieben werden. Auch beim (angeblichen) Einsatz „dynamischer Verfahren" ist mit Blick auf die Aussagefähigkeit der Ergebnisse Vorsicht angebracht: aus datenerhebungs- wie auch verarbeitungstechnischen Gründen wird die an sich valide Anzahl der Variablen fast willkürlich reduziert, weshalb das aus der klassischen Volkswirtschaftslehre bekannte Phänomen des „ceteris paribus" zwangsläufig folgt. Schließlich bleibt die Zielsetzung derartiger Prognosen interessengeleitet, da die in diesem Marktbereich tätigen Unternehmen häufig die Umfragen finanzieren: Weil die „Analysten" ihre Untersuchungen refinanzieren müssen, kommen im Ergebnis nur „Gutachten" und keine „Schlechtachten" heraus. Da des Weiteren alle namhaften Beratungsunternehmen weltweit Milliardeninvestitionen in diesem Bereich tätigten und ihr Klientel entsprechend berieten, konnte von steigenden Umsatzentwicklungen ausgegangen werden – schon im Sinne der „self-fullfilling prophecy". Daher muss konstatiert werden, dass die E-Business-Module derzeit nur den Status eines zusätzlichen Marketing- bzw. Distributionskanals besitzen, bei dem traditionelle Marketingverfahren, -methoden und -instrumente zum Einsatz kommen[74]. Das ergab auch eine repräsentative empirische Untersuchung[75], die bei deutschen Unternehmen die Nutzungspotenziale des webbasierten Business überwiegend nicht nachweisen konnte.

So nutzen nur 24 Prozent die Internettechnologie effizient. Auch bei diesen „effizienten" Unternehmen überwiegt mit 83 Prozent die Unternehmensrepräsentation im Internet, während Kundenbeziehungsmanagement sowie Supply Chain Management und damit die Einbindung der Geschäftsprozesse vernachlässigt werden. Es überrascht dann auch nicht, dass nur 20 Prozent der befragten Unternehmen die Ablauf- und Prozessstrukturen vor der Einführung der Informationstechnologie entsprechend verändert haben, obwohl die ökonomischen Vorteile (beispielsweise die Senkung der Transaktionskosten, die Kundenorientierung der Geschäftsprozesse sowie die Verbesserung der Wettbewerbsfähigkeit) von allen gesehen werden. Folgerichtig liegt dann der mittlere Umsatzanteil durch das Medium Internet nur bei 7,3 Prozent (für 2001) und wird bis zum Jahr 2004 nur auf 9,9 Prozent steigen – wobei bei 76 Prozent der befragten Unternehmen bezeichnender Weise die Kosten wesentlich höher als die Erlöse sind.

Aufgrund der derzeit noch bestehenden Einschränkungen haben sich deshalb die eingangs angesprochenen Erwartungen noch nicht erfüllt[76]. Das gilt vor allem für Produkte und Dienstleistungen mit hoher Erklärungsbedürftigkeit, bei denen zusätzliche Wertschöpfungsstufen zwischen Produktion und Verwendung durch den Einsatz von Wissen erforderlich sind[77]. Der von vielen befürchtete bzw. propagierte „Kannibalisierungseffekt" im Hinblick auf traditionelle, analoge Kauf- bzw. Verkaufsprozesse hat daher noch nicht stattgefunden, obwohl zur Jahrtausendwende noch ein Marktanteil von 30 Prozent des Gesamtvolumens prognostiziert wurde[78]. Trotz dieser derzeit noch existenten Schwächen wird sich künftig – überpointiert ausgedrückt – die Metamorphose des „homo oeconomicus" über den „homo sociologicus" zum „homo neuronalis" vollziehen.

Zusammenfassend ist unter New Economy die informationstechnologische (digitale) Unterstützung der Geschäftsprozesse durch die Involvierung der Internettechnologien (einschließlich Intra- und Extranet) zu verstehen, um Kommunikation und Kooperation zu optimieren. Diese Unterstützung basiert auf

- offenen, modular strukturierten Architekturen,
- der Kompatibilität der eingesetzten Applikationen,
- multimedialen Informationskanälen sowie
- spezifischen Tools („Werkzeugkisten"), mittels derer der Anwender eigene Programmmodule für individuelle Aufgaben und Zielsetzungen selbständig und einfach generieren kann.

Unternehmen der Old Economy werden allerdings im Rahmen der Konvergenztheorie kurzfristig auch zu „Web-Unternehmen" mutieren, indem sie Komponenten des E-Business einbeziehen und parallel zu informationstechnologisch gestützten Prozess- und Organisationsstrukturen mit einem ganzheitlichen Informationsmanagement anstelle der sequentiellen, disloziierten Verarbeitung gelangen. Wissen sowie Informations- und Wissensmanagement werden entsprechend bei der Old Economy zu Schlüsselgrößen für Wachstum und Wettbewerbsfähigkeit. Im Gegensatz zu den „dot.com" basiert diese Ökonomie jedoch auch weiterhin auf den klassischen finanzwirtschaftlichen Kriterien (zum Beispiel Deckungsbeitragskalkulation), realistischen Strategien anstelle utopischer bzw. optimistischer Visionen sowie funktionierenden Organisationsstrukturen[79]. Bedingt durch Marktdynamik sowie kürzere Produktlebenszyklen wird jedoch ergänzend das Erfordernis einer dynamischen, antizipativen und flexiblen Unternehmensführung wesentlich an Bedeutung gewinnen, um sowohl eindeutige Orientierungen und Zielvorgaben zu geben[80] als auch steigende Risiken handhaben zu können[81]. Hierdurch werden – wie bereits mehrfach betont – wesentliche und teilweise massive Veränderungen der tradierten Abläufe, Prozesse und Strukturen sowie der Unternehmenskultur impliziert: Sie erzwingen den geplanten Wandel sowohl der Mentalität der MitarbeiterInnen als auch der Führungs-, Informations- und Kommunikationsstrukturen. Aus organisationsstruktureller Sicht muss darauf geachtet werden, dass ständige marginale Veränderungen bzw. Anpassungen nicht zu Lasten der gesamten Systemstruktur erfolgen. Letztlich wird es daher zur Hybrid Economy als Weiterentwicklung der derzeit populistisch noch getrennten Bereiche der Old- und der New Economy kommen. Als „virtuelle und globalisierte Netzökonomie" ist diese digitale Ökonomie mit den Faktoren „Ertragskraft", „strategische Substanz" sowie „unternehmerische Nachhaltigkeit" jedoch im Gegensatz zur Old Economy durch Prozessorientierung, flache Hierarchien, vernetzte Strukturen sowie der Betonung der „Human Resources" gekennzeichnet und wird daher auch als „digitalisierte und vernetzte Knowledge Economy" oder gemäß Edgar Geffroy als „Human Economy" bezeichnet. Grundlage hierfür ist der Sachverhalt, dass die Wertschöpfung in der Wissensgesellschaft letztlich auf der Wertschätzung der MitarbeiterInnen, dem sogenannten „human capital", beruht. Sie ist bzw. wird jedoch nicht mit der „E-Company" identisch sein; vielmehr muss jede Unternehmung unter Berücksichtigung ihrer Geschäfts- und Wertschöpfungsprozesse individuell entscheiden, wieviel „E" notwendig ist bzw. elektronisch/digital sowie vernetzt automatisiert werden kann.

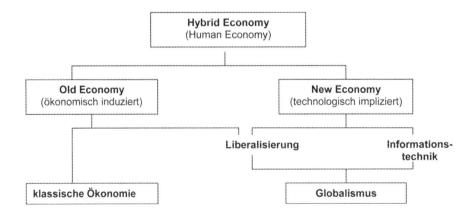

Abb. 4: Analytische Abgrenzung von Old, New und Hybrid Economy

Die Hybrid Economy wird weniger durch die Repräsentation einer quantitativen, populistisch bzw. „lehrmeinungstheoretisch" basierten Veränderung als vielmehr durch einen qualitativen Wandel bzw. Paradigmenwechsel geprägt: So dürfte sich eine höhere Produktivität aufgrund prozessfokussierter Strukturen und Abläufe unter Einbeziehung ageographischer und asynchroner Leistungserbringung ergeben. Parallel dazu werden sich Veränderungen in den Wert- und Zielvorstellungen sowie in der individuellen Definition von „Lebensqualität" ergeben, die zu einer anderen Balance von Arbeit und Freizeit führen. Zwangsläufig gelten damit auch nicht mehr die „alten Spielregeln", funktionalen Abläufe sowie hierarchischen Strukturen. Erforderlich sind vielmehr „neue Spielregeln" sowie ein grundlegend verändertes Verständnis hinsichtlich der Funktionen von Arbeitgeber und Arbeitnehmer – letzterer muss sowohl für sich selbst als auch im Unternehmen „Entrepreneur-Eigenschaften" entwickeln.

Notwendig sind zudem Kooperationsmodelle zwischen den Unternehmen bis hin zur „virtuellen Unternehmung"– diese unterliegen im Gegensatz zu den Großunternehmen nicht mehr dem tradierten Nachteil, zu wenige Marktinformationen zu besitzen bzw. diese zu spät zu bekommen. Als Netzwerkorganisation werden sie vielmehr schneller entscheidungsrelevante Informationen als bisher erhalten und kommunizieren, so dass sie durch effizientere Entscheidungsstrukturen entsprechend flexibler agieren können. Ungeachtet dessen gelten jedoch die „alten" finanzwirtschaftlichen Regeln auch weiterhin –beispielsweise, dass man nur das Geld ausgeben kann, das man mittels erbrachter Leistungen vorher eingenommen hat.

Das führt im Endeffekt zu einer besseren Kombination der Gestaltungsfelder „Mensch", „Technik (= Informationstechnik)" und „Organisation" und damit zur **„prozessfokussierten, selbstlernenden Organisation"**. Sie kann als ein Netzwerk sich selbst organisierender, selbst beauftragender sowie selbst verantwortlicher fluider Teams mit vernetzten, amöboiden Strukturen verstanden werden. Dieses Netzwerk ist im kybernetischen Sinne **ultrastabil**, weil das System „Unternehmung" selbständig aus Ungleichgewichtszuständen auf der Grundlage vermaschter Regelungs- und Steuerungssysteme sowie durch – fast ständige – Veränderungen der Aufbau- und Ablaufstrukturen zu neuen Gleichgewichtszuständen zurückkehrt[82]. Bevor die neuen Inhalte und Strukturen dieser Gestaltungsfelder[83] vorgestellt werden, sollen zu ihrem besseren Verständnis die aus der Marktliberalisierung bzw. Globalisierung erwachsenden Effekte einer kritischen Bestandsaufnahme unterzogen werden.

1.3 Veränderungen im gesellschaftspolitischen Umfeld

Die Instabilität des Unternehmensumfeldes hat sich im ökonomischen Bereich durch die weltweite Liberalisierung[84] aufgrund der GATT-Beschlüsse sowie der Globalisierungstendenzen (Globalismus) verstärkt[85]. Die Globalisierung ist primär sowohl durch eine evolutionäre Veränderung von *Informations- und Kommunikationsstrukturen*[86] und somit global „abrufbarem Wissen" als auch durch grundsätzlich **neue politische Ordnungsrahmen** gekennzeichnet. So haben beispielsweise internationale Liberalisierungsbestrebungen (u.a. die GATT[87]-Beschlüsse bzw. der WTO[88] als „Nachfolgeorganisation") und nationale bzw. transnationale Deregulierungsmaßnahmen (zum Beispiel Vollendung des Europäischen Binnenmarktes etc.) die ordnungs- und wettbewerbsrechtlichen Rahmenbedingungen[89] wesentlich verändert und nationale konjunkturelle Turbulenzen sowie Veränderungsprozesse noch verstärkt. Sowohl die Öffnung der nationalen Märkte und deren „globale" Bündelung als auch die neuen Informationstechnologien ermöglichen die zentrale Steuerung und Führung geographisch disloziierter Organisationseinheiten. Die marktdogmatisch induzierte Liberalisierung hätte jedoch ohne die Evolution der Informationstechnologie nicht zur Globalisierung bzw. zum Globalismus geführt, sondern „nur" Welthandelsstrukturen wie zum Beginn des 20. Jahrhunderts hervorgerufen – letzere waren bekanntlich in der Relation ebenso umfassend wie die derzeitigen[90]. Erst die Informationstechnologien ermöglichen die globale asynchrone und ageographische Produktion und Distribution von Waren und Dienstleistungen sowie die Generierung, Transformation und Weiterverarbeitung immaterieller „Produkte" (zum Beispiel wie Information, Wissen)[91]. Hierdurch wurde die „Zeit" als unternehmerischer Faktor bzw. wettbewerbsentscheidende Ressource in die Marktwirtschaft implementiert. Des Weiteren determinieren sie die Dynamik und Komplexität wirtschaftlichen Handelns. Indirekt wird hierdurch des Weiteren die Bedeutung von Informations- und Wissensmanagement sowie ihrer Träger (die sog. „Human Resources") für den Wert eines Unternehmens verstärkt. Die hierdurch ausgelöste erhebliche Veränderung der klassischen Wirtschaftskoordinaten (Ort, Zeit, Struktur) ermöglicht die Verbesserung der Produktivität aufgrund des „just-in-time" der benötigen Informationen sowie die zentrale Steuerung global tätiger Unternehmen. War früher der Marktwettbewerb „Raum-Zeit-gebunden", so wird diese Fessel durch die asynchron nutzbare Informationstechnologie aufgehoben. Überpointiert tritt somit an die Stelle des alphabetisierten Humanismus die digitale Weltgesellschaft im Rahmen des von Marshall Mc Luhan so definierten „globalen Dorfes"[92]. Dieses, von Anthony Giddens als „Raum-Zeit-Kompression" bezeichnete Phänomen generiert neben den ökonomischen auch globale soziale Beziehungsgeflechte. Die Informationstechnologien können daher zum einen das Wissens-, Bildungs- und Kompetenzgefälle sowohl innerhalb einer Gesellschaft als auch zwischen den Nationalstaaten wesentlich verändern bzw. verstärken. Zum anderen führt der exponentielle Zuwachs an verfügbaren Informationen in quantitativer Hinsicht zur Informationsüberladung und teilweise zur Reduzierung des sinnvoll angewandten Wissens[93]. In qualitativer Sicht führt er zu einem Verlust an Ästhetik durch einfacheres Layout, Rückgang der Sprachbeherrschung, Bebilderung, Typographie etc. Allerdings sind Aussagen bzw. Prognosen über die Auswirkungen der Informationstechnologie sehr unsicher, da sich zum einen die wirtschaftlichen, gesellschaftspolitischen und medienrechtlichen Rahmenbedingungen derzeit noch in einer „Grauzone" befinden. Zum anderen können hierdurch die Aggregatfunktionen bzw. -mechanismen, die komplexe Gesellschaften zur Gewährleistung des Zusammenhaltens der Teilsysteme benötigen, sowohl verstärkt als auch entscheidend geschwächt werden[94]. Schließlich ist das Handeln sowohl der Anbieter als auch der Nachfrager multimedialer Informationstechnik nicht prognostizierbar – die Konsequenzen einer Fragmentierung bzw. Segmentierung der Anwender in „Wissende" und „Unwissende" sind zumindest im Bereich des „Bezahlfernsehens" sowie der wissensfokussierten Internetnutzung bislang nicht eingetreten. Dennoch kann die derzeitige und zukünftige Evolution der Informationstechnologie (theoretisch) jedoch auch zur Auflösung des Nationalstaates führen, weil Individuen bei ihren Entscheidungen Informationen und Wissen aus der globalen Sphäre einbeziehen, nicht mehr nur aus der nationalstaatlichen bzw. regionalen. Das mikroskopische Blickfeld wird quasi durch den teleskopischen Blick ersetzt und erweitert. Dies hat als „negativen" Impetus zur Konsequenz, dass sich jede Aktivität und Reaktion viel schneller und – bedingt durch Sekundärwirkungen bzw. irrationalen Übertreibungen aufgrund der Systemkomplexität sowie der diffusen Informationslage – wesentlich volatiler auch im nationalökonomischen Kontext auswirken (beispielhaft die Entwicklungen an den Börsen). Hieraus resultiert letztlich auch die Erkenntnis sowohl auf makro- wie auf mikroökonomischer Ebene, dass nicht die (Unternehmens-)Größe, sondern Dynamik und Flexibilität der Anpassungsreaktion über Erfolg oder Misserfolg entscheiden.

Dieser Wirtschaftsglobalisierung[95] steht allerdings ordnungspolitisch weder eine „Weltwirtschaftsordnung" noch eine „Weltwirtschaftsbehörde" gegenüber – dies wird aus nationalpolitischen Gründen wohl derzeit auch nicht realisiert werden (können). Denkbar wäre allerdings, dass die nationalen Behörden durch den Einsatz der Informationstechnik – analog zu den Unternehmen – ebenfalls vernetzt und somit gemeinsam agieren können[96]. Dies würde allerdings eine Einigung über spezifische Normen, Werte, Ziele, Verfahren etc. voraussetzen – was derzeit nicht absehbar ist. In ein derartiges Netzwerk müssten dann auch die NGO's als „watchdogs" eingebunden werden, die zusammen mit der WTO zur Eingrenzung der Macht der Oligopolisten führen könnten. Grundsätzlich bleibt daher bei dem derzeitigen Status der Liberalisierung marktdogmatischer Ausprägung die Diskrepanz bzw. Disparität zwischen gesellschaftspolitischem Anspruch einerseits sowie der Ökonomie andererseits bestehen. Weil jedoch auch global tätige Unternehmen die regelbasierte Steuerung der gesellschaftlichen Reproduktion benötigen, ist Agnoli's Forderung[97] zuzustimmen, dass „eine Regelung gefunden werden [muss], weil auch die globalisierte Ökonomie, trotz des Deregulierungsgeredes, ohne institutionell geordnete gesellschaftliche Verhältnisse nicht auskommt. Wie zur Zeit des Manchester-Kapitalismus kann nur eine solche Regelung die Selbstzerstörung des entgrenzten Marktes verhindern und die Weiterexistenz der Gesellschaft garantieren. Die „unsichtbare Hand" des freigelassenen Marktes reicht dazu ebenso wenig aus wie auch der Binnenmarkt alten Stils nicht zurechtkam ohne staatliche Ordnung".

Das Fehlen einer (trans-)nationalstaatlichen Ordnungspolitik führt somit zwangsläufig zu Krisensituationen bei der sozialen Marktwirtschaft sowie auf gesellschaftspolitischer Ebene. Die Unfähigkeit bzw. Unwirksamkeit des marktdogmatischen Liberalismus bzw. digitalen Kapitalismus beweisen gravierend der Auf-

stieg und Fall der „New Economy": Die „Selbstregulierungskräfte des Marktes" waren nicht in der Lage, die damit verbundenen sozialen, ökonomischen und ökologischen Herausforderungen zu bewältigen[98]. Ein Grund dafür: Jede Form des marktwirtschaftlichen Liberalismus wird grundsätzlich von individuellen Interessen definiert und determiniert – ohne Existenz der ethischen Minimalvoraussetzung: einer definierten und von allen praktizierten Moral sowie dem darauf aufbauenden Vertrauen. Schon Adam Smith unterstellte, dass jeder nur zu Gunsten des eigenen Vorteils handle und wirtschafte. Allerdings existiert die von ihm als „Korrekturfaktor" eingeführte Metapher von der „unsichtbaren Hand" nicht, so dass anstelle dieses marktliberalen „Selbstkorrektivs" national- bzw. transnationalstaatliche Regularien institutionalisiert werden müssen, um neben Moral und Vertrauen vor allem neben einem Informationsgleichgewicht bzw. einer Wissensbalance auch Transparenz der Machtmonopole bzw. -oligopole sicherstellen zu können. Überdies kann kein gesellschaftspolitisches System (einschließlich der Demokratie) ohne normativen Ordnungsrahmen funktionieren (R. Darendorf). Dies gilt um so mehr auch für die Wirtschaftssysteme. Sie sind – einschließlich des Liberalismus sowie seiner „klassischen" Vorläufer – nicht das ausschließliche Ergebnis einer wertfreien Wissenschaft, sondern werden durch spezifische Annahmen und Kontextbedingungen determiniert[99]. Deutlich wird daher die Notwendigkeit sozialstaatlicher und wirtschaftspolitischer Maßnahmen des (Trans-)Nationalstaates, weil eine effektive Finanz- und Geldpolitik, eine situativ angemessene Beschäftigungs- und Verteilungspolitik sowie eine wirkungsvolle Umweltpolitik eher als der Neoliberalismus einen nachhaltig wirksamen wirtschaftlichen Aufschwung ermöglichen. Hierdurch kann auch ein (Neo-)Korporatismus zumindest reduziert, wenn nicht gar verhindert werden.
Dieser von Sokrates und Aristoteles über Hobbes und Locke sowie Jefferson und Adams bis zur Ambivalenz von zentraler Planwirtschaft sowie Kapitalismus reichende Disput über die Abgrenzung von Eigennutz und Gemeinwohl bzw. Freiheit und Ordnung wird zwangsläufig durch die Auswirkungen der Informationstechnologie im Rahmen des Globalismus neu belebt bzw. verschärft und impliziert die Forderung nach einer Re-Regulierung. Unklar ist allerdings derzeit noch, welche Regeln für fragmentierte Gesellschaften mit einem anderen Verständnis von Individualität und Arbeitsethik bei komplexeren und volatilen Kontextbedingungen gelten sollen bzw. können. Prognostizierbar ist momentan auch nicht, welche gesellschaftspolitischen Interessengruppen diese Regeln vor dem Hintergrund unterschiedlicher, sich teilweise konterkarierender Sach- und Machtfragen vereinbaren bzw. aushandeln könnten.
Ohne derartige nationale bzw. transnationale Regulierungsmaßnahmen ist allerdings zu befürchten, dass der marktdogmatische Liberalismus in Verbindung mit Informations- bzw. Internettechnologien eine neue wirtschaftliche Dynamik determiniert, die durch die fast vollständige Entgrenzung von Raum und Zeit sowie erheblicher Konzentration wirtschaftlicher Macht gekennzeichnet sowie durch desintegrierende Kräfte und Faktoren geprägt ist. John Stuart Mills bemerkte schon: „Competition kills Competition". Zynisch interpretiert impliziert dies, dass Wettbewerbsunternehmen den Markt beherrschen und möglichst eine Oligopol-

bzw. Monopolstellung erlangen wollen, um im Interesse ihrer „Shareholder" Monopolpreise und somit optimale bzw. maximale Gewinne erzielen zu können. Dem Liberalismus inhärent ist somit die Tendenz zur fortschreitenden Reduktion des Wettbewerbs – der letztlich zu seiner eigenen Eliminierung führen kann (beispielhaft sei auf die Entwicklung des europäischen Energiemarktes verwiesen). Der Wettbewerb allein kann daher per se – wie von einer prästabilisierenden Harmonie durchzogen – nicht zur Verwirklichung gemeinwohlorientierter Ziele führen; Wettbewerb und Gemeinwohl sind vielmehr dichotome Elemente[100]. Attribute dieser neuen Wettbewerbsdynamik sind Inhomogenität, Konflikt, geringe Antizipationsfähigkeit sowie ausgeprägte strukturelle Risiken. Dies kann letztlich einen sozial wie ökonomisch ausbeuterischen Arbitragecharakter implizieren, der die gesellschaftspolitischen Kohäsionskräfte konterkariert und (gemäß Ralf Dahrendorf) ein autoritäres Jahrhundert zur Folge haben wird, das zur Kenosis[101] führen kann. Vorgeblich bietet die globale Marktwirtschaft aus heutiger Sicht scheinbar die größten Chancen für einen steigenden Wohlstand aller Nationen, weil sie hierdurch ihre Stärken weiterentwickeln sowie ohne Handelsrestriktionen verwerten können. Das setzt allerdings die systemische und zielorientierte Veränderung des derzeitigen marktdogmatischen Liberalismus auf der Grundlage global einheitlicher Regulierungen im sozialen und ökologischen Bereich, zur Reduzierung von Marktmissbrauch und Korruption sowie zur Vergrößerung der Transparenz bei (Finanz-)Markttransaktionen voraus[102], weil ansonsten auf nationalstaatlicher Ebene ein „autoritärer Liberalismus" generiert wird, der die Handelsfreiheit für seine egoistischen Zwecke nutzt, gleichzeitig jedoch die eigenen nationalen Märkte „abschottet". So können beispielsweise weltweit einheitliche soziale Standards auf der Grundlage der Empfehlungen der Internationalen Arbeitsorganisation (ILO) Chancengleichheit und Gleichbehandlung fördern, Kinder- und Zwangsarbeit reduzieren sowie die Nachhaltigkeit verstärken – so, wie dies beispielsweise von der Volkswagen AG, Faber-Castell sowie dem Otto-Versand schon umgesetzt wird.
Erforderlich ist dafür jedoch zum einen, dass bei den Entscheidungsträgern aller Ebenen ein Wandel vom „Denk-Sportler" mit programmierender Intelligenz sowie heuristischer Vorgehensweise zum „Nach-Denker" erfolgt, der systemisch denkt sowie Sinnzusammenhänge aufdeckt und berücksichtigt. Zum anderen bedarf es des verstärkten Auftretens der Novalis-Schlegel'schen Divination – trotz oder gerade wegen der Vertreter von ca. 6.000 Fachdisziplinen, die häufig die Rolle des Heroen durch die des Heroldes ersetzen[103]. Daher hat sich als Folge der Globalisierung derzeit auch die „Ökonomisierung der Wissenschaft" entwickelt, quasi ein „wissenschaftlich-industrieller Komplex"[104]. Analog zu Richard Sennett ist dies mehr als eine normale Mutation, sondern vielmehr die Genese eines Utilitarismus des Wettbewerbs sowie der Verwertungsinteressen der wissenschaftlichen Forschung. Gesucht und gefunden werden muss quasi ein Mittelweg zwischen der Skylla des Kommunismus und der Charybdis des marktdogmatischen Liberalismus bzw. Kapitalismus. Ansonsten hätte Karl Marx mit seiner prophetischen Zielvorgabe doch noch Recht – nur beschrieb er dazu einen anderen Weg ...

Nachfolgend sollen einige dieser zu verändernden Bereiche bzw. Elemente der Globalisierung auf der makro- und mikroökonomischen sowie der intraorganisationalen bzw. individuellen Ebene skizziert werden. Hieraus lassen sich dann diejenigen Kontextbedingungen ableiten, die Struktur und Inhalt des Wissensmanagements definieren – letzteres ist, wie bereits ausgeführt, eine notwendige Bedingung für die Mutation einer Unternehmung zur selbstlernenden Organisation und somit zum ultrastabilen System.

Anzumerken ist letztlich, dass der Begriff „Globalisierung[105]" schon fast den Status einer Killerapplikation erreicht, weil er von seinen Apologeten unter einer dreifachen, jeweils polarisierenden Zielsetzung eingesetzt wird: als Ansporn, Ausrede oder (Be-)Drohung[106].

1.3.1 Globalisierung – Versuch einer analytischen Definition

Das umgangssprachlich häufig als „Globalisierung" bezeichnete Phänomen ist in Wirklichkeit überwiegend das auf die Ebene „Weltwirtschaft" bzw. „Neo-Liberalismus" verkürzte Diskussionsobjekt des „Imperialismus der Ökonomie". Hierdurch werden jedoch erhebliche semantische Unschärfen impliziert, so dass vorab der Versuch einer begrifflichen Differenzierung unternommen werden soll[107].
Globalisierung beinhaltet grundsätzlich mehrere Ebenen, zum Beispiel Ökonomie (Globalismus), Ökologie, Kultur, Sozialsystem und Rechtssystem (bzw. -ordnung), die durch die Dimensionen „Raum", „Zeit" sowie „Evolution der Informationstechnologie" determiniert werden[108]. Diese interdependenten Ebenen definieren zusammen mit den drei Dimensionen quasi einen Würfel, bei dem die Informationstechnologie sowohl Katalysatorfunktion besitzt als auch ein dimensionaler Parameter ist.

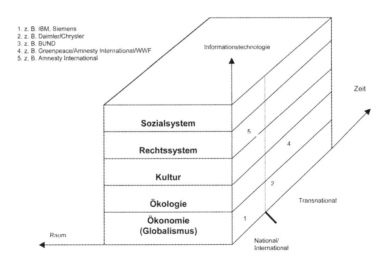

Abb. 5: Die Dimensionen und Schichten der „Globalisierung"

Die Interdependenz dieser Ebenen der Globalisierung sowie vor allem deren Vernetzungsstruktur hat vor einigen Jahren schon Niklas Luhmann[109] beschrieben und aufgezeigt, dass sich anstelle der geographisch-strukturell abgegrenzten Nationalökonomien („Hauswirtschaften") eine „funktionale Logik" als das „eine Gesetz der Moderne" in Form eines komplexen Netzwerkes aus gegeneinander differenzierten „Funktionssystemen" durchgesetzt hat. Dies umspannt und vernetzt somit Wirtschafts-, Rechts-, Sozial- und Kultursysteme. Luhmann's Schlussfolgerung hieraus ist allerdings aus gesellschaftspolitischer Sicht dramatisch: Wer aus einem dieser funktionalen (Sub-)Systeme ausgeschlossen ist, wird zwangsläufig auch aus den anderen Funktionssystemen exkludiert bzw. erhält erst keinen Zutritt zu ihnen. Im Gegensatz zu dieser Auffassung wird allerdings von den Ideologen der Globalisierung vehement die Ansicht vertreten, dass nur die Globalisierung aller Ebenen eine sowohl individuell als auch generell sich auswirkende nachhaltige Verbesserung der Lebenssituation herbeiführen könne. Unabhängig davon, dass die politische Umsetzung des „freien Handels" (beispielsweise zwischen den Industrie- sowie den Entwicklungsländern) zwar immer gefordert, jedoch nur sehr eingeschränkt auch realisiert wurde, ist die Richtigkeit dieser hypothesenartigen Kausalität bislang noch nicht nachgewiesen worden. Vielmehr hat D. Aamogin vom MIT empirisch ermittelt, dass langfristiges Wirtschaftswachstum vor allem durch die Qualität der öffentlichen Institutionen und Investitionen (zum Beispiel Rechtssystem, Infrastruktur-, Arbeitsmarkt- und Subventionspolitik etc.) determiniert wird und somit fast unabhängig vom Umfang der Marktliberalisierung ist[110]. Im Rahmen dieses „Institutionenansatzes" gibt es allerdings keine für alle Nationalstaaten und -ökonomien passende „Blaupause". Das richtige Konzept bzw. „Rezept" muss vielmehr individuell gestaltet werden – jenseits aller (vor-)herrschenden volkswirtschaftlichen Theorien, Lehrmeinungen und Ideologien. Im letzteren Bereich ist (sowohl bei Globalisierungsbefürwortern als auch -gegnern) festzustellen, dass beide Gruppen dem üblichen Dreiklang aller ideologischen „Anti-Ismen" frönen: der Stereotypisierung, der Dämonisierung (Zerstörungspostulat) sowie der Exerzierung (Bekämpfung, Vernichtung, Verbannung). Aufgrund der jeweils vorher demagogisch-ideologischen Grundeinstellung befinden sich die jeweiligen Repräsentanten allerdings auf keiner moralisch-ethisch besseren Ebene, sondern nur auf derjenigen, die sie angeblich bekämpfen. Dieses imperative Dogma bzw. ideologische Junktim soll nachfolgend „holzschnittartig" analysiert und auditiert werden. Aufgrund der sich aus thematischen Gründen, aus der Zielsetzung dieses Buches erwachsenden „Grobstruktur" können Einzelaspekte (soziale, ethisch-kulturelle sowie ökologische Ebene) nur „angerissen" werden. Der Phänotyp des Gesamtspektrums soll dennoch analytisch nicht verfälscht werden.
Globalisierung besitzt zwangsläufig einen mehrschichtigen (mehrdimensionalen) Prozesscharakter; dabei bzw. durch die jeweiligen Prozesse werden die Nationalstaaten der 1. Moderne sowie deren Souveränität durch transnationale Akteure, Zielsetzungen, Identitäten sowie Netzwerke beeinflusst, wenn nicht gar im Handeln konterkariert. Globalisierung wird somit durch Ausdehnung, Dichte und Sta-

bilisierung interdependenter, globaler Funktions- und Beziehungsnetzwerke determiniert. Das häufig mit Globalisierung verbundene Phänomen des „Globalisierungsschocks" kennzeichnet also den Übergang von der ersten zur zweiten Moderne. Letztere wird beispielhaft durch die Symptome „Aufhebung der Nationalstaaten", „Ende der Massenproduktion", „Ende der Vollbeschäftigungsgesellschaft", „Wechsel vom Arbeitnehmer zum (Lizenz-)Unternehmer", „Wechsel von der Ausbeutung der Arbeit zur Ausbeutung der Verantwortung" sowie „Wechsel vom Großunternehmen zum virtuellen Konzern" charakterisiert[111].

Analog hierzu prägte daher für diese zeitliche Epoche H. Klotz Anfang der neunziger Jahre auch den Begriff „Zweite Moderne", um diesen Zeitabschnitt von der „Ersten Moderne", der Epoche des Sozialstaates, abzugrenzen[121]. Seiner Ansicht nach führt die Globalisierung der Wirtschaftsbereiche, also der Globalismus zur Vernetzung der Lebensstile sowie zur alternativlosen Weltgesellschaft, gekennzeichnet durch

- Primat der Wirtschaft gegenüber einer machtlosen Politik; dies führt zum Ruin der sozialen Verteilungsgesellschaft.
- ökologischen „Selbstmord des Planeten".
- Aufgabe tradierter, altruistischer Werte.
- Erprobung und Verwerfung ständig neuer individueller Wertorientierungen, das heißt der „Freiheit zu etwas" anstelle der „Freiheit von etwas".

Dabei werden zwangsläufig die Prämissen der Ersten Moderne, vor allem das Postulat der geographisch abgegrenzten Nationalstaaten und -gesellschaften, beseitigt. Die daraus erwachsenden Konsequenzen können „holzschnittartig" wie folgt gesehen werden:

- Verlust der Grundlagen der 1. Moderne (zum Beispiel Toleranz, Menschenrechte, soziale Sicherheit etc.).
- Verlust des homogenen Bildes des Nationalstaates (Denationalisierung sowie Ent-kollektivierung).
- Wirkungsverlust der nationalstaatlichen Wirtschaftspolitik.
- Verlust der nationalstaatlichen Informationssouveränität.
- Überwälzung der sozialen Folgen des Globalismus auf die nationalstaatliche Sozialpolitik bei gleichzeitigem Rückgang der Einnahmen aus Unternehmenssteuern und somit Reduzierung der finanziellen Ressourcen für diese Sozialpolitik.
- Reduzierung der unternehmensbezogenen Beiträge zur Finanzierung der Infrastrukturleistungen (Bildungseinrichtungen, Kultur etc.) durch eine global optimierte (Aus-) Nutzung der Steuersysteme bei gleichzeitiger Forderung nach nationalstaatlichen Anstrengungen zur Verbesserung dieser Infrastruktur als Standortkriterium.
- Marginalisierung der traditionellen Rolle des Staates als Sicherheitsgarant von der Ausbildung über die Berufstätigkeit bis zur Altersvorsorge, weil die gesellschaftspolitischen Sozialsysteme „individualisiert" bzw. „atomisiert" werden.

Nicht unberücksichtigt bleiben darf dabei allerdings, dass ein Großteil der derzeitigen Probleme der Industriestaaten (zum Beispiel Arbeits-, Gesundheits- und Sozialsysteme etc.) strukturelle, systemimmanente Probleme sind, die nicht durch die Globalisierung hervorgerufen wurden. Deren Ursachen und Auswirkungen werden nun allerdings zeitverkürzt und gravierend deutlich. Nach dem Zweiten Weltkrieg haben die heutigen Sozialstaaten auf der Grundlage einer Abschottung ihrer jeweiligen Volkswirtschaft beschäftigungs- und sozialpolitische „Errungenschaften" (zum Beispiel neben der sozialen Mindestsicherung aufwändige soziale Zusatzsysteme für alle, unabhängig von der Vermögens- bzw. Einkommenssituation) installiert, die schon aufgrund demographischer Veränderungen nicht mehr finanzierbar sind – auch bei Fortbestand bzw. Abschottung der jeweiligen Nationalökonomie[112]. Es kommt hinzu, dass sich nationalökonomisch einzelne kapitalistische Wirtschaftssysteme (Kapitalismen) mit unterschiedlichen Schwerpunkten, Dogmen, Strukturen sowie Zielsetzungen entwickelt haben, die sich nunmehr in einem Systemwettbewerb befinden[113]. Er fokussiert vor allem die Bereiche des Sozialversicherungssystems, der Arbeitsmarkt- und Entgeltsysteme sowie der Steuersysteme.

Diese, derzeit noch ungelösten Problemfelder sowie die Auswirkungen der Globalisierung führen aus nationalwirtschaftlicher Sicht wegen der derzeit existenten „nationalstaatlichen Beschränkungen" mit ihren globalen Inkompatibilitäten sowie sozialen Inkonsistenzen dazu, dass die soziale Kostenexplosion und der hierdurch implizierte Steuerdruck auf immer weniger „Daheimgebliebene" abgewälzt wird – vor allem auf die nicht globalisierten, sondern „lokalen" KMU[120]. Dies führt letztlich zu dem Paradoxon, dass sie entweder ebenfalls global agieren oder aufgrund der nicht mehr gegebenen Konkurrenzfähigkeit aufgeben müssen.

Auf der gesellschaftlich-sozialen Ebene führen allerdings beispielsweise die involvierten neuen Organisations- und Marktformen auch zu einer neuen Definition des Begriffes „Arbeitsmarkt": Extern bieten viele Arbeitstätige ihre kognitive Arbeitsleistung projektbezogen auf dem „globalisierten" Arbeitsmarkt[114] an und erhalten eine ausschließlich erfolgsabhängige Vergütung gemäß der Relation zwischen Angebot und Nachfrage (quasi der aktuelle Marktwert). Innerhalb der Unternehmen existieren „Märkte" für die zu realisierenden Funktionen, auf denen die Mitarbeiter mit den „Externen" um erfolgsabhängige Vergütungen konkurrieren – bei höherer Leistungsfähigkeit obsiegen die „Externen", so dass mittels „Outsourcing" die für das Unternehmen erforderliche Leistungserbringung realisiert wird[115]. Hieraus resultiert unter anderem die Diskrepanz zwischen dem neuen „elektronischen Proletariat"[116] sowie den „Privilegierten", die mobil, lernfähig und anpassungsbereit sind sowie Wissenskompetenz besitzen; des Weiteren können sie sich selbständig organisieren und koordinieren. Sie sind daher auch in der Lage, die „Drohszenarien" der Unternehmen hinsichtlich einer Produktionsverlagerung in das Ausland aufgrund der niedrigeren Lohnkosten zu konterkarieren, weil sie global die höchsten Löhne vergleichen und dies als „Messlatte" für ihre eigene Gehalts- beziehungsweise Honorarforderungen nutzen.

Schon Ricardo stellte fest, dass der Kapitalismus zwar Reichtum schaffen würde, jedoch auch die „redundant population" (überflüssige Bevölkerung) als Nicht-

Teilnehmer bei gesellschaftlichen sowie ökonomischen Aktivitäten bzw. Tätigkeiten generieren werde. Diese stehen quasi „vor den Toren" des ökonomisch gesicherten und gesellschaftlich verteilten Wohlstandes und sind weder integriert noch integrierbar[117]. Vor dieser „digitalen" Spaltung der Gesellschaft in diejenigen, die digital verfügbare Informationen und Wissen abrufen und verarbeiten können, sowie denjenigen, die technologisch und/oder mental (kognitiv) hiervon ausgeschlossen sind, warnte schon Herbert Kubicek Mitte der 90er Jahre. Hierdurch wird gleichsam die traditionelle Differenzierung bzw. Abgrenzung zwischen Qualifizierten und Unqualifizierten fortgesetzt – allerdings auf einer höheren Ebene. Denn mittlerweile mutieren auch die „weniger Qualifizierten" aufgrund des unterschiedlichen Grades der digitalen Alphabetisierung bzw. des unterschiedlichen Transformationsvermögens zu „Unqualifizierten". Zum einen wird sich demnach die Zahl der „analogen Analphabeten" im Bereich des digitalen Analphabetentums um diejenigen erhöhen, denen der Zu- und Umgang mit diesem Medium fremd ist. Diese „Diskrepanz" wird zum anderen noch dadurch vergrößert werden, dass viele die komplexen, teilweise chaotischen Informationssysteme und Applikationen (kognitiv) nicht „verstehen" und so einer Informationsüberflutung ausgeliefert werden, die sie nicht beherrschen können. Trotz eines größeren Informations- und Wissensangebotes „wissen" sie immer weniger, weil ihre erlernten analogen Sach- und Verarbeitungsroutinen nicht mehr funktionieren und sie die notwendigen digitalen (noch) nicht besitzen. Das „Nichtwissen" sowie die Nichtbeherrschung von Informations- und Wissenkompetenzen (im Sinne der Befähigung zur eigenständigen Wissensaneignung und -vermehrung) in der Wissensgesellschaft führt (fast) zwangsläufig zu sozialer und beruflicher Ausgrenzung. Gemäß der Definition von Hauke Brunkhorst repräsentieren diese Menschen die sogenannte „Surplus-Population", also funktional überflüssige, entbehrliche Subjekte aus der Sichtweise der Globalisierung. Aufgrund des funktionalen Netzwerkcharakters – analog zu Luhmann – erfolgt jedoch nicht nur die Exklusion aus der wirtschaftlichen Systemebene: Sie werden zwangsläufig auch von den funktionalen Netzwerken der anderen Ebenen ausgeschlossen, beispielsweise vom Rechts-, Sozial- und Kultursystem. Plakativ lässt sich dies an der Stellung der (Wirtschafts-)Asylanten zeigen[118]. Dieser Wettbewerb auf dem Arbeitsmarkt wird noch durch den parallel stattfindenden Wandel zur Tertiärgesellschaft verschärft. Da die Arbeitsfreisetzungen im primären und sekundären Bereich (noch) nicht durch die beschäftigungspolitischen Effekte der Dienstleistungsgesellschaft kompensiert werden[119], müssen die personenbezogenen Dienstleistungen ausgebaut werden. Das erfordert jedoch andere Anreizstrukturen auf der Grundlage niedrigerer Einstiegslöhne, flexiblerer Beschäftigungsformen, anderer arbeitsrechtlicher Gestaltungsformen sowie einer anderen Dienstleistungsmentalität.
Schließlich impliziert der Globalismus als Postnationalismus „globalisierte Biographien", also eine Abkehr von Territorien, nationalen Gesellschaften, Kollektivität und nationaler Loyalität – quasi eine Verschneidung von Globalisierung und Individualisierung. Durch dieses Entstehen neuer Arbeitsformen und -biographien verliert das herkömmliche Sozialsystem seine Grundlagen. Allerdings

verlieren auch die Unternehmen ihren bisherigen Status als stabile organisationale und soziale Heimat für die Berufstätigen, so dass die Loyalität der Beschäftigten marginalisiert wird. Generell wird die Zukunft der Arbeitswelt daher dynamischer und somit ungeregelter bzw. nur in geringem Maße antizipierbar. Die hieraus erwachsenden Auswirkungen auf der sozialen Systemebene erzwingen zum einen den Paradigmenwechsel vom erwerbswirtschaftlich fokussierten, nationalstaatlichen Sozialsystem zu einem transnationalen, bei dem nicht mehr die Fiktion der Vollbeschäftigungsgesellschaft bzw. die Beteiligung oder Teilnahme an der Erwerbsarbeit die Basis für das Sozialsystem ist[122]. Erforderlich ist vielmehr eine bedarfsorientierte Mindestsicherung für Massenrisiken, die individuell durch eine Stärkung der Eigeninitiative bei gleichzeitiger Reduzierung des Anspruchsniveaus ergänzt werden muss[123]. Dies bedingt den (gesellschafts-)politischen Paradigmenwechsel von einer Verteilungs- zu einer Wachstumsgesellschaft, da nur dann die individuelle Eigensicherung auch geleistet werden kann. Beck[124] ist zuzustimmen, wenn diese notwendigen Strukturveränderungen derzeit noch sowohl am vorhandenen Struktur- und Denkkonservatismus in den gesellschaftspolitisch relevanten Institutionen sowie am fehlenden Reformwillen in Politik und Gesellschaft scheitern. Trotz des offensichtlichen Handlungsbedarfes bzw. sogar -zwanges wird die nationalstaatliche Wirtschafts- und Sozialpolitik momentan eher durch eine mediengerechte Simulierung von Handlungsfähigkeit sowie imaginärer Gestaltungskompetenz bestimmt. Diese populistische Verhaltensweise führt jedoch zu einem ausschließlich situativen Handeln und somit zur Vernachlässigung strategischer Kalküle. Dabei wird auch verdrängt, dass sich im Rahmen der Globalisierung transnational bzw. international agierende Organisationen, Institutionen und Unternehmen dem Einfluss nationalstaatlicher sowie nationalökonomischer Instrumente, Methoden und Verhaltensweisen und Spielregeln schon längst entziehen.

Deutlich wird somit, dass die nationalstaatlichen Instrumente im Rahmen der Globalisierung nicht mehr „greifen". So entzieht sich dem Nationalstaat immer stärker die Beeinflussung der wirtschaftlichen Entwicklung, während die hierdurch ausgelösten sozialen Folgeprobleme in seinem national-sozialen Netz hängen bleiben[125]. Die Krise der westeuropäischen Sozialsysteme ist mithin nicht mehr ausschließlich konjunkturbedingt, sondern unter anderem auch Konsequenz des Sachverhaltes, dass die – (informations-)technologisch und organisatorisch bedingte – Steigerung der Produktivität zu einem degressiven Rückgang von Arbeitseinsatz und -zeit führt. Problematisch ist dabei, dass der Faktor „Arbeit", der derzeit im Überfluss vorhanden ist, am höchsten besteuert wird[126]. Faktoren, die jedoch begrenzt sowie mittel- bis langfristig „endlich" sind – wie eben fossile Ressourcen -, werden kaum oder gar nicht besteuert. Neben der Realisierung einer ökologischen Steuerreform erzwingt dies eine Reform des Sozial- und Arbeitssystems, weil das derzeitige System als „Kopierschablone" immer noch das Primat der lebenslangen Vollzeittätigkeit und Vollerwerbsgesellschaft unterstellt, obwohl unter anderem

- ▷ die Kategorien der selbständigen (Schein-) und unselbständigen Arbeit zerfließen,

▷ lebenslanges Lernen das wesentliche Kriterium für den im Hinblick auf Arbeitszeit, -ort und -inhalt flexiblen Arbeitnehmer ist,
▷ amorphe Arbeitsbiographien dominieren werden,
▷ flexible Leistungs- sowie erfolgsabhängige Entlohnungssysteme an die Stelle der anwesenheitsorientierten treten werden.

Zynisch und überpointiert könnte formuliert werden, dass durch die Globalisierung im Sinne des marktdogmatischen Liberalismus die Markt- durch eine Machtwirtschaft ersetzt wird. Denn ohne Wettbewerbsordnung bzw. ordnende Instanzen ist der Schutz der Wettbewerbsteilnehmer (Marktteilnehmer) vor Kartellen bzw. dem Missbrauch von wirtschaftlicher Macht und Marktbeherrschung durch übermäßige Konzentration nicht gewährleistet. Ein funktionsfähiger Leistungswettbewerb wird somit unterbunden, der Paradigmenwechsel von der Wahlfreiheit zum Wahlzwang geschieht[127]. Der „freie Markt" intendiert somit eher einen Marktanarchismus, der weder Kontraktfreiheit noch rechtliche Prinzipien grundsätzlich garantieren kann. Ursache hierfür ist – wie bereits ausgeführt -, dass dieser Liberalismus quasi „technokratisch" eine Marktwirtschaft gemäß „rationaler", mathematischer Axiome, Algorithmen und Regeln unterstellt und deshalb angeblich keiner Regulierung von „außen" bedarf. Übersehen wird dabei, dass Volkswirtschaften auch durch qualitative Faktoren definiert und determiniert werden, beispielsweise durch kulturelle und sozial geprägte Vor- und Einstellungen sowie Verhaltensweisen und dem „richtigen" Verhältnis von Individualismus und Solidarität sowie Eigennutz und Gemeinwohl. So haben empirische Untersuchungen in den vergangen Jahren durch P. Rozin und L. Cowery an der University of Virginia ergeben, dass sich die Moral aller Kulturen auf drei Grundprinzipien bzw. Grundwerte zurückführen lassen: Autonomie, Gemeinschaft und Erhabenheit. Verstöße gegen diese Werte ziehen automatisch, quasi als kulturell-genetische Reaktion entsprechende Urgefühle bei den Betroffenen nach sich, beispielsweise Verärgerung, Verachtung oder Abscheu. Der marktdogmatische Liberalismus involviert allerdings derartige Moralvorstellungen und somit auch emotional geprägte Verhaltens- und Reaktionsweisen nicht, sondern reduziert das wirtschaftliche Leben und Verhalten auf Axiome bzw. universelle Regelungen der individualistischen Gewinnmaximierung im Sinne des „homo oeconomicus". Das impliziert letztlich eine „neue" Form der imperialistischen (Wirtschafts-)Machtausübung. Diese muss als Perfidie des derzeitigen globalen Designs der Ökonomie zum „Kannibalismus" sozialer, kultureller sowie ökologischer Besitzstände führen und ist weder verträglich mit Nachhaltigkeit noch mit Zukunftsfähigkeit. Dies kann beispielhaft an der „amerikanischen Krankheit" im Gefolge der Bilanzmanipulation verdeutlicht werden. An und für sich sollten die als „Vergütungsanteil" vereinbarten Aktionoptionen als Leistungsanreiz für das Management dazu dienen, dass sich diese im Rahmen ihrer Unternehmensstrategien und -politik am „shareholder-value" orientieren. In der Realität haben die Managementvertreter dieses Instrument unter Nutzung einer „kreativen Buchführung" jedoch für ihre eigene, kurzfristige Gewinnmaximierung genutzt und dabei gleichzeitig durch die damit ausgelöste Nachfrage Dritter ein (vermeintlich) höheres Kursniveau initiiert. Weil aber die für die Unternehmen real entstehenden Kosten der Optionen nicht angezeigt wurden und das Aufdecken von Bilanzmanipulationen zu sehr großen Vertrauensverlusten führte, kam es zwangsläufig zu erheblichen Kurseinbrüchen – zu Lasten der anderen Aktionäre. Zynisch kann daher konstatiert werden, dass der „shareholder-value-Gedanke" durch das egozentrische, Ethik und Moral unberücksichtigende Verhalten Einzelner letztlich eliminiert wird: Traditionelle Wertesysteme werden von einigen wenigen missachtet und intendieren aufgrund des Vertrauensverlustes auch ökonomische und soziale Verwerfungen sowie gesellschaftspolitisch bedenkliche Veränderungen. Notwendig ist daher zum einen ein Unternehmertum, das sich Regeln unterwirft und der Gemeinschaft verpflichtet fühlt – analog zum Vor- und Frühkapitalismus. Zum anderen müssen Kriterien einer „sozialen Ethik" definiert werden – diese kommen nicht per se aus dem Liberalismus bzw. der Marktwirtschaft, sondern müssen dieser abgerungen bzw. immer wieder gegen diese verteidigt werden. Transnationale Unternehmen als Resultante des marktdogmatischen Liberalismus üben indirekt eine politische Macht durch ihr wirtschaftliches (Droh-)Potenzial aus und zwingen den Nationalstaat zu einem Standort- und Steuerwettbewerb – zwangsläufig mit nachteiligen Folgen für das nationalstaatliche, gesellschaftspolitische System. Hierdurch wird unter anderem die Wertschöpfung durch Arbeit reduziert, während Besitz und Vermögen die private Reproduktion bestimmen.

Daher erfordert das entstandene **Machtgefälle** zwischen den Handlungspotentialen nationaler Wirtschaftspolitik einerseits sowie der „entterritorialisierten" Macht der transnationalen Unternehmen[128] andererseits zwangsläufig die Bildung transnationaler Staatensysteme wie der Europäischen Union, zum Beispiel also zwischenstaatlicher Kooperationsmodelle, um neue Machtkonfigurationen und -positionen zu ermöglichen. Beck[129] führt hierzu aus, dass sich Nationalstaaten als Antwort auf Globalisierung bzw. Globalismus zu Transnationalstaaten zusammenschließen müssen, um hierdurch

- zum einen ihre regionale Souveränität und Identität jenseits des Nationalen zu entwickeln und
- zum anderen als föderaler Einzelstaat aufgrund der Kooperation neue Handlungsspielräume zu erschließen.

Nur durch eine derartige, global gesehene „Regionalisierung" werden die nationalstaatlichen Regierungen in die Lage versetzt, ihre wirtschafts- und gesellschaftspolitische Interventionskapazität wieder zurückzugewinnen, die sie nationalstaatlich verloren haben. Allerdings darf die Bildung dieser „Regionalstaaten" (zum Beispiel EU) nicht nach den gleichen Schemata, Formalismen und Strukturen bzw. Mustern des Nationalstaates erfolgen[130]. Dabei darf allerdings nicht übersehen werden, dass die Globalisierung auch durch eine spezifische Fragmentierung, also eine Transregionalisierung und Translokalisierung, geprägt wird. So wird beispielhaft in dem transnationalen Bündnis „EU" eine Umverteilung der finanziellen Ressourcen beschlossen; diese Gelder werden jedoch dezentral (lokal) verwendet bzw. deren Verwendungszweck definiert. Für dieses Charakteristikum bietet sich der von Robertson[131] geprägte Begriff der „**Glokalisierung**[132]" an – auch wenn er ihn ursprünglich nur auf die Ebene der Kultur bezog[133]. Ein weiteres Indiz für die Glokalisierung ist in der in jüngster Zeit verstärkt auftretenden „Clusterbildung" als Folge einer nachhaltig wirksamen Ansiedlung von Unternehmen einer Branche zu sehen. Diese werden häufig durch die lokal enge Zusammenarbeit zwischen Politik und Unternehmen „geschützt" sowie durch gute Logistikstrukturen (informationeller und materieller Natur) und dem Wissenstransfer von der Grundlagenforschung an benachbarten Hochschulen zu den Unternehmen gestärkt.

Die bisherigen Ausführungen haben deutlich werden lassen, dass eine ausschließlich ökonomisch fokussierte Diskussion des Phänomens „Globalisierung" zwangsläufig unvollständig und damit irreführend sein muss. Eine diesbezügliche monokausale Betrachtungsweise negiert den systemischen und funktional-vernetzten Kontext und unterschlägt die Interdependenzen mit den anderen Dimensionen bzw. Ebenen. Vielmehr muss konstatiert werden, dass alle derzeitig relevanten ökonomischen, ökologischen und sozialen An- und Herausforderungen sowie notwendigen Veränderungen (fast) nur noch global realisiert werden können. Hierauf weist auch Giddens[134] ausdrücklich durch seine Einbeziehung der sozialen Dimension hin. Sie wird unter anderem durch eine Individualisierung der Entscheidung geprägt. Letzteres führt zur Abkehr von Verhaltenskonventionen, gesellschaftlichen bzw. organisationalen Normen, Rollendefinitionen etc. und somit zu einem System „zersplitterter Wertorientierungen sowie zentraler Individuen". Analog gilt für die kulturell-ethische Ebene, dass die durch Entindividualisierung, Normung und altruistischen Werte[135] dominierten „bürgerlichen Wertesysteme" anscheinend an Einfluss verlieren bzw. delegitimiert werden und somit an individualisierten, egoistischen Werten orientierte Verhaltens- und Handlungsweisen in den Vordergrund treten. Eine Ursache hierfür ist sicherlich in dem Sachverhalt zu sehen, dass der Einfluss traditioneller Institutionen, Systeme und Religionen sowie Ideologien wesentlich geringer geworden ist, weil sich vertraute Lebenskontexte und Milieus auflösen und sie so ihr Deutungs- und Sinnstiftungsmonopol angesichts der Individualisierungstendenzen verlieren. Diesbezüglich vollzieht sich scheinbar der Übergang von der altruistischen Leistungsgesellschaft zu einer Gesellschaft hedonistischer Egoisten[136] mit dem Primat des individuellen Erfolges, die auf Freizeitorientierung, Selbstverwirklichung, dem Übergewicht der Autonomie sowie einem subjektiven Verständnisses des „Sinus der Arbeit" fokussiert. Dieser gesellschaftliche bzw. -politische Individualisierungsprozess wird nicht nur durch den mental-kognitiven Wertewandel, sondern auch durch „harte Fakten" dokumentiert: So halbierte sich die Nettoreproduktionsrate der westdeutschen Bevölkerung von 1,18 im Jahre 1964 auf 0,59 in 1994 als Konsequenz singulärer, individualisierter Lebensformen. Ein Grund hierfür ist, dass die durch den Globalismus ausgelösten Veränderungen in Gesellschaft, Wissenschaft und Wirtschaft das individuelle Leben in allen Bereichen so nachhaltig verändern, dass vorstrukturierte Lebensmuster im Sinne von Lebens-(ablauf-)plänen ihre Gültigkeit verlieren. Überdies fehlen häufig die früher existenten, fest strukturierten sozialen Milieus, in denen die Menschen „verankert" waren. Die Folge hiervon ist der Trend zur Individualisierung sowie einer anderen Einstellung zur beruflichen Tätigkeit: Der Beruf mutiert zum „Job" im Rahmen einer „Patchwork-Struktur" mit variablem Wohnort. Dadurch wird die puritanische Arbeitsethik größtenteils marginalisiert, teilweise zugunsten psycho- und sozialdarwinistischer Machbarkeits-(wahn-)vorstellungen. Das „neue", mit heterogenen Wahlmöglichkeiten und Chancen verbundene Lebensumfeld beinhaltet neben Risiken und Chancen auch den Zwang, Wagnisse einzugehen: Risikobereitschaft ist somit zwangsläufig ein Signum der Gesellschaft geworden, weshalb das „Risikoerleben" einen eigenen Stellenwert erhalten hat. Dabei tritt an die Stelle der sozialisierten (solidarisierten) und kollektiven Absicherung die individuelle Vorsorge in Verbindung mit erhöhter Risikobereitschaft. Aus dem früheren Mitglied einer „Instant-Gesellschaft", bei der individuelle Probleme gesellschaftspolitisch „sozialisiert" und „auf Knopfdruck" gelöst werden[137], ist somit ein autonomes „Selbst" geworden, das im Rahmen seiner „work-life-balance" das Gleichgewicht zwischen der (noch) fremdgesteuerten Arbeit sowie der selbstgesteuerten Freizeit herzustellen versucht. Im ersteren Feld mutiert er zum „Arbeitskraftunternehmer mit Risiko bei beschränkter Haftung", indem er befristete Festanstellungen mit unternehmerischen Entscheidungsfreiheiten (Projekttätigkeiten etc.), verbunden mit einer „Just-in-time-Loyalität", anstrebt. Er mutiert somit zu einem eigen- und selbständigen „Lebensunternehmer". Ein diesbezügliches „Funky Business"[138] wird jedoch überwiegend nur für die hoch qualifizierten Kräfte erreichbar sein, so dass sich die „Schere" zwischen den sich ständig weiterbildenden und somit höherqualifizierenden Arbeitskräften einerseits sowie den auf ihrem Qualitätsniveau „Stehengebliebenen" vergrößern wird. Letzere werden künftig aufgrund des Überangebotes an zunehmend Niedrigqualifizierten weder Karriere machen noch ihre Gehaltsvorstellungen durchsetzen können. Diese Auffassung vertritt beispielsweise auch R. Dahrendorf, demzufolge sich die Wissensgesellschaft als eine Gesellschaft des bewussten Ausschlusses vieler aus der modernen Arbeitsgesellschaft erweist. Dies intendiert, dass das Paradigma der zweiten Hälfte des letzten Jahrhunderts, demzufolge ein wirtschaftliches Wachstum die Arbeitslosigkeit verringert, nicht mehr gültig ist. Letzteres impliziert wiederum, dass die Gesellschafts- und Klassenstrukturen des „digitalisierten Kapitalismus" kaum noch Ähnlichkeiten mit dem „rheinischen bzw. korporativen Kapitalismus" der 60er und 70er Jahre des letzten Jahrhunderts aufweisen, so dass der hierauf basierende Sozialstaat reformiert werden muss – da er nicht mehr strukturidentisch mit der Gesellschaft ist, ist er schlicht nicht mehr finanzierbar. Im zweiten Bereich definierte bzw. determinierte früher das frei verfügbare Einkommen die Grenzen des privaten Konsums – heute ist es die Freizeit[139]. Die Konsequenz hieraus sind divergierende „neue" Lebensstrategien. Die sich hierdurch ergebenden negativen Konsequenzen für die gesellschaftspolitischen Strukturen und Systeme werden von „Katastrophentheoretikern"[140] diskutiert, die die Individualisierung als Ursache für soziale bzw. gesellschaftspolitische Konflikte, Abspaltungen und Differenzen[141] sehen. Sie verstehen unter Individualisierung ein ständiges Experiment des Individuums, bei dem der andere (Mitmensch) zum Erfüllungsgehilfen für die Erreichung der eigenen Ziele degradiert wird. Dieses Experiment vollzieht sich im Spannungsfeld mit den Polen „Hoffnung auf Sicherheit", „Drang zur Selbstverwirklichung" sowie „Angst vor den Gefahren der Individualisierung" und führt letztlich zur „Individualisierungsfalle": Ständig getrieben vom Zwang, immer wieder neu anfangen zu müssen, wird Immobilität und Trägheit bestraft durch Arbeitslosigkeit[142]. Dies impliziert letztlich die Ansicht, dass die Individualisierung ein „Kind der Hochleistungsgesellschaft" ist. Denn die zunehmend globalisierte bzw. liberalisierte sowie hoch differenzierte Gesellschaft stellt hohe Leistungsanforderungen an das Individuum. Durch die hiermit verbundene Transformation bzw. Überhöhung einer Lebensform zu einer Ideologie wird die Individualisierung – wie jede Ideologie – zum Untergang verurteilt sein werden und durch neue, rigide Lebensformen ersetzt werden, die ausschließlich auf dem Gemeinsinn fokussieren und das individuelle Glück negieren[143]. Analog zur Veränderung der Arbeitswelt im Sinne von „Patchwork-Biographien"[144] entsteht also eine „Patchwork-Identität" als Identitätskonstruktion ohne zu Grunde liegende Sozialisationsprozesse, die keine Weiterentwicklung auf der Basis vermeintlicher Zwänge des temporär-situativen Umfeldes mehr zulässt[145]. Dies führt allerdings dazu, dass sich die „negativ" Ausgegrenzten, die mit diesen Perspektiven weder übereinstimmen können (intellektuell) noch wollen (sozial), entsprechenden Gruppierungen oder Sekten anschließen werden, bei denen sie soziale Geborgenheit, Schutz etc. (angeblich) bekommen.

Die in den vergangenen Jahren sichtbar gewordenen diesbezüglichen Symptome lassen demnach einen Werte- und Mentalitätswandel nicht unerheblichen Ausmaßes erwarten. Hierbei beeinflussen sich die ökonomischen sowie gesellschaftspolitischen Wertesysteme bzw. -kataloge gegenseitig; zum einen werden an das Unternehmen Erwartungen sowie Anforderungen gestellt (beispielsweise von Kunden, vom gesellschaftspolitischen System etc.), während sich umgekehrt das Ziel- und Wertesystem der Unternehmung auf das gesellschaftspolitische Umfeld auswirkt – im Unternehmen „erlernte" und verinnerlichte Verhaltensweisen sowie soziales Handeln beeinflusst zwangsläufig auch das individuelle Handeln und Verhalten im gesellschaftlich-sozialen sowie privaten Bereich. Im Verlauf dieses Prozesses werden sich humanistische und altruistische Paradigmen auflösen[146]. Derartige Paradigmenwechsel sind jedoch „normal", weil Kultur und Ethik sowie deren Grundsätze nicht statischer Natur, sondern gesellschaftspolitisch und -kulturell abhängig und somit veränderbar sind[147]. Die hiermit verbundene Verhaltensänderung bzw. „Einstellung zum Markt" scheint durch eine Allensbach-Umfrage im Herbst 2000 bestätigt zu werden: Zum einen hat sich die Zahl derjenigen, die die Marktwirtschaft ablehnen, in den vorherigen fünf Jahren halbiert. Gleichzeitig erhöhte sich signifikant die Zahl der Befürworter der Leistungsgesellschaft, die sich für eine geringere soziale Verantwortung, für den Einsatz zur Vergrößerung des individuellen Nutzens und mehr Hedonismus aussprachen, um für sich das Beste aus den vermehrten Marktchancen herauszuholen. Als Begründung wurden die Dominanz

des Marktes im Alltagsleben, der Zwang zur ständigen Entscheidungsbereitschaft und -fähigkeit sowie die damit verbundene Risikobereitschaft angeführt. Fraglich ist jedoch, ob die Ursache hierfür wirklich ein Hedonismus oder nicht vielmehr ein Fatalismus ist: Die technisch-wirtschaftliche Marktentwicklung dominiert unabhängig vom Wollen oder Wirken der Beteiligten, so dass man sich dem Trend nicht entziehen kann, sondern mitmachen muss. Letzteres wird dann im Sinne der „kognitiven Dissonanz" verbrämt.
Andererseits bzw. sogar im Gegensatz zu dieser gesellschafts- und kulturpessimistischen Ansicht generiert die durch die Globalisierung induzierte höhere Komplexität in Wirtschaft und Gesellschaft auch ein höchst komplexes, pluralistisches Geflecht von ethischen und moralischen Standpunkten, so dass der auf Aristoteles basierende christliche Wertekanon mit seiner Verbindlichkeit für alle Lebensbereiche an Bedeutung verliert. Dies impliziert zwangsläufig keinen „Werteverfall", sondern das Entstehen eines „Wertepluralismus" durch eine quantitativ wesentliche Zunahme „allgemein anerkannter Werte". Dadurch werden die „normativen Grenzen" unschärfer sowie „Grenzüberschreitungen" zahlreicher, weshalb eine moralische „Doppelbödigkeit" der Wertesysteme und -debatte entsteht. Als Ursache für das Erwachen dieses Pluralismus ist anzuführen, dass der Mensch aufgrund seiner Evolution und Sozialisation nicht ohne Regeln, Strukturen sowie Wertesysteme leben kann, weil er einer vollständigen „ethischen Beliebigkeit" nicht gewachsen ist. Er benötigt aus evolutionstechnischer Sicht „Markierungen", um einer (über-)lebensbedrohenden Desorientierung und Anarchie zu entgehen; diese „Werte" repräsentieren keine starren, inflexiblen Prinzipien, sondern übergeordnete, richtungsweisende Grundeinstellungen, die antizipative und adaptierende Strukturen besitzen. In und zwischen den Gesellschaften bzw. gesellschaftspolitischen Gruppierungen gibt es höchst divergente Auffassungen darüber, was „richtig" ist. Die moralischen Definitionen und Intuitionen fallen auseinander bzw. werden – häufig ohne reflexive Distanz – polarisiert. Die damit verbundene Werteverschiebung kann allerdings auch „nur" die Folge der Strukturkrise durch den Wandel von der sekundären zur tertiären Gesellschaft sein, die unter anderem geprägt ist durch

- ein Übergewicht sogenannter „Patchwork-Biographien" gegenüber lebenslangen Beschäftigungsverhältnissen bei reduzierter Loyalität auf beiden Seiten.
- Verkürzung der Produkt-/Dienstleistungszyklen.
- Erhöhung der Lerngeschwindigkeit sowohl bei den MitarbeiterInnen als auch der Organisation (erzwingt das individuelle als auch korporative „Wissensmanagement").
- „andere" Kultursensibilitäten sowie antizipative Anpassungsvorgänge.
- das Erfordernis „anderer", teilweise noch „unschärfer" Befähigungen, Kenntnisse sowie „soft skills".
- einem negativen Arbeitskräftesaldo im Industriebereich.

Individualisierung impliziert somit zum einen den originären Bedeutungsverlust altruistischer Werte. Sie umfasst jedoch andererseits deren individuelle Ausdif-

ferenzierung sowie persönliche Autonomie, verbunden mit subjektiv-persönlicher Risikobereitschaft und Kreativität[148]. Gemäß der Ansicht von Emile Durkheim erfordert eine funktional ausdifferenzierte moderne Gesellschaft die Lebensform der Individualisierung, die allerdings durch den Einfluss von Bürokratie und Taylorismus[149] konterkariert wird[150]. Verstanden wird hierunter demnach nicht die Hyperindividualisierung, bei der es keine Moral sowie keine Solidarität mit den Armen und Schwachen gibt. Vielmehr bestätigen Umfragen, dass die Sensibilisierung für Ungerechtigkeit sowie der Wunsch nach überzeugenden Visionen und Zielen bei einer Entscheidungsteilhabe (gesellschaftlich wie betrieblich) gestiegen ist – obwohl gesellschaftspolitische Bewährungsregeln sowie Interventions- und Reflexionsmechanismen (anscheinend) durch den Globalismus außer Kraft gesetzt werden. Gemeint ist vielmehr die Individualisierung im Sinne von Georg Simmel, die zur Herauslösung aus traditionellen Kontrollmechanismen und Sozialbeziehungen befähigt sowie wechselnde Entscheidungs- und Freiheitsräume bietet. Sowohl das Scheitern als auch ein erfolgreicher Neuanfang gehören daher zu den ständigen Optionen im Rahmen einer selbst gestaltbaren und permanent umstrukturierbaren Biographie[151], bei der quasi ein Lebensunternehmertum den Existenzstil definiert. Individualisierung ist demnach ein höchst differenziertes Kunstwerk mit labyrinthischen Anlagen[152].
Neben dieser prinzipiell positiven Grundeinstellung gegenüber dem Individualismus, wie sie beispielsweise von U. Beck vertreten wird, geht auch eine dritte Gruppe von Soziologen wie zum Beispiel etwa der Zukunftsforscher Matthias Horx davon aus, dass die negativen Folgen der Hyperindividualisierung zurückgedrängt werden, weil künftig soziale Verlässlichkeit (Kontraktgewissheit) sowie Freundschaft und Ehrlichkeit dominieren werden. Die emotionale Intelligenz, ständiges moralisch fokussiertes Verhalten sowie die Verlässlichkeit auf das Ausgehandelte sind der soziale Kitt einer demnach immer noch individualisierten Lebensform. Diese Eigenschaften, die zu den „soft skills" gehören, sind zudem Grundlage für prozessorientierte Organisationsstrukturen bzw. Voraussetzung für deren Funktionieren[153] – und somit auch Voraussetzung für selbstlernende, ultrastabile Unternehmen.
Im Rahmen des bisherigen Versuches einer analytischen Deskription und Definition der Globalisierung sowie ihrer Auswirkungen wurde sowohl die Ambivalenz der jeweiligen Ansichten und ideologisch determinierten Auffassungen als auch deren „Unschärfe" sowie Widersprüchlichkeit deutlich. Bewusst wurde jedoch auch, dass das normative Dogma der Apologeten der Globalisierung hinsichtlich der „generellen Vorteilhaftigkeit" dieses gesellschaftspolitischen Systems im Hinblick auf die derzeitigen Strukturen neben der ökonomischen auch unter Einbeziehung der sozialen, kulturellen und rechtlichen Ebene etc. evaluiert werden muss. Eine alles umfassende „Globalisierung" ist daher weder realistisch noch wünschenswert – beispielsweise im Sinne einer „Weltkultur" mit homogenen Strukturen. Eine Reduzierung der Globalisierung auf die wirtschaftliche Ebene generiert jedoch aufgrund der inhärenten „Logik" zwangsläufig „Sieger" und „Verlierer" – und führt damit den „für alle" gültigen Vor-

teilhaftigkeitsanspruch ad absurdum. Eine der Ursachen für das „gesellschaftspolitische Scheitern" der Globalisierung ist demnach darin zu sehen, dass diese derzeit – analog zu Luhmann – fast ausschließlich durch eine „funktionale Logik" sowie darauf basierender inhärenter Netzwerke determiniert wird. Ohne die erforderlichen ebenen- und dimensionsübergreifenden Strukturen (beispielsweise in Form der Transnationalstaaten mit partizipativer, demokratischer Einbeziehung und Einbindung der Betroffenen) sowie Institutionen mit globaler Funktionalität und Durchsetzungsfähigkeit (internationale Gerichtsbarkeit etc.) werden die derzeitige Struktur der Globalisierung und ihr momentaner Status zu keiner grundlegenden Verbesserung der Lebensbedingungen und -situationen „für alle" führen. Allerdings sind die zur Beseitigung der wachsenden Ungleichheit und zur Beendigung der sozialen Auflösung erforderlichen Akteure – sowohl als „oeconomic leadership" wie auch als inter-/transnationale Institutionen – nicht erkennbar.

Nachfolgend sollen daher – vor dem Hintergrund der zugrundeliegenden Thematik – einige diesbezüglich relevante Aspekte der ökonomischen Ebene (Globalismus) kurz skizziert werden. Angemerkt sei nur zur **ökologischen Ebene**, dass beispielsweise die durch die „lokale Armut" implizierten Umweltprobleme[154] nationalen Charakter besitzen, während die „globalen Reichtumsumweltprobleme" internationale Auswirkungen hervorrufen. Vom World Business Council for Sustainable Development (WBCSD), dem mittlerweile ca. 300 Unternehmen angehören, wird daher als Zielsetzung die „Ressourcen Input Optimierung" vertreten. Ausgangspunkt dieser Überlegung ist die berechtigte Annahme, dass die künftige Wettbewerbsfähigkeit durch rohstoffsparendes Wirtschaften geprägt sein wird. Das entlastet nicht nur die Umwelt, sondern reduziert auch die Betriebskosten und motiviert die Mitarbeiter. Derartige Ansätze werden allerdings unter anderem dadurch konterkariert, dass die traditionellen Rechnungslegungen, Rechenmodelle und Algorithmen zur Ermittlung des Bruttoinlandproduktes in gewisser Beziehung eine Umweltschädigung noch verstärken, weil neben dem Abbau von Ressourcen, dem Verkauf von Rohstoffen etc. auch die Investitionen bzw. Kosten für die Sanierung von Kontaminationen sowie Umweltbelastungen den Wert der jeweiligen volkswirtschaftlichen Gesamtrechnung erhöhen. Bemerkenswert ist diesbezüglich der gemeinsame Ansatz von Weltbank, dem Statistischen Amt der UNO sowie der UNEP (United Nations Environment Program): Im Rahmen eines integrierten Systems der ökonomischen und ökologischen Rechnungslegung durch Integration sozio-ökonomischer und biophysischer Daten stellte sich heraus, dass die Berücksichtigung der ökologischen Belastungen durch das ökonomische Handeln zu einer durchschnittlichen Reduzierung des ökonomischen Bruttoinlandproduktes (BIP) um ca. ein Prozent führt. Der Grund hierfür beruht auf dem Sachverhalt, dass die wirtschaftlichen Wachstumsraten „falsch" ausgewiesen werden – sie berücksichtigen die externen Negativeffekte (ökologische, soziale, kulturelle Auswirkungen etc.) nicht.

Auch hier muss konstatiert werden, dass eine grundlegende Veränderung dieser Umweltproblematik ohne inter-/transnational strukturierte und handlungs-

sowie durchsetzungsfähige politische Institutionen nicht realisiert werden kann – allerdings sind diese auch auf dieser Ebene der Globalisierung derzeit nicht in Sicht.

1.3.2 Globalismus – die ökonomische Dimension der Globalisierung[155]

Unter Globalismus subsummiert man derzeit – wie bereits ersichtlich wurde – die Kriterien eines globalisierten Kapitalismus marktdogmatisch-neoliberaler Ausprägung[156] sowie seiner auf der Evolution der (digitalen) Informationstechnologie basierenden Strukturen ohne die Existenz bzw. Wirkungs- und Funktionsweise nationalstaatlich definierter ordnungspolitischer Regulative. Hierbei verkennen die ideologisch geprägten „Deregulierer", dass die Marktwirtschaft durch Wettbewerb im Rahmen definierter Kontextbedingungen determiniert wird – und nicht durch einen monokausalen Marktdogmatismus. Wettbewerb kann nur bei Beachtung spezifischer Rahmenbedingungen (Regulierungen) zu vorteilhaften Auswirkungen für die Mehrheit der Menschen führen und somit gemäß der Gerechtigkeitstheorie von Rawls[157] zu einer ausbalancierten Wechselwirkung zwischen ökonomischer Freiheit (Liberalisierung) sowie sozialer Gleichheit. Der sich derzeit ergebende globale Wettbewerb von Unternehmen ist daher zwangsläufig nicht identisch mit dem traditionellen „internationalen" Wettbewerb, bei dem Unternehmen auf internationalen Märkten mit Vertriebsniederlassungen, Produktionsstätten etc. tätig sind, sich jedoch jeweils in einem spezifisch lokalen bzw. regionalen Wettbewerb befinden. Diese globale, digitalisierte Ökonomie wird vielmehr durch eine Intensivierung der internationalen Spezialisierung aufgrund der politisch induzierten Veränderung bisher gültiger Rahmenbedingungen bzw. Restriktionen gekennzeichnet. Die wesentlichen Komponenten dabei sind

- die Liberalisierung (von der Binnen- zur Außenperspektive),
- die Deregulierung (Aufhebung nationaler Handelsbeschränkungen) und
- die Privatisierung (gemäß der liberalen Theorie kann die optimale Allokation der Ressourcen nur im Rahmen des freien Wirkens privater Marktkräfte erfolgen).

Auf ökonomischer Ebene ließ – statistisch gesehen – dieser marktdogmatische Neo-Liberalismus den Welthandel im Jahr 2000 viermal stärker wachsen als das Weltsozialprodukt. Gekennzeichnet wird er unter anderem durch folgende „holzschnittartige" makroökonomische Charakteristika:
Zum einen erfordert der weltweite Transport von Gütern und Informationen nur noch Bruchteile der bisher üblichen Zeit- und Kostenaufwendungen und führt zu einer bereichsbezogenen anstelle der funktionalen Aufgabenteilung. Parallel hierzu reduzieren sich die „Halbwertszeiten" für technologische und wirtschaftliche Evolutionen bzw. Veränderungen (zum Beispiel Produkte, Märkte) immer stärker; gleichzeitig erhöht sich die Innovationsgeschwindigkeit bei diffuser werdenden Entwicklungstrends. Neue Formen der Produktion von Gütern und Dienstleistungen als auch der zugrundeliegenden Arbeitsteilung globalisie-

ren bislang lokale, regionale und nationale Arbeitsmärkte und führen zu einer globalen Aufgabenteilung; dies führt zu einer Intensivierung des Wettbewerbes um mobile Faktoren (zum Beispiel Human- und Sachkapital etc.)[158]. Allerdings scheint es bisher ein unausgesprochener Konsens der sogenannten „Nordstaaten" zu sein, die Globalisierung des physischen Arbeitsmarktes[159] nicht zuzulassen. Der „freie, mobile Weltbürger" ist nicht beabsichtigt, obwohl Deregulierung und Flexibilität sowie Liberalisierung als Maxime des Globalismus gelten. Zwar ist im Rahmen der GATS[160] der freie Austausch von Arbeitskräften definiert. Dies wird jedoch nur in der „Einbahnstraße Nord-Süd" praktiziert, indem transnationale Unternehmen bei Gesellschaftsgründungen in den Staaten der Dritten Welt ihre MitarbeiterInnen aus dem Heimatland dort beschäftigen. Umgekehrt können – vor allem niedrig qualifizierte – Arbeitskräfte aus der Dritten Welt nicht in die Industrieländer zur Arbeitssuche migrieren, weil dies Einwanderungs- und Zuwanderungsgesetze bzw. Asylantenaufnahmeregulierungen fast unmöglich machen – obwohl Migration eine logische Konsequenz des Globalismus wäre[161].

Als weiteres Beispiel für diese, der Liberalisierung kontraproduktiven Verschlechterung des „Nord-Süd-Gefälles" kann auch die Landwirtschaft dienen. Im Norden werden jährlich landwirtschaftliche Erzeugnisse mit ca. 360 Mrd. € subventioniert, so dass die hierdurch stimulierte Überproduktion neben den ökologischen Schäden das globale Marktpreisniveau derartig absenkt, dass dieses unter den Selbstkosten des Südens liegt. Zwangsläufig werden deren Produkte durch die Billigimporte aus dem Norden vom Markt verdrängt. Des Weiteren entnehmen die Unternehmen des Nordens biogenetisches Rohmaterial (zum Beispiel wie etwa Reis) aus dem Süden, um es anschließend im Rahmen einer weltweiten, monopolistischen Exklusivlizensierung und -vermarktung für ein Mehrfaches des Wertes zu liefern. Zusätzlich praktiziert der Norden einen extensiven Protektionismus zur Abwehr der Erzeugnisse des Südens (so beispielsweise auf dem Zuckermarkt), so dass deren Exporterlöse um jährlich ca. 100 Mrd. € reduziert werden – die als „Gegenleistung" realisierte Entwicklungshilfe ist jedoch wesentlich niedriger[162]. Generell verändern sich somit die „terms of trade" zu Ungunsten des Südens. Während die importierten Waren und Investitionsgüter (einschließlich der Ersatzteillieferungen) immer teurer werden, sinken die Weltmarktpreise für die Rohstofflieferungen des Südens. Dies zeigt sich zwangsläufig auch im jeweiligen Volumenanteil am Welthandel: 75 Prozent des Welthandels findet zwischen den Industriestaaten statt, während die 48 ärmsten Länder (10 Prozent der Weltbevölkerung) nur 0,5 Prozent des Welthandels auf sich vereinen und somit erhebliche Wohlfahrtsverluste erleiden. Diese volkswirtschaftliche „Verelendung" wird im Süden noch dadurch verschärft, dass hier endemische Korruption, Vettern- sowie Misswirtschaft dominieren; die Existenzgrundlagen breiter Bevölkerungsschichten werden immer weiter eingeschränkt, während deren Machteliten einen immer höheren Wohl- und Besitzstand erreichen. Zwangsläufig entstehen dadurch auf nationalstaatlicher Ebene regionale Gewinner und Verlierer des Globalismus. Zwar hat – statistisch gesehen – der globale Wohlstand durch die Marktliberalisierung zugenommen; andererseits erhöht sich – situativ und lokal – die Zahl der Armen auf der Erde in den letzten 10 Jahren um ca. einhundert Millionen Bewohner. Die propagierten Erfolge bzw. Nachteile der Globalisierung verhalten sich – überpointiert – demnach wie Wetter und Klima zueinander: Das Letztere ist eine statistische Größe, während das erstere lokale Auswirkungen besitzt. Allerdings kann als Ursache für diese Auswirkungen nicht die Marktliberalisierung herangezogen werden: diese fokussiert nicht per se gegen die Bedürfnisse, Interessen sowie Entwicklung des Südens – allerdings werden seine Regeln gemäß einer Studie der britischen Hilfsorganisation „Oxfam" (fast) ausschließlich zu Gunsten des Nordens manipuliert.

Schließlich sind bislang national dominierte Kapitalmärkte und Börsen (zum Beispiel Frankfurt, London, New York, Tokio etc.) zu einem weltweiten Kapitalmarkt aggregiert worden[163]. Eine Konsequenz dieser weltweiten Vernetzung zeigt sich beispielsweise in den überproportionalen Kursschwankungen an den großen Aktienbörsen (Dow-Jones-Index, DAX etc.): Die durch niedrige Leitzinssätze der Zentralbanken bedingte Erhöhung der liquiden Mittel wird aus kurzfristigen Ertragsaussichten heraus nicht langfristig in Produktionstechnologie, sondern in Kapitalmarktanlagen investiert. Zudem werden auf den Devisenmärkten erratische Finanzströme realisiert, die nicht mit den klassischen Theorien bzw. der volkswirtschaftlichen Logik erklärbar sind[164]; selbst die Akteure gestehen inzwischen ein, dass für diese Märkte Regulierungsmaßnahmen erforderlich sind. Letzteres erscheint im Hinblick auf die terroristischen Attacken vom 11. September 2001 auch deshalb erforderlich, um den global tätigen Terroristen und mafiosen Gruppierungen die finanzwirtschaftliche Basis zu entziehen. Anstelle der nationalstaatlichen Strukturen müssen sich daher supranationale bzw. transnationale entwickeln. Das Entstehen größerer wirtschafts- bzw. sicherheitspolitischer Einheiten mit identischen politischen, sprachlichen und kommunikativen Strukturen bei einer gleichzeitig föderal differenzierten Entwicklung neuer Regionen durch die Delegation von staatlichen Funktionen, Aufgaben- und Zuständigkeitsbereichen im Sinne des Subsidiaritätsprinzips führt zusätzlich zu einem Wettbewerb zwischen den Regionen – quasi auf Subsystemebene – analog zum Wettbewerb auf Systemebene; hierdurch entstehen neue, anpassungsbedürftige soziale, kulturelle und wirtschaftliche Netzwerke. Die Verflechtung und Globalisierung führt somit sowohl zu einer Fragmentierung als auch zur Regionalisierung.

Generell wird der Globalismus demnach durch die globale (also geographisch-funktionale) Durchgängigkeit aller Wertschöpfungsstufen bzw. -prozesse sowie der Aggregation bzw. Kombination der jeweiligen „lokalen Rosinen"[165] determiniert. Das führt zur unternehmensinternen Strukturierung bzw. Differenzierung aufgrund der sich ergebenden geographisch-funktionalen Spezialisierung in Verbindung mit einer externen Arbeitsteilung bis zur Bildung virtueller Unternehmen im Rahmen der Beschränkung auf die Kernkompetenzen. Marktliberalisierung führt demnach zur Auftrennung ehemals vertikal integrierter Unternehmen, zum Auftritt neuer Marktteilnehmer sowie zur – teilweise temporären – Bildung neuer Kooperationen, die die Nutzung von Skaleneffekten ermöglichen. Die dem traditionellen Diversifizierungsansatz zu Grunde liegende Idee der Risikotrennung wird also auf einer anderen Ebene neu belebt: durch die weltweite Disloziierung von Wertschöpfungs- und Geschäftsprozessen bzw. -funktionen. Als Kehrseite führt dies einerseits zwangsläufig zu einem exponentiellen Verbrauch des sozialen und ökologischen Kapitals als Folge des quantitativen globalisierten Wachstums. Hierin zeigt sich auch der wesentliche Unterschied zum traditionellen Welthandel, der auf der (Aus-)Nutzung der komparativen Kostenvorteile beruhte. Zum anderen generiert der Globalismus als weltweite Vernetzung von Unternehmen sowie Produktionsstätten auch, dass lokale bzw. regionale Wirtschaftsprobleme schneller als bisher die „gesunden" Netzwerkmodule infizieren und somit das Gesamtsystem instabilisieren können[166].

Charakteristika des Globalismus sind daher sowohl eine wachsende Markttransparenz als auch das Auftreten neuer, teilweise branchenfremder Marktteilnehmer im Rahmen eines „Global Sourcing". Die Informationstechnik führt bei vergleichbaren Produkten zu einer symmetrischen Markt- und Preistransparenz sowohl für Anbieter als auch Nachfrager. Dies impliziert zum einen eine ständige Anpassung des Marktpreises aufgrund der jeweiligen Relation von Angebot und Nachfrage. Zum anderen vergrößert sich permanent die Zahl der Anbieter und Nachfrager – letztlich bis zum Zustand desjenigen (virtuellen) Marktplatzes, bei dem alle Anbieter und Nachfrager gleichzeitig auftreten, beim absolut offenen Markt. Die hiermit einhergehende Standardisierung von Verträgen, Konditionen, Laufzeiten etc. führt dann dazu, dass über die Eintrittswahrscheinlichkeit eines mittelfristig vereinbarten Preises an und für sich „Wetten" in Form von Optionen, Derivaten, Terminkontrakten etc. zu standardisierten, allgemein verbindlichen und verständlichen Konditionen abgeschlossen werden, um die mit jeder Prognose verbundenen Risiken zu reduzieren[167]. Diese Risiko-Versicherungsmentalität verringert aber auch die auf Risikochancen basierenden Gewinnmargen. Dies impliziert neben zusätzlichen Risiken jedoch auch die Potentiale für weiteres Wachstum sowie die schnellere Amortisation durch zusätzliche Kostendegressionen – vor allem im Bereich der Transaktionskosten[168].

Verstärkt werden diese Trends überdies durch (informations-)technologische Innovationen, die zur Überwindung der Raum-Zeit-Grenzen führen. Hierdurch entsteht letztlich eine duale Wettbewerbssituation auf globaler Ebene:

- zum einen zwischen Produzenten um Lieferanten und Abnehmern,
- zum anderen zwischen Regionen, Nationen, Kommunen etc. um Investoren und Kapitalgeber sowie Bevölkerungspotenziale.

Global handelnde transnationale Unternehmen werden daher vor Standortentscheidungen ein „Benchmarking" der jeweiligen gesellschaftspolitischen, steuerpolitischen, finanzwirtschaftlichen sowie rechtlichen Rahmenbedingungen durchführen; die aus der klassischen Betriebswirtschaftslehre her bekannten Standortkriterien (z. B. Infrastruktur, Arbeitsmarkt etc.) sind nur noch von sekundärer Bedeutung. Im Umkehrschluss zwingt dies die Regionen ebenfalls zu einem Benchmarking, um hierdurch im Sinne eines „best practice" die bestehenden Leistungsunterschiede zu analysieren, Zielsetzungen für die eigene

Region zu generieren sowie geeignete Maßnahmen zur Erreichung dieser Zielsetzungen abzuleiten. Ein wesentlicher Faktor bei diesem regionalen Benchmarking wird zukünftig der Wettbewerb um (richtig) qualifizierte Arbeitskräfte sein, da sich in ca. 20 Jahren der Anteil der Rentner an der Bevölkerung in den Industrienationen verdoppeln bzw. zwischen 40 % und 50 % betragen wird – „vergreiste" Regionen mit teilweise dramatisch sinkenden Einwohnerzahlen werden bei diesem Wettbewerb (fast) chancenlos sein.
Dieser Wettbewerb kann theoretisch – in Analogie zur Ausbeutungstheorie von Karl Marx – zur weltweiten Konzentration auf wenige „Global Players" führen[169]. Allerdings erfahren die einzelnen Sektoren des Handelsbereichs unterschiedliche Ausprägungen des Globalismus: Während der Kapital- und Finanzmarkt als auch die Bereiche der Rohstoffe, Informationen und Investitionsgüter nahezu vollständig „globalisiert" sind, werden sowohl Konsumgüter als auch nicht-digitale Dienstleistungen nur bedingt global austauschbar sein. Im ersten Fall gilt dies vor allem für technische Produkte, während ein Großteil der Lebensmittel beispielsweise eher regionalen[170] oder nationalen Charakter besitzt. Analog gilt für den Dienstleistungsbereich, dass kognitive, wissens- bzw. informationsverarbeitende Tätigkeiten aufgrund der Evolution der Informationstechnologien globalisierbar sind, während manuelle Dienstleistungen (zum Beispiel Gastronomie) nur national bzw. regional oder sogar nur lokal begrenzt austauschbar sein werden. Globalismusprozesse werden daher derzeit noch häufig von gegenläufigen Prozessen der Peripherisierung, Regionalisierung und Lokalisierung begleitet. Das gilt auch für die globalen elektronischen Netze, die letztlich nur die Strukturen der bekannten „analogen" internationalen Arbeitsteilung digital abbilden, sie jedoch (noch) nicht aufheben. Dies führt zu der eingangs angesprochenen „*Glokalisierung*"[171]. Ursächlich verantwortlich hierfür ist zum einen, dass kleinräumige Märkte langfristig durch kulturelle, sprachliche und verhaltensfokussierte Strukturabgrenzungen bzw. -unterschiede „gewachsen" sind – eine Vielfalt auf engem Raum, die die Bildung großer, homogener Märkte verhindert (beispielsweise unterschiedliche Trink- und Essgewohnheiten, die Nichtakzeptanz anderer kultureller Sitten etc.). Ethno- bzw. polyzentrische Produkte und Dienstleistungen werden daher durch regiozentrische Ausprägungen verdrängt werden[172]. Einer der Gründe hierfür ist unter anderem darin zu sehen, dass sozio-kulturell bedingte Marktveränderungen schneller wahrgenommen, ethnisch-sozial „richtig" interpretiert und in adäquate Produkt- und Dienstleistungsveränderungen münden werden. Dieser „Käufermarkt-induzierte" Effekt reduziert zwangsläufig die Wirksamkeit der „economies of scale" und somit den vorgeblichen Kostenvorteil transnational tätiger Unternehmen. Berücksichtigt werden muss zum anderen, dass Marktanteil und Umsatz häufig nicht das Erzielen entsprechender Deckungsbeiträge implizieren, weil der (Preis-) Wettbewerb auf globalisierten Märkten zwischen globalen Anbietern zwangsläufig zu Lasten des Ertrages realisiert werden muss. Zudem findet dieser Wettbewerb nicht nur zwischen „globalen" Wettbewerbern, sondern auch gegenüber den angestammten lokalen bzw. regionalen Anbietern statt. Diese besitzen jedoch – historisch bedingte – sozio-kulturelle sowie ethnologische Vorteile so-

wie emotionale Kundenbindungen, die zwar kurzfristig im Rahmen eines verschärften Verdrängungswettbewerbes gelockert, mittel- bis langfristig jedoch nicht kompensiert werden können. Schließlich impliziert der globalisierte Informations- und Wissenstransfer über Märkte, Kunden und Produkte zwangsläufig nicht, dass diese Informationen auch semantisch richtig „verstanden" (d. h. richtig interpretiert und transformiert) und in dementsprechende Marketingaktivitäten sowie Produkt- und Leistungsveränderungen umgesetzt werden[173]. In der Realität hat sich dieser „Marktnachteil" globaler Unternehmen allerdings bislang (noch) nicht bemerkbar gemacht: Gemäß der Erhebungen von zwei renommierten Beratungsgesellschaften[174] wurden weltweit zwischen 1995 und 2000 Fusionen im Gesamtwert von 5 Billionen $ durchgeführt, die jedoch zu 80 Prozent nicht einmal die Transaktionskosten der Fusion erwirtschaften konnten, während 35 Prozent nach kurzer Zeit wieder entflochten wurden, so dass die „Floprate" bei ca. 75 Prozent lag[175]. Neben unrealistischen Annahmen über die zu erzielenden Kosteneinsparungseffekte trotz der „Sozialisierung" der Kosten für die Entlassung der Beschäftigten wirkten sich dabei vor allem auch Unterschiede in den Unternehmensstrategien und -kulturen negativ aus.

Dennoch wird der Globalismus derzeit – wie bereits ausgeführt wurde – immer noch durch transnational tätige Unternehmen[176] geprägt, denen jedoch nur in sehr beschränktem Umfang transnationale politische Einheiten (zum Beispiel wie die EU) sowie transnationale nicht-staatliche Organisationen (zum Beispiel wie Greenpeace oder Amnesty International) gegenüberstehen. Transnationale Unternehmen agieren demnach global, ohne dass ihnen eine transnationale Gegenmacht (zum Beispiel analog zu den nationalen Gewerkschaften, national definierter Wirtschafts- und Sozialpolitik) entgegensteht. Die Strategiekomponenten dieser transnationalen Unternehmen sind unter anderem [177]

- die Optimierung und Allokation der unternehmensspezifischen Ressourcen,
- die Erhöhung der operationalen Flexibilität und Effizienz,
- das Risikomanagement aufgrund der Heterogenität der Umfeldbedingungen sowie der geographischen Risikodiversifikation,
- das Generieren von Informationsarbitrageeffekten aus dem organisationalen Wissensmanagement sowie
- die Erhöhung von Innovations- und Anpassungsfähigkeit aufgrund organisationaler Lernprozesse vor dem Hintergrund der wachsenden Umfelddynamik sowie dem hieraus resultierenden Innovationsdruck.

Hierdurch kann sich das transnationale Unternehmen der nationalen Klammer von Arbeit, Politik und Gesellschaft entledigen, es konterkariert damit die Legitimation sowie den Einfluss des Nationalstaates sowie der Nationalökonomie. Die bisherige Machtbalance der Industriegesellschaft wird somit aufgehoben und durch den Egoismus wirtschaftlichen Handelns ersetzt[178]. Zynisch interpretiert führt der Globalismus zum Aufstieg einer „ökonomischen Einheitslogik" mit der Fokussierung auf Individualismus, Vertragsfreiheit sowie dem Markt als Regulierer des Marktes[179]. Diese Attribute mutieren gleichsam zu Axiomen menschlichen Verhaltens – jedoch ohne kritische Reflektion ihrer Existenzberechtigung. Notwendig ist daher, wie bereits ausgeführt, die Bildung transnationaler Staaten sowie transnationaler NGO's[180] einschließlich eines „Global public policy network", um einen Machtausgleich bzw. eine Machtbalance wieder herzustellen, weil nur diese in der Lage sind, Sozial- und Umweltstandards gegenüber transnationalen Unternehmen durchzusetzen[181]. Deren Einfluss wird zusätzlich noch dadurch erhöht, dass der Globalismus – analog zur Globalisierung – auch fragmentarische Komponenten beinhaltet, also zu einer spezifischen Form einer Transregionalisierung und Translokalisierung führt. Denn global gehandelte Produkte und Dienstleistungen müssen auch lokale und regionale Anknüpfungspunkte enthalten, um entsprechende Bindungen zu den Käufern oder Nutzern aufbauen zu können.

Neben diesen marktinduzierten (Macht-)Auswirkungen auf der „Makroebene" des Globalismus müssen allerdings auch dessen Konsequenzen auf der „Mikroebene" im Sinne einer ökonomischen Nachhaltigkeit reflektiert werden. Globalisierte Märkte optimieren fast ausschließlich die ökonomische Allokation[182]; sie bedürfen deshalb aus gesellschaftlicher Sicht sozialer, kultureller, ökologischer und damit politischer Rahmenbedingungen. Letztere können aufgrund der derzeitigen Erfahrungen nur als Vorgaben im Rahmen des Primats von Politik und Ethik erfolgen – im Rahmen einer neuen „Weltordnung" auf der Grundlage einer sozialen und globalen Marktwirtschaft mit ökologischer Ausrichtung[183]. Diese neue Ordnung enthält – analog zum Keynes'schen System zur Bekämpfung der Degression nach 1918 – verschiedene Module:

- eine nachfrageorientierte Finanz- und Währungspolitik.
- eine Kontrolle und Regulierung des Geld- und Devisenmarktes (sogenannte globale Agenda).
- ein soziales Netz zur Kompensation der Arbeitslosigkeit sowohl der Festangestellten als auch der „Free-Lancer".
- langfristige Kapitalinvestitionen anstelle des Risikokapitals für Innovationen.
- neue wirtschaftspolitische Modelle, die wirtschaftliche Stabilität, Marktdynamik, freien Handel sowie Innovationssteigerungsraten aufgrund einer antizyklischen Innovationssubventionspolitik miteinander verknüpfen und gleichfalls staatliche Bildungsmaßnahmen mit einbeziehen.

Innerhalb dieses ordnungspolitischen Kontextes ist es daher erforderlich, den bisher überwiegend nur auf die ökologische Dimension fokussierten Begriff der Nachhaltigkeit[184] zu erweitern: Zu verstehen ist hierunter die langfristige Ausbalancierung der sozialen, ökonomischen, ökologischen und kulturellen Aspekte einer Gesellschaft im Rahmen des Prozesses der „Dematerialisierung" durch eine signifikante Erhöhung der materiellen, sozialen und kognitiven Ressourcenproduktivität. Diese erfordert die Reduktion der spezifischen Ressourcen-(Material-)Aufwendungen pro Wertschöpfungsstufe bzw. -einheit im Sinne eines qualitativen Wachstums, bei dem kein soziales und ökologisches Kapital verzehrt wird[185]. Bei liberalisierten Märkten ist es daher zwingend erforderlich, durch Regulierungen die gesamtwirtschaftlichen bzw. gesellschaftlichen Folgekosten zu externalisieren, um eine „Nachhaltigkeit" des ökonomischen Handelns herbeizuführen[186]. Letzteres ist nicht nur eine ökologisch-ökonomische, sondern vor allem eine ethisch-politische Frage, weil der Verzehr des sozialen und ökologischen Kapitals mit adäquaten, gesamtkostenorientierten[187] Preisen versehen werden muss. Die bisherige politische Praxis der Internalisierung der „gesellschaftlichen Lebenshaltungskosten" – beispielsweise durch sog. „terms of trade" – und somit deren ökonomische und ökologische Verlagerung auf zukünftige Generationen muss daher beendet werden. In einer (informationstechnologisch) offenen und globalisierten Welt ist diese „klassische Überwälzung" der nationalstaatlichen Wohlfahrtskosten aus Wettbewerbsgründen heraus nicht mehr realisierbar. Dies gestattet es dann auch, das kapitalistische Umweltparadoxon aufzuheben: Die Dematerialisierung in einem ökonomischen Sektor führt zwangsläufig zu einer Steigerung des Ressourcenverbrauchs sowie der Umweltbelastungen in einem anderen[188]. Unstrittig ist mittlerweile, dass unser ökologisches System „Erde" dieses Paradoxon bzw. dementsprechende „Rebound-Effekte" (Bumerang-Effekte) nicht bewältigen kann[189]. Gemäß der Berechnungen von v. Weizsäcker und Lovins[190] würden bei der Transformation des Ressourcenverzehrs der Einwohner der Industriestaaten auf die gesamte Weltbevölkerung die Existenz von drei Planeten analog zur Erde erforderlich sein. Notwendig ist daher die Steigerung der ökonomisch-ökologischen Effizienz um den „Faktor 10"[191] bzw. die Einbeziehung des sog. „Equity-Faktors"[192] für eine nachhaltige und zukunftsträchtige globale Entwicklung.

Neben dieser makroökonomischen Betrachtungsweise des Begriffes „sustainable development" bzw. Nachhaltigkeit darf der mikroökonomische Aspekt nicht unterschätzt werden. Dieser charakterisiert das unternehmensspezifische Gleichgewicht zwischen ökonomischer, ökologischer, sozialer und ethischer Performance und impliziert die Existenz nachweislich wirksamer Instrumente (zum Beispiel wie ISO 14001) zum Management der sozialen und ökologischen Verantwortung unter Beachtung der „Drei-Säulen-Theorie" des Protokolls von Rio. Die Involvierung dieses gedanklichen Ansatzes in die Unternehmenspolitik bzw. -zielsetzungen kann zum nachhaltigen Unternehmenswachstum durch die Aggregation bzw. Kombination der Strategien für wirtschaftlichen Erfolg, für Umweltverträglichkeit sowie für „social equity" führen[193]. Dies ermöglicht sowohl das Beschreiten neuer Wege im Bereich der Produkt- und Prozessinnovationen als auch die Entwicklung einer neuen Unternehmenskultur, vor allem im Bereich der Mitarbeiterbeziehungen. Problematisch ist allerdings ein derartiger Ansatz zum einen vor dem Hintergrund des derzeit kurzfristig orientierten shareholder-Ansatzes, weil häufig ein Planungszeitraum von mehr als fünf Jahren vorgegeben werden muss. Der populistische „shareholder-value-" sowie der „Corporate Governance"-Ansatz[194] sind in Deutschland ebenso negativ besetzt wie der Begriff „Lean management", weil kurzfristig und kurzsichtig denkende Manager von Kapitalfonds im Banne der Börseneuphorie kurzfristige Gewinne realisieren wollen bzw. müssen. Aus dem „klassischen" mehrdimensionalen Zielbündel wurde das Konzept einer einseitigen Ziel- und Steuerungsformulierung, die nur auf die kurzfristige, monetäre Wertsteigerung fokussierte. Nachdem dies außerdem von den Börsenanalysten und Kapitalmärkten aufgegriffen wurde, entwickelte sich hieraus eine Doktrin mit totalitärem Charakter. Sowohl die hieraus abgeleiteten kurzsichtigen und kurzfristigen Strategien, die eindeutig langfristige und nachhaltige Wertsteigerungsstragien konterkarieren, als auch das menschliche Element der Gier bzw. der „Selbstbereicherung" bei vielen Führungskräften führten zwangsläufig dazu, dass das Vertrauen der Kapitalanleger gegenüber den Unternehmen sowie ihrem Management erheblich beeinträchtigt wurde. Ironisierend kann dieses Charakteristikum des Globalismus bzw. Neo-Liberalismus auch als „Speed Economy" bezeichnet werden, die kurzfristigen, quartalsorientierten Gewinn einer nachhaltigen Entwicklung vorzieht. Dies erfolgt anscheinend parallel zu dem bereits angeführten gesellschaftspolitischen Wertewandel mit der Zielsetzung der „Individualisierung", bei der die Gegenwart überbetont sowie die kurzfristige Bedürfnisbefriedigung der Verfolgung langfristiger Ziele sowie der Zukunft vorgezogen wird: Die zeitliche Dimension wird auf die Gegenwart verkürzt. Hierdurch wird letztlich der kurzfristige Gewinn als einziges Bewertungskriterium für den Erfolg einer Unternehmung „glorifiziert" – unabhängig davon, ob dieser Gewinn tatsächlich oder aufgrund unlauterer Machenschaften (Bilanzfälschung, falsche Gewinnprognosen etc.) nur „virtuell" erwirtschaftet wurde. Durch dieses Negieren rechtlicher, sozialer und ethischer Grundwerte und Regeln (quasi analog zum dogmatischen Marktfundamentalismus) wird der „shareholder-Ansatz" im Endeffekt kriminalisiert. Im eigentlichen ökonomischen Sinn begründet dieser ursprünglich jedoch eine mehrdimensionale „Wert- bzw. Renditeorientierung", die sowohl die „stakeholder" mit einbezieht[195] als auch in deren Sinne ist[196]. Gegenüber der börsenfokussierten kurzfristigen Interpretation mit der Berücksichtigung ausschließlicher „harter" Faktoren involviert der ursprüngliche Ansatz somit vor allem auch sich langfristig auswirkende „weiche Faktoren" (zum Beispiel intellektuelles Kapital der Unternehmung, Wissensmanagement, Lernfähigkeit, soziale Kompetenzen etc.), die sich jedoch häufig einer „harten" Messlatte entziehen[197]. Weiter setzt er die Existenz anderer Führungs-, Management- und Kommunikationsstrukturen voraus, bei denen der Mitarbeiter keinen „maschinengleichen Output" erbringen muss. Der eigentliche „Ansatz" fokussiert somit auf prozessorientierte Strukturen mit entsprechenden Unternehmenskulturen, kognitiven Fähigkeiten der MitarbeiterInnen, dem erforderlichen Wissensmanagement etc., weil diese primäre Wertschöpfungsgeneratoren sind und nur hierdurch eine nachhaltige Meta-Steuerung der Unternehmung ermöglicht wird. Ergänzend hierzu bedarf es entsprechender Unternehmensvisionen, die die dementsprechenden Werte bzw. Zielvorstellungen der MitarbeiterInnen mit aufgreifen, einbeziehen und in der Unternehmenskultur implementieren.

Dies ist unter anderem auch der Fokus der „Neuen Wachstumstheorie" von P. Romer, die auf den nachfolgenden Kernaussagen beruht:
1. Schumpeters Prinzip der „schöpferen Zerstörung" tradierter Strukturen impliziert, dass Innovationen für den Konjunkturaufschwung zwingend notwendig sind.

2. Globalismus intendiert, dass mittel- bis langfristig nur innovative, flexible und dynamische – also sich schnell an Marktveränderungen anpassungsfähige bzw. diese Veränderungen antizipierende – Unternehmen überlebensfähig sind.
3. Aus diesen beiden Bedingungen resultiert sowohl die Bedeutung des „Human Capitals" als wesentlicher Quelle der unternehmerischen Überlebensfähigkeit als auch die Notwendigkeit eines „Wissensmanagements" als Basis des „Corporate Knowledge", um aus verfügbarem Wissen (individuell sowie kollektiv) Innovationen generieren zu können.
4. Erforderlich hierfür ist zum einen die intensivierte und ständige betriebliche (Weiter-)Bildung (sogenanntes lebenslanges Lernen) sowie die Institutionalisierung der hierzu notwendigen Formen und Angebote. Zum anderen ist ein entsprechend qualitativ hochstehendes nationales bzw. regionales (Grund-)Bildungssystem (Schule – Berufsausbildung – Hochschule) Voraussetzung hierfür.
5. Letztlich führt die Schaffung hochqualifizierter Arbeitsplätze auch zur zusätzlichen Schaffung niedrigqualifizierter Jobs, weil Unternehmen mit „High-Tech-Berufen" zwangsläufig für logistische und sonstige Abläufe (zum Beispiel Facility-Management) auch niedriger qualifizierte MitarbeiterInnen bzw. entsprechende Dienstleistungsunternehmen benötigen.

Wie bereits deutlich wurde, führt der derzeitige Globalismus zu einem Bedeutungsverlust des Nationalstaates. Der nationalstaatliche „Herrschaftsbegriff" im Sinne einer Gebietssouveränität verliert seinen territorialen Bezug; im ökonomisch-globalisierten Sinn bedeutet Herrschaft nunmehr Macht über Märkte, Marktsegmente bzw. Produkte sowie nationalstaatliche Rahmenbedingungen. Dieser Bedeutungsverlust gilt analog für die Nationalökonomie im Bereich des Globalismus, weil diese eine nur noch geringe „erklärende Funktion" bzw. axiomatischen Charakter besitzt und entsprechend keine Handlungsempfehlungen geben bzw. wirkungsrelevante Methoden und Instrumente zur Verfügung stellen kann. Der Globalismus argumentiert vielmehr mit zwei Standardantworten bzw. „Axiomen", unabhängig von der jeweiligen Fragestellung bzw. dem Objekt: Flexibilisieren und Liberalisieren. Er repräsentiert damit primär eine Ideologie und keine Wissenschaft, die eine Theorie aufstellt und diese evaluiert bzw. verifiziert, um der Wahrheit näher zu kommen.

> „Jene Annahmen, die dem Marktfundamentalismus zu Grunde liegen, gelten nicht in Industrieländern, geschweige denn in Entwicklungsländern"[198].

Der Globalismus kann somit per se keine Regelungsinstanzen für die kapitalistisch-darwinistischen Prozesse des Globalismus generieren, weil deren Paradigma lautet: Wirtschaftskontrolle durch die Wirtschaft bzw. Marktkontrolle durch den Markt. Dies gilt zwangsläufig auch für die Theorie des Liberalismus, da die globalisierten Rahmenbedingungen bzw. Ordnungssysteme (zum Beispiel in Form von GATT oder WTO) im darwinistischen Sinn auf die (betriebs-)wirtschaftliche Optimierungsentscheidung zwischen mehreren Optionen fokussiert und damit unter anderem das Prinzip der Subsidiarität konterkarieren. Die klassische Liberalismustheorie ist somit zwangsläufig nicht in der Lage, Rahmenbedingungen bzw. Marktordnungen für den Globalismus zu definieren, weil sie auf singulären, individuellen bzw. egoistischen Interessen und Logiken basiert und zu ungleichgewichtigen Marktstrukturen führt. Das „freie Spiel der Kräfte" muss zur Ungleichheit führen, da sich das System nicht von selbst in Richtung auf ein Gleichgewicht, sondern im Gegenteil hiervon weg bewegt: zu immer größerem Reichtum einerseits und andererseits zu größerer Armut (sowohl individuell als auch auf Wirtschaftsregionen bezogen)[199]. Zwar geht die Theorie des Liberalismus davon aus, das auf idealen Märkten Angebot und Nachfrage zu einem Gleichgewicht sowie zur optimalen Allokation der Ressourcen führen werden. Aus pragmatischer Sicht votieren allerdings drei Argumente dagegen. Zum einen stellt der Marktfundamentalismus (beispielsweise im Rahmen der „Laisserfaire-Theorie") Eigennutz und Gemeinwohl auf eine Ebene; realistisch führt jedoch das kollektive Verfolgen egoistischer Interesse nicht zur Stabilität bzw. zum Gleichgewicht, sondern zur Instabilität. Zum Zweiten determinieren – quasi linear – nicht nur Angebot und Nachfrage die Marktpreise; vielmehr beeinflussen gemäß der Reflexivitätstheorie die Marktpreise auch die Bedingungen von Angebot und Nachfrage – aufgrund der sich hieraus ergebenden Komplexität kann weder das Gleichgewicht bestimmt noch die Marktentwicklung antizipiert werden. Schließlich finden weder moralische noch ethische Werte ihren Niederschlag in den Preisen bzw. im Marktverhalten – beispielsweise können hierfür ökologische Zielsetzungen bzw. Produkte oder die (Aus-)Nutzung der Kinderarbeit aufgeführt werden. Derzeit werden vielmehr die traditionellen Standards, Zielsetzungen sowie Werte der Unternehmensführung derart ausgehöhlt bzw. missbraucht, so dass zum einen die Interessenkonflikte zunehmen (zum Beispiel zwischen prüfenden und beratenden Funktionen, siehe Enron) und zum anderen „Umgehungsmechanismen" professionalisiert werden („Structured Finance", Bilanzkosmetik etc.).

Neben der notwendigen Anwendung von Regulierungen muss somit auch bei den – egoistischen – Akteuren ein anderes (traditionelles) ethisches und moralisches Wertesystem wieder implementiert werden, das das Gemeinwohl über die egoistischen Interessen stellt[200]. Aufgrund ihrer intellektuellen bzw. theoretischen Herkunft geht jedoch die ökonomische Lehre von der Theorie der „reinen" Märkte aus und erstellt auf der Grundlage dieses theoretischen (virtuellen) Konstruktes die jeweiligen wirtschaftspolitischen Handlungsempfehlungen, Regularien und Axiome. Überpointiert ausgedrückt, werden diese ‚ex post' entwickelt und im Rahmen der ‚ceteris paribus-Annahme' ex ante eingesetzt. Dies kann derzeit beispielhaft an der Institution „Börse" als (k)ein „Modell des perfekten Marktes", bei dem sich alle Informationen sofort und vollständig in den Preisen (Notierungen) widerspiegeln, gesehen werden. Gemäß der ökonomischen Theorie müsste der Börsenwert immer im Bereich des „inneren Wertes" (Kombination von Substanz- und Ertragswerten) liegen. Euphorie, Fehleinschätzung sowie die Grenznachfrage derjenigen, die auch zum späteren Zeitpunkt noch „auf den fahrenden Zug aufspringen", führen zur erheblichen Ver-

nachlässigung von Performance und „innerem Wert". Das menschliche Entscheidungsverhalten wird vielmehr häufig durch Irrationalität geprägt, so dass für die Nachfragerseite der Börse die „Random-Walk-Theorie" gilt: Kursverläufe folgen einem Zufallspfad, der nicht prognostizierbar ist.
Zynisch könnte noch ergänzt werden, dass es weder den „homo oeconomicus" noch die „Macht des Geldes" im Sinne des viktorianischen Sozialpropheten Thomas Carlyle gibt: Das Phänomen der „kurzsichtigen Wertminderung" beispielhaft beweist, dass Menschen eine kleine Belohnung zu einem früheren Zeitpunkt der höheren Belohnung zum späteren vorziehen. Analog tendieren sie zu einem eventuell höheren zukünftigen Verlust gegenüber einem derzeitigen sicheren Verlust. Dies beweisen auch die empirischen Untersuchungsergebnisse der „Verhaltensökonomie", geprägt vor allem durch Kahnemann[201] und Tversky sowie Selten[202]. Anstelle des von den „Adam Smith-Ideologen" propagierten „homo oeconomicus" als rationalen Entscheider, der alle verfügbaren Informationen besitzt und diese ökonomisch optimal nutzt, unterliegt das menschliche Entscheidungsverhalten irrationalen Kriterien. So erfolgt häufig aufgrund der begrenzten Rationalität sowie Informationsverarbeitungsfähigkeit eine falsche Einschätzung der Entscheidungssituation. Trotz des Vorhandenseins ausreichender Informationen führt diese „Bewertungsproblematik" zu Fehlern. Ursache hierfür ist unter anderem das eigene „Bild von der Welt" mit der Überbewertung von spezifischen Informationen oder Ereignissen, obwohl diese für die objektive Gesamtsituation unbedeutend sind. Zudem werden neuere, ungesicherte Informationen gegenüber den „alten" und gesicherten überbetont. Treibende Faktoren dafür sind beispielsweise die Furcht, „ins Hintertreffen zu gelangen", sowie die menschliche Gier nach kurzfristig erzielbarem, überproportionalen Wohlstand – analog zur „Theorie der nervösen Frösche". Die begrenzte Informationskapazität führt zwangsläufig auch dazu, dass bei menschlichen Entscheidungen sowohl „Daumenregeln" bevorzugt als auch die Bewertung der Handlungsalternativen nicht nach objektiven Kriterien, sondern fast ausschließlich in Relation zu den bisherigen Ansprüchen sowie dem momentanen Status erfolgt. Dies kann bzw. wird auch nicht durch ein „Lernen aus den eigenen Fehlern" kompensiert: Weil die „Strukturähnlichkeiten" der zum Fehler führenden Situation sowie der neuen Entscheidungssituation nicht erkannt werden, kann zwangsläufig keine Transformation des früheren Lernprozesses stattfinden[203]. Negativ beeinflusst wird dieser Tatbestand noch dadurch, dass die Nutzenvorstellungen des Menschen vor der Entscheidung, während ihrer Realisierung sowie im späteren Rückblick (sog. kognitive Dissonanz) stark differieren. Die teilweise wesentlich spätere Erinnerung führt also zu einer anderen Strukturbewertung der neuen Entscheidungssituation. Schließlich trifft der Mensch entgegen den Annahmen der „Adam Smith-Ideologie" fallweise auch bewusst „falsche" Entscheidungen im Sinne der Optimierung seiner eigenen ökonomischen Situation, wenn er „Dritte" zum Einhalten ethischer oder moralischer Werte „erziehen" will. Deutlich wird hieraus, dass der Mensch nicht rational, sondern häufig irrational entscheidet. Die der Theorie zu Grunde liegende Annahme, dass dies nur individuelle „Einzelverirrungen" sind, ist somit falsch. Sie

repräsentieren vielmehr die Mehrheit der ökonomischen Entscheidungen. Die marktdogmatische Theorie negiert somit den Einfluss der Marktteilnehmer sowie deren subjektiven, egoistischen Nutzenvorstellungen und -erwartungen: Die Präferenzen der Beteiligten als auch deren Handlungsmöglichkeiten zur Marktbeeinflussung sind nicht unabhängig voneinander und gleichen sich dadurch aus, sondern aggregieren sich und determinieren hierdurch die Marktpreise bzw. -mechanismen (z. B. im Kapital- bzw. Finanzmarkt). Des Weiteren wird die Marktebene eines Produktes häufig nicht durch den „freien Wettbewerb", sondern durch Werbung und Marketing bestimmt; hierdurch wird das Axiom des „Manchester-Liberalismus", die freie und rationale Wahl und damit „vernünftige Entscheidung" des Verbrauchers, gegenstandslos bzw. sogar ad absurdum geführt. Die Marktpreise können somit kein „neutrales Institut", das zum Gleichgewicht führt, sein – sie führen vielmehr zum Ungleichgewicht bzw. zur Instabilität, die durch staatliche Reglementierungen verhindert werden muss. Der Wettbewerb allein kann daher per se – wie von einer prästabilisierenden Harmonie durchzogen – nicht zur Verwirklichung gemeinwohlorientierter Ziele führen; Wettbewerb und Gemeinwohl sind vielmehr dichotome Elemente.
Somit können auch keine mathematischen Modellrechnungen und Gleichungssysteme das Entscheidungsverhalten auf Märkten explizit wiedergeben. Dies ist allerdings die Grundlage für das Axiom, „der Markt regle alles optimal". Zwangsläufig stellt sich auch nicht „selbständig" bzw. durch die „invisible hand" gemäß Adam Schmith das Gemeinwohl als Ergebnis des Wettbewerbs zwischen den ökonomisch Handelnden bzw. ihren egoistischen Interessen ein. Des Weiteren gilt das von J. Stiglitz als „Mantra des Liberalismus" bezeichnete Postulat der volkswirtschaftlichen Effizienzerhöhung nur (wie empirisch nachgewiesen wurde) beim Vorliegen der Bedingungen des vollkommen Wettbewerbes – ein Zustand, der weder in Industrie- noch in Schwellenländern existiert[204].
Neben diesen erkenntnis- und entscheidungstheoretischen sowie psychologischen Sachverhalten negiert die ökonomische Liberalisus-Theorie des Weiteren auch (bewusst?), dass gerade im demokratischen System (gegenüber dem Absolutismus sowie der globalen Marktwirtschaft) die Wirtschaft nur ein Modul des gesellschaftlichen Kontextes und mit den anderen systemisch sowie interdependent verbunden ist. In der Realität existiert keine ideale, politik- bzw. gesellschaftspolitikfreie sowie isolierte Marktorganisation. Letztere befindet sich vielmehr im Kontext mit juristischen, sozialen, politischen, historischen etc. Strukturen und daraus resultierenden Fragestellungen, die gleichzeitig berücksichtigt und beantwortet werden müssen. Im Gegensatz hierzu beurteilt die neoliberale Theorierichtung die Wirtschaftspolitik quasi aus ideologischer Sicht hinsichtlich ihrer Ordnungskonformität. Sie besitzt jedoch keine „erklärende Funktion" bzw. axiomatischen Charakter mehr und kann daher kaum Handlungsempfehlungen geben sowie wirkungsrelevante Methoden und Instrumente zur Verfügung stellen – obwohl sie strukturell ein axiomatisches System repräsentiert: Auf der Basis von Grundbedingungen bzw. -annahmen (sog. Axiom) werden „deduktiv-logisch" im aristetolischen Sinne „allgemein gültige Schlussfolgerungen" und Aussagen abgeleitet. Da die zu Grunde liegenden Axiome (einheitliches

Wertesystem, Übergewicht des Gemeinwohls gegenüber dem Eigennutz, rationale Entscheidungsfindung, gleicher Informationsstatus bei allen Marktteilnehmern etc.) allerdings nur eine geringe oder keine Realitätsnähe besitzen, können die modellhaft abgeleiteten Schlussfolgerungen und Handlungsanweisungen auch keinen Bezug zur gesellschaftspolitischen und ökonomischen Realität besitzen. Die Ökonometrie hingegen versucht zum einen theoretische Modelle zu entwickeln, die nach den Gesetzen der Wissenschaftslogik empirisch falsifizierbar bzw. evaluierbar sind – die Mathematik besitzt dabei die Funktion eines analytischen wie auch kommunikativen Vehikels. Zum anderen entwickelt sie teilweise abstrakte Modelle zur Lösung „esoterischer" bzw. zur Analyse formaler sowie selbstdefinierter Fragestellungen, die keinen oder nur einen geringen Erklärungscharakter für die realen Fragestellungen und Probleme besitzen. Zynisch angemerkt werden kann, dass sich Liberalismustheorie und Ökonometrie als Wissenschaften zum einen selbstreferenziell in einem eigenen, hochspezialisierten und differenzierten System bewegen sowie (gemäß N. Luhmann) an Symptomen orientieren – und dadurch die Fähigkeit verloren haben, Meta-Ebenen zu definieren und zu formulieren bzw. zu konzeptionieren. Zum anderen haben sie sich medialisiert und politisiert, so dass sie intransparent geworden und an Vertrauen und Glaubwürdigkeit verloren haben[205]. Aus diesem Grunde ist es erforderlich, eine empirisch basierte und verhaltenswissenschaftliche orientierte Ökonomie mit dem Charakter einer „angewandten Disziplin" zu institutionalisieren – und somit die Abwendung von der isolierenden „Adam Smith-Ideologie" zu Gunsten der Hinwendung zur sogenannten „Institutionentheorie[206]", bei der die gesellschaftliche Komplexität anstelle eines monokausalen Marktdogmatismus berücksichtigt wird. Überpointiert kann dieser Ansatz als eigentliche „New Economy" im Gegensatz zur „Old Economy", die sich nur auf ökonomische Zusammenhänge beschränkt, charakterisiert werden[207]. Er bietet somit die Möglichkeit, (wirtschafts-)politische Handlungsempfehlungen zu entwickeln, die Lösungsansätze für die komplexen gesellschafts- und wirtschaftspolitischen Fragestellungen sein können.

Abschließend kann – unabhängig von dem ordnungspolitischen Wirken der (noch zu realisierenden) Transnationalstaaten – ein Scheitern des Globalismus in seiner marktdogmatischen Ausprägung auch langfristig anhand der nachfolgenden „holzschnittartigen" Aspekte unterstellt werden:

- Die früher fest strukturierten Märkte und Organisationen werden zu chaotischen, fraktalen Strukturen divergieren; dies löst einen Paradigmenwechsel vom „produktionsgetriebenen" über das „qualitäts- und marktgetriebene" zum „beziehungsgetriebenen Management" aus[208].
- Der marktdogmatische Liberalismus negiert den Einfluss von sozialen Beziehungen zwischen Unternehmen sowie den handelnden Personen – diese Beziehungen entanonymisieren den rationalen Marktbegriff und involvieren dadurch „irrationale „Entscheidungskomponenten".[209]
- Die neoliberale Fokussierung auf das Unternehmen negiert, dass sich die Menschen – auch aufgrund der Arbeitsteilung – in einem interdependenten Netzwerk von Abhängigkeiten und gegenseitigen Verpflich-

tungen (moralischer, ethischer sowie ökonomischer Natur) befinden; diese bilden im Sinne einer altruistischen Ethik die Grundlagen des sozialen Zusammenlebens mit egoistischen Freiräumen – die allerdings erst durch das soziale System generiert werden.
- Der Sozialismus ist gescheitert, weil man Wettbewerb durch Politik ersetzen wollte; analog wird der Neo-Liberalismus scheitern, weil man Politik durch das Marktgeschehen ersetzen will.
- Der aus den gesellschaftspolitischen und sozialen Dimensionen resultierende Druck auf die nationalstaatlichen Regierungen kann bzw. wird zu einer neuen Epoche des Protektionismus führen.
- Die derzeit noch große Diskrepanz zwischen dem (verbalen) theoretischen Anspruch sowie der praktizierten Realität (beispielsweise im Verhältnis zwischen Industrie- und Entwicklungsländern) wird aufgrund der egoistischen Interessen und Zielsetzungen der involvierten Akteure nicht verringert werden.
- Durch den wirtschaftlich determinierten, steigenden Asylanten- und Flüchtlingsstrom von Süd nach Nord werden dessen gesellschaftspolitische Strukturen gefährdet – der Norden wird somit gezwungen werden, die Regeln zu Gunsten des Südens gerechter zu gestalten.
- Ein sogenanntes Global Governance System wird installiert werden (müssen), um in die WTO-Mechanismen ökologische und soziale Standards zu inkorporieren.

Scheinbar verstehen jedoch auch die marktdogmatischen Apologeten und Ideologen den Globalismus nur als „Schönwetterdisziplin", deren Spielregeln bei wirtschaftlichen Turbulenzen für ungültig erklärt werden. Nur so ist es zumindest zu interpretieren, wenn einige Führer transnationaler Unternehmen bei globalen Wirtschaftskrisen – beispielsweise im Verlauf der wirtschaftlichen Rezession vor und nach den terroristischen Attacken vom 11. September 2001 – ordnungspolitische Maßnahmen des Nationalstaates und somit Verstöße gegen die Prinzipien des marktdogmatischen Liberalismus (zum Beispiel wie Nichteinmischung des Staates) verlangen. So forderte – für marktdogmatische Ideologen irritierend, jedoch betriebswirtschaftlich-egoistisch nachvollziehbar – beispielsweise VW-Chef Ferdinand Piech eine „staatliche Verschrottungsprämie für Autos" und Heribert Breuer eine „milliardenschwere Konjunkturspritze als konzertierte Aktion von Staat, Unternehmen und Gewerkschaften". Des Weiteren empfahl Ackermann, dass „notleidende" Kredite der Privatbanken in einen Fond (sog. „bad bank") überführt werden, dessen Ausfallrisiko vom Nationalstaat übernommen wird: Die Gewinne erfolgreicher Jahre werden somit privatisiert, während die Verluste in wirtschaftlichen Krisenzeiten „sozialisiert" werden sollen. Derartige Forderungen im Sinne „ideologischer Verwirrungen" implizieren zwangsläufig den Eindruck der Unglaubwürdigkeit im Hinblick auf die marktwirtschaftliche Doktrin – in guten Zeiten wird der „Rockschoß des Staates" diskreditiert, während man in schlechten Zeiten unter diesen flüchten will.

Durch das „Bewusstwerden" dieser gesamtgesellschaftlichen Komplexität sowie dem hieraus resultierenden gesellschaftspolitischem (Interessen-) Druck wird wahrscheinlich noch in diesem Jahrzehnt der Globalismus in seiner derzeitigen Ausprägung als marktdogmatischer Liberalismus durch die „globale und ökologisch-soziale Marktwirtschaft" mit einem systemisch abgestimmten Beziehungsgeflecht sozialer und ökologischer Regulierungen abgelöst werden. Ein derartig modifiziertes globales bzw. transnationales Denken und Handeln kann zur nachhaltigen Reduzierung der „globalen Armut" beitragen, die bislang nicht durch den marktdogmatischen Liberalismus verringert, sondern eher im Rahmen der Nord-Süd-Differenzierung disparitätisch gestiegen ist. Unabhängig hiervon werden allerdings auch zukünftig durch das „globale Fenster" nicht nur das „Füllhorn des Reichtums", sondern auch die „Büchse der Pandora" gelangen. Die globale Marktwirtschaft impliziert neben Chancen zwangsläufig auch Risiken und Ängste auf nationalstaatlicher Ebene. Um dabei ein ausgewogenes Verhältnis zu erreichen, ist neben der wirtschaftlichen „globalen Zusammenarbeit" vor allem auch die Kooperation und einvernehmliche Abstimmung auf der politischen Ebene erforderlich. Neben der ökonomischen Globalisierung ist somit auch eine politische Globalisierung notwendig. Hierzu trägt auch bei, dass in den Demokratien die negativen ökologischen, sozialen und ökonomischen Auswirkungen auf den Bürger seitens der politischen Repräsentanten im Rahmen populistischer Wahlforderungen und -versprechen aufgegriffen werden. Sie münden letztlich in Regulierungsmaßnahmen. Unklar ist allerdings derzeit noch, welche Regeln für fragmentierte Gesellschaften mit einem anderen Verständnis von Individualität und Arbeitsethik bei komplexeren und volatilen Kontextbedingungen gelten sollen bzw. können. Prognostizierbar ist momentan auch nicht, welche gesellschaftsrechtlichen Interessengruppen diese Regeln vor dem Hintergrund unterschiedlicher, sich teilweise konterkarierender Sach- und Machtfragen vereinbaren bzw. aushandeln können.
Bislang wurde vorwiegend der makroökonomische Aspekt des Globalismus diskutiert. Letzterer hat jedoch aufgrund der informationstechnologischen Komponente auch mikroökonomische Auswirkungen, die zu Unternehmensstrukturen der „Hybrid Economy" führen werden. Im Fokus stehen dabei auf der Grundlage der Internettechnologien sowohl die enge Vernetzung der Geschäfts- und Wertschöpfungsprozesse mehrerer Unternehmen (bis zur virtuellen Unternehmung) als auch deren intraorganisationale Neustrukturierung, die Funktionalitäten einer höheren Qualität und Ordnung ermöglichen. Zudem werden interaktive Distributions-, Vertriebs- und Kommunikationswege entwickelt, die zum Entstehen neuer Geschäfts- und Wertschöpfungsprozessstrukturen sowie Geschäftsmodelle und somit zu zusätzlichen Handlungsoptionen in der bilateralen Beziehung zwischen Produzent und Kunde führen. Übersehen werden darf dabei nicht, dass nicht nur die Prozesse und Strukturen der Anbieterseite, sondern auch das Verhalten der Nachfrager verändert wird. Dazu zählt vor allem die Globalisierung der Informationssuch- und Beschaffungsprozesse bei Produkten und Dienstleistungen, dem sogenannten „Global Sourcing". Das Unternehmen fungiert nicht mehr als Produzent, sondern als „Agent" zur Be-

friedigung der Bedürfnisse und Erwartungen des Kunden, seines „Geldgebers". Damit wird die klassische Wertschöpfungskette durch „Wertschöpfungsnetzwerke"[210] ersetzt, die durch den Kunden direkt und nicht indirekt auf Grundlage traditioneller Bedarfsvorhersagen etc. beeinflusst werden. Diese skizzierten Veränderungen definieren „holzschnittartig" das Objekt des „E-Business" und damit den Kontext, in den sich die Unternehmungen einbringen bzw. einfügen müssen. Der häufig als Dualismus zwischen Old und New Economy dargestellte Wettbewerb verläuft jedoch nicht als „Pareto-Nullsummenspiel", bei dem die eine Seite zu Lasten der anderen Vorteile erlangt. Als Ergebnis wird sich vielmehr eine „Hybrid Economy" ergeben, die die Vorteile beider Formen miteinander verbindet[211]. Deren Konsequenzen führen einerseits ebenfalls einen Paradigmenwechsel im Hinblick auf Arbeits- und Sozialstrukturen herbei und implizieren gesellschaftspolitische Veränderungen. Sie werden andererseits jedoch auf makroökonomischer Ebene auch keine dauerhaften Konjunkturzyklen mit steigendem Wachstum ohne Inflationsgefahr hervorrufen – wie es manche Apologeten vorhersagen. Sie sind schließlich auch nicht mit den „alten Gesetzen" der klassischen Nationalökonomie erklärbar bzw. ordnungspolitisch „steuerbar". Nachfolgend sollen daher die Auswirkungen der makroökonomischen Ebene auf die inter- und intraorganisationale (soziale) Dimension diskutiert werden.

1.3.3 Das „virtuelle Unternehmen" als spezifische Ausprägung global tätiger Klein- und Mittelunternehmen

Im Rahmen der bisherigen Ausführungen wurde deutlich, dass der dynamischere und komplexer werdende globale Wettbewerb auf instabilen Märkten sowohl zu niedrigeren Deckungsbeiträgen als auch zu zeitlich begrenzten Aufträgen anstelle einer dauerhaften, gleichförmigen und gleichmäßigen Güter- und Dienstleistungsproduktion führen wird. Dies erfordert von den Unternehmen den effizienteren, flexibleren Ressourceneinsatz, eine höhere Dynamik und Innovationsfähigkeit sowie die „Aufsplittung" der Wertschöpfungskette durch die Involvierung der Kernkompetenzen Dritter bei gleichzeitiger „Beschränkung" auf die eigenen Kernkompetenzen und -prozesse[212]. Die für einen erfolgreichen Marktauftritt (vor allem im Dienstleistungsbereich) erforderlichen „peripheren" Kompetenzen müssen daher durch Kooperation mit „Drittanbietern" (teilweise sogar Mitbewerbern) in den eigenen Projekt- bzw. Geschäftsprozess im Rahmen von Netzwerkorganisationen eingebunden werden, so dass das einzelne Unternehmen zur „Netzwerkunternehmung" wird – sowohl durch die Vernetzung einzelner Arbeitsplätze als auch von Betriebsteilen, Standorten etc. Derartige Kooperationsformen lassen sich allerdings nicht mittels funktional-hierarchischer Strukturen mit linear organisierten Wertschöpfungsketten realisieren, sondern erfordern sowohl informationstechnologische als auch soziale (menschliche) Netzwerke. Dies trifft vor allem auf kleinere und mittlere Unternehmen zu, die weder eine horizontale noch eine vertikale Fertigungs- bzw. Dienstleistungstiefe im Rahmen eines ganzheitlichen Kundenangebotes wirtschaftlich realisieren können. Aufgrund der fehlenden „kritischen Größe" ist weder die Nutzung von Skaleneffekten noch das Angebot von umfassenden BOT-(Dienst-)Leistungen möglich. Des Weiteren werden diese Unternehmen häufig auch durch eine gering ausgeprägte Risikofähigkeit als auch -bereitschaft gekennzeichnet. Um sowohl auf den globalisierten Wettbewerbsmärkten mit ihrem Trend zu ganzheitlichen, kundenindividuellen Betreibermodellen bestehen als auch sich aus den häufig einseitig abhängigen Lieferbeziehungen befreien zu können, verbleibt den sog. KMU nur die Kooperation in Netzwerkstrukturen und -organisationen bzw. „virtuellen Unternehmen". Die Strukturen, Rahmenbedingungen sowie Voraussetzungen und Grenzen derartiger Kooperationsformen sollen nachfolgen diskutiert werden.

Wie von Kondratieff[213] empirisch ermittelt wurde, werden die „normalen" Konjunktur- und Marktveränderungen durch technologische (R)Evolutionen wesentlich beeinflusst. So haben zum Beispiel die sprunghaften Entwicklungszyklen der Informationsverarbeitungstechnologie mit immer kürzeren Halbwertszeiten sowie Entwicklungszyklen von sechs bis neun Monaten zu einer teilweisen Aufhebung der „klassischen" Standortkriterien bzw. -vorteile geführt. Außerdem impliziert die Marktliberalisierung aufgrund der sich ergebenden Preis- und Mengenvolatilitäten eine systemimmanente Unsicherheit für Anbieter und Nachfrager. Dies führt zwangsläufig zu einem Risiko-, jedoch auch Chancenmix, das durch Informations- und Wissensmanagement sowie die intra- und interorganisationalen Nutzung der „Human Resources" vorteilhaft beeinflusst werden kann. Asynchrone, Raum- und Zeitgrenzen überwindende Produktionsverfahren haben bisher peripher liegende Arbeitsmärkte internationalisiert und hierdurch einen globalen Arbeitsmarkt generiert. Die Angebotsseite bisheriger regionaler Arbeitsmärkte wurde um ca. eine Milliarde Menschen, teilweise hochqualifiziert und niedrig bezahlt, vergrößert. Diese Generierung virtueller, also vernetzter und asynchron ablaufender Entwicklungs- und Produktionsprozesse, erfordert neue Formen der unternehmensindividuellen Aufbau- und Ablaufstrukturen. Die tayloristisch-funktionale Arbeitsteilung wird damit durch eine „globalere Dimension" ersetzt: Nicht Funktionen werden aufgeteilt, sondern die Bereiche eines Unternehmens (F+E, Produktion, Verwaltung etc.) werden aufgrund ökonomischer Erwartungen und Zielvorgaben geographisch disloziiert. Dies impliziert neue Organisationsstrukturen, so beispielsweise die modulare Organisation, die fraktale Organisation sowie die Netzwerkorganisation.

Der Ökonom Ronald Coase definierte 1937 die drei Kriterien für eine Produktionsintegration bzw. vertikale Unternehmung, die erst dann ihre wirtschaftliche Berechtigung hat, wenn

- die innerbetrieblichen Produktionskosten höher als Aufwand und Kosten für die Suche nach externen Partnern sind.
- die innerbetrieblichen Kosten höher als Kosten und Aufwendungen für die Preisfindung im Rahmen der Zusammenarbeit mit externen Partnern sind.
- die eigenen Transaktionskosten höher als der Aufwand für den Informationsaustausch mit externen Partnern sind.

Diese drei Kriterien begründeten die Voraussetzung für horizontale sowie vertikale Kooperationen und führten häufig zu entsprechenden Fusionen. Durch die Evolution der Informationstechnologien sowie den Möglichkeiten des „Collaborative-Product-Commerce" (CPC) werden nunmehr virtuelle Organisationsstrukturen anstelle vertikal oder horizontal integrierter Unternehmen möglich, die schneller, flexibler und kostengünstiger sind. Die hierbei entstehenden Netzwerke von Unternehmen mit gleichartigen Zielsetzungen, jedoch komplementären bzw. sich ergänzenden Kernkompetenzen im Sinne einer „Community Gleichgesinnter" führen letztlich zur Bildung virtueller Unternehmen, bei denen die Kohäsionsfunktion durch die gemeinsame (Projekt-)Strategie sowie Zielsetzung repräsentiert wird. Ihre Effizienz bzw. Wirksamkeit wird durch die Schaffung entsprechender informationstechnologisch basierter Netzwerke gewährleistet. Der Begriff „virtuelles Unternehmen" wurde vom MIT[214] in Anlehnung an die virtuelle Speicherverwaltung geprägt – bei letzterer wird der Hauptspeicher durch permanentes Aus- und Wiedereinlagern von Daten virtuell vergrößert. Ursprünglich sind virtuelle Unternehmen durch die Bildung von Produktionsnetzwerken charakterisiert worden. Zwischenzeitlich werden auch Dienstleistungen im Rahmen des BOT-Prinzips[215] sowie der molekularen Produktgestaltung miteinander vernetzt[216]. Im Organisationsbereich versteht man hierunter für einen definierten Zeitraum oder ein definiertes Projekt den asynchronen sowie ageographischen, netzwerkfokussierten Zusammenschluss unabhängig voneinander funktionierender und agierender Unternehmen und/oder MitarbeiterInnen, bei der die Informations- und Kommunikationstechnik eine entscheidende logische und logistische Determinante ist: Einem Dritten gegenüber (zum Beispiel Kunden) tritt das virtuelle Unternehmen als Gesamtheit auf. Definiert wird es – basierend auf der Asymmetrie der Partner, die keine identischen Kernprozesse bzw. -fähigkeiten besitzen – zum einen durch eine gemeinsame marktwirtschaftliche Zielsetzung und Aufgabenstellung mittels einer Bündelung der jeweiligen Kernkompetenzen. Dabei werden die „individuellen" Geschäftsprozesse zu einem marktkonformen, ganzheitlichen Wertschöpfungsprozess durch den Einsatz von Informations- und Wissensmanagement vernetzt. Durch diese temporäre, projekt- bzw. aufgabenspezifische Verknüpfung der Kernkompetenzen rechtlich und wirtschaftlich selbständiger Unternehmen werden durch die Kumulation der jeweils singulären „economies of skills" marktspezifische Wettbewerbsvorteile generiert[217]. Zum anderen impliziert es die Überwindung räumlich/zeitlicher Grenzen sowie die Kombination der Vorteile von Dezentralisierung (verteiltes Operieren, Nutzung des dezentralen, informationstechnisch basierten Wissens) und Zentralisierung (lokale Präsenz). Hinsichtlich der hierbei entstehenden Netzwerke wird generell zwischen der **hierarchischen** sowie der **polyzentrischen** Struktur differenziert. Im ersteren Fall repräsentiert ein strategisch führendes Unternehmen das Kernelement der „virtuellen Organisation" und ist für die Funktionsfähigkeit des Gesamtsystems verantwortlich. Von diesem sind die anderen Unternehmen in hohem Maße abhängig, weil sie keinen Einfluss auf die Auswahl der jeweiligen Projektpartner haben. Ihre geringe Autonomie beschränkt sich nur auf die Zuständigkeit

und Verantwortlichkeit für die jeweils zu erbringende Teilleistung – ein klassisches Beispiel für ein derartiges Netzwerk ist das Prinzip des sogenannten Generalunternehmers. In rechtlicher Sicht sind die Unternehmen jeweils durch Leistungsaustauschverträge miteinander verbunden. Beim polyzentrischen Netzwerk dagegen sind alle Partner gleichberechtigt, so dass kein Subordinationsverhältnis besteht. Alle Partner entscheiden gemeinsam und autonom, so dass eine dezentrale und indirekte Führung mit geteilter Führungsverantwortung im Rahmen dieser modularen Verbindung autonomer Unternehmen entsteht. Aus (gesellschafts-)rechtlicher Sicht kann der Zusammenschluss dieser Unternehmen aufgrund ihrer symbiotischen, aufgaben- bzw. projektbezogenen Integration als BGB-Gesellschaft (§§ 705 ff. BGB) charakterisiert werden[218] – eine Zweckgemeinschaft gleichstufiger, vertragsrechtlich miteinander verbundener Interessen. Aus thematischen Gründen soll nachfolgend die polyzentrische Form der virtuellen Unternehmung diskutiert werden.
Charakterisiert wird das virtuelle Unternehmen demnach durch die intelligente Koordination einzelner Projekte, basierend auf Innovationen – weniger auf der Wissensakkumulation in der einzelnen Organisation. Zwar führt dies zu einer Erhöhung des dadurch erforderlichen Koordinierungsaufwandes sowie der notwendigen Flexibilität. Andererseits werden Wissen, Kompetenz sowie die Effizienz der Geschäftsprozesse durch diese Vernetzung gesteigert, so dass Innovationsfähigkeit, Kreativität, Flexibilität sowie Dynamik verstärkt in die Geschäftsprozesse involviert werden. Dies bedingt zwangsläufig Offenheit, gegenseitiges Vertrauen sowie eine effiziente und transparente Kommunikation. Diese Faktoren bzw. Determinanten müssen allerdings auch strategisch und unternehmenspolitisch begründet sein und „gelebt" werden – und nicht nur auf der operativ-taktischen Ebene realisiert werden. Hierdurch verlieren allerdings hierarchisch-funktionale Führungsprinzipien an Bedeutung und Wert, während Kooperation und Koordination in den Fokus rücken. Die sich dabei ergebende dezentrale Managementkultur[219] findet ihre logische Fortsetzung in der projektbezogenen Einbindung von bzw. der Kooperation mit den sogenannten E-Lancern[220] und somit in vollständig dezentralisierten, auf die Individuen zugeschnittene Arbeits- und Organisationsformen. Quasi als „Subsystem" entstehen somit „virtuelle Teams"[221] durch die formale „Ausgliederung" funktionaler MitarbeiterInnen bzw. Gruppen sowie deren Kopplung mit den jeweiligen Gruppen der anderen Unternehmen der virtuellen Organisation. Dies erfordert die Existenz der „social skills", um auch mental homogene sowie multidisziplinäre statt interfunktionale Teams bilden zu können – quasi vom „Einzelkämpfer" zum „Mannschaftsspieler"[222]. Bedingung hierbei ist zwangsläufig, dass die „Chemie" zwischen den jeweils involvierten Beteiligten stimmt – „all business is personal business". Derartige temporäre Strukturen haben allerdings für die Beteiligten auch Nachteile, die mittels einer anderen Unternehmenskultur in den jeweiligen Unternehmen sowie spezifischer Entgelt- und Anreizsysteme kompensiert werden müssen: Zum einen sind die Betreffenden für spezifische Zeiträume aus den intraorganisationalen Weiterbildungs- und Aufstiegssystemen[223] „ausgeklinkt", so dass hierarchische „Laufbahnmuster" ihren Wert ver-

lieren. Als kompensierende Maßnahme hierfür müssen bzw. sollten neben den hierarchischen Laufbahnsystemen auch Fachlaufbahnsysteme mit gleichen „Hierarchieebenen" installiert werden. Zum anderen haben diese Mitglieder virtueller Teams zwangsläufig nicht die Möglichkeit, soziale Netzwerke sowie den informalen Informations- und Wissenstransfer durch bilaterale Gespräche etc. zu realisieren[224]. Erforderlich ist es daher, sowohl auf informationstechnologischer Basis als auch durch regelmäßige „reale" Treffen einen entsprechenden Ausgleich zu schaffen. Überpointiert formuliert führt dies zum Wandel von der utilitaristischen zur plebiszitären Organisation, die im Rahmen der utilitaristischen Dimension auf das Pareto-Optimum fokussiert[225]. Dies ermöglicht die projektbezogene Aggregation von Kernkompetenzen, Ressourcen sowie Wissen – mit der Zielsetzung einer gemeinsamen Wertschöpfung, die das einzelne Unternehmen allein nicht erreicht hätte. Hieraus entsteht in der globalisierten Marktwirtschaft der entscheidende Wettbewerbsvorsprung, weil bestehende Produkte/Dienstleistungen nicht marginal verbessert, sondern ständig neue generiert werden müssen. Die Halbwertszeit übersteigt dabei in der Regel zwei bis drei Jahre nicht. Das für die Innovationsfähigkeit erforderliche „Innovationsklima" wird bei der virtuellen Unternehmung dadurch geschaffen, dass die Kulturen der einzelnen involvierten Unternehmen keine Dominanz ausüben können. Verstärkt wird dies zwangsläufig noch durch die typische Fokussierung auf „Kooperation und Koordination", „Kundennutzen" sowie „Wissens- und Informationsaustausch". Die virtuelle Unternehmung definiert – quasi als dritte Dimension zur bislang zweidimensionalen Unternehmensorganisation – eine Organisationsform zur Realisierung von Wettbewerbsvorteilen mit relativ stabilen sowie eindeutig bestimmten Beziehungen zwischen rechtlich selbständigen, im jeweiligen Projekt jedoch wirtschaftlich abhängigen Unternehmen (sowohl auf horizontaler als auch vertikaler Ebene). Neben einem besseren Marktzugang und dem implizit möglichen besseren Kapazitätsausgleich wird eine „Wissens- und Lernarena" generiert, die neben höherer Transparenz auch ein ständiges Benchmarking ermöglicht. Die virtuelle Organisation repräsentiert somit ein interdependentes System, in dem jedes Element die „Energie" des/der anderen für eigene Zwecke als Ressource nutzt. Sie kann – analog zum menschlichen Gehirn – als ein vernetztes Gebilde vieler heterogener Funktionssysteme verstanden werden, die erst in ihrer ganzheitlichen Kooperation und Aggregation zur Spitzenleistung befähigt werden. Die Funktion bzw. Rolle des Botenstoffes Dopamin als chemische Substanz im menschlichen Gehirn übernehmen Information und Wissen in der virtuellen Unternehmung. Analog zu den heutigen Informationssystemen generiert der Netzwerkeffekt die Systemvorteile und ist somit im Hinblick auf die Überlebensfähigkeit der einzelnen involvierten Unternehmung alternativlos. Letzteres kann auch damit begründet werden, dass hierdurch – häufig unbewusst – ein interorganisationales Benchmarking der Wertschöpfungsprozesse sowie die Extraktion der Ursachen bzw. Erklärungsfaktoren für die zu Grunde liegenden inhärenten Lernprozesse erfolgt. Dies ermöglicht sowohl die Analyse struktureller Unterschiede als auch das Aufdecken der konkreten Verbesserungspotenziale. Die daraus erwachsenden

Zielwerte (Benchmarks) lösen dann die Prozessoptimierung als zyklischen Phasenablauf analog zur Methode der Balanced Scorecard[226] aus:
- Ermittlung der Zielwerte aufgrund des Benchmarking.
- Integration dieser Zielwerte in Strategie- und Planungsprozesse.
- Realisierung der hieraus abgeleiteten, personalisierten und materialisierten Aktivitäten und Maßnahmen bzw. Prozesse.
- Evaluierung dieser Prozesse aufgrund der ständigen Messung der quantifizierten Zielwerte.
- Institutionalisierung von Lernprozessen im Rahmen der sich ergebenden Prozessanpassungen.

Die Bildung virtueller Unternehmen stärkt vor diesem Hintergrund langfristig die Wettbewerbsfähigkeit kleiner und mittlerer Unternehmen, weil sie sich auf ihre Kernkompetenzen beschränken und – aus ihrer Sicht – Randaktivitäten auf spezialisierte Partner übertragen können. Dies ermöglicht das Erschließen externer Kompetenz und deren Aggregation sowie Integration in den eigenen Wertschöpfungs- bzw. Leistungsprozess. Das personelle, finanzielle sowie informatorisch-kommunikative Beziehungsgefüge ermöglicht dabei eine effiziente Strukturierung und Steuerung. Die diesbezüglich überwiegend digitale Einbindung aller Partner in die jeweiligen Wertschöpfungsprozesse führt quasi zu einer Dematerialisierung der wirtschaftlichen Abläufe sowie zur Reduzierung der Transaktionskosten bei einer geographisch und zeitlich asynchronen Projektbearbeitung, die sich ausschließlich am jeweiligen Geschäfts- bzw. Wertschöpfungsprozess orientiert. Voraussetzung hierfür ist zwangsläufig, dass die jeweils involvierten Unternehmen ihre eigene Aufbau- und Ablauforganisation prozessfokussiert strukturiert haben. Hierdurch ergibt sich synergetisch ein flexibler, leistungsfähiger und innovativer Verbund, der Komplexitäts- und Transaktionskosten durch die Verringerung der jeweiligen Leistungstiefe reduziert[227]. Aus der Verbesserung der Wettbewerbsfähigkeit als auch durch die Erreichung einer fast gleichwertigen Machtsituation gegenüber oligopolistischen Anbietern bzw. Nachfragern resultiert die Verbesserung der Wettbewerbssituation im Sinne eines informationstechnologisch basierten „Collaborative Business"[228] im Rahmen einer „Business Convergence". Die virtuelle Unternehmung wird somit zum – quasi aus der „Not des Globalismus heraus geborenen" – Antipoden der transnationalen Unternehmen bzw. „Global Player".

Die typische Generierung virtueller Unternehmen folgt häufig den nachfolgenden Prozessschritten:
1. Zwei oder mehrere Unternehmungen fassen ihre jeweiligen Kernkompetenzen[229] zur Erreichung eines gemeinsam definierten Zieles zusammen.
2. Über sogenannte Broker ergänzen sie diese durch die Kernkompetenzen anderer Unternehmen/Personen.
3. Vereinbarungen über Zusammenarbeit, Stimm- und Vetorechte, Arbeitsaufteilung, Projektmanagement, Verfahrensregeln Rollen, Funktionen und Verantwortlichkeiten etc. im Sinne einer Ausgestaltung der Innenverhältnisse werden schriftlich fixiert.

4. Vertraglich festgelegt wird zudem, welche (Teil-)Geschäftsprozesse und Ressourcen jeweils eingebracht, genutzt und administriert werden.
5. Die netzwerkfähige Informations- und Kommunikationsstruktur wird unter Berücksichtigung der Arbeits-/Aufgabenteilung sowie der Zusammenstellung der Arbeits-(Experten-)gruppen erstellt (Wissensnetzwerk auf der Grundlage des Spezialwissens der jeweiligen Kernkompetenzen); dies schließt auch die Generierung von Workgroup- und Workflow-Systemen sowie Data-Warehouse-Systemen ein.
6. Die Kalkulationsmethoden für die intraorganisatorische Leistungsverrechnung werden harmonisiert.
7. Vereinbart wird, wer welche Wertschöpfungsbeiträge im Rahmen des Gesamtprojektes erbringt und dementsprechend am Gewinn/Verlust beteiligt wird.
8. Das Projektmanagement wird auf der Grundlage eines „elektronischen Organisationshandbuches" zur Regelung der intra- und interorganisatorischen Geschäftsprozesse installiert.

Hieraus resultieren fast zwangsläufig auch die zur Bildung virtueller Unternehmen notwendigen Voraussetzungen – analog zur Harrison-Studie:
a) Alle Beteiligten müssen eine identische und homogene, auf Vertrauen basierende Kooperationsstrategie verfolgen.
b) Alle Beteiligten müssen aus dieser Strategie gemeinsame und für alle verbindliche Ziele bzw. Zielsetzungen ableiten und exakt definieren.
c) Zur Erreichung dieser Ziele müssen klare Regeln vereinbart werden; sie müssen auch das „Handling" von Konflikten sowie den Fall des Scheiterns bzw. der Auflösung beinhalten.
d) Die einvernehmlich vereinbarten Ziele müssen eindeutig operationalisiert bzw. quantifiziert werden.
e) Die Unternehmensphilosophien sowie Unternehmenskulturen (einschließlich der Managementmethoden sowie Führungsstile) müssen homogen und gleichartig strukturiert sein.
f) Alle MitarbeiterInnen müssen partizipativ am Prozess beteiligt und von dessen Sinnhaftigkeit überzeugt sein bzw. werden.
g) Die den Prozess vorantreibenden MitarbeiterInnen der einzelnen Unternehmen müssen team- und netzwerkfähig sein.

Eine virtuelle Unternehmung repräsentiert somit ein sich aufgrund von Marktanforderungen und/oder Aufgabenstellungen „spontan" bildendes und wieder auflösendes Beziehungsgeflecht von Unternehmungen unterschiedlichen Typs[230] auf der Grundlage eines komplexen Vertragsmanagements. Dies kann somit auch zu einer „**Coopetition**" führen, der partiellen Kooperation von Konkurrenten. Dabei sind neben der Definition der Führungsrollen sowie der Regeln für die Zusammenarbeit vor allem eindeutig fixierte Geschäftspläne, die Übernahme der Moderatorenfunktion im Netzwerk sowie eine Vertrauensbasis neben kompatiblen informationstechnologischen Strukturen zwin-

gend erforderlich. Die informationstechnologischen Grundlagen hierfür sind unter anderem:
- leistungsfähige Kommunikationsnetze mit hoher Verfügbarkeit,
- offene, heterogene und verteilte Systeme,
- Standardsoftware mit einfachen und einheitlichen Bedienungsprozeduren,
- Workgroup- und Workflow- sowie Datawarehouse-Systeme sowie
- Involvierung interaktiver, multimedialer Anwendungen.

Während die Informationstechnologie nur eine „Vehikelfunktion" besitzt, ist die Vertrauensbasis sowohl eine wesentliche konstituierende Bedingung als auch Voraussetzung für Kreativität und Innovationsfähigkeit. Erforderlich ist hierfür des Weiteren ein strategisch konzipiertes Informations- und Wissensmanagement, um informationstechnologische Module (zum Beispiel E-Business, ERP-Systeme, Inter-, Intra- und Extranet etc.) als Instrumente zur strategischen Unterstützung der Projekt- bzw. Geschäftsprozesse einsetzen zu können. Außerdem müssen die bestehenden Client-Server-Architekturen bzw. n-tier-Architekturen internetfähig moduliert werden. Dadurch wird der Paradigmenwechsel von der Optimierung der eigenen Ressourcen zum optimierten Informations- und Wissensaustausch innerhalb der virtuellen Organisation im Sinne einer „Community of Interest" vollzogen. Neben den schon angeführten informationstechnischen Modulen bedingt dies ein „Intelligenzsystem der Unternehmung", in das Prozess- und Wissensmanagement eingebunden sind[231]. Dies impliziert, dass die Steuerung der gesamten Wertschöpfungskette zu einer Kernkompetenz wird. Diese Steuerungs- und Regelungsmechanismen „zur Führung eines Schnellbootgeschwaders" gegenüber einem „großen Schlachtschiff" sind zwangsläufig erforderlich, um die das System kannibalisierenden Zentrifugalkräfte kompensieren zu können. Sie repräsentieren ein informations- und wissensbasiertes „Process Chain Management" (analog zum SCM) auf Basis hierarchisch vermaschter Regelkreissysteme, um die eindeutige und einheitliche Strategie- und Zielausrichtung im Rahmen dieser komplexen Struktur gewährleisten zu können.

Der Unterschied zu bislang schon bekannten interorganisationalen Kooperationsformen (zum Beispiel Konsortien, Joint Venture, strategische Allianzen etc.) besteht vor allem in der engen, netzwerkdominierten und arbeitsteiligen Verflechtung. Weitere Merkmale können der nachfolgenden Übersicht entnommen werden:

Kooperationsform und ihre Merkmale
- Strategische Allianz/Joint-Venture – Kooperation selbständiger Unternehmen zwecks Nutzung komplementärer Ressourcen (Produkte, Services, Logistik etc.) zur Erweiterung bzw. Verbesserung des Marktzugangs. Mündet häufig in einem Joint-Venture.
- Arbeitsgemeinschaft (ARGE) – Aktionsgebundene Kooperation selbständiger Partner, vorzugsweise in der Bauwirtschaft (zum Beispiel Tiefbau, Staudammprojekte etc.).

- Kartell – Kooperation selbständiger Unternehmen zwecks Regelung bzw. Beschränkung des Wettbewerbs.
- Konsortium – Aktionsgebundene Kooperation selbständiger Partner, vorzugsweise aus der Kreditwirtschaft. Hauptzweck ist die Risikostreuung.
- Virtuelle Organisation – Befristeter Verbund selbständig operierender Unternehmen (Konzerneinheiten) unter Ausnutzung komparativer Vorteile der Partner (Marktzugang, Ressourcen); Auflösung nach Zweckerreichung.

Abb. 6: Vergleich verschiedener Kooperations- bzw. Interaktionsformen (Quelle: Diebold)

Nicht unterschätzt werden darf dabei die steigende Komplexität der jeweiligen Geschäfts- und Wertschöpfungsprozesse aufgrund der zunehmenden Anzahl der zu involvierenden Unternehmen. Legt man diese beiden Kriterien „Prozesskomplexität" und „Zahl der involvierten Unternehmen" zu Grunde, so ergibt sich die nachfolgende Differenzierung der bisher angesprochenen Organisationsformen:

Abb. 7: Die Differenzierung verschiedener Organisationsstrukturen

Die virtuelle Unternehmung unterscheidet sich somit von anderen Kooperationsformen bzw. Unternehmensstrukturen vor allem durch ihre Offenheit und Flexibilität und wird demnach durch eine neue Form der Arbeitsorganisation gekennzeichnet, bei der die Strukturierung der Geschäftsprozesse durch Nutzung der Informationstechnologie zur asynchronen und ageographischen Aufgabenerledigung führt. Als „virtuelle und globalisierte Netzwerkunternehmung" repräsentiert sie analog zur Natur einen Superorganismus, der durch die Aggregation vieler kleinerer Einheiten eine Struktur höherer Ordnung bildet – analog zum Ameisenstaat. Dies führt dann auch zur mobilen Auskopplung bzw. Dislozierung bisher geographisch-zentralisierter Abläufe sowie zum Fortfall spezifischer Bearbeitungs- bzw. Prozessstufen, die sowohl durch das tayloristische Prinzip als auch die geographische Zentralisierung erforderlich waren. Derartige Auskopplungen bisher im Unternehmen durchgeführter Funktionen auf externe

Leistungsanbieter (sogenannter Free-Lancer) führt zwangsläufig zu einem Rückgang der dauerhaft Beschäftigten zu Gunsten der projektbezogenen freiberuflich Tätigen. Neben den hieraus resultierenden gravierenden Auswirkungen auf die Sozialversicherungssysteme wird sich ein „Marktplatz für Humankapital" entwickeln, auf dem Anbieter als auch Nachfrager (Unternehmen) ihren jeweiligen Marktpreis aus-(ver-)handeln – die jeweils projektbezogene Vergütung[232]. Virtuelle Unternehmen können letztlich die Macht transnationaler Konzerne reduzieren, weil „Myriaden von Mikroorganismen[233]" flexibler und dynamischer reagieren, kostengünstiger produzieren sowie individuelle, kundenfokussierte Einzellösungen schneller realisieren können sowie das „organisationale Lernen" ermöglichen. Demgegenüber werden global agierende transnationale Konzerne[234] zum einen in ihren Reaktionen auf dynamische, regionale Marktveränderungen langsamer und involatil – und verlieren so sowohl Marktpotenziale als auch Marktstellung[235]. Die Wahrnehmung der Marktrealität endet bei Konzernen häufig dann, wenn durch deren Auswirkungen Machtpositionen sowie Besitzstände in der Unternehmung tangiert werden; dies führt seitens des „Systems" dann häufig zur Intensivierung der bürokratischen Struktur, der Vervollkommnung der Kontrolle sowie zur Verteidigung individueller Privilegien – und intendiert zwangsläufig den Verlust von Kreativität, Innovations- und Adaptionsfähigkeit. Zum anderen erhöhen sie ihre Transaktionskosten durch eine quasi „zentrale Planwirtschaft des Konzerns", so dass die Gewinne trotz sinkender Produktionskosten dennoch zurück gehen. Die virtuelle Unternehmung demgegenüber repräsentiert quasi den Wandel von der „kostenfokussierten Produktionseinheit" zur „Wertegemeinschaft" im Rahmen einer „network value strategy". Letztlich wird durch die Existenz virtueller Unternehmen die lokale Selbständigkeit im Globalismus gestärkt – die Folge hiervon ist das Phänomen des bereits angesprochenen **Glokalismus**[236].

Eine Bestätigung dieser Auffassungen ergab die von der DG-Bank im Herbst 2000 durchgeführte Mittelstandsumfrage. Zum einen waren die befragten Unternehmer überwiegend der Auffassung, dass feste Kooperationen (zum Beispiel wie Joint Ventures oder Beteiligungen) nur den großen Unternehmen dienlich sind, jedoch die Flexibilität sowie die Selbständigkeit des Mittelstandes erheblich beeinträchtigen würden. Zum anderen sahen sie aufgrund der Intensivierung des Wettbewerbes sowie der Erhöhung des Wettbewerbsdruckes durch transnational tätige Unternehmen im Rahmen der globalen Marktwirtschaft den Zwang zur Kooperation. Somit bietet der temporäre Zusammenschluss zu „virtuellen Unternehmen" die Chance, dass die individuelle Flexibilität, Innovationskraft sowie Konkurrenzfähigkeit gestärkt und die Wettbewerbsmacht der Großunternehmen kompensiert werden kann: 60 Prozent der befragten Unternehmen bilden daher „virtuelle Unternehmen" – vor allem im Vertriebsbereich. Als weitere Hauptmotive werden neben der Kostensenkung (45 Prozent) die Erschließung neuer Märkte (31 Prozent), die wettbewerbsfähige Präsenz auf bestehenden Märkten (24 Prozent) sowie der Wissenstransfer (17 Prozent) und die Risikoreduzierung (11 Prozent) angegeben. Insgesamt kommt die Studie zu dem Fazit, dass der Mittelstand ohne Kooperationen auf der Grundlage virtueller Unternehmen zukünftig weder dem Wettbewerbsdruck noch den Marktanforderungen wird Stand halten können. Zu einem ähnlichen Ergebnis kommt eine Studie der Gardner Group[237], der gemäß ab 2004/2005 alle wesentlichen Produktentwicklungen zu 90 Prozent im Rahmen virtueller Unternehmen auf der Grundlage des „Collaborative-Product-Commerce" erfolgen werden.

1.3.4 Der Wandel vom „industriellen Berufsmenschen" zum Jobholder

Nachdem die Auswirkungen der liberalisierten und globalisierten Marktwirtschaft auf der makro- sowie der interorganisationalen Dimension der mikroökonomischen Ebene in den beiden vorhergehenden Abschnitten diskutiert wurden, sollen abschließend die sich hieraus ergebenden Veränderungen auf der intraorganisationalen sowie sozialen Dimension „holzschnittartig" erörtert werden.

Globale Marktwirtschaft, gekennzeichnet durch Marktinstabilität, wachsenden Wettbewerbsdruck sowie der Fokussierung auf den multioptionalen Kunden, erzwingt aufgrund der wachsenden Dominanz von Unsicherheit, Varianz und Diskontinuität die Erhöhung der Flexibilität der Unternehmung[238]. Analog zur Definition der OECD[239] aggregiert man hierunter die nachfolgenden Komponenten:

- Internal Flexibility (proaktive, selbstorganisierende Anpassungsfähigkeit der internen Unternehmensstruktur und Aufgabenorganisation),
- External Flexibility (Wissensgenerierung durch Kontaktfähigkeit gegenüber anderen Unternehmen und Märkten),
- Numerical Flexibility (flexible Verfügbarkeit und Einsatzfähigkeit der personellen Ressourcen),
- Functional Flexibility (funktionsübergreifende Tätigkeiten bzw. Aufgabenstellungen sowie Qualität und Quantität der Aus- und Weiterbildung).

Diese pragmatisch orientierte Definition der Unternehmensflexibilität repräsentiert vor allem ein operationales Konzept, um Benchmarking-Vergleiche durchführen zu können. Aus deduktiver Sicht kann – analog zu Frieling[240] – Flexibilität als Fähigkeit zur eigenverantwortlichen, dynamischen und effizienten Anpassung an sich verändernde Rahmenbedingungen verstanden werden. Im kybernetischen Sinn erfordert dies ultrastabile Systeme, die selbstlernend zur Selbststeuerung sowie proaktiven Anpassung fähig sind. Diese inhaltliche Begriffsbestimmung gilt sowohl für die Ebene des Systems Unternehmen wie auch für diejenige der Gruppen und Individuen als Subsysteme. Derartige Fähigkeiten erfordern jedoch die Abschaffung funktional-hierarchischer Strukturen[241] durch die Hinwendung zur Prozessfokussierung sowie die Implementierung des Informations- und Wissensmanagements, um durch die (Aus-)Nutzung von Informationsarbitrageeffekten sowie unternehmensspezifischer Ressourcenvorteile eine adäquate und schnelle Anpassung an Umweltveränderungen bzw. -entwicklungen durch die Erhöhung von Kreativität und Innovationsfähigkeit zu ermöglichen. Im Sinne der ressourcenorientierten Theorie werden Wettbewerbs- und Überlebensfähigkeit einer Unternehmung überwiegend durch Generierung und Nutzung unternehmensinterner Ressourcen und Kompetenzen bestimmt. Die zielorientierte Optimierung und Aggregation der materiellen und immateriellen Ressourcen[242] definieren die Grundlagen des strategischen Verhaltens sowie die Generierung von Wettbewerbsvorteilen. Investitionen in das Wissensmanagement, die Weiterentwicklung von „soft skills" sowie die Generierung von stake-holder-Strukturen anstelle der shareholder-Fokussierung[243] werden daher langfristig dominieren gegenüber der „Kapitalisierung operativer Entscheidungen". Wissenseinsatz sowie die Innovation bestehender Prozesse verbessert deren Effizienz und Effektivität – Wissenseinsatz sowie Kreativität und Innovation in neue Entwicklungen ermöglichen daher die Kapitalisierung zukünftiger Entwicklungen[244]. Dies fokussiert letztlich auf die organisationale Informations- und Wissensbasis sowie der hierauf aufbauenden organisationalen (Selbst-) Lernfähigkeit als den wichtigsten Ressource für die Wettbewerbsfähigkeit. Es impliziert zudem durch die Betonung der evolutionären Entwicklung des expliziten und impliziten Wissens als immaterieller Ressource die dynamische, prozessfokussierte und zirkuläre Dimension. Vor allem die Prozessfokussierung in Kombination mit dem Wissensmanagement bietet die Möglichkeit, intangible Ressourcen[245] (zum Beispiel Wissen, Erfahrungen etc.) weiterzuentwickeln, situativ zu kombinieren und hierdurch organisationale Lernprozesse strukturiert und zielgerichtet zur permanenten Verbesserung des Entscheidungsverhaltens zu institutionalisieren[246]. Weil das implizite Wissen sui generis als Spezifikum der jeweilgen Unternehmung nur in dieser generiert wird, kann es ohne Qualitätsverluste überwiegend auch nur in dieser effizient verwertet werden – einer externen Beschaffung und/oder Vermarktung ist es nur bedingt zugänglich. Die Verfügbarkeit über dieses „Humankapital" in einer Unternehmung wird somit – neben dem notwendigen Informations- und Wissensmanagement – zum wettbewerbsentscheidenden Faktor. Motivierende Faktoren zur Erhöhung sowie Institutionalisierung des Humankapitals sind unter anderem

- Arbeitsautonomie,
- Kompetenzzuweisung,
- Erhöhung des Selbstwertgefühls,
- Sicherheit,
- Kalkulierbarkeit,
- Transparenz sowie
- soziale Nähe.

Im Gegensatz zur Auffassung von Davis/Meyer[247] muss die Betonung des Humankapitals bzw. dessen Aufstieg nicht zum reziproken Abstieg des „Sozialkapitals" führen, weil Sozialkompetenzen einerseits ein Element des Humankapitals sind. Andererseits sind diese für effiziente Prozessstrukturen ein zwingendes Erfordernis[248].
Die Dynamik der liberalisierten Marktwirtschaft sowie die hierdurch ausgelö-

sten organisationalen Anpassungserfordernisse führen inhärent dazu, dass das Unternehmen dem Mitarbeiter keine umfassende Stabilität, Kontinuität und Sicherheit mehr (an-)bieten kann[249]. Hierauf beruht jedoch die klassische Loyalitätseinstellung und -fokussierung des Mitarbeiters zum Unternehmen. Erforderlich ist daher die Entwicklung eines neuen Sozialvertrages zwischen Unternehmen und MitarbeiterInnen. Dabei bietet das Unternehmen unter anderem:

- persönliche Qualifizierung und Weiterbildung[250],
- Entscheidungsfreiheitsräume sowie transparente –strukturen,
- interessante, wechselnde Arbeits-/Aufgabenfelder,
- leistungsbezogene Vergütungssysteme[251],
- diskursiv definierte Zielvereinbarungen,
- offene Informations – und Wissensmanagementstrukturen,
- Kooperations- und Vernetzungsfähigkeit (sowohl horizontal als auch vertikal),
- Rekonfigurierbarkeit und Flexibilität,
- Multifunktionalität,
- mehrdimensionale, prozessfokussierte Strukturen sowie
- kurz- bis mittelfristige soziale Sicherheit.

Aus Sicht der Unternehmung wird es daher künftig notwendig, den Mitarbeitern attraktive Arbeitsplätze bieten zu können und so deren Engagement, Kreativität etc. optimal zu nutzen. Ein wesentliches Element attraktiver Arbeitsplätze ist das Vorhandensein von Entscheidungsfreiheiten sowie selbst bestimmbarer Handlungsräume – Kreativität entsteht nur durch autonomes Handeln im Rahmen definierter Grenzen. Daher sollten zu besetzende Stellen nicht ausschließlich mit deren – eng abgegrenzten – Funktionalitäten ausgeschrieben werden. Vielmehr sollte gegebenenfalls der funktionale Kontext in Abhängigkeit von dem Qualifikations- und Leistungsprofil des Bewerbers verändert werden – dies ist zwangsläufig bei prozessfokussierten Strukturen am ehesten möglich. Gemäß einer Gallup-Studie entstehen in den USA jährlich zusätzliche Kosten in Höhe von 225 Milliarden €, weil die Mitarbeiter unmotiviert sind und daher entweder „in die innere Emigration gehen" oder das Unternehmen wechseln. Durch das „Zurechtschneiden" der Tätigkeit auf die Fähigkeiten und Interessen des Einzelnen („Job Sculpting") besteht die Möglichkeit, durch die Verstärkung der Stärken sowie der Reduzierung der Schwächen das vorhandene Potenzial optimal zu erschließen. Dies wird auch durch den sog. „Commitment-Index" bzw. der „Commitment-Matrix" der GO[252] vom Februar 2002 bestätigt. Während der Index auf 50 % gesunken ist, ergab sich im Rahmen der Matrix[253], dass sich 36 % der Beschäftigten zu den sog. „detached people", d. h. den „vom Unternehmen Vergessenen" zugehörig fühlten – sie sind zwar unzufrieden, können jedoch aus subjektiven Gründen nicht mehr den Arbeitgeber wechseln. Weitere 36 % gehörten zu den sog. „Inhabitants", die als „Unternehmensbewohner" zwar mit dem Unternehmen zufrieden sind, sich jedoch als unkritisch und inaktiv verhalten. Weitere 15 % zählten zu den „kritischen Leistungstreibern", die zwar mit der Tätigkeit, nicht jedoch mit dem

Unternehmen zufrieden und daher wechselwillig sind. Nur 17 % gehörten zu denjenigen „Leistungstreibern", die sowohl mit der Tätigkeit als auch mit dem Unternehmen zufrieden sind. Die Erhöhung der Zufriedenheit mit der Unternehmung erfordert einerseits regelmäßige Mitarbeiterbefragungen, Leistungsbeurteilungen sowie Audits im Rahmen der jeweiligen Gruppe, um auch außerberufliche Neigungen, Bedürfnisse und Talente – neben den fachspezifischen – aufdecken zu können. Die hierbei implizierte „Humanisierung der Arbeit" ist ein, wenn nicht sogar der entscheidende Faktor für die Wettbewerbsfähigkeit einer Unternehmung auf liberalisierten Märkten[254]. Es verlangt andererseits auch eine neue Personalstrategie (die nicht durch ein operatives Controlling konterkariert wird) sowie eine mittel- bis langfristig orientierte Personalentwicklungsplanung, orientiert am Unternehmensbedarf. Vor allem letztere Komponente muss schon heute vor dem Hintergrund der demographischen Entwicklung in Deutschland mit der Konsequenz des Arbeitskräftemangels ab dem Jahr 2010 institutionalisiert sein. Der Beschäftigte bringt dafür als „Gegen"-Leistung unter anderem ein:

- Kreativität[255], Intuition[256] und Innovationsfähigkeit (neuronale Fähigkeiten),
- ergebnis-/zielorientierte Selbststeuerungsfähigkeit[257],
- kundenfokussierte Arbeitsleistung,
- soziale Kommunikationsfähigkeit,
- Team/Gruppenorientierung sowie
- lebenslange Lernbereitschaft und -befähigung.

Deutlich wird, dass sich in der Wissens- bzw. Dienstleistungsgesellschaft die Loyalität des Mitarbeiters vom Gesamtunternehmen auf das Team, die Gruppe verlagert. Die vertikale Loyalität geht in eine horizontale, projekt- bzw. gruppenorientierte über. Das erfordert eine Veränderung der rechtlichen Arbeitsstrukturen, weil langfristige Arbeitsverträge und tarifvertragliche Bindungen durch kurzfristige aufgaben-/projekt- und situationsbezogene Werkverträge auf Unternehmerbasis ersetzt werden. Letzteres führt zwangsläufig zur Veränderung der klassischen Karriere- und Gehaltsstrukturen. In jüngster Zeit wird diesbezüglich häufig die Auffassung vertreten, dass anstelle der Beschäftigungsgarantie des Unternehmens im Fokus der neuen Arbeitskontrakte die „Beschäftigungsfähigkeit" (sogenannte Employability) als gemeinsame Verantwortung von Unternehmung und MitarbeiterInnen stehen wird[258]. Für den Mitarbeiter ergibt sich hierdurch quasi eine „fremdorganisierte Selbstorganisation"[259] im Sinne eines „Owner of the career"[260]. Aus einer diesbezüglichen Überpointierung des Mitarbeiters als „Unternehmer seiner selbst" erwachsen allerdings erhebliche Gefahren sowohl für den Einzelnen selbst als auch für das soziale Gemeinwesen[261] sowie für Unternehmen. Derartige Ziel- und Wertveränderungen intendieren (fast) zwangsläufig den Trend zum Hegoismus und verstärken die Triebkräfte eines egoistisch fokussierten Darwinismus und Opportunismus (sog. Darwiportunismus). Dies konterkariert allerdings eine Unternehmenskultur mit dem Schwerpunkt auf Teambildung und -fähigkeit vor dem Hintergrund der gruppenzentrierten Gestaltung der Arbeitsabläufe. Zur Kompensation dieser zentrifugalen Auswirkungen müssen die Führungskräfte daher intensiv ihre Moderatoren- bzw. Coachfunktion wahrnehmen. Diese Auffassung wurde durch empirische Untersuchungen auch bestätigt, weil die damit einhergehende Auflösung der emotionalen Loyalitätsbeziehung zwischen Unternehmung und Mitarbeiter zur Reduzierung von Produktivität und Innovationsfähigkeit führt[262]:

> „... innovations in work practices or other forms of worker-management-cooperation or productivity improvement are not likely to be sustained over time when workers fear that by increasing productivity, they will work them selves out of their job".

Als Konsequenz hieraus definiert Pfeffer daher als einen der Erfolgsfaktoren für eine nachhaltige Unternehmensentwicklung die „Employment Security" als gemeinsame Verantwortung von Unternehmung und MitarbeiterInnen. Durch die hierbei mögliche Erschließung betriebsinterner Flexibilitäts- und damit auch Renditepotenziale leisten die MitarbeiterInnen ihren Beitrag zur „Employment Security" sowie der Nachhaltigkeit der Unternehmensentwicklung, so dass die bestehenden Arbeitskontrakte nicht aufgekündigt werden müssen. Verbindet man ein diesbezügliches Verständnis mit restriktiven Einstellungspraktiken, sorgfältiger Mitarbeiterauswahl, Prozessorientierung bei selbstlernenden Teams sowie erfolgs- bzw. leistungsabhängiger Vergütung, einer offenen Informations- und Kommunikationspolitik sowie dem notwendigen Informations- und Wissensmanagement, ist aufgrund der empirischen Befunde eher die Möglichkeit einer nachhaltig erfolgreichen Unternehmensentwicklung als bei der „Employability" gegeben. Hierdurch entstehen „fraktale Organisationen"[263], die unter anderem durch Selbstorganisation[264], Selbständigkeit und Flexibilität gekennzeichnet sind. Daraus erwächst eine Weiterentwicklung der aus den 60er und 70er Jahren stammenden divisionalisierten bzw. „Profit-Center-"Strukturen mit nachfolgenden Kriterien:

- ⊳ Vorgabe übergeordneter Ziele im Rahmen einer kooperativ und diskursiv erfolgten Definition[265],
- ⊳ Vorgabe eindeutiger Zielsektoren,
- ⊳ definierte Rahmenbedingungen und Wechselwirkungen,
- ⊳ Verfügbarmachung aller erforderlichen Informationen sowie Nutzung des Meta-Wissens,
- ⊳ Möglichkeit zur selbstständigen Weiterentwicklung (lebenslanges Lernen) durch multimediale und wissenkooperative Strukturen sowie
- ⊳ Befähigung zur Selbstorganisation und antizipativen Veränderung der Strukturen.

Selbstorganisation ist daher mehr als „reines Teamwork", weil die gesamtheitliche Aufgabenerledigung sowohl die Existenz von Freiräumen als auch die Verantwortlichkeit für das Ergebnis voraussetzt. Bedingung hierfür ist die synergistische Kooperation von Personen, die miteinander gewinnen wollen (sogenannte „win-win-Situation"). Diese Involvierung des „personalisierten" Egoismus in den jeweiligen Gruppenprozess (sogenannter Synegoismus[266]) soll den Spaßfaktor an der Arbeit erhöhen – sie bedingt jedoch auch materielle und finanzielle Anreizsysteme. Unter Flexibilität versteht man dementsprechend sowohl die Anpassungsfähigkeit an geänderte Umweltbedingungen als auch die Fähigkeit, bei veränderten Aufgabenfeldern „automatisch" zu neuen Strukturen, bei denen das gesamte Wissenspotential (auch das nicht-dokumentierte) einbezogen wird, zu gelangen. Nicht übersehen werden darf dabei, dass ca. zehn Prozent der MitarbeiterInnen kognitiv entweder nicht willens oder nicht fähig zur Teamarbeit sind. Des Weiteren sind ca. 40 Prozent aufgrund ihrer Sozialisation (derzeit) noch nicht zur Gruppenarbeit befähigt, so dass hier Schulungsbedarf besteht. Dies bedingt zwangsläufig bei Neueinstellungen bzw. Bewerbungsverfahren, dass die Teamfähigkeit mit im Fokus der Prüfung stehen muss. Um die Effizienz der Gruppe auf einem hohen Niveau halten zu können, sollte diese des Weiteren nicht aus mehr als 15 bis 20 Mitgliedern bestehen – das Risiko der Bildung von konterkarierenden informalen Netzwerken bzw. „Seilschaften" ist ansonsten nur in geringem Maß zu reduzieren. Neben der offenen und transparenten Informations- und Kommunikationsstruktur müssen Verfahren bzw. Mechanismen institutionalisiert werden, damit Kooperations- und Koordinationsprobleme frühzeitig beseitigt und somit nicht manifest werden. Zu beachten ist hierbei des Weiteren, dass (hierarchiefreie) Teams nicht per se oder generell besser als andere Kooperationsformen sind; in Abhängigkeit von den Mentalitäten und Charakteristika der jeweiligen Mitarbeiter (beispielsweise „karrierezentriert" vs. „anlehnungsbedürftig") kann es sich häufig als sinnvoll erweisen, offizielle Gruppenleiter zu institutionalisieren. Ebenso gilt, dass Gruppenarbeit nicht „mit aller Gewalt" auch dort eingeführt werden sollte, wo Einzelarbeitsplätze sinnvoller und effizienter sind. Voraussetzung ist daher – wie bei jeder Reorganisation -, dass vor der Einführung der prozessfokussierten Gruppenarbeit eine grundlegende, umfassende und konsistente Änderung der gesamten Organisationsstruktur umgesetzt werden muss. Kriterien sind neben der Teamfähigkeit des Einzelnen ein Mittelweg zwischen der homogenen und heterogenen Zusammensetzung der Gruppen sowie möglichst geringer informaler Beziehungen zwischen den Teammitgliedern. Des Weiteren muss neben der Bereitschaft zur Übertragung von Entscheidungs- und Erfolgsverantwortung durch das Management auch die Bereitschaft für Experimente und Risikoübernahmen sowie die erforderliche Unterstützung und Motivation vorhanden sein. Dies impliziert zwangsläufig eine Vertrauenskultur, da erst das (uneingeschränkte) Vertrauen Wissenstransfer und -transformation in der Gruppe und somit Kreativität sowie Innovationsfähigkeit und -bereitschaft ermöglicht. Deutlich wird, dass diese Veränderungen intraorganisationaler Strukturen, Prozessabläufe, Aufgabenbereiche sowie Funktionen und Tätigkeitsinhalte zwangsläufig auch Aus- bzw. Rückwirkungen auf der sozialen Ebene, also bei den MitarbeiterInnen, implizieren. „Eingeplant" werden muss daher auch, dass es anfangs zu „Machtkämpfen" und längeren Entscheidungswegen bis zu jenem Zeitpunkt kommen kann, zu dem sich die informale Teamstruktur „gefunden" hat. Diesem Zeit- und Effizienzverlust in der Anfangsphase steht

allerdings – wie bei jedem partizipatorischen Konzept – anschließend eine wesentlich höhere Gruppeneffizienz und -effektivität gegenüber, da zum einen die diesbezüglich vereinbarten Vorgehensweisen, Entscheidungen etc. von jedem Gruppenmitglied als die „eigenen" angesehen und unterstützt werden. Zum anderen werden zwangsläufig mehr und bessere Informationen, umfassenderes Wissen sowie eine höhere Kreativität in die Problemlösungen involviert, so dass sich allein hierdurch eine höhere Entscheidungsqualität ergibt. Teambildung und -befähigung sind allerdings kein punktueller Akt, sondern das Ergebnis eines Sozialisationsprozesses. Hieraus resultieren unter anderem neue und höchst unterschiedliche Anforderungsprofile im Hinblick auf die Qualifikationen der involvierten MitarbeiterInnen, die einem permanenten Anpassungsprozess unterliegen, weshalb diese nicht statischer Natur sein dürfen.
Deutlich wird hierdurch, dass dieser Wandel in Verbindung mit der (informations-)technologischen Evolution sowie einer exponentiellen Steigerung des verfügbaren Wissens das Informations- und Wissensmanagement als wesentliches Instrument des Wettbewerbes definiert, weil das sowohl analog und digital-multimedial als auch häufig nur implizit vorhandene Wissen der ausschlaggebende Faktor für die Wettbewerbsfähigkeit ist. Die Innovationsfähigkeit kann nur durch die Involvierung und Vernetzung der vorhandenen Informationen und des Wissens eine Grundlage für die Überlebensfähigkeit der Unternehmen darstellen: Die Installierung von Kompetenzzentren sowie das Wissensmanagement in Netzwerken sind zukünftig strategische Unternehmensfaktoren. Unbestritten ist allerdings auch, dass allein die Existenz informationstechnologischer Module noch keine Informations- bzw. Wissensvermehrung und somit die antizipative Anpassung an sich verändernde Strukturen bewirkt, da eine passive Anwendung quasi nur repetitives Wissen transportieren kann. Erst die interaktive, also bewusste und willentliche Nutzung und Auseinandersetzung mit der multimedialen Information und Kommunikation[267] ermöglicht die Wissenserweiterung, das Überspringen vorhandener Denk- und Informationsbarrieren, eine Horizonterweiterung. Präziser wäre es deshalb, von „interaktiver Mensch-Medien-Kommunikation" zu sprechen, die anthropologische, technologische sowie soziale Rahmenbedingungen berücksichtigt. Dabei sind zwei Komponenten der Digitalisierung zu berücksichtigen: Zum einen tritt der Computer im Sinne eines Rechners in den Hintergrund und übernimmt die Funktion eines Kommunikationsgerätes. Der hierdurch ausgelöste sekundäre Effekt zeigt sich in einer höheren Wissensbasis, dezentralen Strukturen, Effizienz[268] - und Effektivitätserhöhung[269] durch Einbeziehung einer qualitativ und quantitativ gestiegenen Informations- und Wissensmenge in die zu bewältigenden Entscheidungsprozesse sowie einer Kostensenkung durch Verringerung der arbeitsteilig implizierten Transaktionskosten[270].
Das organisationale Wissen wird neben dem „Wissen der Unternehmung"[271] auch und vor allem durch das individuelle Wissen der MitarbeiterInnen repräsentiert. Letzteres besitzt jedoch – vor allem im Vergleich zu den 50er bis 70er Jahren des 20. Jahrhunderts – eine wesentlich kürzere „Halbwertszeit", so dass die „gespeicherten" Lerninhalte ständig erweitert, angepasst oder sogar revi-

diert werden müssen[272]. Verstärkt wird diese Tendenz noch dadurch, dass die jeweiligen beruflichen Ausbildungs- und Aufgabenprofile ebenfalls einem starken Wandel unterworfen sind. Der durch Geschäftsprozessorientierung sowie Informationstechnologie ausgelöste „permanente organisatorische Wandel" führt zu ständigen Veränderungen der Arbeitsplatzinhalte – bei einer „Halbwertszeit" von drei bis fünf Jahren. Lernen bzw. Weiterbildung besitzt demnach nicht mehr die primäre Funktion, einen besseren Job zu bekommen – sondern um in langfristiger Sicht überhaupt eine bestimmte Tätigkeit zu be- und erhalten. Aus- und Weiterbildung sind somit die Schlüsselfaktoren für den Erwerbstätigen, um den „(Wissens-)Spagat" zwischen der Industrie- sowie der wissensfokussierten Dienstleistungsgesellschaft beherrschen und realisieren zu können. Hieraus erklärt sich auch der Paradigmenwechsel vom „lebenslangen Beschäftigungsverhältnis" zu „Patchwork-Biographien" im Rahmen wechselnder Tätigkeiten, die durch die Phasen Erwerbs-, Bildungs- und Familientätigkeiten strukturiert werden. Die Übergänge zwischen den Phasen müssen zwangsläufig auch gesellschaftspolitisch erleichtert, wahrscheinlich sogar überhaupt erst ermöglicht werden, beispielsweise durch die Förderung des kontinuierlichen Lernens (Weiterbildung) zur Sicherung der beruflichen Wettbewerbsfähigkeit, durch Mobilitätshilfen, Arbeitsplatzvermittlungen sowie der Reduzierung des metastasierenden Sozialstaates. Hiermit soll ein Schutz vor der Arbeitslosigkeit, nicht jedoch vor dem Arbeitsplatzwechsel generiert werden.

Problematisch ist allerdings derzeit, dass sich die klassischen Bildungssysteme einerseits hinsichtlich ihrer Lerninhalte und Curricula noch an den Bedürfnissen der Industriegesellschaft orientieren, bei der eine kleine Elite für die Funktionsfähigkeit des Gesamtsystems zuständig und letztlich auch verantwortlich war. Im Rahmen der Wissensgesellschaft mit ihren sozialen und informationellen Netzwerken, anderen Organisationsstrukturen etc. liegen jedoch Zuständigkeit und Verantwortung letztlich bei jedem Gruppenmitglied – das allerdings im Rahmen seines schulischen und beruflichen Ausbildungsprozesses hierauf nicht vorbereitet wird[273]. Des Weiteren entsprechen die im schulischen Bereich anscheinend überwiegend „praktizierten" Lern- und Verhaltenszielsetzungen nicht den Erfordernissen von Wirtschaft und Gesellschaft – zumindest lässt die „Pisa-Studie" diese Schlussfolgerung zu. Aus- und Weiterbildung bzw. Lernen repräsentieren allerdings nicht nur aus normativer Sicht einen „lebenslangen Prozess" – sie sind es vielmehr auch aus neurophysiologischer bzw. neurobiologischer Sichtweise: die Struktur des lebenslangen Lernprozesses wird schon durch die Entwicklung in der frühesten Kindheit determiniert sowie seine „selbstorganisierende" Fähigkeit angelegt[274]. Neurobiologische Forschungen haben zwischenzeitlich nachgewiesen, dass sich der „homo sapiens" vor allem durch seine (fast) unendliche Lernfähigkeit von anderen Gattungen unterscheidet – unser Hirn lernt quasi ständig. Daher ist der Mensch „von Natur aus" auch ständig für das Lernen – auch für das lebenslange – motiviert[275]. Versteht man unter Lernen die Aggregation von Einzelheiten zu einem (neuen) Ganzen bzw. das selbständige Erkennen neuer Verknüpfungen bekannter Einzelmodule und somit das Auffinden neuer Lösungen, so wird neurobiologisch das Phänomen

"Lernen" grundsätzlich in ein "handlungszentriertes" und ein "erkenntniszentriertes" differenziert (vgl. Abb. 8). Das erstere kennzeichnet das prozedurale Lernen. Hierbei prägen wir uns Bewegungsmuster, körperliche sowie Handlungsabläufe als repetitive Vorgänge ein. Dies geschieht überwiegend ohne die (Be-)Nutzung des Bewusstseins (im Neokortex) durch die Konsolidierung von Erfahrungen, d. h. durch "Einpauken". Beim erkenntniszentrierten bzw. "deklarativen Lernen" werden mittels des Bewusstseins spezifische Handlungs- und Verhaltensroutinen erlernt, indem neue Erfahrungen mit vorhandenem Wissen zusammengeführt werden[276]. Diese Fähigkeit der Hypothesenbildung zur Lösung bislang unbekannter Problemsituationen ist neurophysiologisch im Hippocampus angesiedelt, dem Ort des Sprachgedächtnisses; sie hat wesentlich zur Überlebensfähigkeit des homo sapiens beigetragen. Deutlich wird hieraus auch die Bedeutung des Gedächtnisses, d. h. die Konstanz eines Sollwertes als Output, mit dem die Kognition auf einen Input reagiert. Durch das Gedächtnis[277] wird eine Information über die reine Wahrnehmung hinaus gespeichert und in eine "Erinnerung" transformiert, die künftiges Lernen beeinflusst bzw. determiniert: Lern- und Gedächtnisprozesse stehen somit gemäß J. Raley in einer Wechselwirkung.

Beim "deklarativen Lernen" wird neurobiologisch zwischen dem tradierten sowie dem innovativen Lernen differenziert. Ersteres erfolgt – analog zur Kant'schen "Erfahrung a priori" – als "synthetisches" Lernen von Begriffen, unabhängig von Erfahrungen etc. Dieses auch als "just in case-learning" bezeichnete Lernen von Wissen bzw. dem Verständnis über Wissensgrundlagen erfolgt für eine zukünftige, jedoch (noch) nicht bekannte Situation, um es zu einem späteren Zeitpunkt im Sinne einer "Wissensvernetzung" zur Problemlösung anwenden zu können. Aufgrund erkenntnistheoretischer Aussagen und Erfahrungen unterstellt hierbei der Konstruktivismus, dass ein Erkennen der "objektiven Welt" nicht möglich ist – vielmehr wird die Wirklichkeit als "individueller Bezugsrahmen" bei jedem Lernprozess neu definiert bzw. "konstruiert". Lernen als kognitiver Prozess ist somit ein aktiver "Konstruktionsprozesss", der spezifisch sowohl durch die individuellen Werte, Ziele etc. als auch durch die situativ-individuellen und sozialen Rahmenbedingungen (beispielsweise durch Kommunikationsprozesse) determiniert wird[278]. Im Rahmen des sogenannten tradierten Lernens werden zur Strukturierung dieses Prozesses vor allem herkömmliche Regeln, Verfahren und Methoden verwandt, um explizites Wissen zu generieren. Das "innovative Lernen" wird im Gegensatz hierzu vor allem durch Simulationen und Prognosen sowie soziale, interdisziplinäre Gruppenprozesse bestimmt. Dieses empirische Lernen – analog zu Kant'schen "Erfahrung a posteriori" – geschieht durch die Konstruktion von Begriffen unter Einbeziehung der aus der Erfahrung heraus resultierenden Erkenntnisse. Diese Lernprozesse erfolgen "just in time", um das erforderliche Wissen für eine momentane Situation bzw. benötigte Problemlösung zu generieren. Hierbei werden über die ca. 2,5 Millionen zum Gehirn führenden und den 1,5 Millionen abgehenden Nervenfasern ca. 100 MB/s an Informationen verarbeitet; hiervon werden in "Echtzeit" ca. 60 MB/s Informationen zur Steuerung der physiologischen und

psychologischen Prozesse genutzt. Neurophysiologisch führt es zur vermehrten Ausschüttung des Botenstoffes Dopamin, der Lustgefühle erzeugt: innovatives Lernen ist mit Lust verbunden. Prozessmodule des innovativen Lernens sind – gemäß einer Definition des „Club of Rome" – vor allem:
1) Antizipation (zukunftsorientiertes Lernen und Denken, das nicht nur logisch-analytische Methoden, Verfahren etc. berücksichtigt, sondern vor allem auf Phantasie, Intuition, Emotion etc. basiert),
2) Partizipation (erfordert Kooperations- und soziale Kommunikationsfähigkeit mit der Zielsetzung einer permanenten Bewusstseinserweiterung),
3) Wechselwirkung mit dem traditionellen Lernen (bei diesem stehen traditionelle Methoden und Verfahren zum effizienten „Erlernen" von Inhalten, Fakten und Daten im Vordergrund).

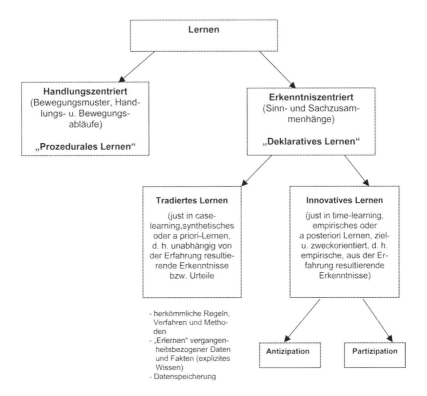

Abb. 8: Neurobiologisch fokussierte Differenzierung der Lernformen

Innovatives Lernen erfordert demnach die Verknüpfung des Kreativitätsbereiches in der rechten Hirnhemisphere mit der analytisch-logischen Denkfähigkeit der linken Hemisphere im Sinne des von Edward De Bono[279] definierten latera-

len und vertikalen Denkens. Es setzt unter anderem die nachfolgenden individuellen Kompetenzen sowie organisationalen Rahmenbedingungen voraus:
- Einsatz von Analytik, Emotionen, Phantasie etc.,
- Veränderungswillen sowie persönliche Risikobereitschaft und Durchsetzungsvermögen,
- lebenslange Lernbereitschaft und -fähigkeit[280],
- Befähigung zur Team-/Gruppenarbeit, sozialer Kommunikation sowie zur Selbstorganisation,
- positives Innovationsklima,
- offene, interaktive Informations- und Kommunikationsstrukturen,
- Prozessorientierung auf gruppendynamischer Grundlage,
- Wissensmanagement,
- Simultaneous engineering,
- gruppenleistungsorientierte Vergütungs- und Anreizsysteme sowie
- prozessurale Kompetenz.

Als individuelle Kompetenzen subsumiert man diesbezüglich alle Fähigkeiten, Wissensbestände und kognitiven Methoden, die ein Mensch in seinem Leben erwirbt und anwendet, um selbstlernend und selbstorganisierend die individuelle Kontrolle über sein eigenes Leben zu erhalten, spezifische Probleme situativ und effektiv zu lösen sowie sich als auch seine individuellen Kontextbedingungen zu verändern[281]. Sie beruhen darauf, nicht kontextfreies Faktenwissen anzuwenden, sondern das vorhandene Wissen in jeweils neue Entscheidungssituationen bzw. Kontexte einzubringen und somit auch neues Wissen zu generieren. Auf die Unternehmung bezogen differenziert man[282] die erforderlichen beruflichen Kompetenzen in Fach-, Methoden-, Sozial- und Selbstkompetenz. Die Fachkompetenz beinhaltet daher alle beruflichen Fähigkeiten und Kenntnisse im Hinblick auf organisationale, prozess-, aufgaben- und arbeitsplatzbezogene Tätigkeiten. Dies schließt auch ein, das vorhandene Wissen problem- und lösungsorientiert anzuwenden sowie weiterzuentwickeln[283]. Die Methodenkompetenz kann als Wissen über und Befähigung zur optimierten Entwicklung, Gestaltung und Lenkung von Geschäftsprozessen sowie des (Unternehmens-)zielorientierten Einsatzes der informationstechnologischen und führungszentrierten Methoden und Instrumente verstanden werden. Das impliziert auch, kognitive Fähigkeiten problem- und entscheidungsfokussiert anzuwenden. Fach- und Methodenkompetenz gehören gemäß Raymond B. Cattell zur „kognitiven Intelligenz", während Sozial- und Methodenkompetenz die „emotionale Intelligenz" ausmachen. Hierunter versteht man generell die intelligente Nutzung emotionaler Fähigkeiten, beispielsweise Selbstbeherrschung und Einsatzfreude, Beharrlichkeit und Selbstinnovationsfähigkeit sowie Empathie, d. h. die Fähigkeit, sich in die Lage anderer versetzen zu können. Differenziert man bei der kognitiven Intelligenz – analog zum Gedächtnis – zwischen der fluiden (Kurzzeitintelligenz) sowie der kristallinen (Langzeitintelligenz), so ergibt sich folgende Gliederung:

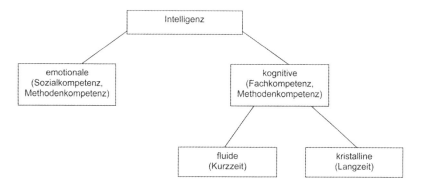

Abb. 9: Abgrenzung von emotionaler und kognitiver Intelligenz

Verknüpft man diese Aussage mit den eingangs gemachten Ausführungen über das Gedächtnis als Grundlage für Lernprozesse, so wird die Relevanz der fluiden kognitiven Intelligenz hierbei deutlich: wird beispielsweise diese intellektuelle Kapazität überwiegend zur Steuerung der Sensorik, Motorik etc. benötigt, so steht eine entsprechend geringere kognitive Kapazität für nachhaltige Lernprozesse im Rahmen der Transformation von Informationen als „Erinnerungen" im Langzeitgedächtnis zur Verfügung. Sozial- und Selbstkompetenz als sogenannte „soft skills" beruhen auf der Lehre von K. Hahn, dem Begründer der „Salem-Pädagogik"; weitere „Schlüsselqualifikationen" sind zum beispielsweise physische und kognitive Mobilität, Eigeninitiative, Einsatzbereitschaft, Kreativität oder analytische Fähigkeiten. Diese Faktoren definieren einerseits die Sozialkompetenz, also die Fähigkeit zum kooperativen und integrativen Sozialverhalten, das sowohl Kritik- und Urteilsfähigkeit als auch die Befähigung zur Mitwirkung und Mitbestimmung einschließt. Das erfordert auch kommunikative und kooperative Fähigkeiten zur erfolgreichen Umsetzung von Zielen und Plänen sowie zur Realisierung von Interaktionssituationen. und somit die Befähigung zur inhalts- und zielfokussierten Kooperation. Zum anderen repräsentieren sie die Selbstkompetenz, die auf das „Bewusstsein" der eigenen Fähigkeiten sowie auf die Befähigung, über das eigene Handeln selbst reflektieren zu können, fokussiert. Dies beinhaltet unter anderem die individuelle Disposition zur Selbsteinschätzung sowie zur hieraus resultierenden Möglichkeit, Bedingungen zu entwickeln, um sich im Rahmen der beruflichen Tätigkeit weiterzuentwickeln und selbständig zu lernen. Hieraus können dann individuelle Organisations-, Entscheidungs- und Führungsfähigkeiten generiert werden. In einer weiten Definition subsumiert man unter Selbstkompetenz auch alle Fähigkeiten, die über die reine Fachkompetenz hinausgehen und somit den Wandel von der „eindimensionalen" zur „mehrdimensionalen" Persönlichkeit kennzeichnen. Derartige Kompetenzen, zu denen auch Vertrauenswürdigkeit, Empathie und Teamfähigkeit sowie Leistungsorientierung und Selbstvertrauen gehören, werden von Golemann[284] auch als „emotionale Intelligenz" als Gegensatz zur kognitiven Intelligenz bezeichnet:

"Emotional intelligence is observed when a person demonstrates the competencies that constitute self-awareness, self-management, social-awareness, and social skills at appropriate times and ways in sufficient frequency to be effective in situations".

Das „Erlernen" von Sozial- und Selbstkompetenz ist – generell wie das Lernen – jedoch altersabhängig: Ab dem 25./30. Lebensjahr sind ca. 30 Prozent veränderungsresistent; sie leben von und durch die Authentizität und sind daher auch nur bedingt „trainierbar", weil sie auch „gelebt" werden müssen. Grundsätzlich gilt jedoch einerseits, dass diese Kompetenzen als Schlüsselqualifikationen ohne vorhandenes „Vorwissen" sowie Inhaltswissen weder (er-)lernbar noch „lehrbar" sind. Zum anderen ist nur durch Lernen generiertes Wissen und weniger die Intelligenz der Schlüssel zum „Können" sowie für den Erwerb von Kompetenzen.

Der Erwerb beruflicher Kompetenzen ist somit ein individueller Lernprozess, der allerdings auf der Metaebene der Organisation „lernfördernde Strukturen" bedingt, um Freiräume für erfahrungsorientiertes Lernen am Arbeitsplatz zu ermöglichen[285]. Derartige Strukturen werden zum einen durch „flache" Hierarchien, prozessorientierte und flexible Tätigkeitsstrukturen sowie funktionsübergreifende Arbeitsinhalte generiert, während individuelle Persönlichkeitsstrukturen nur marginale Bedeutung besitzen[286]. Sie benötigen zum anderen jedoch auch ein Portfolio von konventionellen und multimedialen, interaktiven Weiterbildungsmethoden bzw. Lernverfahren; die Auswahl der jeweils einzusetzenden Methode aus diesem Portfolio muss in Abhängigkeit sowohl von der methodischen und thematischen Phase des Lernprozesses als auch des individuellen und situativen Schulungsbedarfes erfolgen. Deutlich wird jedoch durch diese inhaltliche Definition des „individuellen Kompetenzbegriffes", dass er nicht deduktiv, sondern nur durch die hieraus resultierenden (Inter-)Aktionen sowohl auf der kommunikativen als auch auf der Verhaltensebene zu erklären ist[287].

Die Generierung diesbezüglicher individueller Kompetenzen sowie der erforderlichen organisationalen Strukturen und Rahmenbedingungen impliziert den Wandel vom „industriellen Berufsmenschen" (M. Weber) zum Jobholder: Die Beruflichkeit auf der Grundlage von Arbeit und Qualifikation wird durch mehrfach wechselnde, mit unterschiedlichen (fachlichen) Wissensbereichen verbundene Tätigkeiten sowie einem permanenten Lernen[288] abgelöst. Mobilität und Flexibilität dominieren gegenüber dem orts- und produktionsgebundenen Mitarbeiter. Zusätzlich wird das selbstorganisierte und selbstgesteuerte „lebenslange Lernen" fachbezogenen Wissens zukünftig auch durch das Erlernen sozialkommunikativer Kompetenzen und Fähigkeiten ergänzt werden (müssen)[289].

---

1 Paradigma: Wechsel von Anschauungen bzw. Wertesystemen; dieser Wechsel wird gemäß einer empirischen Untersuchung von Kuhn häufig nicht durch die Erkenntnis eines Irrtums, sondern dadurch eingeleitet, dass sich die begabtesten Wissenschaftler der neuen Generation für eine andere Anschauung begeistern – vgl. Kuhn (1970).
2 C. K. Prahalad von der University of Michigan entwickelte die Beschränkung auf

Kernkompetenzen als neue unternehmerische Strategie; zur Lösung der komplexer werdenden Problemstellungen erfordert dies jedoch die aufgaben-/prozessbezogene Involvierung externer „Solution provider" auf der Basis informationstechnologischer Netzwerke (sog. „connecting people" bzw. „virtuelle Organisation").

3   Dies impliziert letztlich die Bildung sog. „virtueller Organisationen" – vgl. hierzu die Ausführungen in Abschnitt 1.2.3.
4   Vgl. hierzu die Ausführungen in Abschnitt 7.
5   Vgl. die Ausführungen an späterer Stelle.
6   Eine amerikanische Studie ergab, dass bei ca. 75 Prozent der Großfusionen das Aktienkapital niedriger als dasjenige eines der involvierten Unternehmen vor der Fusion war – Ursache ist das Fehlen einer Fusionskultur.
7   Vgl. Kondratieff (1926) sowie Vasko (1987) und Nefiodow (1991).
8   Vgl. Jänig (1998).
9   Vgl. Nefiodow (1991).
10 Prognostizierter Zyklus des Verfassers – vgl. Abschnitte 4. und 7.
11 Vgl. Schumpeter (1961).
12 Vgl. Baumol (2002).
13 Vgl. Nefiodow (1991) sowie Volkmann (1993, 1995) – letzterer sieht unter anderem die multimediale Kommunikation als technologische Basis für „virtuelle Städte des Wissens als Stätten der virtuellen Begegnung" (z. B. XENIA) und somit alle Bedingungen für den 5. Kondratieff-Zyklus als erfüllt an.
14 Auf der ökonomischen Ebene als „knowledge economy" bezeichnet.
15 Zu verstehen als komplexe Veränderungsprozesse, die auf den unterschiedlichen Ebenen durch wirtschaftliche und gesellschaftspolitische Veränderungskräfte erzeugt werden und häufig Zentrifugalkräfte implizieren.
16 In der OECD-Region werden im Dienstleistungsbereich 69 Prozent und in der BRD 65 Prozent des BIP erwirtschaftet.
17 Vgl. z. B. Klages (1981).
18 Wobei diese häufig Sekundärfolgen der technologischen Evolutionen sind.
19 Die richtige Information zur richtigen Zeit am richtigen Ort.
20 vgl. Klynes, M. E., Kline, N. S. (1960) sowie Jänig (1984), S. 114.
21 Hierfür definiert H. W. Opaschowski folgende Trendgrundlagen: Überalterung; Vereinzelung; Individualisierung; von empowerment bzw. entrepreneurment; Medialisierung; Mobilisierung; Erlebnisorientierung bzw. ausgeprägtes Anspruchsdenken (multioptionale Konsumgesellschaft); Vertiefung von Armut und Wohlstand (bedingt durch subjektiv unterschiedliche Anpassungsfähigkeiten).
22 BOT = Built-Operate-Transfer; Fokus hierbei ist der Denkansatz, dass nicht die Produktionsanlage das Problem des Kunden ist, sondern vielmehr die damit verbundene zeitlich verfügbare Produktionskapazität bzw. des Outputs bei definierten Kosten. Da der Kunde nur hieran (z. B. Nutzenergie) aufgrund der Beschränkung auf seine Kernkompetenzen interessiert ist, sollen durch sog. „Betreibermodelle" diese peripheren Prozesse realisiert werden – beispielhaft hierfür sei die Energieerzeugungs- und verteilungsanlage sowie das dazu gehörige Prozess- und Lastmanagement genannt: für den Betreiber einer Produktionsanlage ist die Art der Erzeugung der für den Prozess benötigten Energie von sekundärer Bedeutung – entscheidend ist, dass die Energie in benötigtem Umfang zu definierten Kosten zur Verfügung steht; BOT erfordert ein interfakultatives und interdisziplinäres Wissen, das im Unternehmen durch die Ausnutzung aller Informations- und Wissensressourcen mittels des Wissensmanagements strukturiert werden kann. Mittlerweile existieren hierfür mehrere Akronyme: BOOT (Build-Own-Operate-Transfer), BOO (Build-Own-Operate), BTO (Build-Transfer-Operate), BLOT (Build-Lease-Operate-Transfer) sowie DBFO (Design, Build, Finance, Operate).

23	Das Artikelgesetz zum EnWG vom 28.04.1998 als Folge der GATT-Vereinbarungen wurde durch die entsprechenden EU-Verordnungen ausgelöst, die wiederum über zehn Jahre im politischen Raum öffentlich diskutiert wurden.
24	Vgl. Handy (1969).
25	Vgl. hierzu die Darstellung bei Reiß et al (Hrsg., 1991).
26	Vgl. hierzu Jänig (1984), S. 274 ff.
27	Vgl. Reiß et al (Hrsg., 1991) sowie Wieselhuber et al (Hrsg., 1997).
28	Vgl. Lewin (1958).
29	Hier gilt die Aussage von Seneca: „Die ausgetretensten und bekanntesten Wege führen besonders in die Irre ... Da jederman lieber glaubt als denkt, bildet er sich kein eigenes Urteil, sondern folgt bloßen Meinungen". (Lucius Annaeus Seneca, 4 v. Chr. – 65 n. Chr.)
30	Unter einer Vision versteht man generell die Antizipation der gewünschten und gestaltbaren Zukunft; dies beinhaltet unter anderem ▷ Inspiration, Sinngebung und Emotionen, ▷ Realisierbarkeit, Nachvollziehbarkeit und Antizipation, ▷ Werte- und Zielfokussierung, Flexibilität, Kommunikationsfähigkeit.
31	Vgl. die Ausführungen in Abschnitt 1.3.
32	Gemäß Tim Berners-Lee (dem „Erfinder" des Web) beträgt diese in der Informationstechnologie derzeit 3 Monate – dies gilt auch für die eingangs angesprochenen Management-(Moden-)Methoden aufgrund der Dynamik wirtschaftlicher Transformationsprozesse und somit auch für die nachfolgenden Ausführungen ...
33	Die Halbwertszeit sowohl des „Wissens" als auch von Wettbewerbsvorteilen verkürzt sich schon fast exponential, so dass kürzere (Produkt-)Entwicklungszyklen als auch Veränderungsbereitschaft und -fähigkeit zum entscheidenden Wettbewerbsfaktor werden – d. h. die Fähigkeit, sich im Umfeld durchzusetzen, selbstlernend weiter zu entwickeln sowie verbesserte Deckungsbeiträge zu erzielen.
34	Nicht zu verwechseln mit dem von DV-Systemlieferanten benutzten Begriffsinhalt: hier muss häufig der Kunde seine Prozesse und Strukturen dem System anpassen ...
35	R. Moss-Kaufer definiert daher die drei „C" als Überlebenskriterien für Unternehmen: Concepts (Ideen), Competence (Wissen, Fähigkeiten) und Customer Relationship (Kundenbeziehungsmanagement bzw. -netzwerke).
36	Umfragen ergaben, dass als strategische Schlüsselgrößen für ein Wachstum in liberalisierten Märkten gelten: ▷ Projekt-/Prozessfokussierung (75 Prozent), ▷ Einbindung von Kunden/Lieferanten (60 Prozent), ▷ umfassende Informationssysteme (45 Prozent).
37	Vereinfachend kann als Unternehmenskultur die pragmatische Umsetzung von Werten und Leitbildern, die das Verhalten der Organisation definieren und formen bzw. strukturieren, verstanden werden. Voraussetzung hierfür sind ganzheitliche und jedem Organisationsmitglied bewusste Unternehmensvisionen, -strategien und -ziele, die offen kommuniziert werden müssen; diese müssen allerdings auch „gelebt" werden, da ansonsten eine virtuelle Realität entsteht; vgl. hierzu auch Abschnitt 5.
38	Vgl. Kotler (1999), S. 36.
39	Ebenda, S. 121.
40	Die ökologisch und ökonomisch sowohl aus globaler wie auch lokaler Perspektive gesehen werden muss.
41	Vgl. Simmet-Blomberg (1999).
42	Der Transfer zielgerichteter Informationen für den Kaufentscheidungsprozess des Kunden als Bestandteil der unternehmensbezogenen Strategie und Taktik.

43	CRM = Kundenbeziehungsmanagement – vgl. Abschnitt 7.
44	Im Sinne des „Entity Relationship Diagram".
45	Vgl. hierzu auch die ausführlichen Erläuterungen in Abschnitt 7.
46	Beispielhaft sei diesbezüglich auf die kaum nachvollziehbare und undurchschaubare Produktstruktur im Telekommunikationsmarkt verwiesen – vgl. die Ausführungen in Abschnitt 7.2.1.
47	Vgl. Saxby (2003), S. 48.
48	Funktional-hierarchisch organisierte monolithische Untenehmen marginalisieren anscheinend Kreativität sowie Innovationsfreude und -kraft.
49	Hierzu gehören z. B. auch die ISO-Regelwerke 9000 ff sowie 14000 ff sowie die vom Umweltbundesamt dokumentierten 10.217 Gesetze, Rechtsvorschriften, Verordnungen etc. im Umweltbereich bzw. 2.197 Gesetze mit 46.000 Einzelvorschriften sowie 3.131 Rechtsvorschriften mit 39.197 Einzelvorschriften auf Bundesebene
50	Vgl. Goldman et al (1996).
51	„Social capital" definiert den innovativen, kreativen und selbständigen Mitarbeiter, der neben persönlicher Fachkompetenz, Kreativität, Kommunikationsfähigkeit und unternehmerischer Handlungsfähigkeit auch über die Fähigkeit zum selbständigen „innovativen Lernen" verfügt, quasi der **wissensbasierte Mitarbeiter** (Knowledgeworker).
52	Auf jede neue Nachricht wird mit maßlosem, irrationalem Verhalten reagiert; dies wird auch als „noise trading" im Gegensatz zum „herding" bezeichnet – vgl. Frenkel, M., Menkhoff, L. (2000).
53	Die früher Monate oder Jahre benötigten.
54	Ironisch kann dies auch als „reinigender Abschwung" im Sinne der Schumpeterschen „kreativen Zerstörung" gesehen werden; bislang wurde jede wirtschaftliche Umwälzung von derartigen Ausleseprozessen begleitet.
55	Vgl. Mandel (2001).
56	Mindestens 50 Prozent.
57	Vgl. Abschnitt 2.2.2.
58	Im Gegensatz zum „Business Re-Engineering", bei dem überwiegend nur Strukturen verändert werden.
59	Vgl. Abschnitt 1.3.3.
60	Vgl. die Erläuterungen in den Kapiteln 2. und 3. und 4.
61	Synonym häufig auch als E -Commerce bezeichnet, obwohl dieses nur die Handelstransaktionen repräsentiert. E-Business geht darüber hinaus und impliziert zusätzlich die unternehmensübergreifende digitale Vernetzung bzw. Integration der jeweiligen Geschäftsprozesse und Wertschöpfungsketten (z. B. im Rahmen des SCM) – quasi eine „Networked Economy" bzw. ein „Just-in-time Management".
62	Impliziert – wie auf einem Basar – die Anbindung der jeweiligen Warenwirtschaftssysteme sowie die Reorganisation spezifischer Geschäftsprozesse (z. B. Bestellwesen, Materialwirtschaft etc.).
63	Impliziert – wie auf einem Basar – die Anbindung der jeweiligen Warenwirtschaftssysteme sowie die Reorganisation spezifischer Geschäftsprozesse (z. B. Bestellwesen, Materialwirtschaft etc.).
64	Wird derzeit nur bei 8 Prozent der Unternehmen realisiert.
65	Dies führt an sich zum sog. „Collaboration Commerce" (C-Commerce).
66	Austauschbare Bedarfsmaterialien.
67	Z.B. Covisint (Connectivity, Visibility, Integration) als gemeinsame Beschaffungsplattform von Daimler-Chrysler, Ford, GM, Renault etc.
68	Lösungsansätze zeichnen sich im Bereich der Forschung über „intelligente Agenten" ab – vgl. Abschnitt 3.3.3.
69	Z.B. HTML/XML als Sprache sowie Http (Hypertext Transfer Protocol) als Schnittstellenprotokoll.

70 Z. B. DCOM von Microsoft, Corba und RMI (Remote Method Invocation) sowie proprietäre XML-Protokolle.
71 Vgl. die Forrester-Studie 2000 „Is Nonstop Enough" sowie die Studie „e-Reality 2000".
72 Hierauf sowie auf das erforderliche Informations- und Wissensmanagement wird an späterer Stelle ausführlich eingegangen werden.
73 Diese Ungenauigkeit wird häufig dadurch kaschiert, dass alle Zahlenwerte mit Nachkommastellen angegeben werden – obwohl die Wahrscheinlichkeit bei 0,1 oder 0,2 liegt.
74 Quasi „alter Wein in neuen (digitalen) Schläuchen".
75 Vgl. Szyperski et al (2002).
76 Ironisch wird das „E" auch als Abkürzung für „Ernüchterung" bzw. für „Enttäuschung" verstanden.
77 Aus diesem Grund sieht der Verband der Chemischen Industrie derzeit auch keinen Handlungsbedarf.
78 Das E-Volumen beträgt derzeit 0,67 Prozent des Gesamthandelsvolumens; aufgrund der technologisch möglichen Einbindung sowohl der „virtuellen Marktplätze" in SCM-Strukturen als auch des „E-Procurement" in ERP-Systeme können Zuwachsraten unterstellt werden, vor allem im Bereich der weniger erklärungsbedürftigen MRO-Produkte (Maintenance, Repair, Operations), die hohe administrative Kosten hervorrufen. Hierbei können durch die „Maschine-Maschine-Kommunikation" Prozesse ohne menschliche Interaktion realisiert werden (sog. Silent Commerce).
79 Charakteristika sind demnach Commerce, Content und Community – letzteres als Kundenbindung verstanden; vgl. hierzu auch Abschnitt 7.
80 Strategieentwicklungsmanagement – vgl. Abschnitt 5.
81 Risikomanagement – vgl. Abschnitt 6.
82 Analog zur These „structure follows strategy and function".
83 Vgl. Abschnitt 2.
84 Bismarck kennzeichnete den Liberalismus, wirtschaftlich verstanden, als den Absolutismus des Besitzes.
85 Anstelle des Terminus „Globalisierung", der auch gesellschaftspolitische, kulturelle, juristische etc. Dimensionen beinhaltet, wird die wirtschaftliche Ebene häufig als „Globalismus" bezeichnet – vgl. den folgenden Exkurs.
86 Diese haben allerdings den Globalismus nicht ausgelöst, sondern durch Kontextveränderungen die Aufhebung geographischer und funktionaler Grenzen, die weltweit einheitliche Qualifizierung des kognitiven Arbeiters auf höherem Niveau, die Reduzierung der nationalen wirtschaftspolitischen Einflussnahme etc. – „nur" beschleunigt.
87 GATT = General Agreement on Trade and Tariffs.
88 WTO = World Trade Organization – Ausdehnung der Prinzipien des Freien Handels auf Dienstleistungen unter Einbeziehung der Länder der sog. „Dritten Welt".
89 So soll z. B. auf Betreiben der USA die WTO das Internet zur zollfreien Zone erklären, so dass Transaktionen und elektronische Übertragungen weder mit Zöllen noch mit ähnlichen Gebühren belastet werden können.
90 Von Wirtschaftshistorikern auch als erste Ära der Globalisierung bezeichnet – vgl. James (2001).
91 Vor allem geprägt durch die sog. TIMES-Branche: Telekommunikation, Informationstechnik, Medien, Entertainment; Services; die Erwerbstätigkeit in den Informationsberufen stieg von 14 Prozent (1907) über 18 Prozent (1950) auf derzeit 35 Prozent (2000).
92 Vgl. Mc Luhan (1995), S. 39.
93 Vgl. Deutsch (1986).

94	Vgl. Habermas (1993), S. 415 ff. sowie Grossmann (1995).
95	Botho Strauss kennzeichnet ihn als „Derwischtanz sämtlicher bisheriger Fixpunkte" bzw. als hybriden Manierismus, bei dem kein bekanntes Weltbild mehr gilt – vgl. B. Strauss (2000), S. 59 f.
96	Quasi der Aufbau einer Weltwirtschaftsbehörde „bottom up".
97	Agnoli (2000), S. 53.
98	Vgl. Hickel (2001).
99	Vgl. Löwe (1938).
100	Vgl. Hermann (1997), Stiglitz (2002) sowie Ziegler (2002).
101	Kenosis = Verknechtung des Menschen.
102	Um beispielsweise die negativen Folgen erratischer Finanzströme zu verringern
103	Vgl. Strauss, B. (2000), S. 59 f.
104	So können zumindest die derzeitigen Veränderungen im Bereich der Gentechnik, Pharmazie etc. sowie die vertragliche Anbindung/Abhängigkeit von Schulen und Universitäten gegenüber Unternehmen gesehen werden – vgl. Müller (2001), S. 7.
105	Ca. 60 Prozent aller Exporte werden trotzdem „regional", d. h. in den Wirtschaftsregionen EU, NAFTA, ASEAN etc. realisiert.
106	Es hat den Anschein, dass „Globalisierung" als Vehikel für die Umorientierung vom „stake-holder-value" zum „share-holder-value" genutzt wird. Dies kann auch als Symbol der schon fast klassischen „Rechts-Links-Dichotomie" in der Philosophie gesehen werden; der Bedeutungsverlust sozialistischer („linker") Ideale, fokussiert im Zusammenbruch des Sozialismus sowjetischen Stils bzw. der kapitalistischen Transformation in China, täuscht jedoch nicht darüber hinweg, dass diese „Rechts-Links-Bruchlinie" immer dann wieder deutlich wird, wenn Konflikte hinsichtlich des Objektes von „Verteilung" und „Gerechtigkeit" entstehen. Letztlich kann dieser normative Konflikt zwischen „traditionellen" und „progressiven" moralischen Werten als Fortsetzung desjenigen normativen Konfliktes gesehen werden, den die Aufklärung vor mehr als zwei Jahrhunderten ausgelöst hat – hierbei handelt es sich um die Umsetzung dieser oder jener Moral in ein rechtsstaatliches Koordinatensystem; vgl. hierzu ausführlich Berger (1997), S. 591 ff.
107	Vgl. Beck (1998), S: 26 ff., dessen analytischer Definition hier weitgehend gefolgt wird.
108	Beck definiert letzteres als „Dichte der internationalen Netzwerke"; diese werden allerdings durch die Evolution der Informationstechnologie sowohl definiert als auch operationalisiert, so dass diese Klassifizierung durch Beck als „Schicht" im Sprachgebrauch dieser Arbeit als unzureichend erscheint – vgl. Beck (1998), S. 29.
109	Vgl. Luhmann (1991).
110	So wird beispielsweise in Afrika die unterschiedliche Wirtschaftsentwicklung der einzelnen Nationalökonomien weniger durch den Grad der Marktliberalisierung als vielmehr durch die unterschiedliche Ausprägung von Nepotismus, Staatsbürokratie, schlechter (Schul-)Ausbildung sowie einer mentalen Modernisierungsverweigerung, also einemkomplexen System individueller und gesellschaftspolitischer Faktoren, determiniert. Da hierbei kein „trickledown-Effekt" entsteht, impliziert eine zusätzliche Marktliberalisierung nur eine weitere Marginalisierung.
111	Vgl. Beck (1998), S. 29 ff.
112	Vgl. Scharpf (2000), S. 26 f.
113	So ist die soziale Marktwirtschaft in Form des „rheinischen Kapitalismus" bei einer interessenegoistischen „Verbändeherrschaft" (als „Zusammenarbeit in Zünften, Kooperation in Kartellen, Zusammenwirken von Bürokratie und Interessengrup-

pen sowie der Herrschaft der Verbände" gemäß Herbert Giersch) mit überwiegend konservierender Tradition und tradierten Besitzständen, jedoch häufig ohne rechtliche bzw. gesellschaftspolitische Legitimation zu einer „Verhandlungs- bzw. bargaining-Demokratie" anstelle der plebiszilären Demokratie mutiert: die Exekutive verhandelt konsensual Gesetze und Entscheidungen mit verfassungsdemokratisch nicht legitimierten, jedoch mächtigen Interessengruppen der Gesellschaft aus, bevor diese den legislativen Gremien zur Abstimmung vorgelegt werden – dies gilt durchgängig von der lokalen Rathausebene bis zur Bundesebene. Demgegenüber existiert im angelsächsischen Raum der „Laisser-faire-Kapitalismus"; in Japan sowie bei den sog. „Tigerstaaten" dominiert die korporative Staatswirtschaft, während in China Transformationsmodelle vom Sozialismus (Kommunismus) zum staatlich dominierten Kapitalismus eingesetzt werden.

114 Dieser betrifft allerdings nicht die „Billiglohnjobs" des Industriearbeiters, sondern die Wissensarbeiter bzw. „kognitiven Jobholder", so dass von einem „digitalisierten Arbeitsmarkt" gesprochen werden kann.

115 Die mit diesem Begriff verbundene Entwicklung der Informationstechnologie kann ohne weiteres als „Seismograph" für die Auswirkungen der Liberalisierung bzw. der Globalisierung gesehen werden, da sich die hierdurch implizierten Veränderungsprozesse sowie deren Auswirkungen auf das gesellschaftspolitische System im weitesten Sinn sehr frühzeitig und akzentuiert beobachten lassen:
> der klassische Betriebs- und Unternehmensbegriff ist überholt; er wird sich zukünftig nicht an der Organisationsform des Arbeitgebers, sondern an der Zusammenarbeit der Beschäftigten orientieren;
> die klassische Form der Beschäftigung ist überholt (z. B. durch Leih-, Telearbeiter, Scheinselbständige, Projektauftragnehmer etc.), so dass die Relation zwischen MitarbeiterInnen mit langfristigen Verträgen sowie denjenigen mit Projektverträgen zukünftig 1 : 1 sein wird;
> exakt definierte und abgegrenzte Arbeitsplatz- bzw. Tätigkeitsbeschreibungen werden nicht mehr existieren, weil Gruppenarbeit mit ständig wechselnden Aufgabenzuordnungen für den einzelnen überwiegen.

116 Sog. E-Proletariat: diejenigen, die die Anforderungen der digitalisierten kognitiven Tätigkeiten nicht erfüllen können.

117 K. Marx unterstellte noch, dass der Kapitalismus auf Arbeitskräfte angewiesen ist – der Globalismus verlangt jedoch nur noch in geringem Maße nach menschlicher Arbeitskraft – dies kann zur sog. „20/80-Gesellschaft" (20 Prozent Reiche, 80 Prozent Arme, kein Mittelstand) führen, da durch den Faktorpreisausgleich (z. B. durch Kapitalexporte in Niedriglohnländer) repetitiv Beschäftigte in den Hochlohnländern zu den „Verlierern" zählen werden; des Weiteren werden in diesen Ländern die „High Tech-Produkte" mit weniger Beschäftigten produziert.

118 Vgl. Agamben (2002).

119 Was mittelfristig aufgrund der qualitativen Veränderungen auch nicht möglich sein wird.

120 KMU = kleinere und mittlere Unternehmen.

121 Hinsichtlich der „Urheberschaft" für diesen Begriff ergeben sich allerdings Dispute – vgl. Beck (1998), S. 25.

122 Vgl. Beck (1998), S. 211 ff.

123 Z. B. das System der „flexicurity" in Dänemark bzw. das „Polder-System" in Holland.

124 Vgl. ebenda, S. 213.

125 Anscheinend hat sich das Territorialprinzip überlebt ...

126 Ca. 65 Prozent des staatlichen Aufkommens aus der Einkommensteuer entstammt der Lohnsteuer.
127 In gewisser Weise ist schon eine Vereinheitlichung der Konsum- und Verwendungsgewohnheiten länder- und kulturübergreifend in Analogie zum wirtschaftlichen Entwicklungsgrad der Weltregionen festzustellen (z. B. Coke-Produkte, Hamburger, Automodelle, Parfüm, Textilien etc.). Die hierdurch implizierte „Markttransparenz" führt zum Marktauftritt global agierender Marktteilnehmer sowie zur tendenziellen Branchenkonzentration.
128 Vgl. Beck (1999), S. 13 f.
129 Vgl. Beck (1998), S. 29 ff.
130 Vgl. Habermas (2001), S. 7.
131 Vgl. Robertson (1992).
132 Ökonomisch als „lokale Agglomerationen" zu verstehen.
133 Vgl. Beck (1998), S. 85 ff.
134 Vgl. Giddens (1997).
135 Dieser Begriff wurde von August Comte vor ca. 150 Jahren geprägt; hierunter versteht man eine spezifische Art des moralischen Verhaltens, bei dem jemand etwas Gutes tut, ohne zu reflektieren, dass daraus für ihn selbst ein Vorteil erwachsen kann; strittig ist, ob dieses Verhalten genetisch angelegt oder sozial erlernt ist – vgl. Eccles (1994), S. 125 ff.
136 Sog. Hegoisten.
137 Wie bei einem Suppenkonzentrat durch Zufügung heißen Wassers.
138 Gemäß Jonas Ridderstrate ein Jobtyp, bei dem die eigenen Wünsche und Bedürfnisse im Vordergrund stehen.
139 Die Erlebnisgesellschaft gemäß Gerhard Schulze bzw. die Multioptionsgesellschaft gemäß Peter Gross.
140 Vgl. Miegel/Wahl (1996).
141 Hierzu kann ironisierend angemerkt werden, dass der Mensch vor ca. 40.000 Jahren seine biologische Evolution eingestellt hat und sich somit in einem „statischen" Zustand befindet – hiervon gehen zumindest die Anthropologen aufgrund der Steinzeitbilder in der französischen Chauvet-Höhle aus.
142 Dies führt letztlich zu den sog. „Patchwork-Biographien" mit z. B. 11 Arbeitgebern in 40 Berufsjahren.
143 Vgl. hierzu Miegel/Wahl (1996).
144 Vgl. die Ausführungen in Abschnitt 1.3.4.
145 Primat der „Oberflächengestaltung".
146 Dies wird in bisher nicht abschätzbarem Ausmaß durch die demographisch bedingten Zuwanderungen zusätzlich beeinflusst werden.
147 Allerdings hat schon Aristoteles angemerkt: „Das Leben der Jugend beherrscht die Leidenschaft, sie geht hauptsächlich auf das Vergnügen aus und genießt den Augenblick. Mit dem Wechsel des Alters wechselt aber auch das, was Vergnügen macht".
148 Vgl. Jänig (1998).
149 Überpointiert verstanden als Nistplatz der Routine, dem Stillstand sowie organisierter Verantwortungslosigkeit.
150 Vgl. Weber (1972).
151 Vgl. Beck/Beck-Gernsheim (Hrsg., 1994).
152 Vgl. ebenda.
153 Vgl. hierzu die Ausführungen in Abschnitt 2.2.
154 Diese Differenzierung beruht auf der Definition des IIASA (Internationales Institut für Angewandte Systemanalyse) in Luxemburg; die Umweltauswirkungen lokaler Armutsprobleme (z. B. Holzraubbau, Bodenversteppung etc.) treten vor allem bei vorindustriellen Gesellschaften auf und zerstören die Grundlagen des

lokalen Gemeinwesens – globale Reichtumsumweltprobleme entstehen vor allem durch die lokale, intensive Nutzung fossiler Energieträger seitens der hoch entwickelten Industriestaaten und wirken sich global aus.

[155] Analog zum angelsächsischen Sprachgebrauch erscheint es aus semantischen Gründen als sinnvoll, diese Ebene der Globalisierung als „Globalismus" zu bezeichnen – vgl. Beck (1998), S. 26 ff.

[156] Von Kritikern häufig auch als „Kasino-Kapitalismus" oder „Turbo-Kapitalismus" bezeichnet.

[157] Vgl. Rawls (1978).

[158] Dies scheint ein Indiz für die fortschreitende Internationalisierung des Arbeitsmarktes zu sein.

[159] Diesbezüglich als Gegensatz zum digitalisierten und vernetzten kognitiven Arbeitsmarkt zu verstehen.

[160] GATS = General Agreements on Trade in Services.

[161] Vgl. Stalker (1999); die Terroranschläge vom 11.09.2001 in den USA werden diese Migrationsproblematik noch vergrößern.

[162] Vgl. Stiglitz (2002), S. 20 ff.

[163] So betragen die Umsätze auf dem internationalen Kapitalmarkt zwischenzeitlich ein Vielfaches der internationalen Handelsumsätze, des Weiteren beträgt die Korrelationsquote der internationalen Aktienmärkte derzeit 0,8 gegenüber 0,4 im Jahre 1990, so dass nationale Aktienkurse fast ausschließlich durch globale Trends bestimmt werden. Konsequenterweise üben Vorgänge auf den Finanzmärkten einen erheblichen Einfluss auf die realwirtschaftliche Entwicklung der involvierten Volkswirtschaften aus.

[164] Die ca. 30.000 weltweit tätigen Devisenhändler folgen anscheinend dem „Schafherdenprinzip": „Mal rennt sie hierhin, mal dorthin" – in dem Moment, wenn einer von ihnen größere Kauf- oder Verkaufsorder erteilt, folgen ihm die anderen unreflektiert nach.

[165] Diese „Rosinenpickerei" wird von P. Krugmann als „Zersplitterung der Produktionskette" bezeichnet: Einzelne Arbeitsschritte werden jeweils dort erledigt, wo es ökonomisch am günstigsten ist – z. B. das „Puhlen" deutscher Krabben in Marokko.

[166] Auf Mikroebene beispielsweise die Verluste von Chrysler im DC-Konzern; auf Makroebene schätzt das Institut für Weltwirtschaft (Kiel), dass ein Wachstumsrückgang von 1 Prozent in den USA einen analogen Rückgang von 0,5 Prozent im Euro-Raum impliziert.

[167] Zum hierzu erforderlichen Risikomanagementsystem vgl. Abschnitt 6

[168] Die im Bereich der Informationsdistribution gegen Null tendieren. Allerdings soll nicht verkannt werden, dass die gesellschaftspolitischen, rechtlichen und sozialen Systemstrukturen der Nationalstaaten sehr unterschiedlich sind, so dass unterschiedlich hohe Transaktionskosten derzeit noch anfallen.

[169] Schon derzeit werden ca. 30 Prozent des weltweiten Bruttoinlandproduktes von diesen „Global Players" erwirtschaftet.

[170] Bezogen auf Wirtschaftsregionen, wie z. B. EU, NAFTA etc.

[171] Vgl. hierzu auch Henning (Hrsg., 2003) sowie Kramer (1996).

[172] Diese Erfahrung hat z. B. Coca Cola gemacht, die ihre globale Marketing-und Produktpolitik zu Gunsten einer regionalen aufgab; analog hierzu war die „Operation 2005" von Procter + Gamble mit der globalen Entscheidungszentralisierung durch sieben Global Business Units sowie der damit explizit verbundenen „globalen Standardisierung der Konsumenten" ein Misserfolg.

[173] Vgl. die entsprechenden Ausführungen in den Abschnitten 4 und 7.

[174] Price, Waterhouse und Cooper sowie A. T. Kearney.

175 Fusionen werden derzeit von „Managementgurus" und Beratungsunternehmen (analog zur Diversifizierung in den 80er Jahren) als „Allheilmittel" definiert – allerdings profitieren diese auch ohne eigenes Risiko davon.
176 Ca. 53 Prozent aller wirtschaftlichen Wertschöpfungen stammen von transnationalen, nicht von national agierenden Unternehmen.
177 Vgl. Ghoshal (1987), Porter (1990).
178 Unternehmen dieses Typus werden allerdings – gem. Schumpeter – funktionslos bzw. parasitär und verlieren somit ihre Legitimität.
179 Dies repräsentiert zwangsläufig einen „tautologischen Kurzschluss".
180 NGO = Non Governmental Organization.
181 Die Politik muss vordenken, damit sie hinterher nicht nachdenken und vor allem gedenken muss.
182 Deren Ergebnisse sind derzeit in England im Bereich des ÖPNV zu sehen, wo das Einhalten gesellschaftlicher Grundbedürfnisse mit den Gewinnansprüchen kollidiert.
183 Vgl. Radermacher (1999).
184 Der Begriff „Nachhaltigkeit" wurde 1713 erstmals von Hans Carl von Carlowitz (1645-1714) in seiner Publikation „Sylvicultura Oeconomica. Die Naturgemäße Anweisung zur Wilden-Baum-Zucht" (Leipzig 1713) im Hinblick auf eine „continuierliche, beständige und nachhaltige Nutzung" als Synonym für eine langfristige und zeitliche Kontinuität von Naturnutzung sowie dem Gedanken des „Einteilens und Sparens von Ressourcen" ausführlich diskutiert. Dies ergänzte er um die heute als „Dreieck der Nachhaltigkeit" bezeichneten Faktoren „ökologisches Gleichgewicht", „ökonomische Sicherheit" sowie „soziale Gerechtigkeit", indem er forderte, dass

⊡ die „florierenden Commercia" zum Besten des gemeinen Wesens dienen müssten,

⊡ die „armen Unterthanen" ein Recht auf sattsame Nahrung und Unterhalt hätten,

⊡ die „liebe Posterität" das Recht auf einen schonenden Umgang mit der „gütigen Natur" hätten.
185 Analog hierzu verlangte schon Leibniz (1646 – 1716) das „Denken in Systemen", bis unter Schonung der Ressourcen ein ganzheitlicheres Etwas entsteht".
186 Die Emission von Schadstoffen führt zu irreversiblen Belastungen des ökologischen Systems – Irreversibilität ist jedoch konträr zur Nachhaltigkeit.
187 Aggregation der betriebswirtschaftlichen, volkswirtschaftlichen und gesellschaftlichen Kosten.
188 So hat die Reduzierung der Schadstoffemissionen durch den Abgaskatalysator zu einem fast exponentiellen Verbrauchsanstieg bei Platin und den hieraus resultierenden Gesteinsbewegungen geführt.
189 Die positive Entwicklung einzelner Umweltindikatoren impliziert noch keine Wende zu einer „nachhaltigen Ökonomie" – relevant ist vielmehr ausschließlich die Gesamtverbrauchsmenge an natürlichen Resourcen, die durch den „industriellen Metabolismus" geschleust wird. Des Weiteren „liefern" die überwiegende Zahl der Klimarechenmodelle „nur" wahrscheinlichkeitstheoretische Aussagen darüber, welche Anteile der beobachteten Klimaveränderungen auf welche Einflüsse zurückzuführen sind – die inhärenten qualitativen Aussagen sind jedoch richtig und erlauben es daher nicht, so lange zu warten, bis die jeweiligen Modelle verifiziert und in sich konsistent sind – vgl. Schönwiese (1998).
190 Vgl. v. Weizsäcker et al (1995).
191 Dieses Konzept beinhaltet, dass Wirtschaftswachstum mit einem Zehntel des heutigen Ressourceninputs sowie einem Zehntel der Umweltbelastungen zu erreichen – vgl. Schmidt-Bleek (1993).

192 Vgl. Radermacher (2002), S. 416 ff.
193 Eine Umfrage von Arthur D. Little im Jahre 1998 ergab diesbezüglich eine Zustimmung bei 95 Prozent der befragten Unternehmen.
194 Im Sinne eines rechtlichen und faktischen Ordnungsrahmens für die effektive und transparente Führung und Kontrolle einer Unternehmung auf der Grundlage von Verhaltensstandards sowie Offenlegungspflichten, die gesetzliche Vorschriften, Empfehlungen und Anregungen beinhalten (§ 161 AktG).
195 Da der Unternehmenswert nur **mit** den MitarbeiterInnen optimiert werden kann.
196 Häufig wird übersehen, dass der shareholder auch ein stakeholder (bei einem anderen Unternehmen) ist bzw. vice versa; meistens wechselt jedoch jeder stake- bzw. shareholder je nach der momentanen Funktion seine Meinung diametral.
197 Vgl. hierzu die Ausführungen in Abschnitt 2 und 4.
198 Stiglitz (2002), S. 38.
199 Vgl. Myrdal (1973) sowie Ziegler (2002); die Prinzipien des Liberalismus entstammen einer Zeit, in der der Staat die Privilegien der Reichen schützte.
200 Vgl. Soros (2002), S. 27.
201 Vgl. Kahnemann (1991).
202 Vgl. Selten (1984).
203 Vgl. Kirsch (1975), S.138.
204 Vgl. Stiglitz (2002), S. 94.
205 Vgl. Weingart (2001).
206 Vgl. Hogdson (2001).
207 Vgl. Priddat (2001), S. 21.
208 Vgl. Brodie et al (1997).
209 derartige Mechanismen sind allerdings in der „klassischen" Theorie nicht vorgesehen.
210 Sog. Reverse Economy.
211 Vgl. die Ausführungen in Abschnitt 1.1.
212 Vgl. Castells (2001).
213 Vgl. die Ausführungen in Abschnitt 1.1.
214 MIT = Massachusetts Institute of Technology.
215 Vgl. die Ausführungen in Abschnitt 1.1 sowie 3.3.2.1.3.
216 Vgl. die Ausführungen in Abchnitt 7.2.1.
217 In Analogie zum sog. „Metcalfe-Gesetz" wächst der Wert eines Netzwerkes im Quadrat zur Zahl der involvierten Nutzer bzw. Teilnehmer.
218 Vgl. Eusthaler et al (2000), S. 2267.
219 Fokussiert auf dem „empowered employee".
220 Digital vernetzte Freiberufler bzw. „electronic freelancer".
221 Nicht zu verwechseln mit Telearbeit.
222 Negativ wirkt sich hierbei häufig schon die seit der Schulzeit erfolgte Konditionierung, dass allein schon die Anwesenheit eine Leistung darstellt, aus.
223 Netzwerke bzw. „Seilschaften".
224 Unberücksichtigt bleibt hierbei der Aspekt, dass sich jeder auf die semantische Richtigkeit und Eineindeutigkeit des transferierten Wissens verlassen muss.
225 Keinem geht es schlechter, allen geht es (unterschiedlich) besser.
226 Vgl. die Ausführungen in Abschnitt 5.
227 Vgl. Wildemann, H. (2000).
228 Vgl. hierzu die Darstellung in Abschnitt 4.3.
229 Hierunter versteht man generell diejenige Kompetenz eines Unternehmens, die einen langfristigen, dauerhaften Wettbewerbsvorteil begründen soll; berücksichtigt werden muss hierbei allerdings, dass diese singulären Kompetenzen ebenfalls von Dritten auf dem Markt angeboten werden können, so dass diese als „Category Killer" auftreten und hierdurch die Deckungsbeiträge marginali-

[230] sieren – bei der Aggregation unterschiedlicher Kernkompetenzen wird dieses Risiko minimiert.
[230] vgl. die analoge Vorgehensweise bei Microsoft zur Entwicklung von Windows '95 bzw. bei Boing zur Entwicklung des Flugzeugtyps '777'
[231] vgl. die entsprechenden Erläuterungen in Abschnitt 2.4
[232] zu erwarten ist, dass sich parallel zu diesem „Stellenmarkt" auch ein ergänzender Finanzmarkt mit entsprechenden Instrumenten (z. B. Derivate, Optionen, Hedges etc.) entwickeln wird.
[233] quasi ein Netzwerk digital vernetzter „Freelancer" (sog. E-Lance-Economy).
[234] deren intra- und interorganistionaler Gütertransfer derzeit größer als das Bruttoinlandsprodukt von Dänemark oder Irland ist
[235] dies beweist das Beispiel von Coca Cola Ende der 90er Jahre
[236] beispielsweise die „Virtuelle Fabrik Euregio Bodensee" mit über 100 involvierten KMU
[237] vgl. Phelan et al (2000)
[238] vgl. hierzu die Theorie der operationalen Flexibilität von Kogut (1989)
[239] vgl. OECD (1985) und (1989)
[240] vgl. Frieling (1999)
[241] vgl. hierzu Prahalad/Hamel (1990), Bamberger/Wrona (1996) sowie Abschnitt 2.2
[242] z. B. das implizite Wissen als sog. „tacit Knowledge" – vgl. Polanyi (1967)
[243] der share-holder mutiert vielmehr zum sog. „share-hopper", der aus ausschließlich kurzfristigen spekulativen Gesichtspunkten Aktien erwirbt und somit mittel- bis langfristige Unternehmensstrategien konterkariert, weil sich diese nur langfristig auf den Aktienkurs auswirken
[244] erforderlich ist hierzu auch „the active involvement of aligned organizations".
[245] immaterielle Ressourcen als sog. „intangible assets" – ironisch kann allerdings hierzu angemerkt werden, dass sich diese wie die kosmischen „Schwarzen Löcher" verhalten: wir wissen, dass sie da sind, kennen jedoch weder ihre Strukturen noch ihre Funktionsweisen
[246] vgl. die Ausführungen in Abschnitt 8
[247] vgl. Davis/Meyer (2001)
[248] vgl. Abschnitt 2.2
[249] es gibt kein „Naturrecht" auf lebenslange Anstellung; ironisch angemerkt intendiert diese quasi einen „PlaceboEffekt" im „Käfig des lebenslänglichen Anstellungsvertrages" und impliziert häufig ein Nachlassen von Kreativität und Innovationsfähigkeit.
[250] Bildung ist diesbezüglich als Kombination von „analytischem Denken können" und Wissen zu verstehen
[251] vgl. die Ausführungen in Abschnitt 2.2.2
[252] Gesellschaft für Organisation
[253] deren Achsen waren „Zufriedenheit mit dem Unternehmen" sowie „Zufriedenheit mit der Berufstätigkeit"
[254] vgl. Mohn (2003)
[255] unter Kreativität ist die zieladaequate Kopplung der beiden kognitiven Mechanismen „Erzeugung von Problemlösungen" sowie „Auswahl der geeigneten Problemlösung" auf der Bewusstseinsebene zu verstehen – vgl. Radermacher (1997), S. 13. Kreativität erfordert demnach sowohl den uneingeschränkten Zugang zu Informationen als auch den Freiheitsraum, „anders denken zu können". Sie benötigt des Weiteren den Freiraum, spielerisch experimentieren zu können (quasi der Übergang von der formalisierten Ordnung zum „kognitiven Chaos") sowie die Möglichkeit, eigenverantwortlich zu handeln im Sinne eines „Learning by doing" auf der Grundlage algedonischer Regelkreise mit zugestandener Fehlertoleranz.
[256] Intuition beinhaltet hierbei die ganzheitliche, teilweise emotional geprägte und

257 logisch kaum begründbare Kreativität auf der unbewussten Ebene – vgl. ebenda Eigenverantwortung und Selbstbestimmung sind allerdings kontradiktorisch zum sozialen Konformismus.

258 Vgl. Sennet (1998), Sattelberger (1999) sowie die ausführliche Zusammenfassung der in der Fachliteratur vorhandenen Aussagen als „state of the art" in Frieling et al (2000), S. 237 ff.).

259 Vgl. Pongratz/Voss (1997).

260 Vgl. York (1994).

261 Vgl. Sennet (1998).

262 Vgl. Pfeffer (1998), S. 65.

263 In Anlehnung an die Mathematik der Fraktale zur Beschreibung und Analyse selbstähnlicher Strukturen; dies impliziert, dass Organisationen „rekursiv aus ineinander verschachtelten Subsystemen aufgebaut werden, die weitgehend unabhängig agieren – die einzelnen Subsysteme ihrerseits ähneln in vielen dem Ganzen (Selbstähnlichkeit)"; dieser Sachverhalt wurde von Mandelbrot am Beispiel der sog. „Mandelbrot-Menge" bzw. der „Apfelmännchen" dargestellt, indem er die Rückkopplung dynamischer Systeme an einem sehr vereinfachten Fall der „Dynamik der sog. quadratischen Abbildung der Ebene" erläuterte. Hierbei untersuchte er die Funktion $2\neg z^2+c$, die die „Mandelbrot-Menge", auch „Apfelmännchen" genannt, erzeugt. Ihre Grenzlinie ist eine fraktale Kurve unendlicher Komplexität; betrachtet man diese genauer und untersucht den Rand der „Mandelbrot-Merge" bei steigender Vergrößerung, so erkennt man zunehmend komplexer werdende schneckenförmige Strukturen. Andererseits enthält jedes kleine Teil auch die verkleinerte Version des „Apfelmännchens" (dies bezeichnet man als Selbstähnlichkeit) – vgl. hierzu Mandelbrot (1982) sowie Radermacher (1997).

264 D. h., dass sich in einem System ohne Beeinflussung oder Zwang aus der Umwelt im Laufe der Zeit selbstständig Strukturen mit einem zunehmenden Grad an Organisation herausbilden – vgl. Morfill, Scheingraber (1991).

265 Z. B. auf Grundlage der BSC-Methodik – vgl. Abschnitt 5.

266 Vgl. Kastner (1999).

267 Luhmann definiert Kommunikation als „Leiteinheit, aus der soziale Systeme bestehen" (vgl. Luhmann, 1991); Habermas sieht kommunikatives Handeln – im Gegensatz zum strategischen Handeln – nicht am eigenen Vorteil, sondern an der Verständigung orientiert (vgl. Habermas, 1995). Kommunikation ist demnach – analog zu den mitwirkenden Sinnen (z. B. Sehen, Hören, Riechen, Fühlen, Schmecken) – mehrdimensional strukturiert und beinhaltet sowohl einen Sachaspekt (Information) als auch einen Beziehungsaspekt (Emotion). Sie ist zweckorientiert, um die gruppenbezogenen (kollektiven) Zielsetzungen, Interessen sowie Identitäten zum überlebensnotwendigen Ausgleich zu bringen.

268 Im Sinne der Wirtschaftlichkeit und Produktivität.

269 Im Sinne des Zielerfüllungsgrades.

270 Verbunden ist hiermit auch der Fortfall sog. „klassischer" Arbeitsplätze, der nur zum Teil durch die Schaffung neuer Arbeitsplätze kompensiert wird – vgl. Weiß (2001).

271 Vgl. hierzu die ausführliche Darstellung in Abschnitt 4.

272 Bekanntlich verdoppelt sich alle fünf Jahre das „Wissen der Welt" – verdoppeln sich alle zwei Jahre die verfügbaren Informationen; gemäß einer Erhebung der University of Berkeley wurden 1999 rd. 2 Mrd. Gigabyte Informationen in öffentlich zugänglicher Form „produziert"; gemäß einer Untersuchung der University of California wird die Datenmenge im Jahr 2004 größer als in den vergangenen 40.000 Jahren insgesamt sein.

273 Vgl. Ohmae (2001).

274 Vgl. hierzu die Ausführungen in Abschnitt 8.
275 Allerdings wird er durch gesellschaftspolitische Mechanismen auch demotiviert; so gibt es beispielsweise nur „Bestenpreise" – nur der Beste gewinnt, alle anderen werden demotiviert und verlieren auf Dauer die Lust am Lernen.
276 In beiden Fällen spielt der Schlaf eine wesentliche Rolle: beim prozeduralen Lernen vergrößert sich der Lerneffekt, indem das Gedächtnis über Nacht „weiterübt". Beim deklarativen Lernen verstärkt der Tiefschlag (sog. Deltaschlaf) aufgrund des geringen Niveaus des Stresshormons Cortisol die Gedächtnisleistung; da ab dem 40. Lebensjahr hormonell bedingt die Tiefschlafphasen exponentiell weniger werden, nimmt die Langzeitspeicherung des deklarativen Lernens ab – dieser Negativeffekt kann letztlich nur durch die Erfahrung, d. h. der Fähigkeit, Wesentliches vom Unwesentlichen zu trennen, teilweise kompensiert werden (was Hänschen nicht lernt, lernt Hans nimmermehr).
277 Das Gedächtnis wird in ein Lang- und Kurzzeitgedächtnis (sog. Arbeitsspeicher) differenziert. Ersteres als sog. „Festplatte" beinhaltet visuell-räumliche, motorische, verbale, sensorische, episodische sowie semantische „Partitionen".
278 Vgl. Maturana/Varela (1991).
279 Vgl. De Bono (1996).
280 Dem Verfasser ist diesbezüglich bewusst, dass permanentes Lernen sowie die ständige Weiterentwicklung der persönlichen Kompetenz derzeit noch – auch gesellschaftspolitisch – mit Negativmerkmalen wie z. B. „Umschulung", „Schulbankdrücken" sowie „Stress" belegt ist.
281 Vgl. Goldenson (1984), S. 42 sowie Weinberg (1996), S. 3.
282 Vgl. Sonntag/Schaper (1992).
283 Vgl. Frieling et al (2000), S. 36.
284 Golemann (1999), S. 8.
285 Vgl. Wexlberger (1993).
286 Vgl. Frieling et al (2000), S.195.
287 Vgl. Chomsky (1973) sowie Albrecht (1997).
288 Im Gegensatz zur derzeitigen Weiterbildung erfolgt dieses jedoch außerhalb der vertraglichen Arbeitszeit, d. h. in der Freizeit, um mobiler und flexibler auf Veränderungen des Arbeits- und Berufsumfeldes reagieren zu können. Dies bedingt zwangsläufig eine höhere Mobilität (der Mensch folgt der Arbeit – die Arbeit wird nicht zum Menschen gebracht) als auch eine geringere Loyalität gegenüber dem momentanen Arbeitgeber bzw. Vertragspartner.
289 Hierbei sollte die Korrelation zwischen „Wissen" und „Tun" über 0,5 liegen – d. h., dass Training die „Lorenz-Kette"nachvollziehen muss.

2. Der organisationsstrukturelle Kontext der Hybrid Economy

2.1 Die Kontextbedingungen der Hybrid Economy

Bei der Diskussion der sich für die Unternehmung wesentlich veränderten Umweltbedingungen aufgrund der liberalisierten, globalisierten Marktwirtschaft wurde deutlich, dass sowohl die (informations-)technologische, als auch die soziale („Humankapital) sowie die strukturelle Dimension der Organisation beeinflusst bzw. gegenüber den „früheren" Zeiten verändert werden. Definiert man diese organisationalen Gestaltungsfelder als dreidimensionalen Vektorraum, so werden die Unterschiede beim Vergleich von Old, New sowie Hybrid Economy deutlich (vgl. Abb. 10):

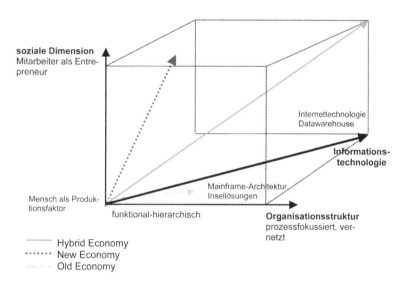

Abb. 10: Die Disloziierung von Old, New und Hybrid Economy im dreidimensionalen Gestaltungsraum

In Abhängigkeit von der spezifischen Ausprägung der jeweiligen Dimension ergeben sich unterschiedliche Strukturen, also auch Unternehmenskategorien bzw. Aufbau- und Ablauforganisationsformen. Letztere besitzen in Abhängigkeit von der jeweiligen Marktform (Monopol bzw. Wettbewerbsmarkt), der Produkt- bzw. (Dienst-)Leistungserstellung sowie dem „Radius der Konkurrenzsituation" (global bzw. lokal) ihre Vor- und Nachteile, so dass eine pauschale Klassifizierung („gut oder schlecht") als nicht angebracht erscheint. Ungeachtet

dessen gilt allerdings für liberalisierte Wettbewerbsmärkte die dieser Arbeit zu Grunde liegende Ausgangsthese mit der Fokussierung auf vernetzte, prozessorientierte Strukturen, einem ganzheitlichen Informations- und Wissensmanagement sowie der Einbeziehung des Mitarbeiters als „Unternehmer im Unternehmen" und nicht als „quantifizierten und formalisierten Arbeitsfaktor".
Ersichtlich wurde überdies schon, dass die Unternehmensdimensionen „Organisationsstruktur" und „(Informations-)Technologie" interdependent sind: Ohne prozessfokussierte Aufbau- und Ablaufstrukturen können die inhärenten Vorteile und Möglichkeiten der Informationstechnologie nicht genutzt werden. Sonst würden (wie in den 60er und 70er Jahren des vergangenen Jahrhunderts) nur bestehende statische Strukturen digitalisiert bzw. elektrifiziert. Umgekehrt bedingen prozessorientierte Strukturen sowie die damit verbundene Netzwerkorganisation aufgrund der dadurch implizierten Entscheidungsdezentralisation ein leistungsfähiges Informations- und Wissensmanagement, um alle involvierten MitarbeiterInnen „just in time" mit allen relevanten Daten und Informationen versorgen zu können. Nachfolgend sollen die Auswirkungen dieser Veränderungen für die Dimensionen „Organisationsstruktur" sowie „soziale Dimension" vertieft werden. Hieraus resultiert dann die Betrachtung von Informations- und Wissensmanagement als Kernfunktionen der organisationalen Gestaltungsfelder Strukturen, Sozialkapital, Unternehmensstrategie sowie Informationstechnologie.

2.2 Der Paradigmenwechsel von hierarchisch-funktionalen zu prozessorientierten, vernetzten Strukturen

In der Unternehmenspraxis wie auch in der betriebswirtschaftlichen Literatur werden Diskussionen über neue Organisationsstrukturen und -formen überwiegend in wirtschaftlich-konjunkturellen Krisenzeiten ausgelöst. Genau dann eben, wenn statisch gewordene Systemstrukturen nicht mehr in der Lage sind, veränderte Marktbedingungen bzw. -situationen zeitgerecht zu adaptieren. Verstärkt wird dies dadurch, dass die in „ruhigen Konjunktur- und Wettbewerbszyklen" angesetzten „organisatorisch-personellen Fettwulste" sowie ein inhärentes Schönwettermanagement das normale Kostenbewusstsein und -denken durch ein „Denken in Umsatzzahlen" ersetzt und anstelle des Controlling das bürokratische Kontrollieren indendiert. Nicht die Qualität sowie die exakte Kostenermittlung im Rahmen der gesamten Wertschöpfungskette steht im Fokus des (betriebs-)wirtschaftlichen Interesses, sondern der quantitative Output. Normalerweise erfordert jedoch der Prozess der Leistungserstellung den an den Unternehmensstrategien und -zielen orientierten und optimierten Einsatz der Unternehmensressourcen auf der Grundlage eines umfassenden Controllings, also eines kybernetisch strukturierten Planungs-, Steuerungs- und Kontrollprozesses, um Durchlaufzeiten und -kosten zu reduzieren sowie Transparenz zu erhöhen[1]. Wie bereits mehrfach deutlich wurde, können daher die statischen funktional-hierarchischen Strukturen den Anforderungen dynamischer, volatiler Märkte nicht mehr genügen.

Galten als Bewertungskriterien für die funktional-hierarchische Organisationsstruktur noch die Explizitheit sowie der Detaillierungsgrad des organisationalen Regelwerkes, so gelten für Strukturen in dynamischen, komplexen Umwelten andere Kriterien[2]:
- Adaptionsfähigkeit,
- Profitabilität,
- Effizienz (Systemeffizienz vs. Regelungsdichte),
- Innovationspotenzial,
- Verantwortlichkeit vs. Organisationsverschulden,
- Lerngeschwindigkeit,
- Schutz sowie für alle mögliche Nutzung wichtiger Informationen,
- Informations- und Wissensmanagement.

Grundlage hierfür ist letztlich das jederzeit in der Organisation von den MitarbeiterInnen und von der Organisation als Gesamtsystem abrufbare bzw. zur Verfügung stehende Wissen in Form des sogenannten „corporate memory" unter Einbeziehung rechnergestützter Systeme[3]. Derartige Architekturmodelle erfordern jedoch andere Organisations- und Führungs-, Ablauf- und Prozessstrukturen sowie Verhaltensmuster; sie bedingen auch immer eine neue Unternehmenskultur. Diese – auch als „Corporate Culture" bezeichnet – besitzt zwei Ausprägungen: Zum einen eine zentrifugale (zum Beispiel die institutionalisierte, einheitliche Kommunikation „nach außen") und zum anderen die zentripetale (Generierung einer inneren Identität (Inhalte, Einstellungen, „Wir-Gefühl") sowie adäquater sozialer Strukturen).
Seit der Veröffentlichung der „Grundsätze wissenschaftlicher Betriebsführung" durch Frederick Taylor wurden unentwegt neue Managementansätze – auf neudeutsch: Tools bzw. Werkzeuge – entwickelt, um sowohl die Wettbewerbsfähigkeit als auch die Effizienz innerbetrieblicher Abläufe zu erhöhen. Beispielhaft seien nur „Management by ..." OVA, Portfolio-Analyse, Lean Management, Target-Costing, Benchmarking, Kaizen oder Business Reengineering genannt. Gemeinsam ist diesen, von Unternehmensberatern mit viel Verve vorgetragenen Ansätzen, dass durch innerbetriebliche Strukturveränderungen kurzfristig die Rentabilität des Unternehmens verbessert werden soll – was allerdings immer nur teilweise gelingt. Weil aber bei all diesen Ansätzen das Element „Mensch" im sozialen System „Unternehmung" nur als „notwendiges Übel" bzw. als ausschließlich „rationaler Faktor" des betrieblichen Prozesses gesehen wurde, mussten sie langfristig scheitern. Es überrascht daher nicht, dass der überwiegende Teil der Umstrukturierungsprojekte keine befriedigenden oder sogar negative Resultate zur Folge hatten: Die MitarbeiterInnen aller Hierarchieebenen verhielten sich unglücklicherweise nicht theorie- bzw. methodenkonform bzw. verstanden oder akzeptierten nicht deren inhärente Logik. Der Hauptgrund dafür ist vor allem darin zu sehen, dass soziale Faktoren wie Unternehmensgenese und -kultur, informale Verhaltenskodizes und Spielregeln sowie individuelle Verhaltensweisen im Rahmen dieser mechanistisch-ingenieurwissenschaftlichen Ansätze unberücksichtigt blieben bzw. bleiben

mussten. Außerdem erwiesen sich die seit den 60er Jahren eingeführten Führungsmethoden bzw. -techniken (beispielsweise die des „Management by ...") den gestiegenen dynamischen Anforderungen als nicht gewachsen, weil hierdurch überwiegend nur Teilaufgaben mit klaren Arbeitsanweisungen an die MitarbeiterInnen delegiert wurden – unter Beachtung der Postulate „strikte Aufgabenerfüllung", „ausführliche Arbeitsplatzbeschreibungen" sowie „extensive Kontrolle". Dieser per se immer noch autoritäre Führungsstil führt bei hierarchisch-funktional strukturierten Unternehmen zwar zu einem reibungslosen (internen) Funktionieren des Systems, nicht jedoch zur Entwicklung von Kreativität und Innovationsfähigkeit im Hinblick auf dynamische Veränderungen und Anforderungen der Systemumwelt – seien es technologische Evolutionen, Marktveränderungen oder Veränderungen des ordnungs- und gesellschaftspolitischen Kontextes. Eine der Ursachen hierfür ist unter anderem darin zu sehen, dass im hierarchischen System der Faktor „Information" überwiegend im Sinne der hierarchischen Strukturierung mehrfach redundant vor allem für Kontrollzwecke eingesetzt wird. Zudem führt die formalisierte hierarchische Struktur dazu, dass vorhandenes Wissen nicht „selbstlos" mit anderen geteilt, sondern taktisch im Rahmen des individuellen Wettbewerbs eingesetzt wird. „Holzschnittartig" lassen sich daher folgende Nachteile der funktional-hierarchischen Strukturen aufführen:

- Unklare bzw. nicht kommunizierte Unternehmensziele.
- Zu viele Organisationseinheiten mit autoritärer Führung sowie der Tendenz zu Machtkonzentration auf wenige Stellen.
- Zu viele Hierarchieebenen bei unklarer Personen- bzw. Hierarchieeinstufung (sog. „freie Radikale").
- Personelle Fehlbesetzungen.
- Unklare Aufgabenzuordnung und -wahrnehmung.
- Ein Übergewicht an permanenten und extensiven Kontrollfunktionen.
- Überbewertung der Formalisierung bzw. des Formalismus im Sinne einer rigiden Perfektionismusmentalität und dennoch fehlerhaften Dokumentation und Archivierung.
- Aufwändige Unterschriftsregelungen.
- Mangelhafte Koordinierung der Prozesse bzw. Projekte sowie deren Dokumentation aufgrund stark hierarchisch und arbeitsteilig ausgerichteter Strukturen.
- Informationsdefizite trotz einer aufwändigen Informations- und Entscheidungsstruktur (Befehlsstruktur).
- Lange, komplizierte und (häufig) eindimensionale Informations-, Kommunikations- und Entscheidungswege.
- Bürokratische, starre Regeln und Organisationsanweisungen.
- Ungenügende fachliche und soziale Kompetenzen.
- Mangelnde Kundenorientierung und -bindung.

Im Fokus steht somit neben der singulären Optimierung der einzelnen Funktionalitäten und Stufen der Wertschöpfungskette ohne den ganzheitlichen, systemischen Blickwinkel auch die vollständige Formalisierung und Kontrolle. Hieraus resultiert dann – analog zur Chaostheorie – eine mangelhafte Steuerungs- und Führungskompetenz: die Zustände sind um so weniger beherrschbar, je komplexer (bürokratischer) die Unternehmung entwickelt und strukturiert ist. Diese Aussagen gelten – bedingt – auch für die durch Überlegungen im Rahmen der Ansätze zum „Business Re-Engineering (BRE)" bzw. zum „Business Process Re-Engineering (BPRE)" fokussierte Optimierung des Geschäftsprozesses bzw. der Wertschöpfungskette aus der Sicht des Kunden. Dieser primär mechanistische Ansatz kann allerdings aufgrund seiner Intentionen nicht diejenigen Strukturen generieren, die zum Erreichen bzw. Erhalten der Wettbewerbsfähigkeit auf liberalisierten Märkten notwendig sind. Vielmehr werden auch hier – wie generell bei hierarchisch-funktionalen Strukturen – Prozesse als interne, gekapselte und in sich geschlossene Kreislaufmodelle gesehen[4]. Diese Ansätze haben allerdings den Anstoß zur Entwicklung prozessorientierter Organisationsstrukturen[5] gegeben, da sich die funktional-hierarchischen Strukturen als inkongruent zur digitalisierten Ökonomie erwiesen haben – sie lassen sich nicht mehr anpassen, sondern nur noch aufgeben.

Erforderlich sind – vor diesem Hintergrund – geschäftsprozessfokussierte Strukturen, um auf dynamischen und komplexen sowie volatilen Märkten bestehen zu können. Dabei versteht man unter einem Geschäftsprozess generell den aus der Sicht des Kunden optimierten zeitlichen Ablauf spezifischer, logisch aufeinanderfolgender Arbeitsschritte und Funktionen bzw. eine Folge logisch miteinander verknüpfter interdependenter Transaktionen. Die arbeitsteiligen Funktionen dieser Prozesse müssen einerseits im Rahmen des sogenannten „Job Enrichement" bzw. „Job Enlargement" dergestalt strukturiert werden, dass sich sowohl eine ganzheitliche Aufgabenerweiterung (horizontal und vertikal) als auch multifunktionale Arbeitsinhalte für die involvierten MitarbeiterInnen ergeben. Überdies müssen diese Funktionen zu Team- bzw. Gruppenprozessen aggregiert werden, so dass die Prozessverantwortung nicht dem Individuum, sondern der Gruppe übertragen wird. Weil nun Geschäftsprozesse sowohl durch Strategieveränderungen als auch aufgrund kundenzentrierter Lernprozesse sowie Marktveränderungen ständig evaluiert, angepasst und optimiert werden müssen, wird häufig im Sinne der „Theorie des geplanten Wandels"[6] die Installation eines „Change Managements" erforderlich[7]. Der hierdurch ausgelöste Wandel kann als weitere logische Stufe in der Genese organisationaler Strukturen gesehen werden: Orientierten sich die früheren Ablaufstrukturen am (durch den Einsatz von Dampfmaschine etc.) veränderten Energiefluss in der Produktion, so implizierte der qua Fließbandproduktion veränderte Materialfluss regelbasierte Ablaufstrukturen (Taylorismus). Durch die derzeitige Fokussierung auf den Informationsfluss, durch die Involvierung des Informations- und Wissensmanagements sowie computergestützter Informations- und Kommunikationssysteme ist es jedoch möglich, kleinere, überschaubare und vernetzte Organisationseinheiten als schnellere Regelkreissysteme zu installieren, die selbständig und selbstorganisierend sowie zum dynamischen Verhalten fähig sind. Diese Entwicklung verläuft parallel zur Forderung nach einer grundsätzlichen Abkehr von den praktizierten funktional-hierarchischen zugunsten prozessfokussierter Strukturen, weil sich erstere als dysfunktional erwiesen haben[8]. Das zeigt sich vor allem dann, wenn die Wertschöpfungs- bzw. Geschäftsprozesse durch die Einbindung von VAS bzw. BOT-Modulen[9] sowie der Bildung virtueller Unternehmen an Komplexität zunehmen. Die in den 70er und 80er Jahren entstandenen Organisationsmodelle und -strukturen auf der Grundlage vertikaler, funktionsorientierter Integrationsstrategien und -ansätze ermöglichen dagegen kaum dynamische bzw. reagible Vernetzungen und Verflechtungen auf horizontaler Ebene und führen somit zu Informationsbrüchen sowie Prozessstörungen. Die beispielsweise im Rahmen der virtuellen Unternehmung notwendige flexible Aggregation sowie Konfiguration verschiedener „Best-in-Class-Kernprozesse" analog zur jeweiligen Kundenanforderung ist daher mittels hierarchisch-funktionaler Strukturen nicht möglich, da hierbei die interne Organisationsstruktur eine identische Komplexität wie der Wertschöpfungsprozess besitzt. Die notwendige Komplexitätsreduzierung kann jedoch nur mittels selbständig agierender Gruppen bzw. Teams realisiert werden. Das verlangt allerdings zwangsläufig die ständige Evaluierung der Prozessabläufe vor dem Hintergrund des „Oursourcings" spezifischer Teilprozesse bzw. -funktionalitäten. Nachfolgend sollen die aus der Prozessorientierung resultierenden Auswirkungen und Anforderungen auf das „soziale Kapital" (Humankapital) sowie Führungsstrukturen und -stile diskutiert werden.

2.2.1 Grundlagen und Rahmenbedingungen prozessorientierter Strukturen

Sowohl aufgrund der Forderung nach Komplexitätsreduzierung als auch der arbeitsteilig-hierarchischen Vorgehensweise werden Abläufe im Unternehmen immer noch unter dem Aspekt der Fraktionierung gesehen, d. h. als „chronologischer" Ablauf von Einzelfunktionen. Durch diese arbeitsteilig-funktional bedingte „Zerstückelung" des Gesamtauflaufplanes gehen wesentliche Informationen, Beziehungszusammenhänge und somit letztlich auch Wissen verloren. Verschärft wird dieses Problem noch dadurch, dass durch die klassische Datenverarbeitung ein „Atomisieren" von Informationen in einzelne Bits erfolgt. Erforderlich ist daher im Sinn des wertschöpfungsorientierten Managements, die Gesamtheit der Strukturen, Beziehungen und Interdependenzen zwischen den sozialen und technologischen Elementen des Systems „Unternehmung" zu betrachten und nicht die Elemente als losgelöste Module einer trivialen Maschine zu sehen. Aus der Sichtweise der Organisationstheorie ist deshalb ein Unternehmensprozess als Abfolge von Funktionen, Aktivitäten und Handlungen, die in einem direkten Beziehungszusammenhang miteinander stehen, zu definieren. In ihrer Summe determinieren sie den wirtschaftlichen Erfolg der Unternehmung und sind im Zeitalter der Marktliberalisierung nicht nur auf die Kernprozesse beschränkt, sondern umfassen letztlich alle Wertschöpfungsprozesse bzw. -stufen. Prozessorientierung im eigentlichen Sinn beinhaltet daher, die Teilfunktionen des Wertschöpfungs- bzw. Geschäftsprozesses aus der Sicht des Kunden logisch so zu strukturieren und miteinander zu vernetzen, dass hierdurch Prozesseffizienz und -effektivität durch Senkung der Transaktionskosten sowie Reduzierung des Zeitbedarfes erhöht werden[10]. Aufgrund der durch den Globalismus implizierten „just-in-time-Wirtschaft bzw. Gesellschaft" ist die für Prozesse etc. benötigte Zeit ein wesentlicher Wettbewerbsfaktor. Wettbewerbsvorteile besitzen daher „prozessorientierte Echtzeitunternehmen"[11], bei denen die zeitlichen Verzögerungen in den Prozessen (Leerlaufzeitspannen zwischen den einzelnen Transaktionen) quasi gegen Null tendieren. Des Weiteren erhöhen sich sowohl die intraorganisationale und prozessurale Transparenz als auch Reaktionsfähigkeit und -schnelligkeit im Hinblick auf Umfeld- bzw. Marktveränderungen. Der Faktor Zeit ist somit der Katalysator für die Prozesseffizienz. Neben der kundenorientierten Strukturierung des Prozesses erfordert dies andere IT-Architekturen in Form granularer, vernetzter Subsysteme sowie entspreche Informationsplattformen, die ohne Verzögerung im Sinne des „zero latency" funktionieren. Eine Grundlage für eine effiziente Prozessstrukturierung ist daher in der effektiven Unterstützung durch eine adäquate und angepasste Informationstechnologie[12] zu sehen. Das umfasst zwangsläufig auch die Berücksichtigung formalisierter Workflow- und Workgroupsysteme auf der Grundlage einer Plattform- und Systemunabhängigkeit. Außerdem müssen die Fähigkeiten und Restriktionen der zu involvierenden MitarbeiterInnen, des „human capital", berücksichtigt werden. Zu integrieren sind daher aus organisationstheoretischer Sicht zwei methodische Verfahren: zum einen der Gestaltungsansatz (Unternehmen werden durch Strukturen, Regelwerke etc. „organisiert") und zum anderen der Entstehungsansatz (Struktur und Verhalten von und in Organisationen werden – häufig zufällig – von Menschen inszeniert und gestaltet).

Vor dem Hintergrund der Marktliberalisierung soll die Prozessorientierung[13] aufgrund der stärkeren Kunden- bzw. Marktorientierung zur Reduktion der funktionalen, internen Schnittstellen im Rahmen der Koordinierung des Leistungserstellungsprozesses und somit zu flacheren Hierarchien durch Erweiterung der Kompetenzbereiche zu Verantwortungsbereichen führen. Indirekte Funktionen, wie zum Beispiel etwa die Qualitätssicherung werden auf die ausführenden Ebenen verlagert, so dass spezifische Kontroll- (Führungs-)funktionen ebenfalls entfallen. Sekundär sollen hierdurch Effizienz, Effektivität und Innovationsfähigkeit verbessert und dadurch die Prozessdurchlaufzeiten und -kosten bei größerer Transparenz reduziert werden. Das führt zur Aggregation der materiellen sowie immateriellen Ressourcen einer Unternehmung und somit zur Generierung von Wettbewerbsvorteilen. Im Sinne eines „Closed Loop-Zyklus" zwischen analytischen und operativen Applikationen soll die Balance zwischen Kostenminimierung und dem „Time-to-Market" im Rahmen des „Business Performance Management" optimiert werden, um die wertschöpfende Leistung der einzelnen Geschäftsprozesse zu erfassen, zu analysieren und zu optimieren. Eine wesentliche Funktion übernehmen dabei Qualität und Geschwindigkeit des Informations- und Wissenstransfer[14]. Durch eine „just in time" (Zeitpunkt, richtige Reihenfolge, Qualität und Quantität) zu erfolgende Bereitstel-

lung aller im Prozessablauf benötigten Informationen wird jeder Mitarbeiter/-denker[15] in die Lage versetzt, initialisierende Funktionen zu besitzen bzw. zu übernehmen bei der
- Optimierung der prozessorientierten Geschäftsabläufe,
- Übernahme von Ziel- und Kostenverantwortung,
- Delegation von Planungs- und Entscheidungskompetenz,
- Aufnahme neuer Geschäftsfelder im Sinne eines permanenten Wandels,
- Schulung und Weiterbildung sowie
- Regelung personeller Maßnahmen im Rahmen der Aufgabenstellung/Leistungserbringung.

Dies impliziert, dass die Mitarbeiter – als Teammitglied – letztlich sowohl für die Entwicklung von Strategien und die Definition der Unternehmensziele als auch für deren Erreichung mit-verantwortlich sind. Zwangsläufig sind sie dann kreativer, wenn es ihnen ermöglicht wird, nicht nur die eigene Teilfunktionalität, sondern auch den Gesamtzusammenhang der Arbeit zu verstehen, in Frage zu stellen sowie selbstständig im Rahmen der „lernenden Organisation" zu verbessern. Letztlich führt dies zum Paradigmenwechsel „vom Mitarbeiter zum Entrepreneur". Die hierfür erforderliche Qualifikation setzt sich zusammen aus Kreativität, Eigenständigkeit, Sozialkompetenz, Offenheit sowie Kundenverständnis. Der Mitarbeiter muss demnach pragmatisch, terminlich und thematisch flexibel sein sowie komplexe Sachverhalte analysieren können. Dies erfordert zwangsläufig eine individuelle Flexibilität hinsichtlich der
- Anpassung der Arbeitszeit an die Auftrags- bzw. Beschäftigungssituation (zeitliche Flexibilität),
- Bereitschaft zur Mobilität sowohl geographisch als auch im Hinblick auf unterschiedliche Aufgabenstellungen,
- Bereitschaft und Befähigung zur Verantwortungs- und Entscheidungsübernahme sowie Selbstkontrolle (inhaltliche Flexibilität),
- Bereitschaft und Befähigung zur ständigen Weiterbildung sowie „lebenslangem Lernen" (kognitive Flexibilität),
- Bereitschaft und Befähigung zur „Vermarktung" der eigenen Fähigkeiten und Leistungen sowie deren zielorientierte Nutzung im Rahmen leistungsorientierter Vergütungssysteme (finanzielle Flexibilität im Sinne einer „Ökonomisierung der Arbeitskraft"),
- Bereitschaft und Befähigung zur eigenbestimmten Personalentwicklung und Beschäftigungsfähigkeit anstelle der passiven Erwartung der Karriereplanung durch die Unternehmung sowie
- Bereitschaft und Befähigung zur systematischen Selbstorganisation des gesamten Lebenszusammenhanges[16] im Sinne einer eigenständigen Entwicklung und Gestaltung der „Patchwork-Biographie" bzw. der „Portfolio-Arbeit"[17].

Erforderlich ist vor diesem Hintergrund die Förderung der Soziabilität des Menschen, also seine Fähigkeit zur Kooperation sowie zur spontanen Assoziation[18].

Dies impliziert eine soziale Innovations- und Adaptionsfähigkeit, letztlich die Fähigkeit zu umfassenden Verhaltensänderungen, unabhängig von hierarchischen oder funktionalen Eingliederungen. Nur so kann zum einen die Produktivität der Organisation als Ganzes gesteigert und zum anderen die Zielsetzung der „lernenden Organisation" (im Sinne von „Erlernen des Miteinanders, der Zusammenarbeit und des Zusammenwirkens" auf der Grundlage einer größeren Eigenverantwortung (empowerment)) erreicht werden. Dies erfordert neben den schon angesprochenen individuellen Fähigkeiten (Selbständigkeit, mentale Stärken, Selbstvertrauen etc.) vom Unternehmen u. a. die Ausprägung einer spezifischen Lernkultur, eines positiven Arbeitsklimas, einer ständigen Veränderungsfähigkeit und -bereitschaft sowie vom Management einen Führungsstil im Sinne eines „leaderships" bzw. des sog. „walk the talk". Deutlich wird, dass das Unternehmen bei einer derartigen Umgestaltung kein „Betrieb" im klassischen Sinne mehr ist, sondern zu einer „Community Gleichgesinnter" reift, bei der die Arbeit keine lästige Pflichterfüllung ist, sondern zum Arbeitserlebnis wird. Plakativ ausgedrückt gilt es, die Arbeitslust zu organisieren und zu institutionalisieren. Diesbezüglich existieren folgende vier „Modelle"[19]: Im Rahmen des „Commitment-Modells" erfolgt die Bindung durch den Fokus auf eine mitarbeiter-orientierte Unternehmensführung, die durch Koordination und Steuerung von Unternehmens- und Teamkultur geprägt ist. Grundbedingungen hierbei sind offene Kommunikation, authentisches sowie selbstkritisches Führungsverhalten sowie Respekt und Akzeptanz der Stärken, Schwächen, Neigungen etc. der Mitarbeiter, da nur dann deren Kreativität, Selbstverantwortung und unternehmerisches Denken generiert werden kann. Erforderlich sind des Weiteren eindeutig definierte und kommunizierte Unternehmensziele sowie Zielvorgaben, da diese nur dann in die „persönlichen" transformiert werden können. Beim „Star-Modell" werden die durch ein hohes Zukunftspotenzial gekennzeichneten Mitarbeiter durch anspruchsvolle und herausfordernde Aufgaben eingebunden sowie durch ein sich als Moderator verstehendes Management geführt. Das „Factory-Modell" dagegen erzielt die Bindung (fast) ausschließlich über monetäre Anreize, während beim „Engineering-Modell" Kohäsionsfaktoren mittels reizvoller Arbeitsinhalte sowie der Führung durch qualifizierte Führungskräfte institutionalisiert werden. In Abhängigkeit von dem situativ jeweils „richtigen" Modell für eine Unternehmung sind dann die erforderlichen Konzepte zur Organisations- und Personalentwicklung zu generieren und zu implementieren. Unternehmenskulturell impliziert dies den Wandel vom „machtorientierten Diktat" zum Verhandlungssystem. Nur dann kann ein „Management by Emotions" erfolgreich installiert werden, wenn hierbei eine Aggregation bzw. ein Konglomerat von Stolz, Freude, Begeisterung, Erregung, Aggressivität und Euphorie entsteht, das zwangsläufig ein positives Selbstwertgefühl nach sich zieht. Nur die Ansprache bzw. Berücksichtigung dieser intrinsischen Motive kann allerdings mittel- bis langfristig nicht erfolgreich sein. Wie bereits mehrfach angesprochen, sind ebenfalls leistungs- bzw. erfolgsorientierte Vergütungssysteme ein unabdingbarer Bestandteil der Prozessfokussierung. Letztlich geht es nicht darum, die Mitarbeiter permanent zu motivieren – sondern sie nicht zu demotivieren. Die Motivation wird vielmehr (fast) zwangsläufig durch die Unternehmenskultur, die individuellen Entscheidungsfreiräume, die prozess- und damit gruppenfokussierte Gestaltung der Arbeitsabläufe sowie die aktive Involvierung in die Strategieentwicklungsprozesse generiert. Einsichtiger Weise wird eine derartige Veränderung trotz aller „flankierenden Maßnahmen" auf individuelle sowie institutionelle Vorbehalte und Barrieren stoßen. Die Gründe hierfür sind – neben den Kriterien des berühmt-berüchtigten „Beamten-Dreisatzes" – zum einen in der Angst vor Veränderungen zu sehen, die zur Unsicherheit führt. Zum anderen besteht in allen „gewachsenen" Unternehmen neben dem Abteilungsegoismus auch eine mehr oder weniger stark ausgeprägte „Wagenburgmentalität". Prozessorientierung impliziert konsequenterweise sowohl eine Veränderung der hierarchischen Machtstrukturen als auch die Transparenz der jeweiligen Einzelfunktionen – und damit deren Vergleichbarkeit. Diese sozialen Beharrungsgründe können letztlich nur durch eine offene und statusunabhängige Diskussion der neuen Strukturen sowie deren diskursiven, partizipatorischen Definition überwunden werden. Die Diskussion über die neuen Strukturen sowie deren Festlegung kann nicht per Diktat seitens der Führungskräfte erfolgen – diese müssen vielmehr die Moderatorenfunktion übernehmen[20].

Im Rahmen der liberalisierten Marktwirtschaft mit ihren Anforderungen hinsichtlich Flexibilität und dynamischer, antizipativer Anpassungsfähigkeit ist nicht mehr das Kapital die knappe Ressource, sondern der qualifizierte und motivierte Mitarbeiter – das Humankapital. Um Werte zu generieren bzw. die Wertschöpfungsprozesse effizienter und effektiver zu gestalten, sind zur Förderung der menschlichen Individualität und Pluralität unter anderem die nachfolgenden Faktoren notwendig:

- individueller Intellekt (Fähigkeiten und Wissen),
- Verknüpfung der individuellen Intellekte zum Sozialkapital (vernetzte Gruppen bzw. Teams),
- Generierung des emotionalen Kapitals durch entsprechende Unternehmenskulturen (damit das intellektuelle Kapital optimal in die Geschäftsprozesse involviert werden kann) sowie
- transparente und jederzeit zugängliche Informations- und Wissensbasen (Informations- und Wissensmanagement).

Hierdurch kann der Mitarbeiter letztlich gegenüber dem Kunden als „Kompetenzcenter" agieren und so einen wesentlichen Beitrag im Rahmen des Dienstleistungsgedankens erbringen: Letztlich soll die Symbiose sowohl des ganzheitlichen Aspektes aus Unternehmenssicht als auch der individuellen Aspekte der MitarbeiterInnen (zum Beispiel wie funktionale Veränderungen, notwendige (Weiter-) Qualifikationen, Wandel der mentalen Struktur „vom Maschinensklaven zum Entrepreneur", Anlernen zum Arbeiten in Teams bzw. Gruppen, Umgang mit Wissen, selbstständige Entwicklung einer eigenen Arbeitsökonomie etc.) realisiert werden[21]. Überdies wird es möglich, die MitarbeiterInnen in Abhängigkeit von auftretenden Aufgaben- bzw. Problemstellungen zu flexiblen, zeitlich begrenzten Teams zu ver- bzw. zu entkoppeln (ohne feste Regeln und persönliche Beziehungen)[22]. Eine derartige Mutation vom klassischen Gruppen-/Abteilungsdenken zur Teamorientierung setzt allerdings einen komplexen, gruppendynamischen Prozess voraus, bei dem sich die Sach- und Beziehungsebenen gegenseitig beeinflussen. Das Team unterscheidet sich von der klassischen Gruppe weniger auf der funktionalen als vielmehr auf der Beziehungsebene durch das „Wir-Gefühl" (Zusammengehörigkeitsgefühl), dem offenen, vertrauensvollen Umgang miteinander sowie der gemeinsamen, unteilbaren Erfolgsverantwortung. Hierdurch werden die Qualitäts- und Flexibilitätsressourcen der handelnden Personen partizipativ stärker als bisher in den Wertschöpfungsprozess involviert. Für eine derartige erfolgreiche Veränderung sind neben der sozialen (Prozess-) Kompetenz (Strukturierung und Steuerung) sowie der teamkompatiblen funktionalen Sachebene unter anderem beispielsweise erforderlich:

- von allen akzeptierte und gleichartig interpretierte Zielsetzungen,
- eine „face-to-face"-Teamorganisation,
- das bei allen vorhandene Wissen über funktionale und personelle Interdependenzen,
- die Beherrschung teamorientierter Arbeitstechniken sowie Problemlösungsverfahren,
- die Aufgabe der strikten fachlich-personellen Differenzierung zu Gunsten einer teamorientierten Arbeitsteilung,
- ein ganzheitliches Informations- und Wissensmanagement,
- die ganzheitliche Transparenz der Leistungserfüllung und Zielerreichung sowie
- die Existenz sozialer sowie materieller Anreizsysteme.

Die hierbei erforderliche Erhöhung der Sach-, Methoden- und Selbstkompetenz der MitarbeiterInnen kann durch die Prozessorientierung erzielt werden[23]. Ursache hierfür ist einerseits die erhöhte Lernfähigkeit in und durch die Gruppe aufgrund der sozialen Lernprozesse, der Synergieeffekte im Rahmen des „gemeinsamen Lernens" sowie durch die hiermit verbundene „Ausweitung des Lernfeldes"[24]. Zum anderen wird die Kompetenzerhöhung durch das ganzheitliche, multifunktionale Handeln gefördert. Die empirischen Untersuchungen bestätigen außerdem, dass hierfür eine Grundbedingung neben dem organisationalen Informations- und Wissensmanagement die ganzheitliche (vertikale und horizontale) Aufgabenerweiterung sowie die multifunktionale Gestaltung der Arbeitsinhalte ist, um mittels selbstorganisierter Lernprozesse die kontinuierliche Kompetenzentwicklung zu fördern. Prozessorientierte Strukturen in Verbindung mit ganzheitlichen Tätigkeiten durch die Aggregation von Vorbereitungs-, Durchführungs- und Kontrolltätigkeiten erfordern daher, dass[25]

- Informationsflüsse (einschließlich der Rückkopplungen) geschlossen und intakt sind,
- komplexe sowie variierende Tätigkeiten die Kompetenzentwicklung fördern,
- Spielräume zur Entwicklung der individuellen Kompetenzen durch die Mitwirkung bei der Zielbildung und Aufgabenplanung entstehen.

Der nachfolgenden Abbildung können die wesentlichen Unterschiede zwischen der funktional-hierarchischen und der prozessorientierten Struktur entnommen werden (vgl. Abb. 11):

Paradigmenwechsel von der funktional/hierarchischen	⊃ zur prozessorientierten, vernetzten Struktur
1. synchrone, arbeitsteilige Aufgabenerledigung gemäß Befehlsmodus; Betonung der Produktqualität	⊃ team- und prozessorientierte Aufgabenerledigung aufgrund partizipativer Zielvereinbarungen, auch Bildung temporärer Arbeitsgruppen zwischen Mitarbeitern, Externen und Kunden; Betonung der Servicequalität als Prozessqualität
2. vergangenheitsorientierte statische Informations- und Ablaufstrukturen als Reaktion auf frühere Umweltveränderungen	⊃ Strukturdynamik durch Antizipation zukünftiger Umweltveränderungen mittels vernetzter, teilweise auch virtueller Strukturen
3. Pyramidencharakter der Aufbauorganisation	⊃ „flache" Organisationsform mit Teams/Gruppen als „vernetzte" Teilmengen
4. Entscheidungszentralisation bei Kompetenzdezentralisation; Fokus liegt auf der Kontrolle	⊃ Mitarbeiter besitzt Entscheidungskompetenz und Verantwortung für Geschäftsprozesse
5. positionelle, hierarchische Autorität ersetzt Kompetenz der Führungskraft (Führung = Kontrolle und Administration; Autorität der Position)	⊃ Kompetenz muss permanent nachgewiesen werden; Coachfunktion sowie Verantwortlichkeit der Führung für die Gestaltung des Systems sowie seiner Rahmenbedingungen; höhere „Kontrollspanne"; Konversion von TQM (Total Qualilty Management) zu TMQ (Total Management Quality; Autorität der Person)
6. Statushierarchie	⊃ Prozesshierarchie
7. Anweisungszentriert	⊃ Problemlösungsfokussiert
8. formelle und formalisierte Gremiensitzungen mit hierarchisch bedingter Leitungsfunktion	⊃ informelle Gruppensitzungen (auch virtuell) mit moderierender Leitungsfunktion aufgrund der Fachkompetenz
9. ausgeprägtes Formularwesen (zum Beispiel Dienst-/Geschäftsanweisungen, Aktenvermerke, Hausmitteilungen, Berichte etc.)	⊃ Formularpragmatismus durch digitale Vernetzung

10. Faktor „Information" als Machtmittel	▷ Faktor „Information" ist Ressource zur Erreichung der Organisationsziele; zusätzlicher „Produktionsfaktor" ist die Ressource „Wissen der Organisation"
11. Überbetonung der Individualleistung	▷ Betonung der Gruppenleistung sowie der „human social capability"
12. reaktive, formalisierte Informations- und Berichtsstrukturen („nach Anforderung", Gängelbandmethode)	▷ formale und informale Informations- und Kommunikationsstrukturen fungieren als „Nervensystem" bei aktivem, situationsbezogenem Informations- und Wissensaustausch
13. räumlich/zeitliche Trennung von Informationsentstehung und -nutzung	▷ Aufhebung der räumlich-zeitlichen Grenzen von Informationsentstehung und -nutzung
14. auf die Bewältigung interner Konflikte fokussiert (Mitarbeiter „funktioniert")	▷ auf die Bewältigung von Konfrontationen zwischen Organisation und Umwelt ausgelegt; Mit-Arbeiter wird Mit-Denker und Mit-Gestalter
15. Fokussierung auf ausschließlich utilitaristische Kriterien der Organisation	▷ Organisation ist zweckorientierte Solidargemeinschaft
16. Konsens-, Meinungsbildungs- und Zielfindungsprozesse verlaufen „top down", so dass auf der unteren Ebene die notwendige Akzeptanz fehlt	▷ Konsens-, Meinungsbildungs- und Zielfindungsprozesse werden „bottom up" und diskursiv realisiert.
17. Komplexitätsreduzierung durch reibungsfreie Intraorganisation (wie wird es gemacht)	▷ permanente Weiterentwicklung (selbstständiges Lernen) durch Konfliktbewältigung mittels Information und Kommunikation (warum wird es gemacht)
18. Stabilisierung des status quo	▷ Veränderungsmanagement
19. operatives Gegenwartsdenken	▷ strategisches Denken, Erarbeitung von Visionen
20. kurzfristiges Erfolgsdenken	
21. Führung durch Anweisungen, Anordnungen	▷ Perspektiven und Risikobereitschaft Führung durch Begeisterung, Überzeugung, Vorbildfunktion
22. Übergewicht an Bürokratie und Administration	▷ flache, (fast) hierarchiefreie, vernetzte Teamstrukturen, Adhocratie

Abb. 11: Die Charakteristika der funktional-hierarchischen und der prozessorientierten Struktur

Prozessorientierte Unternehmen bestehen letztlich aus rekursiv miteinander vernetzten Geschäftsprozessen bzw. Wertschöpfungsketten, die weitgehend unabhängig voneinander agieren, jedoch im Sinne der Theorie selbstähnlicher Strukturen ihrerseits strukturell dem Gesamtorganismus ähnlich sind. Diese (fast) beliebige Verteiltheit und Vernetzung (im Sinne einer wechselseitigen Verknüpfung) der Geschäftsprozesse bzw. der Teilprozesse und Funktionen ermöglicht sowohl eine massiv-parallele Ver-/Bearbeitung der jeweiligen Einzelaktivitäten als auch auf der Grundlage der diskursiv definierten Zielvektoren die Steuerung im Sinne des kybernetischen Controllings. Letztlich ist es hierdurch auch möglich, virtuelle Organisationseinheiten bzw. Teams fallweise ohne die Restriktionen von Raum- und Zeitgrenzen sowie synchroner Arbeitsweisen zu bilden, zeitnah in beliebiger Form ohne räumlich-zeitliche Grenzen uneingeschränkt zu kommunizieren[26] sowie proaktiv die Ressourcen Information und Wissen zu nutzen. Durch die Dezentralisierung entstehen auf Grund der größeren Variabilität zwangsläufig viele „zufällige" Informationsverknüpfungen und damit ein Mehr an „neuem Wissen" gegenüber entscheidungszentralisierten sowie durch eine Hierarchie von Regeln strukturierten Unternehmen. Wichtige Informationen werden auf Grund der kürzeren Informationswege weniger „verfremdet" und sind damit im Sinne der dynamischen Ganzheitlichkeit effizienter nutzbar. Des Weiteren führt die damit verbundene Reduzierung der klassischen „Kontrollspanne" zu einer effizienteren Steuerung und Regelung durch das schnellere, direkte Reagieren auf volatile Gegebenheiten. Das wird als Negativeffekt allerdings die Auflösung der bisherigen sozialen Systeme und somit eine „Virtualisierung" der Arbeitswelt nach sich ziehen[27]. Zu berücksichtigen ist dabei die Entstehung neuer sozialer, funktionaler und informaler Netzwerke, die hierarchisch bzw. diktatorisch weder erfassbar noch steuerbar sind. Sie generieren vielmehr eine dezentrale „kollektive Intelligenz" analog zu Ameisenvölkern, die nicht zentral gesteuert werden, sondern bei denen sich einzelne Gruppen im Sinne des Ganzen autonom organisieren. Somit steht die Selbstorganisationsfähigkeit der Mitarbeiter im Vordergrund, die gerade auf der Führungsebene eine andere Mentalität erfordert, um die durch restriktive Regulierungen bedingte Ressourcenverschwendung des sozialen und humanen Kapitals zu reduzieren. Zur Konsequenz hat dies neben einer „Demokratisierung" der Unternehmen (plebiszitäre Organisation) auch die Installation innerbetrieblicher Märkte für die wichtigsten Unternehmensressourcen.

Dieser Ansatz erfordert allerdings die Abwendung von kurzfristig orientierten finanzwirtschaftlichen Kennzahlen (zum Beispiel Quartalsberichte) bzw. vom kurzfristigen „shareholder-value"-Denken, um ein „crowding-out" zu verhindern: Die Konzentration auf kurzfristige, messbare Aktivitäten (beispielsweise die Reduzierung der Personalkosten) sichern mittel- bis langfristig nicht das Überleben der Unternehmung, weil dies letztlich zum Verlust des formalen und informalen Expertenwissens führt. Schlussendlich muss das Unternehmen als soziale und wirtschaftliche „Community der Stakeholder" verstanden werden – Kooperation anstelle Konfrontation sowie das Primat des Unternehmensinteresses anstelle der individuellen Nutzenmaximierung auf der Basis einer ausge-

prägten Identifikation mit dem Unternehmen: Im Hinblick auf Prozessorientierung, flache Hierarchien und Teamarbeit, hoher Innovationsfähigkeit und Flexibilität sowie heterogenen Qualifikationen und Erwartungshaltungen der MitarbeiterInnen muss die heutige Unternehmung von den Beschäftigten mindestens akzeptiert, meistens jedoch „geliebt" werden[28]. Eine diesbezügliche Identifikation mit der Unternehmung ermöglicht eine Prozesssteuerung, die nicht als negativ, sondern als partizipativ und damit motivierend empfunden wird.
Die prozessorientierte Struktur soll letztlich zur Transformation fixer Kosten in variable führen. Dies führt prinzipiell nicht zum „cost cutting", sondern zur Sicherung des mittel- bis langfristigen Markterfolges. Deutlich wurde daher bei Unternehmen, die die „deutsche Variante" des Leanmanagements, das „Cost-Cutting", „Gesundschrumpfen" bzw. „Wegrationalisieren" sowie die Nachhutgefechte der Verteilungspolitik in den Fokus stellten, letztlich den Zustand der „höchsten innovatorischen Inkompetenz" erreichten. Lean management bietet Vorteile für statische Unternehmen, die gemäß Lewin die Phasen des „unfreezing, moving, freezing" bevorzugen[29]. Durch die Reduzierung der MitarbeiterInnen wird jedoch auch das korporative Wissen wesentlich verringert, weil es weder erfasst, noch speicher- oder abrufbar ist. Überdies wurden überwiegend 50-jährige entlassen, ohne jedoch Jüngere in gleicher Anzahl einzustellen. Dies führt mittelfristig zu einem „demographischen Bruch" – wenn die derzeit 40- bis 50-jährigen pensioniert werden, stehen aufgrund der generellen Geburtenentwicklung die „Nachfolger" zukünftig nicht in ausreichendem Maße zur Verfügung: die Unternehmen haben zwar Arbeit, jedoch keine Arbeitskräfte. Aufgrund der demographischen Entwicklung müssen sich daher die Unternehmen bis 2010 vom jugendfokussierten Mitarbeiterideal trennen; Produktivität und Innovationsfähigkeit kann auch mit älteren MitarbeiterInnen generiert werden. „Good practice-Betriebe" zeichnen sich daher durch anforderungsbezogene und nicht altersabhängige Qualifizierungssysteme sowie altersgemischte Teams (Kombination der Erfahrung der Älteren mit dem neuen Wissen der Jüngeren) aus.
Das „Lean management" in Form der Personalentlassung ist daher aus betriebswirtschaftlicher Sicht die anspruchsloseste Variante, da derartige Kostensenkungsmaßnahmen keine hohe Managementqualifikation beweisen. Dies gilt nicht nur, weil durch die Personalrationalisierung auch Wissen „wegrationalisiert" wird bzw. die eigentliche Zielsetzung, der Abbau von Blindleistung und Überkomplexität, nicht erreicht wird. Vielmehr repräsentieren die Material- und Energiekosten den größten Anteil des Kosten- bzw. Aufwandsbereiches einer Unternehmung – eine „Dematerialisierung" im Sinne einer Reduzierung der Energie- und Materialkosten ermöglicht wesentlich höhere Effizienzsteigerungen als eine Personalreduzierung.[30] Anscheinend haben deutsche Manager ihre realen Kostenstrukturen weder im Blick noch im Griff. Zudem verbraucht das Unternehmen hierdurch sein „human power bzw. capital" sowie Kreativität in der Bestandspflege und Sicherung vorhandener, verkrusteter Strukturen. Ironisierend kann diesbezüglich angemerkt werden, dass es wenig Sinn macht, durch immer neue Bypässe neben den verkalkten Herzkranzgefäßen der Hierarchie die überholte Struktur zu ret-

ten. Durch dieses „operative Herunterbrechen" eines eigentlich strategischen Ansatzes zum Tagesgeschäft verkümmern die für Innovationen erforderliche Risikobereitschaft und -bewusstsein. Auch die Börse honoriert inzwischen diesen „unternehmerischen Offenbarungseid" nicht mehr[31]. Eine Langzeitstudie von Bain & Company ergab, dass Unternehmen mit einem Personalabbau von mehr als fünfzehn Prozent mittelfristig eine signifikant schwächere Kursentwicklung aufwiesen. Die Ursachen hierfür sind in den hohen Kosten der Entlassungsaktionen, dem Vertrauensverlust der Belegschaft, der geringeren Innovationsfähigkeit aufgrund des Verlustes an Wissen sowie einer geringeren Produktivität zu sehen[32]. Nachhaltig effizienter und anspruchsvoller ist es daher, neue Geschäftsfelder zu entwickeln und zu erschließen, um qualifizierte MitarbeiterInnen vom Kostenträger zum Deckungsbeitragsbringer zu verwandeln.

Mittels der Prozessorientierung soll daher anstelle der Weg-Rationalisierung[33] des Faktors „Arbeit" die „ressourcenschlanke Leistungserstellung" realisiert werden, die letztlich erst ein umweltgerechtes, nachhaltiges Wachstum auf der Grundlage konsistenter Informations- und Stoffströme initiieren kann. Ausgangspunkt hierfür ist die Überlegung, dass im Fokus einer Unternehmung prinzipiell die Wertschöpfung steht und nicht die Fähigkeit, die vorhandenen intraorganisationalen sowie markt- bzw. volkswirtschaftlichen Ressourcen profitmaximierend auszunutzen[34]. In diesem Kontext beinhaltet Wertschöpfung eine neue (andere) Kombination der Mittel, um bisher inhärente Werte zu materialisieren. Hierdurch entstehen neue Strukturen, Produkte, Arbeitsformen sowie Entgeltsysteme und somit neue Geschäftsmodelle. Erforderlich sind im Rahmen dieses Ansatzes Investitionen sowohl in die Qualifikation der MitarbeiterInnen als auch in den organisationalen Prozessstrukturen (zum Beispiel Erfassung und Optimierung der Prozessabläufe, Anreizstrukturen zum „Halten" der qualifizierten MitarbeiterInnen etc.). Bedingung für den wirtschaftlichen Erfolg dieser Investitionen ist die Aggregation aller Methoden und Werkzeuge zur Entscheidungsunterstützung auf der Grundlage von Informations- und Wissensmanagement. Um den jeweils aktuellen Informationsbedarf der Entscheidungsträger aller Ebenen ermitteln und befriedigen zu können, ist ein dynamisches Prozess-Monitoring, also eine ständige Analyse und Evaluierung der realen Prozessabläufe, erforderlich. Verhindert wird hierdurch auch das Entstehen sog. „hyperkomplexer Systeme", bei denen letztlich die Systembeschreibung komplexer als das reale System ist. Das damit verbundene Prozess-Controlling führt zur selbstlernenden Organisation, um die Prozess-Performance auch realisieren zu können. Prozessfokussierte Organisationsstrukturen sollen daher neben der Kostenkrise auch die Innovationskrise[35] in den Unternehmen bewältigen. Unter dem Deckmantel von „lean management" wurden bislang jedoch überwiegend nur Radikalkuren in Form der Personalreduzierung realisiert – dieses operative, kurzsichtige und -fristige Krisenmanagement hat jedoch kaum Beiträge zur Behebung der Innovationskrise geleistet. Dies erfordert vielmehr die Bereinigung bzw. teilweise auch radikale Veränderung von Organisations- und Wertschöpfungsstrukturen im Sinne eines „geplanten Wandels". Das hierdurch implizierte „Wertschöpfungsdenken" anstelle des traditionellen Kostendenkens

repräsentiert die eigentliche „Rationalisierung" im Sinne von „vernünftiger machen".
Durch die Prozessorientierung sollen die Unternehmen in die Lage versetzt werden, auf Marktveränderungen antizipativ zu reagieren und neben der Kostenkrise auch die Innovationskrise funktional-hierarchischer Systeme bewältigen zu können. Die dazu erforderliche Involvierung des Humankapitals erfordert konsequenterweise auch andere Führungsstrukturen, -systeme und -profile, weil die hiermit verbundene Delegation von Verantwortung und Entscheidungskompetenz zwangsläufig auch die Delegation von Entscheidungsbefugnissen bei der Strukturierung der Geschäftsprozesse bzw. Wertschöpfungsketten impliziert: „Organisieren" als Funktion ist ein integraler Bestandteil der Aufgabenerledigung. Dies umfasst nicht nur die (antizipative) Gestaltung der individuellen und projektspezifischen Aufbau- und Ablaufstrukturen, sondern auch die Generierung der notwendigen Informations- und Kommunikationsstrukturen. Wie bereits deutlich wurde, eliminieren Prozessstrukturen die hierarchisch-funktionalen Aufbau- und Ablaufstrukturen sowie die damit einhergehende eindeutige Abgrenzung zwischen Kompetenz und Verantwortung sowie den hierdurch intendierten Formalismus. Das erfordert zwangsläufig neue Führungsprofile sowie Definitionen der entsprechenden Rollen, die nicht länger auf formellen Qualifikationen, langfristig gewonnenen (Detail-)Erfahrungen sowie tradierten Entscheidungsstrukturen und -prozessen beruhen können. Sie verlangen den Coach bzw. Moderator anstelle des „Besserwissers". Überpointiert ausgedrückt ist daher ein zentraler Bestandteil eines derartigen Prozesses auch ein „Re-Design" des Managements: Statt des TQM (Total Quality Management) wird ein TMQ (Total Management Quality) installiert. Letzteres kann auch als „reflexives" Management bezeichnet werden: Im Rahmen der Prozessorientierung sind – im Gegensatz zur hierarchischen Strukturierung – Reflektionsprozesse auf allen Organisationsebenen zum kritischen Hinterfragen der Unternehmensziele, – strategien, Handlungskonzepte, Abläufe etc. ein integraler Bestandteil der Managementprozesse. Die autoritativ-hierarchische Entscheidungszentralisierung als Sinnzentrum des hierarchisch-funktionalen Systems verändert sich zur geregelten, diskursiven Konfliktaustragung und Entscheidungsfindung als normativer Grundlage. Je partizipatorischer diese diskursiven Prozesse verlaufen, desto wichtiger werden die zu vereinbarenden Verfahrensregeln als einzig objektivierbares Instrument organisationaler Willensbildung. Ihre Objektivität erhalten sie dadurch, dass ihre Entstehung partizipatorisch nachvollziehbar und sie des Weiteren als verhandelbarer, pluralistischer Wertekanon veränderbar sind. Hierbei macht sich zwangsläufig die eingangs erörterte Interdependenz zwischen dem unternehmensbezogenen sowie dem gesellschaftlichen Wertesystem bemerkbar: Letzteres beeinflusst zum Teil auch die ökonomischen Regeln des Arbeits- und Berufslebens, so dass im unternehmerischen Fokus nicht nur die Administration und Optimierung der originär wirtschaftlichen Ressourcen (Kapital, technische Systeme etc.) stehen kann. Analog zur Demokratisierung der gesellschaftspolitischen Systeme endet hierdurch auch die Phase, Unternehmungen an einer einzigen, zentral verordneten und aus-

schließlich ökonomisch definierten (Leit-) Ideologie auszurichten sowie einem unfehlbaren Erklärungsmuster zu unterwerfen[35]. Hierdurch wird ein systematisches und ständiges Monitoring sowie das Evaluieren von Positionen, Funktionen, Strategien, Handlungen etc. realisiert. Inhärente Module des reflexiven Managements sind unter anderem insbesondere

- Kooperation,
- Transparenz,
- Verantwortungsfähigkeit und -bereitschaft,
- uneingeschränkte Information und Kommunikation, basierend auf einer komplexen informationstechnologischen Vernetzung sowie
- Selbst- und Koreflexion.

Das Management muss vor diesem Hintergrund vom „Reproduzierer" und „Kopierer" zum konzeptionell und systemisch denkenden Gestalter und Schöpfer reifen, um den unterschiedlichen Erwartungen und Ansprüchen der internen und externen Interessengruppen verantwortungsvoll gerecht werden zu können. Im seinem Fokus muss nicht länger die optimierte Bewirtschaftung der Restauration, sondern die zukunftsorientierte, antizipative Gestaltung der Innovation stehen. An die Stelle der „regelbasierten" und verfahrensorientierten Aktivitäts- und Handlungsmuster treten Inspiration und schöpferisches Verhalten. Dies erfordert die Identität zwischen dem strategischen Anspruch einerseits sowie der operativen Wirklichkeit andererseits. Die Führungskraft muss anstelle eines ausschließlich rigiden theoretischen Professionalismus, häufig auf mechanisch-statischen, mathematischen Modellen beruhend, die Synthese aus abstrakter Begrifflichkeit sowie logischer Exaktheit einerseits und der sinnlichen Wahrnehmung sowie nonkonformistischer praktischer Erfahrung einschließlich einer situativen Einstellung für das richtige Timing andererseits gelingen. Dies impliziert Realitäts- und Praxisnähe sowie ein „Management by walking around" anstelle der Erstellung und Analyse theoretisch fundierter Markt- und Wettbewerbsanalysen sowie des „Missbrauchs" mathematischer Entscheidungsmodelle für – häufig unsinnige – Simulationen. Dies kann auch zur Beseitigung des „Produktivitätsparadoxon des Managements" führen: gemäß einer Studie der Universität Kassel (Töpfer) ist trotz Steigerung der täglichen Arbeitszeit auf 10 – 12 Stunden der „produktive Zeitanteil" von 6 auf 3 Stunden gesunken.

Das Management bzw. der Manager prägt somit das Unternehmen durch seine Person (Glaubwürdigkeit, natürliche Autorität, Offenheit, Transparenz etc.) sowie neben der Fähigkeit zum Erzeugen von Enthusiasmus auch durch die Durchsetzungsfähigkeit und Richtigkeit seiner mittel- bis langfristigen Strategien im Sinne einer Orientierungshilfe und Zielvorgabe. Erforderlich ist daher nicht der charismatische[37] Star und Einzelkämpfer, sondern diejenige Führungskraft, die ihre Mitarbeiter gemäß deren Stärken einsetzt sowie diese fordert, fördert und motiviert – d. h.: sie mittels seiner Sozialkompetenzen im Team führt. Eine derartige „Führungsfähigkeit" muss man „erfahren", d. h. durch oder aus Erfahrung erlernen; sie kann nicht durch den Konsum theoretischen Wissens angeeignet werden.

Dies kann letztlich zu der „centerless corporation" führen, bei der das Management „nur" noch die folgenden Funktionen wahrnimmt:
- Formulierung von Visionen[38] und Strategien,
- Identität und Kommunikation der Visionen[39],
- Auswahl und Förderung von talentierten MitarbeiterInnen sowie
- Formulierung und Realisierung des Benchmarking[40] für die einzelnen Wertschöpfungsprozesse bzw. Portfolio-Segmente.

Voraussetzung hierfür ist, dass das Management seine Funktion nicht als „Befehlender", sondern als Coach bzw. Mediator versteht. Diese aus dem angelsächsischen Raum stammende und häufig als „Vermittler" definierte Funktion[41] charakterisiert inhaltlich eine spezifische Form des **Konfliktmanagements**, bei dem der Mediator
- externer Dritter ist und somit nicht Betroffener bzw. Beteiligter des aufzuarbeitenden Konfliktes,
- keine Weisungsbefugnisse gegenüber den Konfliktparteien besitzt, weil diese letztlich den Konflikt selbst lösen sollen,
- den Status der sogenannten Allparteilichkeit (nicht zu verwechseln mit Neutralität) besitzt, um im Sinne eines prozesssteuernden Verhaltens (der Mediation) das Mediationsverfahren zur Verwirklichung der Interessen aller Konfliktparteien aktiv begleitet,
- keine Entscheidungsoptionen generiert; diese müssen vielmehr von den Konfliktparteien selbst im Rahmen des Moderationsverfahrens entwickelt und diskursiv vereinbart werden, um so zum einen die Akzeptanz der Entscheidung zu erhöhen und zum anderen die Grundlage für ein weiteres zukünftiges Zusammenarbeiten zu schaffen.

Konflikte zeigen immer an, dass Handlungsbedarf für momentane oder spezifische Aufgabenstellungen besteht. Bleiben Konflikte ungelöst, kann die Eigenveränderungsfähigkeit des Systems im Hinblick auf die angesprochene Ultrastabilität nicht wirksam werden. Die Konsequenz sind Probleme mit einer höheren Komplexität sowie einem größeren Lösungsdruck. Dies setzt eine wirkungsvolle Vertrauensbasis sowie die Befähigung, Interessenkonflikte erkennen sowie diese und nicht deren Symptome beheben zu können, voraus. Es bedingt des Weiteren das Akzeptieren anstelle des Tolerierens der „anderen" Meinung: Tolerieren impliziert häufig, dass die eigene Meinung zwar besser ist, man dennoch („generös") die andere Meinung „stehen lässt" – allerdings als zweitrangig; Akzeptieren demgegenüber bedeutet, die andere Meinung als gleichrangig und gleichwertig neben der eigenen (be-)stehen zu lassen. Nur dann gelingt es der Führungskraft, jene Leistungserfüllung zu generieren, für die Motivation allein nicht ausreichend ist.
Zur Wahrnehmung dieser Funktion muss der Mediator neben der Bereitschaft zum interkulturellen, sozialen Lernen vor allem auch über die Befähigung verfügen, Prozesse mit einer hohen Komplexität zielorientiert steuern zu können. Das verlangt zum einen, die Wertematrix in den Köpfen im Rahmen eines

reflexiven Disputes so zu verändern, dass die Team- und Prozessorientierung mental manifestiert wird. Zum anderen muss quasi ein „Stadium des ungefilterten Brainstormings" aufrecht erhalten werden, um Entwicklungsprozesse in Gang zu setzen und in Permanenz zu erhalten sowie gleichzeitig das Wissensmanagement im Mikrokosmos „Gruppe" zu institutionalisieren. Dies bedingt anstelle des „Bedenkenträgertums" Ambivalenz, Interpretationsfähigkeit sowie die Anwendung und Akzeptanz von „Versuch und Irrtum" im Sinne algedonischer Regelkreise. Der Coach bzw. Mediator (Moderator) muss das Prinzip „Fördern durch fordern" beherzigen, prozessorientierte Hilfen geben können und Dynamik sowie Leistungsfähigkeit und -bereitschaft der MitarbeiterInnen ständig erhalten. Im Sinne der aus dem Leistungssport kommenden individuellen und intensiven Betreuung soll er als objektiv-neutraler Feedbackgeber durch die Kombination von unterstützender Problembewältigung und persönlicher Beratung die MitarbeiterInnen zur eigenständigen Entwicklung ihrer Zielsetzungen, Ergebnisse und Problemlösungen befähigen – quasi eine ‚Hilfe zur Selbsthilfe' in den Bereichen Verantwortungsübernahme, Bewusstseinsentwicklung sowie Selbstreflexion. Durch die Initiierung eigenständiger Lernprozesse sollen strategisches Denken, Problemerkennung, -analyse und –bewältigung sowie Ergebnisorientierung mental verankert werden. Gemäß P. Innerhofer soll der Coach seine MitarbeiterInnen dergestalt miteinander ‚vernetzen', dass diese ihre persönlichen sowie Sozialkompetenzen im Sinne der Teamleistung optimieren und einen kontinuierlichen Verbesserungsprozess institutionalisieren. Dies beinhaltet zwangsläufig auch die Generierung des sog. „Changement", das den permanenten Wandel organisiert sowie die ständige Wandlungsfähigkeit strukturiert – beides fokussiert auf die menschlichen Ressourcen und weniger auf Kapital, Technik etc.. Hierzu bietet sich unter anderem als ein geeignetes Mittel das regelmäßige Mitarbeitergespräch mit Qualifizierungs- und Entwicklungsplanung als Schwerpunkt an, das zum einen individualisiert sein muss. Zum anderen bietet sich der Einsatz der vom Max-Planck-Institut entwickelten „DNLA-Methode" (Discovery of Natural Latent Abilities) an. Mittels dieses DIN-zertifizierten Verfahrens ist es im Rahmen der Personalentwicklung möglich, soziale Kompetenzen zu beurteilen bzw. „zu messen", Entwicklungsdefizite aufzuzeigen sowie Maßnahmen zu deren Behebung zu generieren. Des Weiteren bedarf es allerdings auch – quasi als Kehrseite der Medaille – der Durchführung regelmäßiger Zufriedenheitsanalysen durch die MitarbeiterInnen hinsichtlich des Führungsstils des Managements, des Arbeitsplatzes, der Unternehmenskultur sowie der individuellen als auch unternehmensbezogenen Perspektiven. Eine weitere Evaluierungsmöglichkeit kann anhand der im Rahmen des „Improving Performance" definierten und quantifizierten „Performance-Ziele" realisiert werden[42]. Die Funktion des Mediators erfordert zugleich die Rolle des „Kommunikators", der andere für seine Visionen und Zielsetzungen begeistern kann und sich anschließend hinter die Teamleistung bei Vernachlässigung von Person und Hierarchie stellt. Hieraus resultiert zwangsläufig eine gewisse Ambivalenz: Im Rahmen der „externalisierten Funktion" muss der Mediator bzw. Coach beratend und motivierend versuchen, diskursiv und gemeinsam mit dem

Mitarbeiter Ziele zu definieren und diese zu erreichen. Gleichzeitig ist er jedoch im Rahmen der internalisierten Funktion auch für die Erreichung dieser Ziele gegenüber der Unternehmung verantwortlich. Notwendige Eigenschaften hierfür sind neben Selbstmanagement und Disziplin vor allem auch die Selbstkontrolle des eigenen „ego" anstelle testierter und formalisierter Qualifikationen. Erforderlich sind schließlich neue Integrationsverfahren und -methoden, damit die neue Führungskraft schneller und effektiver die etablierten „Spielregeln", Strukturen und Prozesse „seines" Teams erkennen und verstehen kann.

Die durch die Prozessorientierung zu erreichende Zielsetzung ist nicht die reibungsfreie Intraorganisation, sondern die permanente Weiterentwicklung durch Konfliktbewältigung mittels Information und Kommunikation. Linearitäten und Ursache-Wirkung-Denkmuster (aristotelische „Wenn-dann-Kategorien") bzw. das dualistische, auf Polaritäten beruhende Denken sind dazu aufgrund der Dynamik und Komplexität nicht mehr geeignet. Hier gilt – in Ableitung von Einstein – die Aussage: Die Probleme, die in Unternehmen existieren, können nicht mit denselben Denkweisen gelöst werden, die diese generiert haben. Das Entwickeln prozessorientierter Strukturen ist demnach keine „Reparaturmethode" im Sinne eines linearen Verfahrens zur Lösung komplexer Aufgaben, sondern letztlich ein Ansatz zum ganzheitlichen Verständnis der intra- und interorganisationalen Prozesse, Verflechtungen und Netzwerke. Hierdurch wird der Wandel zur wissensbasierten selbstlernenden Unternehmung[43] herbeigeführt bzw. beschleunigt. Das impliziert:

- die Abschaffung von Hierarchien und funktional orientierten Untergliederungen durch die Betrachtung aller Aktivitäten als Projekte bzw. Prozesse,
- die Abschaffung eindimensionaler Zuständigkeiten,
- die Veränderung von Informations- und Kommunikationsstrukturen sowohl formaler als auch impliziter Natur,
- die Abschaffung offener, subtiler Kontrollmechanismen durch die Orientierung am Ergebnis der Wertschöpfungskette bzw. des Geschäftsprozesses sowie
- die Ablösung der „Misstrauenskultur" durch das sogenannte „Empowerment".

Zusammengefasst ergibt sich letztlich der schon mehrfach angesprochene Wandel oder Paradigmenwechsel von der „funktional-hierarchischen" über die „flache" zur „prozessfokussierten, vernetzten Teamstruktur" (vgl. Abb. 12):

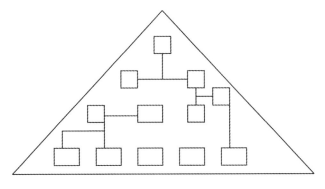

1980 ⇒ 1990 „Hierarchische Strukturen"

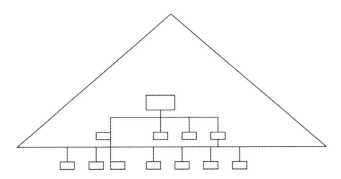

1985 ⇒ 1995 „Flache Strukturen"

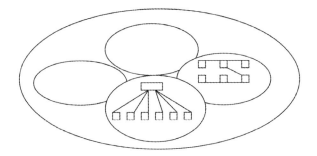

1990 ⇒ 2000 „Vernetzte Team Organisation"

Abb. 12: Funktional-hierarchische, flache sowie vernetzte Teamstrukturen im Vergleich (in Anlehnung an: Fieten (1995), S. 18)

Prozessfokussierte, vernetzte Teamstrukturen sind demnach die „operativen Treiber" des Unternehmensergebnisses. Dies erfordert allerdings ein (fast) ständiges Monitoring sowie Evaluierung und Optimierung dieser Strukturen. Hierbei bietet es sich an, sog. „KPI's" (sog. Key Performance Indicators) auf der Grundlage exakt modellierter und definierter Strukturen sowie eines ereignisgesteuerten Dokumentenflusses zu bestimmen sowie regelmäßige Soll-Ist-Vergleiche zu Grunde zu legen[44]. Ergänzend hierzu kann es – in Abhängigkeit von der Unternehmensgröße – zweckmäßig sein, zusätzliche informationstechnologische Werkzeuge des sog „Business Performance Management" zu institutionalisieren[45]. Die Implementierung prozessfokussierter, vernetzter Strukturen[46] erzwingt die qualitative und quantitative Erhöhung der Informations- und Wissensverarbeitungskapazität des Unternehmens durch eine kreative Nutzung der Informations- und Kommunikationsstrukturen und -systeme des Intelligenzsystems[47], weil nur damit ganzheitliche, funktionsübergreifende Prozess- bzw. Wertschöpfungsketten realisiert werden können. Das erfordert zwangsläufig, dass die zu Grunde liegende Systemarchitektur sowie dessen Administration die Struktur der Geschäftsprozesse unterstützen bzw. abbilden muss. Diese Architektur muss quasi gegen die Unternehmensprozesse „gespiegelt" werden, damit auf beiden Ebenen die Prozesse repräsentiert und durch Kommunikationsschnittstellen miteinander verbunden werden. Voraussetzung ist notwendigerweise die Definition exakter Zielvorgaben auf Grundlage der diskursiv vereinbarten Unternehmensziele sowie die Beschreibung des Wirkungsbereiches (Aufgaben, Funktionen, Zielsetzungen, Quantifizierung der Durchsatzgröße etc.), um die Netzwerke und Systemstrukturen sowohl qualitativ als auch quantitativ festlegen zu können. Häufig werden diese planerischen Strukturierungsfunktionen bzw. -notwendigkeiten vernachlässigt, so dass gemäß einer Erhebung der Meta-Group ca. 40 Prozent derartiger Projekte scheitern. Neben der Bereitstellung des zur Systemunterstützung erforderlichen geschulten Personals ist im Rahmen der systemtechnologischen Entscheidung vor allem die Systemverfügbarkeit zu berücksichtigen. Ein längerer Systemausfall kann ohne weiteres den Betriebsablauf zum Erliegen bringen. Grundlage für eine derartige Investitionsentscheidung muss zwangsläufig auch eine TCO-Analyse[48] sein, um die Kosten des informationstechnologischen Systems gegenüber der Wertschöpfung des zu unterstützenden Prozesses relativieren zu können. Häufig können dabei „analoge" Ablaufstrukturen einen höheren sozialen und wirtschaftlichen Sinn als die digitale Unterstützung ergeben. Dies impliziert zwangsläufig in der Planungsphase die Bestandsaufnahme und Analyse der bisher eingesetzten Hard- und Software-Produkte und -plattformen sowie der jeweiligen Sicherheitsanforderungen, um hierauf aufbauend das neue informationstechnologische Konzept entwerfen zu können. Zu berücksichtigen ist weiter, im Rahmen einer partizipativen Vorgehensweise den erforderlichen und/oder wünschenswerten Umfang der informationstechnologischen Unterstützung und Ausstattung eines jeden Mitarbeiters im jeweiligen Prozess festzulegen. Dadurch werden spezifische Rahmenbedingungen für die zu schaffende Systemarchitektur definiert. Generell gilt für diese Architektur die Anforderung, dass sie ein ganzheitliches

Konzept unter Berücksichtigung von Hard- und Software, Netzwerk sowie Applikations- und Systemmanagement widerspiegeln muss. Die einzuführende Informationstechnologie sowie die darauf basierenden Prozessverfahren (zum Beispiel Workflow, Workgroup, Datawarehouse, Imaging etc.) besitzen allerdings ausschließlich instrumentelle Funktion, um die funktionalen Teil- und Gesamtprozesse durch Methoden und Werkzeuge zur Erschließung des Inhalts von Daten und Informationen sowie zur Generierung des erforderlichen Wissens zu unterstützen. Gleichsam „nebenbei" generiert sie noch die informationslogistische Infrastruktur für das Wissensmanagement im Bereich des Wissenstransfers[49] als „digitalisierte Nervenstruktur" des Organismus Unternehmung. Letztlich wird hierdurch das Zeitalter der ubiquitären Informationstechnologie definiert – die Digitaltechnik als „unsichtbares Vehikel" lenkt Informationen und Wissen dorthin, wo der Mensch diese situativ sowie kurzfristig benötigt. Diese Funktion kann die Informationstechnologie allerdings nur dann erfüllen, wenn vorher prozessorientierte Strukturen implementiert werden – ansonsten hätte sie nur den Charakter einer Technologietransformation. Technologie allein bewirkt jedoch keine Effizienzsteigerung. Nur durch die Symbiose von organisationsstruktureller, arbeits-kultureller und (informations-) technologischer Optimierung entstehen nachhaltig erfolgreiche Rahmenbedingungen für Unternehmen[50].

2.2.2 Leistungsorientierte Entgelt- und Anreizsysteme als Bestandteil prozessfokussierter Strukturen

Mehrfach wurde schon betont, dass prozessorientierte Strukturen andere bzw. neue Entlohnungs- sowie Leistungsanreizsysteme benötigen. Zum einen dokumentieren variable, leistungsbezogene Entgeltbestandteile den Wandel vom Mitarbeiter zum Mitdenker bzw. -unternehmer. Zum anderen mutiert das Vergütungssystem vom „Führungsinstrument nach Gutsherrenart" zum strategischen Unternehmensinstrument, das den gesellschaftspolitischen Wertewandel mit berücksichtigt. Es erfordert allerdings auch einen mentalen Wandel beim Mitarbeiter. Bei funktional-hierarchischen Strukturen kann jedoch – lässt man Prämien- und Akkordlöhne unberücksichtigt – eine Messung der Individualleistung kaum realisiert und somit keine leistungsorientierten Vergütungssysteme[51] installiert werden. Zwar enthalten fast alle Tarifverträge die Möglichkeit, aufgrund einer subjektiven Leistungsbeurteilung[52] durch den Vorgesetzten eine „Leistungszulage" zu gewähren. Trotz aller Bemühungen zur Objektivierbarkeit, zum Beispiel etwa durch formalisierte Beurteilungskriterien und -schemata, hat sich in der betrieblichen Praxis gezeigt, dass der berühmte „Nasenfaktor" einerseits sowie die Abteilungskonkurrenz andererseits dazu führen, dass eine jährlich überproportionale „Qualitätsverbesserung" der zu beurteilenden Leistungen erfolgt[53] – ohne allerdings ihren Niederschlag in der Produktivität des Unternehmens zu finden. Überdies zeigt die betriebliche Praxis, dass Beurteilungen häufig nur als Vehikel genutzt werden, um begründen zu können, warum man sich von einem Mitarbeiter trennen will bzw. muss. Auch im Unternehmen des Verfassers wurde das Beurteilungsverfahren innerhalb von neun Jahren mehrfach geändert, weil die „beurteilte" Leistungssteigerung schon fast exponential verlief, ohne dass sich im Aufgabenbereich bzw. im Qualifikationsniveau signifikante Veränderungen vollzogen hatten. Gemäß einer Erhebung[55] dominieren daher derzeit auch bei deutschen Unternehmen pauschalierte Leistungszulagen beispielsweise in Form von Prämien oder Gratifikationen mit rd. 75 Prozent, während ergebnisbezogene Vergütungsbestandteile nur einen Anteil von rd. 19 Prozent besitzen[54]. Die selbe Untersuchung ergab auch, dass ca. 60 Prozent aller Unternehmen beabsichtigen, in den kommenden drei Jahren leistungsbezogene Vergütungsbestandteile in Form von Zielvereinbarungsprämien bzw. ergebnisbezogenen Vergütungen einzuführen[56]. Das soll allerdings in Form von Zulagen zum tariflich garantierten Gehalt erfolgen, um die Produktivität zu erhöhen. Die Zielvereinbarungsprämie generiert dabei gezielte individuelle Anreize, während die ergebnisbezogenen Komponenten die Flexibilisierung der Personalkosten ermöglichen sollen. Im letzteren Bereich dominiert als Kriterium der „Unternehmensgewinn" – hierbei ergibt sich allerdings für den „Betroffenen" häufig das Problem der subjektiven Nicht-Nachvollziehbarkeit, weil er sowohl durch unternehmenspolitische wie auch bilanz- und finanzpolitische Maßnahmen beeinflusst werden kann. Ähnliches gilt auch für die Kriterien „Umsatz" sowie „Produktivität": Ersteres ist in der Regel allein nicht aussagekräftig, weil es als Kriterium sowohl von unternehmenspolitischen Entscheidungen als auch durch die Marktdynamik und -volatilität beeinflusst wird. Die Produktivität andererseits ist vor allem in den sogenannten Servicebereichen bzw. -funktionen nur sehr schwierig bzw. nur indirekt (zum Beispiel durch Benchmarking) zu messen. Auch die Kriterien „Deckungsbeitragsverbesserung", „Produktionsziele" sowie „Wertschöpfung" sind für eine individuelle Leistungsbeitragsbeurteilung häufig ungeeignet, weil sie Bestandteile (beispielsweise Abschreibungen, Zinsen, Gewinn etc.) enthalten, die nicht durch die individuelle Leistung beeinflusst werden können. Dies gilt analog für die häufig verwendeten „Leistungskriterien" „Cash Flow", „ROI" sowie „Produktionsziele", da deren Erreichbarkeit vor allem durch finanzpolitische bzw. investive Entscheidungen der Unternehmensführung, jedoch weniger durch die jeweils individuelle Leistung bestimmt wird. Auch das häufig verwendete Kriterium „Kostensenkung" kann nicht objektiv sein, wenn etwa die indirekten Kosten (zum Beispiel Gemeinkosten) nicht individuell beeinflussbar sind. Die Berücksichtigung nur der direkt zuordnungsbaren Kosten kann zu „Verwerfungen" in der Kostenstruktur bzw. im sozialen Gefüge des Unternehmens führen. Konstatiert werden muss daher „holzschnittartig", dass die „klassischen" ergebnisorientierten Kriterien im Rahmen hierarchisch-funktionaler Strukturen kaum eine individuelle Leistungsmessung und somit -beurteilung gewährleisten und deshalb häufig ein „Gießkannenprinzip" zur Folge haben. Derartige finanzielle Anreize, häufig verbunden mit einer bedingungslosen Unterordnung, zeigen nur kurzfristig sowie bei entsprechenden Altersgruppen ihre Wirkung. In den vergangenen Jahren sind bei vielen, nicht tarifvertragsgebundenen Unternehmen daher auch Anreizsysteme im Rahmen des „Gainsharing" bzw. in Form von Beteiligungsmodellen (beispielsweise Aktienoptionen etc.) installiert worden. Hierbei differenziert man in sogenannte „Stock-Optionen" sowie durch Herausgabe von Mitarbeiteraktien. Bei ersterem überwiegen die taktischen Motive, weil die kurzfristige Sichtweise dominiert. Mitarbeiteraktien dagegen sollen längerfristige Anreize schaffen, da sie mittel- bis langfristig gehalten werden müssen. Dabei hat sich in jüngster Zeit jedoch häufig die Problematik gezeigt, dass fallende Aktienkurse trotz guter Unternehmensergebnisse eine pönalisierende Wirkung zeigten, da sich das individuelle Realeinkommen verschlechterte und demzufolge auch die Arbeitsbereitschaft und -leistung. Schließlich können hierarchisch-funktionale Strukturen bzw. Systeme vorwiegend nur materielle Anreizsysteme im Gegensatz zu den prozessorientierten einsetzen, weil der Zusammenhang zwischen der Individualleistung sowie dem Unternehmenserfolg kaum ersichtlich wird bzw. messbar ist. Hierbei wird auch eine überdurchschnittliche Entlohnung häufig nur als „Schmerzensgeld" begriffen, die intrinsische Motivation wird zu einer extrinsischen transformiert.

Bei prozessorientierten Strukturen können dagegen individuelle, flexible Vergütungsbestandteile auf der Grundlage eines „**Performance Managements**" definiert, quantifiziert und somit objektiviert werden. Hierdurch wird die interdependente Vernetzung der Instrumente „Zielvereinbarung", „Mitarbeiterleistungsbeurteilung" und „leistungsorientierte Vergütung" im Rahmen einer Aggregation von organisationalen „Change Management-Prozessen" sowie mentalen Veränderungsprozessen generiert, um die Systemelemente „in gleicher Richtung und im gleichen Rhythmus" wie das Gesamtsystem „schwingen" zu lassen. Zu beachten ist dabei, dass der Einfluss intrinsischer Motivationsfaktoren (zum Beispiel Entscheidungs- und Verantwortungsbereiche, Betriebsklima und -kultur, flexible, eigenständige Arbeits- und -zeitgestaltung etc.) gegenüber den extrinsischen (beispielsweise Geld) zu verstärken ist, um die individuellen Ressourcen (Kreativität, Innovationsfähigkeit etc.) für das Unternehmen zu erschließen[56]. Außerdem muss die Zielsetzung leistungsorientierter Vergütungssysteme in der Anerkennung der individuellen Leistung bestehen. Dies erfordert jedoch einen Kulturwandel in doppelter Hinsicht: sowohl beim Unternehmen (Personalentwicklung, transparente Kommunikation, Loyalität, freie Aufgabengestaltung sowie die Möglichkeit der regelmäßigen Artikulation von Wünschen und Kritik[58]) als auch beim Mitarbeiter, der Arbeit und ständiges Lernen als originäre und zentrale Lebensaufgabe verstehen muss.

Um das Erreichen der Zielvereinbarungen auch bewerten zu können, sind regelmäßige Beurteilungen im Sinne eines Kompetenzmodells als additive Ergänzung zum Zielsystem durchzuführen. Hier bietet sich beispielsweise das Modell des „Improving Performance" an. Ausgangspunkt ist dabei die Überlegung, dass Organisationsstruktur, Geschäftsprozesse sowie die Kompetenzsysteme der MitarbeiterInnen interdependent sind. Sowohl Qualifizierungsmaßnahmen als auch die individuelle Arbeitsleistung können nur in Relation zu den derzeitigen Geschäftsprozessen auf operativer sowie den zukünftigen Prozessen auf der strategischen Ebene gemessen und bewertet werden, um die wertschöpfende Leistung des Einzelnen im Gesamtprozess zu ermitteln. Erforderlich ist dabei zwangsläufig die genaue und quantifizierte Zieldefinition, deren Erreichen anhand eines ständigen Leistungsaudits auf der Grundlage zeitnaher, aussagefähiger Informationen bewertet wird. Eine Voraussetzung für diese Leistungsaudits ist unter anderem, dass alle MitarbeiterInnen umfassend und zeitgerecht informiert werden, damit sie zur Selbststeuerung im Hinblick auf die Zielerreichung fähig sind. Neben dieser Ergebnisorientierung müssen im Rahmen des „Kompetenzmodells" jedoch auch – analog zu I. Welch – drei weitere „E" beurteilt werden: Energy (persönliche Dynamik), Energizer (Motivationsfähigkeit) sowie Emphatic (Umsetzungsfähigkeit und -wille). Derartige Beurteilungen bedingen daher des Weiteren die Anwendung der „Kompass-Methode" bzw. des „360-Grad-Feedback-Verfahrens" und somit Zusatzinformationen über den Mitarbeiter aus verschiedenen Quellen; diese können andere Mitarbeiter, Vorgesetzte, Kunden sowie Projektpartner sein – ergänzt durch die Eigeneinschätzung des Mitarbeiters. Hierdurch sollen unterschiedliche Perspektiven über die individuellen Fähigkeiten, Persönlichkeitsmerkmale etc. generiert werden, um im Rahmen von verhaltensbezogenen Aussagen anstelle „lexikalischer" Fachbeurteilungen sowie den Abgleich zwischen Selbsteinschätzung und Fremdbeurteilung einen „ganzheitlichen" Überblick – auch über die Entwicklungsperspektiven – zu erhalten.

Deutlich wird hier, dass Zielvereinbarungen die gemeinsame und einvernehmliche Definition von durch den Mitarbeiter oder die Gruppe zu erreichenden Zielsetzungen beinhalten – der jeweilige Erfüllungsgrad erfährt dann entsprechende Belohnungen[59]. Gegenstand dieser Vereinbarungen sind die absehbaren Aufgaben und Arbeitsinhalte, aus denen spezifische Schwerpunkte auf Grundlage der unternehmens- oder abteilungsbezogenen Zielsetzungen einvernehmlich und individualisiert herausgehoben („Lupenfunktion") sowie die zu erreichenden Ergebnisse, Beurteilungsmaßstäbe sowie Rahmenbedingungen genau spezifiziert werden. Im Rahmen der „wertorientierten Unternehmensführung" müssen die individuellen Zielvereinbarungen mit definierten und quantifizierten Stellgrößen, Kennzahlen und Einflussfaktoren verknüpft werden. Letztere müssen an vom Ergebnis abhängige bzw. durch dieses determinierte Kennzahlen gekoppelt werden, um die periodische (möglichst monatliche) Zielerreichung evaluierbar, messbar und nachvollziehbar zu machen. Voraussetzung für den Abschluss von Zielvereinbarungen ist somit einerseits, dass das Unternehmen ein vollständig definiertes und in sich konsistentes Zielsystem besitzt. Zum anderen müssen Ziele eindeutig und widerspruchsfrei die Definition des antizipierten, anzustrebenden und erreichbaren Zustandes widergeben. Sie müssen deshalb bekannt und semantisch einheitlich verstanden werden sowie motivierend wirken. Sie müssen weiter operationalisierbar, terminierbar, flexibel sowie vollständig definiert sein, damit der Mitarbeiter auch die Rahmenbedingungen der Zielerreichung mit beeinflussen kann. Schließlich sollten sie sowohl „topdown" als auch „bottom up" vorgeschlagen werden, um hierdurch die Träger der Zielvereinbarung so frühzeitig wie möglich in den Prozess einzubinden (sogenanntes „Gegenstromverfahren")[60]. Somit soll es dem Träger der Zielvereinbarung ermöglicht werden, aus der Zieldefinition die Strategie zu seiner „individuellen" Zielerreichung sowie die hierzu erforderlichen bzw. durchzuführenden Maßnahmen sowie Aktivitäten und Aktionen persönlich abzuleiten. Hierfür bietet sich im Rahmen des Zielvereinbarungsprozesses der zyklische „Prozess des Managements by Objectives" gemäß Oechsler an – vgl. hierzu die nachfolgende Abbildung:

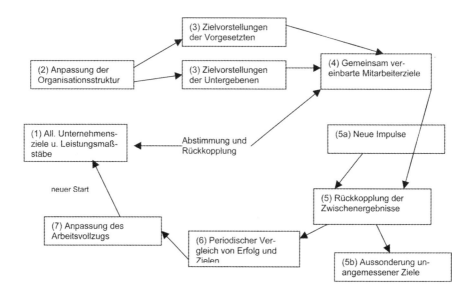

Abb. 13: Der Prozess des Management by Objectives als Zielvereinbarungsprozess (entnommen aus: Oechsler (2000), S. 13)

Grundsätzlich ist darauf zu achten, dass die vereinbarten Ziele sowohl aus den Entwicklungssichten des Mitarbeiters als auch der Unternehmung „Meilensteine" darstellen und keine „Mühlsteine".
Bei Berücksichtigung dieser „holzschnittartig" skizzierten Grundbedingungen von Zielvereinbarungen ist es möglich, den Paradigmenwechsel von der Tätigkeits- zur Zielorientierung[61] durchzuführen und somit den MitarbeiterInnen Freiräume bei der Aufgabendurchführung zu gewährleisten. Nicht das „wie" ist dabei entscheidend, sondern das „was". Zwangsläufig erhöht sich hierdurch die Eigenverantwortung sowie die Bedeutung der Eigenleistung, beide werden verstärkt bzw. „mental" verankert[62]. Zielvereinbarungen müssen daher Bestandteil des regelmäßigen Mitarbeitergesprächs und somit Teil eines ganzheitlichen Prozesses der Personalentwicklung von der rückwärtsorientierten Leistungs- und Zielerreichungsbeurteilung über die Ableitung neuer Ziele bis zur Qualifizierungs- und Entwicklungsplanung sein. Dies verlangt ein „diversity management", mit dem auf der Grundlage unterschiedlicher Biographien, Qualifikationen und Kompetenzen entsprechend unterschiedlich strukturierte Aus-

und Weiterbildungsmaßnahmen sowie eine differenzierte, individualisierte Personalentwicklungsplanung institutionalisiert wird.

Voraussetzung ist zum einen die diskursive Festlegung der strategischen und operativen Unternehmensziele, zum Beispiel etwa im Rahmen der Methodik der „Balanced Scorecard"[63]. Hierdurch wird im Sinne des Kaskadenmodells das qualitative und quantitative „Herunterbrechen" der übergeordneten strategischen Zielsetzungen auf die Ebene des Teams einvernehmlich als iterativer Prozess realisiert. Zum anderen müssen regelmäßige (monatliche) Informationen bzw. Statusmeldungen vom Controllingbereich kommen, damit individuelle bzw. teamfokussierte Kompensationsmaßnahmen ergriffen werden können. Durch die Aggregation der prozessorientierten Struktur mit der Methode des Strategieentwicklungsmanagements (BSC) als Komponente des Wissensmanagements gelingt es, die individuelle Veränderungs-, Innovations- sowie Wissensbildungsbereitschaft und -fähigkeit als langfristige Ressource für das Unternehmen einzubeziehen sowie gleichzeitig edukative Effekte bei den involvierten MitarbeiterInnen auszulösen. Dies bestätigte eine empirische Erhebung[64]: Sie ergab, dass Zielvereinbarungen mit zeitaktueller Leistungsrückkopplung zur Steigerung der „Human Performances" führen, weil durch die Reflektion des eigenen Leistungsvermögens sowie des eigenen Leistungsbeitrages zum Unternehmensergebnis Handlungsspielräume sowie Potenziale aufgrund der gesteigerten Verantwortung besser genutzt werden. Grundbedingung ist hierfür jedoch eine „andere Unternehmenskultur" gegenüber der hierarchisch-strukturierten, die Offenheit, Transparenz, diskursive Zieldefinition und -vereinbarung sowie Vertrauen garantiert. Dieser Paradigmenwechsel von der Misstrauens- zur Vertrauenskultur[65] impliziert den bewussten Verzicht auf Kontrolle trotz des Risikos, hintergangen zu werden. Empirische Untersuchungen bestätigen, dass das Entgegenbringen eines derartigen Vertrauens seitens des Unternehmens gegenüber seinen MitarbeiterInnen eine wesentlich höhere Motivation und Leistung sowie weniger Korruption generiert. Es unterscheidet sich hierdurch wesentlich von bloßer Loyalität[66]. Zugleich wird das Vergütungssystem hierdurch transparent, objektiv und nachvollziehbar. Häufig ist allerdings aufgrund der Team- bzw. Gruppenorientierung die individuelle Leistungszuordnung kaum möglich, so dass leistungsbezogene Anreize für die Gruppe festgelegt werden müssen. In diesen Fällen sollte die Zuordnung der jeweiligen Leistungsanteile auf das einzelne Gruppenmitglied der Gruppe überlassen werden, weil eine „Zuteilung" durch externe, hierarchisch höher stehende Personen häufig zur Beeinträchtigung der intrinsischen Faktoren und somit zu Leistungsreduzierungen führt.

Als pragmatischer Kompromiss für die Strukturierung einer individuellen Leistungszulage hat sich in den vergangenen Jahren ein „**Drei-Schichten-Modell**" bewährt: ein Teil der Zulage wird als „Kompetenzzulage" gewährt. Die bisher übliche Leistungsbeurteilung wird dabei durch eine Kompetenzbeurteilung abgelöst, bei der die Erweiterung der Qualifikation sowie der fachlichen und sozialen Kompetenzen gegenüber der vorherigen Beurteilungsperiode berücksichtigt werden. Ein weiterer Teil orientiert sich an dem Erfüllungsgrad der kontrahierten individuellen Zielvereinbarungen. Ein dritter Anteil schließlich orientiert sich an dem individuellen Wertschöpfungsbeitrag zum Unternehmensergebnis. Letzeres kann den bereits angesprochenen Wandel von der Input- zur Outputorientierung initiieren und zugleich eine flexible „Veränderung der Spielregeln" im Sinne einer Risikobeteiligung herbeiführen. Ein ähnliches System wird derzeit bei Siemens auf der Grundlage des von der Unternehmensberatung Stern-Hewart Anfang der 90er Jahre entwickelten EVA-Systems[67] eingeführt: alle Entscheidungen – unabhängig von der hierarchischen Ebene – werden vor dem Hintergrund der Profitabilität, gemessen an den Kapitalkosten (EVA), getroffen und hieran beurteilt. Das traditionelle Denken in Umsatzrendite, ROI etc. ist verpönt, weil jede Investition etc. mindestens die Kosten für das eingesetzte Kapital sowie einen Wertaufschlag von zehn Prozent verdienen muss – ist das Ergebnis höher, so wird ein Wertzuwachs erzielt. Die jeweilige Vergütung hat konsequenterweise einen Fixanteil von 40 Prozent, während der variable Anteil von 60 Prozent auf der Basis von EVA ermittelt wird. Hierdurch wird eine Corporate Governance erreicht: ein motivierendes System, das auf die Wertsteigerung des Gesamtunternehmens abzielt. Wesentlich für die Funktionsfähigkeit dieses Systems ist dessen Kommunikation sowie die Motivation der MitarbeiterInnen hierfür, weil das unternehmerische Risiko auf die Entscheider, unabhängig von der Hierarchie, verlagert wird[68]. Zu berücksichtigen ist des Weiteren, dass der Prozess vom Budget getrennt werden muss, um sowohl realistische Zielsetzungen zu ermöglichen als auch die Zielerreichung evaluieren zu können.

Zusammenfassend soll plakativ festgehalten werden, dass bei dynamischen Marktsituationen nur prozessorientierte Strukturen in Verbindung mit Zielvereinbarungen die Installierung leistungsbezogener Vergütungssysteme ermöglichen, weil nur dann der individuelle Leistungsbeitrag ersichtlich, messbar und somit objektivierbar ist. Die Ermittlung des Zielerreichungsgrades sollte zwangsläufig keiner individuellen, subjektiven Beurteilung durch den Vorgesetzten unterliegen. Für Struktur und Inhalt dieser Anreizsysteme, die unternehmensindividuell konzipiert werden müssen, gilt des Weiteren ironisierend die Aussage, dass deren Grundlagen nicht dem „Folterkoffer" der klassischen Managementansätze entstammen dürfen, da sie nur auf eine rituelle Selbsttäuschung hinauslaufen. Überdies sollten gute Ideen und Vorschläge nicht dadurch pönalisiert werden, dass der Innovator (Ideengeber) seine Idee auch selbst umsetzen muss; die Umsetzung sollte vielmehr von jenen abverlangt werden, die selber keine Idee eingebracht haben. Generell gilt jedoch, das prozessfokussierte Unternehmen mit vernetzten Teamstrukturen aufgrund des für den Einzelnen eher erkennbaren Zusammenhanges zwischen seiner Individualleistung sowie dem Unternehmens- bzw. Teamerfolg in der Lage sind, auch immaterielle Vergütungssysteme (größere Entscheidungsfreiheitsräume, flexiblere Arbeitszeitgestaltung etc.) erfolgreich einzusetzen. Die hier gemeinte „flexiblere Arbeitszeitgestaltung" darf allerdings nicht im Sinne der klassischen, dynamischen Arbeitszeitmodelle (beispielsweise Teilzeitmodell, Arbeit auf Abruf, individuelle Dynamisierung in Form der Jahreszeitkonten) verstanden werden. Gemeint ist hiermit vielmehr, dass der Mitarbeiter in Abstimmung mit seiner Privatsphäre asynchron seine Arbeitszeit selbständig festlegen kann. Gegenüber den ausschließlich materiellen Systemen bürokratisch strukturierter Unternehmen resultiert hieraus auch ein Akquisitionsvorteil auf dem Arbeitsmarkt.

2.2.3 Die Implementierung prozessfokussierter Strukturen

Aus den bisherigen Ausführungen wurde ersichtlich, dass die Implementierung prozessorientierter Strukturen in Aufbau- und Ablauforganisation eine wesentliche Voraussetzung ist, um den sich aus Marktliberalisierung, Globalismus etc. resultierenden unternehmerischen Anforderungen im Rahmen der „Hybrid Economy" gerecht werden zu können. Nur durch eine derartige Strukturierung des Gestaltungsfeldes „Organisation" können die Zielsetzungen des „E-Business" erreicht sowie die Chancen und Potenziale der Internettechnologien genutzt werden. Deutlich wurde auch, dass der Wandel von der funktional-hierarchischen zur prozessorientierten Struktur zum einen im Sinne des „geplanten Wandels" realisiert werden muss. Erforderlich ist ein strukturiertes Konzept und keine Vorgehensweise im Sinne „revolutionärer Zellen", wie sie bei einigen „Startups" der „New Economy" angewandt wurde. Zum anderen muss der Wandel als ständiger Veränderungsprozess mit mehreren iterativen Stufen sowie Rückkopplungen im Sinne eines kybernetischen Regelkreismodells verstanden und konzipiert werden. Dieser zyklische Regelungs- bzw. Veränderungsprozess besteht analytisch gesehen aus den Phasen Analyse, Modellierung, Implementierung sowie Monitoring bzw. Evaluierung:

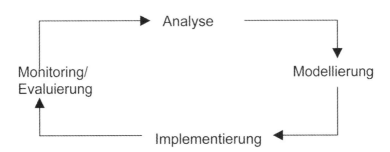

Abb. 14: Die Prozessstrukturierung als ständiger, zyklischer Regelkreis

Während der Analysephase muss der Prozesstypus festgelegt werden, bevor die jeweiligen Prozesse neu oder erstmals definiert werden. Dabei differenziert man zweckmäßigerweise zwischen strategischen Planungsprozessen (deren Steuerung kalenderbasiert (zeitraumbezogen) verläuft), projektbezogenen Prozessen (die bedarfsgesteuert ablaufen) sowie transaktionsbasierten Prozessen mit repetitivem Charakter (deren informationstechnologische Unterstützung sehr umfassend sein kann). Zu berücksichtigen sind sowohl die internen (eigenen) als auch die integrierten Prozesse Dritter (zum Beispiel Kunden, Lieferanten etc. im Rahmen des Supply Chain Managements oder des Kundenbeziehungsmanagements). Hieran schließt sich die Phase der Modellierung und Optimierung sowie der Definition der Prozessarchitektur an. Zuvor sind die jeweiligen Prozessaktivitäten zu definieren und die Prozesse dementsprechend zu strukturieren. Anschließend erfolgt die Identifizierung der Objekte der Aktivitäten sowie die Analyse der Merkmale und Zustände dieser Objekte an. Zum Schluss werden die Ereignisse, die sich aus diesen Objektzuständen ergeben, analysiert und beschrieben. Empfehlenswert ist eine sequentielle Vorgehensweise, um die Komplexität zu reduzieren. Vor der Implementierung derartig generierter Prozessstrukturen müssen die organisationalen Voraussetzungen geschaffen werden. Dazu gehört bei einer optimalen Gestaltung neben der bereits angesprochenen informationstechnologischen Basis auch die architektonische Veränderung bzw. Umgestaltung der Arbeitsumgebung in Form des sogenannten „desk-sharing". Dies gewährleistet vor allem im Bereich der projektbezogenen Geschäftsprozesse, dass sich die Mitarbeiter variierender Arbeitsgruppen „lokal" zusammenfinden können – hierbei ist allerdings die soziale Komponente trotz „virtueller Welten" nicht zu unterschätzen. Bedingung ist aus informationstechnologischer Sicht das sogenannte „4-One-Konzept", damit alle involvierten MitarbeiterInnen mit ihren jeweiligen Endgeräten (Laptop, Telefon etc.) auch bei wechselnden Dockingstationen erreichbar sind. Architektonisch wird hierdurch der Paradigmenwechsel von der funktionalen zur nutzer- bzw. prozessadäquaten Bürowelt ausgelöst. Mögliche „Architekturformen" sind diesbezüglich das „Mobile Office", das „Business Center Office" (Zentralisierung administrativer Leistungen sowie Assistenzfunktionen), das „Shared Desk Office", das „Non Territorial Office", das „Project Office" sowie das „Morphing Office". Die jeweils anzuwendende Form hängt ausschließlich davon ab, inwieweit die kleinen, autonomen Arbeitsgruppen hierdurch unterstützt werden. Neben dieser „architektonischen Adaption" muss aus „technologischer" Sicht das Informationsmanagement mit den Modulen „Enterprise Business Intelligence" sowie „Enterprise Process Integration"[69] implementiert werden.

Hinsichtlich der Implementierungsvorgehensweise werden derzeit vor allem zwei Ansätze diskutiert: Zum einen empfehlen Brooch und Grady, zu Beginn die Prozessarchitektur (Vorgabe von Aktivitäten, deren Reihenfolge etc.) eindeutig zu definieren und festzulegen sowie die Projektziele und die Aufgabenzuordnungen für die einzelnen Projektteilnehmer bzw. -gruppen vorzugeben. Eine derartige frühe Festlegung der „Architektur" ermöglicht es, die Analyse- und Designphasen sowie die Anforderungen an die Informationstechnologie „geplant" zu realisieren und die Systemmodelle direkt ableiten zu können. Die eingangs diskutierte partizipative Komponente im Rahmen der Vorgehensweise wird dabei jedoch sehr stark vernachlässigt, was häufig zu negativen Auswirkungen auf Prozesseffizienz und -effektivität führen kann. Daher empfiehlt Bullinger[70], vorab die Projektziele sowie die daraus abzuleitenden Einzelziele zu definieren. Diesen werden dann Aufgaben bzw. Rollen zugeordnet. Die jeweils einzusetzenden MitarbeiterInnen werden aufgrund ihrer Fähigkeiten,

Kenntnisse sowie der Bereitschaft zur Aufgaben- und Verantwortungsübernahme zugeordnet. Parallel dazu ist eine „Skill-Datenbank" anzulegen, um bei Prozessveränderungen entsprechende Zuordnungen durchführen und somit das „human capital" optimal einsetzen zu können. Diese Datenbank ist letztlich ein Modul des unternehmensweiten Wissensmanagements. Vor der Strukturierung der jeweiligen Prozesse sind dann gemäß Thomas W. Malone die Fragen nach der Zielsetzung sowie dem „Warum" (... machen wir dies) zu beantworten. Anschließend sind die zur Zielerreichung des Prozesses unbedingt notwendigen Kernaktivitäten festzulegen sowie deren Interdependenzen aufzuzeigen. Abschließend ist das Management dieser Interdependenzen zu vereinbaren. Hierbei ist zu hinterfragen, ob diese Funktionen tatsächlich und ausschließlich für den Geschäftsprozess erforderlich sind – oder nur intraorganisationalen Kontrollzwecken dienen. Letztere würden zwangsläufig zur Erhöhung der Transaktionskosten und somit zur Verringerung der Prozessproduktivität führen.

Im Rahmen des Prozess-Monitoring bzw. der Evaluierungsphase ist ein Prozess-Controlling zu institutionalisieren, um Ablaufverzögerungen frühzeitig erkennen und korrigierend eingreifen zu können – quasi ein „Frühwarnsystem". Bedingung hierfür ist die quantitative Definition von Prozesskennzahlen, um rechtzeitig Abweichungen von Prozesstransparenz sowie -qualität erfassen zu können. Konsequenterweise sollte die entsprechende Überarbeitung durch die eigentlichen Prozessbeteiligten realisiert werden, weil sie später auch die Verantwortung für den Prozessablauf übernehmen müssen. Überdies soll ein derartiges Monitoring eine frühzeitige Erkennung und proaktive Adaption der aus dem Unternehmenskontext resultierenden Veränderungen (Markt-, Kunden- und Produktveränderungen etc.) gewährleisten. Die wesentlichen Zielsetzungen der Geschäftsprozessorientierung sind sowohl in einer qualitativen Verbesserung der Abläufe als auch in der Kostenreduktion sowie einer Verkürzung der Durchlaufzeiten zu sehen. Das setzt zum einen die Ausrichtung der Prozesse an den Interessen/Bedürfnissen der Kunden voraus. Zum anderen sind die jeweiligen Abläufe bzw. ihre Verbesserung vor allem auf ihre Vereinfachung hin zu überprüfen. Im zweiten Fall geht es häufig darum, die zwischengelagerten Phasen der Kontrolle und Überwachung durch Dritte zu beseitigen. Als Ergebnis ist dann häufig festzuhalten, dass spezifische Ressourcen (vor allem die menschlichen Arbeitspotenziale) besser ausgelastet sowie für andere Prozesse bzw. Geschäftsfelder genutzt werden können. Zwangsläufig erhöht sich durch diese Ressourcenoptimierung die Wettbewerbsfähigkeit des Unternehmens. Eine weitere Effizienzerhöhung stellt sich zusätzlich durch die einhergehende Verbesserung der Teamfähigkeit sowie der Gruppenarbeit ein. Ein Grund hierfür ist neben der Steigerung der Kommunikations- und Kooperationseffizienz darin zu sehen, dass die aus der Gruppenkomplexität resultierenden Anforderungen auf einer Meta-Ebene kognitive Selbststeuerungsprozesse auslösen[71]. Voraussetzung hierfür ist zwangsläufig, dass die Prozessstrukturen allen bekannt sind und ein Informations- und Wissensmanagement institutionalisiert ist. Letztendlich wird dadurch neben der ergebnisorientierten Steuerung des Unternehmens und der Dynamisierung und Flexibilisierung der Organisationsstruktur eine bessere

Erfüllung der Kundenanforderungen möglich. Empirische Untersuchungen bestätigten daher, dass flexible, prozessorientierte Unternehmen auch die kompetenteren und leistungsfähigeren Mitarbeiter haben. Trotz dieses, sich zwingend aus der Marktliberalisierung ergebenden Erfordernisses nach der Implementierung prozessfokussierter Unternehmensstrukturen sowie der hieraus resultierenden Vorteile ergaben jüngst empirische Studien[72], dass diesbezüglich noch eine gewisse Abstinenz bei deutschen Unternehmungen vorhanden ist – obwohl 70 Prozent der befragten Führungskräfte die Notwendigkeit für deren Implementierung vor dem Hintergrund einer Effizienzsteigerung sowie besseren Kundenorientierung als „sehr hoch" einschätzen. Im Rahmen dieser Studien stellte sich unter anderem heraus, dass

- traditionelle Koordinierungsinstrumente (Weisungen, Pläne etc.) noch den höchsten Stellenwert besitzen, während Prozessorientierung sowie das Treffen von Zielvereinbarungen zur Selbst- und Teamkoordination nur rudimentär ausgeprägt sind,
- sich die Unternehmensplanung überwiegend mit der Aufstellung und Genehmigung von Wirtschafts- und Investitionsplänen sowie der Kostenrechnung und Budgetierung[73] beschäftigt,
- die Finanz- und Marktorientierung (70 Prozent) gegenüber der Kundenorientierung überwiegt,
- das Controlling primär finanzorientiert und kaum prozess- bzw. kundenfokussiert ist,
- ein institutionalisiertes Prozessmanagement nicht existiert,
- die Führungs- bzw. Managementsysteme nur zu 50 Prozent professionell sind,
- prozessorientierte Strukturen durch kein komplementäres Informationssystem bzw. ein Informations- und Wissensmanagement unterstützt werden.

Diese Ergebnisse stehen im deutlichen Widerspruch zu den ansonsten als wichtigsten Zielsetzungen definierten Schwerpunktaufgaben „Effizienzsteigerung und Kundenorientierung" (90 Prozent) sowie „Kundenzufriedenheit" (80 Prozent). Als Begründungen für diese Dissonanz zwischen Absichtserklärung und Realität lassen sich indirekt aus der Studie ablesen, dass zum einen starre Organisationsstrukturen sowie unklare Zielsetzungen zu Reibungsverlusten und Widerstandspotenzialen führen und zum anderen nur 20 Prozent der Unternehmen über ein institutionalisiertes Projekt- und Prozessmanagement verfügen. An dieser Stelle soll nochmals ausdrücklich festgehalten werden, dass es nicht schlechthin „die" prozessfokussierte Organisationsstruktur gibt, die wie ein Mantel über alle Unternehmen gestülpt werden kann. In Abhängigkeit der auch früher schon relevanten Strukturmerkmale wie Unternehmensgröße, quantitatives und qualitatives Potential der Mitarbeiter/-denker, Objekt des/der Wertschöpfungsprozesse sowie dessen Innovationshöhe und Repetitionsfähigkeit, Dynamik der Umwelt etc. muss spezifisch die jeweils richtige Organisationsstruktur, ausgerichtet an der Wertschöpfungskette, konzipiert und implementiert sowie permanent evaluiert und angepasst werden.

2.3 Die Bedeutung des Informations- und Wissensmanagements als vierter Produktionsfaktor

Bei den bisherigen Ausführungen wurde mehrfach die Bedeutung von Information und Wissen für die Überlebensfähigkeit des Unternehmens im Rahmen liberalisierter, globalisierter Märkte angesprochen. Dieser Sachverhalt soll nachfolgend vertieft werden.
In den vergangenen Jahren wurden sowohl in den USA als auch im deutschsprachigen Raum die traditionellen Produktionsfaktoren „Arbeit, Kapital und Boden" bzw. „Men, Machine, Material, Money" (USA) durch den Faktor „Information" (bzw. Wissen) ergänzt[74]. Letzterer wurde jedoch anfangs nur in seiner quantitativen Ausprägung[75] im Gegensatz zu den qualitativen Dimensionen der ersteren gesehen. Die Entwicklung sowohl der hardwaretechnischen Komponenten als auch der entsprechenden Applikationen im Bereich des „Work Group Computing" bzw. der „Workflow-Systeme" bestärken jedoch die Forderung zur Instrumentalisierung und Operationalisierung des Faktors Information[76], um hierdurch prozessfokussierte Strukturen computerunterstützt installieren und so anstelle der früher angestrebten Komplexitätsreduzierung die Erhöhung von Flexibilität und Adaptionsfähigkeit erreichen zu können. Das erfordert die richtige Kombination der Gestaltungsfelder „Mensch", „Organisation" und „Technik", wobei die technische Ebene kein Selbstzweck ist, sondern ausschließlich instrumentale Funktion besitzt, weil der Mensch derzeit (noch?) am ehesten die nötige Flexibilität und Anpassungsfähigkeit gewährleisten kann[77]. Die Informationstechnik ist allerdings derzeit schon in der Lage, zum einen die Ausschöpfung von Innovationspotentialen bei Neustrukturierungen zu unterstützen. Zum anderen dient sie zur Kostensenkung in den Bereichen Administration, Logistik und Energieeinsatz durch die Substituierung des physischen Informationsverkehrs. Hierdurch wird es auch möglich sein, die durch eine Halbwertszeit von ca. zwei Jahren determinierte Wissens- bzw. Informationsflut durch Koordination, Kooperation und Kommunikation zu kanalisieren und als Wissensbasis der Unternehmung zur Verfügung zu stellen. Überdies gelingt es auf diesem Wege, dass der Mitarbeiter nicht mehr nur sein erlerntes Wissen in den Prozess einbringt, sondern informationell aufbereitetes „multifunktionales" Wissen mit den Objekten des Prozesses verknüpft. Dies impliziert die systemische Integration der Arbeit in den Gesamtprozess sowie die Mutation des „Mit-Arbeiters" zum „Mit-Denker".[78]
Durch die Instrumentalisierung der Information mutiert die Informationstechnik zu einer Kernkompetenz im Unternehmen; sie ist die technologische Basis für das Planungs- und Steuerungs- sowie Risikomanagement auf Basis der vorhandenen Daten und Informationen sowie des organisationalen Wissens[79], um zum einen die Synchronisierung und Optimierung der einzelnen Phasen der Wertschöpfungskette zu realisieren. Zum anderen soll hierdurch das durch ein immer komplexer werdendes Umfeld exponential steigende Risiko durch Transparenz im Unternehmen sowie durch die optimierte und projektfokussierte Bereitstellung von Informationen und Wissen „beherrschbarer" gemacht werden.

Im Fokus steht daher nicht die technologische Optimierung des Informationssystems, sondern die Unterstützung betriebswirtschaftlicher Lösungen zur Optimierung der Geschäfts- bzw. Wertschöpfungsprozesse. Die jüngsten Erkenntnisse in der Automatisierungstechnik machen beispielhaft deutlich, dass eine „Vollautomatisierung" grundsätzlich fehlerbehaftet ist, da derartige Systeme nicht über die „kognitiven Restfunktionen"[80] (menschliches Wahrnehmungsvermögen, Interpretationsfähigkeit, Gedächtnis und Intuition) verfügen. Gleichzeitig verlangen derartige Systeme eine hohe Kapitalbindung bei relativ niedriger Flexibilität gegenüber Veränderungen der Prozessabläufe, so dass notwendige Anpassungsmaßnahmen häufig nicht aufgrund finanzieller und technologischer Restriktionen realisiert werden können. Im Rahmen eines Paradigmenwechsels von der Technologie- zur Nutzerorientierung müssen daher die Informations- und Wissensmanagementsysteme auf die Funktion von Assistenzsystemen „reduziert" werden, um repetitive Tätigkeiten zu übernehmen sowie kognitive zu unterstützen.

Die Konzeption und Implementierung prozessfokussierter Strukturen als wesentliche Grundlage für selbstlernende Organisationen ist somit ohne die Operationalisierung und Instrumentalisierung von Informationen und Wissen nicht realisierbar. Gleichzeitig müssen jedoch im kybernetischen Sinne ultrastabile, also zum Selbstlernen fähige Organisationen zwangsläufig „wissensbasiert" sein, da Daten bzw. daraus abgeleitete Informationen allein noch keine relevante Unterstützung der dezentralisierten Entscheidungsprozesse bzw. Entscheidungsträger implizieren. Die selektive Informationsbeschaffung, -bereitstellung und -verarbeitung wird erst dann zum Erfolgsfaktor, wenn auch das stark fragmentarisierte und personifizierte Wissen ganzheitlich und mittels einheitlicher Strukturen, Schemata sowie eindeutiger Begriffssysteme aggregiert wird[81]. Die vorstehend skizzierte Aussage hinsichtlich einer Erweiterung der klassischen Produktionsfaktoren durch die „Information" muss daher dahingehend revidiert werden, dass dieser neue und prozessdeterminierende Faktor nicht die Information, sondern das daraus abgeleitete „Wissen" sowie dessen Management ist – dieses ergibt sich sowohl aus der Aggregation von Informationen verschiedener Quellen als auch durch die Berücksichtigung des jeweiligen Informationskontextes. Es repräsentiert quasi die Kenntnis von Beziehungen zwischen Ursache und Wirkung, basierend auf einer systematischen Vernetzung von Informationen und Daten. Dabei ist nicht der kybernetische Informationsbegriff bzw. derjenige der Informationsgesellschaft als Maß für den Grad der Ordnung (negative Entropie)[82] gemeint, sondern auch der semantische Inhalt bzw. das „Verstehen" dieses Inhaltes. Im hier umrissenen Sinn sind Informationen interpretierte, mit Inhalt versehene Datenverknüpfungen und nicht nur deren algorithmisches Produkt. In Analogie entsteht Wissen dann durch eine mehrdimensionale Verknüpfung mehrerer Informationen sowie der sich anschließenden zielgerichteten (objektorientierten) Analyse und Bewertung. Wissen unterscheidet sich von der Information vor allem dadurch, dass es einerseits durch die Vernetzung bzw. Aggregation verschiedener Informationen entsteht und andererseits erst durch die Gestaltung der Kontextbedingungen der Anwendungssituation sowie dem jeweiligen Anwendungszweck wirksam wird. Dies impliziert, dass individuelles Wissen durch die Aggregation situativ interpretierter und zweckgerichteter Informationen mit den menschlichen Fähigkeiten und Kenntnissen entsteht. Generierung und Weiterentwicklung von Wissen entsteht durch Lernen sowie der Fähigkeit, Erlerntes zu evaluieren, zu aktualisieren sowie neu zu kontextualisieren. Hieraus resultiert, dass verschiedene Informationen im gleichen Kontext unterschiedliches Wissen generieren – ebenso wie gleiche Informationen in unterschiedlichen Kontexten. Die individuelle Wissensgenerierung ist daher heterogen – ebenso das hieraus entstehende Wissen. Letzteres ist daher auch „flüchtig" und geht mit seinem Träger verloren, weil es als intellektuelles Eigentum intuitiv und fluid ist. Voraussetzung ist zwangsläufig neben dem ungehinderten Zugang zu Informationen, dass letztere konsistent sowie aufgaben- bzw. prozessbezogen aufbereitet sind. Sie müssen zugleich verlässlich, aktuell sowie transparent sein. Im Gegensatz zum Informationstransfer, der auf informationstechnologischer Basis „entpersonifiziert" durchgeführt werden kann, ist der Transfer des Wissens von der Art der Organisationsstruktur abhängig: Hierarchische Strukturen determinieren einen personenabhängigen, subjektiven Wissenstransfer, während prozessorientierte Strukturen einen objektiven Transfer unterstützen – Hierarchien „funktionieren" als Kommunikations- und damit auch als Wissenstransferfilter. Durch die Instrumentalisierung und Operationalisierung der Information im Rahmen eines Informationsmanagements sowie als Grundlage für das Wissensmanagement ist es allerdings möglich, die mit der Prozessorientierung verbundene Fokussierung auf den Kunden im Sinne einer nachfrageorientierten Planung der Unternehmensstrategie, -politik und -aktivitäten instrumental zu unterstützen[83].

Der hiermit verbundene Paradigmenwechsel hat verschiedene Ursachen. Zum einen hat schon Platon angemerkt, dass Informationen keinen Nutzwert haben, wenn sie nicht in Wissen transformiert werden. Diese Sichtweise nahm quasi die heutige Erkenntnis, dass wir einer Informationsüberflutung gegenüberstehen, voraus. Ursächlich verantwortlich hierfür ist, dass die „klassische" DV- bzw. Informationstechnik primär auf die quantitative Verarbeitung von Daten bzw. Informationen fokussierte[84], nicht jedoch die Generierung von Wissen aus Informationen bzw. Daten beinhaltete. Zum anderen hat sich in den vergangenen Jahrzehnten ein Wandel von der Industriegesellschaft zur Dienstleistungsgesellschaft vollzogen: Wurden im ersteren Bereich Rohstoffe in Halbprodukte umgewandelt und diese zu **materiellen Endprodukten** veredelt, so müssen zur marktgerechten Entwicklung von Dienstleistungen Daten als Rohstoffe in Informationen (Halbprodukte) und letztere in Wissen (zum Beispiel über die Kundenerwartungen und -anforderungen hinsichtlich der zu erbringenden Dienstleistung) transformiert werden. Wissen entsteht demnach durch die ziel- und zweckgerichtete Verknüpfung von Informationen mit anderen Informationen[85]. Wissen als Produktionsfaktor ist also zur strategischen Ressource im Wertschöpfungsprozess geworden. In der Wissensgesellschaft wird es zum eigenständigen Produkt werden, das zwangsläufig neue Prozess-, Produktions- und Marktstrukturen[86] impliziert. Im Gegensatz zur Industriegesellschaft mit dem Fokus auf definierte Produkte bzw. Dienstleistungen liegt der Schwerpunkt in der Wissensgesellschaft auf kundenfokussierten oder projektbezogenen Geschäftsprozessen mit einem Übergewicht der Dienstleistungs- gegenüber der Produktionskomponente. Analog hierzu ist die Evolution der Informationstechnik zu sehen: Von der (massenorientierten) Datenverarbeitungstechnik (Mainframe) über die Informationstechnik (Netzwerke, Inter-/Intranet etc.) zur Wissenstechnik bzw. der informationstechnologischen Unterstützung des Wissensmanagements (Knowledge-Management) – vgl. die nachfolgende Abbildung.

Physische Industriegesellschaft:	Rohstoffe	⊙ Halbprodukte	⊙ Endprodukt
Phasen des produktionstechnologischen Prozesses	Rohstofferfassung/ bedarfermittlung	⊙ Rohstoffaggregation Rohstoffaggre-	⊙ Halbprodukteveredelung/ -aggregation
wissensbasierte Dienstleistungsgesellschaft:	Daten	⊙ Information	⊙ Wissen
Phasen des informationstechnologischen Prozesses	massenorientierte Datenverarbeitung (Mainframe)	⊙ Informationsverarbeitung (C/S-Architektur, Netzwerke, Inter-/Intranet)	⊙ Wissensgenerierung/ -management (Data-Warehouse, EBI)

Abb. 15: Die Phasen bzw. Evolutionsstufen der Wertschöpfungsprozesse

Fast zwangsläufig müssen sich Unternehmen mit ihren Organisationsstrukturen der Marktlibcralisierung[87] anpassen. Der hierdurch ausgelöste Wandel von der hierarchisch-funktionalen (tayloristischen) Gliederung zur Ausrichtung an den Geschäfts- bzw. Wertschöpfungsprozessen (Prozessfokussierung) impliziert einerseits Netzwerke über geographische bzw. funktionale Unternehmensgrenzen hinweg und macht die Information zur global verfügbaren Ressource, die sowohl mobil als auch einfach zu transferieren und zu transformieren ist. Andererseits werden die Elemente der wissensbasierten Dienstleistungsgesellschaft hierdurch in höherem Maße kompetitiv und erhöhen somit den Wettbewerbsgrad. Daraus erwächst eine andere Dimension der Informationsökonomie, weil Informationen und Wissen den Status eines komparativen Wettbewerbsvorteiles besitzen: Entscheidend wird es sein, aus vorhandenen Informationen neues Wissen zu generieren (Lernfähigkeit als Wettbewerbsvorteil). Die traditionellen Produktionsfaktoren verlieren dagegen an Bedeutung. Während bei der Industriegesellschaft der Produktionsfaktor „Mensch" zur Produktionsstätte transportiert wird, muss im Rahmen der Wissensgesellschaft der Produktionsfaktor „Information bzw. Wissen" zum Menschen transferiert werden. Dies löst parallel hierzu das Denken in der Kategorie „Arbeitsplatz" durch das Denken in der Kategorie „Prozessinhalt" ab. Dieser Wandel erfordert jedoch durch die damit verbundene Dezentralisierung der Entscheidungsprozesse sowie Geschäftseinheiten[88] den Aufbau eines Wissensmanagements, das aufgrund seiner holistischen Strukturierung sowohl die Basis für individuelles und organisationales Lernen ist, als auch die Involvierung und Berücksichtigung der unternehmensstrategischen Zielsetzungen gewährleistet. Durch diese Steuerungs- und Verteilungsfunktion sollen einerseits alle Entscheidungsträger auf allen Hierarchieebenen ungehinderten Zugang zum verfügbaren Wissen im Rahmen ihrer Entscheidungsprozesse erhalten; die Fragmentierung, Spezialisierung und Individualisierung des verteilten Wissens soll aufgehoben werden. Entscheidend ist dabei die richtige Verknüpfung der Informationen sowohl im Kontext als auch transaktionsorientiert, um das „corporate memory" generieren zu können. Den involvierten Organisationselementen soll hierdurch der schnelle, aufgabenspezifische Zugang zum Wissen ermöglicht und der Wissensaustausch verbessert werden. Zudem soll für das Unternehmen durch die gezielte Aufbereitung von Informationen, Wissen und Inhalten (Contents) eine Verbesserung der Wettbewerbsfähigkeit ermöglicht werden, beispielsweise durch die Generierung ganzheitlicher Prozesse mit Kunden und Lieferanten im Rahmen neuer Wertschöpfungsketten. Wissensmanagement dient demnach dazu, das Wissen der Unternehmung sowie das individuelle der MitarbeiterInnen als „corporate memory" allen Beteiligten zeit-, ziel- und funktionsgerecht zur Verfügung zu stellen. Diesbezüglich besitzt es eine Vehikelfunktion, um Letzteren die Generierung der überlebensrelevanten Kriterien, wie beispielsweise Kreativität, Flexibilität oder Dynamik ermöglichen zu können. Andererseits ist es erforderlich, um die teilweise sich verselbständigenden Unternehmenseinheiten, Geschäftsprozesse sowie Netzwerke im Sinne des kybernetischen Controllings auf der Grundlage der vereinbarten Unternehmensziele sowie der verbindlichen Unternehmenspolitik führen zu können. Die hierdurch involvierte Funktion der **informationalen Kohäsion** ist gleichwertig zu den anderen organisationalen Kohäsionsfaktoren (zum Beispiel soziale Kohäsion) zu setzen. Letztlich ist es ein soziales Netzwerk, bei dem die Informationstechnologie sowie die Organisationsstruktur nur die funktionale Basis darstellen und nicht im Fokus stehen; es kann nur aus sich heraus leben und benötigt hierfür eine entsprechend gestaltete Unternehmenskultur. „Holzschnittartig" betrachtet wird es durch folgende Kriterien definiert[89]:

- Identifizierung und Klassifizierung von Wissen,
- Generierung und Verteilung von Wissen,
- Personalisierung, Filterung und Interpretation des Wissens,
- Aufbereitung des Wissens zur Entscheidungsunterstützung sowie
- Evaluierung und Kontrolle des Wissens.

Um die angesprochenen Funktionen erfüllen zu können, müssen Struktur und Inhalt der Wissensmanagementstrategie als homogene Bestandteile der Unternehmensstrategie sowie der Unternehmensziele definiert werden. Erforderlich ist des Weiteren die Konzeption einer entscheidungsbaumorientierten Struktur, um die Aufbereitung des Wissens sowie die empfängerorientierte Verteilung zu gewährleisten. Dies verlangt zwangsläufig auch die Definition der zur Generierung, Klassifizierung, Verteilung und Nutzung erforderlichen Prozesse und Rollen sowie der erforderlichen informationstechnologischen Architektur, die nutzerorientiert und integrationsfähig sein muss. Voraussetzung dafür ist zwangsläufig eine offene Unternehmenskultur, die Generierung, Bereitstellung und Nutzung des Wissens fördert.

Wissen bzw. Wissensmanagement ist demnach keine organisationale Funktion per se, sondern ein an den Unternehmensvisionen, – zielen und -strategien orientiertes Instrument. Hierdurch soll die Führung und Steuerung von komplexen Unternehmensorganisationen in Verbindung mit den Modulen eines „Balanced Controlling", der „Balanced Scorecard" (BSC)[90] sowie der „Balanced Riskcard" (BRC)[91] auf der Grundlage eines „Information-Supply-Chain" (ISC) bzw. „Knowledge-Supply-Chain" (KSC) ermöglicht werden. Wissensmanagement repräsentiert somit die „Kernmenge" an Teilfunktionen, die sich aus der Überlappung der organisationalen Gestaltungsfelder „Unternehmensstrategie", „Strukturen", „Informationstechnologie" sowie „soziales Kapital" ergibt (vgl. die Abb. 16).

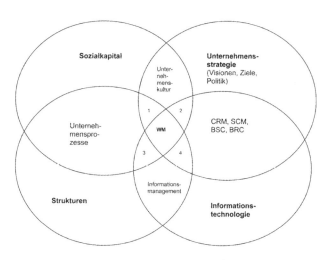

1 Tacit Knowledge
2 Soft skills
3 Skill Management
4 Wissens-Netzwerke/Information- bzw. Knowledge Supply Chain

Abb. 16: Das Wissensmanagement als Kernfunktion der organisationalen Gestaltungsfelder

Wissensmanagement ist allerdings keine „Erfindung" bzw. Konsequenz der neuen multimedialen Informationstechnologien. Das hat es schon immer, wenn auch mit anderen Ausprägungen, gegeben[92]. So war während des **Merkantilismus** sowie der **Agrargesellschaft** die Arbeit analog zum Rhythmus der Natur organisiert und nur geringfügig arbeitsteilig organisiert; Lern-, Arbeits- und Freizeitraum waren identisch, ebenso existierte nur eine Lebensphase. Das „Wissen" war – auch aufgrund mangelnder kultureller Fähigkeiten[93] – fast überwiegend nicht dokumentiert[94], wurde vielmehr in Form von „Überlieferungen" weitergegeben. Das verlangte, dass die Prozesse des Wissensmanagements einfach strukturiert waren. Die **Industriegesellschaft** zwang die Menschen aufgrund der arbeitsteiligen Organisation sowie des Maschineneinsatzes, sich zur selben Zeit am selben Ort zur gemeinsamen, abhängigen, funktionalen Leistungserfüllung einzufinden. Das erforderte, bedingt durch die Raum-Zeit-Restriktionen, sowohl Arbeitsdisziplin als auch synchrone Abläufe. Überdies gewannen die „Infrastrukturen 1. Ordnung" (beispielsweise Verkehrswege, Telefon, Energieübertragungsnetze) an erheblicher Bedeutung. Schließlich wurden Lebens-, Arbeits- und Freizeitraum getrennt wie auch mehrere Lebensphasen differenziert (z. B: Lernen – Tätigkeit – Ruhestand). Das vorhandene bzw. erforderliche „Wissen" wurde während des Zeitraumes von 1750 bis 1880 fast ausschließlich zur Produktion von Werkzeugen und Waren eingesetzt und unter „technologischen" Gesichtspunkten dokumentiert. Während des sich anschließenden Zeitraumes bis ca. 1970 wurde darüber hinausgehendes Wissen auch zur effizienteren Gestaltung sowohl der Ablauforganisation als auch der Produktionsprozesse genutzt. Dieses „Wissen" wurde zum einen sehr explizit dokumentiert; zum anderen wurden die erforderlichen Managementprozesse nicht nur induktiv entwickelt, sondern häufig auch deduktiv abgeleitet und strukturiert[95]. Während der sich anschließenden **Informationsgesellschaft** wurde „Wissen" sowohl zur effizienteren Gestaltung der Informations- und Kommunikationsprozesse als auch zur Transformation von Daten zu Informationen eingesetzt. Um Daten sowie Informationen schneller und ortsunabhängiger verfügbar zu machen, wurden die „Infrastrukturen 2. Ordnung" (zum Beispiel Arpanet/Internet, LAN, MAN, WAN) überwiegend in der physikalischen Dimension ausgebaut. Bei der Arbeitsorganisation dominierte jedoch noch die synchrone Vorgehensweise.

Grundsätzlich wurde Wissen schon immer zur Reduzierung des Transaktionsaufwandes arbeitsteiliger organisationaler Prozesse und Funktionen benötigt – bedingt durch die geringere (Markt-)Dynamik jedoch nicht immer sofort, sondern aufgrund der langsameren und damit zeitlich längeren Prozesse zu einem späteren Zeitpunkt abgerufen, so dass in der Regel genügend Zeit für die Informations- und Wissensbeschaffung zur Verfügung stand. In der mittlerweile begonnenen Phase der **Wissensgesellschaft**[96] werden die „Infrastrukturen 2. Ordnung" durch intelligente, multimediale Vernetzungen der Organisationen untereinander (Intra-/Extranet) sowie wissensbasierte Netzwerkorganisationen ausgebaut bzw. ergänzt. „Wissensmanagement" wird eingesetzt, um aus Informationen das für die geänderten (Geschäfts-)Prozessstrukturen erforderliche Wissen just-in-time zu generieren (zum Beispiel im Rahmen der Prozessorientierung sowie des CRM, SCM etc.). Es vollzieht sich ein Wandel[97] von der

Produktion traditioneller Sachgüter zum Angebot wissensintensiver, an Kundenbedürfnissen angepasste komplexe Problemlösungen: also intelligenter Sachgüter, die um Dienstleistungen „angereichert" werden (Value Added Services). Diese enthalten neben ihrer Kernfunktionalität darüber hinaus gehende technologische, methodologische sowie systemische Komponenten (so etwa Anlagen mit integrierten Service- und Wartungsfunktionen als sogenannte „hybride Produkte"). Das erfordert unter anderem die situative, punktuelle Akquisition und Nutzung hochspezialisierten Wissens sowohl für die Beherrschung der komplexen Entwicklungs- und Produktionsprozesse als auch für die sich anschließenden Dienstleistungsprozesse. Dies führt zur Vermarktung kognitiver Produkte, also zum Verkauf des selbst entwickelten bzw. erworbenen Wissens in Form von wissensfokussierten Dienstleistungen an Dritte für gleiche oder ähnlich gelagerte Problemstellungen. Die dazu erforderliche kognitive „Arbeit" kann asynchron, also ohne räumliche und zeitliche Restriktionen, geleistet werden. Dabei verschmelzen Lebens-, Arbeits- und Freizeitraum wieder miteinander. Lernen und Arbeiten werden zu einem kontinuierlichen Prozess – ebenso fließen abhängige und selbständige Tätigkeiten ineinander.

Dessen ungeachtet wird derzeit noch häufig das Wissensmanagement als überwiegend informationstechnologisches Problem gesehen und entsprechend überwiegend „technisch" gelöst[98]. Diese als „Wissensmanagement" deklarierten Produkte entstammen überwiegend Lösungsansätzen bzw. Produktlinien der Bereiche Bürokommunikation bzw. Groupware, den Dokumentenmanagementsystemen, den sogenannten „Enterprise-Portalen", multimedialen Datenbanksystemen bzw. Datawarehouse-Lösungen, der Erweiterung der klassischen ERP-Systeme, Systemen zur automatischen Klassifizierung sowie Neuauflagen der „klassischen" Managementinformations- bzw. Expertensysteme. Im Fokus dieser Systeme steht jedoch fast ausschließlich der Transfer des expliziten Wissens, in geringerem Maße nur der des impliziten Wissens; die im Rahmen des Wissensmanagements wesentliche Wissenstransformation sowie zielorientierte Anwendung wird kaum beachtet. Unberücksichtigt bleiben überdies fast zwangsläufig sowohl der soziale (informale Hierarchien etc.) als auch der unternehmenskulturelle Kontext (Verschlankung der Hierarchieebenen, Entscheidungsdelegation, anreizorientierte sowie leistungsbezogene Entlohnungssysteme etc.) Wissensmanagement ist daher nur in geringerem Maße ein informationstechnologisches Problem, sondern vielmehr eine sozio- und organisationskulturelle Aufgabe. Ausschließlich aus Marketinggründen heraus definieren die Hersteller ihre Produkte als Wissensmanagement – obwohl derzeit noch keine inhaltliche und eindeutige Definition sowie kein analoges Produkt hierfür existiert.

Konstatiert werden muss daher derzeit, dass der Begriff „Wissensmanagement" schon fast den Status einer „Killerapplikation" erreicht hat, weil einerseits seine inhaltliche Präzisierung durch eine ausgeprägte Begriffsverwirrung „unscharf" geworden ist. Zum anderen ist eine übersteigerte „Anwendererwartung" entstanden, die die (derzeitige) Möglichkeit einer Realisierbarkeit überstrapaziert. Vorab soll daher „Wissensmanagement" als Oberbegriff für eine Kombination bzw. Aggregation von informationstechnologischen Komponenten, Verfahren, prozessorientierten Organisationsstrukturen sowie einer sozialen und kognitiven Vernetzung der Wissensträger verstanden werden; im Rahmen der nachfolgenden Ausführungen sollen diese Komponenten „detaillierter" diskutiert werden.

2.4 Das Intelligenzsystem der Unternehmung

Die bisherigen Ausführungen fokussierten auf die Bedeutung von Informations- und Wissensmanagement als Grundlage für die Gestaltung wettbewerbsfähiger Unternehmensstrukturen vor dem Hintergrund der Dienstleistungs- und Wissensgesellschaft. Während das Informationsmanagement fast ausschließlich als „technologische Infrastruktur" gesehen werden kann, beinhaltet das Wissensmanagement neben dieser Transferdimension vor allem auch die Transformationsebene, also die bewusste und willentliche, kognitiv gesteuerte Umwandlung von Informationen in anzuwendendes Wissen. In schematischer Darstellung bilden beide Systeme zusammen das „Intelligenzsystem" der Unternehmung bzw. das unternehmensbezogene Ressourcenmanagement (vgl. Abb. 17).

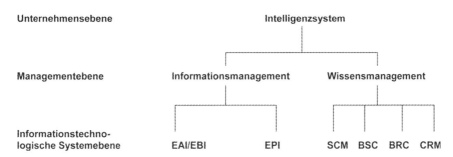

Abb. 17: Das Intelligenzsystem der Unternehmung

In Analogie zur Differenzierung von R. Kurzweil zwischen biologischer und nichtbiologischer (technischer) Intelligenz ist somit das Informationsmanagement ein Modul der letzteren, während das Wissensmanagement aufgrund seiner Transformationskomponente zur „biologischen" und damit nicht zur künstlichen Intelligenz zählt. Hieraus resultiert zwangsläufig auch der nicht exponentielle Verlauf der Wachstumskurve jeder Wissensgenerierung durch das Wissensmanagement, während die entsprechende Wachstumskurve des Informationsmanagements aufgrund seiner Fokussierung auf die Transferkomponente relativ „abflacht" (vgl. die Abb. 18).

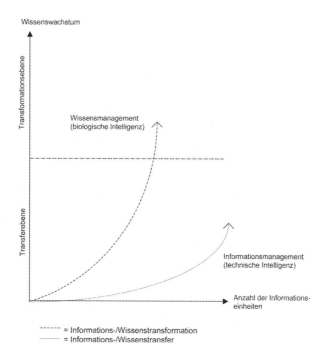

Abb. 18: Die Wachstumskurve der Wissensgenerierung bei Transfer und Transformation

Hierdurch erklärt sich auch, warum das Wissen als Resultat eines kontextbezogenen Transformationsprozesses zum wichtigsten ökonomischen Faktor der wissensbasierten Dienstleistungsgesellschaft wird und nicht die „nackte" Information als Ergebnis eines Transferprozesses (beispielsweise im Rahmen des ERP-Systems): Ausschließlich informationstechnologisch gestützte CRM-Systeme „produzieren" zwangsläufig nur Informationen bzw. algorithmenbasierte Datenverknüpfungen im kybernetischen Sinn, jedoch kein mit einem semantischen Inhalt versehenes bzw. „verstehendes Wissen" über den Kunden.

Nachfolgend soll daher nach der Diskussion der Anforderungen, Grundlagen sowie Architektur des Informationsmanagements die grundsätzliche Erläuterung der Dimensionen des Wissensmanagements erfolgen, bevor im Anschluss hieran einzelne ihrer Systemmodule vorgestellt werden.

[1] Vgl. hierzu auch die durch „Balanced Scorecard" initiierte Diskussion – siehe die Ausführungen in Abschnitt 5.
[2] Vgl. Radermacher (1997).
[3] Vgl. die Ausführungen in Abschnitt 3.3.2.1.2.

⁴ Die Konsequenz hieraus hat Hammer in jüngster Zeit gezogen, indem er bei der Prozessreorganisation den Schwerpunkt auf die Involvierung der MitarbeiterInnen sowie die Integration des Informations- und Wissensmanagements und der Prozesse Dritter legt.

⁵ Einer der Nachteile des BRE-Ansatzes – vgl. z. B. Hammer/Champy (1993) – ist beispielsweise in der ausgeprägten formalisierten Prozessorientierung zu sehen; letztere impliziert weiterhin den Verlust der Selbstorganisationsfähigkeit, da Kompetenz, Verantwortung etc. präzise definiert und durch bürokratische Regelwerke (z. B. im Rahmen des Qualitätsmanagements der ISO 9.000 ff.) fixiert sind.

⁶ Vgl. Jänig (1984); im Sinne dieser Theorie kann die liberalisierte Marktwirtschaft als notwendige, nicht jedoch hinreichende Bedingung für einen Reorganisationsprozess gesehen werden, während die Evolution der Informationstechnologie die auslösende Bedingung repräsentiert.

⁷ Vgl. die Ausführungen in Abschnitt 2.2.3 sowie 8.

⁸ Dies zeigt sich auch an negativ besetzten Begriffen wie z. B. „Dienst nach Vorschrift": Anscheinend ist das funktional-hierarchisch basierte Regelwerk so strukturiert,dass seine exakte Befolgung im Chaos mündet.

⁹ Vgl. Abschnitt 1.1.

¹⁰ Definition gemäß ISO 9001.

¹¹ Real Time Enterprise gemäß Mark Raskino.

¹² Vgl. Abschnitt 3.

¹³ An diesem Terminus soll in dieser Arbeit festgehalten werden, obwohl er mittlerweile einen schillernden und oft über Gebühr strapazierten Begriff repräsentiert, der manchmal zu einer „Leerformel" verkommen ist.

¹⁴ Verwiesen werden soll hierbei unter anderem auf die Funktion der „Portale" – vgl. Abschnitt 3.3.2.

¹⁵ Der Mitarbeiter verändert sich vom „Mitläufer" zum „strategischen Gestalter"

¹⁶ Vgl. Voss/Pongratz (1998), S.143.

¹⁷ Vgl. Gross (1996).

¹⁸ Von James Coleman als „soziales Kapital" bezeichnet.

¹⁹ Vgl. die IAO-Studie „Das Management von Wachstum und Erfolg"; abrufbar unter www.wachsende-unternehmen.de/docs/Studie.pdf.

²⁰ Hierarchien besitzen nicht aufgrund ihrer „höheren Gewalt" per se ein „höheres Wissen", um somit vollendete Tatsachen zu schaffen, sondern müssen sich immer wieder legitimieren.

²¹ Zynisch gesehen erfordert dies den YETI (Young Entrepreneurial Techbased Individual).

²² Sog. „Netzwerkorganisation".

²³ Dies bestätigen empirische Untersuchungen – vgl. Frieling et al (2000), S. 115

²⁴ Vgl. Stürzel (1993), S. 26.

²⁵ Vgl. Bergmann (1996) und (1999) sowie Hacker (1998).

²⁶ Dies gilt sowohl für die dialogfokussierte als auch die asynchrone Kommunikation.

²⁷ Ökonomisch-funktionaler Flexibilismus mit der Folge diskontinuierlicher (Berufs-)Lebensläufe kann auch diskontinuierliche soziale sowie gesellschaftspolitische Prozesse und Strukturen implizieren. Aufgabe der Politik wird es daher sein müssen, durch Moderation, (Re-)Regulierung sowie Aktivitäten diese Diskontinuität in sozialpolitischen Systemen zu verringern. Während die klassische Sozialpolitik für Sicherheit in riskanten Lebensepochen (z. B. Alter, Arbeitslosigkeit, Krankheit) sorgen wollte, muss die neue „Moderne Sozialpolitik" für Sicherheit in den Übergangsstadien zwischen den einzelnen Lebensepochen (z. B. Schule/Studium zum Beruf, Übergang vom Single-Dasein zur Familie etc.) sor-

28 gen. Neben der Schaffung finanzieller Guthaben (z. B. Rente, Arbeitslosenunterstützung etc.) müssen auch „Zeitguthaben" kreiert werden, mittels derer zusätzliche Weiter- und Ausbildungen sowie Kinderfreizeiten „finanziert" werden.
28 Gemäß Lao Tse ist gute Führung dann gegeben, wenn alle den gleichen Traum träumen ...
29 Vgl. Lewin (1958).
30 Eine Erhebung von McKinsey ergab ein diesbezügliches Einsparpotenzial von 180 Mrd. €, beispielsweise durch die Optimierung der „Life cycle cost" eines Produktes.
31 Auch wenn kurzfristige Kursanstiege anscheinend etwas anderes aussagen.
32 Aus Sicht der Nachhaltigkeit sind daher die bei VAG realisierten Arbeitsmodelle vorzuziehen.
33 Im Sinne von Reduktion – obwohl Rationalisierung vom lat. Begriff „ratio" die Bedeutung „vernünftiger machen", „mit Vernunft versehen" hat.
34 Vgl. hierzu den neuen Wertschöpfungsansatz der London Business School, vertreten durch P. Moran, S. Ghoshal und Chr. Bartlett.
35 Bei einer kürzlichen Umfrage durch Ernst & Young gaben 81 Prozent der Unternehmen an, dass sie **nicht** in der Lage seien, ihre Angebotspalette kurz- bis mittelfristig den Markt-/Nachfrageveränderungen anzupassen.
36 Vgl. die analogen Ausführungen von Herzinger zur Entwicklung der liberalen Demokratie – Herzinger (2001).
37 Gemäß M. Weber ist Charisma der nicht sozialisierbare Rest des Menschen.
38 Vom lat. visio = Erscheinung, Vorstellung; Visionen als Aggregation von konkretisierten sowie qualitativen (zukunftsorientierten) Aussagen repräsentieren einerseits einen Kohäsionsfaktor, um der durch Prozessorientierung etc. „atomisierten" Struktur eine kohärente Entscheidungsgrundlage geben zu können – quasi der „genetische Code" einer Organisation, der sowohl rational als auch emotional verbindet und strukturiert. Andererseits erfordert es Handlungsanweisungen, durch die die „höheren Ziele" kaskadenhaft heruntergebrochen, operationalisierbar und quantifizierbar gemacht werden – quasi eine „Blaupause" für den ständigen Veränderungs- bzw. Anpassungsprozess. Problematisch ist die Kommunikation der Vision – sie kann nur diskursiv und im Rahmen eines „bargaining-process" erfolgen.
39 Dies impliziert somit nicht den Verbrauch von theoretischen und programmatischen Ressourcen zum Bauen von „Luftschlössern", sondern die strategisch strukturierte Gestaltung des ökonomisch nachhaltigen Horizontes für die Unternehmung.
40 Benchmarking beinhaltet hierbei, sich weniger mit den „erfolgreichen" Produkten etc. zu beschäftigen, sondern die Ursachen für den Misserfolg der „weniger guten" zu analysieren und abzustellen.
41 Vgl. Heussler/Koch (2000).
42 Vgl. die Ausführungen in Abschnitt 4.1.
43 Vgl. Abschnitt 8.
44 Vgl. Abschnitt 5.2.
45 Z. B. „ARIS-PPM" von IDS Scheer.
46 Beobachtungen ergaben, dass die Implementierung prozessorientierter Strukturen zur Eliminierung von ca. 20-30 Prozent der Arbeitsplätze führen können; aus sozial- und gesellschaftspolitischen Gründen heraus müssen daher parallel zur Entwicklung von Prozessstrukturen Konzepte und Maßnahmen zur beschäftigungspolitischen Implementierung dieser MitarbeiterInnen entwickelt werden – auch im „Mikrokosmos" Unternehmung, nicht nur im Makrokosmos „Sozialstaat" – vgl. unter anderem Peters (1993).
47 Vgl. Abschnitt 2.4.

48 TCO = Total Cost of Ownership.
49 Vgl. die Ausführungen in Abschnitt 4.
50 Auch als „Requirements Engineering" (RE) bzw. als Anforderungsmanagement, um die Ausgewogenheit (Balance) von Arbeitskultur, Organisationsstruktur (Regelwerk) und Informationstechnologie zu erhalten – vgl. De Michelis et al (1998), S. 315 ff.
51 Die Zulagensysteme bei den außertariflichen Arbeitsverträgen sollen hierbei unberücksichtigt bleiben.
52 So hat z. B. die Bundeswehr nach 10 Jahren ihr Beurteilungssystem 1998 vollständig geändert, da fast alle Beurteilten eine Note zwischen „ausgezeichnet" und „sehr gut" erhielten – der Durchschnitt lag vorher zwischen „befriedigend" und „gut". Eine wesentliche Ursache hierfür war darin zu sehen, dass der beurteilende Vorgesetzte die Karriere des Beurteilten nicht durch eine objektive, allerdings im Vergleich zu anderen schlechtere Beurteilung negativ beinflussen wollte.
53 Angemerkt sei nur, dass jeder „benachteiligte" Mitarbeiter arbeitsrechtlich aufgrund der Ungleichbehandlung klagen kann.
54 Vgl. Franz et al (2000).
55 Vgl. ebenda, S. 18 ff; allerdings sind hier branchenspezifische Unterschiede festzustellen.
56 Gemäß einer Studie der US-Notenbank zahlen 88 Prozent der amerikanischen Unternehmen gewinnabhängige Gehälter.
57 In US-amerikanischen Untersuchungen wird daher in jüngster Zeit verstärkt durch das Einführen imposanter bzw. „lockerer" Berufsbezeichnungen die positive Beeinflussung des Ego versucht: z. B. „Chief Evangelist" für Marketing, „Client Financial Analyst" bzw. „Sales Manager" für Verkäufer, „Inbound Manager" für Telefonist etc.).
58 Sog. „Wohlfühlfaktor".
59 Eine Nichterfüllung müsste zwangsläufig Pönalisierungen nach sich ziehen.
60 Vgl. die entsprechenden Ausführungen in Abschnitt 5.
61 Analog zum klassischen „Management by Objectives".
62 Vgl. Odiorne (1967).
63 Vgl. Abschnitt 5; im Folgenden als „BSC" bezeichnet.
64 „Economies of Culture" der Universität Gießen (Prof. Dr. Frese) mit Accenture in 2000.
65 Vgl. Sprenger (2002).
66 Vgl. Cruise o'Brien (2002).
67 EVA = Economic Added Value.
68 Der Mitarbeiter wird zum Entrepreneur bzw. Unternehmer.
69 Diese werden ausführlich in Abschnitt 3 erläutert.
70 Vgl. Bullinger (1997).
71 Vgl. Kauffeld/Grote (1999).
72 Universität Dortmund (Lehrstuhl für Unternehmensführung) sowie Horvath & Partner (2001).
73 Diese unterstützt ausschließlich Etatdenken, nicht Leistungsorientierung.
74 C. F. v. Weizsäcker definiert die Information als eine dritte, von Materie und Bewusstsein verschiedene Sache. Somit werden aus philosophischer Sicht der Information quasi als „Drittes" neben Person und Ding bzw. Subjekt und Objekt ihre ontologischen Rechte zugestanden.
75 Sprachtheoretisch repräsentiert die Information eine Konfiguration von Symbolen bzw. Folge von Zeichen, die das Resultat eines Selektionsaktes sind.
76 Vgl. Abschnitt 3.
77 Vgl. Carbon (1999), Schneider (1999).

[78] Empirische Untersuchungen ergaben, dass rd. 80 Prozent der nichtmaschinellen Wertschöpfung durch den motivierten Mitarbeiter/-denker erbracht werden.
[79] Vgl. Abschnitte 4., 5., 6. und 7.
[80] Dieser Begriff wurde von Chr. Schlieder geprägt.
[81] Wissen wird somit zum wichtigsten Kultur- und Wirtschaftsfaktor.
[82] Vgl. Wiener (1948).
[83] Beispielsweise das sog. Customer-Relationship-Management (CRM) – vgl. hierzu ausführlich Abschnitt 7.
[84] Z. B. durch das OLTP (Online Transaction Processing).
[85] Die algorithmenbasierte Verdichtung und Verknüpfung von Daten generiert Informationen; die systemische Aggregation und Vernetzung dieser Informationen mit – häufig externen – anderen Informationen generiert auf einer Metaebene Wissen; beispielhaft werden die Daten des Rechnungswesens im Rahmen des Berichtswesens unter Zugrundelegung von Algorithmen verdichtet (z. B. bei G+V, Bilanz etc.); diese Informationen werden beim Benchmarking mit externen Informationen (anderer Unternehmen) verglichen und analysiert – hieraus resultiert auf der Metaebene das Wissen, um Prozesse verbessern zu können.
[86] Vgl. die Entwicklungen in den Bereichen B2B (Business-to-Business) sowie B2C (Business-to-Consumer); der Wert eines Produktes wird nicht mehr „durch die darin geronnene Arbeitszeit" (K. Marx) bzw. durch das darin gebundene Kapital, sondern durch das „darin geronnene Wissen bzw. intellektuelle Kapital" sowie durch das damit verfügbar gemachte Wissen bestimmt.
[87] Vgl. die Ausführungen in Abschnitt 1.2.2.
[88] Die globale Vernetzung vieler dezentraler Systeme führt dazu, dass die Wissensgesellschaft – analog zum Globalismus – dezentral organisiert und vernetzt ist.
[89] Vgl. die ausführliche Erläuterung in Abschnitt 4.
[90] Vgl. die Ausführungen in Abschnitt 5.
[91] Vgl. die Ausführungen in Abschnitt 6.
[92] Jede historische Kategorisierung ist zwangsläufig vom subjektiven Objektdenken des „Kategorisierers" abhängig – und damit „angreifbar".
[93] Z. B. Lesen und Schreiben.
[94] Auf das dokumentierte Wissen konnte nur ein elitärer, kleiner Teil der Bevölkerung zugreifen.
[95] Beispielhaft hierfür seien die organisationstheoretischen Entwicklungen neuer Organisationsstrukturen (z. B: Sparten- und Matrixorganisation) sowie die verhaltenswissenschaftlich fundierten Management- und Führungskonzepte genannt.
[96] Die wissensbasierte Gesellschaft ist dadurch gekennzeichnet, dass Nutzung und Bewirtschaftung des Faktors „Wissen" (beim Einzelnen oder der Organisation als Ganzem) gegenüber den anderen Faktoren des Wertschöpfungsprozesses dominiert.
[97] Zumindest bei den traditionellen Industrieländern.
[98] Ursache hierfür ist sicherlich die schon sehr frühzeitige Entwicklung bzw. Vermarktung sog. Managementinformationssysteme bzw. Entscheidungsunterstützungssysteme – die allerdings nicht die Anforderungen erfüllen konnten.

3. Konzeption und Architektur des Informationsmanagements auf der Grundlage operationalisierter und instrumentalisierter Informationen

3.1 Die informationstechnologischen Grundlagen

Seit den achtziger Jahren des letzten Jahrhunderts wird sowohl im deutschsprachigen Raum als auch in den USA unterstellt, dass die traditionellen Produktionsfaktoren „Arbeit, Kapital und Boden" bzw. „Men, machine, Material, Money" durch den Faktor „Information" bzw. „Wissen" ergänzt werden müssen. Wissenschaftstheoretisch beruht dieser Ansatz auf der abstrakt-induktiven Entwicklung der Produktionstheorie in der Volkswirtschaftslehre[1], die dann Ausgangspunkt für die in der Betriebswirtschaftslehre entwickelten Produktionsfunktionen[2] waren. In Analogie zu den quantitativen Aussagen von Produktionstheorie und -funktionen wurde der Faktor „Information" anfangs nur in seiner quantitativen Ausprägung gesehen und verstanden. Dieses Verständnis führte bis zu Beginn der 90er Jahre dazu, dass die Informationstechnologie nur zur Unterstützung einzelner funktionaler Module der primären Wertschöpfungsprozesse eingesetzt wurde, nicht jedoch im ganzheitlichen, systemischen Kontext. Vor dem thematischen Hintergrund dieser Arbeit soll allerdings die Qualifizierung der Information im Sinne einer Operationalisierung und Instrumentalisierung im Fokus stehen. Damit verwandelt sich Information in ein instrumentelles Mittel zur Effizienzverbesserung der Wertschöpfungskette[3] bzw. des Geschäftsprozesses. Damit soll anstelle der früher angestrebten Komplexitätsreduzierung die Erhöhung von Flexibilität und Adaptions- sowie Anpassungsfähigkeit erreicht werden. Dies erfordert die optimale Kombination der Gestaltungsfelder „Mensch", „Organisation" und „(Informations-)Technik", wobei letzterer Bereich kein Selbstzweck sein darf, sondern nur instrumentale Funktion besitzt, da der Mensch am ehesten (noch) Flexibilität und Anpassungsfähigkeit gewährleisten kann.

Diese Tatsache korrespondiert mit der Entwicklung der Datenverarbeitung (vgl. Abb. 19): Im Vordergrund stand anfangs die ***Operationalisierung der Daten*** auf der Basis vorgegebener Abfrage- bzw. Verknüpfungsprozeduren. Selbst die Implementierung relationaler Datenbanksysteme, Client-Server-Architekturen sowie eine umfassende Vernetzung beließen den Anwender nur auf dem Status eines Bedieners, erhoben ihn nicht auf die Stufe des kognitiven „Informations-Anwenders". Die Verwendung von Akronymen wie zum Beispiel etwa „Elektronengehirn" etc. führte dazu, dass die Daten vom Attribut des Geschäftsprozesses zum Objekt der Ablaufprozesse mutierten – mit allen negativen Folgen für „schlanke", humane Prozesse. Analog hierzu waren die Bezeichnungen „Managementinformationssystem" bzw. „Informations- und Entscheidungssystem" nur Akronyme[4]: Sie kennzeichneten keine echten Informations- bzw. Wissenssysteme.

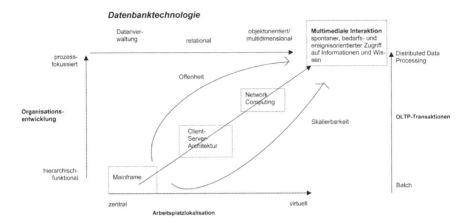

Abb. 19: Die Entwicklungsphasen der Daten- bzw. Informationsverarbeitung

Erst durch die Instrumentalisierung der Information auf der Grundlage der internetbasierten Informationstechnologie ist es möglich, dem Anwender komplexe, individuell gesteuerte Abfragen, Datenaggregationen, -verdichtungen sowie Kombinationen von Daten und Informationen zu ermöglichen und ihm somit den Status des intelligenten Informationsanwenders zu geben. Die informationstechnologische Zielsetzung dabei ist das sogenannte „Zero Latency Enterprise" gemäß Definition der Gartner Group, bei dem die Daten und Informationen aller Unternehmensbereiche, Abteilungen etc. nach ihrer Erfassung ohne Zeitverzug von allen genutzt werden können. Voraussetzung hierfür ist die Erstellung eines „Electronic Business Framework", der neben der informationstechnologischen Architektur[5] auch die Geschäftsprozessstrukturen, die strategischen Zielsetzungen, Implementierungsverfahren sowie Verantwortlichkeiten definiert. Durch diese Transferkomponente des Informationsmanagements im Sinne einer Diffusion aller betrieblichen Funktionen durch die Informationstechnologie werden die Transaktionskosten zum einen gesenkt; zum anderen verringern sich die Entscheidungs- und Reaktionszeiten durch die Verbesserung der qualitativen und quantitativen Daten- und Informationsbasis. Hierdurch wird ein weiterer Schritt auf der Triade „Daten-Information-Wissen"[6] und somit im Rahmen der Evolution zum wissensbasierten, sich selbst organisierenden und selbstlernenden System zurückgelegt[7].

Dies ermöglicht dann, die sich aus der Informations- bzw. Wissensgesellschaft ergebenden Anforderungen im Hinblick auf ein ganzheitliches, vernetztes Informations- und Kommunikationskonzept erfüllen zu können:

- Selbstlernende als auch virtuelle Organisationen (artifizielle Superorganismen) benötigen schnelle Nervensysteme sowohl als Kommunikationssysteme wie auch als Kohäsionsfunktion zur Gewährleistung von Stabilität bzw. Ultrastabilität.

- Wissens-, Informations- und Kommunikationsmanagement einschließlich der technologischen Basis für das „Corporate Memory" als „Langzeitgedächtnis" der Organisation sind von entscheidender Bedeutung, um die früher mittels einiger „Köpfe der Mitarbeiter" vollzogenen Funktion des Informations- bzw. Wissensbrokers für alle Organisationselemente zu übernehmen; zusätzlich kann hierdurch das stark fragmentarisierte Wissen in neuen Kontexten und damit Inhalten aggregiert werden.
- Neben der informationstechnologischen Komponente sind auch organisatorische Strukturveränderungen in Form der Prozessorientierung zu realisieren; durch die Vernetzung der Mitarbeiter („connecting people") untereinander als auch mit dem „Corporate memory" können prozessorientierte Strukturen konzipiert und implementiert werden.
- Die Konvergenz zwischen der Explizitheit der Organisation (Normen, Regelwerke etc.) einerseits sowie der fraktalen Strukturbildung (prozessorientierte, selbstorganisierende Gruppen) andererseits kann herbeigeführt werden.
- Die Forderung und Förderung der neuronal (mental) angelegten Kreativität, Innovations- und Lernfähigkeit sowie darauf basierender Kompetenzen bei den Mitarbeitern wird unterstützt.

Hierdurch wird der Paradigmenwechsel der Informationstechnologie von der singulären Unterstützung funktionaler Tätigkeiten zur Integration intra- und interorganisationaler Prozesse intendiert. Diese Prozessintegration beinhaltet neben der Verarbeitung und Speicherung sowie dem Transfer von Daten auch die informationstechnologisch unterstützte Steuerung der Prozessabläufe unter Einbeziehung des hierzu erforderlichen Informationsmanagements. Sie führt somit zur digitalen Vernetzung und Automatisierung repetitiver sowie zur Unterstützung dispositiver Geschäftsprozesse. Verbunden ist damit die Veränderung von organisationalen Strukturen, Machtstrukturen und Abläufen. Häufig ist dies weniger ein technologisches als vielmehr ein inhaltliches und mentales Problem. Um derartige unternehmensweite bzw. -übergreifende Prozesse steuern und beherrschen zu können, sind ganzheitliche, kompatible und durchgängige Informationssysteme erforderlich, die jedoch auch die Integration der bestehenden Komponenten, Applikationen etc. ermöglichen müssen. Die Grundstruktur eines derartigen Konzeptes kann der Abbildung Nr. 20 entnommen werden. Dieses Konzept impliziert sowohl die Reorganisation der prozessfokussierten Informationsstrukturen als auch die Veränderung der Architektur der informationsverarbeitenden Systeme, Strukturen sowie Applikationen. Technologische Voraussetzung für ein derartiges Informationsmanagement sind Systemoffenheit, geeignete Netzwerkarchitekturen sowie die dezentrale (verteilte) Daten- und Informationsverarbeitung[8], da es heterogene Architekturen bzw. „Landschaften" nicht ermöglichen, zu erkennen, welche vorhandenen Ressourcen optimal bzw. überhaupt nicht genutzt werden. Des Weiteren verhindert die durch Inkompatibilität hervorgerufene Komplexität der Hard- und Softwarearchitektur, dass die sog. „Total Cost of Ownership" bei Beschaffung, Betrieb und Wartung bzw. Service auf den mindesterforderlichen

Aufwand reduziert werden können. Ein derart homogenes Grundrezept soll nachfolgend skizziert werden sollen.

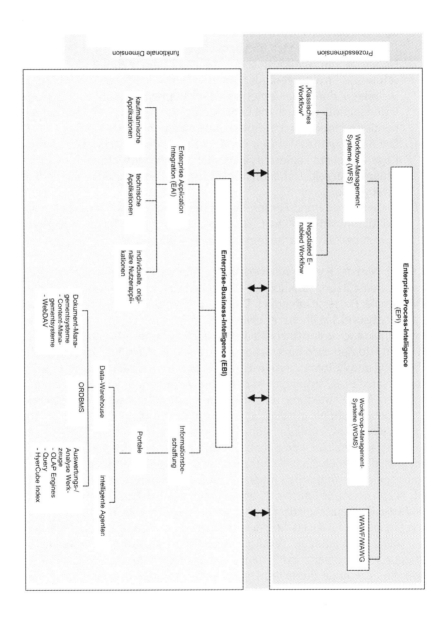

Abb. 20: Das Informationsmanagementsystem der Unternehmung

3.1.1 Systemoffenheit

Im Rahmen des angesprochenen Kontextes muss die Systemoffenheit die nachfolgenden dimensionalen Anforderungen erfüllen:
a) Kommunikationsdimension
   Grundlage dabei ist das ISO/OSI-Modell, mittels dessen die Kommunikation zwischen zwei Anwendungen über sieben definierte Schichten vollzogen wird (von der physikalischen bis zur Anwendungsschicht). Jede überlagerte Funktion nutzt die Funktionalität der unterlagerten, die allerdings ihre Realisierungsdetails gegenüber der überlagerten „verbirgt". Der konkrete Zugriff auf eine Schicht oder Anwendung erfolgt mittels sogenannter „API's (Application Programming Interface)", so dass eine Interoperabilität unabhängig von den technischen Komponenten der jeweiligen Betriebssysteme gegeben ist. Die Normung der einzelnen Schichten erfolgt durch die IEEEC bzw. IEC[9], die allerdings für die Schicht 7 noch keine einheitlichen Standards definiert hat, so dass zwischen den jeweiligen API's „Bridges" generiert werden müssen, die allerdings nur Teilfunktionalitäten berücksichtigen – letztlich ist diesbezüglich die Anforderung nach „offenen Schnittstellen" noch nicht erfüllt.
b) Funktionalitätsdimension
   Auf der Grundlage der IEC 61131-3 (Programming Language) sollen herstellerneutrale Funktionsstandards für die Anwendungen generiert werden, damit der Nutzer seine Anwendung unabhängig vom Zielsystem projektieren kann; diese Standardisierung gilt bisher überwiegend nur für Verarbeitungsfunktionen, nicht jedoch für Archiv-, Melde- sowie Berichtsfunktionen.
c) Betriebssystemdimension
   Durch die Existenz „offener" Betriebssysteme (beispielsweise UNIX, LINUX, Windows, Java[10]) kann hier von einer grundsätzlichen Systemoffenheit gesprochen werden; waren 1997 noch 58 der Serverbetriebssysteme „proprietär", so sind es im Jahr 2002 nur noch 32, während der Anteil von UNIX, LINUX sowie Windows NT von 42 auf 68 stieg.
d) Entwicklungsdimension
   Aufgrund der „Open Source-Bewegung" wird in mittelfristiger Sicht Transparenz, Sicherheit sowie dauerhafte Verfügbarkeit von Applikationen realisiert werden, weil keine „versteckten" Funktionen vorhanden sind; dies impliziert, dass keine unkalkulierbare Abhängigkeit vom jeweiligen Lizenzgeber besteht.

Offenheit für verteilte, heterogene Systeme erfordert die Schaffung von Standards für den intra- und intersystemischen Datenaustausch. Dies gilt sowohl für die Prozessor- (zum Beispiel wie SPARC[11]) und Bus-Architektur (beispielsweise ISA, EISA, MCA, PCI[12]) als auch für die Betriebs- und Anwendersysteme im Software-Bereich. Im letzteren Fall bedeutet dies, dass sie sowohl in globale Netze eingebunden werden und die eigenen Potentiale für das gesamte Netz verfügbar machen, als auch die im Netz verfügbaren Leistungen integriert nutzen können[13], ohne dass Restriktionen durch Hersteller, Hardware, Betriebssysteme und Netzprotokolle auftreten. Das „magische Viereck" für eine derartige Offenheit wird durch die Kriterien

- Portability (Portabilität),
- Scalability (Skalierbarkeit),
- Interoperability (Kooperationsfähigkeit) und
- Availability (Verfügbarkeit)

gebildet. Anwender- und Betriebssysteme sind grundsätzlich in einer spezifischen Umgebung implementiert. Bei einem Anwendersystem ist dies zum Beispiel die Ablaufumgebung, also eine Kombination aus Betriebs- und Bibliothekensystem, deren Potentiale über definierte Schnittstellen genutzt werden. Kann dieses System nunmehr von einer Umgebung in eine andere „verpflanzt" werden, so ist es „portabel" – *Portabilität* erfordert demnach die Einhaltung spezifischer Anforderungen an bzw. durch das System, aber auch durch die Systemumgebung. „Offene Betriebssysteme" müssen demnach in zweifacher Sicht „portierbar" sein: Zum einen müssen sie auf jeder Hardware-Plattform funktionsfähig sein, zum anderen müssen sie spezifische Funktionalitäten bieten, um „portable" Anwendersysteme und Ablaufumgebungen komfortabel zu unterstützen. Hinsichtlich der *Skalierbarkeit* wird unterstellt, dass das Betriebssystem auf Rechnern aller Größenordnungen, vom Notebook über PC, Workstation bis zum Mainframe (Supercomputer), funktionsfähig ist und auf allen Rechnern die vom Anwender momentan erwartete Basisfunktionalität zur Verfügung stellt. Jenseits von Remote login, Filetransfer und gemeinsamer Ressourcennutzung müssen die operativen Aktivitätsträger (Tasks, Prozesse, Threads) verbundener Systeme im Rahmen der *Kooperationsfähigkeit* so zusammenwirken können, als ob sie physisch auf einem System installiert sind. Dies erfordert zwangsläufig eine mehrstufige Integrationsfähigkeit. Auf der funktionalen Ebene müssen Applikationen verschiedenster Hersteller interagieren können – so sollte beispielsweise das Textverarbeitungssystem eines Herstellers das Geschäftsgraphiksystem eines anderen einbeziehen können. Letzteres wiederum muss die Werte des Kalkulationsprogramms eines Dritten verarbeiten können. Des Weiteren müssen Konsistenzbedingungen auf den operativen Ebenen der Bedienung und Darstellung existieren, so dass das Auslösen von Vorgängen (zum Beispiel Kopiervorgang, Speicherung, Druckvorgang, Löschvorgang) bzw. Operationen immer dem gleichen Paradigma bzw. der gleichen Philosophie genügen. Auf der kommunikativen Ebene schließlich müssen die operativen Produkte und Funktionen integriert werden, so dass beispielsweise auf der Grundlage des Network-Computing eine verteilte Dokumentenbearbeitung möglich ist. Das Kriterium *„Verfügbarkeit"* schließlich bedeutet, dass gleichartige Produkte verschiedener Anbieter eingesetzt werden können, so dass nicht nur die technische, sondern auch die wirtschaftliche Abhängigkeit von einem Anbieter verringert werden kann. Hierdurch reduziert sich auch die Wahrscheinlichkeit der „Software-Erblast", d. h., dass ein Produkt nicht weiterentwickelt bzw. an technische Veränderungen respektive neue Bedürfnisse angepasst wird.

3.1.2 Netzwerkarchitekturen

Neben dieser „holzschnittartig" beschriebenen „Systemoffenheit" muss als weitere Determinante eines effizienten Informationsmanagements die erforderliche Netzwerkarchitektur konfiguriert sein. Unbestritten ist, dass ein Informationsmanagement, das neben der reinen Datenverarbeitung auch informationsbeschaffende und -verarbeitende sowie kommunikative Prozesse unterstützen soll, dezentrale und netzfokussierte Strukturen besitzen muss. Grundlage für diese *digitale Konvergenz* von Daten, Informationen und Wissen war die Erfindung der Pulsecodemodulation durch Reeves (1938) sowie die Formulierung des entsprechenden Abtasttheorems durch Raabe (1939), weil damit Sprach-, Text-, Daten- und Bildinformationen über nur einen Kanalträger (Netz) übertragen werden können[14]. Eine wesentliche Funktion im Rahmen dieser Digitalisierung aller Informations- und Kommunikationsprozesse kommt dabei der Vernetzung, der Schaffung der erforderlichen *„Verkehrswegeinfrastruktur"* zu.

Seit der Ablösung der Mainframe-Technologie durch Client-Server-Architekturen sind die Informations- und Kommunikationsnetze zur „kritischen Ressource" geworden, da zum einen die interaktiven Medien als auch neue, computerunterstützte Arbeitsorganisationsstrukturen (zum Beispiel CSGW[15]) wesentlich höhere Anforderungen sowohl hinsichtlich der Übertragungsraten als auch der applikationsgerechten und -gesteuerten Zuteilung der Netzwerkressourcen (zum Beispiel Bandbreite der Übertragungslinks, Prozessor- und Pufferkapazität etc.) stellen. Zum anderen sind diese Datenwege als „Nervensystem des wirtschaftlichen Lebens" eine wesentliche Komponente für die Lebens- bzw. Überlebensfähigkeit wirtschaftlicher Systeme bzw. Unternehmen geworden, so dass Störungen oder Ausfälle entsprechende Funktionsbeeinträchtigungen des Gesamtsystems implizieren.

Für diese Netzstrukturen hat sich zwischenzeitlich eine Vielzahl von Begriffen eingebürgert, die zu semantischen Missverständnissen führen kann. Sprach man in den 80er Jahren noch vom LAN (Local Area Network), MAN (Metropolitain Area Network) bzw. WAN (Wide Area Network), so lauten die diesbezüglichen Begriffe heute „Internet", „Intranet" und „Extranet"[16], Federated Networks bzw. Collaborative Network. Diese – teilweise verwirrende – Begriffsvielfalt trägt allerdings im Sinne der Semiotik nicht zur Klarheit bzw. eindeutigen Abgrenzung bei. Grundsätzlich kann festgestellt werden, dass LAN, MAN und WAN homogene „Corporate Networks" sind, demnach private Netze mit unterschiedlichen Entfernungsdimensionen bei einer homogenen Technologie (Protokolle, Übertragungsverfahren etc.), die überwiegend proprietär war und bis heute ist. Demgegenüber ist das Internet wie das Fernsprechnetz[17] ein *öffentliches Netz* mit heterogener Technologie auf der Grundlage definierter, offener Standards, das jedermann zugänglich ist[18]. Das Intranet dagegen ist ein *privates Netz*, das hierarchisch strukturiert ist und aus LAN-, MAN- sowie WAN-Komponenten, einem oder mehreren Backbones, Bridges, Routern[19] etc. besteht. Analog zum Internet werden dessen Technologie, Übertragungsprotokolle (beispielsweise TCP/IP, HTML etc.) eingesetzt, so dass es heterogenen und „offenen" (herstellerunabhängigen) Charakter besitzt. Werden in dieses Intranet Dritte (zum Beispiel Kunden, Partner, Lieferanten, Berater, mobile Mitarbeiter etc.) über ein öffentliches Netz eingebunden, so spricht man vom Extranet. Als „Federated Network" wird die Verbindung von zwei oder mehreren Intranets mittels eines öffentlichen Netzes (Internet, ISDN) verstanden. Wird das unternehmenseigene Intranet durch die projektbezogene bzw. zeitbegrenzte Einbindung von Dritten (zum Beispiel Kunden, Projektbeteiligte) erweitert, so wird dies als „*Collaborative Network*" bezeichnet; diese Einbindung erfolgt in der Regel über das Internet oder das ISDN-Netz und wird durch einen der Beteiligten oder einen externen Internet-Provider realisiert. Die Internetarchitekturen und -protokolle ermöglichen, dass dieselbe Informationstechnologie für interorganisationale Geschäftsprozesse mit den drei Elementen „Kunde", „Lieferant" sowie „Unternehmung" genutzt werden kann. Hierdurch werden herstellerabhängige (proprietäre) Informationstechnologien und Kommunikationsprotokolle abgelöst. Eine „weitere" Konsequenz hieraus ist dann das sogenannte „Compunication", die Vernetzung der bislang noch getrennten Kommunikationsendgeräte (Laptop, Handy, PDA) mittels Mail-, Sprach- und Bildfunktionen, so dass eine kommunikative Lokalisierung trotz geographischer Dislozierung möglich wird. Ein derartiges „Ubiquitous Computing" soll die materiellen (elektronischen) Endgeräte durch „unsichtbare" Schnittstellen auf der Basis von Funkwellen bzw. Infrarot miteinander dergestalt vernetzen, dass die Technologie als Medium in den Hintergrund tritt und die Information bzw. deren Verarbeitung im Mittelpunkt des Interesses steht. Dieses „Wireless Networking" soll die netztechnologische Basis liefern, in die sowohl eigene und fremde Prozesse, Laptops, PDA's etc. „weltweit" eingebunden als auch entfernte Betriebsstätten angeschlossen werden können. Voraussetzung hierfür ist, dass die offenen Standards des Internet (TCP/IP, HTML etc.) angewandt werden. Zum anderen erfordern diese Netzstrukturen eine sehr hohe Bandbreite (Kapazität), um den Anforderungen aufgrund der Integration von Sprache, Daten, Fest- und Bewegtbildern etc. gerecht zu werden. Als Übertragungstechnologien haben sich in letzter Zeit das Gigabyte-Ethernet beim Collaborative Network sowie ATM[20] beim Federated Network manifestiert. Die letzteren Aggregatformen (Extranet, Federated Network, Collaborative Network) werden häufig auch als „Virtual IP-Netzwork" bezeichnet und repräsentieren eine wesentliche Komponente für eine effiziente und effektive prozessorientierte Organisationsstruktur. Intra- und Extranet basieren zwar auf der Internet-Technologie; sie sind jedoch „geschlossene" Netze, so dass ein wesentlicher Teil der Sicherheitsproblematik des Internet nicht relevant wird (beispielsweise der Einsatz definierter Sicherheitsstufen, Verschlüsselungsalgorithmen etc.). Die Architektur eines Intranet erfordert allerdings einen hohen administrativen Aufwand sowie die Berücksichtigung aller Komponenten (Hard- und Software, Betriebssysteme etc.). Intra- und Extranet mutieren somit zwangsläufig zur „Drehscheibe" für die Verteilung von Daten, Informationen und Wissen innerhalb und zwischen Unternehmungen. Aus informationstechnologischer Sicht sind derzeit diese Netzstrukturen realisierbar – allerdings bestehen noch einige erhebliche Problemfelder bzw. Mängel zum Beispiel in den Bereichen

- Management-Werkzeuge (Tools bzw. Kits) für das jeweilige Netzwerk,
- Datensicherheit hinsichtlich der Zugriffsmöglichkeiten (SSL vs. Firewall-Systeme, Abhängigkeit vom Sicherheitsverständnis der MitarbeiterInnen etc.) sowie
- Migration von IP zu IPX, Umstellung von TCP/Ipv4 auf TCP/Ipv6[21] hinsichtlich des verfügbaren Adressraumes.

Ein wichtiges Modul für den Systembetrieb sowie die Stabilität (Zuverlässigkeit, Performance etc.) ist das Netzwerkmanagementsystem. Dieses sollte neben einem umfangreichen Repertoire vorkonfigurierter Steuerungs- und Administrationsfunktionen auch Werkzeuge zur Anpassung und Erweiterung des Anwendungsbereiches (zukünftige Implementierung von Applikationen, Modulen etc.) besitzen. Letzteres setzt die Existenz einer Vielzahl von Schnittstellenoptionen für heterogene Module sowie die Aufwärtskompatibilität bei Strukturveränderungen bzw. -erweiterungen und die Skalierbarkeit voraus. Erforderlich ist des Weiteren ein proaktives, regelbasiertes Performance- und Ereignismanagement mit entsprechenden Discovery-Funktionen für Inventarisierung und Klassifizierung der Netzkomponenten und -module (per SNMP)[22] sowie für die Anpassung sich verändernde Geschäftsprozesse voraus. Schließlich müssen dem Netzwerkadministrator Werkzeuge für die Software-Verteilung und Applikationsüberwachung sowie zur Überwachung der „Service-Level-Agreements (SLA)" zur Verfügung stehen. Zur Gewährleistung der Datensicherheit ist ein informationstechnologisches Sicherheitskonzept mit abgestuften Kriterien bzw. Anforderungen für die jeweiligen Ebenen bzw. Bereiche zu erstellen. Dieses umfasst neben den technologischen Sicherheitsvorkehrungen auch organisatorische Maßnahmen sowie die sich wiederholende Schulung der Nutzer. Die Wirkungsweise dieses Konzeptes ist zwangsläufig von der Akzeptanz der Nutzer wesentlich abhängig.

Eine Weiterentwicklung der derzeitigen physikalischen Netzwerkarchitekturen werden *neuronale Netze* mit integrierten Quantenrechnern sein, bei denen Elektronen die Träger der Daten bzw. Informationen sind – genutzt wird dabei die „Drehrichtung" des Elektrons („Spice"), die entweder links- oder rechtsorientiert ist. Derartige Netzwerke implizieren die Trennung von (Verkehrs-)Infrastruktur und geographischem Bezug – analog zur physikalischen Relativitätstheorie von Einstein mit ihrer Auflösung von Raum und Zeit. Sie determinieren fast zwangsläufig die Zerstörung bürokratischer, tayloristischer Strukturen und führen zu web-ähnlichen, demokratischen Strukturen, da der Inhalt eines Dokumentes wichtiger als der Absender ist.

Im Idealzustand nähert sich die Interaktion mit den informationstechnologischen Systemen (Mensch-Maschine-Kommunikation) der natürlichen, sprachlichen Mensch-Mensch-Kommunikation an[23]. Allerdings sind derzeit die Fragestellungen hinsichtlich Standardisierung, Sicherheit und Gebrauchsfähigkeit noch nicht beantwortet. So führt beispielsweise die „lückenlose" Einbindung von Handy's oder PDA's aufgrund der erheblichen Sicherheitsmängel ihrer Betriebssysteme zu kaum lösbaren Problemen. Diese vernetzte Kommunikation mittels eines effizienten, flexiblen und multimedialen Systems führt zwangsläufig zur „ständigen Erreichbarkeit" und generiert dadurch zusätzliche (zeitintendierte) Stressfaktoren, weil die persönlichen Ruhe- und Freiheitsräume aufgrund der Verschmelzung von realen und virtuellen Welten kleiner werden. Damit kann der Mensch an seine psychischen Belastungsgrenzen stoßen[24]. Zynisch überpointiert ergibt sich hierdurch die zeitdiktierte „24/7-Gesellschaft" (24 Stunden zu 7 Tagen) mit sich ständig verändernden komplexen Netzwerken informationstechnologischer sowie interpersoneller Beziehungen und Aktivitäten auf der Suche nach einer Hypereffezienz.

3.1.3 Dezentrale (verteilte) Daten- und Informationsverarbeitung

Dezentrale Strukturen bzw. die verteilte Daten- und Informationsverarbeitung sind quasi eine zwingende Voraussetzung für ein effizientes Informations- und Wissensmanagement. Sie wird in Veröffentlichungen häufig mit Begriffen wie „DDP"[25], „Downsizing"[26], „Upsizing"[27] oder „Rightsizing"[28] versehen und ermöglicht auf Grund der Begriffsvielfalt und – auch bei gleichen Begriffen – semantischen Unterschiede kaum, eindeutige Strukturen zu definieren. Allerdings lassen sich drei generelle Strategien für eine Dezentralisierung unterscheiden:
   a) Ersatz eines Mainframe-Rechners durch kleinere, leistungsstarke Rechner.
   b) Ersatz des Mainframe-Rechners durch mehrere kleinere, vernetzte Rechner („Clusterbildung„).
   c) Auslagerung von Anwendungen auf vernetzte PC'- bzw. Workstations, um das „Wachsen" des Mainframe zu begrenzen (Client/Server- bzw. n-tier-Architektur).

Im ersten Fall wird der Zentralrechner durch mehrere autonome „Kleinrechner" ersetzt. Grundlage hierfür ist, dass die klassische Differenzierung nach der Rechnerleistung in Mini-, Mikro- und Zentralrechner auf Grund sowohl des Preisverfalls als auch der letztlich exponentiell gestiegenen Leistungsfähigkeit nicht mehr aufrechterhalten werden kann. Sowohl diese Verbesserung der Relation zwischen Rechnerleistung (Mips) und Beschaffungskosten, die Skalierbarkeit dieser Systeme als auch die bedarfsgerechte Konfigurationsfähigkeit der Hardware-Plattformen kann zur Kostenreduzierung führen. Allerdings ist bei dieser Art des Downsizing auf der Grundlage preiswerterer Hardware zu berücksichtigen, dass die vorhandene – proprietäre – Software ersetzt werden muss.

Die zweite Vorgehensweise ist nur möglich, wenn jedes „Cluster" ein in sich abgeschlossenes Aufgabenspektrum autonom erledigt und zwischen diesen „Inseln" nur ein geringfügiger Datenaustausch erforderlich ist.

Bei der Client-Server-Architektur als drittem Strategieansatz bleibt der Zentralrechner zwar erhalten, wird jedoch auf folgende Funktionsbereiche „begrenzt":
   ◌ Bearbeitung großer Datenmengen,
   ◌ batch-Verarbeitung,
   ◌ umfangreiche OLTP-Anwendungen,
   ◌ Datenbankfunktionen.

Die Erledigung der arbeitsplatzbezogenen Funktionen und Applikationen erfolgt auf PC's bzw. Workstations als „Clients". Diese sind im Sinne des Groupwork-Computing miteinander vernetzt, wobei sogenannte „Server" (Workstations bzw. leistungsstarke PCs) sowohl das Netzwerkmanagement als auch die Verbindung zum Mainframe realisieren. Derartige Client-Server-Architekturen werden häufig mit dem Attribut der „Offenheit" gleichgesetzt – dies impliziert allerdings nicht nur die physikalische Vernetzung von Arbeitsplatzrechnern und Server, sondern auch die Dezentralisierung von Informationshaltung und -verarbeitung, Rechnerleistung und Ressourcen.

Eine Weiterentwicklung der Client-Server-Architektur repräsentiert in gewisser Beziehung das Network-Computing (n-tier-Architektur), bei dem die Verarbeitung mächtiger Applikationen vom PC auf den Applikationsserver transferiert wird. Hierdurch mutiert der PC zum „Thin Client", so dass der administrative sowie der Wartungsaufwand geringer werden[29], was zu günstigeren TCO-Strukturen[30] führt. Gekennzeichnet wird die n-tier-Architektur als kollaborative, mehrschichtige Systemstruktur[31] durch

- Browserbasierende Thin Clients (PC) als „Front Ends".
- die Verarbeitung erfolgt auf dem Applikationsserver.
- mehrschichtige Software-Architekturen.
- eine auf der Internettechnologie basierende Infrastruktur sowie
- auf Java- bzw. Microsoft-Technik basierende Anwendungskomponenten.

Um die Kosten für Konzeption, Installation und Wartung dieser komplexen Architekturen kalkulierbar gestalten zu können, bieten sich verschiedene Formen des „Outsourcings" an – vor allem dann, wenn die Beherrschung dieser Technologien nicht zu den Kernkompetenzen der Unternehmung gehört. Neben der allumfassenden Lösung des „Business Process Outsourcing", bei der nicht nur der informationstechnologische Anteil, sondern der vollständige Geschäftsprozess auf Dritte übertragen wird, kann auch eine vollständige Ausgliederung der gesamten IT-Aktivitäten (einschließlich Personal, Betrieb von Hard- und Software sowie Weiterentwicklungen) erfolgen. In abgestufter Form können überdies Teilleistungen auf der Grundlage von „SLA's" oder spezifische Applikationen im Rahmen des „Application Providings" auf Dritte übertragen werden. Eine Untergruppe hiervon ist schließlich das „Application Service-Providing" sowie die „Web Services", bei denen von den Clients keine Daten, sondern Wissens- und Kommunikationsinhalte von den vernetzten Servern abgerufen werden. Letztere kommunizieren ebenfalls untereinander. Dies ermöglicht es, unterschiedliche Systeme miteinander zu verbinden und somit Wertschöpfungsketten variabel und objektabhängig sowohl zu generieren als auch spontan aufzulösen. Die Entscheidung über den Umfang des „Outsourcings" ist letztlich davon abhängig, inwieweit diese Prozesse zum einen zu den Kernprozessen und -kompetenzen des Unternehmens gehören und ob zum anderen das notwendige Personal vorhanden bzw. zu wirtschaftlichen Konditionen rekrutierbar ist.

Im Rahmen der Dezentralen Datenverarbeitung kann eine flexible Informations- und Kommunikationsstruktur aufgebaut werden, die einerseits bestehende Ressourcen und damit Investitionen zum großen Teil auch weiterhin nutzt und andererseits die Anpassungsfähigkeit an die differierenden und sich ändernden Bedürfnisse der Benutzer gewährleistet – dies bedeutet die Verteilung der Informationen und Applikationen auf bestehende bzw. hinzukommende Ressourcen. Dies erfordert jedoch die Einhaltung folgender Grundprinzipien bzw. „Standards":
- Einhaltung der X/Open Guidelines (bzw. derjenigen anderer herstellerneutraler Standardisierungsgremien)
- Festlegung auf herstellerneutrale, „offene" Betriebssysteme (zum Beispiel UNIX V gemäß der SVID[32] bzw. Windows oder LINUX)
- möglichst ausschließliche Anwendung der Programmiersprachen C bzw. C++ bzw. JAVA
- Einsatz von SQL-orientierten Relationalen Datenbanksystemen (d. h. Entkopplung der Datenhaltung von der Applikationslogik – in Abhängigkeit von der Komplexität der System- und Aufgabenstruktur sowie der Datenqualität auch auf der Grundlage verteilter Datenbanksysteme[33]).

Offene, vernetzte sowie verteilte Daten- und Informationsverarbeitungssysteme erfordern demnach standardisierte Schnittstellen zwischen sämtlichen Ebenen dieser Infrastruktur sowie einheitliche Benutzeroberflächen. Des weiteren ist es sinnvoll, anstelle der jeweils monovalenten – wenn auch „offenen" – Betriebssysteme für Rechner und Netzwerke „verteilte Betriebssysteme" einzusetzen, die Netze und implementierte Rechner als „logische" Einheit steuern können. Zwar können die „offenen" bzw. herstellerneutralen Betriebssysteme aufgrund ihrer modularen Struktur auf sehr vielen Hardware-Plattformen portiert werden; des weiteren realisieren sie sowohl die „Multi-user-" als auch „Multi-tasking"-Fähigkeiten, um sowohl das Teilnehmer[34]- als auch das Teilhaberprinzip[35] zu gewährleisten. Jedoch werden auch bei diesen „monovalenten" Betriebssystemen im Rahmen der Netzwerkarchitektur nur die Datenobjekte bzw. Objekte, die unmittelbar durch Datenobjekte abgebildet werden, „verteilt" – die entsprechenden Verarbeitungsprozesse laufen üblicherweise auf dem Rechner zu Ende, auf dem sie gestartet wurden. Die bisherige Funktionsbandbreite dieser Betriebssysteme ist daher nicht ausreichend, wenn
- Netze und involvierte Rechner (unabhängig von der Funktion als Client, Server oder Datenbank) als logische Einheit gesteuert werden müssen und
- Betriebsmittel eines Rechners sowohl von direkt angeschlossenen Terminals, von Rechnern des eigenen Netzes als auch von Clients bzw. Servern anderer Netze genutzt werden sollen (Interessenkonflikt zwischen lokaler und netzweiter Verfügbarkeit).

Durch die wachsende Komplexität der Protokoll-Stacks, Server, Clients, Services und Anwenderprogramme sowie der (noch) mangelnden Integrität zwischen Netzwerk- und Hardware-Betriebssystemsoftware sind allerdings Admi-

nistration, Kontrolle und Controlling der sich dabei ergebenden komplexen Netzwerkstrukturen kaum noch „handhabbar"[36]. Die Gesamtfunktionalität eines monolithischen Betriebssystems sollte daher durch die Konzeption eines „Verteilten Betriebssystems" erweitert werden. Es muss unter anderem insbesondere folgende Funktionalitäten besitzen:
- verteilte Verwaltung derjenigen Betriebssystemkomponenten, die sowohl lokale Objekte (Netzrechner) als auch globale Objekte, die über mehrere oder alle Knoten des Netzes lokalisiert sind, verwalten,
- Verwaltung und Kontrolle mehrerer physikalisch und von der Zugriffsstruktur unterschiedlicher Datenbanken,
- Verwaltung und Kontrolle der jeweiligen Zustände der involvierten Rechner
- verteilte Kontrolle der in den Netzen bzw. im Netzwerk parallel oder seriell verlaufenden Aktionen,
- Optimierung des Ressourceneinsatzes,
- Verwaltung und Kontrolle der einzelnen Netzzustände,
- Optimierung der Fehlertoleranz auf verschiedenen Schichten der Systemarchitektur,
- Realisierung der Schutzfunktionen hinsichtlich der Zugriffsrechte sowie dem Zugriff Unberechtigter.

Ein derartiges „Verteiltes Betriebssystem" muss sowohl den Benutzern als auch den Applikationen eine einheitliche Sicht aller im Gesamtsystem vorhandenen Ressourcen, unabhängig von ihrer Lokalisierung im Einzelnetz bzw. im Netzwerk, gewährleisten. Hierzu muss es die Betriebsmittel heterogener und unabhängiger Rechnerplattformen kontrollieren, verwalten und den Anwendern eine einheitliche Schnittstelle zur Verfügung stellen. Dies bedeutet unter anderem die „Vereinheitlichung" bzw. Konvertierung der jeweiligen Instruktionssätze und Datenrepräsentationen. Im Sinne eines „Customizing" bedeutet Transparenz in diesem Zusammenhang, dass alle Ressourcen im Netzwerk unabhängig von ihrer Lokalisation von Anwendern und Applikationen genutzt werden können und systemeinheitlich benannt sind, so dass der einzelne Anwender die Netzstruktur nicht zwangsläufig kennen oder gar „beherrschen" muss.
Im Umfeld der UNIX-Entwicklungen sind Vorläufer bzw. Ansätze für derartige „Verteilte Betriebssysteme" entwickelt worden, die in folgende vier Gruppen differenziert werden können[37]:
- VBS-Kerne mit einer sehr begrenzten Funktionalität (z.B. MACH von der Carnegie-Mellon-University sowie OSF/1),
- Integrierte Systeme (zum Beispiel Locus der Locus Inc., D-UNIX der Bell Lab., Birlix der GMD),
- Objektorientierte Systeme (zum Beispiel Argus vom MIT, Eden der University of Washington),
- auf einem Server-Pool beruhende Systeme (zum Beispiel das Cambridge Distributed Operating System).

Es muss allerdings angemerkt werden, dass die derzeit frei verfügbaren und kommerziell einsetzbaren „verteilten Betriebssysteme" die vorstehend angeführten Funktionalitäten noch nicht vollständig erfüllen. Für komplexe Client-Server- oder Networking-Architekturen bedeutet dies, dass sie in mehrere kleinere „Unternetze" zergliedert werden müssen, da relativ einfach strukturierte LAN's auch bei „monolithischen" Betriebssysteme beherrschbar sind. Dies hat zwangsläufig Auswirkungen auf die jeweilige Netzgröße sowie die Anzahl der eingebundenen „Clients" bzw. bei übergelagerten Netzen auf die Anzahl der eingebundenen Server „niedrigerer" Netzebenen. Eine derartige „Zerstückelung" führt zum einen zu längeren Zugriffszeiten bei Zugriffen über mehrere Netzebenen hinweg und zum anderen zu komplizierten Netzwerkstrukturen, so dass deren „Überschaubarkeit" reduziert wird.

Neben den „technologischen" Kriterien für verteilte Daten- und Informationsverarbeitungssysteme sind im Rahmen der Implementierung dieser Architekturen sowohl strategische als auch organisationale sowie mentale Anforderungen und Restriktionen zu beachten. Auf informationsstrategischer Ebene gilt daher, dass

- Struktur und Objekte der Geschäftsprozesse die informationstechnologische Architektur und Struktur determinieren,
- die zu Grunde gelegte informationstechnologische Strategie wertschöpfungsorientiert und nicht technikfokussiert sein muss,
- unter Beachtung der optimierten Kosten- und Nutzenkriterien eine „Roadmap" zu konzipieren ist (Abbildung der zukünftigen „informationstechnologischen Anwendungslandschaft" auf Grundlage aller konsolidierten aktuellen und zukünftigen IT-Anforderungen entlang der Geschäftsprozesse bzw. Wertschöpfungsketten),
- die Reduzierung der Komplexität durch Standardisierung, Vereinheitlichung sowie Harmonisierung erfolgen sollte,
- die Reduzierung der „TCO" Systemkompatibilität und -homogenität, einheitliche Releaseversionen der eingesetzten Applikationen sowie einem ganzheitlichen Lizenzmanagement bedingt,
- die Installation eines „IT-Governance" zur einheitlichen Führung, Steuerung und Controlling der Daten- und Informationsverarbeitung konzipiert werden muss.

Die Implementierung einer derartigen Architektur ist demnach nicht nur die strategische Neuentwicklung sowohl der administrativen als auch der operativen Datenverarbeitung. Sie erfordert vielmehr überwiegend auch die vorherige Reorganisation der Aufbau- und Ablauforganisation sowie die Homogenisierung von Organisations- und informationstechnologischer Struktur, weil das technische Leistungspotential einer verteilten Architektur bei ihrer Implementierung nicht schon per se zur wirtschaftlichen Rationalität und Effizienzsteigerung in der Unternehmung führt. Eine wesentliche – und häufig vernachlässigte – Determinante hierfür ist vielmehr die Qualität des gestaltungsbedürftigen organisatorischen Anwendungskonzeptes vor dem Hintergrund des betriebswirtschaftlichen und sozialen Kontextes der Organisation. Diesbezüglich hat in den vergangenen Jahren ein Paradigmenwechsel[38] stattgefunden – vom technologischen Determinismus zur Involvierung ethisch-humaner Wertvorstellungen und Ansprüche und damit zur menschengerechten Gestaltung der Arbeitsinhalte, -abläufe und -bedingungen. Das Paradigma des Einsatzes von Informationssystemen als Rationalisierungsstrategie auf der Grundlage eines Neo-Taylorismus[39] muss durch systemische und kommunikative Strategien ersetzt werden [40]. Hierunter ist zum einen die flächendeckende systemtechnische Unterstützung von Interaktions- und Kommunikationsprozessen sowie die „Vernetzung" der Problemlösungs-, Innovations- und Koordinationspotentiale der Mitarbeiter zu verstehen. Überpointiert können daher offene, verteilte Architekturen auch als komplexe Irrgärten der Informationstechnologie verstanden werden, an deren „Ausgang" sich die Information befindet. Zum anderen findet ein „Rollenwechsel" der Mitarbeiter statt: Sie werden „Subjekt" anstelle „Objekt" des Prozesses. Letzteres impliziert jedoch wiederum einige organisatorische Gestaltungsanforderungen[41]:

- Systemgenerierung als nutzungsoffene Infrastruktur
- Benutzersouveränität des Mitarbeiters
- Zeitsouveränität des Mitarbeiters (d. h. Entkopplung des betrieblichen Funktions- und Arbeitsablaufes vom individuellen Arbeitsrhythmus)
- direkte Interaktionsmöglichkeit des Mitarbeiters
- ganzheitliche Fallbearbeitung (d. h. Aufhebung funktionaler Hierarchien in der Organisation)
- Abkehr von der monolithischen, auf interne Prozesskomponenten ausgerichteten Organisationsstruktur zu einer dezentralisierten, „umweltorientierten" Struktur
- Involvierung der „Betroffenen" als „Beteiligte" von Beginn an in den Reorganisationsprozess, weil die Informations- und Kommunikationsstruktur Angelegenheit aller Mitarbeiter einer Unternehmung ist.

Gerade der letzte Aspekt darf nicht unterschätzt werden, weil derartige Reorganisationen bei einigen Mitarbeitern den Verlust von „Erbhöfen" auf Grund des Wegbrechens bisher proprietärer Wissensinhalte sowie dem Zwang zum Erwerben neuer Qualifikationen implizieren. Neben der fachlichen Qualifikation erfordert dieser Wandel auch den Erwerb organisatorischer und sozialer Kenntnisse im Bereich der Koordinierungs- und Kooperationsfunktionen bzw. -prozesse[42]. Weil die tradierten Ausbildungs- und Schulungssysteme diesen Sachverhalt nicht erfüllen, bedarf es neuartiger Weiterbildungskonzepte. Zudem müssen neue Arbeitszeitmodelle generiert werden, um sowohl den Konsequenzen der Arbeitszeitverkürzung einerseits als auch der Auslastung der kapitalintensiven Informationsverarbeitungssysteme andererseits gerecht werden zu können. Ziel sollte es analog zu Schumpeter sein, die Innovation als „kreative Zerstörung des Vorhandenen" zu verstehen – wenn man nicht gerade von der Auffassung begeistert ist, dass Chaos das neue Ordnungsprinzip einer Unternehmung ist. Das verlangt allerdings eine überwiegend organisational basierte Innovationsstrategie für die Unterstützung von Kommunikation und In-

teraktionen der Geschäftsprozesse. Die Zielsetzungen sind dabei neben der Abbildungsgenauigkeit und Unterstützung der Prozesse deren Effizienzerhöhung sowie die Kosten-Nutzen-Optimierung. Eine „rückwärts orientierte" Sicherung des Status Quo sowie der traditionellen Abläufe etc. ermöglichen nur zufällig und „planlos" die Prozessoptimierung. Zusätzlich müssen die Zielsetzungen operationalisiert und mit nachvollziehbaren quantifizierten bzw. metrisierten Ergebnisvorgaben sowie eindeutigen Zeit- und Kostenkriterien versehen werden, um sowohl ein „IT-Governance" als auch das „Lernen aus Fehlentwicklungen" zu ermöglichen und ganzheitlich definierte Zielvorgaben erreichen zu können. Weil die Investitionskosten häufig nur acht bis zehn Prozent der Gesamtkosten beinhalten, ist eine vorherige intensive Analyse der Kosten-Nutzen-Relationen unter Berücksichtigung der prozessualen Bedingungen notwendig. Hilfestellung dabei kann die Einbeziehung von „Service Value Agreements (SVA)" bzw. von Nutzungsprofilen anstelle der ausschließlich technologisch fokussierten „Service Level Agreements (SLA)" leisten. Erforderlich ist zudem neben der partizipativen Einbindung aller „Betroffenen" auch und vor allem deren Motivierung, Schulung und Qualifizierung, um die internen (inhärenten) Module der Strategie realisieren zu können – als Voraussetzung für die erfolgreiche Initiierung und Umsetzung der „extern" wirksam werdenden Strategiedimensionen. Diese Partizipation der Beteiligten beinhaltet allerdings auch die „Personalisierung" von Zuständigkeiten und Verantwortlichkeiten, um ein einheitliches, eindeutig strukturiertes und in sich konsistentes Daten- und Informationsmanagementsystem zu erhalten. Nur dann kann dieses die „Enabler-Funktion" intendieren, mithin die Unterstützung von Dominanz-, Balance- und Stimulanzfaktoren des Veränderungsprozesses.
Nach der bisherigen Diskussion der technologischen Grundlagen des Informationsmanagements soll nachfolgend die Konzeption und Architektur des unternehmensfokussierten Informationsmanagementsystems erläutert werden. Das umfasst zum einen die Datenbeschaffungs-, Verarbeitungs- und Aggregationskomponenten, um auf Basis der unternehmerischen „Legacy-Systeme" – analog zur Triade „Daten – Informationen – Wissen" – die notwendigen Daten- und Informationsgenerierungsprozesse realisieren zu können. Neben dieser funktionalen Dimension beinhaltet das Informationsmanagement jedoch auch eine prozessuale Dimension. Sie repräsentiert die Module und Komponenten, die zur Unterstützung und informationstechnologischen Steuerung der Geschäftsprozesse erforderlich sind (vgl. Abb. 20). Zuerst soll diese als „Enterprise-Process-Integration" bezeichnete Prozessdimension erläutert werden. Im Anschluss hieran erfolgt die Beschreibung der sich hieraus ergebenden informationstechnologischen Architektur auf der Informationsbeschaffungs- und verarbeitungsebene, definiert als „Enterprise Business Intelligence". Dieser vor dem Hintergrund der inhaltlichen Zielsetzung dieses Buches erfolgte Versuch einer Strukturierung und inhaltlichen Abgrenzung der Dimensionen „Informationsprozess" sowie „Informationsverarbeitung" führt zum einen zur Involvierung neuer Akronyme. Es impliziert andererseits auch, dass einige der nachfolgend verwandten Begriffe nicht immer semantisch identisch mit den in (Marketing-) Veröffentlichun-

gen genutzten Termini sind. Diese Strukturierung erfolgt des Weiteren auch in Kenntnis der „Konvergenztheorie", der gemäß – vor dem Hintergrund der Web-Technologie – alle Verfahren, Techniken, Methoden und Applikationen zu einem offenen, heterogenen System zusammenfinden werden.

3.2 Die informationstechnologische Prozessunterstützung (Enterprise Process Intelligence)

Bis in die 90er Jahre des 20. Jahrhunderts wurde die informationstechnologisch basierte Prozessintegration im Unternehmen häufig mit den EDI-Systemen[43] im Rahmen von Dokumentenaustausch sowie der Standardisierung des Nachrichtenaustausches (zum Beispiel Edifact) gleichgesetzt.

Diese fast ausschließlich „byte-orientierten" Transfermethoden im Rahmen der unteren Schichten des OSI-Modells können zwangsläufig prozessorientierte Strukturen nur geringfügig unterstützen. Die hierzu erforderlichen informationstechnologischen Module sollen nachfolgend diskutiert werden (vgl. Abb. 21).

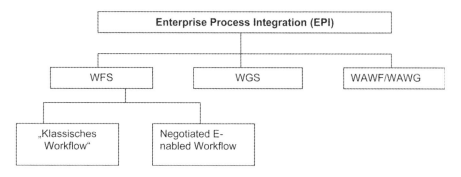

Abb. 21: Die Prozessdimension des Informationsmanagements

Diese repräsentieren gewissermaßen eine Kombination von Network Computing und dem „Cooperative Processing"[44] und implizieren zwangsläufig wesentlich weitergehende Anforderungen an die Informationstechnologie. Zu berücksichtigen ist jedoch, dass prozessorientierte, vernetzte Strukturen weder kompatibel noch fungibel zu monolithischen Hard- und Softwarestrukturen und -systemen sind, weil deren Parametrierung sowie „starre" bilaterale Verknüpfung der Anwendungen auf der Grundlage des „Point to Point-Ansatzes" der geforderten Flexibilität nicht genügen kann. Überdies werden bei der „klassischen" Datenverarbeitung die Daten zentral und „passiv" gehalten und synchron sowie seriell und sequentiell im Rahmen vorgegebener Ablaufstrukturen verarbeitet. Sie werden gespeichert und versandt, nicht jedoch inhaltlich genutzt bzw. für unterschiedliche entscheidungs- bzw. wissensorientierte Anforderungen aufbereitet. Schließlich sind sie vor allem auf Einzelplatzlösungen fokussiert und sollen durch Automatisierung und Effizienzsteigerung isolierter

Tätigkeiten (-bereiche) eine intrapersonelle Unterstützung leisten. Dies impliziert zwangsläufig nur die „mechanische" Abbildung gewohnter Vorgänge, nicht jedoch die innovative sowie grundsätzliche Veränderung bestehender Strukturen.
Der Einsatz der „klassischen" Datenverarbeitung führte somit zwangsläufig dazu, dass die „Büroarbeit" heute nicht effizienter als in den 70er Jahren ist, was durch vielfältige Untersuchungen belegt wird und zu einem „Produktivitätsparadoxon"[45] führte. Die exponentiell gesteigerte Leistungsfähigkeit der Rechner[46] hat bislang kaum Auswirkungen auf die Effektivität der Abläufe gezeigt, weil die Software zum einen nicht an die intra- und interpersonelle Arbeitsweise angepasst ist und daher einen sehr hohen Koodinierungsaufwand erfordert. Zum anderen sind die Programme nicht ohne ausreichende Kenntnisse der enzyklopädiehaften Nutzerhandbücher mit ihrer Unmenge an verwirrenden Symbolen einzusetzen; Rechengeschwindigkeit und Anzahl der potentiell durchzuführenden, in ihrer Gesamtheit jedoch selten benötigten Funktionen werden offenbar höher eingestuft als die Bedienbarkeit, so dass gigantische, universell einsetzbare Programme anstelle genau definierter und abgegrenzter Anwendungen entstanden sind: Ästhetik dominiert vor einfacher Nutzanwendung, Programmkomplexität vor konstruktivem, interaktivem Mensch-Maschine-Dialog[47].
Zur interaktiven Prozessunterstützung sind jedoch Software-Module erforderlich, die funktions- und standortübergreifende Arbeitsprozesse asynchron, ageographisch und ohne Medienbrüche unterstützen und somit projekt- bzw. aufgabenbezogene Koordinierungsfunktionen übernehmen und hierdurch die logisch integrierten Funktionsfolgen ohne Zeit- und Strukturbrüche unterstützen. Auf der Basis ganzheitlicher Aufgabenerledigung besitzen sie sowohl eine Unterstützungsfunktion als auch die eines Vehikels für Prozesstransparenz und -management und repräsentieren dadurch das „backbone" einer „lernenden Organisation". Sie sind somit Teil einer ganzheitlichen, die gesamte Unternehmung einbeziehenden Betrachtungsweise von Abläufen und deren informationstechnologischer Unterstützung durch die Vernetzung der Arbeitsplatzwelten, also einer *interpersonellen* Unterstützung. Diese personen- und funktionsübergreifende Betrachtung komplexer Abläufe in der Unternehmung ist somit Teil des systematischen Managements der Geschäftsprozesse, das die Analyse, Modellierung, Optimierung und Realisierung dieses „Business Process Engineering Life Cycle" umfasst. Letztere verlaufen häufig „quer" zu den klassischen Organisationsstrukturen und berücksichtigen nur selten die Schnittstellen zur Umwelt, so dass der Dokumenten- und Informationsfluss nicht parallel zur Wertschöpfungskette verläuft. Zielsetzung muss demnach die Förderung einer optimalen Zusammenarbeit der Gruppenmitglieder durch die Steuer- und Planbarkeit der Prozesse im Sinne einer „lernenden Organisation", einer internen und selbständigen Prozessevolution und -evaluierung, sein. Gleichzeitig muss jedoch ein Höchstmaß an Entscheidungsfreiheit für das einzelne Gruppenmitglied sowie die offene und freie (nicht formalisierte) Kommunikation gewährleistet werden. Dies verlangt nicht die Optimierung der einzelnen Funktion, sondern

vielmehr die des Funktionsnetzwerkes, so dass hierdurch eine kontinuierliche Prozessverbesserung ermöglicht wird, bei der die Verbesserungsvorschläge – unabhängig vom Status des Vorschlagenden – schnell und flexibel integriert werden können.

In den vergangenen Jahrzehnten sind für derartige prozessunterstützende Systeme Begriffe wie „Computer Supported Groupwork", „Workflow Computing bzw. -Management" bzw. „Work-Group Computing" geprägt worden. Das erste dieser derartigen Konzepte wurde Ende der 60er Jahre von D. Engelbart[48] unter der Bezeichnung „Computer Supported Cooperative Work-CSCW" vorgestellt. Das erste allgemein einsetzbare System entwickelten in den 80er Jahren T. Winograd und F. Flores unter dem Namen „Cooperator", dessen Fokus auf die Optimierung formalisierter Geschäftsprozesse sowie die straffe Koordination von Gruppenarbeitsprozessen gerichtet war. Derzeit marktgängige Weiterentwicklungen sind beispielsweise „Teammate", „Groupwise", „Exchange" und „Notes" als Basissoftware für Informationsverteilung, Kommunikation, Prozesssteuerung (Planung und Kontrolle) sowie Projektmanagement. Hierdurch soll die Strukturierung, Optimierung und Kontrolle komplexer Unternehmensprozesse unterstützt und verbessert sowie für alle Prozessbeteiligten transparent werden.

Im Schrifttum ist derzeit unter der Rubrik „Groupware" eine Vielzahl entsprechender Termini zu finden, die jedoch teilweise mit divergierenden oder sogar einander diametral gegenüberstehenden Inhalten versehen werden. Diese nur schwer nachvollziehbare Begriffs- und Konzeptvielfalt ruft manchmal schon eher den Eindruck einer zwar marketingorientierten, jedoch an und für sich „sinnentleerten Ziellosigkeit" anstelle der eines Indikators für Komplexität und Vielfalt hervor. Die wenigen vorhandenen Differenzierungsansätze unterscheiden häufig zwischen Workgroup- und Workflow-Systemen sowie synchronen bzw. asynchronen Anwendungen bzw. Werkzeugen und „pendeln" somit zwischen Groupware- und Workflow-Funktionalitäten.

Für dieses umfassende, die gesamte Unternehmung mit unterschiedlichen Prozessen unterstützende informationstechnologische System soll in dieser Arbeit als Arbeitstitel der Begriff der „Enterprise Process Intelligence" (EPI) verwandt werden; die einzelnen Applikationen, Verfahren etc. sind demnach Module dieses multifunktionalen, ganzheitlichen Systems[49]. Im Fokus steht anstelle der isolierten Betrachtung der einzelnen Funktionen und Funktionalitäten sowie deren (meistens separierten) informationstechnologischen Unterstützung eine ganzheitliche, integrative informationstechnologische Unterstützung sowohl aller Geschäftsprozesse als auch deren Einzelaktivitäten. Letzteres ist zwangsläufig nicht identisch mit dem Objekt von Reorganisationsprozessen bzw. -verfahren (zum Beispiel BRE), sondern besitzt „nur" instrumentellen Charakter bei der Realisierung bzw. Umsetzung prozessorientierter Strukturen. Das EPI bzw. seine Module repräsentieren demnach die informationsstrukturellen Komponenten der Geschäftsprozesse, um diese effizienter und „schlanker"[50] zu gestalten und gleichzeitig die Flexibilität der Organisation zu erhöhen.

Die Workflow-Systeme (WFS) als Element des EPI werden zur informationstechnischen Unterstützung und Instrumentalisierung strukturierter, formalisierbarer, gering innovativer und häufig wiederkehrender Prozesse, die demnach einen hohen Replikationsgrad besitzen, eingesetzt. Sie repräsentieren gleichsam die Transformation des Fließbandprinzips der Produktion auf die Administration bzw. den Bürobereich. Generell unterscheidet man daher zwischen dem Collaborative-WFS zur Unterstützung von Team- oder Gruppenarbeitsprozessen, dem Administrative-WFS für strukturierte Routineprozesse sowie dem Production-WFS, durch das eindeutig definierte und strukturierte Kernprozesse gesteuert werden. Das setzt zwangsläufig definierte, hochvolumige Kernprozesse voraus: Ablauf-(Prozess-)strukturen, Funktionen, Aufgabenträger, Kompetenzen, Entscheidungsgrundlagen sowie -freiheitsgrade als auch In- und Output müssen bekannt, beschrieben und abgebildet werden. Überdies müssen die Prozessstrukturen vorher analysiert, modelliert und optimiert werden (Prozessmanagement), um eine ausschließliche „Digitalisierung" bzw. „Elektrifizierung" zu vermeiden. Im Rahmen der Geschäftsprozessanalyse und -modellierung ist es daher wesentlich, neben der Identifizierung der einzelnen Geschäftsprozesse auch deren zentralen Aktivitäten und Funktionen zu definieren und hierauf basierend die Struktur der Prozesse zu analysieren. In einem weiteren Schritt werden die Objekte der Prozesse sowie ihre Merkmale und Zustände untersucht sowie diejenigen Ereignisse bestimmt und beschrieben, die sich aus den Zuständen ergeben. Zu beachten ist im Verlauf von Prozessmodellierung und -management, dass

- keine „theoretischen", sondern reale Prozesse analysiert, modelliert und angepasst werden,
- die Modellierung eine ständige Anpassungsfähigkeit bei der Veränderung bestehender Geschäftsprozesse ermöglicht,
- neue Geschäftsprozesse in die bestehende Struktur einfach und konsistent implementiert werden können sowie
- das Funktionswissen parametrisierbar ist.

Durch die WFS wird die digitale Verknüpfung von Teilaufgaben bzw. -funktionalitäten eines Geschäftsprozesses im Rahmen eines logisch strukturierten Ablaufes erreicht. Gleichzeitig erfolgt die Festlegung, wer welche Teilfunktionalität mit welchen Arbeitsmitteln und welchen Informationen durchzuführen hat. Dabei kann eine Aufgabe in mehrere Teilfunktionalitäten aufgeteilt werden[51]. Durch die Einbindung digitaler Kontrollmechanismen (virtuelle, Workflow-Manager) wird die logische Reihenfolge der Aufgabendurchführung gesteuert, überwacht und dokumentiert, so dass weder Arbeitsschritte noch Teilfunktionalitäten oder Dokumente bzw. deren Inhalte „übersehen" werden können. Involviert sind daher in ein derartiges System eine große Anzahl kommunizierender Komponenten, die jeweils eine Anwendung repräsentieren. Diese sind teilweise sichtbar (zum Beispiel wie die Benutzeroberfläche), teilweise laufen sie diskret im Hintergrund ab (beispielsweise Datenbankzugriffe, Dokumentensuche und -bereitstellung). Eine Standardisierung und Automatisierung routinebehafteter Geschäftsprozesse impliziert eine wesentliche Kostenreduzierung[52] vor allem in den Bereichen Auftragsverarbeitung[53], Logistik und Marketing. Zudem wird bei asynchronen und ageographischen Geschäftsprozessen Effizienz und Effektivität erhöht, weil einerseits Medienbrüche sowie Transaktionskosten in Form von Zeit- und Arbeitsaufwand reduziert sowie alle erforderlichen Ressourcen bei jedem Arbeitsschritt bereitgestellt werden und andererseits die Prozessstruktur optimiert wird. Schließlich wird die Implementierung neuer Geschäftsprozesse sowohl beschleunigt als auch vereinfacht, da die BMA-Methode (Business Management Adjusting) zur Optimierung der Workflow-unterstützten Prozesse ein integraler Bestandteil ist. Eine „Zwitterstellung" nimmt dabei das „Negotiated Enabled Workflow-System" (NEW)[54] ein, das eine iterative Modellierung bei innovativen, jedoch strukturierbaren Prozessen realisiert – sonst jedoch die übrigen Module und Verfahrensabläufe der klassischen WFS verwendet. Aus der nachfolgenden Abbildung können beispielhaft die strukturellen Interdependenzen zwischen funktionaler Aufbauorganisation, Prozesslogik sowie Prozesshistorie entnommen werden.

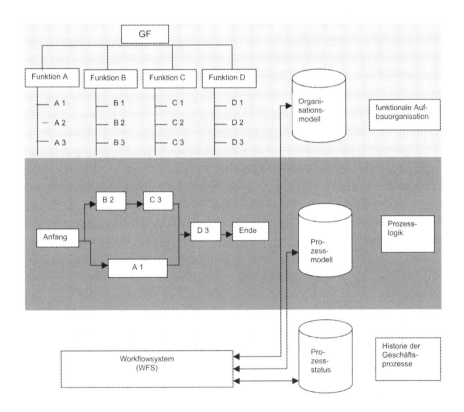

Abb. 22: Die Architekturdimension einer Workflow-Anwendung[55]

Gegenstand eines Workflow-Systems darf zwangsläufig nicht nur die Optimierung des Dokumententransportprozesses, sondern vielmehr die Optimierung des Prozessablaufes sein, bei der die Informationen und Dokumente regelgesteuert den einzelnen Arbeitsschritten zugeführt werden. Gleichzeitig werden die einzelnen Prozessphasen über hierarchische, funktionale und mediale Grenzen hinweg automatisiert, gesteuert und kontrolliert, so dass anstelle strenger Arbeitsteilung nunmehr jeder Mitarbeiter von jedem Arbeitsplatz aus als kompetenter „Generalist" erscheinen kann[56]. Allerdings können durch WFS nicht per se optimierte bzw. „schlanke" Abläufe generiert werden, weil sie instrumentell nur existierende Prozesse abbilden (replizieren) – vorausgehen müssen daher grundsätzlich aufbau- und ablauforganisatorische Prozessoptimierungen mittels einer Funktionsanalyse des Gesamtprozesses sowie einer Interdependenzanalyse der einzelnen Arbeitsabläufe bzw. der einzelnen Arbeitsschritte[57].

Mittlerweile repräsentieren diese Systeme eine wesentliche Komponente im Bereich des E-Business, da mittels einfach gestalteter „Formulare" als Benutzeroberfläche komplexe Ablaufprozessstrukturen „abgebildet" werden können. Ermöglicht wird dies sowohl durch die Trennung der Prozesslogik von der Daten- und Applikationsebene als auch durch die Möglichkeit eines „Process-Cloning". Die sich aus der Implementierung von Workflowsystemen ergebenden Vorteile für die Durchführung von strukturierten Prozessabläufen sind unter anderem:

- Rationalisierung durch informationstechnologische, digitale Ablaufautomatisierung (Push-Prinzip),
- Aufhebung der Medienbrüche durch einheitliche und digitale Bewirtschaftung aller Daten, Informationen und Dokumente,
- Verbesserung von Prozesseffektivität und -effizienz,
- Erhöhung der Prozessqualität durch verbesserte Steuerung und Kontrolle,
- Verbesserung der Dokumentation,
- automatische Verteilung, Bearbeitung und nachprüfbare Weiterleitung von Graphiken, Tabellen, Zeichnungen und Dokumenten,
- schnelle Ermittlung des aktuellen Status und Bearbeitungsortes eines Dokumentes (Kontrolle der Bearbeitungsschritte),
- Unterstützung des Prozessmanagements sowie
- Aggregation und Optimierung von Personal- und Informationsressourcen zur Erledigung der Aufgabe.

Nicht zu übersehen sind jedoch auch die hierdurch implizierten Nachteile:
- Die Individualität und Personenbezogenheit der Abläufe lässt sich durch Standardprogramme nur unzureichend nachbilden; eine individuelle Modellierung ist jedoch sehr aufwendig.
- Die Prozessabläufe sind relativ kurzlebig, so dass das WFS ständig anpassungsbedürftig ist.
- Die derzeit existenten WFS-Produkte basieren überwiegend auf dem Dokumentenmanagement; diese Dokumente bilden jedoch die Objekte der Arbeitsabläufe nur unvollständig ab.
- Die inhärenten Systemrisiken (zum Beispiel Ausfall, Backup, Recovery, Redundanz) können bei automatisierten Prozessabläufen zu Beeinträchtigungen und Störungen führen.

Derartige Systeme repräsentierten bis vor kurzer Zeit noch homogene, branchenorientierte Lösungen, die sowohl von der Geschäftsprozess- (ERP) als auch der Applikationslogik (EAI) abgekoppelt waren und daher aufwendige Fachanwendungstransformationen implizierten. Inzwischen gibt es jedoch Systeme, die analog zur Prozesslogik strukturiert sind und die Integration anderer Applikationen gewährleisten bzw. in diese integriert sind, so dass sich relativ einfach repetitive Strukturen mit Standardanwendungen aggregieren lassen. Angeboten werden diese Systeme sowohl von ERP-Lieferanten (zum Beispiel SAP, Baan) als auch Plattformanbietern (beispielsweise Siemens, IBM) bzw. dedizierten Herstellern. Diese genügen jedoch (noch) nicht den eingangs beschriebenen Anforderungen an Systemoffenheit (zum Beispiel Interoperabilität, Portabilität, Migrationsfähigkeit), weil sie geprägt werden durch

- herstellerspezifische Prozessdefinitionswerkzeuge und -formate,
- unterschiedliche Workflow-Engines auf proprietären Betriebssystemen und Datenbanksystemen mit proprietären Schnittstellen sowie
- Spezialisierung auf singuläre Funktionsanforderungen (zum Beispiel Production WF, Administrative WF), die untereinander inkompatibel sind.

Um die Interoperabilität und Portierbarkeit der auf dem Markt befindlichen Workflow-Systeme[58] in heterogenen Umgebungen ermöglichen zu können, wurde seitens der im August 1993 gegründeten „Workflow Management Coalition" ein Workflow-Referenz-Modell mit fünf Modulen des „Workflow Enactment Service" als zentralem Element generiert:
1. Process Definition Tools zur Analyse, Beschreibung und Modellierung von Geschäftsprozessen.
2. Workflow Clients Applications zur Implementierung standard- oder applikationsbezogener Werkzeuge für die Prozessausführung.
3. Invoked Applications zur Implementierung von „Drittapplikationen" beim Endnutzer.
4. Other Workflow Enactment Services zur Implementierung weiterer Workflow engines (zum Beispiel Runtime-Erweiterung).
5. Administration and Monitoring Tools, um die Administrations- bzw. Monitoring-Tools eines Herstellers mit der Workflow Enactment Service Engine eines oder mehrerer anderer Hersteller zu gestalten.

Zusammenfassend ergibt sich, dass die derzeitigen Workflowsysteme bei Geschäftsprozessen mit den Kriterien „hohe Strukturierbarkeit", „hohe Formalisierung" und „geringer Innovationsgrad" (Reduzierung auf „Kernprozesse") einsetzbar sind. Sie sind deshalb derzeit nur für kleine, abgrenz- und überschaubare sowie relativ einfach strukturierte Prozesse geeignet. Einschränkend ist zudem anzumerken, dass die kommerziell erhältlichen Workflowsysteme[59] bislang noch auf spezifischen Plattformen basieren, so dass alle Nutzer über eine spezifische Client-Software verfügen müssen. Zudem umfassen sie vorstrukturierte Modelle und Abläufe, die unternehmensspezifische Anpassungen erforderlich machen. Letztere werden zum Teil durch spezifische Entwicklungsumgebungen und Tools (Abbildung von Organisationsstrukturen, Modellierung von Abläufen) etwas erleichtert. Letztlich erfüllen sie jedoch damit weder die an „offene" Systeme gestellten Anforderungen noch diejenigen im Rahmen der oben beschriebenen Prozessunterstützung.

Workgroup-Systeme (WGS) demgegenüber unterstützen die kooperativen Funktionen in Arbeitsgruppen mit unstrukturierten, neuartigen und innovativen Aufgaben bzw. Prozessen durch entsprechende Werkzeuge, weil bei diesen Prozessen der Aufwand für eine vorherige Modellierung zu groß ist, um theoretisch alle denkbaren Prozessvarianten und -variationen zu berücksichtigen. Derartige Prozesse sind in der Regel interdisziplinär, also funktions- und bereichsübergreifend, teilweise auch unternehmensübergreifend angelegt. Ihr hoher Grad an Komplexität, Neuartigkeit und offener Kommunikationsfähigkeit lässt eine Strukturierung und Formalisierung nicht zu, so dass die informationstechnologische Unterstützung auf kommunikativer Ebene die Bereiche Kooperation und Koordination umfasst. Dabei soll sowohl individuell als auch gruppenbezogen der gemeinsame Zugriff auf redundante Daten, Informationen und Dokumente ermöglicht werden. Außerdem sollen die virtuelle Teambildung sowie virtuelle Organisationskonfigurationen asynchron und ageographisch ermöglicht werden. Derartige Systeme repräsentieren demnach eine situativ unterschiedliche Menge integrierter Anwendungen und Werkzeuge, um sowohl die offene und uneingeschränkte Kommunikation (zum Beispiel E-Mail, Kalenderfunktionen, Diskussionsforen, Dokumenten-Sharing, Publishing, Replikationsmechanismen etc.) als auch die eigenständige Koordination der involvierten Teilnehmer zu unterstützen. Durch Workgroupsysteme sollen strukturierbare Funktionen (beispielsweise Kommunikation und Kollaboration) in sich selbst organisierenden Gruppen unterstützt werden, so zum Beispiel etwa im Rahmen des Prozessmanagements (Ressourcenverwaltung, Protokollierung, Ergebnisdarstellung etc.) sowie des Teammanagements (Effizienzerhöhung der Kommunikation, Zeit- und Aufgabenmanagement). Dies erfolgt sowohl beim „intragroup cooperating" als auch im Bereich des „intergroup cooperating", um die sogenannte „personal efficiency" nicht nur des isolierten Gruppenmitgliedes, sondern vor allem die Kooperationsfähigkeit im gesamten Netzwerk zu erhöhen. Dabei differenziert J. H. Bair die nachfolgenden vier kommunikativen Komplexitätsstufen:
1. Informing – anonyme, nicht personengerichtete Informationsweitergabe (zum Beispiel Yellow pages).
2. Coordinating – personenorientierte Kommunikation zur Nutzung gemeinsam verfügbarer Ressourcen (beispielsweise die Nutzungsabstimmung über periphere Systemelemente, Drucker etc.).
3. Collaborating – kollegiale Kooperation bei gemeinsamen Projekten (zum Beispiel Berichtsverfassung, bei der die Leistung des Einzelnen ersichtlich und bewertbar ist).
4. Cooperating – teamfokussierte Projektarbeit (bei der die individuelle Zielsetzung und Leistungserstellung dem Gruppenziel untergeordnet und nicht ersichtlich bzw. bewertbar ist).

Derartige Systeme ermöglichen die unternehmensweite Bereitstellung von Informationen im Rahmen einer aktenlosen „just-in-time"-Kommunikation unter Verwendung komfortabler Suchfunktionen sowie eines einheitlichen Zugriffs auf sämtliche Datenbanksysteme in Verbindung mit einem durchgängigen Dokumentenmanagement (-bearbeitung, -verwaltung, -archivierung). Sie ermöglichen überdies die Optimierung der innovativen Geschäftsprozesse auf einer strukturorientierten Abstraktionsebene durch Modellierung, Optimierung und Implementierung der Informationsstrukturen und -systeme als gemeinsamer Kommunikations- und Informations- bzw. Wissensbasis aller involvierten Nutzer. Die Gestaltungsprinzipien von Produktionsprozessen werden quasi auf den administrativen Bereich übertragen, wobei anstelle des Materialflusses der Informationsfluss im Fokus steht: Vernetzte Rechnersysteme übernehmen die Funktion von informationellen Produktionssystemen. Schließlich ermöglichen sie die Bearbeitung dispositiver Abläufe und Prozesse (beispielsweise wie die Planung) sowie – bei Intra- und Extranet-Einbindung – eine umfassende Replikation auf der Grundlage einer umfassenden Online-Kooperationsunterstützung (zum Beispiel conferencing, screen sharing, application sharing). Eine vollständige Prozessmodellierung würde diesbezüglich zu einem zu hohen Formalisierungsgrad für die involvierten Nutzer führen, so dass Innovationsfähigkeit und Kreativität „verwaltet" und somit sehr stark eingeschränkt würde.

Aufgrund der künftigen Dominanz der Internet-Technologie kann davon ausgegangen werden, dass die bislang proprietären Workgroupsysteme bzw. -plattformen durch auf der Internet-Technologie basierende Versionen ersetzt werden, ohne allerdings ihren „Mehrwertcharakter" als spezifische Applikation zu verlieren. Diese Versionen werden jedoch andere (neue) Strukturen erhalten, um

- die bislang statische und unpersönliche Informationsaufbereitung durch individuelle (nutzerbezogene) und dynamische Umgebungen zu ersetzen,
- die derzeit noch zentrale Datenhaltung durch eine im gesamten Netzwerk angesiedelte dezentrale zu ersetzen,
- die augenblicklich noch LAN-bezogene Ausrichtung durch eine WAN-(Internet-) orientierte zu ersetzen.

Kommerziell sind diesbezüglich schon „klassische" Workgroupsysteme in Addition mit einem Web-Browser erhältlich; dabei werden die MAPI[60]-Objekte von dem Web-Service dynamisch in HTML-Seiten umgewandelt. Diese auch als „Groupweb" bezeichneten Applikationen berücksichtigen zwar das Netzprotokoll TCP/IP, die HTML-Funktionalität sowie den Einsatz von Browsern. Sie sind dennoch im herkömmlichen Sinn weder offen noch in heterogene DV-Landschaften zu implementieren. Zudem sind die Verteilungs- und Zugriffsregelungen sowie das Problem der unzureichenden Datensicherheit noch nicht zufriedenstellend gelöst. Ein vollständig auf der Internet-Technologie basierendes Workgroupsystem muss daher zumindest die nachfolgenden Funktionalitäten erfüllen:

⊃ Ohne Anpassungen in eine heterogene Rechnerwelt und Netzwerkumgebung implementierbar sein.
⊃ heterogener Einsatz von WWW-Servern, um alle Funktionen des Internets/Intranets zu nutzen sowie Informationen ohne Migrationsprobleme sowohl aus dem Netz zu beziehen als auch in das Netz abzugeben.
⊃ Nutzung dynamischer Inter-/Intranetanwendungen durch
a) Standardmodule, um unternehmensweite DV-Anwendungen auf allen Rechnersystemen ohne zusätzliche Kosten bzw. Portierungsaufwand zur Verfügung stellen zu können.
b) Integration der Bürokommunikationssoftware in die Modellierung der Prozessabläufe bei Unterstützung durch HTTP, FTP, NNTP sowie HTML-Formaten.
c) Einbindung der dezentralen Datenbanken.
d) Zugriffsschutz und Datensicherheit.
e) Skalierbarkeit der Client-Server-Lösungen.
f) verteilte Datenverarbeitung (DDP als dezentrale DV).

Dies führt letztlich zum dritten Modul, den sogenannten „WAWF" (Wide-Area-Workflow) bzw. „WAWG" (Wide-Area-Work-Group), die die interorganisationale Kooperation mehrerer Workflow- bzw. Workgroupsysteme ermöglichen[61].
Ohne derartige Module wird ein effizientes Informationsmanagement bei virtuellen Organisationen nur stark eingeschränkt realisierbar sein.
Aus den bisherigen Ausführungen wurden die unterschiedlichen Attribute, Aufgaben- bzw. Einsatzgebiete sowie Zielsetzungen von WFS und WGS ersichtlich, die in der nachfolgenden Tabelle einander gegenübergestellt sind:

	WFS	**WGS**
Einsatzgebiet	Push-orientierte Unterstützung der Sachbearbeitung in formalisierbaren und strukturierbaren Prozessen	Pull-orientierte Unterstützung der multifunktionalen Gruppen- bzw. Projektarbeit bei gering oder nicht-strukturierten Prozessen
Zielsetzung	Be- und Verarbeitung von Daten, Informationen und Dokumenten auf der Grundlage einheitlicher und durchgängiger Standards	Unterstützung der Informationssuche; Bereitstellung von unternehmensübergreifenden Informationen sowie Unterstützung der Kommunikation
Ausrichtung	vorgangs-/prozessorientiert	projektorientiert
Objekt	Vorgang, Fall, funktionale Prozesse	Arbeitsgruppe
Ablaufmanagement	aktive Steuerung und Kontrolle sowie Monitoring von Abläufen; Übernahme von Routinefunktionen; regelgesteuertes Verhalten der involvierten Anwender	Informationsbereitstellung sowie Übernahme von Koordinierungsfunktionen, jedoch keine Strukturierung der Abläufe – gestattet spontanes Agieren der involvierten Anwender
Prozessinitiative	System	Anwender
Systemimplementierung	stufen- und abschnittsweise	inkremental

Abb. 23: Funktionalitätenvergleich zwischen Workflowsystem und Workgroupsystem

3.3 Enterprise Business Intelligence (EBI)

Um die Funktionsfähigkeit der als „EPI" bezeichneten Prozessdimension des Informationsmanagements (häufig auch als „Enterprise Information Management" bezeichnet) gewährleisten zu können, sind zwangsläufig informationstechnologisch basierte Module bzw. Methoden und Funktionen einerseits in den Bereichen Daten- bzw. Informationssuche, -erfassung und -übertragung zu implementieren (zum Beispiel dynamische Dokumentenmanagementsysteme[62], Imaging-Systeme, E-Mail, EDI, OCR und ICR[63], dynamische Ablagesysteme, Informations-Recherchesysteme auf der Grundlage der „intelligent agents"[64] etc.). Zum anderen ist ein umfassendes, ganzheitliches und konsistentes Daten- und Informationsspeicherungssystem mit entsprechenden Auswerte-Tools bzw. „Information Retrieval-Funktionen" erforderlich, häufig auch als „Enterprise Application Integration (EAI)" bezeichnet. Letzteres wird häufig zugleich als Oberbegriff für die Kooperation bzw. Integration aller informationstechnolo-

gischen Systeme verstanden. Dieser Zwang zur Integration heterogener, teilweise auch proprietärer Systeme resultiert aus der kundenfokussierten Geschäftsprozessorientierung. Gemäß einer Konzeption von Hasselbring (Universität Oldenburg) sollte bei der Erstellung einer EAI-Konzeption ein dreistufiges Schichtenmodell berücksichtigt werden: Oberhalb der Technologiearchitekturschicht (informationstechnologische Infrastruktur) befindet sich die Applikationsschicht (Anwendungssysteme mit Daten, Funktionen, Klassen etc.). Darüber wird dann die Geschäftsarchitekturschicht gelegt, in der die Geschäftsprozesse, Regeln und Anwendungsfälle definiert bzw. modelliert sind. Hierdurch sollen – verkürzt ausgedrückt – die intra- und interorganisationalen Geschäftsprozesse durch die Integration der unterschiedlichen „informationstechnologischen Welten" unterstützt werden, indem ein konsistenter Daten- und Informationsfluss gewährleistet wird. Außerdem soll das EAI auch das „Prozessmonitoring" gewährleisten: Viele Prozessfunktionen werden durch in sich abgeschlossene „monolithische" Applikationen realisiert, die nur über deren interne Steuerungslogik angesprochen werden können. Um jederzeit über den Prozessstand informiert zu sein, muss eine interapplikative Kommunikation und Steuerung institutionalisiert werden, so dass isolierte Anwendungen im Kontext miteinander verbunden und somit dem Prozessmonitoring unterzogen werden können. Die Aggregation von Informationsbeschaffungsebene sowie Verarbeitungsebene im Rahmen der jeweiligen Applikationen schließlich erfolgt durch das „Enterprise-Business-Intelligence-System" (EBI) – vgl. Abb. 24. Es integriert das intraorganisationale EAI mit den Internettechnologien im Rahmen der Portale, um so den Datenzugriff sowohl intern als auch von Kunden- bzw. Lieferantenseite her zu ermöglichen (continous improvement). Im Gegensatz zum Einsatz der EDV in den 60er Jahren des 20. Jahrhunderts, durch den Funktionen automatisiert bzw. digitalisiert wurden, repräsentiert das EBI-System die Grundlage zur Automatisierung der Geschäftsprozesse sowie zur Integration der jeweiligen Kunden- und Lieferantennetzwerke. Es ist quasi das Konvergenz-Vehikel, um ERP-Systeme, Internettechnologie sowie Prozesstechnologien miteinander zu verknüpfen. Letztlich sind somit unter „EBI" alle von den Endanwendern oder von entscheidungsunterstützenden Systemen im Online-Modus zu nutzenden Methoden und (Software-)Werkzeuge zu verstehen, die zur komplexen Analyse, Aufbereitung und Auswertung der im Unternehmen internen und externen, zugriffsfähigen Daten und Informationen benötigt werden.
In der Literatur wird anstelle des hier verwendeten Begriffes der „Enterprise Business Intelligence" auch häufig nur von „Business Intelligence (BI)" gesprochen. Unter letzterem versteht man analytische Informationssysteme als ganzheitlichen bzw. integrierten Ansatz verschiedener Methoden und Werkzeuge, um ein unternehmensweites bzw. -übergreifendes Informationssystem zu realisieren. Grundlage für dieses häufig verkaufsfördernd auch als „ERP II" bezeichnete System sind offene und standardisierte ETL-Tools bzw. OLAP-Systeme zur Informationsgewinnung aus Datawarehouse-Systemen mittels eines BI-Servers. Sie repräsentieren somit Werkzeuge zur einfachen Nutzung des unternehmensweiten Daten- und Informationsbestandes sowie zu dessen nutzer-

und frageabhängigen sowie effizienten, zeitaktuellen Analyse und interaktiven bzw. visualisierten Aufbereitung. Dieser Ansatz ist allerdings nicht umfassend genug, weil (inhärent) unterstellt wird, dass alle Daten und Informationen in unternehmensweit homogenen Speicherungssystem etc. und Applikationen zur Verfügung stehen. Realiter dominieren jedoch (immer) noch heterogene „Applikationsinseln" sowie Verarbeitungs-, Speicherungs- und Auswertesysteme, so dass die Integration dieser Systeme ein wesentliches Element des Informationsmanagements ist. Im Fokus steht hierbei einerseits die (automatische) Anpassung der Datenstrukturen zwischen den integrierten Systemen, um einen konsistenten Wertefluss der Stamm- und Bewegungsdaten zu erreichen. Zum anderen müssen die Auswertetools (z. B. OLAP) auch auf die Einzelbelege der operativen Applikationen der ERP-Systeme zugreifen können. Des Weiteren muss die Integration unternehmensexterner Datenbestände – vor allem im Rahmen „virtueller Unternehmen" – möglich sein. Zudem wird der wesentliche Aspekt der informationstechnologischen Unterstützung bzw. teilweise auch „Automatisierung" der Geschäftsprozesse vernachlässigt.

Nicht übersehen werden darf vor dem Hintergrund der nachfolgenden Ausführungen, dass einige der erläuterten Verfahren, Techniken und Systeme noch nicht den nötigen „Reifegrad" besitzen, um modular in ein „offenes" EBI integriert werden zu können. Außerdem werden die meisten Informationen in einem Unternehmen häufig noch in analoger Form unstrukturiert erfasst und gespeichert, so dass sie einem digitalen System nur mit sehr großem Aufwand zugeführt werden können. Problematisch ist schließlich auch, dass prozessunterstützende Systeme erhebliche Anforderungen an Datenerfassung, -haltung, -transformation und -zugriff sowie an Datenschutz und Datensicherheit stellen, die nur teilweise gelöst sind. Diese für die Systemfunktionalität wesentlichen Aspekte sollen an späterer Stelle, im Rahmen des Moduls „Data-Warehouse", ausführlicher diskutiert werden. Nachfolgend sollen die einzelnen Module des EBI hinsichtlich ihrer Struktur und Funktionalität erläutert werden.

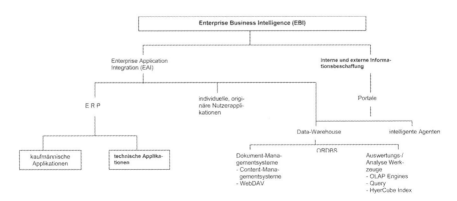

Abb. 24: Die funktionale Dimension des Informationsmanagements

3.3.1 Enterprise Application Integration (EAI)

Die System- und funktionale „Landschaft" vieler Unternehmen wird – historisch gewachsen – durch fragmentierte Prozesse, redundante Datenhaltungen sowie unterschiedliche Verfahren und heterogene Plattformen determiniert, so dass häufig manuelle Dateneingaben als „Schnittstelle" fungieren, um System- und Medienbrüche zu kompensieren. Zugleich dominieren „Applikationsinseln"[65], so dass durch Hilfsprogramme die Konvertierung der Daten zwischen den jeweiligen Applikationen realisiert werden muss, damit sowohl die offene Kommunikation ermöglicht als auch Redundanzen sowie Inkonsistenzen bei Daten- und Informationsspeicherung reduziert werden. Diese „Applikationsinseln" werden einerseits durch die kaufmännischen ERP[66]-Systeme und andererseits durch die vielfältigen Produktionssteuerungsprogramme, Geographischen Informationssysteme, Betriebsmittelverwaltungssysteme etc. repräsentiert. „Ergänzt" werden sie häufig noch durch nutzerindividuelle Anwendungen (zum Beispiel im Bereich des Controllings, Risikomanagements etc.). Die derzeit überwiegend vorzufindenden heterogenen und inkompatiblen Applikationen sind aufgrund ihrer ursprünglichen funktionalen Zielsetzung nicht in der Lage, Planung, Steuerung und Optimierung der Geschäftsprozesse zu unterstützen. Zudem existiert trotz der steigenden Anforderungen an die Informations- und Wissensverarbeitung keine umfassende, integrierte Software-Lösung, sondern eine Vielzahl kleiner, für spezifische Funktionen maßgeschneiderter Applikationen.

Der Fokus der kaufmännisch orientierten ERP-Systeme liegt überwiegend auf der effizienten Gestaltung interner Prozessabläufe im Rahmen einer uneingeschränkten, konsistenten, plattform- und rechnerunabhängigen Daten- und Informationsverteilung. Sie basieren überwiegend auf dem „Drei-Schichten-Modell" mit der Trennung von Betriebssystem, Datenhaltung und Applikation. Dies ermöglicht einerseits, dass jede Schicht unabhängig von den anderen Schichten weiterentwickelt, verändert bzw. ersetzt werden kann. Andererseits gewährleistet die integrierte Datenbasis in Verbindung mit einer modularen Architektur die Extraktion, Speicherung und Bereitstellung aller geschäftsprozessrelevanten Daten sowie einen schnellen, einheitlichen und konsistenten Daten- und Informationsfluss zur Unterstützung der intraorganisationalen Geschäftsprozesse. Umfassende Skalierbarkeit, hohe Verfügbarkeit, eine – allerdings eingeschränkte – Flexibilität bei umfassender Funktionstiefe sowie zusätzliche Werkzeuge zur Aufbereitung und Analyse der Daten bzw. deren Transformation in Informationen gewährleisten relativ niedrige und kalkulierbare Kosten im Rahmen des TCO-Prinzips. Durch den konzeptionell bedingten Schwerpunkt auf die „Innensicht" der Unternehmung können sie allerdings nur sehr eingeschränkt mit anderen Applikationen als auch den ERP-Systemen anderer Unternehmen verknüpft werden. Dies gilt erst Recht für die Prozesssteuerung in virtuellen Unternehmen, bei denen heterogene ERP-Systeme mit unterschiedlichen Prozess- und Datenmodellen aggregiert werden müssen. Zu berücksichtigen ist dabei, dass die benötigten Daten häufig nicht auf einer homogenen

Datenbank abgespeichert, sondern auf mehrere heterogene, in die jeweiligen ERP-Systeme implementierten Datenhaltungssysteme verteilt sind. Letztere können generell in monolithische Architektur- bzw. Datenmodelle (beispielsweise Codasyl-Datenbanken), in Client-Server-fokussierte Modelle (zum Beispiel relationale Datenbanken) sowie in individualisierte Modelle (zum Beispiel Excel-Sheets) differenziert werden. Der Schwierigkeitsgrad der Verknüpfung von zwei oder mehreren Applikationen wird daher sowohl durch die Zahl der auszutauschenden Datenfelder sowie der Komplexität der Nachrichtenstruktur als auch durch die Anzahl der Zielanwendungen determiniert. So beträgt der Programmieraufwand für eine einfache „Point-to-Point-Verbindung" zwischen zwei Anwendungen ca. 400 Stunden – bei den durchschnittlich im Unternehmen befindlichen 49 unterschiedlichen Anwendungen würden demnach 2.352 Schnittstellen („Interfaces") erforderlich sein. Das impliziert zwangsläufig die Forderung nach entsprechenden Werkzeugen bzw. Software-Modulen, bei denen das jeweilige ERP-System sowohl die Backbone- als auch die Datenlieferfunktion besitzt. Damit die Geschäftsprozesse nicht durch die applikationsbedingten Grenzen dieser Module beeinträchtigt bzw. konterkariert werden, sondern applikationsübergreifend abgebildet und realisiert werden, bedarf es somit anderer Werkzeuge oder Systeme. Erforderlich ist daher ein Paradigmenwechsel von den abteilungs- und/oder funktionsfokussierten sowie technologiebasierten Lösungen zum ganzheitlichen, Geschäftsstrategie und -prozesse unterstützenden Ansatz. Dies impliziert zwangsläufig auch die zentralisierte und ereignisorientierte Daten-, Anwendungen- und Prozessintegration. Als Lösungsansätze bieten sich dabei neben der horizontalen Koordination eigenständiger Planungsdomänen, Zielsysteme sowie Geschäftsprozesse im Rahmen des „Collaborative Planning" die Konvertierung auf Datenebene sowie das Enterprise Application Integration (EAI) an.

Im Rahmen der **Konvertierung auf Datenebene** bestehen neben dem Austausch von Strukturinformationen mittels XML derzeit drei Lösungsmöglichkeiten in Form von „Middleware-Anwendungen":

    a) Datenintegration (Batch-Verarbeitung).
    b) Information Brokering (Neartime-Verarbeitung).
    c) Composite Application (Realtime-Verarbeitung).

Im Falle der Datenintegration werden heterogen gehaltene Daten logisch abgeglichen und konsistent sowie redundant gehalten, indem Daten aus der Quellanwendung extrahiert und in die Zielanwendung importiert werden, wo sie anschließend umformatiert werden müssen. Weil der Abgleich im Rahmen von „Batch-Prozessen" erfolgt, ist dieses Konvertierungsverfahren zwangsläufig nur für zeitunkritische Anwendungen bzw. Prozesse geeignet. Beim Neartime-Verfahren des „Information-Brokerings" (häufig auch als Message-Brokering bezeichnet) erfolgt der Zugriff des Information-Broker nicht direkt auf die vorhandene Applikation, sondern indirekt durch einen „Business Event Trigger", der bei definierten Anlässen ein „Business Event" ereignisgesteuert an den „Broker" sendet. Die Daten dieses „Events" werden umformatiert und anhand des

Dateninhaltes bewertet – die Identifikation der Zielapplikation erfolgt dann mittels definierter „Business Rules". Das die Transaktion auslösende „Business Event" kann entweder in der Quellapplikation durch die „invasive" Änderung der bestehenden Anwendung oder durch eine Triggerfunktion im Datenbanksystem generiert werden. Der „Broker" analysiert dann „asynchron" zur Quellapplikation durch „Messaging-Queuing-Systeme" (MQS) diese Events, formatiert sie um und leitet sie auch an die Zielapplikation(en) weiter. Letzteres kann zum einen die passend formatierten Daten aus der MQS auslesen und unter Nutzung der vorhandenen Anwendungslogik in den eigenen Datenbestand einfügen. Im „nicht-invasiven" Fall (ein Eingriff in die Applikation ist nicht erwünscht) liest ein Adapter auf dem „Broker" die Nachricht aus dem MQS heraus und ruft das Zielsystem über vorhandene Interfaces bzw. entsprechende Schnittstellenprotokolle auf, um diese Daten abzurufen. Durch dieses „Broker-Verhalten" werden für jede Applikation nur zwei Schnittstellen vom und zum „Broker" benötigt, so dass sich die zuvor angeführte Schnittstellenanzahl von 2.352 auf 98 reduziert. Im Fall der „Composite Application" als Middleware-Anwendung werden die Funktionen der vorhandenen Systeme in Echtzeit zu neuen Lösungen kombiniert und erweitert. Hierdurch wird quasi auf „Metaebene" eine neue Anwendung mit umfangreichen Services generiert, die den interaktiven Nutzern zur Verfügung steht. Dabei werden die zu integrierenden Funktionen mittels der „Wrapping-Techniken" prozessspezifisch in eine einheitliche Zugriffsmethode transformiert (quasi als Spezifikationen von Objektmodellen, beispielsweise auf der Basis von COM (Common Object Model), Corba (Common Object Request Broker Architecture) oder EJB (Enterprise Java beans). Ähnlich wie bei den Adaptern realisieren die „Wrapper" die Kopplung mit der Zielanwendung, die Formatierung, die Steuerung des interaktiven Verhaltens (Dialogsequenzen) sowie die Abbildung auf das entsprechende Dokument- oder Datenmodell, so dass die Zielanwendung meistens unverändert bleibt („nicht-invasive" Methode). Die Funktionen existierender Systeme werden somit über Standardschnittstellen auf einer Meta-Ebene zu neuen Lösungen aggregiert – häufig auf einem Java-basierten Applikationsserver. Diese Systeme sind überdies in der Lage, auch neue Anwendungen und Komponenten zu integrieren, so dass sich die informationstechnologischen Module flexibel an veränderte Geschäftsprozesse, Architekturen und Strategien anpassen lassen. Diese häufig auch als „Web-Services" bezeichnete Integrationsplattform agiert als Client gegenüber einer Applikation, die eine Funktion aufruft und involviert andere Systeme, von denen Daten benötigt werden, als Server. Die herzustellende Kommunikation beruht einerseits auf der auf XML basierenden Beschreibungssprache „Web Service Description Language (WSDL)" sowie andererseits auf dem „Soap-Protokoll" (Simple Object Access Protocol). Durch ihre Unabhängigkeit von Programmiersprachen (der Applikationen) und Betriebssysteme (der unterschiedlichen Plattformen) ist diese Integrationsplattform geeignet, Point-to-Point-Verbindungen zwischen zwei Applikationen herzustellen: analog beispielsweise zum „Corba-Konzept", das auf der „Interface Definition Language (IDL)" beruht. Gegenüber letzterem ist es allerdings flexibler einsatzfähig, weil die im Rahmen von Corba zu implementierenden Dienste schon während der Entwicklung der Applikation berücksichtigt werden müssen. Nachteilig ist allerdings, dass bei den „Web-Services" eine professionelle Unterstützung für das Management semantischer Transformationen sowie der Geschäftsprozesse zu installieren und institutionalisieren ist, um die system- und unternehmensweite Integration der Anwendungen realisieren zu können (beispielsweise im Rahmen der vorstehend beschriebenen „Enterprise Process Integration").

Neben diesen – derzeit dominierenden – Verfahren der Datenkonvertierung existiert überdies der DRDA-Ansatz (Distributed Relational Database Architecture), bei dem mehrere relationale Datenbanksysteme zu einer virtuellen verknüpft werden. Da jedoch in den meisten Unternehmen auch andere Datenhaltungssysteme (zum Beispiel Codasyl) existieren, ist dessen Einsatz zwangsläufig begrenzt. Diese bisher angesprochenen Verfahren repräsentieren quasi den Aufbau einer „Brücke" zwischen zwei oder mehreren Applikationen, um Daten und elementare Grundfunktionen synchron sowie asynchron austauschen zu können. Eine ideale Integration der vorhandenen Applikationen muss allerdings deren Synchronisation bereits auf der Installations- und Administrationsebene sowie im Bereich der Prozessabläufe und Datenmodelle, unabhängig von Front- und Backoffice, unterstützen, weil nur dann die Geschäftsprozesse und Workflows definiert und generiert werden können – und zwar unabhängig von der Applikationsebene.

Einen effizienteren Ansatz zur Verknüpfung der intra- und interorganisationalen „Applikationsinseln" auf unterschiedlichen Plattformen repräsentiert das **EAI**[67] als einen standardisierten Framework zur Integration der Applikationen auf einer Meta-Ebene. Es repräsentiert zwischenzeitlich eine umfassende, „intelligente" Infrastrukturplattform zur Integration und Aggregation bzw. Kopplung der unternehmensweiten Anwendungen, die die Daten- und Informationsflüsse zwischen den Applikationen steuert und überwacht. Das verlangt die inhaltliche und logische Systemabstimmung im Rahmen einer Daten-, Prozess- und Methodenintegration. Die wesentlichen Komponenten dieser Middleware sind der Integrator, das Bussystem sowie die Connectoren. Die Zielsetzung ist dabei die Automatisierung von Geschäftsprozessen im Sinne einer unternehmensinternen Aggregation der vorhandenen Applikationen sowie der externen Aggregation der Applikationen anderer Unternehmen. Hierdurch soll die informationstechnologische Automatisierung der Geschäftsprozesse durch die Aufgabe der starren und statischen Point-to-Point-Verbindungen ermöglicht werden. Das erfordert jedoch zu Beginn die Konzeption einer strategisch ausgerichteten, unternehmensweiten bzw. -übergreifenden EAI-Architektur anstelle der häufig vorzufindenden „Spaghetti-Struktur" einer historisch gewachsenen informationstechnologischen Architektur. Entscheidend für die Definition der EAI-Strategie und -Konzeption ist zwangsläufig die vorherige Analyse von Prozess- und Anwendungskontext – gewissermaßen ein „Business Process Modelling". Zu gewährleisten ist dabei die umfassende Datensicherheit des gesamten „elektronischen Transaktionspfades" sowie die ständige Systemverfügbarkeit. Diesbezüglich existieren derzeit drei Lösungswege. Zum einen wird durch den „Applikationsserver" eine einfache „Point-to-Point"-Verbindung zwischen den jeweiligen Applikationen geschaffen. Auf der Applikationsebene müssen daher die in den verschiedenen Applikationen abgebildeten Teilprozesse und -funktionen analog zum Geschäftsprozess miteinander verknüpft werden. Weil sich bei einer „Punkt-zu-Punkt-Verbindung" von 50 verschiedenen Applikationen eine Schnittstellenzahl von $50 \genfrac{}{}{0pt}{}{49}{2}$ ergibt, ist es erforderlich, diese kaum zu beherrschende Komplexität zu reduzieren. Hier bietet sich eine sternförmige Hub-Technologie an, bei der jede Applikation nur eine Schnittstelle (Connector) zum Hub unterstützt. Er ist als Informationsdrehscheibe für die jeweilige Umwandlung und Zuordnung zuständig. Dadurch lassen sich relativ einfach neue Applikationen einfügen und alte herauslösen. Die jeweils erforderlichen Verknüpfungsregeln werden in einem „Repository"[68] abgelegt, so dass ein relativ hoher Integrations- und Effizienzgrad erreicht wird; erforderlich sind dabei jedoch Eingriffe in die bestehenden Applikationen mit den hieraus resultierenden Problemen. Eingesetzt wird diesbezüglich häufig zum einen der „Message Broker", der den Austausch von Nachrichten zwischen verschiedenen Applikationen steuert. Eine andere Möglichkeit besteht darin, über den Applikationsserver die Objekte jeweils bei Anforderung der Applikation zuzuführen. Im Gegensatz hierzu integriert der „Object Request Broker" die jeweiligen Applikationsteile auf der Grundlage des Corba-Standards. Im Falle des „Transaction-Server" läuft die Applikation auf dem Teminalserver; dieser sendet die Anzeige zu dem Client, auf dem die Eingaben des Anwenders erfolgen. Beim „Wrapping-Verfahren" schließlich wird die automatische Übersetzung der Anwendungsoberflächen in HTML/XML und CGI[69] unterstützt. Auf der Prozessebene schließlich stehen mehrere „Werkzeuge" zur Verfügung (zum Beispiel Prozessmodellierung, ereignis- und/oder zeitgesteuerte Workflowsysteme), um festzulegen, bei welchen Anwendungen welche Applikationen welche Informationen in welcher Form austauschen müssen. Das erfordert zwangsläufig inhaltliche und semantische Kenntnisse über die Struktur der Informationsquelle, der zu übertragenden Informationen sowie des zu Grunde liegenden Geschäftsprozesses. Diesbezüglich müssen „Business Rules" definiert werden, um die definierten Teilprozesse spezifischen Anwendungen zuzuordnen und diese miteinander zu verknüpfen. Dies impliziert sehr hohe Anforderungen an die Modularität und Konsistenz der involvierten Anwendungen und wirkt sich nachteilig auf die Systemperformance aus.

Andererseits kann die Verknüpfung der Applikationen bzw. der jeweiligen Server durch einen „Integrationsserver" erfolgen, der als spezifische Software-Lösung allerdings eine komplexe Struktur aufweist und im Hinblick auf Skalierbarkeit und Performance als problematisch anzusehen ist. Hierdurch soll die Abstimmung der Geschäftsprozessfunktionalitäten über die unterschiedlichen informationstechnologischen Systeme hinweg ermöglicht werden. Im Fokus steht daher nicht die (zyklische) technische und semantische Aggregation unterschiedlicher Datenbestände, sondern die applikationsübergreifende Modellierung des Informationsflusses für die Geschäftsprozesse sowie deren Steuerung durch Workflowsysteme etc. mittels einer dreistufigen Integration auf Daten-, Funktions- und Prozessebene[70]. Ermöglicht werden soll hierdurch – nach der erfolgten logistischen sowie technologischen Optimierung der Produktionsprozesse – letztlich die Verbesserung der administrativen Organisationsstruktur mit dem Ziel einer Reduktion der Transaktionskosten[71].

Schließlich besteht noch die Möglichkeit, die Applikationsverknüpfungen über einen „Internet-Front-End" zu realisieren, durch den die Präsentation der Anwendungsdaten auf der Grundlage der Internettechnologie ermöglicht wird. Dabei ergeben sich jedoch zwangsläufig Einschränkungen hinsichtlich der Datenverarbeitung und -transformation, weil zum einen der Zugriff im Netzwerk aus der Geschäftsprozesslogik heraus erfolgt – erforderlich sind demnach komplexe, an Organisationsveränderungen jedoch nur bedingt anpassbare Middleware-Module. Zum anderen arbeiten diese Integrationsmodule häufig als passive Systeme nach dem Pull- und nicht nach dem Push-Prinzip, so dass Workflowsysteme entsprechende Anpassungen notwendig machen. Schließlich sind die derzeit auf dem Markt verfügbaren „Tools" häufig nur für den Intra-, nicht jedoch für den Inter- oder Extranetbereich geeignet.

Unabhängig vom eingesetzten EAI-Typus muss letztlich die Verantwortlichkeit der Daten und Informationen für die jeweilige Applikation definiert werden. Hierbei sind die nachfolgenden fünf Funktionen zu gewährleisten:

- Modellierung, Abbildung, Aggregation und Automatisierung der Geschäftsprozessstrukturen,
- Management der Datentransformation auf der Grundlage von Rules Engines,
- Management der Adaption und Integration bestehender sowie zukünftiger Applikationen über API's bzw. Emulationsschnittstellen,
- Management der synchronen und asynchronen Kommunikation auf „Echtzeitbasis" unter Einbeziehung synchroner sowie transaktionsorientierter Schnittstellen,
- Definition von Objekten, um eine höhere Flexibilität gegenüber der klassischen Programmierung zu erreichen sowie die Differenzierung zwischen Ablaufsteuerung, Datentransformation und Abbildung der Geschäftsprozesse zu ermöglichen.

Aus pragmatischen Gründen hat sich diesbezüglich das nachfolgende „Schichtenkonzept" als zweckmäßiges Integrationsmodell bzw. „Informationsdrehscheibe" zur Einbindung heterogener Applikationen ergeben:

- Oberflächendesign (HTML, Client-Server-Systeme),
- Oberflächenlogik (Navigation),
- Integrationslogik (Geschäftsprozessstrukturierung),
- Businesslogik (Involvierung der ERP- bzw. Legacy-Systeme),
- Datenlogik (mittels SQL),
- Datenbankservice (Datenmodell).

Die grundsätzlich auftretende Systemkomplexität sowie deren Handhabbarkeit („Manageability") ist sowohl durch Automatisierung und Reduzierung der Fragmentierung als auch durch Konsolidierung sowie einheitlicher Schnittstellen zu den System-, Netz-, Speicher- und Applikationsadministrationen zu reduzieren. Die bereits angesprochene Entwurfs- und Implementierungsstrategie sollte daher eine Kombination aus „Top down"- (Sicht aus Strategie- und Prozessebene) sowie „Bottom up"-Ansatz (vorhandene Systemlandschaft) beinhalten und die Involvierung der „betroffenen" Benutzer berücksichtigen. Ein Bestandteil des zu entwickelnden Konzeptes ist zweckmäßigerweise der nachfolgende Stufenplan:

(1) Definition der „Architektur-/Landschaftskarte" (Soll-Anwendungen, Struktur der Informations- und Kommunikationskanäle, Erfassung der wechselseitigen Abhängigkeiten zwischen den Anwendungen, Unternehmensdaten etc.),

(2) Ermittlung der voraussichtlich entstehenden Kosten und Aufwendungen (häufig müssen zusätzliche Investitionen in Schnittstellen, Kanäle etc. realisiert werden),

(3) Aufstellung des kostenorientierten Ziel- und Zeitplanes (einschließlich der modular abgeleiteten Zwischenziele),

(4) Durchführung des strukturierten Implementierungsprozesses der jeweils definierten Episoden,

(5) regelmäßiges Monitoring dieser Episoden sowie des Gesamtprozesses.

Das gewährleistet im Rahmen der implementierten EAI-Architektur, dass neben einer ausreichenden „Bandbreite" individueller Schnittstellen die konsistente und vollständige Datenintegration sowie Replikationsmechanismen und nachrichtenbasierende Adaptertechnologien (Hub-Technologie) im Sinne einer Web-to-Host-Technologie zur Verfügung stehen.

EAI als intelligente Infrastrukturplattform ermöglicht zum einen ein Informationsmanagement im Rahmen einer umfassenden Integration von Daten, Anwendungen und Prozessen. Zum anderen kann es zur Generierung von Geschäftsobjekten sowie der graphischen Darstellung der Geschäftsprozesse eingesetzt werden: Dank der involvierten informationstechnologischen Werkzeuge ist es quasi eine Entwicklungsumgebung, um die ERP- und Legacy-Systeme mit den Geschäftsprozessen im Rahmen der Integrationslogik (nicht jedoch der Geschäftslogik) zu verknüpfen – somit können alle Informationen über Abläufe, Regeln, Datenverknüpfungen und -aggregationen sowie „Mappings" in einem „Repository" gespeichert werden. Im Markt sind derzeit einige EAI-Module bzw. Technologien vorzufinden, die spezifische Funktionen repräsentieren bzw. abbilden (vgl. hierzu die nachfolgende Abbildung Nr. 25):

EAI-Technologie	Integrationsfokus	Bedeutung morgen
Message-Verfahren: Ein DV-System schickt Messages an das zu integrierende DV-System. Die Nachrichten werden dort zeitversetzt ausgelesen.	Präsentationsschicht Applikationsschicht Datenschicht	3,4
Datenbank-Schnittstellen-Standards: Die Integration der DV-Systeme erfolgt auf Datenbankebene via standardisierte Schnittstellen (zum Beispiel Microsofts ODBC).	Datenschicht	3,4
Remote Procedure Calls: Prozeduren werden beim zu integrierenden DV-System aufgerufen und liefern Daten zurück bzw. schreiben Daten in das zu integrierende DV-System	Applikationsschicht	4,1
Replikationsverfahren: Daten werden über Replikationsmechanismen der zu Grunde liegenden Datenbanksysteme von einem DV-System auf ein zu integrierendes DV-System übertragen.	Applikationsschicht Datenschicht	3,0
Batch-Verfahren: Daten werden über Batch-Verfahren von einem DV-System auf ein anderes übertragen.	Applikationsschicht Datenschicht	3,0
Transaktions-Management-Systeme: Die Integration der DV-Systeme wird durch übergreifende Transaktions-Management-Systeme ermöglicht.	Präsentationsschicht Applikationsschicht Datenschicht	3,0
Screenscraping: Auslesen von Bildschirminhalten durch ein DV-System zwecks Input in ein anderes DV-System.	Präsentationsschicht Applikationsschicht	1,5

Die Beurteilung der EAI-Technologien erfolgt auf einer Skala von 1 (wenig bedeutend) bis 5 (sehr bedeutend).

Abb. 25: Bedeutung und Integrationsfokus einzelner EAI-Technologien (entnommen aus: Computerwoche Nr. 29, 2001)

Die derzeit kommerziell verfügbaren EAI-Module repräsentieren – wie ersichtlich ist – noch kein vollständiges und in sich konsistentes System. Aus diesem Grund lässt sich zurzeit auch noch keine „best of breed-Lösung" realisieren. Diese wird jedoch zukünftig dominieren, da aus ökonomischen Gründen kein Systemhaus sowohl sämtliche Tools entwickeln als auch nachhaltig der „Spitzenreiter" sein kann. Sinnvollerweise sollte daher bei der Systemeinführung zu Beginn der Fokus auf die Messaging- sowie Datenbankfunktionen gerichtet sein. Dabei ist – unter Berücksichtigung der TCO-Konzeption – von einer Amortisationsdauer von ca. sechs Jahren auszugehen. Unabhängig vom derzeitigen, unvollständigen Entwicklungsstatus muss dennoch festgehalten werden, dass der EAI-Ansatz eine wesentliche Voraussetzung für geschäftsprozessorientierte Strukturen ist, weil nur hierdurch die Integration wissensbasierter, prozessfokussierter Applikationen (zum Beispiel Risikomanagement, Kundenbeziehungsmanagement etc.) in die vorhandenen ERP-Systeme erfolgen kann, um eine semantisch einheitliche „Sprache", konsistenten Datentransfer sowie die Automatisierung des informationstechnologischen Subprozesses zu gewährleisten. Neben der Integration der eingesetzten Applikationen bietet dieser Ansatz daher die Möglichkeit, durch die Involvierung von „Business Rules", Workflow-Systemen sowie der Prozesslogik in Verbindung mit einem Performance-Management-System die Geschäftsprozesse zu informationalisieren bzw. teilweise auch zu automatisieren.

Durch die Einbeziehung des EAI-Konzeptes vollzieht sich hinsichtlich der Informationstechnologie der Wandel vom einfachen Betriebsmittel zum wettbewerbsentscheidenden Faktor. Gleichzeitig wird hierdurch die Grundlage für den Paradigmenwechsel vom „Business" zum „E-Business" im Sinne eines „Event-Driven-Enterprise"[72] geschaffen. Letztlich bildet das EAI-Konzept die Voraussetzung für „Business-Intelligence-Systeme", bei denen alle informationstechnologischen Systeme sowie informationstechnologisch gesteuerten oder unterstützten Verfahren und Methoden mit der Zielsetzung aggregiert werden, die Innovationsfähigkeit und Kreativität der MitarbeiterInnen zu unterstützen und ein allen zur Verfügung stehendes Informations- und Wissensmanagement zu generieren. Die Kriterien der hierfür derzeit bestehenden bzw. sich in der Entwicklung befindenden Informationstechnik kann der nachfolgenden Abbildung entnommen werden:

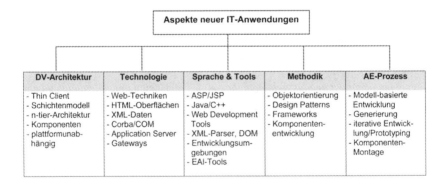

Abb. 26: Aspekte neuer IT-Anwendungen (entnommen aus: Bauer (2000)

Neben der Daten- und Informationsverarbeitung durch EAI-Systeme repräsentiert die zeitaktuelle und aufgabengerechte Beschaffung und Distribution der Informationen eine wichtige Domäne im Rahmen des Enterprise-Business-Intelligence-Systems. Aufgrund der Internettechnologie haben sich für dieses intra- und interorganisationale Informations- und Beschaffungsmanagement neben der Bereitstellung aus den ERP- bzw. Legacy-Systemen Portal-Systeme entwickelt, die nachfolgend erläutert werden sollen.

3.3.2 Die Informationsbeschaffung

3.3.2.1 Portale

In jüngster Zeit hat sich eine semantisch verwirrende Begriffsvielfalt hinsichtlich der Funktion, Inhalte und Zielsetzungen von „Portalen" ergeben[73], so dass nachfolgend – vor dem Hintergrund der vorliegenden Thematik – der Versuch einer Differenzierung, Präzisierung sowie Abgrenzung der einzelnen Typen von „Portalen" unternommen werden soll.
Den Begriff der Antike adaptierend[74] versteht man heutzutage unter einem „Portal" eine „globale Pforte" als personalisierte Zugangsschnittstelle, von der klar strukturierte und übersichtliche „Suchpfade" (Informations-Navigationswege) zu den Inhalten bzw. Contents der dahinter liegenden Web-Seiten gehen. Es ist quasi die „zentrale Informationsdrehscheibe" beispielsweise eines Unternehmens (Corporate Portal) gegenüber Kunden, Lieferanten und MitarbeiterInnen, bei der alle Informationskanäle sowie -netzwerke zu einer zentralen „Portal-Site" als Einstiegselement aggregiert werden. Diese Definition repräsentiert den derzeitigen Paradigmenwechsel von der singulären Unternehmensrepräsentation im Internet zum Koordinations- und Kooperationskanal für die Bereiche Beschaffung, Distribution und Service.
Der „historische" Beginn der Portale (erste Generation) ist in den relativ einfach strukturierten, horizontalen Suchmaschinen von Yahoo, Netscape etc. zu sehen, die über eine Index-Verwaltung[75] beliebig viele Webseiten aggregierten sowie die jeweils darin enthaltenen Informationen nach spezifischen Suchkriterien klassifizierten bzw. kategorisierten, um im Rahmen der gegenwärtigen Informationsüberladung des Internets[76] den gezielten Zugriff auf gewünschte Informationen strukturiert zu ermöglichen. Eine erste funktionale Erweiterung erfuhren die Internet-Portale der zweiten Generation durch die Hinzufügung von Zusatzdiensten (beispielsweise E-Mail, Newsforen, Reiseroutenplanung etc.), um im Rahmen des Wettbewerbes um die Internet-Surfer weitere Anreize zu schaffen und den an sich kostenlosen „Besuch" dieser Seiten aufgrund der Involvierung von Werbung Dritter (Banner-Werbung) zu kommerzialisieren. Dabei wurde bzw. wird der Nutzer mittels selbst definierter bzw. automatisierter Startadressen[77] sowie redigierter Strukturen auf die Eingangsseite (Portal) geleitet und von dort „per Link" navigiert. Durch die Kombination von kostenlosen Informations- und Serviceangeboten sowie kommerziellen Online-Angeboten (zum Beispiel Werbepartner, Online-Shops etc.) wird der Aufbau, die Installation sowie der Pflegeaufwand der Suchmaschinen refinanziert. Allerdings hat sich zwischenzeitlich herausgestellt, dass sich diese Online-Wissensangebote nicht über Werbebanner refinanzieren lassen, so dass diese Inhalte nunmehr „verkauft" werden müssen; dabei erfolgt die Bezahlung durch den dazu bereiten Nutzer mittels relativ stabiler Systeme (zum Beispiel „Click and Pay" von Firstgate), die den monetären Zahlungsfluss durch Lastschriftverfahren realisieren. Grundsätzlich soll dem „Surfer" und damit potenziellen Kunden die Möglichkeit gegeben werden, mittels des „Portals" den Zugang online und

in Echtzeit sowohl zu aufbereiteten Informationen sowie Daten zu ermöglichen als auch Transaktionen interaktiv zu realisieren. Zudem soll er auf einer Plattform mittels E-Mail bzw. „Online-chat" einen Erfahrungsaustausch mit anderen Nutzern durchführen können. Im Rahmen der Kundenbeziehung und -bindung sind schließlich auch alle analogen Informationsträger (beispielsweise Kundenzeiten, Broschüren etc.) hinterlegt, so dass diese von Interessenten „heruntergeladen" werden können[78]. „State of the art" ist derzeit auch, dass dem interessierten (potenziellen) Kunden Simulationsprogramme angeboten werden, mit deren Hilfe er die mit dem Produktkauf verbundenen Kosten ermitteln kann (zum Beispiel die Zusammenstellung der Zusatzausstattungen eines Pkw oder die Ermittlung der Jahreskosten in Abhängigkeit von Verbrauchskennzahlen im Telekommunikations- bzw. Energieversorgungsbereich – Bestandteil derartiger Module ist zwangsläufig auch die jederzeit aktuelle Ermittlung der bisherigen Verbrauchskosten). Diese ausschließlich horizontal strukturierten Internetportale wurden in einem weiteren Schritt durch die Implementierung hierarchischer Menüs sowie intelligenter Suchfunktionen und -routinen anwendungsfreundlicher, jedoch auch komplexer gestaltet. Durch die hiermit ermöglichte Integration einzelner CRM-Module[79] ist es möglich, interaktive und multimediale Beziehungen zu den vorhandenen bzw. potenziellen Kunden aufzubauen und zu pflegen, so dass im Rahmen des „Electronic-Business" das B2C[80] generiert wurde. Dem (potenziellen) Kunden werden mithin über eine Plattform allgemeine Unternehmensinformationen, spezifische Produktinformationen, Produktkonfigurationen, Diskussionsforen sowie eine Serviceunterstützung angeboten. Zusätzlich können exklusive Kunden passwortgeschützte Zusatzinformationen abrufen[81]. Aufgrund der offenen und fast allgegenwärtigen Computing-Plattform des Internets wird hierdurch die Verlagerung der Kommunikation mit den (potenziellen) Kunden in das Internet möglich. Voraussetzung ist, dass konsistent und umfassend „offline-" und „online-Daten" verknüpft werden, damit durch Assoziationsregeln aus dem Suchverhalten des Kunden Vorschläge für individuelle Angebote generiert werden können. Erforderlich hierfür sind Werkzeuge für die Phasen „Web-Tracking" (Analyse des Datenverkehrs des Kunden), „Web-Mining" (Erstellung von Kundenprofilen sowie Clustern aufgrund der gezeigten Präferenzen und Verhaltensweisen) sowie „Web-Controlling" (Generierung von CRM-relevanten Daten unter Einbeziehung von Konversionsraten, Grad der Kundenbindung etc.). Diese „personalisierten" Portale bieten also die Möglichkeit, auf den Nutzer abgestimmte Inhalte zu präsentieren. Dieses direkte Angebot von auf die Interessen, Anforderungen und Erwartungen des Nutzers abgestimmten Informationen kann eine wichtige und „persönliche" Schnittstelle zwischen Unternehmen und Kunden generieren. Zu beachten ist dabei allerdings, dass der Kunde primär an das Portal bzw. die Seite und nur sekundär an das Unternehmen bzw. das Produkt gebunden wird. Als kritisch hat sich bei diesen „offenen" Portalen in jüngster Zeit das Problem der „Denial-of-Service-Angriffe (DoS)" gezeigt, bei denen durch massive, datenintensive Web-Site-Anfragen die jeweilige Netzwerkinfrastruktur blockiert bzw. lahmgelegt wird. Als sensibel zu sehen und zu berücksichtigen ist überdies, dass jeder Surfer mit jedem „Click" sowohl einen „elektronischen Fingerabdruck" als auch – kumuliert – eine Menge marketingrelevanter Daten (Brick and Click) hinterlässt. Sie können zusammen mit den Daten aus anderen Kommunikations- bzw. Distributionskanälen im Data-Warehouse des Kundenbeziehungsmanagements (Clickstream DW) gesammelt und ausgewertet werden, um hinsichtlich des Erfolges von Werbeaktionen oder Zielgruppenansprachen relevante Informationen in Echtzeit zu erhalten. Hieraus können schließlich auch „Kaufmuster" hinsichtlich des zu Grunde liegenden Kaufverhaltens generiert werden. Die dabei zu wahrende Sensibilität bezieht sich zum einen auf den diesbezüglich (noch) vorhandenen „rechtsfreien Raum". Zum anderen kann das Bekanntwerden derartiger Vorgehensweisen zu einem erheblichen Imageverlust des Portalbetreibers führen.

Als dritte Generation wurden vertikale Portale entwickelt, die auf Intranet-Basis als „Eingangspforte" für die unternehmensspezifischen Informations- und Wissenssysteme dienen, so dass auf alle unternehmensbezogenen Daten, Informationen sowie Dokumente, unabhängig vom jeweiligen physikalischen Speicherplatz sowie der Nutzerlokation mittels einer einheitlichen Oberfläche zugegriffen werden kann. Sie ersetzen somit das „Schwarze Brett" sowie zentrale Registraturen. Hierdurch wurde das sogenannte „B2E"[82] generiert, durch das alle involvierten bzw. zugriffsberechtigten MitarbeiterInnen einen einheitlichen Zugriff auf alle internen und externen Informationssysteme sowie elektronischen Services erhalten. Zugleich wird hierdurch das „Employee Relationship Management (ERM)" ermöglicht, bei dem die formalen Interaktionen zwischen dem Mitarbeiter sowie der Unternehmung (Urlaubsanträge, Reisekostenabrechnungen etc.) auf digitaler Basis effizienter administriert werden können[83]. Zusätzlich sind diese Portale häufig in die jeweiligen Geschäftsprozesse integriert, so dass ein umfassender Daten- und Informationsaustausch sowie eine ageographische und zeitunabhängige Kommunikation gewährleistet wird. Hierdurch werden umfassend die Bedürfnisse nach Information sowie Prozesseinbindung befriedigt. Aufgrund der Heterogenität der zu integrierenden Applikationen, Prozesse, Workflows etc. ist es allerdings empfehlenswert, „föderale Strukturen" zu konzipieren, bei denen die heterogenen und autonom arbeitenden Teilsysteme zu einem Gesamtsystem „föderiert" werden; hierzu werden Portal-Server, EAI-Module sowie Data-Movement- und Replikationsserver miteinander verbunden, um die mehrdimensionale Komplexität dieser Strukturen handhaben zu können. Analog zu relationalen Datenbanksystemen sind auch hier die „ACID-Eigenschaften"[84] zu beachten.

Derartige Portale beinhalten generell eine „Umbrella-Funktion": Alle Daten und Informationen werden im Unternehmen unter Berücksichtigung der Datenschutzerfordernisse verfügbar gemacht und gleichzeitig gegen unberechtigten Zugriff geschützt. Aufwändig ist hierbei jedoch die eindeutige Benennung der Dokumente („Verschlagwortung") sowie Navigationselemente und die einheitliche Klassifizierung, also die Schaffung einer semantisch und syntaktisch eindeutigen Begriffswelt. Hilfreich sind in diesem Zusammenhang zwei Werkzeuge in Form des „Glossars"[85] sowie der „Taxonomie"[86].

Als Aggregation aus horizontalen und vertikalen Portalen haben sich – quasi als vierte Generation – die Hybrid-Portale entwickelt. Durch die Einbeziehung transaktionsorientierter Planungs-, Beschaffungs- und Produktionsprozesse wurde das „B2B"[87] mittels spezifischer Steuerungsverfahren möglich. Hierdurch entstehen letztlich „Serviceportale" als Aggregation von elektronischem Marktplatz und Portal, über die der elektronische Handel sowie die Abwicklung aller dazugehörenden Transaktionen (einschließlich Bonitätsprüfung, Zahlungsverkehr, Logistik etc.) unter Einbeziehung der unternehmensspezifischen „Backend-Systeme" durchgeführt wird. Durch die hierdurch ausgelöste Aggregation interner und externer Daten- und Informationsquellen sowie der Involvierung von Applikationen (Materialwirtschaftssysteme etc.) wurde sowohl die Einbindung Dritter als auch die informationstechnologische Unterstützung der Ablaufsteuerung virtueller Unternehmen erreicht. Es entstanden „virtuelle Orte", an denen Informationen, Dienste (beispielsweise E-Mail) und Applikationen zur Verfügung stehen, die es dem beteiligten Nutzer in Abhängigkeit von seiner Funktionalität sowie spezifischen Rolle im jeweiligen Geschäftsprozess ermöglichen, konkrete (Entscheidungs-)Probleme zu lösen sowie Transaktionen zu veranlassen bzw. durchzuführen. Der Nutzer erhält online alle für ihn relevanten Informationen über den jeweiligen Geschäftsprozess sowie dessen Vorgangsstatus. Gleichzeitig kann er per Chat-Room, Foren etc. mit anderen Prozessbeteiligten kommunizieren. Dies bedingt zwangsläufig ein ganzheitliches Konzept, das sowohl die informationstechnologische Infrastruktur, Informations- und Wissensmanagement, interne und externe Geschäftsprozesse, Produkte und Dienstleistungen sowie Werkzeuge zur Administration beinhaltet.

Derartige Hybridportale erfordern den Übergang von isolierten Applikations- und Integrationsservern zu spezifischen Portalservern – dem „Enterprise Portal", das häufig (analog zu den vertikalen Portalen) eine föderale bzw. föderierte Struktur aufweist. Derartige Strukturen sind generell ein „intelligentes" und nützliches Vehikel für neue Geschäftsmodelle und -prozesse sowie Leistungsstrukturen. Nicht verkannt werden sollen jedoch die derzeit noch bestehenden technologischen Probleme dieser Portale. Zum einen ist die informationstechnologische Integration aller Applikationen und Teilsysteme über die gesamte Wertschöpfungskette hinweg sehr aufwändig, weil häufig inhomogene Daten- und Produktstandards sowie unzureichende Schnittstellen der ERP-Systeme vorliegen. Erschwerend kommt hinzu, dass Veränderungen der Geschäftsprozesse zwangsläufig zu Dysfunktionalitäten bei den eingebundenen „Dritten" führen. Zudem werden häufig nur einzelne Teilprozesse informationstechnologisch unterstützt bzw. automatisiert, so dass anstelle einer ganzheitlichen Lösung nur partielle Funktionen „digital" realisiert werden können. Eine Grundvoraussetzung ist somit die Homogenisierung bzw. Kompatibilität der zu integrierenden Informationssysteme. Zum anderen werden tradierte soziale Kontakte und Gepflogenheiten plötzlich „wertlos" (beispielsweise zwischen Einkäufern und Anbietern), die zwangsläufig Abwehrreaktionen hervorrufen. Sie werden zusätzlich durch die mit der Automatisierung verbundenen Daten- und Informationsüberflutung[88] gesteigert. Die Konzeption und Implementierung von Portalen ist somit Bestandteil eines umfassenden organisationalen Wandels, bedingt durch die gravierende Veränderung der traditionellen Kommunikationskultur im Unternehmen.

Eine wichtige – wenn nicht gar wesentliche – Komponente für das Management eines Portals ist das „Content Management System": Ursprünglich verstand man hierunter Systeme zur Verwaltung und Recherche aller Inhalte im Internet. Die schnelle und einfache Aktualisierung von Web-Seiten sowie deren vom Inhalt unabhängiges Design wurden realisiert, indem der Inhalt vom Layout getrennt wurde; der Nutzer musste sich die benötigten Informationen mittels der in der Indexdatenbank gespeicherten Attribute suchen. Informationstechnologische Grundlagen waren die Client-Server-Architektur, das Referenzdatenbankmodell sowie herkömmliche Dokumententypen. Eine Weiterentwicklung erfuhren diese ursprünglichen Systeme dadurch, dass der Inhalt aller Portale und Web-Seiten (sowohl außenorientierte Seiten als auch binnenorientierte Informationsportale, -systeme etc.) ständig aktualisiert sowie den Nutzerbedürfnissen hinsichtlich der Inhaltsangabe angepasst wurde. Letzteres geschah sowohl durch die Trennung von Inhalt und Layout als auch durch die Möglichkeit, alle Inhalte „internettechnologisch" durch „Import-/Export-Schnittstellen", mittels der API[89] adäquat in das Netz stellen zu können. Alle Inhalte etc. durchlaufen dabei den „Content-Life-Cycle", bei dem ein statisches oder dynamisches „Asset-Management" die Verwaltung der digitalen Assets[90] sowie das Rechte- und Benutzermanagement übernimmt. Content-Managagement-Systeme[91] sind somit quasi die Vermittler zwischen dem Informationsanbieter sowie dem Nutzer und somit quasi die digitalen Nachfolger der analogen Rundbriefe, Anweisungen, Firmen- und Kundenzeitschriften, Produktkataloge und -erläuterungen etc. Abgesehen von der redaktionellen Informationsaufbereitung ist diese Funktion bei statischen Systemen noch relativ einfach strukturiert. Allerdings entstehen bei zeit- und zustandsabhängigen Inhalten in Verbindung mit den jeweiligen Workflows komplexe Gestaltungs- und Strukturierungsaufgaben. Empfehlenswert ist es daher, eine strikte Trennung zwischen Struktur und Inhalt sowie Inhalt und Layout vorzunehmen, um sowohl Präsentation als auch Daten- und Dokumententransfer unterstützen zu können. Die wichtigsten Funktionen des Contentmanagements sind daher:

- Strukturierung, Speicherung und Verwaltung der dezentral eingestellten Inhalte in einer zentralen Datenbank,
- zentrale Freigabe der Inhalte sowie Realisierung des Content-Lebenszyklus in Abhängigkeit von Altersstruktur und Bedeutung der Inhalte,
- Durchführung der administrativen Funktionen (Dokumentation, Steuerung, Koordination, Kontrolle, Rechte- und Rollenverwaltung etc.).

Nicht unterschätzt werden darf jedoch die zwangsläufige Problematik der Redaktion und Verwaltung der Inhalte zur systematischen Aufbereitung von Daten und Informationen, ihrer Transformation (Verteilung) mittels einheitlicher Strukturen und der Definition der Zugriffsprozeduren. Die notwendigen Teilfunktionalitäten bzw. Subprozesse, die bei der Konzepterstellung berücksichtigt werden müssen, sind beispielsweise:

a) Content Distribution (Bereitstellung von Inhalten aus unterschiedlichen Quellen für unterschiedliche Ausgabegeräte unter Berücksichtigung von Multikanal- und Multideploymentfähigkeit sowie Personalisierungsfähigkeit durch die Hinterlegung von anwenderabhängigen Metadaten, Kanälen, Agenten usw.).
b) Content Capture (Sachfunktionalität unter Einbeziehung von „Link-Management", Editorenwerkzeugen sowie der Integrationsfähigkeit von Standards, Formaten etc.).
c) Content Engineering (bei Konzeptentwicklung sowie -anpassung ist die Trennung von Struktur, Inhalt und Layout zu berücksichtigen; des Weiteren ist neben dem Restore-, Konfigurations- und Metadatenmanagement die flexible Integration von Workflow- und Workgroupsystemen zu gewährleisten).

Durch ein derartiges konzeptuelles Contentmanagement werden Erstellung und Weitergabe von Dokumenten automatisiert sowie die entsprechenden Handlungen der Nutzer koordiniert. Durch diese administrative Funktionen wird der Prozess eines Dokumentes von der ersten Erstellung über die verteilte Bearbeitung bis zur Veröffentlichung (einschließlich der dynamischen Generierung) gesteuert und kontrolliert. Dies ermöglicht die Verwandlung an sich „linearer" Dokumente zu komplexen Prozessmodulen. Dies bedingt allerdings – analog zum Data Warehouse – die Implementierung eines „Document Warehouse" zur physischen Integration von Dokumenten aus verschiedenen internen und externen Quellen. Neben dieser inhaltlichen Integrationsfunktion unter Beachtung der unterschiedlichen Dokumenttypen, -formate und -metadaten sowie der entsprechenden Erfassungsmethodik (einschließlich der automatischen Erzeugung von Deskriptoren, Klassifikationen etc.) muss jedoch die semantische Integration im Sinne einer Themenorientierung sowie ganzheitlicher Speicherungsverfahren im Rahmen einer intelligenten, kreativen Archivierung ermöglicht. Nur hierdurch ist die Dokumentenvereinheitlichung sowie die Reduzierung von Redundanzen möglich. Neben diesen dokumentspezifischen Funktionen muss das Contentmanagement die Erstellung, Kategorisierung, Verwaltung und Veröffentlichung von Daten und Metadaten mittels der Internettechnologie bei Trennung von Inhalt, Struktur und Layout, die Zugriffrechte- und Benutzerverwaltung sowie die Unterstützung der jeweiligen Workflows realisieren. Informationstechnologische Module des Contentmanagements sind somit

- Webbasiertes Contentmanagagement (Erstellung und Verwaltung der Seiten),
- Dokumentenmanagementsysteme,
- Redaktionssystem (technisch: XML, Datenbanksysteme; informationell: Publizieren der Seiten),
- Configuration Managementsystem,
- Collaboration Managementsystem (Workflow),
- offene Plattformen sowie XML-Server,

- Steuerung der Community (Chatroom, Newsgroups),
- Unified Messaging.

Der letztere Aspekt vor allem berücksichtigt, dass durch eine einheitliche Plattform die unterschiedlichen Kommunikationssysteme mit ihren spezifischen Nachrichtentypen, Formaten, Nomenklaturen, Funktionsweisen etc. integriert werden: Das Abrufen der Informationen muss über eine einheitliche Oberfläche von jedem Kommunikationsendgerät aus möglich sein (*unified communications*)[92]. Neben der Interoperabilität der Netzwerksysteme erfordert dies den vereinheitlichten Zugang (*unified access*) zu einer Anwendung mittels beliebiger Endgeräte (beispielsweise PC, Laptop, Handy) sowie kompatible Datenspeicher (*unified Data-Store-Server*), auf die per IP-Protokoll von verschiedenen Clients aus zugegriffen werden kann. Ein wichtiges Element ist dabei XML als „Speicherformat", weil es zum einen medienneutral Datenhaltung und -austausch ermöglicht. Zum anderen impliziert es die Trennung von Inhalt, Layout und Struktur und ermöglicht somit die Modularisierung, eben die Aufbereitung des Inhaltes eines Dokumentes in kleinere Einheiten.

Content-Management-Systeme generieren somit einen dreistufigen Wertschöpfungsprozess: Von der Konvertierung (zum Beispiel die Umsetzung in XML-Dokumente) über die Kategorisierung (resp. Stichwortindizierung) zur Lieferung der ausgewählten Inhalte an das Intranet des Empfängers. Analog zur Differenzierung der einzelnen Portaltypen unterscheidet man derzeit auch (noch) verschiedene Formen der Content-Management-Systeme (CMS). Content-Management-Systeme im engeren Sinn ermöglichen das Zusammenführen verschiedener Inhalte sowie die notwendige Administration „horizontaler Portale". Im Bereich der „vertikalen Portale" bezeichnet man seit 1999 aufgrund einer Initiative der AIIM[93] sowie einer Produktumbenennung durch IBM[94] diese Systeme als „Enterprise-Content-Management". Die auf die „Innenwirkung" einer Unternehmung fokussierten Systeme beinhalten neben browser-basierten, personalisierten Oberflächen auch den nutzerdefinierten Zugriff auf der Datawarehouse-, Workflow- und Wissensmanagementintegration. Entsprechend werden bei „hybriden Portalen" mit dem Fokus auf die „Außenwirkung" die Content-Management-Systeme als „Web-Content-Management" definiert. Diese sollen vor allem die medienunabhängige Erfassung von Inhalten sowie deren Klassifizierung gewährleisten – überwiegend mittels spezifischer Formulare, sogenannten „Templates". Sie erfordern letztlich konzipierte und strukturierte Wertschöpfungsketten im Sinne eines „Life-Cycle-Managements", um die organisationalen (Geschäfts-) Prozesse sowie die informationstechnologischen Applikationen und Architekturen mit dem Portalinhalt (Content) zu verbinden und den jeweiligen Erstellungsprozess der Inhalte als „Gesamtprozess" zu verstehen (im Hinblick auf Datenformate, Schnittstellen etc.). Trotz dieser derzeit noch vorhandenen „Dreiteilung" der Content-Management-Systeme kann im Rahmen der Konvergenzthese davon ausgegangen werden, dass auch diese Systeme zu einem vom Portaltyp unabhängigen System zusammenwachsen werden.

Diese holzschnittartig skizzierte Entwicklung führt zum Paradigmenwechsel von der singulären Unternehmenspräsentation im Internet zu komplexen Integrationsprojekten in den Bereichen Marketing, Beschaffung und Absatz sowie intra- und interorganisationaler Kooperation und Kollaboration. Bei der Konzeption und Implementierung derartiger Portale empfiehlt sich daher eine vierstufige, „aufwärtskompatible" Vorgehensweise: Im ersten Schritt wird ein intraorganisationales Informationsportal generiert, das ausschließlich interne Informationen über die Unternehmung, ihre Strukturen und Abläufe sowie Produkte, Services und deren Ansprechpartner enthält. In der nächsten Stufe wird es um externe Datenquellen bzw. -systeme sowie die zur Suche erforderlichen Suchmaschinen erweitert; dies beinhaltet zwangsläufig auch die Vergabe von personalisierten Zugriffsrechten (Employee Self Service). In der dritten Stufe erfolgt die Erweiterung um multimediale, interaktive Tools, so dass die Mitarbeiter einen projekt- und funktionalspezifischen Erfahrungsaustausch selbständig mit ihren Kollegen initiieren und aufrecht erhalten können (sog. virtuelle Gemeinschaft bzw. eine " Community Gleichgesinnter"). Zum Schluss wird dieses Portal durch den Zugriff auf Datenbanken und Systeme externer Partner erweitert, so dass sowohl E-Buiness-Funktionen als auch die Bildung von Netzwerkorganisationen (virtuelle Unternehmen) möglich werden. Die ersten beiden Phasen repräsentieren im Rahmen des Informations- und Wissensmanagements die Transferkomponente, während die beiden letzten Phasen die Transformationskomponente repräsentieren[95]. Der Vorteil einer derartigen phasenweisen Vorgehensweise ist einerseits in einer moderaten Veränderung der Unternehmens- und Kommunikationskultur zu sehen – die allmähliche Aneignung der Handhabungsfähigkeiten impliziert im Gegensatz zur „Bombenwurfmethode"[96] keine wesentlichen Akzeptanzschwellen. Andererseits kann der vollständige Implementierungsprozess unter Berücksichtigung der finanziellen und personellen Ressourcen kostenoptimiert gesteuert und bei Bedarf auch phasenweise unter- bzw. abgebrochen werden. Dies ermöglicht auch eine relativ kongruente „Refinanzierung" durch die planbare Reduzierung der Administrations- und Transaktionskosten, bedingt durch die Automatisierung des Informationsflusses sowie der Prozessharmonisierung.
Eine derartige Vorgehensweise ergibt letztlich eine dreidimensionale Portalarchitektur (vgl. die folgende Abbildung):

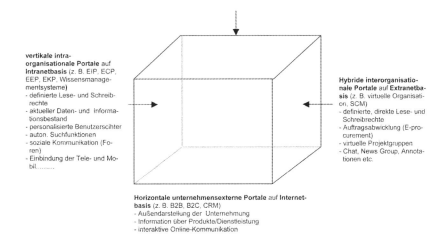

Abb. 27: Die dreidimensionale Portalarchitektur der Unternehmung

Vor dem inhaltlichen Hintergrund dieser Arbeit soll dieser Integrationsaspekt in Rahmen von Kooperation und Kollaboration hinsichtlich der Zielsetzungen, des Inhaltes sowie der Voraussetzungen ausführlicher diskutiert werden.

3.3.2.1.1 Vertikale „intraorganisationale" Portale

Die inhaltliche Transformation des „klassischen Internetportals" auf das Intranet ermöglicht, dass alle integrierten Nutzer[97] auf alle unternehmensbezogenen Daten, Informationen sowie digitalisierten Wissensbestände[98], unabhängig vom jeweiligen physikalischen Speicherplatz mittels einer einheitlichen Oberfläche, die individuell angepasst werden kann, zugreifen und somit ihre Entscheidungs- und Problemlösungsprozesse effektiver gestalten können. Weil der Nutzer an der „virtuellen Eingangstür" die für seine Informationsrecherche erforderlichen Informationen sowie „Navigationsstrukturen" vorfindet[99], werden zum einen die internen Informationssuch- und anwendungsprozesse optimiert. Zum anderen gelingt es durch die Integration verschiedener Plattformen, Anwendungen etc., Daten und Informationen sowohl konsistent zu halten und zu konsolidieren, als auch die Analyse, Auswertung und Verteilung zu beschleunigen und zeitaktueller realisieren zu können. Hierdurch wird eine „Vermischung" von Außen- und Innensicht der jeweiligen Daten und Informationen erreicht. Außerdem wird die intraorganisationale Kommunikationsfähigkeit durch die Einbindung spezifischer „Dienste" (Services, wie zum Beispiel Adressbuch, Terminkalenderverwaltung, E-Mail, Messaging-Systeme etc.) verbessert sowie durch die (asynchrone) zeitliche Beschleunigung effizienter gestaltet. Schließlich generiert die Involvierung von Workflow-unterstützenden Applikationen (beispielsweise Office-Pakete, Tabellenkalkulationsprogramme, Dokumentenmanagementsysteme etc.) die Reduzierung der Transaktionskosten. Vertikale Portale sollen es demnach als „übergreifende Architektur" ermöglichen, dass auf alle erforderlichen strukturierten und unstrukturierten Daten und Informationen aus sämtlichen Quellen asynchron und ageographisch zugegriffen werden kann. Sie repräsentieren somit eine strategische, einheitliche Plattform für das Informationsmanagement. Letztlich entsteht hierdurch ein „web-basierter Informationsraum" durch die personalisierte Aggregation der Daten- und Informationsquellen.

Ihre Funktionalität wird zwangsläufig durch die Problematik der Daten- respektive Informationsspeicherung und -transformation determiniert: Je größer die Quantität wird (im Intranet verdoppelt sich diese bekanntlich alle zwölf Monate), desto stringenter stellt sich die Frage nach ihrer Organisation und Präsentation. Verschärft wird dies noch dadurch, dass diese Daten und Informationen in verschiedenen internen und externen Netzwerken dezentralisiert, inkonsistent und fragmentarisiert gehalten. Diese Beherrschung der Daten- und Informationsflut in den Netzwerken sowie der dynamische und aktuelle Zugriff aller Nutzer erfordert zwangsläufig die Interaktion mit den ERP-/EAI-Systemen sowie die Nutzung spezifischer Data-Warehouse-Funktionen.

Die Erfüllung dieser Portalanforderungen impliziert zwangsläufig die Einhaltung der nachfolgenden Bedingungen:

(1) Daten, Informationen, Dokumente (kodiert und nichtkodiert) sowie Applikationen werden zentral über eine einheitliche Schnittstelle abgerufen (setzt Konvertierungswerkzeuge für Daten, Texte etc. voraus).

(2) Informationen werden automatisiert sowie kontextbezogen verknüpft und durch ein Content-Management (einschließlich der Indizierungsverfahren sowie Attributeverwaltung) online zur Verfügung gestellt[100].

(3) Informationen werden ständig aktualisiert und personen- bzw. applikationsbezogen bereitgestellt[101].

(4) Anwender und Informationen bzw. Inhalte werden miteinander verknüpft (knowledge-sharing).

(5) intelligente Suchlösungen sowie „Agenten" stehen als Werkzeuge zur Verfügung (große Mengen unstrukturierter Daten und Informationen müssen im jeweiligen Kontext durchsucht sowie Verknüpfungen zu inhaltlich verwandten Informationen hergestellt werden; des Weiteren muss der Anwender die Möglichkeit sowohl der Volltext- und Schlüsselwortsuche als auch der Recherche mittels selbstdefinierter Meta-Begriffe besitzen).

(6) Einfach zu handhabende Analyse-Werkzeuge (zum Beispiel OLAP, Data Mind etc.) müssen zur Verfügung stehen.

(7) Applikationen sowie Workflow- und Dokumentenmanagementsysteme müssen integriert sein.

(8) Folgende informationsstechnologischen Funktionen müssen dem Nutzer zur Verfügung stehen:
　　▷ Browser-basierter Zugriff

- Hyperlink-Verwaltung
- Zugriffsrechteverwaltung
- Wissensdirectories (wer weiß was)
- automatische Nachrichtenversorgung bzw. Anzeige von inhaltlichen Veränderungen
- Push-/Pull-Funktionen
- frei definierbare Kategorisierung
- Volltextrecherche
- rollenbasierte Benutzerverwaltung
- Multi-Domain-Unterstützung
- Template-Engines zur Mehrfachverwendung von Strukturen und Inhalten
- frei definierbare Metadaten für sämtliche Objekte
- Plattform- und Datenbankunabhängigkeit
- Skalierbarkeit
- Automatische Präsentation in XML, HTML, WAP, PDF etc.

Grundsätzlich muss der Nutzer im Rahmen des sogenannten „single-sign-on"[102] **personalisiert** und **aufgabenspezifisch** den (fast) unbegrenzten Zugriff auf die für ihn relevanten Informationen, Applikationen sowie Kommunikationsmöglichkeiten haben.

Für diese komplexen und multifunktionalen Aufgabenstellungen (vgl. Abb. 28) wurde eine Zeit lang einheitlich der Begriff des EIP (Unternehmens-Informations-Portal) verwandt. Um sowohl eine Begriffsverwirrung zu vermeiden als auch die einzelnen marktgängigen Produkte differenzieren zu können, unterscheidet man zwischenzeitlich gemäß einer Klassifikation der IDC grundsätzlich zwischen den vier nachfolgenden intraorganisationalen Portalen:

(1) EIP – Enterprise Information Portal (das „klassische" Informationsportal in Form der „horizontalen Suchmaschine", mittels dessen der Nutzer auf der Grundlage einer selbst generierten Oberfläche auf alle internen und externen Informationen selektiv zugreifen kann).

(2) ECP – Enterprise Collaboration Portal (Ergänzung des EIP durch die Einrichtung „virtueller Räume" für die Realisierung aufgabenbezogener und/oder abteilungsübergreifender sowie asynchroner Gruppenprojekte; auf Extranetbasis wird hierdurch die Unterstützung derjenigen Geschäftsprozesse, in die Dritte involviert sind, ermöglicht).

(3) EEP – Enterprise Expertise Portal (Ergänzung des EIP durch die Realisierung der Kommunikations- und Informationssuchanforderungen spezifischer MitarbeiterInnen mit expliziten Qualifikationen – beispielsweise Pushtechnologien, die automatisch über Neueinträge in einer Datenbank informieren.).

(4) EKP – Enterprise Knowledge Portal (Ergänzung des EIP durch die aktive Bereitstellung von Wissensinhalten für alle potenziellen Nutzer[103]), zum Beispiel durch Push-Technologie, intelligente Agenten etc.).

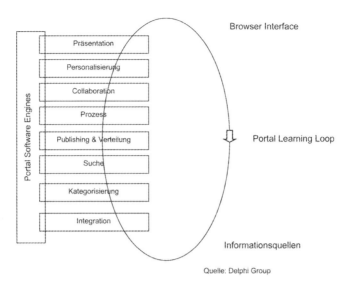

Quelle: Delphi Group
Abb. 28: Das EIP-Modell der Delphi-Group

Aufgrund dieser Differenzierung wird deutlich, dass nur das EIP den horizontalen Charakter der „klassischen Suchmaschine" repräsentiert, während die anderen Formen sowohl horizontale als auch vertikale Strukturen abbilden müssen. Zwangsläufig existieren diese Portalformen nicht als „Insellösungen", sondern werden durch ein „Meta-Portal" miteinander verbunden.
Die Vorteile einer derartigen Portalarchitektur können wie folgt skizziert werden:
- Stationäre sowie mobile Anwender können auf alle unternehmensweiten Daten, Informationen sowie Wissensbestände zugreifen.
- Die jeweiligen Bestände werden im Rahmen des sog. „Content-Managements"[104] täglich aktualisiert und per „Links" allen MitarbeiterInnen zur Verfügung gestellt[105].
- Spezifische Dienstleistungen (wie E-Mail) sowie Applikationen (wie Office) stehen allen Nutzern zur Verfügung.
- Sowohl funktionale als auch interessen- sowie branchenspezifische Informationen können verdichtet sowie aufbereitet und gezielt zur Verfügung gestellt werden.
- Sowohl die einheitliche (jedoch auch selbstkonfigurierbare) Oberfläche als auch die eingesetzten Internettechniken (Browser, XML, Hyperlinks etc.) ermöglichen den einfachen und intuitiven Zugriff auf die vorhandenen Daten-, Informations- und Wissensbestände sowie Dienste und Applikationen.
- Das Bereitstellen von Informationen etc. durch die einzelnen Mitarbeite-

rInnen kann per „Drag and Drop" mittels des „MS Explorer" bzw. durch die automatische Umwandlung von Word-Dokumenten in HTML/XML erfolgen.
- „Intelligente Agenten" suchen personalisiert und automatisch Informationen in den Bereichen „Publishing" (Veröffentlichung und Aktualisierung relevanter Dokumente bzw. Informationen), Änderung von Workflow-Strukturen und setzen „bookmarks" für häufig genutzte Quellen.
- Durch die Einrichtung von Newslettern, Foren, Chatrooms sowie „Yellow Pages" haben externe Nutzer, die nicht an den informalen Informationsbörsen (zum Beispiel Kaffeepausen) regelmäßig teilhaben können, dennoch die Möglichkeit, informale (soziale) Netzwerke und Informationsstrukturen aufzubauen.

Weil diese Portale web-basiert, kategorisiert, personalisiert[106] sowie rollenbasiert sind, können sie den heterogenen Bedürfnissen der Nutzer Rechnung tragen und diese auf den sich ergebenden elektronischen Informationsmarkt- bzw. -handelsplätzen zu der richtigen (elektronischen) Adresse weiterleiten bzw. durch die kontextabhängige Verbindung der Daten und Informationen sowohl mit Applikationen als auch mit Prozessen[107] in einer einheitlich und gemeinsam zu nutzenden Anwendung zur Optimierung der Abläufe beitragen. Voraussetzung hierfür ist allerdings die vorherige Geschäftsprozessoptimierung, die Definition der diesbezüglich erforderlichen Funktionalitäten bzw. Rollen sowie die Strukturierung in Form von Workflows. Zudem müssen zwangsläufig die ERP-Systeme des Unternehmens integriert sein, um diese Prozesse automatisieren zu können. Unterstellt man in überzeichneter Form, dass die unternehmensweite Netzwerk- und Rechnerarchitektur quasi den Computer repräsentiert, so wird das Portal in diesem Zusammenhang zum Desktop, so dass die Unternehmung zum einen jederzeit die direkte (virtuelle) Verbindung zum Mitarbeiter besitzt – unabhängig von dessen geographischer Disloziierung. Zum anderen ermöglicht es die Verbesserung von Effizienz und Effektivität der Geschäfts- bzw. Wertschöpfungsprozesse sowohl durch deren Beschleunigung als auch durch die Senkung der Transaktionskosten.

Der Markt für derartige unternehmensinterne Portallösungen wird zurzeit zum einen durch die Lieferanten mit „Business-Intelligence-Tools" (zum Beispiel OLAP-Werkzeuge, Datawarehouse-Systeme etc.) partitioniert. Zum anderen versuchen DMS-Anbieter, Lieferanten von Datenbankmanagementsystemen (beispielsweise ORACLE) sowie ERP-Systemanbieter (zum Beispiel wie SAP) Inhalte sowie Zielsetzungen zu definieren und teilweise auch zu dominieren. Überwiegend werden jedoch keine ganzheitlichen Lösungen, sondern auf der Grundlage der Kernkompetenz des jeweiligen Lieferanten entwickelte Einzelmodule angeboten. Durch die Fokussierung auf spezifische Informationsarten entstehen zwangsläufig nur monofuktionale Portale. Zielsetzung muss es jedoch sein, *Portal Frameworks* zu entwickeln, die auf Java- bzw. Microsoft-Standards basieren und in der Lage sind, die jeweils erforderlichen Funktionalitäten im Rahmen der bereits angesprochenen „plug ins" in das Informationsmanagement integrieren zu können. Gemäß einer Erhebung der Gardner Group umfassen die Kosten eines vertikalen Portals folgende Positionen: Neben den Investitionskosten für Server und Software (ca. 0,7 Mio. €) entstehen für die Systemimplementierung sowie Applikationsintegration weitere Aufwendungen in Höhe von 100 bis 300 Prozent der Investitionskosten. Die Betriebskosten setzen sich aus den Softwareservicekosten (15 bis 20 Prozent der Anschaffungskosten) sowie den Personalkosten für Systembetreuung etc. (ca. zwei Mitarbeiter) sowie den Kosten für den Content-Redakteur bzw. das Content-Management zusammen. Zusätzlich entstehen noch Opportunitätskosten im Rahmen des Transaktionsmanagements sowie der erforderlichen Mitarbeiterschulungen etc.[108] Eine exakte Kostenangabe ist zwangsläufig nicht möglich, weil Konzeption und Implementierung eines vertikalen Portals ein iterativer Prozess ist, der letztlich nie abgeschlossen sein wird, da Struktur und Inhalt immer wieder angepasst und verändert werden müssen.

3.3.2.1.2 Hybride Portale

Verknüpft man die Ausführungen über die dreidimensionale Portalarchitektur einer Unternehmung mit den vorhergehend definierten Inhalten der „Enterprise-Process-Integration" bzw. „Enterprise Business Intelligence", so erfordert dies zum einen die Erweiterung des intraorganisationalen ERP-Systems um die interorganisationale (Information Chain Management) sowie um die unternehmensexterne Dimension (zum Beispiel wie SCM, CRM), um die jeweiligen ERP-Systeme bzw. Applikationen dieser unternehmensexternen Dritten einzubinden. Zum anderen müssen diese Portale in aggregierter Form die Möglichkeit bieten, das unternehmensübergreifende strategische Wissensmanagementsystem mit den relevanten Rechner- sowie Informationsnetzwerken Dritter zu verbinden[109], so dass die Voraussetzungen für ein „Business Collaboration Management" im Rahmen virtueller Strukturen (Netzwerke bzw. virtuelle Unternehmung) durch die synchrone als auch asynchrone Nutzung vernetzter, offener Informationsnutzungsketten (ISC)[110] realisiert werden können. Durch die damit verbundene Öffnung des intraorganisationalen Portals zu einem unternehmensübergreifenden mutiert das vertikale bzw. horizontale Portal zum Hybrid-Portal.
Auf der interorganisationalen Ebene wird hierdurch möglich, von einer Oberfläche aus auf sämtliche internen Daten und Informationen (via Data-Warehouse) sowie alle relevanten Applikationen zugreifen zu können. Des Weiteren können die Daten und Anwendungen Dritter (zum Beispiel Partner oder Kunden) sowie die dazu gehörenden Prozesssteuerungen (WFS, WGS) integriert werden. Die hiermit implizierte „vollständige Vernetzung" gewährleistet den interaktiven Dialog mit Lieferanten und Kunden, da alle Informationen über angebotene Produkte, Services etc. allen gleichzeitig zur Verfügung stehen. Das Hybrid-Portal repräsentiert somit die Grundlage für das E-Business[111], beispielsweise durch die Automatisierung der Workflow-Prozesse mehrerer Unternehmen. Als „Nebeneffekte" ergeben sich die Verbesserungen der intra-

und interorganisationalen Kommunikation sowie die Unterstützung der Online-Aktivitäten[112]. Das Informationsmanagement mittels der Portale mutiert dadurch auch zu einem strategischen Marketingfaktor.

Hybride Portale erfordern daher die Aggregation heterogener informationstechnologischer Systeme, um den involvierten Nutzern einen Mehrwert zu generieren. Hierdurch ergibt sich allerdings häufig auch eine „Scherenfunktion": Die Anforderungen an Verlässlichkeit, Aktualität und Attraktivität sowie Sicherheit korrelieren häufig negativ mit den Bedürfnissen der Redaktionssysteme nach Kreativität. Sinnvoll erscheint es daher, im Rahmen einer stufenweisen iterativen Vorgehensweise den Inhalt (Content) des Portals unter Berücksichtigung der wirtschaftlichen Bedürfnisse und Möglichkeiten sowie Anforderungen der involvierten Unternehmen sowie Nutzer zu entwickeln. Hierbei bietet es sich auch an, die Erstellung und Verwaltung der Inhalte in Kooperation mit Informationshändlern zu realisieren[113]. Außerdem werden – vor allem von den ERP-Anbietern – auch „ausgelagerte" Systeme auf der Grundlage des ASP[114] realisiert, um die für das einzelne Unternehmen noch sehr hohen Investitionskosten erträglich zu gestalten. Hier schließt sich der „historische" Bogen zur Ausgangsidee der horizontalen Suchmaschine. Sowohl Installation und Betrieb des Portals als auch die implementierten Dienstleistungen (E-Mail, Chat-Rooms, Messaging-Systeme etc.) und Applikationen werden aus Unternehmenssicht „outgesourct", so dass der finanzielle Aufwand für Lizenzen, Wartung sowie Sicherungssysteme etc. reduziert werden kann. Der „Portal Service-Provider" (PSP) übernimmt in diesem Fall die Produktion und den Vertrieb digitaler Inhalte (vgl. hierzu das beispielhafte Modell im Rahmen des B2B – Abb. 29). Neben dieser originären Form des PSP hat sich zwischenzeitlich auch ein erweiterter Typus entwickelt, der „Content Broker". Dieser handelt mit Inhalten verschiedener Anbieter bzw. Lieferanten und ist somit quasi der Integrator bzw. Vermittler zwischen Besitzern von Inhalten einerseits und den Nutzern (Suchern) andererseits. Hierdurch ergibt sich die kostengünstigere mehrfache Verwendung identischer Inhalte in verschiedenen Medienprodukten, um als Dienstleister für die auf die Kernprozesse „beschränkten" Unternehmen aktiv zu werden. Er fungiert somit als „Bote" und realisiert die Kommunikation (Daten- bzw. Informationsexport und -import) zwischen den verschiedenen Teilnehmern bzw. deren Applikationen. Hierdurch ersetzt er die ansonsten erforderliche „Punkt-zu-Punkt-Programmierung" (Schnittstellen), indem er die Funktionen des „Mapping" (Transformation der Information in diejenige Struktur, die der Empfänger „versteht") sowie des „Routing" (Auffinden des richtigen Systems in der vernetzten Struktur) erbringt. Er generiert somit eine kollaborative Systemstruktur. Seine weiteren Funktionen sind neben der Zusammenführung der Informationen aus verschiedenen Quellen die technische und redaktionelle Aufbereitung sowie die Qualitätskontrolle. Der Content-Broker setzt somit Rahmenbedingungen, gibt „Spielregeln" vor (legislativer Charakter) und besitzt durch die Administration eine exekutive Funktion.

Die zunehmende Komplexität hybrider Portale hat schließlich zur Funktion des „Content Syndicate" geführt, das auch originäre administrative und operative

Funktionen des Koordinators bzw. Integrators einer virtuellen Unternehmung übernimmt – bis hin zur Funktion eines Generalunternehmers gegenüber akquirierten Kundenaufträgen. Neben der Akquisition von Aufträgen fungiert er damit auch als „Clearingstelle" für Problemlösungsanfragen der (potentiellen) Kunden, verteilt diese auf die involvierten Portalpartner, aggregiert die jeweiligen Lösungseinzelmodule, beseitigt die spezifischen Schnittstellenprobleme und unterbreitet das Problemlösungsangebot dem jeweiligen Nachfrager. Bei der sich dann gegebenenfalls ergebenden Auftragsabwicklung (mittels B2B[115]) fungiert er quasi als „Generalunternehmer", so dass die Marketinganforderung „one face to the customer" erfüllt wird. Nach der Auftragsabwicklung bearbeitet er die informationstechnologischen Formate der Revisionszeichnungen sowie der zugehörigen Stücklisten etc., so dass die jeweiligen Servicetechniker per Internet auf diese Zeichnungen zugreifen und zeitaktuell Ersatzteilbestellungen etc. auslösen können. Neben der Auswertung der Kundenanfragen etc. realisiert er des Weiteren im Rahmen des Kundenbeziehungsmanagements auch die Kundenbetreuung, Clusterbildungen etc. und gibt Anstöße für weitere F+E-Vorhaben an die involvierten Portal-Partner. Schließlich bietet er auf den Portalseiten ständig aktualisierte Produkt- sowie Entwicklungsinformationen an, die durch „Expertensysteme" (beispielsweise im Rahmen von Chat-Rooms oder Foren) kundenfokussiert unterstützt werden. Das „Content Syndicate" wird hierdurch zum Kooperationsagenten im Sinne des „Inside-Out-Ansatzes" und führt die Kooperation und Koordination unterschiedlicher Unternehmen herbei.

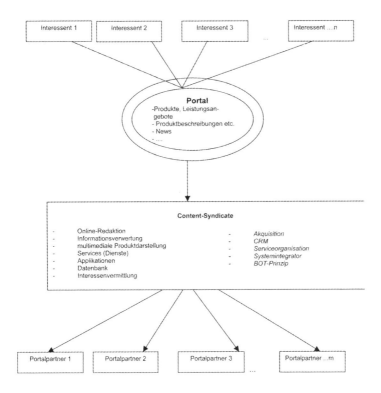

Abb. 29: Die Funktionen des „Portal Service Provider" als „Content Syndicate"

Aufgrund der daraus erwachsenden Fragmentierung der Wertschöpfungskette mit dem Fokus auf den Endkunden stellt sich allerdings die Frage, wer die wirtschaftlich wertvollen Kontakte zum Kunden besitzt – danach richtet sich zwangsläufig der Verteilungsschlüssel der Erlöse[116]. Hierdurch werden zwangsläufig neue Geschäftsmodelle induziert.

3.3.2.2 Informationsbeschaffung durch „Agentensysteme"

Die Entwicklung der „intelligenten Agenten"[117] beruht auf zwei informationstechnologischen Ansätzen. Zum einen wurden im Bereich des „Software Engineering" Methoden und Werkzeuge zur Komplexitätsreduzierung entwickelt, um komplexe Systeme in klar gegeneinander abgegrenzte Module zerlegen zu können. Andererseits wurden im Bereich der „künstlichen Intelligenz" (KI) Verfahren entwickelt, um Problemstellungen einfach beschreiben und intelligent lösen zu können. Die Kombination dieser beiden Ansätze mündet derzeit

in der „Agententechnologie". Hierbei werden überwiegend in Java geschriebene Softwaremodule[118] als „plug-ins" in bestehende Systeme bzw. Applikationen integriert. Sie repräsentieren ein in sich geschlossenes System, das gemäß der Definition der FIPA[119] autonom und zielorientiert agieren kann und mit der Umwelt responsiv sowie proaktiv kommuniziert. Autonom bedeutet dabei, dass sie sich von anderen Agenten Wissen und Ressourcen verschaffen und selbständig planen, auf welche Weise sie die ihnen gestellte Ziele erreichen können. Proaktiv impliziert, dass sie vom Benutzer weder direkt gesteuert noch mit detaillierten Anweisungen versehen werden. Ihre „Intelligenz" basiert auf Methoden der KI und erlaubt ihnen, aus allen zugänglichen Daten und Informationen selbständig die vom Nutzer gesuchten herauszufiltern, mit anderen zu verknüpfen und somit neues Wissen zu generieren bzw. das vorhandene zu reorganisieren. Hierbei übernehmen sie die Parametrierung der „Web-Suche", „Lernen" aufgrund der individuellen Suchstrukturen und -mechanismen und automatisieren diese: Aus einem spezifischen Input (Satz) an Informationen werden regelbasiert Schlüsse auf die dahinter liegende Struktur gezogen. Sie sind so den traditionellen Suchmaschinen überlegen. Dabei müssen jedoch zwei Restriktionen berücksichtigt werden: Zum einen „beherrschen" sie nur ein klar umrissenes bzw. abgegrenztes Aufgabenspektrum (zum Beispiel Personal Travel Assistent). Zum anderen sind sie hinsichtlich ihrer „Lernfähigkeit" auf die Suchstrukturen, -anforderungen und -fähigkeiten des jeweiligen individuellen Nutzers fokussiert und benötigen daher auch ein „semantisches Netz", das ihnen nicht nur die Zeichen, sondern auch deren Bedeutung überträgt. Diese „semantischen Netze" bestehen aus „Knoten" und den zwischen ihnen bestehenden Verbindungslinien („Knoten"). Hierbei repräsentieren die Knoten spezifische Objekte des Dokuments, während die Verbindungslinien deren Attribute, also relevante Zusammenhänge, charakterisieren. Im Sinne der Ontologie bedeutet dies, dass die Objekte „Klassen" darstellen und die Verbindungslinien die Bedingungen zwischen den Klassen kennzeichnen. Bei hochkomplexen und kontextsensitiven Suchfragen wird die Navigation dadurch erleichtert, weil neben dem Objekt auch mindestens ein Attribut den Suchpfad definiert.
Im Rahmen der Entwicklungsgeschichte der „intelligenten Agenten" existiert mittlerweile deren vierte Generation. Die Agenten der ersten Generation konnten im Auftrag des Nutzers[120] vorwiegend „unscharf definierte" Suchfunktionen übernehmen und die Unschärfe durch selbständiges Erlernen der Nutzerprofile und -strukturen automatisch beseitigen[121]. Dadurch wird beispielsweise die an und für sich sehr umfangreiche Fundstellenliste auf für den Nutzer halbwegs überschaubare Verhältnisse reduziert. Die Agenten der zweiten Generation sind in der Lage, mit anderen „persönlichen Agenten" zu kooperieren und interagieren und somit im Auftrag des Benutzers selbständig komplexe, jedoch definierte und strukturierte Transaktionen durchzuführen (beispielsweise Interaktionen auf „elektronischen Marktplätzen"[122] sowie im Rahmen von Workgroupsystemen). Dem gegenüber sind die Agenten der dritten Generation als „interaktive Agenten" in der Lage, die Ausführung und Überwachung komplexer, interaktiver Transaktionen, Prozesse etc. zu realisieren – beispielsweise bei

der Koordinierung und Steuerung flexibler und verteilter Produktionsprozesse oder im Rahmen des Supply-Chain-Managements[123]. Weil hierbei verschiedene Einzelagenten koordiniert und gesteuert werden müssen, existieren mittlerweile die Agenten der vierten Generation. Als „intelligente Manager" analysieren und bewerten sie die Aufträge der Nutzer und kanalisieren, steuern und koordinieren die jeweiligen „Unteragenten". Außerdem analysieren sie deren Arbeitsergebnisse und leiten sie im Anschluss an den Auftraggeber weiter. Des Weiteren führen sie auch die jeweils erforderlichen Vertragsabwicklungen durch. Generell kann für die Funktionsweise der „intelligenten Agenten" bzw. Software-Roboter[124] festgehalten werden, dass die autonom agierenden „Softwaremodule" zielorientiert Informationen beschaffen und diese verarbeiten, mit anderen Agenten interagieren und dabei standardisiert mit dem jeweiligen Hard- und Software-Umfeld zusammenarbeiten. Ihre funktionalen Grundmodule sind demnach Informationssammlung, -verarbeitung und -transfer (Im- und Export) sowie Interaktion mit anderen Agenten. Basis hierfür ist das Hypertext-Netzwerk des WWW mit URL als Navigationsverfahren. Die erforderlichen Attribute sind demnach Lernfähigkeit, Flexibilität, Mobilität, Anpassungs- und Kommunikationsfähigkeit sowie die Autonomie. Das Grundmodell eines Kundendienst-Agenten, in Anlehnung an K3 von der University of Michigan (Ann Arbor) entwickelt, kann der nachfolgenden Abbildung entnommen werden. Zu Grunde gelegt wurde dabei eine Informationsanfrage eines Studenten. Der „Agent" vervollständigt sie mit sachspezifischen Daten des Nachfragers (beispielsweise Berufsgruppe, Studienfach, Quantität und Qualität der einzuholenden Daten etc. im Hinblick auf den Verwendungszweck – privates Interesse, wissenschaftliche Arbeit, berufliche Verwendung etc.). Anschließend reicht er dies an den Makler weiter, der Qualität und Quantität der Beantwortung im Hinblick auf das „Kundeninteresse" sowie des zu zahlenden Entgeltes prüft und daraufhin die zu befragenden Informationsquellen festlegt. Der Datenbeschaffer führt auf dieser Grundlage die Datenbankabfragen durch und übergibt diese Daten dem Datenaufbereiter; dieser überträgt sie in eine „kundengerechte" Form und gibt sie an den Kundendienstagenten weiter, der die Daten schließlich dem Kunden zusendet (vgl. Abb. 30).

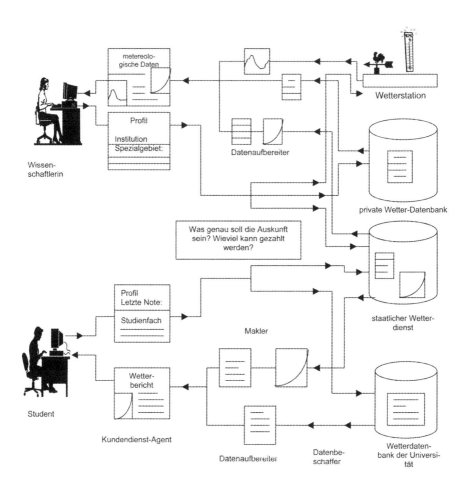

Agenten sind:
- Kundendienstagent (user interface agent),
- Makler (meditation agent),
- Datenbeschaffer (collection agent),
- Datenaufbereiter (data fuser agent).

Abb. 30: Das Grundmodell eines Software-Agenten (in Anlehnung an K 3 von der University of Michigan (Ann Arbor) entwickelt)

„Intelligente Agenten" können somit als technologische Bestandteile des „Informationsmanagements" gesehen werden.

3.3.3 Informationsaufbereitung und -bereitstellung

Aus den bisherigen Ausführungen über das Informationmanagement wurde ersichtlich, dass dieses eine anderweitig strukturierte Datenspeicherung sowie „Information Retrieval-Systeme" erfordert. Die tradierten Datenhaltungs- bzw. -speicherungssysteme sind vor allem dadurch gekennzeichnet, dass sie transaktionsorientiert konzipiert sind. Dies schließt häufig einen direkten, informationsorientierten Zugriff aus, weil

- komplexe Abfragen den Online-Prozess hinsichtlich der Performance des Gesamtsystems stark beeinträchtigen,
- die (relationalen) Datenbanksysteme für hohe Durchsatzraten konzipiert sind (optimale Abfrage- bzw. Transaktionsverarbeitung),
- Daten aus mehreren, heterogenen Transaktionsdatensystemen in der Regel nicht konsistent sind (Zeitvarianz der Aktualisierung, Speicherung etc.),
- die operativen Transaktionsdatensysteme in unterschiedliche, historisch gewachsene Verfahrenslandschaften „eingebettet" sind, die kaum oder gar nicht kompatibel bzw. integrierbar sind,
- die Daten (bei relationalen Systemen) vor dem Hintergrund von „entities" und deren Attributen, den Beziehungen zwischen diesen „entities" sowie deren Normierung in relationalen Tabellen erfasst sind – nicht jedoch unter dem Gesichtspunkt der verschiedenen Geschäftsprozesse sowie der daraus resultierenden Informationsbedürfnisse (Objektorientierung).

Die Ursache für diese datenfokussierte Konzeption liegt unter anderem darin, dass die Datenverarbeitung früher zur Rationalisierung und Effizienzerhöhung der operativen Abläufe eingesetzt wurde, um die Kosten pro Transaktion zu senken. Sie ist jedoch aufgrund sowohl der sich evolutionär entwickelnden Systemkomplexität, Inkompatibilität und Wartungsunfreundlichkeit als auch auf Grund der Struktur der Speichersysteme und Architekturen nicht in der Lage, entscheidungsrelevante Informationen aus den „Rohdaten" und somit Information-/Knowledge Retrieval-Systeme zu generieren.

Überdies ermöglicht die bisherige Entwicklung von Rechner-, Speicher- und Datenbanktechnologien die Übertragung und Speicherung von Datenmengen in Giga- und Terabytebereichen, die zwangsläufig für den Nutzer zu einem „information overload[125]" führen. Schließlich erhöht die ebenso exponentiell wachsende Anzahl von abrufbaren Datenquellen (zum Beispiel durch Inter-, Intra- und Extranet) die bei Entscheidungsfindungen zur Verfügung stehenden Datenvolumina in einem Maße, dass der in dispositive Prozesse involvierte Anwender ohne entsprechende Hilfsmittel nicht mehr in der Lage ist, sinnvolle Informationen und Zusammenhänge aus den gesammelten und gespeicherten Daten zu extrahieren. Erforderlich sind daher analytische Werkzeuge bzw. Hilfsmittel, deren Strukturierung von der Zielsetzung der jeweiligen Daten- bzw. Informationsanalyse abhängig ist. Die dieser Zielsetzung zu Grunde liegende

Fragestellung fokussiert somit auf die einzubeziehenden multidimensionalen bzw. varianzorientierten Datenräume (strukturiert nach Objekt, Attribut, Relationen, Schlüssel etc.) sowie die einzusetzenden Methoden und Prozesse des „Data-Minings"[126]. Letzteres kann ohne Nutzung entsprechender Werkzeuge ironisch auch als evolutionsmäßige Rückkehr des Menschen zum Status des „Jägers und Sammlers" gesehen werden[127]. Das dieser Arbeit zu Grunde liegende und definierte Informationsmanagement als Bestandteil des unternehmensweiten Wissensmanagements erfordert demnach ein „Information-Retrieval-System", das im Wesentlichen folgende Module beinhaltet:
- Data-Warehouse (DW),
- Datenmanagementsystem (DMS),
- Auswertungs- und Analysewerkzeuge,
- Unternehmensdatenmodell.

Die interaktive, schnelle und umfassende Informationsunterstützung der Entscheidungsträger aller Ebenen durch entsprechende „intelligente" Informationssysteme ist seit mehr als 30 Jahren Gegenstand von Theorie und Praxis. Früher standen dafür die Akronyme „MIS"[128], „EIS"[129] und „FIS"[130] für berichtsorientierte Systeme sowie „DSS"[131] auf der Basis von Tabellenkalkulationsprogrammen, die analog zu Scott Morton summarisch als „Management Support System" bezeichnet und häufig auch als autonome Entscheidungssysteme (miss-)verstanden wurden. Um den sich im Rahmen der prozessorientierten Strukturen ebenfalls zahlenmäßig exponentiell vermehrten Entscheidungsträgern im Unternehmen sowohl den schnellen als auch umfassenden Zugriff auf entscheidungsfähig aufbereitete Daten und Informationen bieten zu können, wurden seit Mitte der 90er Jahre neue Informationssysteme generiert, die als „Data-Warehouse"[132] bezeichnet werden:

„A Data-Warehouse is the foundation of DSS prozessing.(...). A Data-Warehouse is a subject oriented, integrated, nonvolatile, time variant collection of data in support of management's decision[133]."

Es repräsentiert somit im Gegensatz zum mechanistischen und komplexen MIS-Ansatz[134] den Versuch, eine umfassende Informationsbasis für das Unternehmen sowohl durch
- die einheitliche Strukturierung und Speicherung möglichst aller Daten (explizit, implizit, kodiert und nichtkodiert) als auch
- die Implementierung von Auswertungs- und Analysewerkzeugen

zu schaffen. Folgt man der Definition von Inmon, so repräsentiert das Data-Warehouse eine Daten- bzw. Informationssammlung zur Entscheidungsunterstützung, die
- themenorientiert,
- integriert und
- zeitvariant

ist und auf dem „Read-only"-Status basiert, mithin keine Updates erzeugt. Dabei werden Daten aus allen Datenquellen des Unternehmens in das System überführt (Datenintegration), dort transformiert und aufbereitet sowie im Rahmen einer „Informationslieferung" für Berichte (Reporting), Abfragen (Query), Analysen im Sinne von „was wäre, wenn ..." sowie objektübergreifenden Analysen (Data mining) zur Verfügung gestellt. Fokus ist diesbezüglich die bedarfs- sowie nutzergerechte Bereitstellung von Informationen durch die Verknüpfung verschiedener Daten- bzw. Informationsquellen. Die hierzu erforderliche Datenintegration erfolgt überwiegend durch ETT-, ETL- bzw. ETML-Tools[135]. Ein Data-Warehouse ist demnach eine unabhängige Anwendungsumgebung mit integrierten (objektrelationalen) Datenbanksystemen, die Daten aus unterschiedlichen heterogenen Quellen zusammenführt und aufbereitet sowie für Analysen und Abfragen zur Verfügung stellt. Die Entscheidungsunterstützung basiert sowohl auf dem standardisierten Berichtswesen (Reporting) als auch auf Abfrageergebnissen im Rahmen von „ad-hoc-Fragestellungen". Hierdurch wird das Informationsdefizit der OLTP-Systeme[136] reduziert.

Ein Data-Warehouse-System muss – analog zur Definition der Meta-Group – folgende sechs Ebenen beinhalten:
1. Operationale Schicht (Qualität, Datenhygiene, interne/externe Quellen),
2. Zugriffsschicht (Design, Transformation, Extraktion, Management),
3. Multidimensionales Datenbanksystem (zum Beispiel ORDBMS – Speicherung),
4. Middleware (verteiltes Speichern und Verwalten),
5. Informationsgenerierung (Kalkulation, Aggregation, Analyse, Moderation, Visualisierung),
6. Rückkopplung (Kommunikation, Publikation, Workflow-Einbindung).

Hierdurch ergeben sich zum einen strategische Vorteile sowohl durch die Zusammenführung bislang getrennt verwalteter Daten- und Informationsressourcen als auch der ständigen Rückkopplung gegenüber den eigenen Geschäftsprozessen auf der Grundlage der multidimensionalen Generierung von Informationen aus diesen Ressourcen. Voraussetzungen hierfür sind
- leistungsfähige, offene Systeme,
- leistungsfähige und konsistente Netzwerke,
- leistungsfähige ORDBMS,
- einheitliche, konsistente Daten- und Prozessmodelle für alle Geschäftsprozesse,
- genuine, unternehmensumfassende Lösungen zur Informations- und Wissensgenerierung,
- Werkzeuge zur Benutzerunterstützung.

Ein derartiges System ist nicht identisch mit dem derzeit als „Data-Mart"[137] bezeichneten, Entscheidungen unterstützenden Informationssystem für spezifische Abteilungen oder Entscheidungsträger, sondern repräsentiert ein konsistentes und ganzheitliches Informationsmanagement für die gesamte Unternehmung. Hinsichtlich sowohl der inhaltlichen als auch der konzeptionellen Gestaltung von „Data-Marts" existieren allerdings erhebliche Auffassungsunterschiede zwischen der Meta- und der Gartner-Group. Erstere gehen von der Devise „Think global, act local" aus und vertreten den „Bottom-up-Ansatz": Zu Beginn werden viele kleine, bereichsbezogene Insellösungen generiert, die in einem späteren Schritt aggregiert werden; dabei ergeben sich jedoch zwangsläufig erhebliche Architektur-, Performance- und Metadatenprobleme. Die Gartner-Group schließt sich daher dem von Inmon favorisierten „Topdown-Ansatz" an, weil nicht für jede Insellösung eine eigene Datenquelle generiert werden muss. Letzteres führt zu einer großen Anzahl von Schnittstellen, die eine spätere teilweise oder vollständige Aggregation sehr komplex werden lässt bzw. zu Problemen bei der Skalierbarkeit führt. Überdies müssten für einzelne „Data Marts" jeweils gleiche Daten aus verschiedenen operativen Systemen bereitgestellt werden, was zu Redundanzproblemen führen kann. Schließlich darf nicht verkannt werden, dass die Komplexität und der Aufwand bei der Erstellung des Datenmodells für ein „Data Mart" nicht wesentlich geringer ist als bei dem „Top-down-Ansatz", mithin für ein vollständiges „Data-Warehouse". Die einheitliche Strukturierung und Speicherung möglichst aller Daten sowie Dokumente erfolgt durch ein „Dokumentenmanagementsystem", das die Nachteile der klassischen Archivierungssysteme in Form von „Datensektorierung", „Medienbrüchen" und „inkonsistenter Datenhaltung" überwinden soll, weil letztere kontraproduktiv gegenüber den Informationsanforderungen prozessorientierter Strukturen sind und gleichzeitig den ungehinderten Datenaustausch erschweren[138]. Gleichzeitig soll die heute zu konstatierende Informationsüberladung, die beim e-Mail-Posteingang beginnt und bei der schon fast konzept- und ziellosen Vervielfältigung von Dokumenten sowie Daten endet[139], verringert bzw. beseitigt werden. Dies erfordert allerdings einige organisatorische Regulierungen und Definitionen – so setzt es voraus, dass in der Posteingangsstelle das Wissen über „wer macht was" vorhanden sein muss, damit die fehlerfreie digitale Verteilung erreicht werden kann. Des Weiteren ist es häufig wirtschaftlicher, spezifische analoge Eingangsdokumente (gebundene und geheftete Dokumente, Überformate) aus wirtschaftlichen Gründen nicht zu digitalisieren, sondern auch zukünftig in analoger Form zu verteilen. Grundfunktionen eines derartigen „Data-Management-Systems" (DMS) als „weite Fassung" des klassischen Dokumentenmanagementsystems[140] sind:

- Anlegen und Verwalten eines gemeinsamen Daten- bzw. Dokumentenpools.
- Normierung der Daten und Dokumente durch einheitliche Qualitätsfilter des konsistenten und konsequenten Datenbanksystems im Rahmen eines geschlossenen Informationskreislaufes.
- Distribution der gespeicherten Daten gemäß der Nutzer- bzw. Programmanforderungen.
- Aggregation der CI-Dokumente (Coded Information) und NCI-Dokumente (Non Coded Information, zum Beispiel gescannte Schriftstücke, Bilder, Videos); dies geschieht etwa durch den Einsatz von OCR- bzw. ICR-Tools[141] bzw. Office Maid[142].
- Informationsrecherche auf Basis „feldorientierter Suche" (nur im ange-

gebenen Feld), „feldübergreifender Suche" sowie „Volltextsuche" (wie alle CI-Dokumente) mittels logischer Operatoren (zum Beispiel: und, oder, nicht).
- Implementierung von Standardschnittstellen (wie SQL[143] oder ODBC[144]), um allen Anwenderapplikationen den Zugriff auf das zugrundeliegende RDBMS bzw. ORDBMS zu gestatten[145].

Hierdurch sollen historische und aktuelle Daten verschiedener Erfassungssysteme gesammelt, aggregiert und konsolidiert sowie nach variabel festzulegenden Kriterien bzw. Objektklassen multidimensional analysiert und konsistent im gesamten Unternehmen zur Verfügung gestellt werden. Hierbei werden die Daten durch „Strukturinformationen" „attributisiert" – letztere werden separat gespeichert und ermöglichen somit die Verbindung mehrerer Attribute im Rahmen eines Suchvorganges. So werden im Rahmen der Volltextanalyse beispielsweise alle bedeutungsvollen Begriffe des Textes extrahiert und dieses neue „Ensemble" zu einem ganzheitlichen Kontext aggregiert – dessen Struktur wird dann mit den entsprechenden Stichwortstrukturen anderer Texte verglichen. Zweck derartiger Systeme ist somit eine objektorientierte Datenbasis, mittels derer der Anwender „online" Daten, Informationen und Wissen generieren und zur Entscheidungsfindung heranziehen kann[146].
Alle zur Entscheidungsunterstützung erforderlichen repetitiven (Transaktionsdaten) und dispositiven (abgeleitete Hintergrundinformationen) Daten werden in das DMS integriert, wobei sich die Datenhaltung zeitvariant über mehrere Jahre erstrecken muss. Denn es muss somit den gesamten Lebenszyklus der gespeicherten Daten, Dokumente und Informationen abbilden können. Überdies impliziert die Objekt- bzw. Themenorientierung die residente Transformation der aus transaktionsbasierten Datenbeständen stammenden Informationen aufgrund nachfolgender Kriterien:
- Vereinheitlichung der Kodierung,
- einheitliche Datenbeschreibung (Meta-Datenbank),
- Generierung neuer, eindeutiger Schlüsselattribute.

Die Anforderungen an die Datendefinitionen und Schemata für ein derartiges Datenhaltungssystem unterscheiden sich wesentlich von denjenigen, die für herkömmliche Transaktionsdatensysteme sowie relationale Datenbanksysteme gelten. Aufgrund der installierten heterogenen Rechnerwelten umfassen letztere unterschiedliche Kodierungen, Formate sowie Speichermedien – abgesehen von den individuellen, analogen Datenspeichern bei den einzelnen Entscheidungsträgern. Sie sind daher nur eingeschränkt in der Lage, im online-Zugriff ohne Unterstützung durch entsprechende Werkzeuge die gespeicherten Daten auszuwerten, so dass die inhärenten Informationspotentiale nicht genutzt werden können. Schließlich erfolgt die Datenverdichtung häufig sowohl im „topdown-Verfahren" als auch aufgrund formalisierter und definierter Kriterien und nicht entsprechend der Informationsbedürfnisse der heterogenen Nutzer, so dass sie nicht zu dynamischen und adaptiven (selbstorganisierenden)

Veränderungsprozessen befähigt werden. Die bislang analog zur Befehls- und Weisungsstruktur getrennt auf inhomogenen Rechnerstrukturen gesammelten und nach heterogenen Kriterien gespeicherten Daten müssen jedoch „in einer Welt", medienbruchfrei und graphisch aufbereitet den Entscheidungsträgern auch unterer Ebenen „just in time" zur Verfügung stehen. Daher sind Verfahren der Dokumentenanalyse sowie des Wissensmanagements[147] erforderlich, um bestehende Medienbrüche zwischen analogen und elektronischen Dokumenten und Daten in den Phasen Erfassung, Archivierung sowie Wiederauffinden zu kompensieren[148]. Hinsichtlich der involvierten Datenbankmanagementsysteme (DBMS) sollte daher auch keine Fokussierung auf ein zentrales DBMS (beispielsweise von SAP) erfordern, sondern die Vernetzung der dezentralen DBMS auf der Basis der Standardschnittstellen offener Systeme vorgenommen werden. Die Vorteile eines derartig konfigurierten DMS sind demnach unter anderem:

- Ein zeitlich kürzerer und unternehmensumfassender bzw. -übergreifender Zugriff auf alle gespeicherten Dokumente[149] bzw. Daten, unabhängig vom jeweiligen Format (Rentabilitätsaspekt).
- Die standortunabhängige und zeitgleiche Zugriffsfähigkeit für alle involvierten Nutzer (Verfügbarkeitsaspekt).
- Die individuelle Anpassungsfähigkeit an die Prozesserfordernisse bzw. diejenigen der Nutzer (Benutzer- bzw. Prozessaspekt).
- Die problemlose Installation bei Weiterbestehen der vorhandenen Strukturen (Implementierungsaspekt).
- Die medienbruchfreie Verbindung heterogener (Hard- und Software-) Welten (Interoperabilitätsaspekt).
- Die Erhöhung der Auskunftsfähigkeit vor dem Hintergrund einer größeren Kundennähe und -zufriedenheit (Marketingaspekt).
- Die Steigerung der Produktivität durch kürzere Bearbeitungszeiten sowie Nutzung der DMS-Funktionalität aus der jeweiligen Standardanwendung heraus im Rahmen des Enterprise Resource Management – ERM (Produktivitätsaspekt).
- Die Verbesserung der Prozesstransparenz sowie Einbindung in Informations- und Wissensmanagementsysteme (Organisationsaspekt).
- Die situative, kontextorientierte Aggregation der gespeicherten Dokumente sowie die Integration anderer Daten und Informationen (ganzheitlicher Kontextaspekt).
- Die platzreduzierende Archivierung bei gleichzeitiger Verbesserung der „Retrieval-Funktion" (Kostenaspekt).

Ein weiterer wesentlicher Vorteil ist in der automatisierten Erstellung, verteilten Bearbeitung sowie Steuerung von Dokumenten zu erblicken. Im Rahmen dieses häufig als „Content Management-System" bezeichneten Moduls[150] erfolgt die systematische Aufbereitung von Informationen sowie deren Transformation mittels einheitlicher Strukturen und Zugriffsverfahren, um die Administration des historischen Prozesses von Dokumentinhalten von der ersten Erstellung über die verteilte Bearbeitung bis zur Veröffentlichung dynamisch zu generieren, steuern und kontrollieren.

Der ganzheitliche Informationsbedarf am Arbeitsplatz erstreckt sich zwangsläufig nicht nur auf strukturierte Daten, sondern auch auf Bilder bzw. Bildsequenzen – also auf eine multidimensional auswertbare Kombination von strukturierten und unstrukturierten Daten -, um zum einen eine bessere Kundenorientierung sowie kürzere Reaktionszeiten bei Marktveränderungen zu erhalten und zum anderen ein leistungs- und aussagefähiges, prozessorientiertes Controlling sowie die Basis für ein reagibles Alarmsystem zu generieren. Die letztlich hiermit verbundene „Verwaltung und Verbreitung von Wissen" bei gleichzeitiger Integration in Workflow- und Workgroup-Systeme soll (im Rahmen dieser skizzierten „wissensbasierten Daten- bzw. Dokumentenanalyse und -verbreitung") alle Aspekte bzw. Attribute eines analogen bzw. digitalen Dokumentes in eine formale, digitale sowie einheitliche und ganzheitliche Darstellung transformieren, um die intuitiven Vorgehensweisen des Menschen beim Lesen in eine computergestützte Analyse von Informationen bzw. Wissen sowie deren Kontextbedingungen überführen[151]. Hierbei ist allerdings zu berücksichtigen, dass das intuitive (quasi angeborene) Zusammenspiel zwischen Haptik (Tastsinn etc.) sowie visueller Wahrnehmung bei umfangreichen Dokumenten, Katalogen etc. zwangsläufig informationstechnologisch nicht unterstützt wird. Diese mangelnde Kompatibilität des DMS gegenüber dem „System Mensch" kann zur Verlängerung der „Lesezeit" und somit auch zur Frustration führen. Das DMS ist allerdings nicht der Prototyp des in den 70er Jahren vielzitierten „papierlosen Büros" – allerdings ein Modul des „papierarmen Büros" im Rahmen einer Aggregation aller für die – vor allem repetitiven – Geschäftsprozesse erforderlichen Daten und Informationen im direkten Zugriff. Des Weiteren ist es – im Gegensatz zum „elektronischen Archiv" – in der Lage, Workflow-Strukturen informationell zu unterstützen. Dies impliziert allerdings hohe Anforderungen an Verfügbarkeit, Sicherheit und Migrationsfähigkeit. Es reduziert somit unproduktive, repetitive Suchzeiten durch die Verbesserung der Konsistenz der Daten- und Informationshaltung und erhöht somit die funktionale Kapazität für dispositive Wertschöpfungsprozesse.

Entwicklungstechnologisch gesehen repräsentierten die ersten DMS Insellösungen, bei denen unterschiedliche Formate und Dokumentenstrukturen digitalisiert und komfortabel verwaltet wurden. Die derzeitigen Systeme erschließen dagegen schon Informations- und Wissensinhalte, besitzen komplexe Retrieval-Mechanismen und sind in ERP-Systeme eingebunden. Letzteres erfolgt im Rahmen der „Document-related Technologies". Hier bleibt der Anwender in seiner Applikationsumgebung, während das DMS quasi als nachgelagerter, integrierter Service im Hintergrund abläuft, so dass seine originäre Funktionalitäten in den anderen Applikationen „untergehen". Aufgrund der umsetzbaren Ergebnisse zur Koordinierung und Standardisierung seitens der ODMA[152] sowie der WfMC[153] kann es nunmehr als quasi „offenes System" bedingt in heterogenen Rechnerwelten implementiert werden – auch wenn integrierte, unternehmensumfassende bzw. -übergreifende Lösungen noch keine wirtschaftliche

Marktreife besitzen[154]. Kritisch anzumerken ist allerdings, dass die derzeit als „DMS" auf dem Markt verfügbaren Produkte die obige Konzeption und Konfigurierung in der Regel (noch) nicht widerspiegeln. Diese Produkte müssen vielmehr in die nachfolgenden Kategorien differenziert werden[155]:
- elektronische Dokumentenarchive als singuläres Archivierungssystem,
- Systeme zur Archivierung, Verwaltung und Verteilung ausschließlich elektronisch erzeugter Dokumente,
- „Cold-Systeme"[156] zur elektronischen Übernahme und Archivierung zentral erzeugter Massen- und Druckdaten sowie Durchführung einfach strukturierter Analysen,
- Systeme zur Einbindung in Workflow-Systeme im Rahmen eines „Integrierten Dokumentenmanagements".

Vor einer entsprechenden Entscheidung für ein DMS sollte daher unter anderem die Einhaltung der nachfolgenden Kriterien kritisch reflektiert werden:
 a) revisionssichere Archivierung (Originale sowie Bearbeitungsschritte bzw. Veränderungen müssen nachvollziehbar und konsistent gespeichert werden)[157].
 b) Skalierbarkeit des Systems (vor allem im Hinblick auf die Datenvolumina sowie Zugriffshäufigkeiten der involvierten Nutzer).
 c) Migrationsfähigkeit (die „Schere" zwischen der Evolutionsgeschwindigkeit der Informationstechnik einerseits gegenüber den gesetzlich vorgeschriebenen Aufbewahrungszeiten andererseits)[158].
 d) Unterstützung des komplexen Entstehungsprozesses von Dokumenten (vor dem Hintergrund der Zusammenarbeit verschiedener Nutzer/Bearbeiter).
 e) Selektierung des zu digitalisierenden „Altbestandes" (die Konvertierung ist sehr aufwändig und kostenträchtig, so dass der jährlich einmalige Zugriff auf das analoge Dokument preiswerter ist als die Digitalisierung).

Das DMS mit seiner einheitlichen Datenstrukturierung, Speicherung und ortsunabhängigen Zugriffsfähigkeit ist allerdings nur ein Modul des Information-Retrieval-Systems. Weitere wesentliche Komponenten sind – wie bereits ausgeführt – die Auswertungs- und Analysewerkzeuge. Ein Information-Retrieval-System, basierend auf einer Network-Computing-Architektur, muss vielmehr auf der Grundlage des OLTP unternehmensweit und immer verfügbar die relevanten Informationen aus den heterogenen und häufig inhomogenen Speichermedien gezielt extrahieren, durch das Anlegen einer strukturierten Meta-Ebene objektbezogen verdichten und den Bedürfnissen der unterschiedlichen Entscheidungsträger entsprechend angepasst und (auch in Berichtsform) aufbereitet zur Verfügung stellen. Dies setzt die integrative Einbindung von Analysewerkzeugen (zum Beispiel OLAP[159] etc.) sowie die Einbindung von Netzwerktechnologien (beispielsweise Inter-/Intranet) voraus. Vor allem die OLAP-Werkzeuge[160] ermöglichen die Transformation transaktionsbasierter Roh-Daten in entscheidungsrelevante Informationen, weil jedes Element einer spezifischen Datenmenge über „Arrays" (Matrizen), die mehrere Dimensionen aufweisen, mit einem beliebigen anderen Element verglichen werden kann. Durch die entsprechend mögliche Implementierung unterschiedlicher Technologieansätze zur Entscheidungsunterstützung sowie Applikationsverarbeitung können interne und externe Daten auf ihre Qualität hin überprüft, vervollständigt, in eine einheitliche Datenstruktur überführt sowie mit ergänzenden Detaildaten dem Anwender zur Verfügung gestellt werden. Mittels der traditionellen Matrixdarstellung (in „spreadsheets") können dagegen zwangsläufig nur zwei Dimensionen zueinander in Beziehung gesetzt und abgebildet werden. Mehrdimensionalität bedeutet demnach, die Zusammenhänge zwischen Daten aus vertikal und horizontal aggregierbaren Dimensionen zu betrachten und somit im Rahmen der Datenerfassung und -speicherung „verschüttete" Interdependenzen aufzuzeigen. Auf der Grundlage einer Network-Computing-Architektur realisiert der OLAP-Client als autonome OLAP-Engine die Verarbeitung der „multidimensionalen Informationswürfel" auf dem OLAP-Server, d. h. dem multidimensionalen Datenbankserver des Data-Warehouse. Dabei werden Daten aus verschiedenen operativen Systemen durch eine Reihe von Batch-Routinen in ein einheitliches Datenformat transformiert und in die multidimensionale Datenbank geladen – dort setzen dann die OLAP-Tools auf, um die Daten aufzubereiten. Dieser Prozess setzt sich aus mehreren, logisch strukturierten Einzelschritten zusammen, die nicht sequentiell be-(ver-)arbeitet werden, sondern Rückkopplungen zu früheren Analyse-/Auswertungsschritten ermöglichen[161]. Diese Vorgehensweise ähnelt mathematisch-statistischen Verfahren und entspricht dem sogenannten Hypothesentest. Eingang finden hierbei die Prinzipien der Statistik (zum Beispiel Klassifikation, Aufzeigen von Zusammenhängen sowie Abhängigkeiten etc.) sowie die nachfolgenden Verfahren bzw. Methoden:

> künstliche, neuronale Netze,
> Assoziationsanalyse,
> Segmentierungsverfahren mit Entscheidungsbaumstrukturen,
> lineare und logische Regressionsanalysen.

Der hierbei sicherlich problematische Schritt ist die Selektion und Transformation der Rohdaten aus den operativen Systemen. Er setzt ein entsprechend konfiguriertes und strukturiertes Datenmodell voraus (hierauf wird an späterer Stelle noch eingegangen werden). Um auch Nutzern ohne Kenntnisse der zugrundeliegenden statistischen Verfahren die Realisierung von Daten- und Informationsanalysen zu ermöglichen, sind „Discovery-Werkzeuge" entwickelt worden, die den Data-Mining-Prozess iterativ automatisieren und somit zur „Beherrschung" auch größerer Datenmengen durch die Anwender beitragen[162]. Die dabei verwendeten Modelle benutzen spezifische Algorithmen zum Auffinden bisher unbekannter Informationszusammenhänge bzw. -verknüpfungen und beinhalten folgende Komponenten[163]:

> Aufzeigen von Assoziationen bzw. Abhängigkeiten,
> Aufzeigen von Reihenfolgen,
> Bildung von klassenähnlichen Fällen (Clustering),

- Klassifikation (Zuordnung von Daten zu spezifischen Gruppen bzw. Klassen),
- Punktbewertungen (Variationen der Klassifikation),
- Abweichungsanalyse (Prüfung, ob ein Datensatz trotz der erkannten Abweichung zu einem Cluster gehört oder ein „Ausreißer" ist),
- Methoden der Fuzzylogic, generische Algorithmen, faktorbasierte Transformationen etc.

Der Nutzer kann dabei entweder per „wide-open-acess" auf die multivariable Datenspeicherung zugreifen und somit im System „surfen". Das erfordert allerdings eine intensive Schulung. Er kann allerdings auch auf der Grundlage vorgegebener, strukturierter Abfrageplattformen Daten abrufen und deren Beziehungen extrahieren. Dies schränkt allerdings seine Kreativität stark ein.

Der ursprüngliche, klassische *OLAP*-Ansatz umfasst nur die prozessanaloge Analyse und Auswertung von mehrdimensionalen Unternehmensdaten, basierend auf dem sogenannten „Würfel-Verfahren" (aus Benutzersicht). Er führt zwar zur Datenverdichtung und Komplexitätsreduzierung, besitzt jedoch den Nachteil, dass spontane Zusatzfragen nicht vom Benutzer selbst realisiert werden können. Der ROLAP-Ansatz[164] dagegen basiert auf relationalen Datenbanksystemen und ermöglicht „logische Sichten" auf relationale Tabellen, ohne dass diese redundant gespeichert werden müssen; umfangreiche Datenvolumina können daher für häufig wiederkehrende Auswertungsprozeduren in das Analyse- und Auswertungssystem integriert werden. Er ist aufgrund der riesigen Datenmengen sehr verdichtungsintensiv und kann daher häufig nur sehr begrenzt Aggregationen dynamisch erstellen bzw. nur die in der Datenbankstruktur hinterlegten Geschäftsmetriken berechnen. Kennzeichen dieser relationalen Systeme ist der inhaltsbasierte, deskriptive und schnelle Zugriff durch spezifische Anwendungen, die daher vom Nutzer profunde Programmkenntnisse während der Navigation durch das System abverlangen. Die einerseits immer komplexer werdenden Prozesse der Unternehmung und somit deren Datenmodelle sowie der im zweistelligen Terabyte-Bereich befindliche Speicherbedarf andererseits stellen diese relational determinierten Strukturen jedoch aufgrund sowohl der mangelnden Flexibilität der Datenbanktabellen als auch der komplexen Anpassungsprozesse der Auswertungsalgorithmen bei einer Änderung der zu Grunde liegenden betriebswirtschaftlichen Modelle in Frage. Dieses Verfahren ist daher eher für Auswertungen im Reporting-Bereich, bei ABC-Analysen sowie beim Clustering einsetzbar und beantwortet somit die klassischen Fragestellungen des „wie, wann, wo, welche".

MOLAP-Werkzeuge[165] repräsentieren dagegen ein Analyseinstrument zur effizienten Nutzung eines Data-Warehouse, vergleichbar mit einem „Magic cube", der durch Drehung sowie Längs- und Querschnitte neue Informationsinhalte generiert, so dass alle Faktoren in jeder beliebigen Kombination und Detailebene betrachtet werden können. Dabei werden die Daten einer relationalen Datenbank geladen, bereinigt und aggregiert; anschließend werden mittels definierter, jedoch hochkomplexer Algorithmen Kennzahlen berechnet und in einer

mehrdimensionalen Struktur gespeichert, so dass letztlich alle Detailwerte, aggregierten Informationen sowie Algorithmen im MOLAP-System gespeichert sind. Das ermöglicht die Kombination mehrerer mehrdimensionaler Modelle. Der MOLAP-Ansatz bietet somit eine multidimensionale Skalierbarkeit von den Rohdaten (atomare Daten als unterste Stufe der Datengranularität) bis zum hochaggregierten Wissen – allerdings aufgrund des derzeit kommerziell verfügbaren Entwicklungsstandes nur für begrenzte Datensammlungen. Allerdings sind häufig Informationen in mehrdimensionalen Strukturen nur lückenhaft vorhanden, so dass der „Würfel" eine Inhaltsdichte von nur ca. 30 Prozent besitzen kann. Das hat zur Folge, dass die Schnittmengen der Zeilen/Spalten „leer" oder nicht sinnvoll ausgenutzt sind und der Einsatz statistischer Verfahren an mathematische Grenzen stößt, ihre Anwendungsfähigkeit begrenzt bleibt. Der Einsatz von MOLAP-Werkzeugen ist jedoch bei definierten, abgegrenzten Datenbeständen mit einer geringen Periodizität sehr effizient und ermöglicht Trendanalysen sowie Simulationen im Sinne des „what if – how to achieve".
Als Weiterentwicklung des MOLAP-Ansatzes ist der HOLAP-Ansatz[166] in Verbindung mit einem objektorientierten, multivariablen Datenbanksystem zu sehen. Durch die Kombination mehrerer MOLAP-Verfahren und/oder MOLAP- und ROLAP-Verfahren auf der Basis des COA-Ansatzes[167] kann zum einen die physische Datenhaltung von der logischen Anwendersicht getrennt werden: Der Anwender sieht nur einen Datenwürfel, der „virtuell" unterschiedliche Dimensionen verbirgt sowie die Definition und Ausführung von „ad hoc-Rechenoperationen" ermöglicht. Zum anderen können sowohl eine höhere Periodizität als auch größere Datenvolumina ver- und bearbeitet werden, um beispielsweise für Simulationszwecke Hierarchien, Algorithmen und Datenwerte zu verändern. Diese Komplexität kann letztlich nur durch eine objektorientierte bzw. multivariable Persistenz verringert und damit „handhabbar" gemacht werden. Die hierbei zu Grunde liegenden ORDBMS bzw. auch als „Universal Server" definierten Datenbanksysteme sollen sowohl die uneingeschränkte Integration neuer Datentypen als auch die Anforderungen nach Skalierbarkeit, Konsistenz, Performance, Mehrbenutzerbetrieb, Sicherheit etc. erfüllen. Sie sind multidimensional, weil sie zu den aggregierten Daten bzw. Informationen das Aufzeigen beliebig vieler Dimensionen sowie die Verknüpfung aktueller mit historischen bzw. externen Daten ermöglichen. Ein weiteres Merkmal dieses Ansatzes sind die „Compound Structures", mehrdimensionale logische Strukturen, so dass sich mehrere „Würfel" mit unterschiedlichen Dimensionen und Dimensionselementen miteinander verknüpfen lassen. Sowohl aufgrund der Datenvolumina im TByte-Bereich als auch der exponentiellen Anzahl an Rechenoperationen wird verständlich, dass hierfür SMP[168]- bzw. MPP[169]-Rechnerarchitekturen erforderlich sind.
Die Entscheidung für eine Variante des OLAP-Ansatzes wird sicherlich zu einer Glaubensfrage, die durch die nachfolgenden Kriterien relativiert werden kann:
- Gesamtkonzeption des Data-Warehouse,
- intelligente Benutzerwerkzeuge,

▷ Implementierung der „Data-Mining-Technologien" (automatisiertes Auffinden von „verstecktem" Wissen etwa durch statistische Verfahren, Methoden der „Künstlichen Intelligenz" sowie der „Agententechnologie")
▷ Integration von Web-Interfaces
▷ Zunahme von Desktop-OLAP-Installationen
▷ Integration von ROLAP und MOLAP zum HOLAP bzw. COA

OLAP-Werkzeuge auf multivariabler, objektorientierter Grundlage ermöglichen vor diesem Hintergrund grundsätzlich die interaktive, multidimensionale Analyse der unternehmensweit vorhandenen Daten und Informationen für alle involvierten Anwender ohne Berücksichtigung der Hierarchieebene. Aus diesem Grunde wird in der Literatur auch häufig die Ansicht vertreten, dass sich Data-Warehouse-Systeme nur mittels der OLAP-Technologie unter Einbeziehung der Web-Technologien effizient einsetzen lassen und ein multidimensionales und variables Informationsmanagement ermöglichen (vgl. hierzu auch die entsprechende Auffassung von Ovum). Durch die Einbindung der Web-Browser-Technologien können dann allen Anwendern komplex-aufbereitete Informationszusammenhänge in Form von Standardberichten, interaktiven Ad-hoc-Abfragen sowie OLAP-basierten Analysen (Analytical Applications) zur Verfügung gestellt[170] werden. Idealtypisch ergibt sich dann die nachfolgende Struktur (vgl. Abb. 31):

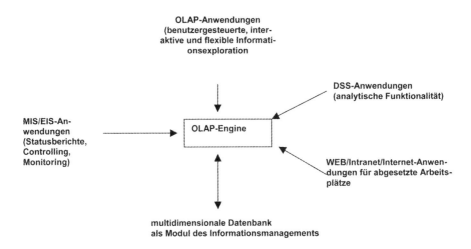

Abb. 31: Die Einbindung von OLAP-Werkzeugen in ein interaktives Informationssystem (Quelle: Ovum)

Die bisher erläuterte Konzeption eines Information-Retrieval-Systems beinhaltet eine komplexe Architektur zur Informationsgewinnung aus Transaktionssystemen, Datenbanken und sonstigen (auch externen) Quellen sowie zur Aufbereitung, Aggregation und Strukturierung dieser Daten in einem zusätzlichen

(multidimensionalen) Datenbanksystem, so dass schnelle Online-Auswertungen und Analysen möglich sind[171]. Vor dem inhaltlichen Hintergrund dieser Arbeit muss es allerdings zu einem ganzheitlichen und konsistenten Daten- und Informationsmanagement erweitert werden, mittels dessen entscheidungsrelevante Informationen und Daten aller Geschäftsprozesse auf der Grundlage
- eines unternehmensweiten und einheitlichen Datenmodells sowie
- integrierter und konsistenzgeprüfter Datenbasen

aus komplexen und umfangreichen Datenmengen differenziert und vielschichtig (mehrdimensional) sowie kontextualisiert generiert und den Entscheidungsträgern aller Ebenen nutzergerecht zur Verfügung gestellt werden. Im Hinblick auf diese Zielsetzung müssen die Daten der operativen Systeme durch ETL-Tools extrahiert, bereinigt, aufbereitet und in ein spezifisch im Hinblick auf die Auswertungszwecke modelliertes Datenbanksystem transferiert werden. Letzteres repräsentiert ein Metadatenbankkonzept[172], um die Relationen zwischen Datenobjekten, Applikationen, Funktionen sowie Geschäftsprozessen aufzuzeigen. Generell differenziert man dabei zwischen operationalen[173] Systemen sowie benutzerfokussierten[174]. Sie bilden auch das Fundament zur Gewährleistung der fünf Hauptfunktionen eines Data-warehouse: Identifiktion der Datenquellen (Sources), Datentransfer- und -migrationsprozess (ETL), Speicherung (storage), Datenkonsistenz sowie Abfragen bzw. Auswertungen (query). Die zugrundeliegende Datenanalyse und -extraktion sollte analog zum „Garbage in, garbage out" erfolgen, weil die inhaltliche Datenintegration den Aussagegehalt und somit die Qualität des „Information-Retrieval-Systems" determiniert. Das erfordert die nachfolgenden funktionalen Schritte:
- Analyse der Rohdatenstruktur auf der Grundlage des Unternehmensdatenmodells,
- Datenextration,
- Datenselektion,
- Datenaufbereitung,
- Datenaggregation,
- Datentransformation sowie
- Datenüberprüfung und -korrektur.

Nach erfolgter Datenextraktion, -aufbereitung und -speicherung in den analog zu dem Datenmodellen konzipierten Metadatenbankkonzept werden durch OLAP-Technologien sowie Data-Mining-Verfahren im Rahmen interaktiver sowie multidimensionaler Zugriffe entscheidungsrelevante Informationen bzw. Wissen mit einem messbaren Wahrscheinlichkeitsgrad generiert. Ein derartiges „Data-Mining" kann als mehrstufiger, iterativer Prozess mit den nachfolgenden Phasen verstanden werden:
- Definition der Zielsetzungen,
- Extraktion der bisherigen Informationen, ihrer Strukturen sowie Domänen,
- Definition der Gesamtdatenmenge sowie der jeweiligen Zieldatenmengen,

- Bereinigung der Zieldaten sowie Ergänzung der Fehldaten,
- Reduktion der Zieldatenfelder,
- Erstellung des Datenmodells sowie des Data-Mining-Modells,
- Auswahl der Data-Mining-Algorithmen bzw. deren entsprechende Kombination (zum Beispiel Entscheidungsbaum, neuronale Netze etc.),
- Suche nach Mustern.

Die hierbei generierten bereinigten und komprimierten Daten werden in ein spezifisch im Hinblick auf die Auswertungszwecke modelliertes Datenbanksystem transferiert. Dieses repräsentiert ein Metadatenbankkonzept, um die Relationen zwischen Datenobjekten, Applikationen, Funktionen sowie Geschäftsprozessen aufzuzeigen. Wesentliche Elemente der Metadatenbank sind neben dem zu Grunde liegenden Datenmodell die semantische und informationstechnologische Beschreibung aller gespeicherten Daten sowie die Dokumentation über deren Herkunft (sowohl für interne als auch externe Quellen) einschließlich der Querverweise auf bereits vorhandene Daten bzw. Informationen oder Dokumente. Zudem enthält die Metadatenbank alphabetische Lexika und Glossare der verwendeten Bezeichnungen, Abkürzungen und Definitionen zur Unterstützung einer konsistenten Namensgebung von Datenobjekten sowie einen Thesaurus, der Synonyme für Datenobjekte und ihre Charakteristika sowie ein Verzeichnis der Integritätsbedingungen enthält. Letztlich umfasst sie auch ein Data Directory mit Beschreibungen darüber, zu welchen Prozessen welche Datenquellen sowie unveröffentlichten Dokumente gehören sowie welche Projekte im Zusammenhang mit dem Information-Retrieval-System stehen.

Ein derartiges „Data-Mining"[175] dient zur Identifikation gültiger, neuer oder potenziell nützlicher Muster in großen Datenmengen und ermöglicht es, Zusammenhänge in ungeordneten Datenmengen bzw. inhärente Strukturen in „abstrakten mathematischen Räumen" zu erkennen. Dabei werden vorwiegend zwei Extrahierungsverfahren angewandt: die Cluster- sowie die Entscheidungsbaumanalyse. Die Clusterbaumanalyse als sogenanntes „ungerichtetes" Verfahren sucht nach Klassen in dem sich aus den unterschiedlich erhobenen Daten ergebenden mehrdimensionalen Raum. Vorgegeben wird lediglich die Anzahl der zu bildenden Klassen (Cluster) sowie eine willkürlich definierte Zahl von herausgegriffenen Attributen als „Samen" der Clusterbildung. Extrahiert werden dann diejenigen Objekte, die ein vom Cluster abweichendes Verhalten zeigen (zum Beispiel etwa „instabile" Kunden). Die „Entscheidungsbaumanalyse" dagegen ist ein „gerichtetes" Verfahren, weil die Kategorien, denen die Instanzen zugeordnet werden sollen, vorgegeben werden. Durch eine „intelligente" Reihung von Ja/Nein-Fragen werden die Datensätze so lange differenziert und ausgerichtet, bis alle Objekte den Kategorien zugeordnet sind[176]. Aus dieser „holzschnittartigen" Beschreibung wird deutlich, dass im Rahmen der Kommunikation zwischen den jeweils involvierten Servern, Clients, Datenbanken sowie Analysewerkzeugen eine erhebliche „Datenflut" generiert wird. Um diesen Datenverkehr sowohl zwischen Clients und Servern als auch zwischen den Servern und Speichermedien zu entkoppeln, werden seit kurzem sogenannte SAN-Technologien[177] eingesetzt, um das LAN weitestgehend von „Speicherjobs" (zum Beispiel Backup, Restore, Datenbankindizierung etc.) zu entlasten. Das SAN ist ein Hochgeschwindigkeitsspeichernetzwerk, das die Massenspeicher mittels der FCT[178] logisch mit den Servern verbindet. Das Informationsgewinnungssystem basiert dabei auf einer modularen, heterogenen und offenen Network-Computing-Architektur mit internen und externen Schnittstellen, bei der sich die Abfrage- und Auswertungs-Tools (einschließlich intuitiver Bedienmöglichkeiten, involvierter „intelligenten Agenten" sowie effektiver Berechnungs-, Verknüpfungs- und Relationsfunktionen) auf den PC-Clients befinden, während auf dem skalierbaren Datenbankserver die Extraktion, Konvertierung, Aufbereitung und Aggregation der Daten automatisch erfolgt: Dadurch entsteht zum einen eine Entkopplung der operativen und dispositiven Programme bzw. Abläufe, so dass letztlich die an beliebiger Stelle im Netz befindlichen Anwender über verteilte Transaktionen jederzeit einen flexiblen Zugriff auf „intelligente" Objekte besitzen. Zum anderen ermöglicht die Analyse der Zugriffshäufigkeiten und daraus abgeleitete eigenständige Reorganisationsmaßnahmen sowie die ständige Aktualisierung des „Directory" eine hohe Benutzerfreundlichkeit. Letztere wird noch dadurch verbessert, dass die Quellenangaben sowie organisationsspezifischen Begrifflichkeiten nicht in einer Meta-Sprache zur Verfügung gestellt werden. Dies setzt allerdings voraus, dass die Organisationsstruktur sowie deren Veränderungen als auch ein Monitoring der Hardware- und Software-Strukturen in dem Data-Warehouse-System abgebildet werden. Die leicht skalierbare und hohe Performance wird schließlich durch die SMP-[179] bzw. MPP[180]-Rechnerarchitektur oder durch die Cluster-Technik bewirkt: Abfragebearbeitung, Datenspeicherung, Indexaufbau, Sicherung sowie Wiederherstellung verlaufen parallel[181]. Hierdurch werden auch die von W. H. Inmon vorgegebenen Merkmale für ein Data-Warehouse-System realisiert:

- logische und physikalische Trennung des Data-Warehouse sowie der Metadatenbank von den operativen Datenbanken,
- Integration unterschiedlicher Datenquellen und Datenträger,
- themen-/objektorientierte Datenverdichtung und -speicherung,
- Bereitstellung der historischen Sicht auf die Daten aufgrund konsistenter Zeitreihen (für Historienvergleiche und Prognosen),
- dauerhafte, veränderungsfreie Speicherung,
- Reduzierung des Ausgangsdatenvolumens ohne Informationsverlust unter Berücksichtigung des Informationsgehaltes sowie der Entscheidungsrelevanz,
- universeller Zugriff auf Daten, die analog zu den Nutzerbedürfnissen mittels entsprechender Datenmodelle aufbereitet werden sowie
- eigenständige Reorganisationsfähigkeit.

Die Generierung eines derartigen „Information-Retrieval-Systems" erfolgt zweckmäßigerweise antizipativ in mehreren Stufen, die eine iterative Rückkopplung zwischen den einzelnen Phasen ermöglichen. Diese Stufen beginnen mit der Definitionsphase und erstrecken sich über Entwicklung, Test und Implementierung bis zur Evaluierung. Wie bei anderen komplexen Projekten auch ist es daher sinnvoll, im Rahmen des Projektmanagements für ein derartiges System zu Beginn einen abgrenzbaren, typischen Geschäftsprozess als Prototyp auszuwählen und für ihn das Konzept mit definierten Projektbereichen sowie einer detaillierten Erhebung der Ausgangsdatenlage zu erstellen. Die dabei auftretenden Fehlentwicklungen und Erfahrungen fließen dann in die Gesamtkonzeption ein (Prototyping-Ansatz). Letzere ist dann in mehrere Prozessphasen zu untergliedern[182]:

1. Durchführung der Informationsanforderungs-(-bedürfnis-)analyse.
2. Definition des dauerhaft konsistenten und homogenen Datenmodells (einschließlich der Spezifikation der relevanten Datenquellen sowie der Funktionen für die Datenextraktion sowie den Datentransfer) bei ganzheitlicher Betrachtung der Unternehmung (Entwurf des logischen und physischen Designs bzw. Modells sowie dessen Transformation).
3. Implementierung der Systemmodule (einschließlich der Datentransferprozesse aus bestehenden und zukünftigen operativen (internen) und externen Quellen – ohne Formalisierung der durchzuführenden Operationen).
4. Spezifikation und Implementierung der Software-Module zur Generierung neuer Informationsgehalte bzw. durch Aggregation der vorhandenen Daten.
5. Spezifikation und Implementierung der spezifischen Nutzeranforderungen auf der Grundlage des Unternehmensdatenmodells (bei Prüfung von Plausibilität und Konsistenz der gewünschten Anforderungen).

Zu berücksichtigen ist dabei, dass im Rahmen der Konzeptionsphase keine Fokussierung auf spezifische, aktuelle Nutzergruppen erfolgen darf. Die unternehmensweite Orientierung soll vielmehr dazu führen, dass keine Systembrüche durch Veränderungen der Geschäftsprozesse entstehen. Ausschließlich das zu installierende Autorisierungskonzept impliziert Nutzungseinschränkungen durch die Vergabe von daten- und/oder funktionsorientierten Zugriffsrechten. Die im System befindlichen Daten werden schließlich unter anderem aus Plausibilitäts- und Konsistenzgründen nicht online verändert; vielmehr wird der gesamte Datenbestand im Rahmen einer batch-Verarbeitung vollständig aktualisiert, neu geladen und ausschließlich im lesenden Zugriff ausgewertet.

Einschränkend muss allerdings derzeit (noch) konstatiert werden, dass ein entsprechend konfiguriertes „Information-Retrieval-System" kommerziell noch nicht als Standardprodukt verfügbar ist sowie eine relativ hohe Rechnerleistung erfordert. Der potentielle Anwender ist deshalb gezwungen, die einzelnen Module (zum Beispiel ORDBS, Extraktions- und Konvertierungs-Tools, Analyse- und Präsentationswerkzeuge, Managementsystem etc.) individuell auszusuchen und aufeinander abzustimmen. Hierbei zeigt sich dann oftmals sowohl eine starke Inflexibilität dieser Module gegenüber sich verändernden Zielsetzungen und Anforderungen als auch die Unmöglichkeit, Datenschutz- sowie Datensicherheitsbestimmungen und -belange realisieren zu können. Zudem muss das Data-Warehouse in die bestehenden informationstechnologische Architekturen integriert bzw. diesen angepasst (nicht umgekehrt) werden, um die Daten- und Informationsprozesse des Unternehmens zur Generierung entscheidungsrelevanter Informationen bzw. Wissen nutzen zu können.

Aufgrund der Entwicklungen in den Bereichen Balanced Scorecard, Kundenbeziehungsmanagement sowie Risikomanagement kann unterstellt werden, dass die derzeitigen Anbieter von „reinen" Datenbanksystemen zu Anbietern von Information-Retrieval-Systemen mutieren werden, bei denen das Datenbanksystem ein integrales Modul ist. Trotz aller Euphorie sowie entsprechender Marketingaussagen und dem damit verbunden Aktionismus fehlen jedoch derzeit noch die zur Realisierung erforderlichen Methoden und Verfahren[183]. Schließlich liefern die heutigen Abfragegeneratoren bislang nur Antworten für die „konventionelle" Informationssuche, nicht jedoch im Rahmen eines echten „Data-mining": Das Aufzeigen beispielsweise von Besonderheiten oder Abhängigkeiten mittels statistischer Verfahren bzw. Algorithmen auf der Basis neuronaler Technologien. Ein diesbezüglicher Lösungsansatz könnte die (Weiter-) Entwicklung der „Intelligenten Agenten"[184] sein, die gemäß der Definition von Y. Shoham als Programme autonom und ohne Hilfestellung des Nutzers arbeiten, indem sie reaktiv und proaktiv auf Zustandsveränderungen reagieren und definierte Ziele verfolgen. Hierdurch wird es dann auch möglich sein, ereignisgesteuerte „Frühwarnsysteme" zu konzipieren, bei denen durch das Erreichen vorher definierter Grenz- und Schwellenwerte „Warnimpulse" sowie Handlungsempfehlungen generiert werden[185].

Ungeachtet dieser realen Restriktionen ergeben sich qualitative „Quantensprünge" sowohl im Bereich der Informationsbereitstellung als auch der Informationsnutzung. Zum ersteren zählen unter anderem neben der Zeitverkürzung für die ganzheitliche Informationsbeschaffung und -analyse aus umfangreichen heterogenen und dezentralisierten Datenbeständen die Reduzierung von Medienbrüchen und Übertragungsfehlern sowie die Realisierung einer bislang weder handhabbaren noch abbildbaren Komplexität. Im Bereich der Informationsnutzung erwachsen Vorteile aus den einheitlichen, vergleichbaren Datenbasen und -strukturen, der Möglichkeit zur aktiven, eigenständigen Einbindung von Kunden und Lieferanten (beispielsweise im Rahmen der Unternehmensportale) sowie einer besseren und schneller verfügbaren Informationsbasis für Kundenbeziehungsmanagement- und Controllingprozesse. Trotz der derzeit noch bestehenden Realisierungsprobleme repräsentiert dieser Ansatz einen ersten, wesentlichen Schritt zur Analyse und Gestaltung derartiger Systeme auf der Grundlage dynamischer, verhaltensorientierter Modelle, um den Anforderungen hinsichtlich einer „realen" Anpassungsfähigkeit gerecht werden zu können; statische, daten- und zustandsorientierte Modelle erweisen sich diesbezüglich als ungeeignet. Häufig wird dieser Sachverhalt negiert – obwohl ca. 70 Prozent der derzeitigen Entwicklungsarbeit auf die Bereiche ETL[186] sowie das Datenbankdesign entfallen[187]. Eine diesbezügliche Studie der Data Mart Consulting ergab, dass ca. 60 Prozent aller Projekte nicht erfolgreich realisiert werden, da sowohl die (informations-) technologischen Probleme unterschätzt, der Kosten- und Zeitaufwand unrealistisch eingeschätzt sowie die Nutzeranforderungen unbefriedigend berücksichtigt werden. Vor allem im Kostenbereich werden häufig die projektbezogenen Kosten falsch eingeschätzt, zu denen neben dem Aufwand für die externe Beratung sowie anderen (Implementierungs-) Dienstleistern vor allem der interne Aufwand (zeitliche Belastung der Projektteams, Schulungen, eigene Entwicklungsressourcen) sowie Weiterentwicklungs- und Evaluierungskosten zählen.

Weil die Konzeption und Implementierung eines derartigen System kein punktueller Vorgang, sondern ein langfristiger Investitionsprozess mit Langzeitwirkung ist, können derartige Investitionen sowohl als „Kosten des laufenden Geschäftsbetriebs" (Cost of Doing Business) wie auch als Einsparungs- und Angebotserweiterungsinvestitionen betrachtet werden. Die entsprechende „Refinanzierung" durch die Erhöhung von Effizienz, Effektivität sowie Profitabilität aufgrund der intensiveren Nutzung der vorhandenen Informationsressourcen realisiert sich erst nach der vollständigen Implementierung unter der Voraussetzung, dass sämtliche Nutzer über geeignete Front-End-Werkzeuge zur Abfrage verfügen. Sonst muss eine hohe Systemadministratorkapazität zur Realisierung der Abfragen bereitgehalten werden. Im Bereich der Kosten muss man daher zwischen den projektbezogenen sowie den betriebsbezogenen Kosten differenzieren. Die betriebsbezogenen Kosten schließlich beinhalten neben den Hardware-, Speicher- und Netzkapazitätserweiterungen auch die Software-Lizenzkosten sowie die Kosten des „Information Supply Chain" einschließlich der Wartung, Betreuung und Administration. Sie werden vor allem durch die Möglichkeit der Integration in die bestehende, operative DV-Architektur bestimmt, da Änderungen im operationalen System zwangsläufig die Anpassung der Schnittstellen zum System erforderlich machen. Auf der Nutzenseite stehen dem die Effizienz- und Produktivitätssteigerungen im Bereich der Geschäftsprozesse, des Kundenbeziehungsmanagements und des Controllings sowie die Erschließung neuer Informations- und Wissenspotentiale gegenüber.

Die bisherigen Ausführungen haben deutlich werden lassen, dass ein derartiges „Information Retrieval-System"[188] kaum noch identisch mit einem „Daten-Lagerhaus" ist – auch wenn diesbezüglich durch das Marketing der Anbieter häufig Assoziationen geweckt werden, die die Bandbreite zwischen einem „Billigkaufhaus" einerseits sowie einer „Nobelboutique" andererseits umfassen. Es ist überdies keine „Recycling-Anlage", die den „Datenfriedhof" aufbereitet und hieraus Informationen und Wissen generiert.

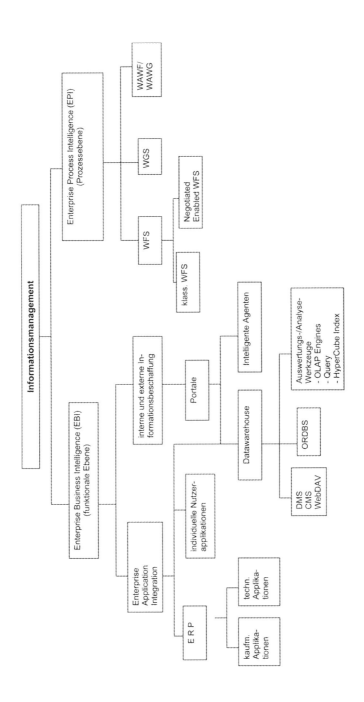

Abb. 32: Die Prozess- und funktionalorientierten Ebenen des Informationsmanagements

3.4 Zusammenfassung

Die bisherige Diskussion erlaubt die Schlussfolgerung, dass die Entwicklung und Implementierung prozessfokussierter Organisationsstrukturen ohne die Operationalisierung und Instrumentalisierung der Information durch ein konsistentes und umfassendes Informationsmanagement nicht realisierbar ist. Dieses Informationsmanagement (vgl. Abb. 32) muss daher im Rahmen einer ganzheitlichen Betrachtung alle unternehmensinternen sowie -übergreifenden Abläufe, Prozesse etc. sowie deren Strukturierung, Transparenz und ständiger innovativer Veränderung als „permanenten, geplanten Wandel" durch eine zeitaktuelle, vollständige und konsistente Informationsbereitstellung unterstützen – im Sinne einer internen und selbstständigen Prozessevolution und -evaluierung. Es gewährleistet hierdurch die interaktive, informationsfokussierte Unterstützung prozessorientierter Strukturen und repräsentiert das „backbone" der „wissensbasierten, lernenden Organisation". Informationstechnologische Grundlage derartiger Systeme ist eine mehrstufige offene, heterogene Networking-Architektur unter Einbeziehung der Internet-Technologien. So wird die asynchrone, ageographische und medienbruchfreie Kooperation und Koordination der involvierten Nutzer sowie Prozesstransparenz, Multifunktionalität und Skalierbarkeit gewährleistet. Des Weiteren generiert es die entscheidungsnotwendigen und -fähigen Informationen im Sinne der sog. „Decision Intelligence" und ist somit das unterstützende Vehikel für die Transferkomponente des Wissensmanagements. Trotz dieser „informationstechnologischen Euphorie" muss allerdings konstatiert werden, dass derzeit noch die Funktion der „Schnittstelle", bei der die digitalisierte (physikalische) Information auf ihre kognitive (menschliche) Repräsentation trifft, problematisch bzw. nicht im Sinne des menschlichen Nutzers gelöst ist.

Die funktionale Dimension beinhaltet einerseits Erfassungs-, Speicherungs-, Auswertungs- und Übertragungsmethoden bzw. -techniken, Dokumentenmanagement, Imaging- sowie Informations-Recherche-Systeme und andererseits Kommunikationstechniken, wie beispielsweise E-Mail, Kalenderverwaltung etc. Zu berücksichtigen ist dabei, dass ca. 80 Prozent der operativen Kosten allein auf die Bereiche „Speicherung", „Auswertung" und „Übertragung" entfallen. Ein Basismodul hierbei ist das „Data-Warehouse" mit einer einheitlichen Strukturierung und Speicherung von historischen und gegenwärtigen, eigenen und fremden Daten. Datenextraktion, -aufbereitung, – speicherung sowie -auswertung bzw. -analyse bilden das Fundament zur Gewährleistung der fünf Hauptfunktionen eines Data-Warehouse: Identifikation der Datenquellen (Sources), Datentransfer- und -migrationsprozess (ETL), Speicherung (storage), Datenkonsistenz sowie Abfragen bzw. Auswertungen (query). Sowohl durch den Einsatz intelligenter Analysetools sowie eines übergelagerten Informationsmanagements, die den inhärenten „Mehrwert" der gespeicherten Informationen extrahieren, als auch durch die Einbindung Dritter (z. B Kunden, Lieferanten) in die „Informationslogistikkette" (Information Supply Chain) mutiert das funktionale Informationsmanagement zu einem „Enterprise-Information-Warehouse" bzw.

„Knowledge Warehouse", ohne dass weder ein Kundenbeziehungsmanagement noch ein wertorientiertes Management (zum Beispiel im Sinne von BSC bzw. BRC) letztlich zu realisieren sind. Damit kann der Anwender das gespeicherte Wissen kontinuierlich adaptieren und dessen Qualität „automatisch" durch die Anpassungsfähigkeit an seine sich ändernden Forderungen verbessern und somit entscheidungsrelevantes Wissen generieren. Die Einbindung der Portal-Techniken, Agentensysteme, Push- und Pull-Technologien, Web-Mining, Text-Mining sowie Workflowsysteme im Sinne einer Vernetzung der internen und externen Informationswelten einer Unternehmung führt schließlich zum „Business Intelligence-System", also zur Zusammenfassung aller informationstechnologischen Applikationen, Verfahren und Methoden, die die Analyse sowie den Transfer (ontologische Dimension des Wissensmanagements) der unternehmensweit verfügbaren Informationen bzw. Wissensbestände unterstützen. Notwendig hierfür ist eine ganzheitliche, unternehmensumfassende Architektur sowohl zur Informationsgewinnung aus Transaktionssystemen, Datenbanken und externen Quellen als auch zur einheitlichen Aufbereitung, Aggregation und objektbezogenen Strukturierung in multidimensionalen Datenbanksystemen („Universal-Server„). Hieraus gewinnen die involvierten Nutzer unter Einbeziehung der Analyse- und Auswertungswerkzeuge (beispielsweise OLAP- und Discovery- bzw. Data-Mining-Verfahren) auf der Basis des „Online Transaction Processing" (OLTP) individuell und entscheidungsreif generierte Informationen und Wissenstatbestände[189].

Die Prozessdimension des Informationsmanagements repräsentieren vor allem die Workflow- und Workgroup-Systeme. Erstere strukturieren, formalisieren und automatisieren Arbeitsabläufe, die durch die Charakteristika „hoher Formalierungsgrad", „hoher Replikationsgrad" und „geringer Innovationsgrad" gekennzeichnet sind. Hierbei übernimmt das System die steuernde Funktion, löst Subvorgänge aus und reicht diese nach dem „Push-Prinzip" an die involvierten MitarbeiterInnen weiter. Sie sind passiv und „reagieren" auf die Systemanforderungen. Hierdurch werden einerseits alle zur Bearbeitung benötigten Informationen und Dokumente „just in time" zur Verfügung gestellt. Andererseits ist der gesamte Ablauf transparent, nachvollzieh- und kontrollierbar, so dass sowohl die individuelle Arbeitsleistung bewertet als auch eine permanente Prozessablaufüberwachung und -optimierung realisiert werden kann.

Workgroupsysteme dagegen unterstützen informationstechnisch diejenigen Arbeitsabläufe bzw. Prozesse, die durch die Attribute „einmalig", „innovativ" und „geringfügig strukturier- und formalisierbar" gekennzeichnet sind. Diese Unterstützung betrifft vor allem die Ebenen „Kooperation" und „Koordination", wobei dem involvierten Nutzer nach dem „Pull-Prinzip" Informationen sowie ein durchgängiges Dokumentenmanagementsystem bereitgestellt werden, ein einheitlicher Zugriff auf die Datenbanksysteme ermöglicht und so eine Wissensbasis bzw. die ontologische Dimension des Wissensmanagements realisiert wird.

Ein derart definiertes und konzipiertes Informationsmanagement umfasst neben dem „Information-Retrieval-System" ein übergeordnetes „Knowledge-

Warehouse" –, das die Funktion des Informations- und Wissenstransfers zu den strukturellen Elementen des Informationsmanagements realisiert (vgl. Abb. 33).

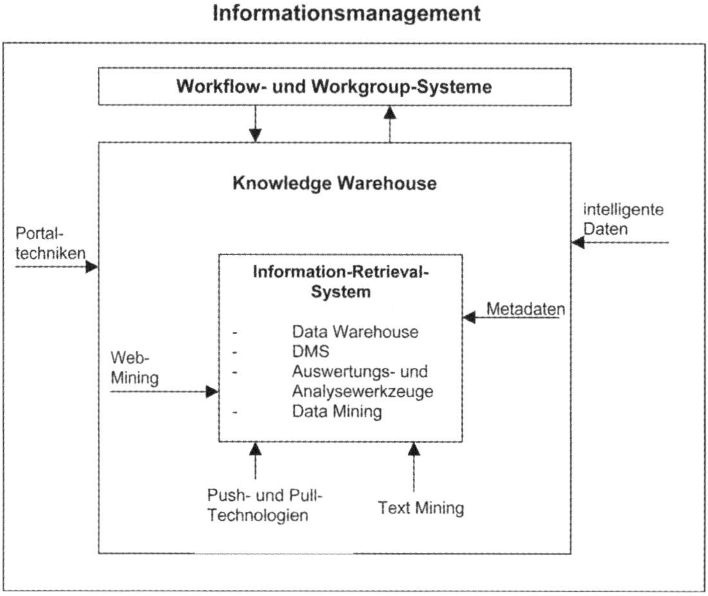

Abb. 33: Die Module des Informationsmanagements

Dabei kann davon ausgegangen werden, dass im Rahmen der Konvergenztheorie die derzeit überwiegend noch getrennt existierenden funktionalen sowie prozessbezogenen Module in ein einheitliches System integriert werden, so dass die für eine spezifische funktionale oder prozessorientierte Unterstützung benötigten Softwarewerkzeuge – auch verschiedener Anbieter – beliebig und variabel diesem „Werkzeugkasten" entnommen und konfiguriert werden können. Nur eine derartige „Verschmelzung" ermöglicht letztlich die Installation eines weitergehenden ganzheitlichen Wissensmanagements. Einzellösungen werden sicherlich auch zukünftig noch existieren – dann vor allem im Bereich vertikaler Funktionsbereiche. Das setzt zwangsläufig offene und heterogene Strukturen voraus, die auf den Kriterien offener Systeme der Inter-/Intranet-Technologien sowie ihrer Standards[190] beruhen und deren Verfahren und Methoden beinhalten, so dass die Kriterien „Plattformunabhängigkeit", „Kompatibilität", „Flexibilität" und „Migrationsfähigkeit" im Rahmen einer globalen Informationsverfügbarkeit gewährleistet werden. Weil diese Standards nicht applikations-, sondern verbindungsorientiert sind, werden Datenaustausch, Information und Kommunikation in heterogenen Systemwelten ermöglicht. Hierdurch wird auch die Unabhängigkeit von proprietären Betriebssystemen ermöglicht – allerdings ergeben sich dabei auch Support-Probleme. Letztlich wird hierdurch ein „globales online-outsourcing", entweder auf Basis eines „on-sit service" (beim Kunden) oder eines „off shore-service" (vom Kunden räumlich getrennt) generiert. Letzteres hat dann die Telearbeit zur Folge – auch wenn deren Diffusionsgeschwindigkeit derzeit noch wesentlich geringer ist als früher prognostiziert wurde.

Hieraus ergibt sich dann gegenüber der „klassischen" Datenverarbeitung der nachfolgende Funktionalitätenunterschied:

„Klassische DV"	Informationsmanagement
„harte" Massendaten	▷ „weiche", individuelle Informationen
zentrale Datenhaltung	verteilter Datenabgleich bei logischer Zentralisierung
passive Datenhaltung	▷ aktive Informationsversorgung
synchrone Transaktionen	▷ asynchrone Replikationen
festgelegte Abläufe	▷ Ad-hoc-Vorgehensweisen
Datenversand	▷ kooperative Informationsnutzung
Host-Slave-Struktur	▷ Peer-to-peer-Struktur[191]

Die vor einer Implementierung des Informationsmanagements notwendige Organisationsanalyse beinhaltet „holzschnittartig" die nachfolgenden Phasen:
- ▷ Analyse, Beschreibung und Strukturierung der Aufgaben und Leistungen eines jeden Funktions- bzw. Aufgabenbereiches im Rahmen der Geschäftsprozesse.
- ▷ Zuordnung bzw. Neustrukturierung und -aggregation der einzelnen Funktionen und Leistungen analog zu den Geschäftsprozessen unter perspektivischer Berücksichtigung neuer Produkte bzw. Dienstleistungen sowie daraus resultierenden Prozessveränderungen.
- ▷ Aufbau einer prozessorientierten Organisationsstruktur.
- ▷ Aufbau interner Märkte und Kostenverrechnungssysteme für den internen Leistungsaustausch.
- ▷ Generierung des logisch-konsistenten Unternehmensdatenmodells sowie die Abbildung der Geschäftsprozesse.

Ohne eine derartige Organisationsanalyse – verbunden mit der hieraus resultierenden Umgestaltung von Aufbau- und Ablauforganisation – würde die Implementierung des Informationsmanagements nur die „computergestützte Zementierung inflexibler und ineffektiver Prozessabläufe" bedeuten. Das bewies auch eine entsprechende Umfrage unter den Anwendern von Workflow- bzw. Dokumentenmanagementsystemen, die eine Implementierung ohne grundlegende Reorganisation realisierten: Bei rund zwei Drittel der Anwendungen wurde der Kostenrahmen wesentlich überschritten, nur rd. 40 Prozent erzielten eine verbesserte Prozessintegration und nur 35 Prozent eine höhere Prozesssicherheit. Weitere Ursachen für dieses negative Ergebnis waren unter anderem die Widerstände seitens der MitarbeiterInnen sowohl wegen verspäteter Involvierung als auch aufgrund der daraus resultierenden Angst vor einer größeren Leistungstransparenz und -kontrolle. Des Weiteren wurde häufig die „digitale Abbildungsungenauigkeit bzw. -unfähigkeit" komplexer, nur durch wenige Arbeitsroutinen gekennzeichneter Prozesse unterschätzt.

Konzeption und Implementierung eines derartigen Informationsmanagements erfolgen zweckmäßigerweise in einem mehrstufigen Prozess, der iterative Rückkopplungen zwischen den einzelnen Prozessphasen beinhaltet. Eine derartige analytische Differenzierung gewährleistet, den komplexen, schlecht-strukturierten und innovativen Gesamtprozess in überschaubare Einheiten zu zerlegen sowie Aktivitäten, Interdependenzen, Veränderungen etc. voneinander abzugrenzen[192]. Die daraus erwachsenden Hauptphasen sind

- Initiierungsphase,
- Konzeptionsphase,
- Implementierungsphase,
- Konsolidierungs- bzw. Evaluierungsphase.

Im Rahmen der Implementierung müssen vor allem die nachfolgenden Aspekte beachtet werden:

- Anpassung der vorhandenen informationstechnologischen Strukturen an die sich ergebenden Anforderungen aus
  - der Erhöhung der Bandbreite aufgrund des exponential steigenden Datenaufkommens,
  - der Umrüstung der heterogenen und größtenteils proprietärbasierten informationstechnologischen Architekturen auf einheitliche Standards und Protokolle.
- Auswahl des strategischen Ansatzes (topdown bzw. bottom up).
- vollständige partizipative Einbeziehung und Motivierung der Betroffenen, um deren explizites und implizites Wissen einbeziehen zu können bzw. hierüber im Rahmen des „corporate memory" sowie des „knowledge managements" zu verfügen.

Die frühzeitige Involvierung aller betroffenen MitarbeiterInnen führt zwar anfangs zu längeren Entscheidungsprozessen. Eine intensive und engagierte Beteiligung erhöht allerdings die erforderliche Kreativität und führt zur Reduzierung der sozialen Schichtung bzw. der sich hieraus ableitenden Statusunterschiede. Diese veränderte Form der Informations- und Entscheidungsbeteiligung generiert als Ausdruck einer „neuen" Organisationsstruktur zudem variable, sich fast permanent verändernde Organisations- bzw. Prozessstrukturen als Resultat einer sich ständig erhöhenden prozessualen Kompetenz und repräsentiert somit eine der Grundlagen für die „lernende Organisation": Neben der Verringerung räumlicher und sozialer Kommunikationshindernisse wird die hierarchische Struktur von Zielen, Entscheidungen und Aufgabenrealisierung sowie die zeitlich stabilen (zementierten) Relationen zwischen den Hierarchieebenen als Merkmal der funktional-hierarchischen Organisationsstruktur aufgebrochen. Die sich entwickelnden sozialen Netzwerke repräsentieren nicht nur ein „größeres Speichervolumen" hinsichtlich der im Prozess benötigten expliziten und impliziten Informationen und Wissensbestände – sie ermöglichen auch eine wesentlich einfachere Transformation dieses Wissens auf andere Prozesse. Kennzeichen dieser auch als „Adhokratie" bezeichneten Struktur ist letztlich der Sachverhalt, dass sich – in Abhängigkeit von Auftrag, Aufgabe und Projekt – ständig neue Gruppen- bzw. Prozessstrukturen bilden, bei denen jedes Element auch seine persönlichen Erfahrungen, Kompetenzen, Sichtweisen etc. einbringt[193]. Das führt zwangsläufig zur Effizienzerhöhung (durch die Involvierung eines „Mehr an Wissen und Information" im jeweiligen Entscheidungsprozess) bei gleichzeitiger Kostensenkung aufgrund sowohl kürzerer Reaktionszeiten als auch der Verringerung der arbeitsteilig implizierten Transaktionskosten[194]. Zu beachten ist allerdings – wie eingangs bereits ausgeführt -, dass durch eine zu starke digitale Formalisierung der Prozessstrukturen die Kreativität, Intuitions- und Innovationsfähigkeit nicht ebenfalls „formalisiert" und damit verringert werden. Ziel der Einführung des Informationsmanagements muss daher sowohl die Aktivierung der „Produktionsreserven in den Köpfen der MitarbeiterInnen" als auch die Generierung von Freiheitsräumen für diese sein, damit sie Verantwortungsfunktionen und Kontrollaufgaben übernehmen können. Entscheidend hierfür ist jedoch letztlich nicht das informationstechnische System, sondern vor allem die organisatorische Restrukturierung, verbunden mit einer Veränderung der Unternehmenskultur sowie der Bereitschaft zum vernetzten Denken und Handeln. Eine derart modular strukturierte Organisation repräsentiert ein Netzwerk sich selbst steuernder Subsysteme im Sinne autonomer Gruppen – die unterlegte Informationstechnik generiert „nur" die soziale Kohäsion[195]. Auch hier gilt: Ineffiziente Organisationsstrukturen werden durch die Informationstechnologie nicht besser – vielmehr wird die Ineffizienz nur beschleunigt.

Die arbeitsplatzunabhängige Implementierung des Informationsmanagements führt zu einer sozio-ökonomisch und informationstechnologisch vernetzten Organisationsstruktur über funktionale (Abteilungs-) und mediale Grenzen hinweg und verringert somit räumliche und soziale Kommunikations- und Informationshindernisse. Damit werden vor allem Informationsverluste und -veränderungen durch mediale Konvertierungsfunktionen im Rahmen der traditionellen Vorgangsbearbeitung sowie der entsprechenden physischen Informationslogistik reduziert. Im Gegensatz zur bisherigen Büro-Automatisierung, die überwiegend nur die „elektronische" Abbildung bislang gewohnter mechanischer Vorgänge beinhaltete, verlangt die Implementierung dieser Systeme den Zwang zur vorherigen prozessorientierten Umstrukturierung der Unternehmung: Erst nach erfolgter Reorganisation lassen sich diese Systeme effizient und effektiv konzipieren und einsetzen. Sie sind „nur" die Plattform, auf der die anderen organisatorischen Konzepte, Werkzeuge etc. eingesetzt werden.

---

1 Beispielsweise die Leontiefschen Produktionsfunktionen – vgl. Schumann (1976), S. 73 ff.
2 Vgl. hierzu Wöhe (1989), S. 296 ff.
3 Verstanden als ganzheitliches, systemisches Abbild eines kundenfokussierten Prozesses sowohl im Produktgüterals auch im Dienstleistungsbereich.

4 Häufig kurzlebige, unverständliche sowie semantisch missverständliche Schlagworte, die verdecken sollen, dass „alter Wein in neuen Schläuchen" gehandelt wird.
5 Zu verstehen als technische Infrastruktur für den Betrieb der Anwendungen unter Berücksichtigung von Vernetzung, Skalierbarkeit, Konsistenz etc.
6 Vgl. hierzu die Abb. 15.
7 Vgl. Abschnitt 8.
8 Vgl. Jänig (1998).
9 IEEE: Institute of Electrical and Electronics Engineers.
10 Hierdurch werden beispielsweise Client-Server-Anwendungen „Web-tauglich".
11 SPARC = Scalable Prozessor Architecture von Sun Microsystems.
12 ISA = Industry Standard Architecture
EISA = Extended Industry Standard Architecture
MCA = Microchannel Architecture
PCI = Programmable Communication Interface
13 Vgl. Anton (1995), S. 75.
14 Vgl. Jänig (1988), S. 64 f.
15 CSGW = Computer Supported Group Working bzw. Computer Supported Cooperative Working – vgl. die Ausführungen im Abschnitt 3.2
16 Auch als Extended Network bezeichnet.
17 Es mag an dieser Stelle überraschen, dass das ISDN- bzw. XSDL-Netz analog zum Internet gesehen wird, obwohl hierbei die Datenübertragung durch Wahlvermittlung bei Bündelung der beiden B-Kanäle eine Kapazität von 128 Kbit/s. erreicht – es somit aus Zeit- und Kostengründen nur für temporäre Datenübertragungen bzw. im Rahmen des sog. „Bandwith on Demand" als Remote Access-Funktion geeignet ist.Desweiteren verwenden beide häufig die physikalisch identischen Medien. Das ISDN-Netz besteht jedoch – analog zum Internet – aus einer Vielzahl miteinander verbundener Netze verschiedener Betreiber (z. B. Telekom, private Unternehmen etc.) und Medien, basierend auf einheitlichen und öffentlichen Standards. Dessen ungeachtet wird ISDN häufig nur als Übertragungstechnik gesehen und mit z. B. xDSL verglichen, da es ursprünglich zur Zusammenlegung verschiedener analoger und digitaler Dienste auf einem Übertragungsband mit einer maximalen Übertragungskapazität von 144 Kbit/s. entwickelt worden war; inzwischen kann es allerdings als universelles Telekommunikationsnetzwerk angesehen werden, das – das klassische analoge Telefonnetz mit Sprachübertragung, BTX etc. sowie – digitale Datenübertragungsdienste auf einem physikalischen Medium integriert.
18 Als „drahtlose" Variante ist das sog. Evernet anzuführen – einem Internet auf der Basis eines (satellitengestützten) drahtlosen Breitbandnetzes, das zum sog. „Telekosmos" führen soll – vgl. Gilder (1989 und 1999).
19 Eine Bridge verbindet gemäß der OSI-Definition (Open Systems Interconnection) Subnetze protokollmäßig auf der Schicht 2 (LLC, IEEE 802.2) oder 2 a (MAC-Layer) des OSI-Referenzmodells, so dass eine Unabhängigkeit von physikalischen Übertragungsmedien sowie der MAC-Schicht (Medium Access Control) erreicht wird. Zentrales Wesensmerkmal ist demnach die transparente, d. h. interpretierte Weiterleitung von Protokollen. Bei den Routern differenziert man zwischen Einzelprotokoll-Router (single protocol router), dem Multiprotokoll-Router (multiple protocolrouter) und dem Hybride Router (Brouter). Der Einzelprotokollrouter verbindet LAN-Subnetze auf der Basis eines einzelnen LAN-Protokolls, z. B. auf der Basis von X.21 bzw. X25. Der Multiprotokoll-Router handhabt mehrere Protokolle parallel – über verschiedene Protokoll-Stacks (Implementierung mehrerer Schicht-3-Protokolle) werden verschiedene logische Netzwerke jeweils untereinander verbunden. Der Hybride Router ist ein erweiterter Multiprotokoll-Router, durch den alle Pakete, die nicht „geroutet" werden können (weil das entsprechende Protokoll fehlt), nach „Brückenmanier"

transportiert werden – damit arbeitet das Gerät wieder im promiscuous mode: erst nach Interpretation der Kontrollinformation wird entschieden, ob das Paket „geroutet" oder „gebrückt" wird. Ein **Hub** dagegen ist ein hochintelligentes Vermittlungssystem zwischen LAN-Segmenten und Endgeräten und bildet den Konzentrationspunkt für eine sternförmige Verkabelung zur Bildung logischer LAN's, d. h. er adaptiert unterschiedliche LAN's und beliebige Medien. Er ist in modularer Technik aufgebaut und kann – je nach Bestückung – die Funktionalitäten von Konzentratoren, Bridges, Routern oder Managementsystemen übernehmen und alle gängigen Übertragungsmedien unterstützen. Um die Überlastung der Netzwerke zu reduzieren, bietet sich sowohl Segmentierung und Strukturierung der Netze als auch die Einbindung aktiver Module (z. B. Switch-Komponenten) an.

[20] ATM = Asynchrone Transfer Mode – vgl. hierzu Jänig (1998), S. 36 ff.
[21] Das von V. Cerf und R. Kahn entwickelte TCP/IP (Transmission Control Protocol/Internet Protocol) löste im Januar 1983 das im Arpanet gebräuchliche Protokoll NCP (Network Core Protocol) ab; aufgrund der begrenzten Adressenzahl sowie der Anforderungen der Echtzeitübertragung von Sprache und Video wird derzeit die Version 4 durch die Version 6 (v 6) ersetzt.
[22] SNMP = Simple-Network-Management-Protocol.
[23] Z. B. das IFIP-Schnittstellenmodul der International Federation for Information Prozessing – vgl. Dzida (1983).
[24] Im angelsächsischen Bereich auch als „cocooning" bezeichnet.
[25] DDP =Distributed Data Processing.
[26] Downsizing = Reduzierung der Größe des Zentralrechners durch Aufgabenverteilung auf periphere Rechner.
[27] Upsizing = Vernetzung mehrerer Einzel-PC.
[28] Rightsizing = Kombination von Downsizing und Upsizing.
[29] Auch als „Leanmanagement" für C/S-Strukturen bezeichnet.
[30] TCO: Total Cost of Ownership.
[31] Im Vergleich zur Zweischichtarchitektur der C/S-Systeme.
[32] SVID = System V Interface Definition; die anfänglichen Bedenken gegen UNIX hinsichtlich der Verarbeitungsgeschwindigkeit sowie der Performance bei großer Platten-Peripherie sind aufgrund der (R)Evolution im Hardware-Bereich gegenstandslos geworden.
[33] Der Performance-Mehraufwand bei verteilten RDBMS beträgt nur ca. 5 Prozent; selbst bei Zugang zu öffentlichen Netzen (X.24, X.25, ISDN) kann durch marktübliche Komponenten der Level B 2 des Orange Book des DoD eingehalten werden.
[34] Unterschiedliche Anwender setzen unterschiedliche Programme bei gleichem Datenbestand ein.
[35] Mehrere Anwender verwenden das gleiche Programm, das jedoch für die Benutzer unabhängig und zeitverschoben verläuft.
[36] Vgl. Kauffels/Baumgarten (1992); Löffler et al (1992), S. 23 f.
[37] Vgl. Kauffels/Baumgarten (1992), S. 21.
[38] Vgl. hierzu auch Ulrich (1992).
[39] Vgl. Gaitanides et al (1978), Jänig (1988), Kirsch/Klein (1977), Voß/Gutenschwager (2000).
[40] Vgl. Rock et al (1990).
[41] Vgl. Jänig (1984, 1988).
[42] Vgl. Bullinger/Kern (1991).
[43] EDI = Electronic Data Interface.
[44] D. h. der Weiterentwicklung der verteilten Datenverarbeitung und -haltung hin zur Verarbeitung in virtuellen Teilbereichen.
[45] Vgl. Brynjolfsson (1993).

46	Gemäß dem „Moore'schen Gesetz" verdoppelt sich alle 18 Monate die Anzahl der Transistoren auf einem Chip.
47	Die im Hardware-Bereich erfolgte Etablierung sog. „RISC-Systeme" hat im Software-Bereich noch nicht stattgefunden, sieht man vom Outsourcing-Ansatz des ASP ab.
48	Dem Entwickler der „Maus" sowie der Windows-Bedienoberfläche.
49	Vgl. hierzu die ausführliche Darstellung einzelner Module in: Jänig (1998).
50	Im Sinne von „Lean thinking".
51	Vgl. hierzu die Definition der WfMC (Workflow Management Coalition).
52	Ca. 10-20 Prozent der gesamten operativen Kosten.
53	Z. B. Vorbereitung und Durchführung des Auftrages, Rechnungsstellung, Zahlungsverkehr, Belegbe- und -verarbeitung sowie -archivierung.
54	To enable = einbetten.
55	Abgeändert entnommen aus: Storp (1999), S. 73.
56	Hierdurch entstehen quasi „Workforcemanagementsysteme".
57	Hierzu stehen ebenfalls Software-Programme als Werkzeuge zur Verfügung, z. B. die BIOS-Module STBsoft für die Erstellung von Stellenbeschreibungen etc. sowie BFAsoft für Erstellung, Analyse und Darstellung von Organisationsstrukturen sowie Funktionsabläufen im Unternehmen (BIOS = Bremerhavener Institut für Organisation und Software).
58	Beispielhaft seien angeführt: Global Information Solutions, Filenet sowie die Produkte von DEC, IBM, SNI etc.
59	Z. B. Lotus Notes 5.x, Novell Groupwise 5.0, MS Exchange Server 5.0, Teamware Office 5.1 sowie Netscape Communicator, Powerwork und Suitespot 3.0.
60	MAPI = Messaging Application Programming Interface.
61	Vgl. z. B. die entsprechenden Entwicklungen am „Groupware Competence Center" der Universität Paderborn.
62	Um die Standardisierung sowie die Gewährleistung der Interoperabilität der auf dem Markt befindlichen Dokumentenmanagementsysteme bemühen sich derzeit die nachfolgenden Gremien: 　▶ ODMA (Open Document Management API), 　▶ DMA (Document Management Alliance), 　▶ WfMC (Workflow Management Coalition).
63	ICR = Intelligent Character Recognition.
64	Auf deutsch auch als „intelligente Assistenten" bezeichnet.
65	gemäß einer Erhebung der Meta-Group haben die Unternehmen im Durchschnitt 49 verschiedene Applikationen im Einsatz, deren Schnittstellengenerierung und -pflege zwischen 25 Prozent und 33 Prozent des jährlichen IT-Budgets „verbraucht".
66	ERP = Enterprise Resource Planning.
67	Auch als „Collaborative Commerce" bezeichnet.
68	Metadatenbank mit der Beschreibung der Daten, Applikationen sowie Teilprozesse.
69	Common Gateway Interface.
70	Aufgrund der Bedeutung von Information und Wissen für die Geschäftsprozesse hat es demnach die gleiche Bedeutung wie die ETL-Tools (Extraction, Transformation, Loading) bei DW-Systemen.
71	Gemäß einer Untersuchung von Picot ist deren Anteil in den vergangenen 100 Jahren von 25 Prozent auf 50 Prozent des Wertschöpfungsprozesses gestiegen.
72	Vgl. Tibco (1998).
73	Dieses diffuse Spektrum reicht von der einfachen Website bzw. dem Online-Shop über die Unterstützung von SCM, CRM und Wissensmanagement bis zur vollständigen Prozessrealisierung im Rahmen virtueller, kollaborativer Organisationsvernetzungen.

74	Ein monumental gestalteter Eingang zu einem Gebäude.
75	Sog. Directories.
76	Die derzeit vorhandene Informations- bzw. Datenmenge wird auf 100 Terabyte geschätzt, so dass der Aufbau einer Beziehung zwischen dem „Surfer" als potenziellen Kunden sowie dem werbenden Unternehmen mehr zufälligen Charakter besitzt.
77	Sog. URL (Uniform Resource Location).
78	Die Druckkosten werden letztlich vom interessierten Kunden übernommen, so dass hierdurch Einsparungseffekte für das Unternehmen entstehen.
79	Vgl. hierzu die ausführliche Darstellung in Abschnitt 7.
80	Business-to-Consumer; zynisch auch als „B2N" (Business-to-Nobody) bezeichnet
81	Vgl. Krafft et al (2000).
82	B2E = Business-to-Employee.
83	Häufig auch als „Internal Relationship Management (IRM)" bezeichnet.
84	ACID = Atomicity, Consistency, Isolation and Durability.
85	Glossar = Begriffswörterbuch.
86	Taxonomie = Klassifikation der Begriffe und ihrer Beziehungen zueinander im Rahmen eines (meist hierarchischen) Ordnungssystems, z. B. Begriffsbaum analog zum Entscheidungsbaum.
87	B2B = Business-to-Business.
88	Gemäß der Boston Consulting Group impliziert das „B2B" die zweifache Komplexität, die dreifache Unsicherheit, die vierfache Geschwindigkeit sowie die fünffache Informationsflut ...
89	API = Application Programming Interface: eine auf einer oder mehreren Programmiersprachen basierende Schnittstelle für die funktionale Erweiterung einer Applikation oder zur Integration mit anderen Anwendungen.
90	Alle inhaltlichen Bestandteile einer Web-Seite – strukturierte Assets (z. B. Datenbanken), unstrukturierte Daten (HTML, Office-Formate) und Media-Assets (Bilder, Videos, Sound).
91	Häufig wird auch der Begriff „WCMS" (Web-Contentmanagementsystem) verwandt – dies erscheint jedoch als unsinnig, da CMS grundsätzlich auf der Internettechnologie basiert.
92	Häufig auch als „unified messaging" bezeichnet: alle Kommunikationsendgeräte und -kanäle sollen integriert werden, so dass von einem für den Nutzer situativ günstigen Medium ortsunabhängig aus alle Nachrichten sowie I n - formationen konsistent und redundanzfrei abgerufen sowie kommuniziert werden können; neben kürzeren Informations- und Reaktionszeiten führt die größere Flexibilität bei der Kanalauswahl zur Reduzierung der Transaktionskosten.
93	Internationaler Dachverband der Dokumentenmanagementsystem-Branche.
94	Die frühere „Enterprise-Document-Management-Produktlinie" wurde in CEnterprise Content Management umfirmiert.
95	Vgl. die Ausführungen in Abschnitt 4.
96	Vgl. Jänig (1984), S. 274 ff.
97	Dies schließt auch Tele- und Mobilarbeitskräfte ein.
98	Vgl. hierzu Abschnitt 4.
99	Sog. „Personalisierungssoftware" im Contentmanagementsystem kann anhand der Benutzerdaten und -präferenzen sowohl Themenschwerpunkte ermitteln und anschließend dem Nutzer „ungefragt" anbieten als auch die von ihm präferierten Kommunikationskanäle von vornherein zur Verfügung stellen (sog. „Multi-Channeling-Personalization").
100	Dynamische Hyperlinks vernknüpfen zusammengehörend die Dokumente und ermöglichen so den umfassenden Zugriff (Transferfunktion) auf das gespeicherte Wissen.

[101] Dynamische Hyperlinks ermöglichen automatisch das Nachvollziehen der Veränderungen (Verschiebung, Umbenennung sowie Löschen von Dokumenten).
[102] Ein einmaliges Einwählen ermöglicht den Zugriff auf alle Applikationen.
[103] Dies unterstützt die ontologische Dimension des Wissensmanagements – vgl. Abschnitt 4.
[104] Content-Management beinhaltet, dass die vorhandenen Informationen für unterschiedliche, sich ständig verändernde Bedürfnisse und Ziel- bzw. Zwecksetzungen aufbereitet und ausgewertet werden; man kann es auch als „Redaktionssystem" bezeichnen.
[105] Die URL's müssen nicht mehr per Mail versandt werden.
[106] Impliziert die individuelle Oberflächengenerierung durch den Benutzer und somit die genuine Informationsselektion.
[107] Im Rahmen der Workflow-Unterstützung sowie dem Dokumentenmanagement.
[108] Vgl. Versteegen/Versteegen (2001).
[109] Vgl. die Ausführungen in Abschnitt 3.4 sowie die Darstellung in Abschnitt 4.3.
[110] ISC = Information Supply Chain.
[111] Abwicklung der Geschäftsprozesse über das Internet bzw. unter Verwendung der Internettechnologie sowie JAVA und XML.
[112] Vgl. Bullinger (2001).
[113] Z. B. I-Syndicate, N-Factory etc.
[114] ASP = Application Service Provider.
[115] Das sich in den kommenden Jahren gemäß der Expertenmeinung exponential entwickelnde B2B-Marketing wird dazu führen, dass anstelle der Preislisten mit mittel- bis langfristig stabilen Preisen volatierende Tages-(Börsen-)Marktpreise die Regel werden. Dies führt dazu, dass sich anstelle der jederzeit zu öffnenden und zu schließenden „Zugbrücken" zu Kunden und Lieferanten global permanente (virtuelle) „elektronische Brücken" errichtet werden, die ständig nutzbar sind. Neben der damit verbundenen Senkung der Transaktionskosten beispielsweise in den Phasen der Anbahnung und Aufrechterhaltung von Geschäftsbeziehungen wird sich eine wesentlich größere Markt- und Preistransparenz einstellen, so dass das Kundenbeziehungsmanagement an Bedeutung gewinnen wird – vgl. hierzu Abschnitt 7.
[116] Analog zur sog. „Value Proposition" definiert sich das Entgelt für die jeweilige Leistungserbringung.
[117] Andere Bezeichnungen sind Robots (Agenten, die sich in der „realen" Welt zurecht finden), Spider, Knowbots oder Bots – vgl. Brenner et al (1998).
[118] Die XML als Austauschsprache verwenden.
[119] FIPA = Foundation for Intelligent Physical Agents.
[120] Als sog. „persönliche Agenten".
[121] Die „Lernfähigkeit" wird allerdings durch das positive oder negative Feedback des Nutzers gegenüber der Suchleistung determiniert.
[122] Sog. Preis-, Produkt- und Distributionsagenten.
[123] Vgl. Abschnitt 4.3.
[124] Gemäß der Definition von Stanislav Lem auch als „Personoide" bezeichnet; der Begriff „Roboter" wurde 1923 von Karel Capek („Rossums Universelle Roboter") geprägt.
[125] Das Datenvolumen der jährlich „produzierten" Bücher, Zeitschriften, Zeitungen und Dokumente beträgt ca. 240 Terabyte, d. h. dem Inhalt von ca. 240 Millionen Büchern – dennoch repräsentieren diese gedruckten Informationen nur 0,003 Prozent aller speicherbaren Daten.
[126] Angelsächsische Begriffe hierfür sind: Knowledge Discovery in Databases, Knowledge Extraction, Data pattern processing, Data archeology, Information harvesting etc.

127 Ca. 10-15 Prozent der Erträge eines Geschäftsprozesses werden für Generierung, Verwaltung und Distribution der im Prozessablauf benötigten Informationen „verbraucht".
128 MIS = Management-Information-System; Anfang der 70er Jahre wurde erkannt, dass Entscheidungsträger neben externen, qualitativen Informationen auch interne, aggregierte Informationen benötigen, die nicht aus den operativen Systemen mit ihren aktuellen, definierten Detaildaten generiert werden konnten; diese Systeme konnten allerdings nur von DV-Experten genutzt werden und boten nicht die Möglichkeit der Verbindung von Daten, Text und Graphik sowie die Möglichkeit der intuitiven, sofortigen Anpassung.
129 EIS = Executive-Information-System.
130 FIS = Führungs-Informationssystem.
131 DSS = Decision Support System; Mitte der 80er Jahre wurden mittels dieser Systeme Detaildaten aus operativen Systemen extrahiert, zu Kennzahlen innerhalb der bestehenden Geschäftsmodelle aggregiert sowie graphisch oder tabellarisch zur Verfügung gestellt – es waren allerdings überwiegend proprietäre Anwendungen, die auf PC-Systemen ohne Integration in die bestehende informationstechnologische Architektur basierten und daher im Rahmen des OLTP als reine Transaktionsabwicklung weder große Datenmengen verarbeiten noch relationale bzw. objektorientierte Datenbanken unterstützen konnten.
132 Auf dt.: Datenlagerhaus; es soll an dieser Stelle nicht übersehen werden, dass derjenige, der sich dem Thema „Data-Warehouse" nähert, zu Beginn einer Akronymen-Vielfalt begegnet. Die von sog. „Experten" benutzte Begriffsdefinition hängt häufig davon ab, welchem „Lager" diese zugehörig sind; die von Hard- und/oder Software-Anbietern genutzte inhaltliche (Un-)Präzisierung ist häufig durch die Abhängigkeit von deren Produktangebot gekennzeichnet. In dieser Arbeit soll unter „Data-Warehouse" nicht eine spezifische Art der Daten- bzw. Informationsspeicherung, sondern ein ganzheitliches, multivariables, entscheidungsrelevante Informationen lieferndes System verstanden werden – dessen Komponenten, Struktur etc. werden nachfolgend erläutert.
133 Inmon (1993), S. 112.
134 Vgl. Jänig (1984), S. 109 ff.
135 ETT = Extract, Transformation, Transportation; ETL = Extract, Transport, Load; ETML = Extract, Transform, Load, Management – dies sind Werkzeuge, um ERP-Daten aus Datenbanken auszulesen, nach den Schemata des Data-Warehouse umzuwandeln und dort abzulegen.
136 OLTP = Online Transaction Processing – hierbei werden Daten mittels Transaktionen schnell und zuverlässig verarbeitet; es werden jedoch weder die Anwendersicht der Daten noch die logische Datenstruktur vor dem Hintergrund der organisationalen Prozessabläufe berücksichtigt – vgl. Jarke et al (2001).
137 Dieses kann quasi als „Light-Version" bezeichnet werden, da es nicht die phänotypische, modellhafte Abbildung eines komplexen Data-Warehouse repräsentiert, sondern ein einzelnes, auf wenige definierte Funktionen begrenztes Auswertungswerkzeug darstellt; seit 1985 existieren PC-gestützte Datamarts, die OLAP-Werkzeuge in Form eines mehrdimensionalen Datenwürfels einsetzen und somit die Datenbestände dimensions-hierarchisch unter Berücksichtigung unterschiedlicher, jedoch definierter Aspekte analysieren. Nachteilig wirken sich hierbei aus:
▹ die mangelnde Flexibilität durch strukturierte und definierte Algorithmen, die keine Auswertung aufgrund beliebiger, frei wählbarer Kriterien ermöglichen.
▹ die Schwierigkeiten bei Datenzugriff, – anpassung und -berechnung.
▹ die exponentielle Vergrößerung der Datenmenge durch redundante Speicherung in verschiedenen Datenwürfeln.

⊃ die Begrenzung des zu verarbeitenden Datenvolumens.
Da sie in der Regel nicht unternehmensweit angepasst bzw. implementiert werden können, bieten sie sich für abteilungsbezogene „Insellösungen" an.

138 Nur rd. 5 Prozent aller Unternehmensdaten sind derzeit digital verfügbar, so dass ca. 40 Prozent der Büroarbeitszeit mit der Suche nach Informationen und Dokumenten bzw. dem Warten auf die Ergebnisse entsprechender Recherchen „vertan" wird.

139 Der übertriebene „Verteiler" von Aktenvermerken, Dokumenten etc. resultiert häufig aus dem hierarchisch begründeten „Deckungsbedürfnis" der MitarbeiterInnen – vgl. Jänig (1984).

140 Verstanden als „DMS im weiteren Sinne", durch das Dokumente mittels elektronischer Systeme erfasst, bearbeitet, gespeichert und verteilt werden; „DMS im engeren Sinne" realisieren ausschließlich die Verwaltung von Dokumenten in Netzwerken. Ein DMS ist demnach eine Software, die die funktions-/aufgabengerechte Erzeugung, Bereitstellung, Steuerung, Verteilung und Archivierung von Dokumenten zur Unterstützung der Geschäftsprozesse realisiert.

141 OCR = Optical Character Recognition – optische Texterkennung; ICR = Intelligent Character Recognition.

142 Office Maid (Office Mail Analysis, Interpretation and Delivery) soll den Posteingang völlig eigenständig automatisieren durch Analyse der eingehenden Dokumente sowie deren gezielte innerbetriebliche Weiterleitung an den zuständigen (Sach-)Bearbeiter auf Basis einer Verknüpfung der Textbausteinanalyse mit den vorhandenen Geschäftsvorgängen.

143 SQL = Structured Query Language.

144 ODBC = Open-Database-Connectivity.

145 Ein Relationales DBMS (RDBMS) definiert relativ einfach strukturierte, jedoch vielfältig kombinierbare Regeln (DDL – DataDefinition Language; CDL – Constraint Definition Language; DML – Data Manipulation Language). Das Postrelationale DBMS wird durch hierarchisch verschachtelte Strukturen charakterisiert – Tabellen dürfen weitere Tabellen beinhalten, so dass der Verarbeitungsaufwand für komplexere Entitäten verringert wird. Das Objektrelationale DBMS (ORDBMS) ist durch die Erweiterung um benutzerdefinierbare Datentypen sowie Funktionen charakterisiert, so dass die Verarbeitungslogik den Datentypen zugeordnet werden kann; die Tabellen sind ungekapselt, der Zugriff erfolgt über die definierten Zugriffsfunktionen. Das Objektorientierte DBMS schließlich beinhaltet gekapselte Datenstrukturen, die sich als Dateityp definieren lassen (sog. „abstrakte" Datentypen – ADT – bzw. Klassen) – die Tabellen mit ihren Funktionen (Methoden) werden somit zu Objekten; zusätzlich werden hierarchische Relationen zwischen Klassen gebildet sowie Methoden zwischen Klassen „vererbt".

146 Im Gegensatz zu MIS und EIS der 70er Jahre, die aus Sicht des Nutzers batchorientiert waren sowie nur operative Daten der Vergangenheit beinhalteten – vgl. auch Krcmar (1997).

147 Vgl. hierzu Abschnitt 4.

148 Z. B. bei der Verarbeitung ein- und mehrfarbiger Dokumente, bei der Handschrifterkennung, Formularerfassung, Informationsextraktion und -strukturierung sowie Klassifizierung und Indexierung von Texten.

149 Ein Dokument repräsentiert die Kombination von strukturierten und nicht-strukturierten Informationen, format- und informationsträgerunabhängig.

150 Vgl. die Ausführungen in Abschnitt 3.3.2.1.2.

151 Modellhaft existieren schon derartige Systeme so z. B. „Office Maid" (Office Mail Analysis, Interpretation and Delivery) des DFKI (Deutsches Forschungsinstitut für Künstliche Intelligenz) für die Phasen Posteingang und -bearbeitung.

[152] ODMA = Open Document Management Alliance.
[153] WfMC = Workflow Management Coalition.
[154] Vgl. hierzu die Produkte von IBM, SER, Siemens und FileNet, die einen Marktanteil von ca. 50 Prozent besitzen; das Gesamtmarktvolumen in der EU wird für 2001 auf ca. 1 Mrd. Euro geschätzt. Kritisch anzumerken ist allerdings, dass die bisherigen Standards der ODMA derzeit nicht flexibel genug sind, so dass zukünftig die Standards von Webdav (Web Distributed Authoring and Versioning) an Bedeutung gewinnen werden.
[155] Aus „verkaufstechnischen" Gründen werden diese Systeme seitens der Hersteller mittlerweile auch als „Wissensmanagementsysteme" bezeichnet, ohne jedoch die erforderlichen Anforderungen auch nur rudimentär erfüllen zu können – vgl. hierzu auch Abschnitt 4.
[156] COLD = Computer Output on Laserdisc.
[157] Dies gilt vor allem bei dem Zugriff auf die Dokumente über das Internet.
[158] Unterschätzt wird hierbei häufig, dass die Formate der digital erstellten Dokumente nach einer gewissen Zeit nicht mehr „lesbar" sind, da sich die entsprechende Hard- und Software der Archivierungssysteme imkompatibel weiterentwickelt hat (eine „Historisierung" dieser jeweiligen Systeme ist kostenmäßig kaum realisierbar).
[159] OLAP = Online Analytical Processing; Grundlage ist die 1962 erschienene Veröffentlichung „A Programming Language" von Ken Iversons; aus der multidimensionalen Sprache APC wurden zu Beginn der 80er Jahre die ersten OLAP-Tools für Finanzapplikationen entwickelt. Die konzeptuelle Idee ist das Vorhalten eines separaten Datenbestandes, indem die operativen Daten in geeigneter Weise aufbereitet werden, um diese im Rahmen unterschiedlicher Dimensionen analysieren zu können. 1994 stellte Codd einen Regelkatalog für die Analyse und Manipulation mehrdimensionaler Daten auf, um für Entscheidungsträger aller Ebenen Informationssysteme zu generieren, die
- sich der subjektiven, individuellen Arbeitsweise annähern,
- inhärente Datenzusammenhänge aufzeigen,
- Entscheidungsalternativen und Handlungsszenarien aufzeigen.
[160] Hierbei differenziert man fünf Verfahren:
a) den klassischen OLAP-Ansatz,
b) den ROLAP-Ansatz,
c) den MOLAP-Ansatz,
d) den HOLAP-Ansatz,
e) den COA-Ansatz (Compound OLAP Architectucture).
[161] Z. B. das SEMMA-Verfahren: S = Stichprobe; E = Exploration; M = Extraktion, Selektion; M = Modellwahl (Data Mining im engeren Sinn); A = Ergebnisüberprüfung.
[162] Vgl. z. B. „Data-Mind" der Data Mind Corp.; „Kepler" der GMD; Intelligent Miner von IBM; „Darwin" der Thinking-Machine Corp.; SAS-System von SAS.
[163] Vgl. Soeffky (1997).
[164] ROLAP = Relationaler OLAP-Ansatz.
[165] MOLAP = Multidimensionaler OLAP-Ansatz.
[166] HOLAP = Hybrider OLAP-Ansatz als Kombination aus ROLAP und MOLAP.
[167] Als „offenes System" ermöglicht dieser einerseits die Aggregation der OLAP-Instrumente verschiedener proprietärer Anbieter und andererseits den gemeinsamen Zugriff auf die verteilten Datenhaltungen im Gesamtunternehmen.
[168] SMP = Symmetrical Multi-Processing.
[169] MPP = Massive Parallel Processing.
[170] Diese sollen neben dem „klassischen" Data Mining auch Komponenten des Text- sowie Web-Minings enthalten.

171 Dies bedingt allerdings umfangreiche Vorkehrungen im Bereich der Datensicherheit, um unerlaubte Datenzugriffe sowie -manipulationen zu verhindern – z. B. durch das sog. „Public Key Encryption"-Verfahren mit dem Protokoll SSL (Secure Socket Layer) sowie dem Authentisierungsverfahren „Pretty Good Privacy" (PGP).
172 Metadaten sind von den betrieblichen Datenobjekten abstrahierte Daten.
173 Information über operationale Systeme, z. B. Datenquellen, -strukturen, Dateiorganisationsformen, Transformationsprozess etc.
174 Sog. DGS-Metadaten, die die physischen Daten des DW mit dem Geschäftsprozessmodell sowie den Auswertungsprogrammen verbinden.
175 Häufig auch als „Knowledge Discovery in Databases" bezeichnet.
176 Häufig wird hierbei der „1 R-Algorithmus" eingesetzt, der Regeln erzeugt, die jeweils nur ein Attribut der Instanzen auswerten.
177 SAN: Storage-Area-Network.
178 FCT: Fibre-Channel-Technology.
179 Das SMP-Verfahren basiert darauf, dass mehrere Prozessoren den Hauptspeicher gemeinsam nutzen (Shared Memory Multiprocessing – SMMP); hierbei verbindet ein Bus diese Prozessoren sowohl mit dem Hauptspeicher als auch einem ISO-System – Engpassprobleme werden somit sowohl durch den Bus als auch dem ISO-System hervorgerufen. Dieses Verfahren setzt voraus, dass eine Aufgabe in mehrere Einzelschritte zerlegt werden kann.
180 Hierbei sind die einzelnen Knoten hinsichtlich CPU, Memory und ISO-System eigenständig; das verbindende Interconnect-Netzwerk beinhaltet i. d. R. eine hohe Kapazität bzw. Bandbreite (sog. „Shared-Nothing-System„). Erforderlich ist allerdings ein komplexes Programmiermodell, damit die Anwendungen „parallelisiert" werden können.
181 Hierdurch ergibt sich der sog. „Stern"- oder „Schneeflocken-Ansatz": Große Faktentabellen werden mit einer beliebigen Anzahl von Dimensionstabellen verknüpft, so dass individuell spezifische, dimensionale Darstellungen ermöglicht werden.
182 Analog zur Bezugsrahmengenese – vgl. Jänig (1984).
183 Vgl. Jung/Winter (Hrsg., 2000).
184 Vgl. die Ausführungen in Abschnitt 3.3.2.1.2.
185 Z. B. für das Management von Risiken.
186 ETL = Extraction Transformation Loading – das Herausziehen der Daten aus unterschiedlichen Datenquellen, das folgende Aufbereiten sowie die Abspeicherung in der Datenbank.
187 Beim Vorliegen eines funktionsfähigen EAI als konsistente Realtime-Integration aller Anwendungen wird diese Entwicklung erleichtert.
188 Unpräzise, jedoch „populistische" Bezeichnungen sind unter anderem: Operational DataStore, Rapid Information Warehouse.
189 Empirische Untersuchungen in den vergangenen 20 Jahren ergaben, dass am Bildschirm „nachgeschlagen" und nicht „gelesen" wird – die max. Textlänge beträgt ca. 1.500 Worte, d. h. ca. 4-5 Seiten. Anstelle von langwierigen Recherchen muss daher das Data-Warehouse Daten erfassen, speichern, nach formalisierten oder variablen Logiken aggregieren, die hinter den Daten befindlichen Informationsinhalte aufzeigen und diese zu Wissen bündeln.
190 Z. B. TCP/IP, XML, HTTP, SGML, Browser.
191 Anstelle des z. B. bei C/S-Architekturen vorgeschriebenen Weges über den Proxy-Server tauschen die Clients ihre Daten und Informationen direkt und ohne Regularien des Administrators aus bzw. teilen System- und Speicherressourcen nach Bedarf selbständig auf.
192 Vgl. Jänig (1984), S. 303 ff.

[193] Diese prozess-/auftragsbezogene Gruppenbildung mit anschließender „Auflösung" ist analog zur Chaos-Theorie mit der spontanen Bildung sowie anschließendem Zerfall zusammenarbeitender Moleküle zu sehen.

[194] Desintegration des durch die Raum-Zeit-Funktion geprägten tayloristischen Ordnungsgefüges.

[195] Gewissermaßen ein organisatorischer Paradigmenwechsel von der technischen Unteilbarkeit zur sozialen Adhäsion bzw. Teilbarkeit, die durch die Informationstechnik zum Teil kompensiert werden kann.

4. Konzeption und Struktur des Wissensmanagements

Aus den bisherigen Ausführungen wird ersichtlich, dass sich Unternehmen auf liberalisierten Märkten nur behaupten können, wenn sie kreativer, dynamischer und flexibler als die Mitbewerber sind und die Eigenschaften ultrastabiler Systeme besitzen. Zugleich beinhalten die Produkte der wissensbasierten Dienstleistungsgesellschaft in steigendem Maße wissensintensive Module, so dass sie letztlich den Status „intelligenter Produkte" repräsentieren: Basierend auf ihrer Kernfunktionalität enthalten sie periphere Zusatzkomponenten, die ihre Nutzung bzw. ihren Gebrauch durch den Kunden wesentlich erleichtern. Neben den produktionstechnologischen Ressourcen zur Entwicklung und Vermarktung dieser Produkte und Dienstleistungen bedarf es neben der Flexibilität zum Erkennen von Veränderungen sowohl der Motivation, aktiv bzw. proaktiv auf diese Veränderungen zu reagieren, als auch der Leistungsbereitschaft und -fähigkeit, diese auch umzusetzen. Erforderlich hierfür ist neben der Prozessorientierung sowie den damit einhergehenden „schlanken" Entscheidungsstrukturen vor allem auch ein Informations- und Wissensmanagement, um die unternehmensbezogenen Prozesse stärker an den MitarbeiterInnen und ihrem Wissen ausrichten zu können. Dabei geht es jedoch nicht darum, schnell veraltendes Fakten- und Spezialwissen zu „produzieren", sondern „flexibles" Wissen zu schaffen, das aus sich heraus bzw. durch die Vernetzung mit anderem Wissen neues Wissen generiert. Im Gegensatz zu den klassischen Produktionsfaktoren ist Wissen fast unbegrenzt vermehrbar, recyclefähig und wächst mit der Intensität der Nutzung. Es ist kein individueller Machtfaktor, sondern eine wesentliche Ressource des gesamten Unternehmens.

Sicherlich ist die Problematik der aktuellen Beschaffung von relevanten Informationen und Wissen so alt wie die Menschheit selbst. Durch die Globalisierung hat sich zum einen allerdings der Zeitdruck, die „just-in-time-Verfügbarkeit", fast exponential erhöht. Zum anderen ist die richtige und rechtzeitige Verteilung an alle relevanten Empfänger aufgrund der arbeitsteiligen, prozessorientierten Organisationsstrukturen und der damit einhergehenden Verbreiterung der Empfängergruppen komplexer geworden. Verschärft wird dieses Problem noch dadurch, dass es kaum „allgemeingültige", für alle Nutzer identische und gleich relevante Informationen gibt, so dass uniforme, „gleichgeschaltete" Informationsquellen irrelevant werden. Neben dieser „Übertragungskomponente" (Transferdimension), die überwiegend keinen linearen Charakter hat, besitzt auch die intra- und interpersonelle Transformation (Wissensanwendung bzw. -nutzung) eine hohe Bedeutung, da hierdurch ein Wissens-(generierungs-)vorsprung und somit ein Wettbewerbsvorteil realisiert werden kann. Als „working capital" erhöht das Wissen ständig seinen Wert, weil es sich sowohl durch Transfer und Transformation auf viele Nutzer als auch durch deren verstehende Aufnahme und Anwendung (Verwendung) permanent vervielfältigt. Wissensmanagement soll daher individuell das relevante bzw. erforderliche Wissen selektieren, zeitnah und aktuell liefern sowie die Transformation (kognitive Verarbeitungskomponente) unterstützen[1]. Nach der vorherigen Darstellung des Informationsmanagements sollen daher nachfolgend Gegenstand, Inhalt und Struktur des Wissensmanagements sowie die hieraus resultierenden unternehmensrelevanten Module Strategieentwicklungsmanagement, Risikomanagement sowie Kundenbeziehungsmanagement einer Unternehmung beispielhaft erläutert werden.

4.1 Wissen – Versuch einer deduktiven Abgrenzung

Der Begriff „Wissen" kann grundsätzlich in Form einer „Vier-Ebenen-Architektur"[2] der kognitiven Hierarchie der Wissensverarbeitung[3] verstanden werden:
1. *Sensor- bzw. Signalebene*
    Signale werden über interne und externe Sensorsysteme abgegriffen und identifiziert. Sie induzieren einerseits sofortige Reaktionen (zum Beispiel Beschwerdemanagement); andererseits werden aus ihnen durch Filtermechanismen aggregierte Informationen (Merkmale, Berichte etc.) als erste Stufe der Informationsverdichtung gewonnen (Ursache-Wirkung-Zusammenhänge, zum Beispiel Produktverbesserungen aufgrund mehrerer gleichartiger Reklamationen).
2. *Merkmalebene (Informationsverknüpfung durch Vernetzung)*
    Berichte sowie aggregierte Informationen führen einerseits zu Motorik bzw. Aktorik (Verfahrens- bzw. Verhaltensabläufe auf Basis trainierter (neuronaler) Netze); dies sind „indirekte Mechanismen", zum Beispiel die automatische Veränderung von Strukturen auf der Grundlage von trainierten, d.h. vorgegebenen Verhaltensweisen – diese verlaufen sequentiell und intuitiv, ohne „logische Begründung". Andererseits repräsentiert diese Ebene die zweite Stufe der Informationsverdichtung im Rahmen der Identifizierung von Objekten bzw. Begriffen mittels Klassifikatoren.
3. *Symbolebene (Wissensverarbeitung)*
    Objekte bzw. Begriffe werden durch Methoden der Symbolverarbeitung (Regeln, Logik, Relationalsysteme etc.) analysiert, transformiert (zum Beispiel durch Werkzeuge der „künstlichen Intelligenz") und hieraus Verhaltens- sowie Prozessveränderungen abgeleitet.
4. *Modell-/Theorieebene*
    hier erfolgt die deduktiv präzise Beschreibung sowie deren normative Ableitung.

In der graphischen Darstellung ergibt sich hierdurch das folgende Architekturmodell (vgl. die Abbildung Nr. 34). Dieses neuronale Architekturmodell des Wissens ist aus der Biologie adaptiert worden und kann auf alle Bereiche der Wissensverarbeitung angewandt werden. Dabei wird Wissen als das Wirken von Operatoren auf kognitive Muster bzw. auf Daten verstanden. Diesbezüg-

lich differenziert die Neurobiologie anatomisch aufgrund festgestellter Lokalisierungen in den weit verzweigten Strukturen des Gehirns vier Arten des Gedächtnisses als Repräsentation der Wissensaneignung:
- Episodisches Gedächtnis (autobiographische Ereignisse),
- Faktengedächtnis (quasi lexikalisches Wissen),
- Prozedurales Gedächtnis (mechanische und motorische Fähigkeiten),
- Priming (erleichtertes Erinnern).

Zu Grunde gelegt wird dabei die Auffassung, dass das Gehirn ein komplexes, föderalistisch organisiertes Netzwerk mit massiv-parallel interagierenden Neuronen (Prozessoren) ist. Die im Verbund stattfindenden Interaktionen sind zeitlich befristet (Millisekunden) und erfolgen autonom ohne eine zentrale Steuerung. Allerdings werden auf einer Metaebene die Neuronenverbände hierarchisch geordnet, um aus Wahrnehmungen heraus menschliches Verhalten sowie „Bewusstsein" und somit Wissensaneignung zu generieren. Erforderlich hierfür ist allerdings eine breite Informations- und Wissensbasis sowohl für die Transformation als auch zur Generierung neuen Wissens. Ohne diese Wissensbasis ist der Mensch kaum in der Lage, komplexe Probleme zu erkennen, sie zu analysieren und konsequent, konsistent sowie innovativ zu lösen.

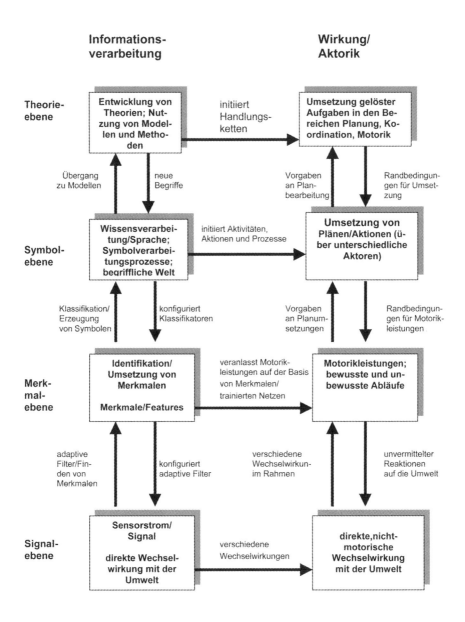

Abb. 34: Vier Ebenen der Informationsverarbeitung und der Erzeugung von Wirkung, entnommen aus: Radermacher (1997), S. 9

Wissen ist somit grundsätzlich als ein Ressourcensystem zu verstehen, das allen zugänglich gemacht werden muss. Dabei differenziert man zwischen explizitem und implizitem Wissen[4]. Das explizite Wissen beruht auf Regeln, Algorithmen sowie sonstigen Verfahrensvorschriften. Es ist somit kommunizierbar, durch verschiedene Formate formalisierbar und auf verschiedenen Trägern speicherbar. Die Transformation erfolgt durch Systematisierung, Kategorisierung, Sortierung und Aggregation bzw. Kombination sowohl im Rahmen von Gesprächen als auch durch Konzepte und Dokumente. Es ist somit personenunabhängig, eindeutig definiert und beinhaltet das strukturierte formale und informale Wissen der Organisation, in dem Informationen miteinander verknüpft und im Kontext dargestellt werden. Das implizite Wissen repräsentiert das individuelle, personenabhängig internalisierte bzw. neuronale Wissen; es resultiert aus der subjektiven Wahrnehmung von Sachverhalten, Werten oder Zielsetzungen und ist letztlich das Ergebnis von Sozialisations- und Lernprozessen[5]. Es repräsentiert also die Gesamtheit an Kenntnissen, Fähigkeiten und Fertigkeiten, die das Individuum im Rahmen eines spezifischen Kontextes zur Problemlösung heranzieht[6]. Implizites Wissen generiert die individuelle Fähigkeit, Probleme kreativ selbst zu lösen und eben nicht vorgegebene, formalisierte Lösungen zu reproduzieren. Es ist per se nur eingeschränkt kodifizierbar, formalisierbar, dokumentierbar und transferierbar, weil es auf individuellen, subjektiven Wertstellungen sowie auf Intuitionen und Erfahrungen basiert. Das ist quasi der – häufig personenbezogene – „added value" zur Information. Es ist aufgrund dieser subjektiv-situativen Gebundenheit nur eingeschränkt kommunizier- und transformierbar[7]. Letzteres erfolgt durch Meinungsaustausch bzw. eigene Beobachtungen, Erfahrungen, Lernprozesse sowie Intuition. Lernpsychologische Experimente ergaben, dass ca. 20 Prozent des individuellen Wissens formalisiert werden, während 80 Prozent durch Kommunikation bzw. „Learning by doing" entstehen. Im Sinne der an früherer Stelle definierten Triade „Daten-Informationen-Wissen" mutiert erworbenes Wissen nach seiner „Abspeicherung" zur Information, die – zusammen mit anderen Informationen – in einem neuen Kontext wieder Wissen erzeugt.

Die Generierung des impliziten Wissens erfolgt im Rahmen folgender Prozeßphasen:

1) Identifikation (wo sind die relevanten Informationen),
2) Akquisition (wie erhält man diese),
3) Strukturierung (wie sollen diese dargestellt werden),
4) Transfer (wie verteilt man diese),
5) Generierung (wie stimuliert man das Entstehen neuen Wissens).

Beide organisationalen Wissenskomponenten (formales und informales Wissen) müssen ständig beschafft, erfasst, aufbereitet, angepasst und wiederverwendet bzw. weitergegeben werden, um das intellektuelle Wissen der Unternehmung allen Entscheidungsträgern „just in time" zur Verfügung stellen zu können[8]. Letzteres muss arbeits- und prozessschrittbezogen sowie proaktiv erfolgen – und muss im Rahmen von Gruppenprozessen kooperativ verarbeitet werden[9]. In Analogie zu den obigen Generierungsphasen des impliziten Wissens beinhaltet der zyklisch iterative Entwicklungsprozess des organisationalen Wissens die nachfolgenden Phasen:

- Identifikation und Klassifikation des Wissens,
- Verteilung des Wissens,
- Filterung, Personifizierung und Interpretation des Wissens,
- Aufbereitung des Wissens zur Entscheidungsunterstützung,
- Evaluierung und Kontrolle des Wissens sowie
- Generierung „neuen" Wissens.

Eine derartige Prozessstruktur erfordert zwangsläufig für ihre Implementierung und Umsetzung ein ganzheitliches und integriertes Konzept: **das Wissensmanagement**. Das ist quasi eine logische und natürliche Weiterentwicklung des Informationsmanagements. Es repräsentiert jedoch kein „einheitliches System" bzw. für alle Unternehmen anwendbares „Kochrezept", sondern muss vielmehr spezifisch und unternehmensindividuell entwickelt, implementiert sowie evaluiert werden. Allerdings ergab eine Umfrage des FIAO, dass im Unternehmen zu 73 Prozent ausschließlich das explizite Wissen strukturiert und zu 60 Prozent kommuniziert wird[10]; das implizite Wissen bleibt demnach bei unternehmensbezogenen, strukturierten Entscheidungsprozessen häufig noch unberücksichtigt. Entscheidend ist daher, die MitarbeiterInnen zu motivieren, sowohl ihr Wissen weiter zu entwickeln als auch das implizite auszutauschen. Dies erfordert zum einen neben der Einsicht für diesen Wissenstransfer auch die notwendigen organisationalen Freiräume und Möglichkeiten hierzu. Aus einer derartigen „Vernetzung der virtuellen Datenbanksysteme" in den Köpfen der MitarbeiterInnen resultiert (fast) zwangsläufig neben der ständigen Selbstaktualisierung des Wissens auch seine Vermehrung und Verwertung. Das gelingt allerdings nur, wenn das Wissen nicht als individueller Machtfaktor, sondern als Machtbasis des Unternehmens verstanden wird. Zudem muss das Bewusstsein generiert werden, dass ein Wissenstransfer bzw. „Knowledge Sharing" den Wissensträger nicht „austauschbar" macht, sondern vielmehr seine Bedeutung und Kompetenz für das Unternehmen definiert. Der „Wert" des Wissens in einer Unternehmung steigt in dem Maße, wie es anderen zur Verfügung gestellt und von diesen genutzt wird, um so ein positives Differenzierungspotential im Vergleich zum Wettbewerb zu erhalten. Analog dazu definiert das Maß der (Aus-)Nutzung des individuellen (impliziten) und des expliziten (Corporate Memory) Wissens den Unternehmenswert in der wissensbasierten Dienstleistungsgesellschaft. Ergänzend zu diesen strategischen Vorteilen ergeben sich dabei als taktische Vorteile neben der unternehmensweiten Nutzung des Wissens (Knowledge Sharing) die Verbesserung der Gruppenarbeit (Collaboration) sowie die Steigerung sowohl der individualen als auch der organisationalen Innovationsfähigkeit. Hierdurch erhöht sich die proaktive bzw. antizipative Reaktionsfähigkeit auf Marktveränderungen und die Realisierung komparativer Wettbewerbsvorteile, verbunden mit der Qualitätsverbesserung der Teamarbeit sowie der Arbeitszufriedenheit. Gleichzeitig vergrößert sich das Kollektivwissen im Hinblick auf Unternehmensstrategien, -ziele und -politik; hier wird ein wesentlicher Schritt in Richtung „lernende Organisation" ausgelöst. Plakativ ausgedrückt zeigt sich die Kapitalisierung des Wissens im wirtschaftlichen

Erfolg der Unternehmung, weil Lernfähigkeit und Wachstum durch das Wissensmanagement beeinflusst werden. Jedoch ist unter Wissensmanagement nicht eine neue Managementlehre zu verstehen. Zu verstehen ist darunter vielmehr zum einen das „Teilen von Wissen" im Gegensatz zum individuellen und egoistischen „Horten". Das erfordert zwangsläufig die Abkehr von der funktional-hierarchischen „Informations- und Wissenskanalisierung" und somit neue Organisationsstrukturen und vor allem auch -kulturen. Letztere müssen nachgerade zu einem „genetischen Programm" für die Unternehmung werden. Zum anderen erfordert es auch die Internalisierung des „lebenslangen Lernens". Dies erfordert aus Sicht der Unternehmung die Entwicklung einer Konzeption des „strategischen Lernens". Neben dem unternehmensweit einheitlichen Management des Wissens sowie der „skills"[11] beinhaltet dies auch die Konsistenz von Lern- und Wissensstrategien sowie -prozessen und -systemen. Dabei müssen die Strategien Bestandteil der Personalentwicklungsplanung sein. Allerdings berücksichtigt derzeit die überwiegende Anzahl derartiger Konzepte (fast) ausschließlich Systemstrukturen, Prozesse und Abläufe im Sinne des „Denkens in Lösungen". Sie vernachlässigen somit die „Human Resources", d. h. die MitarbeiterInnen als wesentliches Gestaltungsmerkmal. Des Weiteren wird die Personalentwicklungsplanung häufig nicht mit der Strategieentwicklung verknüpft. Schließlich wird auch nur sehr selten die qualitative sowie quantitative Veränderung der Leistungspotenziale der MitarbeiterInnen sowie deren Steigerungen strategieorientiert gemessen bzw. kontinuierlich erhoben, obwohl unstrittig ist, dass die diskursiv entwickelten Unternehmensstrategien und -ziele sowie die daraus abgeleiteten Anforderungs- und Aufgabenprofile die wesentlichen Grundlagen einer Unternehmens- und Personalentwicklung sind. Erforderlich ist es daher, als entsprechendes Werkzeug die Methode der „Improving Performance" bzw. „Performance Improvement" einzusetzen. Im Sinne der „Human Performance Technology" hat diese einerseits die Zielsetzung, dass ein Mitarbeiter oder eine Gruppe ihr (informales) Wissen individuell, jedoch planbar, zielgerichtet und systemisch in die Wertschöpfungsprozesse einbringen; darüber hinaus soll der hieraus resultierende Mehrwert (Nutzen) in Form eines ROI ermittelt werden, indem zu Beginn sog. „Performance-Messkriterien" definiert und quantifiziert sowie anschließend evaluiert werden. Das soll letztlich zur Generierung und Weiterentwicklung der Schlüsselkompetenzen für die Wissensgesellschaft führen: Methoden-, Sozial-, Fach- und Medienkompetenz. Verbindet man diese Aussagen mit den Ausführungen der vorherigen Abschnitte, so ergeben sich abstrahiert die folgenden Grundbedingungen:

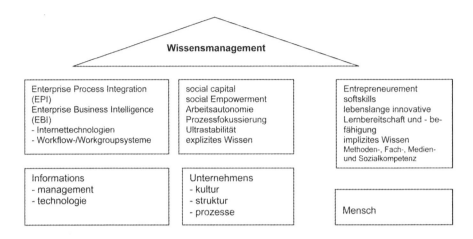

Abb. 35: Die Grundbedingungen des Wissensmanagements

4.2 Wissensmanagement – strukturelle und funktionale Komponenten

Eine strukturierte, ziel- und ergebnisorientierte Wissensgenerierung erfordert zwangsläufig ein „Wissens-Management"[12], das die gemeinsame Wissensbasis eines Systems bzw. einer Unternehmung speichert, koordiniert weiterentwickelt, transformiert und unternehmensweit verfügbar hält. So soll neben dem expliziten auch das unternehmensweit „in den Köpfen der MitarbeiterInnen" vorhandene implizite Wissen speicher- und transferier- als auch transformierbar und somit als Ressource verfügbar sein, damit alle Prozessbeteiligten auf aktuelle und frühere Erfahrungen anderer MitarbeiterInnen bei ähnlichen Problem- und Sachfragen zurückgreifen und das gesamte vorhandene Wissen – quasi als *kollektive Intelligenz* – nutzen können. Dadurch soll gewährleistet werden, dass das bei den MitarbeiterInnen im Rahmen von Sozialisations- und Lernprozessen entwickelte implizite Wissen auch dann noch im Unternehmen verfügbar ist, wenn diese schon aus dem Unternehmen ausgeschieden sind. Das „tacit knowledge" (implizite Wissen) wird durch das Wissensmanagement in explizites Wissen transformiert sowie unternehmensweit über räumliche und strukturelle Barrieren hinweg verfügbar gemacht[13]. Es ist des Weiteren das Vehikel, um einen „Informationswohlstand"[14] zu generieren – jener Zustand also, der einerseits für Sender und Empfänger von Informationen gleichermaßen Vorteile bietet und andererseits dazu führt, die intra- und interorganisationale Kommunikation qualitativ zu verbessern. Eine effektive interne und externe Kommunikation determiniert die Leistungsfähigkeit und Legitimität von Unternehmen sowie deren politischen, wirtschaftlichen und sozialen Handlungsspielräume. Wissensmanagement wird u. a. realisiert durch

> Transformation von Informationen in Wissen durch Aggregation und Reduktion,

- Analyse und Definition bzw. Deskription von Zusammenhängen (Kontextbedingungen)[15],
- Generierung und Abbildung von Assoziationen sowie
- Verknüpfung von explizitem und implizitem Wissen.

Wissensmanagement besteht demnach nicht nur aus der Speicherung und Archivierung von Wissen, sondern vor allem aus dem Transfer und der Transformation des Wissens. Diesbezüglich kann Wissensmanagement auch als „kognitives Resource-Sharing" bezeichnet werden. Es darf daher nicht als „reines Management" im Sinne von „organisieren" verstanden werden, sondern repräsentiert die „Kreation von Wissen"[16], basierend auf entsprechenden Unternehmensvisionen und -philosophien.

Der Wissenstransfer als „Basiskomponente" erfordert zwangsläufig spezifische organisationale Strukturelemente bzw. -module:

- Integrierte, hierarchiefrei vermaschte Informationsnetzwerke, die uneingeschränkt sowie transparent den vertikalen und horizontalen Informations- und Wissensaustausch ermöglichen,
- redundante Speicherung aller strategisch relevanten Informationen zur Erhöhung der Lernfähigkeit, Fehlertoleranz sowie Flexibilität[17],
- Handlungs- und Entscheidungsautonomie der involvierten Nutzer, Prozesse etc.,
- Kollektivierung des individuellen (expliziten und impliziten) Wissens im Sinne des „institutionalized global Knowledge on best-practice sharing systems"[18] sowie
- Übergewicht personenorientierter, informaler Koordinierungs- und Steuerungsinstrumente gegenüber strukturellen und technokratisch-/-logischen[19].

Die Wissensvernetzung mit ungehinderten Transitionen von Daten und Informationen ist eine wesentliche Grundlage für die Wertschöpfung im Unternehmen. Dabei ist für den durchgängigen Wissensfluss die Daten-/Informationskopplung sowohl der Anwendungen als auch der involvierten Nutzer entscheidend. Die „Organisation" derartiger Transfersysteme kann entweder im Rahmen „selbstorganisierender Strukturen"[20] oder zentralistisch[21] erfolgen. Das Anwendungsspektrum eines derartigen „virtuellen Brainstormings" reicht von der global verfügbaren Wissensbasis des Unternehmens über Expertennetzwerke sowie „Communities" bis zur optionalen Informations- und Wissensversorgung des einzelnen Mitarbeiters. Grundlegende Voraussetzung für deren Effizienz sind zum einen prozessorientierte Strukturen, zum anderen die Integration dieser Systeme in die (neu) definierten Prozesse. Deutlich wird, dass Wissensmanagement die Steuerung eines nicht-linearen sowie häufig auch nur begrenzt formalisierbaren Prozesses beinhaltet.

Wissensmanagement ist demnach ein zyklisch-iterativer sowie personenfokussierter Prozess, da organisationales Lernen – wie auch individuelles – personengebunden im Sinne einer institutionalisierten Interaktion individueller Wissensträger ist. Daraus resultiert die andere, jedoch nicht weniger wichtige Komponente des Wissensmanagements: die Wissenstransformation. Wissenstransfer als auch Wissenstransformation repräsentieren somit die strukturellen Module des Wissensmanagements:

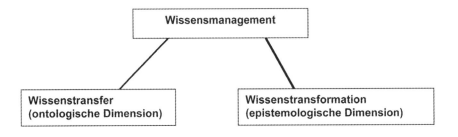

Abb. 36: Die strukturellen Komponenten des Wissensmanagements

Erst die Gesamtsicht in Form eines ganzheitlichen Wissensmanagements als Integration der einzelnen dezentralen Prozesse ermöglicht „organisationales Lernen" als lebenslangen Prozess der Wissensgenerierung sowie einen „verlustfreien" Wissenstransfer zur Unterstützung der Entscheidungsträger auf allen Ebenen im Sinne eines zirkulären sowie interdependenten Wirkungszusammenhanges[22]. Wissensmanagement repräsentiert demnach sowohl die evolutionäre Erweiterung des impliziten und expliziten Wissens, die Transformation des Wissens (epistemologische Dimension) als auch den ständigen Wissenstransfer zwischen den involvierten Elementen (ontologische Dimension). Die Bezeichnung „Ontologie" repräsentiert hierbei – analog zu T. Gruber – eine „explizite formale Spezifikation einer gemeinsamen Konzeptualisierung" in Form einer Taxonomie, die Klassen, Funktionen, Regeln und Axiome enthält, um Wissen repräsentieren und wiederverwenden zu können[23]. Die Wissenstransformation als erkenntnistheoretischer (epistemologischer) Ansatz dagegen beschäftigt sich mit den Möglichkeiten und Grenzen menschlichen Wahrnehmens und Erkennens und besitzt derzeit noch keinen normativen bzw. axiomatischen Charakter. Zwangsläufig befinden sich dabei Transfer und Transformation in keinem Spannungsverhältnis, sondern sind interdependent und ganzheitlich zu sehen – hier gilt nicht das Subsidiaritätsprinzip.

4.2.1 Der Wissenstransfer

Das zu transferierende Wissen entstammt überwiegend den nachfolgenden Ebenen:
- externe Informationsebenen,
- Unternehmensumfassende/-übergreifende Informationsebenen,
- Prozess-/Projektebenen und
- individuelle Ebenen.

Der Transfer involviert diesbezüglich – wie bereits ausgeführt – sowohl das (homogene) objektive wie auch das (heterogene) subjektive explizite und implizite Wissen.

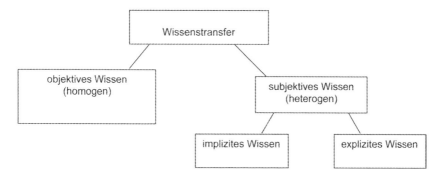

Abb. 37: Die Ebenen des Wissenstransfer

Der Transfer des objektiven Wissens kann (fast) ausschließlich informationstechnologisch-gestützt durch das Informationsmanagement realisiert werden, da Informationsnetzwerke hierarchiefrei und wertneutral sind[24]. Qualität und Quantität des Transfer des subjektiven Wissens dagegen werden überwiegend durch Unternehmensphilosophie und -leitbild sowie – unabhängig von der „unterlegten" Informationstechnologie – fast ausschließlich „unternehmenskulturell" determiniert. Das erfordert unter anderem den Abbau der aus hierarchisch strukturierten Organisationen her bekannten „Wagenburgmentalität": Wer sein Wissen exklusiv „hortet", macht sich unersetzbar. Die entsprechende mentale Veränderung kann sowohl durch eine Veränderung der Unternehmenskultur als auch durch Incentivsysteme (Prestigegewinn, materielle Anreize, mittelfristige Arbeitsplatzgarantie etc.) bzw. Pönalisierungen (im Rahmen des Beurteilungssystems) erreicht werden. Beides führt zum Paradigmenwechsel vom „individuell verfügbaren Wissen" zum „gehandelten Organisationswissen" (Brokerfunktion) im Sinne eines ganzheitlichen Prozesses zur Nutzung des vorhandenen sowie zusätzlich generierten Wissens. Anzumerken ist allerdings, dass der Wissenstransfer allein noch keine Vergrößerung des vorhandenen Wissens einer Unternehmung impliziert – dies kann erst durch die Transformation des Wissens, beispielsweise durch das konzeptuale Lernen im Gegensatz zur isolierten Informationsanhäufung, erfolgen.

4.2.1.1 Der Transfer des expliziten Wissens

Generell entsteht Wissen aus Informationen sowohl originärer (strukturierter) als auch derivativer Natur (unstrukturierte, prozessbasierte Transaktionsdaten, die im Verlaufe der Geschäftsprozesse generiert werden). Dabei durchlaufen die Daten sowie Informationen mehrere Phasen der
- Analyse,
- Kategorisierung,
- Bereinigung,
- Bewertung,
- Homogenisierung,
- Extrahierung,
- Ergänzung,
- einheitlichen Formatierung,
- Verdichtung und
- Synthese.

Der sich hieran anschließende Informationstransfer erfolgt häufig durch die Kombination verschiedener informationstechnischer Systeme. Dies ermöglicht neben der umfassenden und umfangreichen Analyse der Daten und Informationen heterogener Herkunft sowie unterschiedlicher Speicherarten vor allem das benutzeradäquate Aufarbeiten der Daten sowie deren Verdichtung zu Informationen und letztlich Wissen. Zugleich wird die Dateninkonsistenz reduziert sowie der Zugriff unabhängig vom Speicherort ermöglicht. Durch die Trennung der Applikationen von Speicherung sowie Transfer wird eine bessere Anpassungsfähigkeit, schnellere Veränderbarkeit sowie größere Robustheit trotz unterschiedlicher Systemplattformen gegenüber Veränderungen der Präsentation, Technologie sowie Funktionen bzw. Geschäftsprozesse gewährleistet. Das beinhaltet letztlich die bereits angesprochene Dezentralisierung der Rechnerarchitektur sowie der informationstechnologischen Funktionen[25], also die Chance zur ganzheitlichen und interdisziplinären bzw. überfunktionalen Integration. Aus informationstechnologischer Sicht ergibt sich hierdurch die nachfolgende siebenstufige Gliederung:

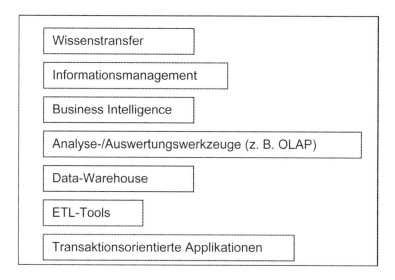

Abb. 38: Die informationstechnologischen Komponenten zum Transfer des expliziten Wissens

Eine wesentliche Grundlage[26] zur Generierung bzw. zum Verfügbarmachen der expliziten Informationen ist somit das Informationsmanagement, das unter anderem

- transparente Zugriffsmöglichkeiten auf interne und externe Datenbanken sowie die Applikationssoftware ermöglicht,
- die Einbindung von Inter- und Intranet auf der Grundlage von „Standard-Browsern" (z. Netscape Navigator, Internet Explorer) gewährleistet,
- kodierte (CI) als auch nichtkodierte (NCI) Informationen verarbeiten kann sowie
- die Ergebnisse in Form anwenderspezifischer Layouts zur Verfügung stellen kann (Meta-Informationssysteme).

Die erforderliche hohe Daten- und Informationsqualität kann dabei nur durch Standardisierung und Konsolidierung der einzelnen Datenquellen erzielt werden. Die Sammlung von Daten sowie die Aufbereitung zu Informationen im Rahmen eines Datawarehouse repräsentiert zwangsläufig kein „statisches System", sondern ist als Prozess zu verstehen. Um diese „Meta-Informationen" zu Wissen verarbeiten zu können, existieren mehrere Verfahren bzw. Techniken:

a) das „Reporting" (einfache, standardisierte sowie objektorientierte Auswertungen – zum Beispiel in den Bereichen Absatz, Umsatz, Kostenstellenanalyse etc.),

b) Query (Abfragen), Hyper Cube Indices[27] (zielgerichtete Kommunikation des Nutzers mit dem Datenbanksystem),
c) OLAP (interaktive, mehrdimensionale Analyse komplexer Datenbestände)[28],
d) Data Mining-Tools (modell- und methodenbasierte Systeme zum Aufdecken inhärenten Wissens).

Ergänzt werden diese Techniken durch die nachfolgenden Methoden aus dem Bereich der „künstlichen Intelligenz":
- Diagnosesysteme (regel- und faktenbasierte Expertensysteme[29]),
- Data Mining (Knowledge Discovery als automatische, strukturierte und definierte Analyse von komplexen Datenbeständen auf der Basis von Erklärungs- und Verhaltensmustern mittels Algorithmen mit hoher statistischer Komplexität; man differenziert diesbezüglich zwischen „Discovery-[30] und Verification[31]-Verfahren" bei induktiver Vorgehensweise) sowie
- neuronale Netze (selbstlernende Systeme).

Bei diesen Methoden setzt derzeit weniger die Leistungsfähigkeit der Rechnersysteme als vielmehr die Form der Wissensrepräsentation relativ enge Anwendungsgrenzen. Da vorhandenes Wissen aus semantischer Sicht überwiegend „unpräzise", unsicher und nicht formalisiert vorliegt, müssen wissensbasierte Systeme zwischen der automatischen Daten- bzw. Informationserfassung sowie -auswertung und dem Wissenstransfer involviert werden. Sie beruhen auf einer definierten Wissensbasis in Form von allgemeingültigen „Ursache-Wirkungs-Ketten", die allerdings keine numerischen Relationen, sondern modellhafte, systemische Abbildungen beinhalten, mittels derer das „unsichere" Wissen durch Wahrscheinlichkeiten aus Häufigkeitsverteilungen abgebildet wird. Das dabei entstehende Wissen wird hiernach durch „Wenn-dann-Regeln" formalisiert. Die anschließende Transformation erfolgt im Rahmen einer Schlussfolgerungsstrategie, die dem menschlichen Entscheidungsverhalten nachempfunden ist: Über mehrere logische Ebenen hinweg werden „Ursache-Wirkungs-Beziehungen" miteinander verkettet und als Regel definiert. Der Regelinterpreter (Inferenzmaschine)[32] kombiniert hieraus ausgewählte Regeln mit der Datenbasis und generiert somit aus den bestehenden Daten bzw. Informationen neues „Wissen" (vgl. die nachfolgende Abbildung).

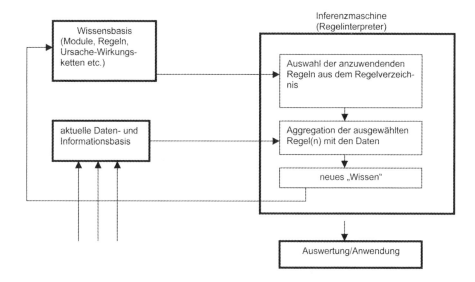

Abb. 39: Die Prozessstruktur der „automatisierten" Wissensgenerierung

Je nach Verarbeitungsrichtung bzw. -zweck können Ursachen für das Systemverhalten diagnostiziert (Backward Chaining) bzw. Prognosen für zukünftiges Systemverhalten (Forward Chaining) antizipativ erstellt werden. Beispielhaft kann für den Betrieb von Anlagen eine Wissensbasis über Störfälle angelegt werden („Ursache-Wirkungs-Ketten", verknüpft mit dem jeweiligen phänotypischen Erscheinungsbild der Störung). Bei „neuen", für den jeweiligen Mitarbeiter „unbekannten" Störungen gibt dieser das phänotypische Erscheinungsbild der vorgefundenen Störung in das System ein[33] und erhält durch die „Inferenzmaschine" im Sinne des Backward-Chaining die eigentliche Störungsursache bzw. eine reduzierte Auswahl an potenziellen Ursachen sowie die nunmehr durchzuführenden Aktivitäten „mitgeteilt".
Neben diesen Methoden bzw. Verfahren existieren informationstechnologische Systeme, die den Informations- und Wissenstransfer zumindest unterstützen können, zum Beispiel etwa Content-Managementsysteme[34] bzw. Informationsportale. Sie repräsentieren eine mehrdimensionale Verschlagwortung von Dokumenten, Web-Seiten sowie anderen qualitativen Informationscontainern zur Verbesserung der Entscheidungsfähigkeit und -sicherheit. Sie ermöglichen die „Veredelung von Informationen zu Wissen" durch die Aggregation betriebswirtschaftlicher bzw. controlling-orientierter Informationssysteme sowie den unternehmensweiten Zugriff auf der Basis einer neue Informationslogistik; sie bedürfen allerdings im Gegensatz zu den transaktionsorientierten Systemen noch der Weiterentwicklung. Eine entsprechende Informationslogistik gewährleistet einen besseren ROI als die Aggregation einzelner Software-Module durch die generelle Zugriffsmöglichkeit und die damit effizientere Nutzung aller ge-

speicherten Informationen. Vor allem bei den Methoden des Risikomanagements sowie des Kundenbeziehungsmanagements kann durch den unmittelbaren Zugriff auf alle Daten, Dokumente sowie Informationen eine Online-Informationsauswertung realisiert werden[35], die auf die Bedürfnisse des jeweiligen Nutzers sowie seines Arbeitskontextes zugeschnitten ist. Mittlerweile hat sich jedoch herausgestellt, dass es sinnvoll ist, für die Aufbereitung dieses zu transferierenden Wissens spezielle „Wissensredakteure" einzusetzen.

Ein weiteres informationstechnologisches Modul des Transfers expliziten Wissens stellen die im Bereich der Portale[36] eingesetzten Wissensbrokersysteme dar, die – analog zu den Suchmaschinen – aus einer breiten Informationsbasis diejenigen Dokumente und Informationen „herausfiltern", die mit dem vom Nutzer vorgegebenen Suchbegriff korrelieren. Aufgrund der semantisch missverständlichen Eingabe von Suchbegriffen oder Themenbereichen[37] sind die weiterentwickelten Systeme inzwischen in der Lage, individuelle, schwachstrukturierte und wissensintensive Abläufe zu unterstützen, indem das individuelle Informationssuch- und -auffindungsverhalten als Grundlage für Kategorisierungen sowie Rechercheprozesse genutzt wird. Dabei generiert die Markierung und Fixierung einer personenbezogenen, individuellen Informationsrecherche bei der kooperativen Vorgehensweise vieler Nutzer „allgemein gültige" Suchpfade, die später von anderen nachvollzogen und damit leichter und schneller genutzt werden können. Eine andere Methode zur Entwicklung optimierter Suchmuster bei der Volltext- bzw. Dokumentenrecherche[38] besteht darin, dass die Leser von Fachzeitungen, Aufsätzen etc. im Unternehmen hierarchisch „gemischt" werden und die Zielvorgabe erhalten, die Essentials der jeweils gelesenen Texte innerhalb von fünf Tagen zusammengefasst in das Intranet einzustellen („Abstracting"). Durch diese Durchmischung werden unterschiedliche Aspekte, Betrachtungsweisen sowie Auffassungen kommuniziert, so dass die „Pathologie des Lesens"[39] unwirksam bleibt. Bei der Volltextsuche erfolgt im Gegensatz zur Indexrecherche – bei der nur nach indizierten Daten gesucht wird – eine Suche im gesamten Datenbestand. Die jeweiligen Informationen werden einerseits bei Mitführung der zugehörigen Metadaten im Kontext zu den jeweiligen Dokumenten etc. dargestellt (beispielsweise mittels URL). Zum anderen werden die Inhalte der Dokumente mittels Baumstrukturen bis zu den kleinsten Informationskomponenten unter Nutzung der Dokumentenbeschreibungssprache XML[40] aufgebrochen. Im Bereich der Dokumentenanalyse existieren mittlerweile automatisierte Verfahren[41], die unter Verwendung der Bayes-Formel (Borgesianische Methode) in der Lage sind, Muster sowie (Denk-)Strukturen in Textdokumenten zu erkennen, zu analysieren und auszuwerten, so dass die Informationen zu einem bzw. das Wissen über ein Suchthema aus beliebig vielen Dokumenten miteinander verknüpft werden können und somit „neues Wissen" generiert werden kann. Ergänzt werden kann diese Methode noch durch eine „Assoziationsanalyse", bei der interessante Beziehungen zwischen gemeinsam auftretenden Begriffen innerhalb eines Dokumentes oder zwischen unterschiedlichen Dokumenten untersucht werden. Hierdurch wird vor allem die Phase der Wissensidentifikation unterstützt[42]. Hinsichtlich der involvierten Nutzer müssen dabei sowohl die Pull- als auch die Push-Technik anwendbar sein. Im ersteren Fall als passives, lexikalisches Verfahren definiert der Anwender einen spezifischen Suchbegriff und erhält dann aus dem Datenbanksystem (Datawarehouse) die entsprechenden Angaben sowie Querverweise. Bei der aktiven Pull-Technik beschreibt der Empfänger das ihn interessierende Informationsprofil sowie das Problem bzw. Ereignis, zu dessen Lösung er das Wissen benötigt: Das System liefert ihm dann das situativ hierzu benötigte Wissen – soweit es gespeichert ist. Dieses Verfahren ist vor allem anzuwenden, wenn der Fokus auf der Verknüpfung von unstrukturierten Informationen liegt[43]. So gesehen kann der Wissenstransfer als eine abgeleitete Form des DAI (Distributed Artifical Intelligence) bezeichnet werden. Web-basierte Systeme beinhalten darüber hinaus noch Browser und basieren auf dem Standardprotokoll HTTP[44] sowie auf HTML[45] zur Strukturierung von Dokumenteninhalten sowie XML zur graphischen Aufbereitung. Grundlage hierfür sind neben der integrierten, umfassenden Datenbasis[46] leistungsfähige Informationsbroker zur gezielten Informationsrecherche auf Push- und Pull-Basis auch die bedarfsgerechte Strukturierung der Inhalte sowie die Absicherung gegenüber unberechtigten Zugriffen[47]. Zielsetzung ist die Installierung des „Business-Intelligence-Systems" – quasi eine „Informationslandkarte[48] - bzw. Informationslogistik", die neben der Prozessebene (vergleichbar mit dem Großhirn) auch die operative Informationsebene (vergleichbar mit dem Stammhirn) abbildet und so die Generierung von Meta-Daten aus den Daten der ersteren Ebene sowie anderen unstrukturierten Daten ermöglicht. Das Netzwerk des Wissenstransfer ist letztlich parallel zum operativen Daten- und Informationssystem konzipiert – analog zum sensorischen Nervensystem im Vergleich zum vegetativen. Hieraus ergeben sich rückgekoppelte, nicht-lineare Informationsstrukturen analog zum menschlichen Organismus.

Eine derart konzipierte ganzheitliche und unternehmensumfassende Informationsplattform ermöglicht die optimale Aggregation der formalen und informalen Informations-Kommunikationskanäle sowie -strukturen. In graphischer Wiedergabe ergibt sich aus den bisherigen Ausführungen unter Berücksichtigung der Triade „Daten-Information-Wissen" die nachstehende informationstechnologische Architektur des Transfer des expliziten Wissens auf der Grundlage eines 3-Ebenen-Modells (vgl. Abb. 40).

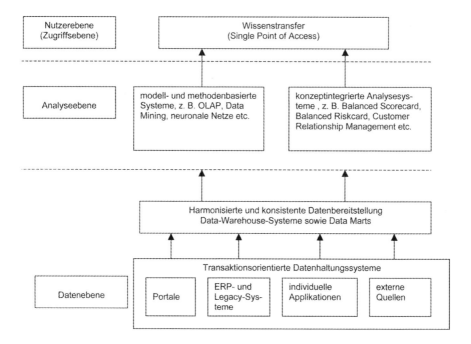

Abb. 40: Die Informationstechnologische Architektur des Wissenstransfer (Business Intelligence System)

Alle informationstechnologischen Datenerhebungs- und -speicherungssysteme müssen allerdings unwirksam bzw. unbefriedigend bleiben, so lange die Daten- und Informationsflut nicht verdichtet und ausgewertet sowie zu Wissen transformiert wird. Die Informationstechnologie (einschließlich Inter-, Intra- und Extranet) kann somit nur die „Hardware-Komponente" repräsentieren, da nicht nur Daten transferiert, sondern vor allem Informationen und daraus abgeleitetes Wissen gesammelt, aufbereitet und projekt- wie auch objektbezogen zur Verfügung gestellt werden muss. Weil Wissensmanagement wesentlich umfassender als das an früherer Stelle beschriebene Informationsmanagement ist, sind auch vorhandene bzw. sich in der Entwicklung befindliche software-technologische Komponenten (zum Beispiel Präsentationssoftware, CSCL-Systeme[49], „intelligente Agenten"[50], Groupware- bzw. Workgroup-Systeme etc.) zu implementieren. Die klassischen mathematisch-statistischen Verfahren müssen demnach durch semantische Abfragenetze[51] ergänzt werden, um durch kontextsensitive Komponenten dem „Abgrund der Formalisierbarkeit" der mathematischen Verfahrens mittels einer Analyse der Metastrukturen sowie der Trennung von Dokument und Struktur zu entgehen. Bei „semantischen Netzen" werden die Inhalte mit Metadaten versehen, die die semantische Bedeutung der Datenfelder beschreiben und somit von Suchmaschinen „automatisiert" verarbeitbar sind. Komplexe Geschäftsprozesse können also automatisch abgewickelt werden. Problematisch ist derzeit allerdings noch die halbautomatische Generierung dieser Metadaten, so dass derartige „Wissensnetze" erst Ende des Jahrzehnts mit der ausreichenden Qualität zur Verfügung stehen werden. Zukünftig wird dem Wissensmanagement als Gesamtspektrum der intellektuellen Kapazität einer Unternehmung – analog zur kognitiven Struktur des Menschen – daher ein Informationssystem als Backbone (bzw. Nervensystem) in Form einer neuronalen Architektur[52] unterlegt sein. Die Komponenten der hierzu erforderlichen informationstechnischen Infrastruktur umfassen unter anderem[53]:

- Offene, plattformübergreifende Vernetzung der Hard- und Software-Systeme,
- Workflow- und Workgroupmanagementsysteme,
- Data-Warehouse als „Corporate Memory",
- Data-mining sowie OLAP-Verfahren zur Datenaggregation und –extraktion,
- Messaging-Systeme (zum Beispiel DMS),
- Inter-/Intranet,
- Objektorientierte Datenbanksysteme zur Speicherung des Wissens[54],
- EIP (Enterprise Information Portal)[55],
- Filter- und Agentensysteme,
- Verfahren der KI, um Informationen in anwendungsfähiges Wissen zu transformieren,
- Werkzeuge zur Entscheidungsunterstützung sowie
- Portabilität.

4.2.1.2 Der Transfer des impliziten Wissens

Während das explizite Wissen mittels informationstechnologischer Strukturen, Verfahren, Werkzeuge sowie Applikationen relativ „einfach" generiert und dem Wissensmanagement zugeführt werden kann, ist die Einbeziehung des impliziten (personengebundenen) Wissens wesentlich problematischer. Gesellschaftspolitisch- bzw. sozialisationsbedingt wird Wissen häufig als „persönliches Eigentum" sowie als „Machtmittel" verstanden, das persönlich gehortet, nicht jedoch mit anderen geteilt wird, weil die bisherige Sozialisation auf Abgrenzung sowie individuellem Wettbewerb beruht. Die hierin begründete Existenz altruistischer Motive[56] ist ursächlich für „Wissensbunkerung" bzw. Abteilungsegoismus, autoritäre Führungsstile sowie Mobbing verantwortlich. Wissenstransfer ist deshalb nicht nur ein informationstechnologisches, sondern vor allem ein psychologisches Problem. Es ist nur durch eine neue Unternehmenskultur lösbar, bei der sowohl sozial als auch materiell Wissensweitergabe belohnt und „Wissensbunkerung" pönalisiert wird. Zwischenzeitlich existieren für den Transfer des formalisierbaren impliziten Wissens auch Betriebsvereinbarungen bei einigen Unternehmen (zum Beispiel VAG, Salzgitter AG, Sartorius AG), nach denen die MitarbeiterInnen bei Androhung von Sanktionen verpflichtet sind, alle betriebsrelevanten formalen und informalen Informationen weiterzugeben – sowohl von unten nach oben als auch umgekehrt. Der freiwillige Wissenstransfer erfordert jedoch andererseits auch die Existenz von „Freiräumen des Denkens", um zwanglos Wissen austauschen zu können[57] und so Transfermöglichkeiten unabhängig von den formalisierten Kanälen zu institutionalisieren. Hierbei bieten sich neben der Kooperation durch Kommunikation beispielsweise „Mentoring-Systeme" an, da implizites Wissen häufig dann freigesetzt wird, wenn in einer Gruppe offen über vorhandene Problemstellungen diskutiert wird. Dieses spontane „Teilen von Wissen" impliziert allerdings, dass der „Gebende" die Gewissheit besitzen muss, auch etwas „zurückzubekommen" und damit sein eigenes implizites Wissen vergrößern zu können. Die Bereitstellung sowie der Transfer des impliziten Wissens erfordert also eine Vertrauenskultur anstelle der tayloristisch begründeten Misstrauenskultur, die die Einstellung „Wissen ist Macht" unterstützt, statt die Nichtweitergabe zu pönalisieren bzw. die Weitergabe zu belohnen. Die Unternehmung muss sich daher als „soziale Gemeinschaft Gleichgesinnter" bzw. als „Community" verstehen. Institutionell kann dieser Wissenstransfer durch folgende vier „Methoden" unterstützt werden: Während bei der Dialogmethode gemäß David Bohm[58] definierte dialogische Prinzipien (z. B. Ausreden lassen, Zuhören, Verzicht auf sofortige Kritik etc.) als sog. „Spielregeln" beachtet werden, diskutieren die Teilnehmer im Rahmen des sog. „World Café"[59] in kleinen Gruppen; hierbei wechseln sie jedoch mehrfach den jeweiligen Gruppenplatz, um mit neuen Erkenntnissen, Ansichten etc. konfrontiert zu werden. Im Rahmen der „Open Space Technology"[60] als Konferenztechnik für größere Gruppen ohne Hierarchie, thematische Restriktionen sowie Kontrolle organisieren die Teilnehmer selbständig Workshops zu Teilaspekten und fassen deren Ergebnisse am Schluss gemeinsam zusammen. Beim „Metalog" analog zu Gregory Bateson schließlich wird die Zusammensetzung des Gesprächskreises (bzw. Transferrunde) von der Komplexität der zu lösenden Problemstellung abhängig gemacht – je größer diese ist, desto vielfältiger und heterogener muss die Gesprächsrunde konzipiert sein, um die Vielschichtigkeit durch die aggregierte Wissensbasis zu spiegeln. Erschwert wird der Transfer des impliziten Wissens neben institutionellen Restriktionen jedoch auch durch ein „metaphorisches" Problem: Inhalte, die an einem Ort legitim und richtig sind, können an anderen Orten, zu denen sie semantisch transferiert werden, ihre Berechtigung verlieren – hierauf soll im Rahmen der Wissenstransformation[61] ausführlicher eingegangen werden.

Bekanntlich erfordern prozessorientierte Strukturen die Entscheidungsfähigkeit auf allen strukturellen Ebenen. Demnach muss das erforderliche Wissen dort auch verfügbar sein. Wissensmanagement bzw. Wissenstransfer muss also mit den Entscheidungsprozessen verknüpft werden (kollaborative Involvierung). Zudem fokussieren derartige Strukturen auf Teamarbeit und Offenheit, so dass die Mitarbeiter nicht „Ausführende", sondern „gemeinschaftlich Handelnde" sind. Dies setzt voraus, dass Gruppenleistungen einen höheren Stellen- und Vergütungswert als Individualleistungen haben – nur dann wird das implizite Wissen auch (mit-)geteilt bzw. transferiert. Eine Voraussetzung hierfür ist, dass in der Gruppe die Ergebnisorientierung anstelle der Methodenfähigkeit sowie die Zielverfolgung anstelle der Austragung von Macht- und Interessenkonflikten vorherrschen. Zum anderen müssen die Gruppenmitglieder die bereits angesprochenen „Kompetenzen der Wissensgesellschaft" besitzen und weiterentwickeln. Hierzu gehören vor allem

- Methodenkompetenz (Fähigkeit zur Aggregation bzw. Kombination von Fachwissen; Abstraktionsfähigkeit; Problemlösungsfähigkeit; Entscheidungsfreiheit),
- Fachkompetenz (Weiterentwicklung des Grundlagenwissens durch das „lebenslange Lernen"; interdisziplinäres Denkvermögen),
- Sozialkompetenz (Team-, Kooperations-, Kommunikations- und Selbstbestimmungs- sowie Selbstverantwortungsfähigkeit),
- Medienkompetenz (Beherrschung von Kreativitätstechniken; Befähigung zur Bedeutungsgewichtung von Informationen; Beherrschung der Informations- und Kommunikationstechnologien; selbstinitiierte Nutzung des Wissensmanagements) sowie
- Entrepreneurverständnis (unternehmerische Gestaltung des eigenen Lebens).

Vor allem die Fähigkeit zur Wissensaggregation sowie das „lebenslange Lernen" sind zwangsläufig nicht identisch mit dem häufig vorzufindenden und situationsbedingten „hektischen Umlernen" (zum Beispiel bei Reorganisationen), das überwiegend de-kontextualisiert ist. Es erfordert somit relativ stabile „Rahmenkontrakte" zwischen Unternehmung und MitarbeiterInnen, um den Erfolg der Lernprozesse generieren und garantieren sowie stabilisieren zu können. Andererseits kann implizites Wissen derzeit am besten (noch) durch die intellektuellen (neurologischen) Fähigkeiten des Menschen und weniger durch Werkzeuge bzw. Methoden der „Künstlichen Intelligenz" (KI) generiert werden, so dass andere bzw. „neue"

- Organisationsstrukturen (Prozessorientierung),
- Organisationskulturen (Betonung des „social"-bzw. „intellectual capital„),
- Aus- und Weiterbildungsstrukturen (Vergrößerung des „human capital") sowie
- komplexe und konsistente sowie umfassende Informationsstrukturen (Wissensmanagement)

erforderlich werden, also eine andere Kombination der Gestaltungsfelder „Mensch", „Organisation" und „Technik" als „Hybrid-Lösung" im Sinne eines „Corporate Knowledge Management" bedingen. Nicht unterschätzt werden darf dabei die Bedeutung der „kulturellen Prinzipien" des Wissensmanagements für die Akzeptanz bei den MitarbeiterInnen als Wissensträger und -anwender; diese sind beispielhaft

- die Existenz qualitativer Unternehmensvisionen sowie diskursiv definierter Unternehmensziele,

▷ das Wissen über die Sinnhaftigkeit einer Tätigkeit/Funktion,
▷ die Existenz konstruktiver Rückkopplungen vertikal und horizontal (also offene Kommunikationsstrukturen) sowie
▷ die verbindliche Festlegung selbständiger und eigenverantwortlicher Aufgabenbereiche.

Das erfordert daher die Erweiterung der klassischen Aufgaben-/Funktionsbeschreibungen um die erforderlichen Wissensziele. Sie werden durch Zielvereinbarungen definiert – sowohl formaler Natur (Bedingung der schriftlichen Fixierung eigener Erfahrungen bei Prozessen bzw. Projekten) als auch informaler Natur. Bei letzterem Verfahren der „Yellow pages" wird nur die formale Struktur der Datenbankeintragung (Struktur der Wissensgebiete sowie Name, Adresse, Kommunikationsverbindungen der Wissensträger) vorgegeben. Der jeweilige Inhalt wird von jedem Teilnehmer individuell und eigenverantwortlich eingebracht – so zum Beispiel etwa das individuelle Wissens- bzw. Erfahrungsprofil sowie das aus dem Internet bekannte FAQ[62]. Das eigentliche Detail- und Faktenwissen wird nur bei grundsätzlicher Relevanz gespeichert, weil das gespeicherte Wissen relativ schnell veraltet, während der spezialisierte Wissensträger sich „ständig auf dem Laufenden" hält. Überdies sind im Bereich des Wissensmanagement-Netzwerkes „Bestpractice-Bibliotheken", Skill-Datenbanken, elektronische Diskussionsforen und alphabetische Listen mit bekannten Problemen sowie deren Lösungsmöglichkeiten (zum Beispiel häufig auftretende Störquellen sowie deren Behebung) einzurichten. So ist es derzeit im Rahmen von Serviceleistungen möglich, Störungen, deren Beschreibungen sowie Ursachenanalyse und Behebungsmöglichkeiten im Wissensmanagementsystem zu hinterlegen. Beim Auftreten einer Störung wird diese „gegenüber" dem System beschrieben bzw. definiert – das Wissensmanagement vergleicht dies mit den gespeicherten Informationen und „liefert" die Behebungsmöglichkeit. Letztere sind von anderen MitarbeiterInnen erarbeitet, real getestet und anschließend in das System eingegeben worden. Denkbar ist auch, dass im Rahmen des „Supply Chain Managements" allen Kunden eine diesbezügliche „Smart-Version" zugänglich gemacht wird (beispielsweise über das Internet), so dass diese kleinere Störungen selbst beheben können. Sinnvoll ergänzt werden können diese Transfer-Netzwerke durch Kooperationswerkzeuge[63], die auf einfachen Formaten zur Dokumentenerstellung und -speicherung für den Wissenstransfer beruhen bzw. wesentliche Inhalte von Texten „verstehen" können und die dazu passenden Dokumente aus digitalen Quellen heraussuchen („Understanding Content„). Alle von Dritten eingebrachten Datenbankeintragungen müssen von jedem Nutzer, der diese aufruft, hinsichtlich der Kriterien Präzision, Relevanz, Originalität etc. benotet und kommentiert werden, bevor er das Dokument wieder verlassen kann. Damit besteht die Möglichkeit, das transferierte implizite Wissen aufgrund eines „Rankings" zu vergüten[64]. Allerdings sollte hierbei auf das „Tracking", also auf regelmäßige Aufzeichnungen sowie Auswertungen der System- und Inhaltenutzung verzichtet werden, da dessen Misstrauens- und Kontrollcharakter wieder die alte „Wagenburgmentalität" bzw. den Machtfaktor des Wissens manifestiert.

4.2.2 Wissenstransformation

Neben der „informationstechnologischen" Strukturkomponente des Wissenstransfer beinhaltet Wissensmanagement auch eine epistemologische Dimension: die Wissenstransformation im Sinne einer kognitiven Wissensaneignung sowie -verarbeitung. Sie reflektiert überwiegend auf das durch den Wissenstransfer sowie den nachgelagerten Prozessen der Speicherung, Verteilung und individueller, personengebundener Verfügbarmachung des Wissens auszulösende individuelle bzw. organisationale Lernen. Das „Basiselement" des organisationalen Lernens und somit auch des Wissensmanagements ist zwangsläufig der individuelle Mitarbeiter. Ist dieser nicht zum Lernen und zur Wissensaneignung und -erweiterung fähig oder willens, so reduziert sich das unternehmensbezogene Wissensmanagement (fast) ausschließlich auf die Transferkomponente. Die Unternehmung kann nur organisationsstrukturelle, kulturelle und motivationale Rahmenbedingungen schaffen. Vor diesem Hintergrund soll daher an dieser Stelle eine kurze Skizzierung der Prozesse und Kontextbedingungen des individuellen Lernens erfolgen.
Wissenstransformation kann „holzschnittartig" als Kompetenzvermittlung zum Lernen, verstanden als kognitive Aneignung von Wissen sowie dessen Überführung in Handlungen (pragmatische Anwendungen), charakterisiert werden. Hierbei liegen weniger „Lerntechniken" als vielmehr Sinnzuschreibungen zu Grunde. Diese aus der kulturellen Evolution stammenden Vorgänge sind das Ergebnis kognitiver Prozesse zwischen kognitiven Systemen, die sich gegenseitig bespiegeln. Sie können aufgrund der derzeitigen „Architektur" der Informationstechnologie[65] von dieser weder unterstützt noch „ersetzt" werden. Die Ausbildung der dem Lernen der kognitiven (menschlichen) Systeme zu Grunde liegenden Hirnfunktionen werden durch Erfahrungen und Lernprozesse determiniert, so dass die Systeme aufgrund der unterschiedlichen Sozialisationsprozesse etc. unterschiedliche Statii besitzen. Das gilt sowohl für das individuelle als auch das organisationale Lernen. Dabei differenziert man zwischen[66]

- faktenorientiertem Lernen (Aufbau begrifflicher Netzwerke/Assoziationen und kognitiver Schemata sowie deren Transformation in „bildhafte Repräsentationen„),
- instrumentellem Lernen (beispielsweise im Rahmen von Sozialisationsprozessen, führt zu normativen Wertvorstellungen, Denkmustern etc.),
- kognitivem Lernen (mechanisch-rezeptives Lernen[67] („Pauken„), mechanisch-entdeckendes Lernen (zufälliges Erlernen von neuem Wissen ohne kognitive Strukturierung und Transformation), sinnvolles-rezeptives Lernen[68] (Gruppenprozesse etc.), sinnvolles-verstehendes Lernen (Fallstudien etc.)),
- innovativem Lernen (fokussiert nicht auf neue Lerninhalte – wie das traditionelle Lernen -, sondern auf die Optimierung des Lernprozesses; es besteht aus zwei determinierenden Faktoren: dem antizipativen[69] sowie dem partizipatorischen[70] Lernen),

> Teamlernen (gleichbedeutende Involvierung der Kommunikationsstile „Dialog"[71] und „Dialektik"[72] zur systemischen, ganzheitlichen und mehrdimensionalen Vernetzung der Kreativität, Wissensbereiche sowie Erfahrungshorizonte der jeweiligen Gruppenmitglieder).

Ersichtlich wird, dass die bewusste Wahrnehmung eine wesentliche Funktion im Lern- sowie Wissensaneignungsprozess besitzt. Sie repräsentiert kein stationäres, lineares System – quasi als „Reiz-Reaktions-Maschine"[73] -, sondern beinhaltet eine hierarchische Architektur, die die von den Rezeptoren stammenden Daten an verschiedenen Orten im Großhirn zu Teilergebnissen verarbeitet, mit gespeicherten Informationen (Vorwissen) vergleicht und zu zunehmend höheren Metabeschreibungen konfiguriert. Dieses dynamische System ist hoch komplex und extrem dezentral organisiert; es wird auf bisher unbekannte Art koordiniert. Dabei wird nach derzeitigem Erkenntnisstand unterstellt, dass die Koordination durch eine Synchronisation der Entladungsfrequenzen der involvierten Neuronen erfolgt: Dies ist letztlich „Bewusstsein" als Ausdruck eines neuronalen Codes (analog zum genetischen Code)[74]. Der Prozess der bewussten Wahrnehmung beinhaltet jedoch zwangsläufig noch nicht, dass die „wahrgenommene" Information auch genutzt bzw. das daraus generierte Wissen auch in Handlungen, Aktivitäten etc. umgesetzt wird. Die Transformation von Wissen im Sinne einer bewussten und verstehenden Aufnahme der vom Sender transferierten Informationen durch den Empfänger kann – entgegengesetzt zu der cartesischen Tradition der ontologischen Differenzierung – im Sinne der Inferenzialismustheorie von Brandom[75] verstanden bzw. erklärt werden. Diese beruht auf vier Grundannahmen:

1) Gemäß der Humboldt'schen Vorstellung drückt sich unser wissensbasiertes (kognitives) Denken in sprachlichen Begriffen als Repräsentation des Wissens aus.
2) Kant[76] wies darauf hin, dass Wissen (entgegen der erkenntnistheoretischen Differenzierung von Descartes) nicht in die mentale (Repräsentationsebene) und physische (Objekt der Repräsentation) Sphäre differenziert werden kann, sondern der semantischen Analyse (über den Gehalt) unter Berücksichtigung der pragmatischen Dimension (verstanden als normatives Regelwerk) bedarf[77].
3) Analog zum Pragmatismus Wittgensteins[78] erklärt sich die Bedeutung sprachlicher Begriffe häufig durch ihren Gebrauch; dies impliziert die normativ-pragmatische Signifikanz sprachlicher Begriffe im Rahmen ihrer Transformation vom Sender zum Empfänger durch die Verbindung der semantischen Dimension (Begriffsinhalte) mit der normativ-pragmatischen (Verwendung der Begriffe im Rahmen spezifizierter Normen bzw. Regelwerke). Dabei bedingen bzw. beeinflussen sich Semantik und Pragmatik gegenseitig. Auf der semantischen Dimension werden die propositionalen Gehalte (Inhalte) sprachlicher Begriffe – analog zu Hegel[79] – durch die soziale Gemeinschaft begründet und von allen als verbindlich anerkannt.

4) Die semantisch-inhaltliche Analyse eines transferierten sprachlichen Begriffes durch den Empfänger gestattet diesem, Schlussfolgerungen (inferences) über die mit diesem Begriff verbundenen Repräsentationen zu ziehen: Was einen transferierten Begriff (= Wissen bzw. Information) für den Empfänger gehaltvoll bzw. „akzeptabel" sein lässt, wird in erster Linie dann begründet, wenn die Prämisse oder die Konklusion in einer Folge von Begriffen (performance) als konform mit dem von ihm subjektiv interpretierten Normen bzw. Regelwerk erscheint. Derartige (sprachliche) Normen werden zum einen durch sozial-praktische Aktivitäten[80] intendiert. Sie werden zum anderen durch implizite Strukturen im Sinne des „deontischen Scorekeepings" explizit gemacht, beispielsweise durch die Rollen von Sender und Empfänger, deren Einstellungen, Wahrnehmungen und Überzeugungen etc.

Die Transformation von Informationen sowie ihre Umsetzung in Wissen beim Empfänger erfordert demnach das Verstehen und Akzeptieren eines sprachlichen Begriffes zum einen aufgrund der Tatsache, dass dieser Begriff als „wahr" bzw. richtig vor dem Hintergrund intentionaler Einstellungen, Überzeugungen etc. sowie deren Repräsentation durch die jeweiligen Propositionen (an-)erkannt wird (semantische Ebene). Die dabei implizierten moralischen Entitäten sind quasi extrinsische Richtlinien des Handelns zur Beurteilung menschlicher Handlungen. Des Weiteren müssen zum anderen die Inferenzen des Begriffes[81] „beherrscht" werden: Der Empfänger muss verstehen und akzeptieren, was aus der Begriffsanwendung resultiert und woraus diese erfolgt. Das intendiert dann die Fähigkeit, weitere Urteile bzw. Beurteilungen treffen zu können. So umfassen beispielsweise Behauptungen immer Gründe bzw. Begründungen, die bei der Akzeptanz der Behauptung sowie deren Anwendung (Verwendung) durch den Empfänger als Prämissen in seine Schlussfolgerungen (inferences) eingehen. „Verstehen" als Aufnahme und Anwendung von Wissen impliziert also das „Begreifen" von Gründen sowie deren implizite Anerkennung im Rahmen des „Beherrschens" des theoretischen und praktischen „Schlussfolgerns" (inferences) und die angemessene oder richtige Anwendung des Begriffes aufgrund der inhärent vorhandenen – jedoch anerkannten – Regeln[82] und Normen bzw. der subjektiven Vorstellungen sowie normativen Einstellungen hierzu[83]. Diese Vorstellungen beinhalten „Richtigkeitsbeurteilungen" hinsichtlich der Normenkonformität – instituiert durch unsere praktischen Einstellungen – und intendieren somit das analoge Verhalten (bzw. das „Nicht-Verhalten„). Nicht übersehen werden darf jedoch dabei, dass diese „Richtigkeitsbeurteilungen" durch Sanktionen im lerntheoretischen Sinn verstärkt werden können[84]. Die Wissenstransformation repräsentiert demnach die individuelle Reflexion auf die intersubjektiv konstituierte, propositionalisierte Information. Diese sprachtheoretischen Ausführungen sollen anhand der Behauptung: „Dies ist ein ökologisch erzeugtes Produkt" verdeutlicht werden: Der Empfänger einer derartigen Behauptung stimmt dieser nur dann zu und verhält sich konform, wenn er

⟩ auf der semantischen Ebene diese Aussage als „wahr" akzeptiert, weil sie mit seinen entsprechenden Propositionen (zum Beispiel „Nachhaltigkeit„), die er mit „ökologisch" verbindet, übereinstimmt;

⟩ im Rahmen seiner Schlussfolgerungen (inferences) diese Behauptung zum einen akzeptiert, weil sie mit seinen subjektiven Vorstellungen des „Regelwerks" übereinstimmt. Zum anderen muss diese Aussage begründen, woraus sie abgeleitet wird (zum Beispiel vollständige Recyclefähigkeit, Verwendung nachwachsender Rohstoffe etc.) und was aus ihrer Anwendung resultiert (zum Beispiel Klimaschutz).

Aus dieser verkürzten Analyse wird deutlich, dass der Empfänger der vorstehenden Behauptung dann nicht zustimmen wird, wenn die semantischen sowie normativ-pragmatischen Kriterien nicht gegeben sind. Dadurch wird auch der Unterschied zwischen der ontologischen (Transfer-)Dimension sowie der epistemologischen (Transformation) deutlich: In Analogie zur cartesischen „erkenntnistheoretischen" Differenzierung werden im Rahmen der ontologischen Dimension des Wissensmanagements sprachliche Begriffe sowohl mentaler als auch physischer Natur ausschließlich physisch (Res extensa) und somit „wertfrei" transferiert; diese Begriffe beinhalten jedoch zwangsläufig deskriptive (semantische) und präskriptive (normative, normensetzende) Inhalte in undifferenzierter Menge. Erst im Rahmen der Wissensanwendung (Transformation) werden die deskriptiven und präskriptiven Bedeutungen bzw. Inhalte wirksam und führen zu unterschiedlichen Verarbeitungsergebnissen. Hierbei werden nicht nur eindeutige Zeichen bzw. Informationen, sondern vor allem auch Assoziationen verarbeitet, um Erkenntnismöglichkeiten und damit Wissensaneignung zu generieren.

Im Hinblick auf die Transformation externes Wissen heißt dies, dass der Empfänger dieses nur dann internalisiert, wenn er die Bedeutung eines Begriffes (propositionaler Gehalt) als „wahr" anerkannt hat und dessen Verwendungsweise seinem normativen Kontext entspricht. Der Empfänger fungiert diesbezüglich quasi als „diskursiver Kontoführer", der die in der Begriffsbedeutung enthaltenen Gründe mit den sich durch seine Normen bzw. seinem Regelwerk ergebenden Anforderungen vergleicht (kontiert) – der sich dabei ergebende Saldo entscheidet über Annahme oder Ablehnung. Diese „Kontierung"[85], also der Vergleich von bedeutungsvollen Gründen/Begründungen mit den semantischen und normativ-pragmatischen Anforderungen geschieht mittels der Verfahren bzw. Methoden oder Instrumenten der Logik. In analoger Weise ist auch die Transformation des impliziten Wissen in explizites zu verstehen: In dem Moment, in dem der „Sender" sein implizites Wissen dem normativen, sozial begründeten Regelwerk bzw. Normen des Empfängers „unterwirft" und somit in einer diskursiven Form präsentiert und es gleichzeitig vom dem „Empfänger" als „regelkonform" anerkannt wird, mutiert es zu explizitem Wissen[86]. Verkürzt dargestellt kann die Wissenstransformation als Verfahren zur Herstellung von Intersubjektivität und Konsensfindung gesehen werden.

Der individuelle Lernprozess kann schematisch und stark vereinfacht dem nachstehenden Modell entnommen werden (vgl. Abb. 41). Im Rahmen eines derartigen Transformationsprozesses treten Sender und Empfänger in ein gegenseitiges „Lern-Feedback" ein – einen komplexen, iterativen Prozess mit Interdependenzen und Rückkopplungsschleifen etc.

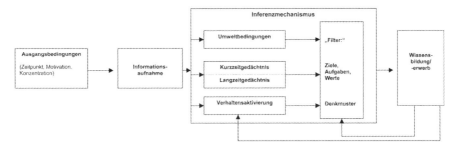

Abb. Nr.: 41: Schematisch vereinfachte Struktur des individuellen Lernprozesses

Im Rahmen der organisationalen Wissenstransformation bzw. der Internalisierung externalen Wissens sind daher von der Unternehmung „Normen und Regelwerke" zu definieren, die für alle Mitglieder verbindlich und von allen akzeptiert sind. Durch diese „Objektivierung" des Regelwerkes bzw. normativen Kontextes sowie deren „mentalen Verankerung" wird es ermöglicht, dass die jeweilige Internalisierung möglichst homogen und konsistent in der Unternehmung vollzogen wird. Derart in der Unternehmung generiertes Wissen ist dann sowohl semantisch als auch kontextuell (normativ-pragmatisch) „identisch" und wird somit von allen gleich interpretiert bzw. verstanden und angewendet.
Das organisationale Lernen verläuft analog zum individuellen Lernen ebenfalls in einem Regelkreis ab, der sich über die Reflexion konkreter Erfahrungen, die Bildung von Erklärungen sowie die Entwicklung abstrakter Konzepte bis zur pragmatischen Involvierung dieser Konzepte sowie dem Gewinnen weiterer Informationen (= Erfahrungen) erstreckt. Wesentliche Komponenten hierbei sind sowohl die Internalisierung und Externalisierung des Lernens als auch die Sozialisation dieser Prozesse im Rahmen einer „offenen" Unternehmenskultur. Die Wissenstransformation erfolgt dabei mittels folgender vier Formen bzw. Stufen[87]
- Sozialisation (Erweiterung des impliziten Wissens),
- Kombination (Erweiterung des expliziten Wissens durch Aggregation sowie Involvierung verschiedener Kern-/Geschäftsprozesse),
- Externalisierung (Transformation von implizitem Wissen in explizites, artikulierbares),
- Internalisierung (Transformation von explizitem Wissen in implizites).

Organisationales Lernen beruht demnach auf Wissenstransfer und -transformation sowie Sozialisation im Sinne flexibler, selbstgesteuerter Prozesse – hierdurch ergibt sich dann eine „Wissensspirale" (vgl. die nachfolgende Abbildung):

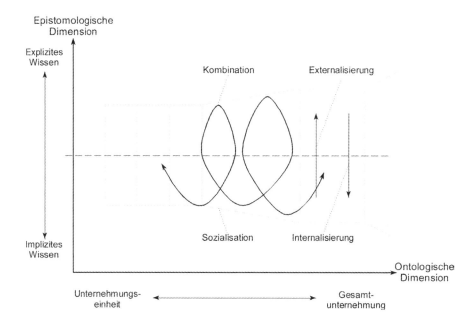

Abb. 42: Die Spirale der organisatorischen Wissenserzeugung in Multinationalen Unternehmungen (Quelle: modifiziert nach Nonaka/Takeuchi 1997, S. 87)

Es beruht demzufolge auf der gezielten, bewussten, prozessorientierten und innovativen Veränderung der expliziten und impliziten Wissensbestände einer Unternehmung durch das Wissensmanagement, wobei die Prozessphasen „Sozialisierung" sowie „Inter- und Externalisierung" nicht durch die Informationstechnologie, sondern ausschließlich durch das „social capital" im Verlaufe des strukturierten Wissensprozesses realisiert werden, also durch den selbstständig und aktiv sowie permanent lernenden Mitarbeiter. Die Migration des individuellen Wissens auf die kollektive, unternehmensweite Plattform (corporate memory) stellt dabei den schwierigsten Prozessschritt dar. Wissensmanagement „produziert" kein „wert- oder zweckfreies" Wissen, sondern die an den Unternehmensvisionen, -strategien und -zielen ausgerichtete Generierung sowie zyklische und prozessorientierte Weiterentwicklung und Nutzung von Wissenskompetenzen. Der sozio-kulturelle Prozess der Wissensgenerierung – sowohl individuell wie auch organisational – kann gedanklich analog zum „Populationsverfahren" definiert werden: Aus einer Anfangspopulation des vorhandenen Wissens entsteht durch die zufällige oder bewusste, kontextbezogene Aggregation mit anderen Informationen eine neue „Wissensgeneration" (Kindgeneration). Dieses neue Wissen wird mittels logischer Ableitungen analysiert, bewertet und in der sich dadurch erweiternden Anfangspopulation gespeichert oder verworfen. Dieser ständig ablaufende, zyklische Prozess generiert letztlich die organisationale Wissensbasis. Die Annahme oder Ablehnung des „neuen" Wissens erfolgt im Rahmen eines „Wissenscontrollings", zum Beispiel auf der Grundlage des Verfahrens der „Balanced Scorecard"„(BSC). Hierdurch soll gewährleistet werden, dass die lokal erfolgende Aufbereitung und Weiterverarbeitung von Informationen und Wissen letztlich zentralisiert zur Verfügung gestellt wird, so dass Informations- und Wissensinkonsistenzen verhindert werden. Interdependente Teilprozesse sind zwangsläufig Identifikation, Generierung, Transfer und Transformation sowie Nutzung und Bewahrung des Wissens. Als Resümee kann festgehalten werden, dass analoge sowie digitale Strukturen des Wissensmanagements beim expliziten Wissen die Prozessschritte „Erfassung", „Speicherung" und „Transfer" unterstützen bzw. realisieren können. Im Bereich des impliziten Wissens sind die Schritte „Speicherung" und „Transfer" ebenfalls durch „digitalisierte" Wissensmanagementsysteme realisierbar, während die „Erfassung" aufgrund der psychologisch/semantischen Dimension sehr stark durch die Unternehmenskultur determiniert wird.Hieraus lassen sich die notwendigen Voraussetzungen für das Wissensmanagement einer wissensbasierten, lernenden Organisation ableiten:

1) Human Resource Management (Erkennen, Festigen sowie Verstärken von Kompetenzen),
2) Wertfokussierte Führung (Förderung von Autonomie sowie Übernahme von Verantwortung),
3) Unternehmenskultur (Förderung und Verstärkung von teambasierten Lernprozessen).

Der Fokus liegt dabei eindeutig auf dem Individuum als organisationalem Atom der unternehmensbezogenen Wissensbasis. Eine effiziente Wissenstransformation verlangt daher einerseits ein „*Human Resource Management*". Es erfordert zum anderen Identifikation und Vertrauen in die Unternehmung. Determinanten hierfür sind neben Motivation und Loyalität vor allem Offenheit, Transparenz und Glaubwürdigkeit sowie Orientierungsfähigkeit der Unternehmensstrategien, -politik sowie Handlungsweisen. Das impliziert sowohl deren emotionale Vermittlung als auch die Integration der externen und internen Kommunikation (zum Beispiel etwa in Form von chatrooms). Der hierzu notwendige „kontrollierte Dialog" zwischen Unternehmensführung und den übrigen Entscheidungsträgern aller Ebenen zwingt vor allem erstere zur Offenheit und „Anfassbarkeit" – analog zum klassischen „Management by Walking Around"[88]. Das hat dann sowohl die Verbesserung bzw. Steigerung des demokratischen (d. h. gleichberechtigten) Argumentationswettbewerbs als auch die Steigerung der sozialen Kompetenz als Konsequenz edukativer Effekte zur Folge.

Zwar ist die Wissenstransformation überwiegend individual fokussiert – sie kann jedoch durch strukturelle (organisationale) Instrumente erleichtert werden. Einige Unternehmen[89] haben daher in jüngster Zeit „Akademien" bzw. „Genesis-Workshops" installiert, um in diesen unternehmenseigenen Lernzentren bzw. „Lernorten" die Effizienz der Wissenstransformation durch eine Unterstützung der individuellen Lernprozesse zu erhöhen. Voraussetzung dafür ist zum einen

eine intensive, antizipative Personalentwicklungsplanung nebst dem erforderlichen Personalmanagement. Zum anderen implizieren diese Institutionen
- eine neue Unternehmenskultur,
- die offene, vertrauensvolle Kommunikation zwischen allen Beteiligten,
- flexible, prozessorientierte Strukturen sowie
- die Möglichkeit zu „informellen Treffs".

Grundsätzlich gilt jedoch, dass das die Dimension „Wissenstransformation" im Rahmen des Wissensmanagements keine determinierende, sondern nur eine unterstützende Funktion besitzt: Die bei der Wissensverarbeitung sowie -aneignung ablaufenden indiviuell-kognitiven Prozesse sind größtenteils weder erfassbar, noch analysierbar und automatisierbar, weil ihre Strukturen – auch neurophysiologisch – nur in einem sehr geringen Maße bekannt sind.

4.2.3 Die Prozessstruktur des Wissensmanagements

Aus den bisherigen Ausführungen wurde deutlich, dass Information und Kommunikation ihre räumlich-zeitlichen Grenzen bereits verloren haben, während das Wissen dabei ist, die bisherigen räumlich-zeitlichen Dimensionsgrenzen zu sprengen: Es ist jederzeit und überall verfügbar. Voraussetzung dafür ist ein spezifisch konzipiertes und strukturiertes Wissensmanagement, das durch die drei Dimensionen „Wissen", „Organisation" und „Prozess" definiert wird (vgl. Abb. 43). Es ist zum einen eine der Grundlagen für die evolutionäre Weiterentwicklung der hierarchisch-funktionalen zur selbstlernenden Organisation. Zum anderen ist es im Rahmen liberalisierter und somit dynamischer, volatiler Märkte notwendig, um die Generierung von Unternehmensstrategien sowie deren Umsetzung als auch die zur Umsetzung der hieraus abgeleiteten Unternehmenspolitik erforderlichen Verfahren und Methoden (zum Beispiel Risikomanagement, Kundenbeziehungsmanagement etc.) effizient und effektiv realisieren zu können.

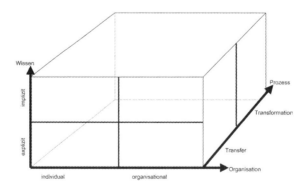

Abb. 43: Die Dimensionen des Wissensmanagements

Gemäß der Definition des Internationales Institut für lernende Organisation und Innovation (ILOI) wird beim Wissensmanagement zwischen den folgenden Objekten differenziert, die im Rahmen eines Phasenprozesses zu organisieren sind:
- organisationsinternes sowie externes Wissen,
- aktuelles sowie zukünftiges Wissen zur Erschließung von Erfolgspotenzialen sowie der Reduzierung von Wissenslücken,
- explizites, d. h. bewusstes und unabhängig vom originären Wissensträger verfügbares Wissen sowie implizites, d. h. unbewusstes, inhärentes Wissen, das nur im direkten Kontext zu Handlungs- und Verhaltensweisen generiert werden kann,
- erfahrungsbasiertes Wissen auf der Grundlage von Lernprozessen im Kontext mit der jeweiligen Umwelt sowie Rationalitätswissen aufgrund der Fähigkeit, das durch Erfahrung erlernte Wissen kritisch hinsichtlich seiner Verständlichkeit, Bedeutung und Ausschlussfähigkeit zu reflektieren.

Dies bedingt zwangsläufig, dass ein Wissensmanagementsystem folgende Funktionalitäten gewährleisten muss:
- Jeder Mitarbeiter muss sämtliche Funktionen des Informations-/Wissenstransfer eigenständig handhaben können (zum Beispiel wie Recherche, Bearbeitung, Erstellung, Dokumentation).
- Der Zugriff auf alle relevanten Informations- und Wissensbereiche muss möglich sein (plattformübergreifend).
- Ein zentraler Zugang zu Inhalten, die durch Hyperlinks zu Informationseinheiten aggregiert und durch Attribute charakterisiert sind, muss gegeben sein.
- Selektive, individuelle Recherchen müssen aufgrund einer „automatisierten" Informationsversorgung möglich sein (nicht alle Informations-/Wissensangebote sind für alle Nutzer interessant bzw. relevant).
- Die Benachrichtigung über den Zugang von neuen Information bzw. Wissen muss automatisch erfolgen („Weckfunktion„).
- Die Integrität der Inhalte muss gewährleistet sein.
- Die Angabe des Verfassers bzw. Autors als Ansprechpartner für weitergehende Fragestellungen muss durch das System gegeben sein.
- Die Möglichkeit der elektronischen Kommunikation (zum Beispiel Chat, Foren, Annotation[90]) muss durch das System bereit gestellt werden.
- Die Verwendung beliebiger Datentypen (kodiert und nicht-kodiert) muss möglich sein.
- Das Wissen muss mit einem „Zeitstempel" versehen werden (Versionierung), um die Aktualität kenntlich zu machen.
- Das System muss einheitliche Entwicklungsumgebungen sowie einheitliche Benutzeroberflächen mit hoher Akzeptanz sowie intuitiver dynamischer Bedienbarkeit gewährleisten.
- Der intraorganisationale Wissenstransfer muss in den Teilprozessen „Suche" sowie „Distribution" automatisiert unterstützt werden.

> Die Speicherung des impliziten Wissens muss ermöglicht werden.
> Die Nutzung „intelligenter" Suchmaschinen muss sowohl Volltext- und Einzelwortsuche als auch die Verwendung von „Meta-Begriffen" ermöglichen.
> Selten oder nicht nachgefragte Informationen müssen mittels „automatischer Löschroutinen" eliminiert werden.
> die Integration in Workflow- und Workgroupsysteme etc. muss gegeben sein.

Wissensmanagement beinhaltet demnach – allgemein gesprochen – die Beschaffung, Verteilung (Transfer), Verarbeitung (Transformation) sowie Speicherung von Wissen, um die diskursiv definierten Unternehmensziele effizient und effektiv erreichen sowie anstehende Entscheidungsprobleme[91] lösen zu können[92]. Wissensmanagement muss daher
> auf den Unternehmenszielen basieren,
> die Unternehmensstrategie reflektieren und
> die prozessorientierten Organisationsstrukturen unterstützen bzw. abbilden.

Um die Transformation von Daten in Informationen und Wissen zu ermöglichen sowie das Wissen bedarfs- und nutzergerecht an allen Arbeitsplätzen zur Verfügung stellen zu können, ist eine Strukturierung und Kanalisierung der Informationsflüsse erforderlich. Prozessorientierte Strukturen repräsentieren dabei eine notwendige Bedingung, weil nur dann die Entwicklung und Produktion „intelligenter" (wissensbasierter) Sachgüter und Dienstleistungen sowie der durch die Konzentration auf Kernkompetenzen ausgelöste Zwang zur Bildung von Kompetenznetzwerken umgesetzt werden kann.
Wissensmanagement muss entsprechend einerseits als ein ganzheitlicher, unternehmensumfassender Zyklus von Lern- und Organisationsprozessen, Strukturen und Strategien verstanden werden, um die Geschäftsprozesse durch die Erzeugung, Verteilung und Nutzung von internem und externem Wissen sowohl ständig strukturell verbessern zu können als auch effizientere Abläufe zu realisieren. Das verlangt zwangsläufig auch die Veränderung der technologischen, organisationalen und humanen Rahmenbedingungen auf der Grundlage eines Architekturmodells als offenes, vernetztes und integriertes systemisches Konzept. Voraussetzungen dafür sind neben der Vision des Wissensmanagementsystems vor allem die „gelebte Kultur" des Wissensmanagements sowie ein „skills-Management". Dies impliziert zum einen, dass es „top down" vorgelebt wird, damit das „Bunkern von Herrschaftswissen" beseitigt wird und das kodifizierte Wissen an Bedeutung gegenüber dem personalisierten gewinnt. Zum anderen muss die Implementierung des Wissensmanagements im Gegensatz zum „Business Re-Engineering", bei dem häufig nur Strukturen verändert werden, als „geplanter organisationaler Wandel" verstanden werden. Dieser kann weder ausschließlich „bottom up" noch „top down" institutionalisiert werden, sondern benötigt eine offene, transparente, konsensuive sowie bilate-

rale Kommunikation. Wissensmanagement muss andererseits auf allen Ebenen der Unternehmung sowohl mental als auch institutionell implementiert sein:
- im Bereich der expliziten und impliziten Definition der Unternehmensvisionen[93], strategie[94], -ziele und –politik,
- auf der Werte- und Verhaltensebene sowie
- in der Struktur- und Prozessebene.

Nur dann ist es möglich, sowohl das vorhandene und zukünftige Wissen für alle Geschäftsprozesse[95] verfügbar zu machen, als auch ein Zusammengehörigkeitsgefühl (community) als Ausgleich für die Zentrifugalkräfte der Entscheidungsdezentralisierung sowie der Geschäftsprozessfokussierung zu generieren. Deshalb muss schon bei der Geschäftsprozessmodellierung die unterstützende Funktion des Wissensmanagements berücksichtigt werden. Die organisationale Prozessstrukturierung muss quasi das „Nervensystem" des Wissensmanagements widerspiegeln. Umgekehrt impliziert dies, dass nur projekt-/prozessfokussierte Strukturen in der Lage sind, die Unternehmung als „Wissenssystem" zu managen, weil ausschließlich hierdurch das traditionelle Statusdenken „Wissen ist Macht und damit nicht teilbar" überwunden werden kann. Während in der funktional-hierarchischen Struktur sowohl Hierarchie als auch Status den Faktor „Macht" implizierten, ergibt sich in der Wissensgesellschaft der individuelle Status aus dem *abrufbaren und genutzten Wissen* und somit aus der Fähigkeit,
- systemisch, kreativ und vernetzt zu denken und
- die Effizienz und Effektivität der situativen Gruppenarbeit zu erhöhen.

Dieser subjektive, individuelle Status ist mehrdimensional und damit weder normenhaft noch durch die soziale Stellung begründet – er ist dadurch auch nicht reproduzierbar bzw. weisungsfähig, sondern muss sich täglich in der Realität beweisen, erklären und individuell demonstriert sowie erworben werden. Hierdurch ergibt sich eine „Statusinkonsistenz" gegenüber der industriellen Gesellschaft: Der individuelle Status ist weder funktional noch hierarchisch, weder familiär noch milieubezogen vererbbar bzw. übertragbar. Die den Status repräsentierenden Symbole sind analog hierzu ebenfalls nicht normenhaft und allgemeingültig, sondern individuell. Um ihre Wirkung auszuüben, müssen sie jedoch als „Code" für die anderen „lesbar" sein. Status und Macht ergeben sich somit als Derivate aus der selbst erworbenen sowie individuellen Wissensautorität – und werden in der Regel dennoch „pseudofunktional" als Beziehung zu Fakten und Funktionen begründet.

Wissensmanagement ersetzt demnach die hierarchisch-funktionale Struktur durch Netzwerke und zerstört erstere. Es erhöht des Weiteren das kognitive Potential der Unternehmung sowohl kollektiv als auch individuell[96]. Es erfordert jedoch das Vertrauen der beteiligten MitarbeiterInnen sowie Verlässlichkeit auf der Ebene des Wissenstransfers, vor allem im Bereich des impliziten Wissens. Es muss daher ein wesentliches Element der von allen akzeptierten konsensuiven Unternehmenskultur sein, um Transfer- und Transformationsprozesse effizient realisieren zu können. Nur dann ist die zyklische Strukturierung des Generierens, Speicherns und Wiederverwendens von Wissen im Rahmen einer symbiotischen Verknüpfung von Arbeits- und Lernumfeld als interaktivem, permanenten Prozess möglich – sowohl in der Gesamtheit der Organisation als auch bei jedem Organisationselement. Gleichzeitig ermöglicht dies die gezielte Förderung und Entwicklung der „soft skills" bei allen MitarbeiterInnen im Hinblick auf derzeitige und zukünftige Aufgabenbereiche. Letztlich führt dies zu einer Verkürzung der Innovations- und Entwicklungszeiten, weil inhärent vorhandenes Wissen genutzt sowie Freiräume sowohl für Kreativität[97] als auch neue Denkansätze geschaffen bzw. genutzt werden können. Es ist daher weder identisch mit noch ein Modul der „Künstlichen Intelligenz (AI)", sondern – analog zum Verständnis von Francis Heylighen – ein „Intelligenzverstärker" (IA – Intelligence Amplification). Es repräsentiert also die zielgerichtete Gestaltung und Strukturierung des organisationalen Lernprozesses im Sinne eines „Distributed Learning" auf der Grundlage des instrumentellen Einsatzes von Informationssystemen, um den Zugang aller Organisationsmitglieder zu den in der Organisation vorhandenen Daten und Informationen sowie explizitem und implizitem Wissen zu ermöglichen. Hierdurch soll aus den „Datenfriedhöfen" bzw. der Informationsüberladung quasi wie mit einer Laserlanzette das relevante Wissen gefiltert werden, um „just in time" sowie zielorientiert für Entscheidungen verfügbar zu sein. Deutlich wird hierdurch, dass das Wissensmanagement im Rahmen eines hermeneutischen Ansatzes konzipiert werden muss, der die Dimensionen „Individuum (Mitarbeiter)", „Organisation(sstruktur)" und „Informationstechnologie" gleichberechtigt berücksichtigt.

Vor der Institutionalisierung bzw. Implementierung entsprechender Strukturen ist eine detaillierte Konzeption zu entwickeln. Dieser ganzheitliche Gestaltungsprozess beinhaltet nicht nur aus analytischen Gründen, sondern vor dem Hintergrund der Komplexitätsverringerung die nachfolgenden Phasen sowie Episoden[98]:

1. Analysephase
   - Sensibilisierung aller „Betroffenen" für das Wissensmanagement.
   - Definition und Konzeptionierung von Gestaltungsoptionen im Sinne eines „ambition visioning" für den zukünftigen Wissensaustausch sowie die notwendige Wissensnutzung.
   - Analyse der hieraus resultierenden Anforderungen sowie deren Integration in die Geschäftsprozesse bzw. Funktionalitäten.
   - Erstellung einer „Knowledge map" einschließlich der Darstellung der vorhandenen Strukturen, Informationstechnologien, Instrumente, unternehmensweiten und -spezifischen Datenhaltungen sowie deren Aggregation und Indizierung, Analyse und Deskription bzw. Identifikation des vorhandenen Wissens (explizites und implizites), Ermittlung der in den Geschäftsprozessen erforderlichen Beschaffungsaktivitäten für das notwendige Wissen.

2. Konzeptionsphase
   - Definition des Soll-Zustandes einschließlich der Festlegung der Wissens-Cluster, Metadatenebene, Suchstrukturen, Lieferantenfunktionen etc., Definition und Strukturierung der hierzu erforderlichen Be-

schaffungsaktivitäten für das notwendige Wissen, Strukturierung des erforderlichen informationstechnologischen Konzeptes (Netzwerke, Datawarehouse, Generierungsverfahren etc.).
3. Designphase
   - Entwicklung der Umsetzungsstrategie einschließlich der iterativen Zielfestlegungen sowie des Migrationspfades (Reihenfolge der Teilprojekte).
4. Implementierungsphase
   - Implementierung der erforderlichen informationstechnologischen Werkzeuge sowie kulturellen Maßnahmen, Verfahren und Strukturen sowie die Integration in den benutzerfokussierten Alltag und in die Geschäftsprozesse.
5. Controlling-/Evaluierungsphase
   - Controlling und Evaluierung im Hinblick sowohl auf eine ständige Anpassungsfähigkeit von Strukturen und Inhalten als auch auf eine ständige systematische Vergrößerung und Transformation sowie Verbreitung des „corporate knowledge".

Zur Komplexitätsverringerung soll die Implementierung mittels stufenweiser umsetzbarer Projekte erfolgen, bei denen vor allem fachbereichsspezifische Ansätze im Rahmen der definierten und vorgegebenen Unternehmensstrategie realisiert werden (zum Beispiel die Ablösung proprietärer, fehlerbehafteter Berichtsysteme durch web-basierte Lösungen). Diese modulare, bottom-up definierte Vorgehensweise gewährleistet einerseits die Bewältigung der Komplexität und ermöglicht andererseits den stufenweisen Aufbau unter Einbeziehung aller involvierten Anwender/Nutzer. Im Fokus steht somit nicht das Konzept einer „Informationsverarbeitungsmaschine", sondern ein „personalisiertes System", mit dem jeder Mitarbeiter innerhalb seiner kognitiven Muster navigieren und arbeiten kann. Das bedingt zwangsläufig pragmatische anstelle „überakademisierte" bzw. „übertechnisierte" Lösungen und Strukturen. Der daraus erwachsende beispielhafte Prozesscharakter kann der Abb. 44 entnommen werden.

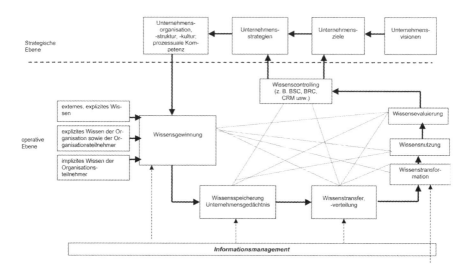

Abb. 44: Prozessstruktur des Wissensmanagements

Unzweideutig ist dieser Prozess nicht endlich bzw. mit einem definierten Ende versehen: Wissen verändert sich ständig, veraltet bzw. muss ständig aktualisiert und neues Wissen ständig generiert werden. Zudem erfordert dieser Prozess die Existenz formaler und informaler Informations- und Kommunikationsnetzwerke zwischen allen involvierten Nutzern: Das kommt dem Idealbild der „connecting people" sehr nahe. Grundsätzlich gilt jedoch auch bei der Implementierung des Wissensmanagements die „klassische Triade" eines jeden Reorganisationsprozesses: Strategie ⊙ Struktur ⊙ Technologie. Bei diesem iterativen, zyklischen und immerwährenden Prozess bestehen einerseits Rückkopplungen zwischen den einzelnen Prozessschritten bzw. Episoden – in die andererseits auch Auswirkungen organisationaler Veränderungen einfließen. Während in der ersten Episode das bekannte Wissen strukturiert und katalogisiert wird („Knowledge Mapping„"), dient die zweite Episode zur Generierung eines Wissens-(Kompetenz-)Centers. Dabei wird durch Kontextualisierung und Verknüpfungen von Daten sowie Informationen (Knowledge Retrieval) Wissen generiert und zentralisiert. Während der sich anschließenden Episode des „Intellectual Capital Management" werden Netzwerkarchitekturen sowie Wissensbeziehungsgeflechte entwickelt, um das explizite und implizite Wissen erfassen und verteilen zu können. Im Rahmen der Reorganisationsepisode erfolgt ein Abgleich zwischen der Struktur des Wissensmanagement einerseits sowie der Struktur der Organisation bzw. der Geschäftsprozesse andererseits. Dieser Abgleich führt zwangsläufig zur Anpassung bzw. Veränderung beider Strukturen (vgl. die nachfolgende Abbildung).

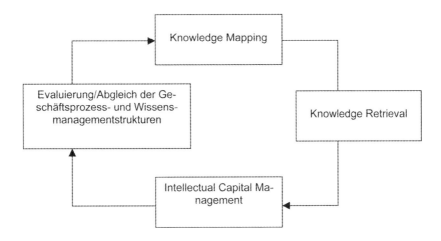

Abb. 45: Die Episoden des zyklischen, iterativen Wissensmanagementprozesses

Um Missverständnissen vorzubeugen: Wissensmanagement ist kein an der informationstechnologischen Hard- und Software orientierter Ansatz. Die Technologie ist nur ein Vehikel bzw. der Katalysator zur Verhinderung des Informationsoverloads bzw. -overkills. Dies gilt um so mehr, da die Hersteller informationstechnologischer Produkte häufig behaupten, durch „Add-on-Produkte" zu netzbasierten Portalen oder Dokumentenmanagementsystemen schon „Wissensmanagementsysteme" anzubieten: Derartige Programme ermöglichen – wenn überhaupt – nur ein „Informationsmanagement". Die „Association for Information and Image Management (AIIM)" gelangt deshalb auch zu der Feststellung, dass ca. 90 Prozent der Aufgaben bei Konzeption und Implementierung eines Wissensmanagementsystems auf die Bereiche Organisation, Kommunikation sowie Akzeptanzschaffung entfallen. Die derzeit auf dem Markt befindlichen informationstechnologischen Produkte sind fast ausschließlich nur Weiterentwicklungen der Produktlinien Dokumentenmanagement- sowie Workflowsysteme. Sie sind – wie alle informationstechnologischen Systeme – nur in der Lage, Informationen sowie Daten zu sammeln, zu aggregieren und zu transferieren sowie zu speichern; sie können jedoch weder aus Informationen Wissen transformieren noch generieren. Zudem ist die Modellierung und Analyse von Wissen nicht oder nur sehr eingeschränkt möglich, weil überwiegend auf Tools zur Geschäftsprozessmodellierung zurückgegriffen wird. Die entstehenden „Wissenslandkarten" genügen jedoch nicht den vorstehend definierten Anforderungen. Schließlich repräsentieren die Such[99] - und Abrufroutinen häufig nur proprietäre Lösungen, die „branchenspezifisch" auf der Grundlage eines einzelnen Kundenauftrages entwickelt wurden. Aus informationstechnologischer Sicht ist überdies festzuhalten, dass adäquate Plattformen für Aggregation, Transfer und Transformation fehlen. Es gelingt häufig nicht, Wissen redundanzfrei zu speichern und zu transferieren sowie Wissensquellen und -transformationen zu identifizieren. Zurückzuführen ist letzteres teilweise auch auf die mangelhafte Qualität der zu Grunde liegenden Daten und Informationen, die auch durch eine gute informationstechnologische Architektur und Struktur nicht verbessert werden kann[100]. Vor allem die Kriterien Adressierbarkeit, Datenintegrität, -konsistenz und -vollständigkeit, Referenzintegrität sowie Entity-Integrität[101] und Einhaltung der Beziehungen und Kardinalitäten zwischen Entitäten werden häufig vernachlässigt. Letztlich werden auch nur regelbasierte Systeme eingesetzt, die jedoch weder der Dynamik noch dem Anpassungsdruck gewachsen sind. Wünschenswert sind daher vielmehr neuronale, selbstlernende Systeme, die auch das prozedurale Wissen (wie erfolgt der Prozess der Wissensgewinnung) speichern, analysieren und transferieren können.

Derzeit ist noch kein „Produkt von der Stange" erhältlich, so dass die vorstehend erläuterten und definierten Merkmale, Konfigurationen etc. unternehmensindividuell zu erstellen sind. Auch dabei sollte die ganzheitliche Systemoptimierung Vorrang vor einer Modul- oder Einzelplatzoptimierung haben. Zugleich müssen die informationstechnologischen, organisationskulturellen sowie sozialpsychologischen Komponenten kontextual einbezogen und abgestimmt werden. Neben diesen informationstechnologischen Restriktionen stehen der vorstehend definierten ganzheitlichen Konzeption des Wissensmanagementsystems derzeit auch das menschliche Beharrungsvermögen sowie die „informationelle Abschottungsmentalität" entgegen. Neben der Informationstechnologie muss also auch die soziale Komponente in Form der sozio-kulturellen „Machbarkeit" sowie die mentale Integration durch Faktoren wie „sociability" und „solidarity"[102] gefördert und weiterentwickelt werden, zum Beispiel durch Anreiz- und Bonussysteme[103] bzw. durch Überzeugung[104].

Diese Aussage bestätigen auch empirische Untersuchungen über Struktur, Funktionalität und Effizienz des Wissensmanagements in transnationalen Unternehmen[105], die den Schluss zulassen, dass die Bedeutung des Wissensmanagements entweder nicht erkannt ist oder organisationale und individuelle Vorbehalte einer effizienten Nutzung entgegenstehen. Auf der Transferebene ist häufig die Implementierung des Wissensmanagements überwiegend von der individuellen, subjektiven Perzeption der Ressource „Wissen" abhängig; es ist demnach weder organisiert noch strukturiert. Letztlich hat sich dessen Bedeutung „in den Köpfen" noch nicht manifestiert. Zugleich wird Wissensmanagement – im Sinne der hierarchisch-funktionalen Doktrin – häufig als „Bringschuld" interpretiert, nicht jedoch als Wissensquelle für eigene Problemlösungs- und Entscheidungsprozesse. Da es nicht im Bewusstsein der Empfänger bzw. Nutzer „verankert" ist, wird es nicht gezielt genutzt. Hieraus resultiert sicher auch im Bereich der Transformationsebene, dass die Externalisierung, letztlich der „reine Informationsaustausch" überwiegt, während der Sozialisationsaspekt der Wissenstransformation häufig nur unbewusst vollzogen wird. Die Phasen der „Kombination" sowie der „Internalisierung" werden überhaupt nicht realisiert, so dass vorhandene Wissenspotentiale nicht genutzt werden (analog zu dem Slogan Cwenn Siemens wüsste, was Siemens weiß ....").

Abschließend sei festgehalten, dass in der populärwissenschaftlichen Diskussion häufig eine anscheinend semantische Beliebigkeit hinsichtlich der inhaltlichen Präzisierung des Begriffes „Wissensmanagement" festzustellen ist. Die damit verbundenen Missverständnisse haben letztlich historische Wurzeln, da es für das Wissensmanagement zwei Entwicklungspfade gibt – einen informationstechnologisch dominierten sowie einen humanistischen bzw. sozial fokussierten. Beide unterscheiden sich hinsichtlich ihrer Methoden und Ziele sowie des zu Grunde liegenden Bezugsrahmens – häufig jedoch nicht im Hinblick auf ihre Nomenklatura. Die ältere Entwicklungslinie ist (fast) zwangsläufig die sozial- bzw. geisteswissenschaftliche, weil sich sehr frühzeitig Philosophen mit dem Begriff des Wissens auseinandergesetzt haben[106]. Dieser wird als Ergebnis eines Prozesses verstanden, der sich aus einem komplexen Geflecht dynamischer Kenntnisse und Fähigkeiten zusammensetzt, die sich in kreativer Auseinandersetzung mit Reizen und Informationen kontinuierlich verändern (epistemologische Komponente). Neben dieser individuellen Sichtweise wird im Rahmen der informationstechnologischen Entwicklungslinie Wissen als Objekt konzeptualisiert, das eindeutig identifiziert, digital gespeichert, verteilt und vervielfältigt werden kann. Wissen ist demnach kein individuelles Gut, sondern ein organisationales Produkt (ontologische Komponente). Kritisch anzumerken ist dabei einerseits, dass fast überwiegend Wissen mit der Information gleichgesetzt wird – analog zum angelsächsischen Verständnis: Unter „Knowledge-Management" wird häufig nur das Horten von Informationen in Datenbanksystemen verstanden. Zum anderen implizieren nicht statische Informationen einen Wettbewerbsvorteil, sondern die Nutzung sowie Vermehrung des vorhandenen Wissens. Das kann jedoch nicht auf der Basis linearer, regelbasierter Lösungsansätze erfolgen, sondern nur mittels eines kreativen und innovativen Prozesses, der ausschließlich kognitiv durch Interaktionen zwischen Menschen bzw. zwischen Menschen und informationstechnologischen Systemen erfolgen kann, wobei der Mensch sowohl Auslöser als auch Prozesstreiber ist. Die Informationstechnologie bildet zwar eine Basis hierfür (vor allem im Rahmen der Sammlung, Speicherung und Verteilung von Daten und Informationen). Sie ist jedoch keine unabdingbare Notwendigkeit, weil diese Prozessphasen auch „klassisch" bzw. analog realisiert werden können (allerdings bei geringerer Effizienz). Der (informationstechnologische) Informations- bzw. Wissenstransfer allein ist somit nur die notwendige, nicht jedoch hinreichende Bedingung für den Wandel zur selbstlernenden Organisation; die hinreichende Bedingung „Wissenstransformation" bedingt allerdings den vorhergehenden Transfer. Die Aufgabe des Wissensmanagements ist es daher, beide Entwicklungsansätze zu vereinigen, in einer integrierten, ganzheitlichen Gesamtlösung den Transfer- und Transformationsprozess zu unterstützen sowie den (unternehmenskulturellen) Raum zu generieren, in dem Wissen geschaffen und entwickelt werden kann. Wissensmanagement beginnt und endet bei den MitarbeiterInnen, nicht bei der Informationstechnologie. Das setzt eine entsprechende Unternehmenskultur voraus, bei der individuelle Wissensvorsprünge keine Karrieren begründen, offen gelegte Wissenslücken keine Sanktionen implizieren und MitarbeiterInnen mehr wissen dürfen als ihre Vorgesetzten. Hierdurch wird letztlich eine „nachhaltige Wissensökologie" generiert, die zur Bedeutungserhöhung des unternehmensöffentlichen Gutes „Wissen" sowie zu dessen ständiger Verfügbarkeit für alle MitarbeiterInnen führt.

4.3 Informations- und Wissensmanagement als Module des Ressourcenmanagements (Enterprise Resource Management) der Unternehmung

Wissen wird zwar häufig als vierter Produktionsfaktor propagiert. Keiner der anderen Faktoren wird jedoch häufig so vernachlässigt bzw. ist veraltet, verloren gegangen oder durch mangelhaftes Management nicht verfügbar[107]. Wissen ist zugleich kumulativ, neues Wissen basiert auf vorhandenem Wissen bzw. entsteht durch dieses. Um die von dynamischen Märkten geforderten Kompetenzen schnell und zielorientiert bereitstellen zu können, ist allerdings die flexible Wissensgenerierung sowie der bedarfsorientierte, zeitnahe Zugriff hierauf erforderlich. Die Bewirtschaftung bzw. das Management dieses Wissens besitzt bei komplexen, kundenindividuellen Produkten und Dienstleistungen Vorrang gegenüber anderen Produktionsfaktoren, weil Vorteile in Technik, Produktion und Vertrieb schnell imitiert, adaptiert und somit kompensiert werden können. Die im Unternehmen vorhandene organisationale und individuelle Wissensbasis bildet einen komparativen Wettbewerbsvorteil, der überwiegend durch die MitarbeiterInnen sowie deren Lernfähigkeit und -bereitschaft realisiert werden kann. Sie benötigen gemäß einer Untersuchung des Fraunhofer-Institutes IAO in Stuttgart neben der Sozialkompetenz (Teamfähigkeit etc.) sowie Medienkompetenz (effiziente Nutzung der Informationstechnologien) vor allem die Methoden- und Fachkompetenz. Zur ersteren gehören neben der Problemlösungs- und Entscheidungsfähigkeit vor allem die Fähigkeit, Fachwissen interdisziplinär zu kombinieren und somit neues Wissen zu generieren. Erforderlich ist zugleich im Rahmen der Fachkompetenz neben dem Willen zum lebenslangen Lernen sowohl interdisziplinäres Wissen als auch die Möglichkeit und Befähigung zu Wissensweiterentwicklung[108], d. h. zur Vergrößerung sowohl der organisationalen als auch der individuellen Wissensbasis. Bedingung hierfür ist jedoch auch zwangsläufig die bedarfsgerechte Bereitstellung und somit die Instrumentalisierung des Wissens, um die gemäß der Meta Group bzw. Merril Lynch hieraus resultierenden Zielsetzungen (neben der Verbesserung der Kommunikationsfähigkeit sowie der prozessorientierten Abläufe vor allem die Erhöhung von Produktivität, Innovationsfähigkeit und Teamarbeit) auch realisieren zu können. Gerade bei prozessfokussierten Unternehmensstrukturen bedarf es daher des Informations- und Wissensmanagements, um die relevanten Informationen bestimmten Prozessschritten bzw. Ereignissen zuordnen zu können. Um Wissen auch in die Geschäftsprozesse einfließen zu lassen, muss die Dokumentation des Prozess- und des Funktionswissens, das Management dieses Wissens sowie die Schnittstelle zum Informationsmanagement realisiert werden – beispielsweise über Workflowsysteme sowie deren Modellierungswerkzeuge. Eine Untersuchung des IAO[109] ergab allerdings, dass der derzeitige Status dieser Systeme dies noch nicht gestattet. Gleichzeitig repräsentieren Geschäftsprozessmanagement sowie Wissensmanagement derzeit noch zwei voneinander getrennte Sichten auf die gleichen Geschäftsprozesse aufgrund der Trennung von Prozess- und Funktionswissen.

Verbindet man die bisherigen Definitionen und inhaltlichen Beschreibungen des Informations- sowie des Wissensmanagements miteinander, so erhält man im Prinzip die Struktur des unternehmensweiten Ressourcenmanagements (Enterprise Resource Management – ERM). Letzteres beinhaltet daher ebenfalls sowohl eine ontologische (Transfer-) als auch eine epistemologische (Transformations-) Dimension (vgl. Abb. 46).

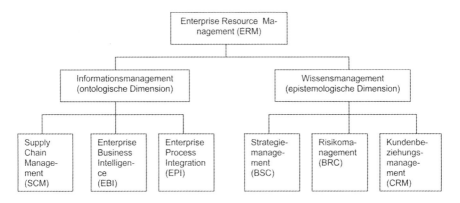

Abb. 46: Das Ressourcen-Managementsystem der Unternehmung

Hierbei repräsentiert das Informationsmanagement als ontologische Dimension die Transferkomponente (Verteilungsfunktion) des Ressourcenmanagements, während das Wissensmanagement als epistemologische Dimension die Funktion der Transformationskomponente (Verarbeitungsfunktion, d. h. Generierung von neuem Wissen aus den transferierten Daten und Informationen) besitzt. Beide Dimensionen stehen in einem interdependenten Verhältnis zueinander. Als ein „Vorläufer" des ERM kann das Konzept der „Zero Latency Enterprise" (ZLE) der Gartner Group gesehen werden, das auf dem Konzept des „Operational Data Store" (ODS) von Bill Inmon beruht. Dabei werden alle Daten der geschäftsrelevanten Anwendungen mittels der EAI (Enterprise Application Integration) im ODS (hybride Datenbank) aggregiert. Auf das ODS kann dann – im Gegensatz zum abgekoppelten Data-Warehouse – auch im Prozessbetrieb zugegriffen werden, weil es dem Data-Warehouse vorgeschaltet ist; nach ein bis drei Monaten werden dann die operativen Daten (Transaktionsdaten) im ODS eliminiert und aufbereitet im Data-Warehouse abgelegt (vgl. Abb. 47).

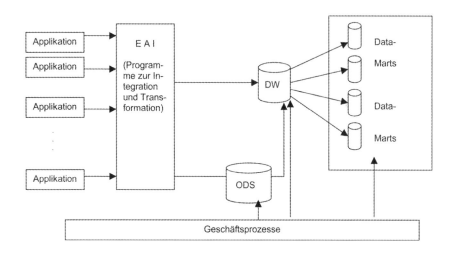

Abb. 47: Das Operational Data Store (abgeändert übernommen von Bill Inmon)

Die von Inmon dabei angestrebte Zielsetzung ist in dem „integrierten gemeinsamen Online-Processing" zu sehen. Ersichtlich wird jedoch, dass der Fokus auf dem Informations- bzw. Wissenstransfer liegt, die Transformation jedoch vernachlässigt bleibt. Dies soll beispielhaft am „Supply Chain Management" (SCM) erläutert werden.

Unter SCM wurde anfangs die digitale Steuerung der logistischen Prozesse im Sinne des „Supplier Relationship Management" bei der Abwicklung eines Kundenauftrages sowohl im Hinblick auf die Beschaffung der zur Produktion erforderlichen Rohstoffe, Halbprodukte etc. als auch hinsichtlich der Auslieferung des Produktes an den Kunden verstanden. Inzwischen werden jedoch alle damit verbundenen digitalisierbaren Prozessschritte sowohl im Rahmen des Kundenbeziehungsmanagements (CRM) als auch des E-procurements (digitale Beschaffungsprozesse im Rahmen des B2B) sowie die entsprechende „just-in-time"-Produktion des vom Kunden gekauften Produktes involviert[110]. Es integriert somit Planung, Simulation, Steuerung und Optimierung der Güter-, Informations- und Geldflüsse entlang der gesamten Wertschöpfungskette vom Rohstofflieferanten bis zum Endkunden. Kunden, Marktpartner, externe Lieferanten sowie sonstige an der Transaktion beteiligte Dritte werden online zu einem Netzwerk verknüpft, das „transaktionsfrei" mit allen relevanten Prozessen der Unternehmung des Produzenten in Echtzeit verbunden ist. Dies ermöglicht die Aggregation verschiedener interdependenter (Teil-)Prozesse zu einem medienbruchfreien, „transaktionsarmen" neuen Prozess, der automatisch nach dem „Push-Prinzip" angestoßen wird. Durch die unterstützende Funktion der Informationstechnologie wird die frühere „Kettenstruktur" zu einem vermaschten Netzwerk transformiert. Das ermöglicht beispielsweise auch die elektronische Unterstützung bzw. Digitalisierung von „Kanban-Regelkreisen"[111], in die die vor- und nachgelagerten Prozesse integriert werden. Primär setzt dies jedoch bei allen involvierten Teilnehmern organisationsstrukturelle Veränderungen durch eine vorherige und vollständige Reorganisation der jeweiligen Wertschöpfungskette voraus – die Informationstechnologie besitzt „nur" sekundäre Bedeutung. Die Verbesserung der Wertschöpfung entsteht dabei durch die Verknüpfung von Informationskonsistenz und -transparenz einerseits sowie der Prozesslogik (bzw. dem zu Grunde liegenden Regelwerk) andererseits und somit durch die Reduzierung der Transaktionskosten im Rahmen der Prozesssteuerung. Dadurch entsteht eine auftragsbezogene „Community" bzw. virtuelle Unternehmung, in deren Fokus der jeweilige Kunde steht. Weil letzterer im Sinne eines funktionierenden Kundenbeziehungsmanagements schon bei der Produktentwicklung involviert ist[112], ermöglicht ein derartiges Prozessmanagement das Anbieten „kundenindividueller" Produkte bei gleichzeitiger standardisierter und automatisierter „Fließbandfertigung"[113] (vgl. Abb. 48).

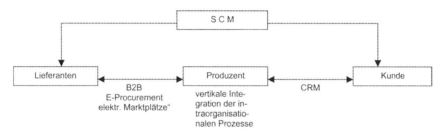

Abb. 48: Die Prozessstruktur des Supply Chain Managements

Durch ein diesbezügliches Prozessmanagement wird letztlich die Konvergenz von Produktion und Konsumption herbeigeführt, da sich das jeweilige Angebot ausschließlich an der individuellen Produktnachfrage orientiert und dieses sich fast just-in-time anpasst. Auftragsverarbeitung, Beschaffung der zur Produktion erforderlichen Elemente, Produktion, sich anschließende Logistik sowie die jeweilige Rechnungsstellung werden online in wenigen Stunden realisiert, so dass beispielsweise eine Lagerhaltung entbehrlich bzw. eine Verringerung der Lager- bzw. Durchlaufzeiten möglich wird. Das führt zur Auflösung des klassischen Dualismus zwischen der Koordination der Arbeitsteilung durch Planung und Organisation einerseits sowie der Steuerung bzw. Regelung durch den Markt andererseits. Parallel dazu wird auch die tradierte Philosophie des „Material Requirements Planning" (MRP) abgelöst, die sich auf die sequentielle Berechnung von Auftragsmengen und -terminen beschränkt. So wird der bislang ausschließlich sequentielle Ablauf der jeweiligen Prozessschritte vom Auftrag über Beschaffung, Produktion bis zur Auslieferung nunmehr – digital – weitestgehend parallel durchgeführt, weshalb sich die Transaktionskosten fast vollständig durch das Prozessmanagement reduzieren lassen[114]. Voraussetzung für die Senkung der Transaktionskosten ist jedoch, dass bei allen Beteiligten entsprechende prozessorientierte Strukturen institutionalisiert bzw. die internen sowie externen Prozesse optimiert, die hierzu erforderliche Unternehmenskultur verankert sowie die kompatiblen Informationssysteme und -Architekturen installiert sind. Zusätzlich führt die Verknüpfung verschiedener, bislang getrennter Wertschöpfungsprozesse der jeweils involvierten Unternehmen sowie deren ganzheitliche Optimierung zur Verbesserung der Geschäftsprozesse und zu Kostenreduzierungen bei allen Beteiligten. SCM beinhaltet demnach nicht nur die Steuerung einzelner logistischer Prozesse (zum Beispiel Zulieferer ◊ Produzent; Produzent ◊ Kunde), sondern das Management eines komplexen Netzwerkes von parallel bzw. nacheinander ablaufenden Prozessen; hierzu gehört sowohl die intraorganisationale operative Steuerung als auch diejenige der gesamten „Marktplatzlogistik" (einschl. Beschaffung, Versand, Zahlungsverkehr, Haftung, Distribution, Zollabfertigung etc.). Voraussetzung ist zwangsläufig, dass alle Beteiligten gleichzeitig und konsistent alle erforderlichen Informationen erhalten und in ihre spezifischen Geschäftsprozesse einfließen lassen können sowie letztere für die Partner offenlegen. Die dazu erforderliche „informationslogistische Infrastruktur" wird durch das Internet dargestellt. Überpointiert ausgedrückt impliziert dies die „Verbindung der Lieferanten der Lieferanten mit den Kunden der Kunden". Erweitert man die Aussagen über das SCM mit den vorherigen Ausführungen über Informations- und Wissensmanagement, so erhält man die informationstechnologische Struktur des „Business Collaboration Managements". Hierdurch soll der gesamte Produkt-(Waren-) und Informationsfluss der Unternehmen, Kunden, Lieferanten etc. optimiert werden. Die aus dem Produktionsgüterbereich stammende Philosophie des SCM kann zwangsläufig auch auf die Prozesse des Dienstleistungsbereiches transferiert werden. So können Energieversorger oder -händler einem Industriekunden stunden- oder tageweise die benötigte elektrische Energie „nach Fahrplan" bzw. nach Vorgabe durch den jeweiligen Produktionsprozess an der Börse beschaffen, die mit der Liefertransaktion verbundenen vertraglichen Vereinbarungen (zum Beispiel Netznutzung etc.) abschließen und ergänzend hierzu „Versicherungen" in Form von Optionen, Derivaten etc. für den Fall kontrahieren, dass das Industrieunternehmen seinen „Strombezugsfahrplan" falsch prognostiziert hat oder diesen aufgrund von Störungen (Nachfrageverhalten, technische Störungen etc.) nicht einhalten kann.

Die hiermit verbundene transorganisationale Prozesstransparenz bei Zulieferern, Produktion, Logistik und Kunden erfordert allerdings Vertrauen zwischen den involvierten Teilnehmern im Hinblick auf die – bedingte – Offenlegung von Ablauf- und Kostenstrukturen. Nur dann ist es möglich, den „Peitschenschlageffekt", also das Aufschaukeln der Nachfrageschwankungen entlang der Prozesskette zu reduzieren bzw. gänzlich zu verhindern. Deutlich wird, dass sich bei Ausfall oder Störung eines Elementes des komplexen Beziehungsgeflechtes erhebliche Beeinträchtigungen des gesamten Netzwerkes ergeben können, die bis zum Stillstand aller involvierten Subprozesse führen. Voraussetzung ist daher die Angleichung bzw. Abstimmung der jeweiligen intraorganisationalen Strukturen und Prozesse sowie häufig auch Veränderungen der jeweiligen Unternehmensstrategien und -kulturen. Daraus wird deutlich, dass die Wirtschaftlichkeitsberechnung vor der Implementierung des SCM nicht ausschließlich monetarisierte Kosten, sondern auch qualitative Faktoren[115] berücksichtigen muss. Gemäß einer Auflistung des Fraunhofer Institutes[116] setzen sich die „Total Cost of Procurement" aus den Materialkosten (Preis) und den Transaktions- bzw. Prozesskosten der Beschaffung sowie den qualitativen Faktoren „Qualität und Zuverlässigkeit", „Termintreue" und „Vertrauen" zusammen. Die kundenproduktspezifische und zeitgleiche Bestellung der erforderlichen Teilprodukte bei den jeweiligen Vorlieferanten impliziert im Folgenden sowohl spezifische Abhängigkeiten für deren Produktionsprozesse als auch deren „Beteiligung" am Markterfolg bzw. -risiko des eigentlichen Produzenten. Das mag auch der Grund dafür sein, dass gemäß einer Erhebung der Gartner-Group 60 Prozent der befragten deutschen Unternehmen den Nutzen des SCM verneinen und 75 Prozent aufgrund der damit einhergehenden Preistransparenz negative Auswirkungen auf das Geschäftsergebnis befürchten. Zu einem analogen Ergebnis kam auch eine Erhebung der Meta Group (Meta Group 2001) – trotz eines Durchschnittsaufwandes von 0,5 Millionen Euro sowie eines Implementierungszeitraumes von 16 Monaten scheitern ca. 60 Prozent der bisherigen Projekte, weil zum einen die Prozessstrukturierung bei den involvierten Unternehmen fehlte bzw. nur rudimentär entwickelt war. Zum anderen sind die auf dem Markt verfügbaren Applikationen häufig „Speziallösungen", die auf andere Unternehmen bzw. Branchen nicht transformiert werden können. Um diese konzeptionellen und implementierungsbedingten Schwierigkeiten zu reduzieren, wird daher eine vierstufige Vorgehensweise bei der Einführung von SCM-Konzepten empfohlen (vgl. Abb. 49):

    1. Stufe: Automatisierung der belegfokussierten Transaktionen durch EDI-Verfahren.
    2. Stufe: gemeinsame Nutzung der sich jeweils ergebenden Daten über das Internet.
    3. Stufe: Generierung einheitlicher Prozessstrukturen des durchgängigen Daten- und Informationsflusses entlang der „Commerce Chain" bei allen involvierten Beteiligten.
    4. Stufe: Transformation des SCM in ein CCM (Commerce Chain Management) bzw. CCC (Commerce Chain Collaboration) als ganzheitliche, systemische und webfähige Prozessintegration).

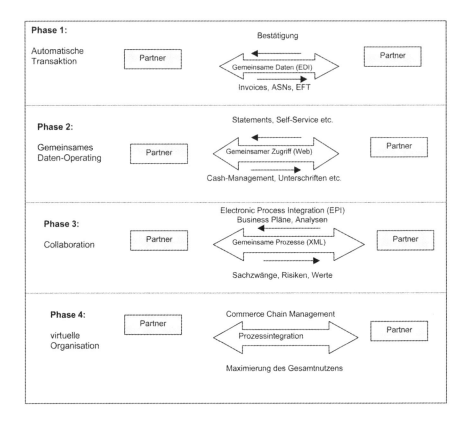

Abb. 49: Die Evolutionsstruktur der unternehmensübergreifenden Zusammenarbeit im Rahmen des SCM (in abgeänderter, erweiterter Form übernommen von Meta Group)

Im Endeffekt wird eine quasi „virtuelle Unternehmung" geschaffen, bei der die Maximierung des Gesamtnutzens anstelle einer jeweiligen Optimierung der Einzelinteressen realisiert wird. Neben der Reduzierung der Transaktionskosten wird gegenüber dem Kunden durch alle Beteiligten eine zusätzliche Dienstleistungskomponente sowie ein hohes Serviceniveau generiert, das letztlich auch zu einer höheren Nachfrage der individuellen Teilleistungen führt; ergänzend zum Produktniveau wird des Weiteren auch dem Kunden eine höhere Wertschöpfung angeboten – dies führt zum „Coopetition". Um Effizienz, Effektivität und Stabilität des SCM-Systems evaluieren und gewährleisten zu können, ist ein kontinuierliches Monitoring der nachfolgenden Kriterien notwendig:
- austauschbare Bedarfsmaterialien,
- Prozessstruktur,
- Verantwortlichkeiten,
- rechtliche Relevanz und Gültigkeit der digital ausgetauschten Dokumente,

- Liefersicherheit (Qualität, Quantität, Zeitpunkt),
- Risikomanagement (Markt-, Preis-, Ausfallrisikto etc.).

Abschließend sei noch festgehalten, dass die derzeit auf dem Markt erhältlichen SCM-Systeme noch keinen ausreichenden Reifestatus besitzen, so dass derzeit über 60 Prozent derartiger Projekte scheitern müssen[117]. Ungeachtet dessen kann festgehalten werden, dass die Implementierung von SCM-Systemen im gleichen Ausmaß die Produktionsabläufe verändern wird, wie es seinerzeit bei der Einführung der Fließbandfertigung geschah. Überpointiert kann daher formuliert werden, dass ohne ein unternehmensübergreifendes Ressourcenmanagement (ERM) mit seinen Dimensionen „Informationsmanagement" sowie „Wissensmanagement" das Agieren auf liberalisierten Märkten keine Managementangelegenheit, sondern ein Glücksspiel ist.

Nach dieser skizzenhaften bzw. beispielhaften Erläuterung des SCM als Modul der Transferdimension des „Enterprise Resource Managements" sollen nachfolgend die Module „Strategiemanagement", „Risikomanagementsystem" sowie „Kundenbeziehungsmanagement" als Elemente des Wissensmanagements in seiner Funktion als Transformationsdimension des „Enterprise Resource Managements" erörtert werden.

---

[1] Gem. Benjamin Disraeli (1804 bis 1881) ist der Erfolgreichste im Leben derjenige, der die besten Informationen besitzt.
[2] Vgl. Radermacher (1997).
[3] Analog zu den vier Regelungsebenen des kybernetischen Managements.
[4] Schon Aristoteles differenzierte zwischen explizitem, strukturiertem Wissen („Wissen, dass ...") sowie implizitem, intuitivem bzw. unstrukturiertem Wissen („Wissen, warum ...").
[5] Problematisch ist hierbei die Klassifizierung, da es unstrukturiert existiert; die unstrukturierte Erfassung und Eingabe erfordert zur Aufbereitung die Verknüpfung durch Relationen bzw. Verknüpfungspunkten.
[6] Vgl. Jaspers (1956).
[7] Vgl. Nonaka/Takeuchi (1997).
[8] Empirische Untersuchungen ergaben, dass der Produktionsfaktor „Wissen" zu mindest 50 Prozent an der Wertschöpfung beteiligt ist.
[9] Eine Studie des MIT belegt, dass ca. 80 Prozent aller Innovationen durch interpersonelle Kommunikation generiert werden.
[10] Dies ist demnach mit dem Informationsmanagement (vgl. den vorherigen Abschnitt) identisch.
[11] Vgl. Abschnitt 1.2.4.
[12] Auch als „Knowledge-Management" bezeichnet; derzeit wird dieser Begriff allerdings inflationär „missbraucht", da häufig sowohl der Begriff „Wissen" unscharf definiert ist als auch das Management überwiegend auf die informationstechnologische Verarbeitung des expliziten Wissens (z. B. im Rahmen von Dokumentenmanagementsystemen) reduziert wird.
[13] Eine Untersuchung des ZEW Mannheim ergab, dass 86 Prozent aller befragten Unternehmen der Auffassung sind, dass das Ausscheiden qualifizierter Mitarbeiter eine Wissenslücke hervorrufen würde, die Produktivitätsrückgänge zur Folge hat. Des Weiteren ermittelte das IDC, dass durch das unzureichende Wis-

sensmanagement bei den 500 größten Unternehmen weltweit jährlich Kosten in Höhe von 12 Mrd. $ entstehen.
14 Vgl. Lauenstein et al (1994).
15 Z. B. im Rahmen der „Pattern recognition", d. h. dem Aufzeigen von gleichen Merkmalseigenschaften bzw. -ähnlichkeiten.
16 Vgl. v. Kroh et al (2000).
17 Vgl. Staehle (1991).
18 Vgl. Cerny et al (1996).
19 Vgl. Hamel/Prahalad (1983) sowie Sydow (1993).
20 Vgl. ESM (Enterprise Systems Management) bei IBM bzw. „Green Operations Network" bei BP.
21 Vgl. „Knowledgemotion" bei Siemens – vgl. hierzu Mertins et al (2001).
22 Vgl. Johanson/Vahlen (1977), (1990).
23 Vgl. Staab (2002), S. 194 ff.
24 Derartige Transfersysteme werden daher häufig auch als sog. „knowledge-sharing" bezeichnet, z. B. Content-Managementsysteme, Wissensbroker, Dokumentenmanagementsysteme sowie kollaborative Systeme (WFS, WGS).
25 Vgl. die Ausführungen in Abschnitt 3.3.3.
26 In der Literatur wird häufig angeführt, dass Wissensmanagement auch ohne ein Data warehouse generiert werden kann – bei der wachsenden Informationsüberflutung ist allerdings die intellektuelle Kapazität des Menschen bei Aufbereitung, Verdichtung, Aggregation und Verknüpfung der Informationen überfordert.
27 Hierbei werden Punkte im n-dimensionalen Raum (sog. Primärschlüsselwerte) in eindimensionale Bit-Werte (sog. Z-Adressen) dergestalt umgesetzt, so dass die räumlichen Nachbarschaftseigenschaften erhalten bleiben; diese Z-Adressen werden als eindimensionaler Schlüssel für einen Standard-B*-Baum verwandt.
28 Vgl. Abschnitt 3.
29 Um komplexes sowie Spezialwissen „verständlich" zu machen.
30 Analyse inhärenter Zusammenhänge und Trends zwischen Daten und Informationen durch neuronale Netze.
31 Datenanalyse durch Hypothesenprüfung bei bekannten Datenstrukturen mittels klassischer Statistik- bzw. Entscheidungsbaum-Tools.
32 Vgl. Abschnitt 4.2.2.
33 Mittels definierter Merkmale oder durch ein digitales Photo.
34 Vgl. hierzu Abschnitt 3.3.
35 Vgl. die Ausführungen in den Abschnitten 6 und 7.
36 Hiermit sind nicht die im Internet vorzufindenden entgeltlichen und unentgeltlichen „Wissensportale" (z. B. wissen.de, Xipolis.net) gemeint, da diese digitale Lexika, Wörterbücher sowie ergänzende redaktionelle Beiträge – quasi „Gemischtwarenläden des strukturierten lexikarischen Wissens" ....
37 Der „Nutzer" weiß häufig nur unpräzise, welche Informationen er eigentlich sucht.
38 Auch als Text-Mining im Gegensatz zum Data-Mining bezeichnet.
39 Es wird im Rahmen des hierarchischen Umlaufes nur das gelesen, was der Vorgesetzte angestrichen hat.
40 XML = Extensible Markup Language – „Sprache zur inhaltlichen Strukturierung von Dokumenten; basiert auf dem SGML (Standard Generalized Markup Language); auch als „Lingua franca" bezeichnet, ist allerdigns derzeit nicht im RDMS speicherbar.
41 Z. B. „Dynamic Reasing Engine" von der Fa. Autonomy.
42 Vgl. Dittmar (2000), S. 16.

43 Die Relation zwischen strukturierten und unstrukturierten Informationen beträgt ca. 20 : 80.
44 HTTP = Hypertext Transfer Protocol.
45 HTML = Hypertext Markup Language.
46 Z. B. als Middleware.
47 Vgl. Fensel (2001).
48 Häufig auch als „Wissenslandkarte" bezeichnet. Sie gibt Auskunft darüber, welche Daten und Informationen in welcher Form wo residieren, von wem sie genutzt werden und welche zusätzlichen Daten resp. Informationen erschlossen werden müssen. Sie macht transparent, welche Daten- und Informationsbestände wo liegen und zeigen die Inkompatibilitäten der jeweiligen Datenträger auf.
49 Computer Supported Cooperative Learning.
50 Hierunter versteht man zielorientierte, selbstlernende Programme, die flexibel mit ihrer Umwelt kommunizieren; zur Verhinderung des „information overloads" suchen und filtern sie gezielte Informationen (information agent) oder unterstützen den Anwender bei der Applikationsbedienung – vgl. Abschnitt 3.3.2.2.
51 Z. B. sog. „Topic-Maps", die die ISO als ISO/IEC-Standard 13250 verabschiedet hat.
52 Vgl. Jänig (2002).
53 Als beispielhaft kann diesbezüglich das System BRAIN (Berger Research and Interactive Network) der Unternehmensberatungsgesellschaft Berger gelten.
54 Vgl. Matthiessen/Unterstein (1997) sowie Saake/Türker (1997).
55 Vgl. die Ausführungen in Abschnitt 3.
56 Z. B. Angst vor Macht-, Status-, Kompetenz- und Autoritätsverlust.
57 Das beste Kommunikationsvehikel ist bekanntlich derzeit noch die Kaffeepause
58 Vgl. Bohm (1998).
59 Vgl. Brown et al (2001).
60 Vgl. Owen (2001).
61 Vgl. Abschnitt 4.2.2.
62 FAQ = Frequently Asked Questions – häufig gestellte Fragen werden einmal grundsätzlich beantwortet und auf die „Yellow Page" gesetzt.
63 Z. B. von der Fa. „Think Tools" aus England.
64 Nicht übersehen werden darf hierbei, dass das implizite Wissen häufig auf Kosten der Unternehmung erworben wurde ...
65 Von Neumann-Architektur.
66 Vgl. unter anderem Agyris (1970), de Bono (1996), Kirsch (1976), Nonaka/Takeuchi (1997), Wieselhuber + Partner (1997) sowie die dort jeweils angegebene Literatur.
67 Mechanisches Lernen = Auswendiglernen.
68 Sinnvolles Lernen: Inhalt mit anderen Begriffen wiedergeben.
69 Antizipatives Lernen kann als zukunftsorientiertes Denken und Lernen durch die Involvierung spezifischer Methoden (z. B. Szenario-Technik, Prognose-Verfahren) verstanden werden, um Innovation und Kreativität zu erzeugen; es basiert nicht ausschließlich auf logisch-analytischen Denkvorgängen, sondern vor allem auf Phantasie, Intuition und Emotion.
70 Partizipatorisches Lernen beruht auf Kooperations- sowie sozialer Kommunikationsfähigkeit, um zu einer ständigen Bewusstseinserweiterung zu gelangen (interdisziplinäre Wissensvermehrung, soziales Lernen, Teamfähigkeit).
71 Berücksichtigung der Werte und Ziele des anderen zur Erreichung einer gemeinsamen Identität.
72 Didaktisch-rhetorisches Mittel zur Durchsetzung der eigenen Interessen.
73 Medizin, Pharmazie sowie die neurologische Forschung sind bis vor kurzem dieser Ansicht gefolgt, indem dann diagnostiziert und medikamentiert wurde,

	wenn spezifische Signal- bzw. Reizübertragungen in den komplexen Verschaltungen des menschlichen Gehirns fehlerhaft waren – die „Verschaltungsfehler" werden nur „physikalisch" behandelt und teilweise behoben, während der kognitive Verarbeitungsprozess unberücksichtigt blieb – vgl. hierzu die Ausführungen in Abschnitt 8.
74	Da das Bewusstsein eine beschränkte Verarbeitungskapazität besitzt, werden häufig Handlungen, die „nicht in das Bewusstsein" gelangt sind, nachträglich legitimiert (sog. kognitive Dissonanz).
75	Vgl. zu den folgenden Ausführungen Brandom (2000).
76	Vgl. Kant (1958).
77	Descartes begründete die erkenntnistheoretische Tradition der ontologischen Differenzierung hinsichtlich des instrumentellen Verständnisses sprachlicher Begriffe durch das Aufzeigen des Dualismus zwischen dem Mentalen (Res cogitans) sowie dem Physischen (Res extensa) – im Gegensatz zu Kant's deontologischer Unterscheidung – zwischen dem Deskriptiven (Beschreibenden) und dem Präskriptiven (Normsetzenden), dessen Beziehung jedoch nicht dualistisch zu verstehen ist.
78	Vgl. Wittgenstein (1969).
79	Vgl. Hegel (1964).
80	Regelvorstellungen, basierend auf sozialen Strukturen.
81	Das „Schlussfolgern" über die Repräsentation des proportionalen Gehaltes.
82	Die „Anerkennung" manifestiert sich in der diskursiven Artikulation sowie dem propositionalen Gehalt der Normen.
83	Kant differenziert diesbezüglich zwischen dem „Handeln nach einer Regel" sowie dem „Handeln nach einer Regelvorstellung"; ersteres gilt ausschließlich für „nicht-verstandesmäßige" Wesen, während der Mensch als intelligentes Wesen überwiegend nach subjektiven „Vorstellungen von Regeln" handelt.
84	Vgl. Brandom (2000), S. 77 ff. und S. 94 ff. sowie Brandom (2001).
85	gemäß Kant besteht die kognitive Tätigkeit im „(Be-)Urteilen" sowie den damit zusammenhängenden Aspekten – vgl.Kant (1956), S. 116 ff.
86	Die Methode des „Brainstorming" bzw. anderer Kreativitätstechniken basieren unter anderem darauf, dass die „Beurteilungsbasis" der Beiträge von allen anerkannte bzw. allgemeingültige Normen sind, so dass die individuell-subjektiven Normen (z. B. Vorurteile) nicht wirksam werden können.
87	Vgl. Nonaka/Takeuchi (1997).
88	Hier gilt das Zitat von Benjamin Franklin: „Involve me and I learn".
89	z. B. Daimler-Chrysler, IBM, Siemens.
90	Elektronische Notizzettel, mittels derer Fragen, Antworten und Auswertungen innerhalb eines Dokuments platziert werden.
91	Verschiedene Prognosen unterstellen, dass in ca. 10 Jahren rd. 80 Prozent aller Mitarbeiter bzw. Tätigkeiten damit beschäftigt sein werden, Daten und Informationen in Wissen umzuwandeln.
92	Vgl. hierzu auch Bürgel (Hrsg., 1997).
93	Visionen beschreiben, welche Ziele zukünftig erreicht werden sollen und fokussieren dadurch unter anderem das zukünftige Image der Unternehmung; sie implizieren häufig ein „recommitment" der Unternehmenswerte sowie ein „reassessment" der Unternehmensmission.
94	Die Strategie soll die Frage beantworten, wie die Vision(en) unter Berücksichtigung der jeweils bestehenden Realität am besten erreicht werden kann/können.
95	Hierzu gehören auch die prozessunterstützenden Methoden des CRM, SCM, BSC etc.
96	Vgl. Fischer/Fröhlich (Hrsg., 2001).

97	Unterstützt durch den Einsatz von Kreativitätstechniken, bspw. dem Brainstorming zur Entwicklung von Problemlösungen oder der Synektik als Verfremdungsmethode.
98	Vgl. zum Phasen- und Episodenkonzept Jänig (1984), S. 196 ff.
99	Die Volltextsuche ist zwar Standard, es fehlen jedoch intelligente Suchroutinen
100	Vgl. English (1999), Huang et al (1999).
101	Zu jeder Entität (z. B Kunde, Lieferant) gibt es eine Menge von Attributen, die diese Entität eindeutig beschreiben.
102	Vgl. hierzu die Ausführungen in Abschnitt 2.
103	3M stellt z. B. jedem Mitarbeiter ca. 15 Prozent seiner Arbeitszeit „frei und unkontrolliert" für die Arbeit mit und in der unternehmenweiten Wissensbasis zur Verfügung.
104	Ungeachtet dessen bleibt als Kernproblem die menschliche Unfähigkeit oder Unwilligkeit, die Information bzw. das Wissen intelligent zu nutzen.
105	Vgl. Wiechert (1999); gemäß einer Meta-Group-Umfrage setzen nur 8 Prozent der Unternehmen Contentmanagementlösungen auf Intranetbasis ein, während 16 Prozent über rudimentäre sowie singuläre IT-Komponenten verfügen.
106	Vgl. beispielhaft Platon (1963), Popper (1973), Wittgenstein (1953).
107	Die IDC hat ermittelt, dass die Transaktionskosten pro Mitarbeiter aufgrund eines mangelhaften Informations- und Wissensmanagements ca. 6.000 $ p. a. betragen.
108	Die hierzu notwendigen humanen Schlüsselfunktionen sind neben Flexibilität, um auf Veränderungen reagieren zu können, vor allem auch Motivation (Veränderungswille) sowie die Leistungsfähigkeit, Veränderungen zu realisieren.
109	IAO-Studie „Knowledge meets Process: Wissen und Prozesse managen im Intranet".
110	Vgl. beispielsweise die bei Dell realisierte „Einzelfertigung" von PC's etc. nach dem digital erfolgten individuellen Kundenauftrag.
111	Konzept zur Materialfluss- bzw. Produktionssteuerung nach dem Hol-Prinzip".
112	Sog. Prosuming – vgl. Abschnitt 7.2.2.
113	Wie dies in der Automobilindustrie bzw. im PC-Bereich derzeit schon geschieht
114	Eine Untersuchung der Gartner-Group konstatierte eine gesamte Kostensenkung von ca. 40 Prozent.
115	Auch Vertrauen etc. hat seinen „Preis".
116	Anwendungszentrum logistikorientierte Betriebswirtschaft.
117	Die derzeit verfügbaren SCM-Systeme können nur relativ einfache Prozess- und Marktstrukturen (RMO-Produkte) abbilden.

5. Das Strategiemanagement als Modul des Wissensmanagementsystems

5.1 Einführung

Die Evolution der Informationstechnologie hat bekanntlich die Dynamik und Komplexität des Informations- und Wissenskontextes einer Unternehmung durch asynchron, ageographisch sowie frei zirkulierende Informationen und Wissensmodule um den „Faktor 10" erhöht. Das impliziert neben der Steigerung der Verarbeitungskompetenz vor allem höherwertigere Anforderungen an die organisationale Veränderungs- und Anpassungsfähigkeit – dies um so mehr, weil die unternehmensrelevanten Rahmenbedingungen mittlerweile überwiegend außerhalb der Organisation definiert werden. Durch den Globalismus wurde ein „Hyperwettbewerb"[1] ausgelöst, der durch volatierendes, dynamisches Kundenverhalten sowie komplexe technologische Evolutionen mit Halbwertszeiten unter sechs Monaten geprägt ist. Parallel dazu erzwingt die durch den Globalismus ausgelöste modulare Strukturierung von Unternehmen (bis hin zur virtuellen Organisation) eine dezentrale Output- und Leistungsmessung, um reagibel Abweichungen zu erfassen, zu analysieren und kompensieren zu können. Nur hierdurch wird es möglich sein, dass zum einen veränderte Zielsetzungen zeitnah und konsistent in die Geschäftsprozesse einfließen und somit die Anpassung der Ressourcenallokation (Ressourcen Re-Allokation) ermöglichen. Die klassischen Strategiemethoden genügen den hieraus resultierenden Anforderungen nicht mehr[2]. Erforderlich sind vielmehr kurz-, mittel- als auch langfristig orientierte kybernetische, dialogfokussierte Strategieentwicklungs- und -evaluierungsprozesse, die im Kontext eines strategisch ausgerichteten sowie wertschöpfungsorientierten Managementsystems institutionalisiert sind. Hierzu gehören beispielsweise Simulationsverfahren wie das „war gaming"[3] oder dynamische Szenarien[4], die komplexe, nicht-lineare sowie zeitvariante Systemzustände abbilden und langfristig prognostizieren können. Zum anderen können schon in den Planungsprozessen relevante Veränderungen proaktiv sowie antizipativ berücksichtigt werden. Die dabei zu Grunde liegende inhaltliche Strategiedefinition beruht auf Porter[5], dem gemäß die Zielsetzung einer Unternehmensstrategie auf liberalisierten Märkten die Generierung einer einzigartigen, wert- und nachhaltigen Marktposition bei gleichzeitiger Definition der hierfür erforderlichen singulären Erfolgsgaranten bzw. -parameter, die von Mitbewerbern nicht umgehend adaptiert werden können, beinhalten muss. Dadurch kommt es dann nicht zu einem (preisorientierten) Wettkampf auf identischen (Wettbewerbs-)Pfaden, der mittel- bis langfristig nicht zu gewinnen ist. Zur Identifikation und Definition derartiger nachhaltiger, unternehmensindividueller Erfolgsparameter sind jedoch Informationen und Wissen erforderlich, die nicht den traditionellen Kennzahlensystemen entstammen. Diese besitzen vielmehr den Nachteil, nur die Vergangenheit zu erklären[6] und zukunftsorientierte Aussagen nicht zu ermöglichen bzw. nicht die wertschöpfenden Faktoren von langfristig wirkenden Investitionen und Innovationen aufgrund ihres überwiegend kurzfristigen Betrachtungshorizontes aufzuzeigen. Zum anderen sind die Controlling-Kennzahlensysteme zur Steuerung der Unternehmung häufig nur eingeschränkt verwendbar: Controlling-Kennzahlen sowie das hierauf basierende Berichtswesen sind überwiegend rechnungswesenfundiert und beruhen auf einer operativen Datenbasis. Allein deren Verdichtung lässt diese noch nicht zu Führungs- bzw. Steuerungskennzahlen mutieren[7]. Controlling koordiniert häufig nur die operative Planung, das operative Berichtswesen sowie das interne Rechnungswesen, so dass sowohl semantisch „unscharfe" Strategieprämissen als auch widersprüchliche Informationsquellen einerseits und die Involvierung unterschiedlicher Informationsgrundlagen andererseits zur Vergrößerung der „Schere" zwischen benötigten Führungsinformationen sowie gelieferten Controllinginformationen führen müssen[8].

Das gilt auch für die Verfahren zur wertorientierten Unternehmensbewertung im Rahmen des „Shareholder-Value- bzw. Corporate-Governance-Ansatzes"[9], beispielsweise dem „Economic Value Added" (EVA[10]), dem „Economic Profit" (EP)[11], dem „Added Value" (AV)[12] bzw. „Market Added Value" (MVA) oder dem Ansatz des „Cash Value Added" (CVA)[13]. Neben unterschiedlichen Erfolgs- und Vermögensgrößen werden auch unterschiedliche Cash-Flow-Definitionen[14] verwandt, die Interpretationsräume für Wertsteigerungsanalysen implizieren. Neben dieser fehlenden Methodensicherheit bei der Wertsteigerungsanalyse[15] beinhalten diese Verfahren zusätzlich noch eine reduzierte Kommunikationsfähigkeit, sowohl intraorganisational als auch gesellschaftspolitisch, weil fast ausschließlich Buchhaltungsdaten auf der Grundlage definierter Algorithmen in andere Werte „konvertiert" werden[16]. Erschwerend kommt hinzu, dass die an sich einzubeziehenden Daten und Informationen sowohl qualitativ als auch von ihrer Konsistenz her nur eingeschränkt bereit gestellt, aggregiert und analysiert werden können. Die hieraus resultierende begrenzte Verarbeitbarkeit der komplexen Daten- und Informationshaltungen führt dazu, dass nur in geringem Umfang strategierelevante Informationen und Kennzahlen zur Verfügung stehen. Das führt in der Unternehmenspraxis häufig zu den Vorgehensweisen des „Muddling Through"[17] bzw. zum „Bounded Rationality"-Phänomen[18]: Zielsetzung ist nicht die optimale Informationsgewinnung, sondern das Erreichen eines akzeptablen Zustandes.

Monetäre Kriterien allein können demnach bei volatilen und dynamischen Märkten das ganzheitliche Leistungsvermögen einer Unternehmung nur unzureichend abbilden und beurteilen. Sie genügen als Informationsbasis daher auch nicht, um das Unternehmen im Rahmen des kybernetischen Controllings führen und steuern zu können. Eine entsprechende Erweiterung um nicht-monetäre Faktoren wurde im Rahmen des zeitfokussierten „Time Based Management" sowie des qualitätsorientierten „Total Quality Management" involviert. Weil dabei jedoch auch nur spezifische Aspekte berücksichtigt werden und kein ganzheitlicher Ansatz zu Grunde liegt, wurden die Planungs- und Steuerungskonzepte in den vergangenen Jahren im Rahmen des „Performance Measurement" weiterentwickelt, indem zusätzlich zu den monetären auch erfolgs- und leistungsorientierte Indikatoren berücksichtigt wurden[19]. Gemeinsam ist diesen Verfahren jedoch, dass neben der Wissenskomponente auch die Umsetzungskomponente vernachlässigt wird. Diese generellen Aussagen hinsichtlich ihrer strategischen Aussage- und Prognose(un-)fähigkeit gelten analog auch für das „Konzept der kritischen Erfolgsfaktoren".

Die Bedeutung des erforderlichen Wissens (in) einer Unternehmung für die wirtschaftliche (Über-)Lebensfähigkeit hat mittlerweile in Form der „Balanced Scorecard" (BSC)[20] auch Eingang in die Unternehmensplanung und -steuerung gefunden. Die grundlegende Annahme der Balanced Scorecard ist, dass zum einen der wirtschaftliche Erfolg der Unternehmung auf Einflussfaktoren beruht, die sich hinter den Planungs- und Zielgrößen verbergen – die Zielerreichung jedoch ursächlich (mit-)bestimmen. Zum anderen besteht eine direkte Beziehung zwischen dem Unternehmensergebnis (zum Beispiel in Form des Finanzergebnisses oder der Kundenbindung) sowie den hierfür verantwortlichen „Performance-Drivers" (Werte, interne Strukturen und Prozesse, Potentiale, Lernfähigkeit und Wissenswachstum). Durch die BSC sollen daher vier aufgrund von empirischen Erhebungen fokussierte Managementprobleme[21] gelöst werden. Neben den bereits angesprochenen Dimensionen der „Monetarisierung" sowie der „fehlenden Methodensicherheit" betrifft das vor allem auch die Strategieproblematik sowohl im Rahmen der Definitions- als auch der Umsetzungsdimension[22]. Im ersten Bereich ist häufig festzustellen, dass Unternehmensstrategien nicht eindeutig, sondern „semantisch unscharf" definiert und beschrieben sind. Zudem wird die Strategiedefinition häufig als „punktueller Akt" und nicht als ständiger Prozess verstanden[23]. Dynamische Märkte erfordern allerdings einen permanenten Evaluierungs- und Anpassungsprozess im Rahmen der Strategiedefinition und -entwicklung sowie der hieraus abgeleiteten operationalisierten Zielvorgaben. Im Bereich der Strategieumsetzung sind häufig „hohe Sickerverluste" festzustellen: Die Inhalte der definierten Unternehmensstrategie werden häufig nicht im Unternehmen kommuniziert, so dass die Umsetzung am fehlenden Wissen über die zu realisierende Strategie scheitern muss. Andere Umsetzungsdefizite bestehen darin, dass eine auch als „falsch" erkannte Strategie dennoch umgesetzt wird oder eine richtige Strategie aufgrund fehlender Ressourcen häufig nicht umgesetzt werden kann[24]. Überdies sind die in den Prozessphasen „Definition" und „Umsetzung" eingesetzten Instrumente bzw. Verfahren (zum Beispiel Portfoliotechnik, Budgetierung etc.) nicht miteinander verknüpft, sondern stehen beziehungslos nebeneinander. Das führt dann dazu, dass der die definierte Strategie zu realisierende Personenkreis zum einen keine klaren, operationalisierten und definierten Ziele, Schwerpunkte bzw. präzisierten Objekte der Strategie erhält und zum anderen aus den transaktionsorientierten Controllingkennzahlen keine Informationen über den Status des Strategieumsetzungsprozesses ableiten kann. Schließlich müssen Unternehmensstrategien aufgrund der Umweltdynamik wesentlich schneller und in kürzeren Zeiträumen sowie effizienter entwickelt, umgesetzt, evaluiert und angepasst bzw. durch neue Strategien ersetzt werden. Dies erfordert die Vereinfachung, Verbesserung sowie Beschleunigung des Planungsprozesses, um beispielsweise auf Marktveränderungen flexibler reagieren zu können. Die Evaluierung und Modifikation einer Strategie führt derzeit häufig jedoch (noch) nicht zur zeitgleichen Veränderung der Ressourcenallokation sowie der erforderlichen Anpassung der hiermit verbundenen operativen Planungsprozesse, des Berichtswesens und der jeweils korrespondierenden Anreizsysteme.

Die von Kaplan und Norton entwickelte Strategieentwicklungsmethodik der Balanced Scorecard (BSC) unterstellt (richtigerweise), dass die traditionellen Strategieentwicklungsprozesse auf der Basis der Controlling-Kennzahlensysteme zum einen eine „ex post-Basis" besitzen und zum anderen überwiegend finanzwirtschaftliche Kennzahlen beinhalten, die jedoch nur bedingt aussagekräftig für die Zukunftsfähigkeit einer Unternehmung sind[25]. Zwar berücksichtigt auch die strategische Unternehmensplanung[26] nicht nur quantitative, monetäre Werte wie das operative Controlling[27], sondern involviert auch die Sach- und Ursachenebene – jedoch überwiegend nur deren monetären Aspekte[28]. Diese Defizite der klassischen Planungs- und Steuerungssysteme sollen daher beseitigt werden:

„The Balanced Scorecard complements financial measures of past performance with measures of the drivers of future performance"[29].

Zielsetzung ist dabei, die monetären Vorgaben antizipativ sowie strategiefokussiert mit den leistungsdeterminierenden Faktoren („Leistungstreiber") aus den Bereichen „Kunden", „interne Prozesse" sowie „organisationales Wissen und Lernen" zu verknüpfen und in ein Gleichgewicht (Balance) zu bringen. Zur Visualisierung als auch Operationalisierung wird diese Verknüpfung mittels einer „Scorecard" realisiert. Im Mittelpunkt der BSC stehen daher neben finanziellen Kennzahlen und nicht-monetären Faktoren vor allem die zu erreichenden Zieldimensionen, deren Interdependenzen durch „Ursache-Wirkungs-Ketten" abgebildet werden. Anhand ihrer konzeptionellen Implementierung ergeben sich dabei „Wertschöpfungspfade", die eine optimierende Ressourcensteuerung, -allokation und Prognosefähigkeit ermöglichen. Alle Messgrößen sind daher Teil der Kette von Ursachen und den damit verbundenen (Aus-)Wirkungen und besitzen eine direkte Korrelation zum Unternehmensergebnis. Voraussetzung ist, dass aus Unternehmensstrategie und -politik heraus definierte, mess- und kontrollierbare Zielgrößen abgeleitet werden, so dass durch die vernetzte Mehrdimensionalität dieser Steuergrößen finanzielle Symptome bzw. Phänotypen sowie deren inhärenten Ursachen dargestellt und verknüpft werden können – quasi eine Aggregation der ex-post-orientierten finanziellen Kennzahlen mit den ex-ante-orientierten Faktoren der zukünftigen Leistungsfähigkeit. Aus den jeweiligen Zieldefinitionen lassen sich anschließend die zur Zielerreichung notwendigen Maßnahmen ableiten. Durch diese Zusammenführung von Strategie(n) und Kennzahlen wird ein Wettbewerbsvorteil generiert.

Die Balanced Scorecard repräsentiert somit eine strategische Management- bzw. Steuerungsmethode, die anfangs im „Top-Down-Process" aus Visionen, Strategien etc. materielle Ziele sowie deren Messgrößen im Rahmen der vier

Unternehmensdimensionen „Finanzwirtschaft", „Kunden", „Prozesse" und „Potentiale" „herunterbricht" (Scorecard). Durch die Verknüpfung dieser objektiven, quantifizierten Zielmessgrößen mit den diese beeinflussenden subjektiven, leistungs- und urteilsabhängigen Wirkgrößen entsteht die unternehmensspezifische Ausgewogenheit (balance), also das Gleichgewicht zwischen strategischer Unternehmensplanung und den hieraus abgeleiteten Zielsetzungen einerseits sowie den leistungsdeterminierenden Faktoren (Leistungstreibern) andererseits. Durch die Berücksichtigung bzw. Einbeziehung der vier unternehmensbezogenen Dimensionen gelingt es, die bisherige Überbetonung der finanzwirtschaftlichen Ziele vor dem Hintergrund der Marktdynamik im Sinne einer nachhaltigen Unternehmensentwicklung zu reduzieren. Gleichzeitig wird im Sinne des „Performance Measurement" ein Steuerungsinstrument auf der Grundlage eines Unternehmensmonitoring geschaffen, bei dem externe Anforderungen (Kunden, Kapitalgeber), interne Gegebenheiten (Strukturen, Potentiale), monetäre und nicht-monetäre Kennzahlen sowie kurz-, mittel- und langfristige Zielsetzungen miteinander verknüpft werden. Wesentlich ist dabei die Verknüpfung der jeweils abgeleiteten Zieldimensionen mit den korrespondierenden relevanten Kennzahlen bzw. Messgrößen im Rahmen der Ursache-Wirkungsketten, weil „unverknüpfte" Kennzahlen (beispielsweise Erhöhung des Marktanteiles) keine Aussagekraft besitzen. Neben dem Ziel („was") sind zwangsläufig auch die zur Erreichung notwendigen Erfolgsparameter („wie" – d. h. Aktivitäten, Maßnahmen etc.) in einem ersten Schritt zu definieren und anschließend durch die Vorgabe von Messgrößen zu quantifizieren. Sie werden allerdings nicht ausschließlich indikativ eingesetzt. Vielmehr werden jeweils die Relationen zwischen verschiedenen (Schlüssel-) Faktoren analysiert. Die BSC beruht demnach nicht auf singulären Kennzahlen, sondern auf der Verknüpfung von Leistungsindikatoren im Rahmen einer inhaltlich eindeutig definierten Strategie und deren Umsetzungsmaßnahmen sowie dem hierzu erforderlichen Konsens aller Organisationsteilnehmer, um formulierte Strategien in überprüfbare Ziele zu transformieren und mittels der mehrdimensionalen Messgrößen evaluieren zu können. Ein vereinfachendes Abbild derartiger „Ursache-Wirkungsketten" kann der folgenden Abbildung entnommen werden.

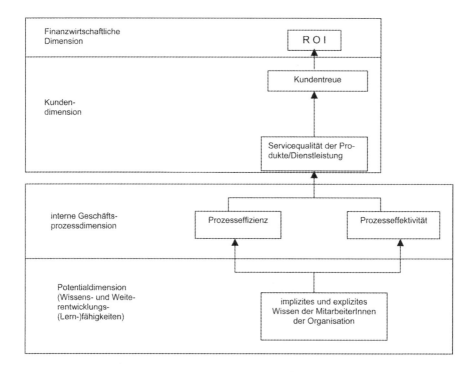

Abb. 50: Ursachen-Wirkungsketten der Balanced Scorecard (in Anlehnung an Kaplan/Norton (1996)

Durch die Definition und Einbeziehung sowohl unternehmensbezogener als auch individueller Leistungsziele sowie dem Aufzeigen von Wirkungszusammenhängen wird die Umsetzungsproblematik einer Strategie beherrschbar. Gleichzeitig ermöglicht die BSC sowohl die Komplexitätsreduzierung als auch die Transformation der jeweiligen Strategie in operationalisierte Messgrößen im Rahmen eines systemischen, interaktiven, transparenten und vernetzten Planungsprozesses. Hierdurch soll es vor allem auch ermöglicht werden, die häufig feststellbare Diskrepanz zwischen kurzfristigen operativen Problemen einerseits sowie den sich aus den langfristigen Strategien heraus ergebenden Anforderungen andererseits zu reduzieren, so dass strategische Zielsetzungen nicht durch operative Restriktionen konterkariert werden können. Durch die Balanced Scorecard erfolgt somit die Integration und Aggregation von Denken und Planung ebenso wie Handeln und Ausführung. Damit werden die durch die hierarchisch-funktionale Strukurierung implizierten Prinzipien aufgebrochen:
- ⊃ Trennung von Planung und Ausführung bei einer „Atomisierung" der Arbeit,

> Trennung von Handlung und Verantwortung auf Grundlage einer deterministisch geprägten „Vorhersehbarkeit",
> hierarchisch definierte Kontrolle der Ausführung,
> Motivation ausschließlich mittels finanzieller Anreize.

Kritisch anzumerken ist allerdings, dass bei Kausalrelationen häufig in das aristotelische „Wenn-dann-Denken" verfallen und das systemische, vernetzte Denken aufgegeben wird: Das erfordert eine Gratwanderung zwischen Überschaubarkeit (Trivialität) aufgrund der Erfordernis der Komplexitätsreduzierung einerseits sowie der Vernetzung aller Ziele sämtlicher Strategien im Sinne des vernetzten Denkens der BSC andererseits. Zu berücksichtigen ist bei dem in den USA entwickelten Ansatz des BSC weiterhin, dass die amerikanischen Controllingsysteme ausschließlich aus dem Rechnungswesen entstammende Daten berücksichtigen, analog zur Aussage: „What you can't measure, you can't manage it." Die in den kontinentalen Controlling- und Berichtssystemen implementierten qualitativen Zusammenhänge bzw. Interdependenzen werden nicht berücksichtigt, so dass der BSC-Ansatz teilweise Aspekte involviert, die für uns (fast) selbstverständlich sind.

Im Laufe der vergangenen Jahre hat sich die BSC von der ursprünglichen Generierung von Messtechniken über ein strategisches Managementsystem (Strategic Enterprise Management) zum Bezugsrahmen für eine strategie-fokussierte Unternehmung und als eine Strukturierungskonzeption für den geplanten und permanenten organisationalen Veränderungsprozess im Sinne der selbstlernenden Organisation entwickelt. So kann mittels der BSC-Methodik im Rahmen des „Business Management Adjusting" eine permanente Optimierung der Geschäftsprozesse realisiert werden: Zum einen wird eine detaillierte Prozessanalyse sowie ständige -evaluierung realisiert, um die relevanten „Stellschrauben" zur Prozessverbesserung zu ermitteln und im Rahmen eines ganzheitlichen „Feintunings" exakter einzustellen. Zum anderen ermöglicht das Definieren von Wirk- und Messgrößen sowie das Ermitteln der Wirkungszusammenhänge bei gleichzeitiger Personalisierung der Strategie die Optimierung des Personaleinsatzes unter Berücksichtigung personalfördernder und -fordernder Instrumente sowie organisationaler Strukturveränderungen. Dies führte zum Entstehen verschiedener BSC-Module:
> Strategic Card,
> Constituent Card,
> KPI-Card[30].

5.2 Die Strukturelemente der Balanced Scorecard

Wie bereits ausgeführt wurde, ist es zur Steuerung einer Unternehmung notwendig, aus der Strategie definierte und präzise formulierte, messbare sowie kontrollierbare Ziele und Maßnahmen abzuleiten und sie den Entscheidungsträgern aller Ebenen als Richtschnur für ihr Handeln zur Verfügung zu stellen. Unterstellt man, dass jede Strategie ein Bündel von Hypothesen über Ursachen und Wirkungen repräsentiert, so soll die BSC die Relationen (d. h. Hypothesen) zwischen den Zielen sowie den relevanten Ursachen in Form von Kennzahlen aus der Sicht verschiedener Dimensionen verdeutlichen und bewertbar machen. Hierdurch ergibt sich ein Kennzahlensystem zur Messung der strategischen Zielerreichung mittels operativ nutz- und messbarer Indikatoren, die sowohl die „Innenperspektive" (beispielsweise Prozessstruktur, Wissensmanagement, Innovationsfähigkeit) als auch die „Außenperspektive" (finanzwirtschaftliche Kennzahlen, Kundensicht etc.) widerspiegeln. Es dient als „Vehikel", um durch

- Quantifizierung der Strategie,
- Identifizierung der Beziehungen zwischen Ursachen und Wirkungen,
- Messung der Elemente von Ursache-Wirkungsbeziehungen (zum Beispiel mittels des Sensitivitätsmodells von Vester),
- Kommunikation sowohl der Ursachen, der Beziehungen als auch der Gründe für Abweichungen.

die Strategie „in den Köpfen der handelnden Personen zu verankern". Durch die Involvierung aller „Betroffenen" in den Strategieentwicklungsprozess entsteht zwangsläufig eine interfunktionale (-disziplinäre) Teambildung, die zum einen das unternehmerische Denken in allen Bereichen fördert. Zum anderen wird durch die konsequente und unternehmensweite Kommunizierung der Strategie(n) in Verbindung mit einer anderen Sozialisation der „Abteilungsegoismus" zu Gunsten des „unternehmerischen Denkens" ersetzt. Dadurch wird sowohl die operative Umsetzung als auch die Evaluierung und Revision strategischer Zielsetzungen realisiert und durch die gemeinsam entwickelte, von allen mitgetragene und in eigenes Handeln umgesetzte Strategie ein Kohäsionsfaktor für prozessorientierte Strukturen generiert. Es ermöglicht zusätzlich die Funktion des „proaktiven Controllings"[31], das die Evaluierung der Zielsetzungen, deren erforderliche Anpassung sowie die daraus resultierende Reorganisation der bisherigen Strategie generiert.

Auf der Grundlage des BSC-Ansatzes mittels der hierdurch erreichten Involvierung

- endogener und exogener Kriterien,
- monetärer und nicht-monetärer Faktoren,
- vor- und nachlaufender Messgrößen

werden also die strategischen Erfolgsfaktoren sowie deren Einflussgrößen auch im Hinblick auf ihre zukünftige Entwicklung erfasst – quasi als „Frühwarnsystem", um so die Steuerung der Unternehmung zu verbessern. Realisiert wird dies durch eine prozessorientierte, aus vier Zyklen (Managementbausteine) bestehenden Vorgehensweise (vgl. Abb. 51):

(1) Die Visionen sowie Unternehmensstrategien werden als strategische Modelle der Unternehmensgeschäftsfelder definiert, auf die vier wichtigsten Unternehmensdimensionen (beispielsweise Finanzwirtschaft, Wettbewerb, Geschäftsprozesse, Potentiale) transformiert und dabei operationalisiert (Operationalisierung).

(2) Die Strategien sowie deren Operationalisierung werden diskursiv allen MitarbeiterInnen kommuniziert sowie team- bzw. prozessorientiert definiert; letzteres beinhaltet auch die diskursive Zuordnung von Personalressourcen auf die einzelnen, aus diesen Strategien resultierenden Geschäftsprozesse bzw. Maßnahmen sowie die verbindliche Festlegung von leistungs-/ergebnisbezogenen Vergütungsbestandteilen bzw. -systemen (Kommunikation).
(3) Die aus den definierten und vereinbarten strategischen Vorhaben resultierenden Investitionen und Maßnahmen werden mit den finanziellen, materiellen und personellen Ressourcenbudgets verknüpft und in eine sowohl kurz- als auch mittelfristige Budgetplanung involviert (Prozessualisierung).
(4) Auf der Grundlage selbstlernender Systeme werden Steuerungs- und Regelkreissysteme installiert, die eine ständige Überprüfung der den Strategien zu Grunde liegenden Hypothesen sowie bei Veränderungen die zeitadaequate Anpassung sowohl der Strategie als auch der hieraus abgeleiteten Maßnahmen sowie Zielgrößen ermöglicht. Hieraus resultiert dann zwangsläufig die Verknüpfung zum ersten Zyklus bzw. „Management-Baustein" (Steuerung).

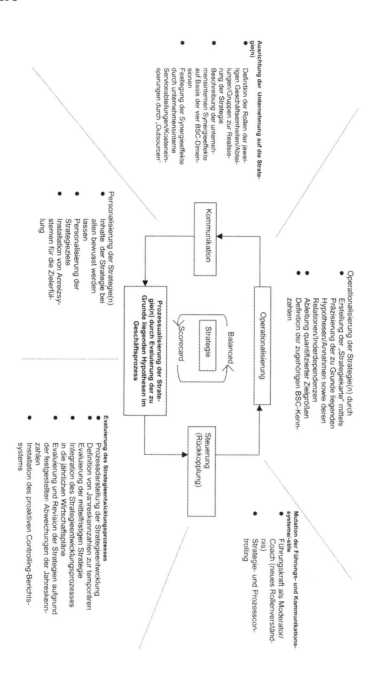

Abb. 51: Die Balanced Scorecard als Bezugsrahmen zur Evaluierung und Anpassung der Unternehmensstrategien (in Anlehnung an Kaplan/Norton (1999))

Die Balanced Scorecard soll demzufolge im Rahmen eines vierstufigen zyklischen Regelungsprozesses einen Bezugsrahmen für strategiefokussierte, wissensbasierte und somit selbstlernende Organisationen repräsentieren. Zur Umsetzung der vier Prozessphasen „Operationalisierung", „Kommunikation", „Prozessualisierung" sowie „Steuerung" sind folgende fünf Grundbedingungen einzuhalten:

1) *Operationalisierung der Strategie(n)*
   Visionen sowie Strategien werden diskursiv entwickelt und präzisiert; mittels einer „Strategic map" (vgl. Abb. 52) werden Art, Inhalt und Reichweite der einzelnen Strategie definiert und auf Basis der BSC-Kennzahlen operationalisiert, wobei eine Differenzierung in direkte sowie indirekte Aktivposten (zum Beispiel Kompetenzen der Mitarbeiter, Führungsverhalten etc.) vor dem Hintergrund der finanzwirtschaftlichen Auswirkungen involviert ist. Aus den sich ergebenden „Strategiekarten" wird dann diejenige ausgewählt, die die Lern- und Wachstumsfähigkeit der Unternehmung am stärksten widerspiegelt.

2) *Ausrichtung der Unternehmung auf die Strategie(n)*
   Die ausgewählte Strategie sowie die hieraus resultierenden Ziele werden mittels Wirk- bzw. Schlüsselgrößen, Integrations- sowie Synergieeffekten und definierter Messgrößen für die jeweils tangierten Geschäftseinheiten, Profit- sowie Servicecenter, Stäbe etc. unter Einbeziehung aller vier BSC-Dimensionen operationalisiert. Durch die Verknüpfung der Ziele mittels der „Ursache-Wirkungs-Ketten" (Wenn-dann-Aussagen) erfolgt die Konkretisierung der Strategie in Form von Geschäftsmodellen. Zudem werden Kooperationsfähigkeit sowie Synergiepotentiale formalisiert und somit mess- und bewertbar.

3) *Personalisierung der Strategie(n)*
   Um erfolgreich wirken zu können, muss jede Strategie Grundlage des Denkens und Handelns aller MitarbeiterInnen werden. Um das zu ermöglichen, sind „Brückenprozesse" (zum Beispiel Kommunikation, diskursive Generierung und Evaluierung von Strategien, Ressourcenallokation, Weiterentwicklungsprozesse des „social capitals", der „skills" der MitarbeiterInnen etc.) erforderlich. Das verlangt zum einen die Definition mess- sowie nachvollziehbarer Wirkgrößen für die jeweiligen Ziele bzw. Maßnahmen unter Berücksichtigung der vier BSC-Dimensionen. Dabei müssen die messbaren Zielvorgaben sowohl der Funktion als auch der Hierarchie angepasst als auch überschaubar sein, damit sie verstanden, verarbeitet sowie umgesetzt werden können. Zum anderen müssen „Incentiv-Systeme" unter Berücksichtigung der intrinsischen und extrinsischen Motive mit den „KPI" gekoppelt werden, um entsprechende Anreizstrukturen zu schaffen.

4) *Prozessualisierung der Strategie(n)*
   Der Regelungsprozess im Rahmen einer Strategieumsetzung wird mittels des BSC-Ansatzes um den „Strategic Learning Loop" erweitert, um durch eine permanente Überprüfung der den Strategien zu Grunde lie-

genden Hypothesen zu einer ständigen Strategieevaluierung und -anpassung zu gelangen. Weil Strategien in der Regel mittelfristig entwickelt werden sowie eine langfristige „Reichweite" besitzen, müssen sie jährlich anhand von „Stretch-Targets"[32] operationalisiert und evaluiert werden. Das gewährleistet eine ausreichende Planungszeit, um die Strategie der Realität vor der Erstellung der operativen Budgets (Wirtschaftsplan, Erfolgsplan etc.) anzupassen. Hierdurch wird eine Verknüpfung des „Management-Steuerungs-Loop" sowie des „Strategie-Evaluierungs-Loop" erreicht (vgl. Abb. 53). Grundbedingung ist allerdings zwangsläufig, dass ein Jahresbudget für Strategieevaluierung sowie -weiterentwicklung vorhanden ist.

5) *Mutation der Führungs- und Kommunikationsstile sowie -systeme*
Um derartige Strategieentwicklungs- sowie –evaluierungsprozesse im Unternehmen auch mental zu verankern, muss zum einen das „social capital" erhöht und zum anderen eine andere Unternehmenskultur institutionalisiert werden. Beides setzt ein anderes (neues) Verständnis über die Funktion des Managements voraus: Die Mutation des Vorgesetzten vom „obersten Sachbearbeiter" zum Moderator bzw. Coach[33]. Das verlangt zwangsläufig die Existenz partizipativer, diskursiver Führungsstile, -strukturen und -prozesse sowie offener Kommunikationsstrukturen und –prozesse vor dem Hintergrund einer kritik- und konsensfähigen Unternehmenskultur. Überdies sind proaktive, flexible, dynamische sowie dezentrale Entscheidungs- und Prozessstrukturen eine Grundbedingung, um von allen akzeptierte Kontrollschritte und -punkte (Milestones) definieren zu können. Schließlich sind – im Sinne eines kybernetischen Controllings – Rückkopplungs- bzw. Feedbackprozesse sowie regelmäßige Diskussionsforen, Reports etc. zu institutionalisieren, um eine „Personalisierung" der sich ergebenden Kennzahlen für die Zielerreichung realisieren zu können.

In Analogie zur Definition des vorab erläuterten Wissensmanagements repräsentieren die ersten beiden Grundbedingungen die ontologische Dimension (Wissenstransfer), während die dritte Grundbedingung die Wissenstransformation beschreibt, also die epistemologische Dimension.

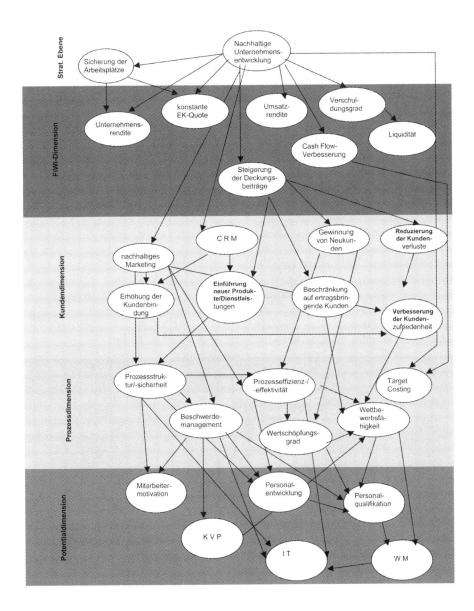

Abb. 52: Beispiel einer „strategic map" auf Unternehmensebene

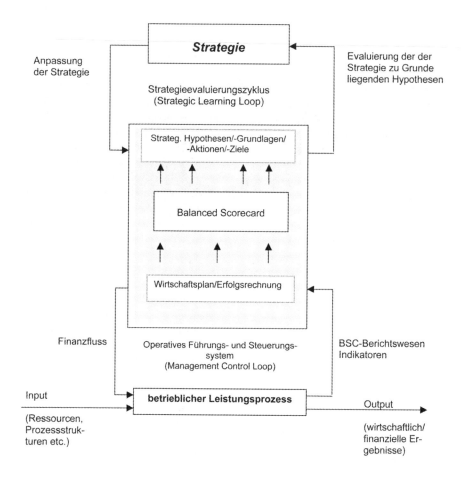

Abb. 53: Integration von Strategieentwicklungszyklus und proaktivem Controllingzyklus im Rahmen eines „selbstlernenden Systems" (in abgeänderter Form entnommen aus: Kaplan (2000))

Bedingung für den Erfolg eines derartigen Strategieentwicklungs- und umsetzungsprozesses ist, dass zyklisch
- Unternehmensvisionen und -strategien diskursiv definiert und festgelegt sowie anschließend operationalisiert werden[34],
- strategische Ziele und Maßnahmen miteinander verknüpft und deren Interdependenzen kommuniziert werden,
- operative Vorgaben sowie die erforderliche Ressourcenallokation festgelegt werden und schließlich
- im Rahmen von Rückkopplungen die Evaluierung und Revision der strategischen Ziele durch initiierte Lernprozesse möglich wird.

Dies verlangt jedoch, dass mittel- und langfristige Ziele, monetäre und nichtmonetäre Kennzahlen, interne und externe Leistungsanforderungen sowie Früh- und Spätindikatoren aus den Unternehmensdimensionen „Finanzwirtschaft", „Absatz- und Beschaffungsmärkte", „Geschäftsprozesse", „Leistungsfähigkeit der Organisationsstruktur", „Unternehmenskultur" sowie „Selbstlernfähigkeit bzw. Wissensmanagement der Unternehmung als Ganzem als auch der MitarbeiterInnen im Einzelnen" in ein Messgrößensystem gebracht und miteinander verknüpft bzw. vernetzt werden[35]. Sowohl Anzahl als auch inhaltliche Definition der einzubeziehenden Unternehmensdimensionen[36] sind zwangsläufig aufgrund unterschiedlicher Aufgaben- und Zielstellungen der Unternehmen variabel zu gestalten. Im Rahmen der bisherigen pragmatischen Anwendungen der BSC haben sich allerdings die nachfolgenden unternehmensbezogenen „Kerndimensionen" kristallisiert[37]:

a) Finanzwirtschaftliche Dimension ▷ Sie enthält die Ziele und Messgrößen, die das Ergebnis der Strategieumsetzung im Sinne des langfristigen und nachhaltigen wirtschaftlichen Erfolges der Unternehmung (zum Beispiel im Rahmen der Erwartungen der Kapitalgeber) messbar werden lassen.

b) Kunden-/Lieferantendimension ▷ Abgeleitete Ziele aus der Sicht der Kunden (beispielsweise Marktauftritt, Marktpositionierung, Kundenwahrnehmung, Erfüllung der Kundenerwartungen/-anforderungen) bzw. Lieferanten, um die finanzwirtschaftlichen Ziele erreichen zu können.

c) Prozessdimension ▷ Zielsetzungen für die Strukturierung der Geschäftsprozesse, die die Erreichung der Finanz- und Kundenziele ermöglichen.

d) Potentialdimension ▷ Deren Ziele definieren die Anforderungen an die erforderlichen intraorganisationalen Ressourcen (Mitarbeiterqualifikation, Wissensmanagement, Innovations- und Kreativitätsfähigkeit, informationstechnologische Systeme etc.) als Voraussetzung zur Umsetzung der jeweiligen Strategie. Sie repräsentieren somit sowohl eine langfristige (Nachhaltigkeit der Unternehmensentwicklung, Wandel zur selbstlernenden Organisation) als auch mittelfristige Dimension (Strategieumsetzung und -evaluierung). Sie orientieren sich weniger an der kurzfristigen Erreichbarkeit der Ziele der Finanz-, Kunden- sowie Prozessdimension.

Im Fokus dieser definitorischen Strukturierung steht die Auffassung, dass Unternehmen als bewusst geschaffene, künstliche Systeme keine ziellose Dynamik entwickeln dürfen. Das Verhalten der Unternehmung bzw. ihrer Elemente muss vielmehr zielgerichtet sein, weil in der Regel ein bestimmter Output erwartet wird, den eine Unternehmung für ihre jeweilige Umwelt bereitstellen soll (Zwecksetzung). Unter „Zwecksetzung" einer Unternehmung subsumiert man somit diejenigen Funktionen, die das System für seine Umwelt ausüben soll oder ausübt. Diese Sichtweise ist in gewisser Beziehung „objektiv", weil die daraus abgeleiteten Zielsetzungen nur durch eine Betrachtung „von außen" aufgezeigt werden können. Während die „Zielsetzung" in gewisser Beziehung „fremdbestimmt" ist, kann die Zielausrichtung der Unternehmung von ihr selbst be-

einflusst werden, da sie in der Regel über einen spezifischen Ermessenspielraum verfügt, innerhalb dessen sie Ziele festlegen und deren Verwirklichung anstreben kann. Dabei kann es sowohl zu Zielkonflikten hinsichtlich der von außen vorgegebenen Ziele als auch zu Zweck-Ziel-Konflikten kommen.
Analog zur Denkweise in der modernen Organisationstheorie können die Zielsetzungen einer Unternehmung als Resultat diskursiver Prozesse in interessenpluralistischen Systemen verstanden werden. Teilnehmer derartiger Prozesse sind sowohl Elemente des Systems als auch Elemente aus der Systemumwelt, die beispielsweise durch Beeinflussungsmaßnahmen gegenüber bestimmten Systemelementen Zielbildungsprozesse im System beeinflussen. Ebenso versuchen auch die Systemelemente, ihre individuellen Ziele in diesen Zielbildungsprozessen des Systems zur artikulieren und als Systemziele zu involvieren. Bei der Analyse derartiger Zweck- und Zielausrichtungen von Systemen ist grundsätzlich von einer großen Anzahl beliebiger Ziel- und Zwecksetzungen auszugehen, die in verschiedenen Systemen mit verschiedenen Kombinationen bei verschiedenen Ausprägungen auftreten können. Jede „a-priori-Annahme" über angeblich selbstverständliche Zielsetzungen (zum Beispiel das „Überlebensziel" als vorrangiges Ziel dynamischer Systeme oder das „Gewinnziel" als Ziel für betriebswirtschaftliche Systeme) sollte jedoch vermieden werden, um das Analysefeld nicht von vornherein unzweckmäßigerweise einzuschränken.
Als Folge dieser Zielorientierung ergeben sich zwei Strukturkomponenten:
- die Leistungsstruktur, d.h. diejenigen Kopplungen, die durch die Allokation der Ziele auf die einzelnen Elemente impliziert werden und
- die Aktionsstruktur, d.h. diejenigen Kopplungen, die sich beispielsweise in den Bereichen „Arbeits"- und „Kommunikationsbeziehungen" ergeben.

Im Rahmen dieser Betrachtungsweise repräsentieren Zielsetzungen nicht nur Orientierungshilfen für einzelne Systemelemente oder Subsysteme im Sinne einer Steuerungsfunktion. Sie besitzen daneben noch eine Koordinierungsfunktion, indem sie dazu beitragen, dass die von verschiedenen Subsystemen bzw. -elementen unabhängig voneinander getroffenen Entscheidungen in aggregierter Form zur Erfüllung übergeordneter Zielsetzungen führen.
Die jeweiligen Ziele repräsentieren bzw. definieren den für die Zukunft erwünschten Zustand, der sowohl verbal formuliert als auch durch Wirk- bzw. Messgrößen qualitativ und quantitativ präzisiert ist. Zwangsläufig besitzen dabei Ziele mit strategischer Reichweite aufgrund ihres „Zeitfensters" von drei bis fünf Jahren einen höheren „qualitativen Anteil", während abgeleitete, operative Ziele naturgemäß durch eine ausgeprägte Quantifizierung bei einer zeitlichen Reichweite von einem bis zu drei Jahren charakterisiert werden. Grundsätzlich werden sie jedoch nicht als absolute Kenngrößen (zum Beispiel Umsatzhöhe, Marktanteil), sondern immer als „Ergebnisverbesserung" definiert. Dabei sind die relevanten „Ergebnistreiber" zu lokalisieren, analysieren und bewerten. Im Fokus der Balanced Scorecard stehen somit einerseits diskursiv definierte Ziele im Rahmen partizipativer Zielfindungsprozesse sowie daraus resultierender Ziel-

vereinbarungen am „end of the pipe", deren Erreichungs-/Erfüllungsgrad mittels der Messgrößen erfasst, evaluiert und – wenn erforderlich – angepasst wird. Weil strategische Ziele grundsätzlich interdependent und somit sowohl komplementär als auch konfliktär sein können[38], werden ihre gegenseitigen Abhängigkeiten durch die jeweiligen „Ursache-Wirkungsketten" verdeutlicht. Die aus den strategischen Zielen abgeleiteten operativen Zielsetzungen für die unteren Hierarchieebenen müssen dagegen semantisch eindeutig sowie konfliktfrei definiert und quantifiziert werden, um eine begründ- und nachvollziehbare Messbarkeit (zum Beispiel im Rahmen von Zielvereinbarungen) zu gewährleisten. Im Rahmen der Balanced Scorecard werden Ziele jedoch nicht autonom, sondern grundsätzlich durch die zur Zielerreichung bzw. -umsetzung erforderlichen Aktionen, Aktivitäten, Maßnahmen, Programme sowie Initiativen definiert (vgl. Abb. 54). Andererseits sollen die Prozess-, Organisations- und Technologierisiken, die mit jeder Strategie verbunden sind, aufgezeigt, analysiert und beherrschbar gemacht werden: Viele Unternehmenstrategien werden im Rahmen ihrer Umsetzung leider durch intraorganisationale Restriktionen konterkariert.

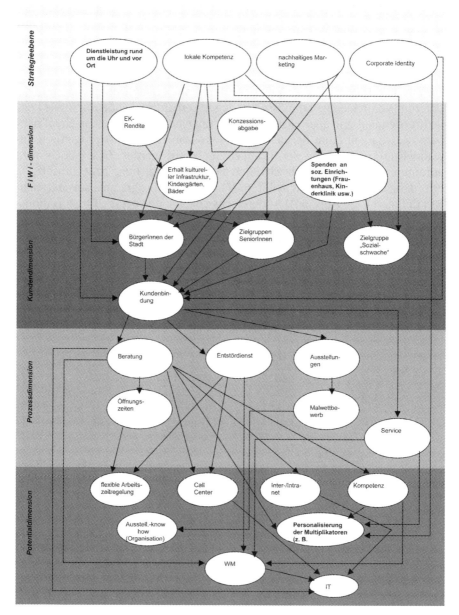

Abb. 54: Vereinfachtes Schema für strategische Zielsetzungen sowie die zu deren Umsetzung erforderlichen Maßnahmen, Aktivitäten etc.

Beide Komponenten – Ziele sowie Maßnahmen bzw. Projekte – werden im Sinne der „Ursache-Wirkungsketten" miteinander verknüpft. Hierdurch werden Korrelationen ersichtlich, die sowohl qualitativ (logisch-kausal) als auch quantitativ (rechnerisch-kausal) mittels der Zielwerte[39] sowie dazu gehörender Wirk- bzw. Messgrößen (Indikatoren) repräsentiert werden können (vgl. Abb. 55). Ausschließlich analytisch-quantitative Modelle können eine derartige Repräsentation und Reflektion der Zielinterdependenzen nicht ermöglichen. Als Nebeneffekt ergibt sich, dass die Wirkungszusammenhänge als Vehikel genutzt werden können, um qualitative Zielvereinbarungen zu quantifizieren und „messbar" zu machen.

Dimension	*Wirkgrößen*
Wissens- und Weiterbildung	▷ Fluktuationsraten, nach Mitarbeitergruppen differenziert
	▷ Ausbildungsstand der MitarbeiterInnen gegenüber den definierten Ausbildungszielen und -schwerpunkten
	▷ Mitarbeiterzufriedenheit
Geschäftsprozesse	▷ Durchlaufzeiten von Prozessen/Teilprozessen
	▷ Neuproduktquoten sowie Zeitbedarf für deren Entwicklung
	▷ Prozessqualität
Kundenperspektive	▷ Marktanteil
	▷ Grad der Kundenbindung (zum Beispiel bei „Schlüsselkunden")
	▷ Kundenanteil pro Segment
	▷ Kundenzufriedenheit/Beschwerdemanagement
	▷ Kundenrentabilität

Abb. 55: Beispielhafte dimensionale Wirkgrößen

Diese Kennzahlen bzw. Zielwerte für die Operationalisierung der strategischen Ziele können somit externen (z. B. Benchmarks, Kundenbefragungen etc.) als auch internen Quellen (Vergangenheitswerte, Mitarbeiterbefragungen, Prognosen) entstammen – davon können allerdings weniger als die Hälfte dem klassischen Controlling bzw. Berichtswesen entnommen werden. Der Generierungsprozess derartiger Kennzahlen beginnt mit ihrer Definition und endet mit ihrer Erhebung; er ist anfangs sicherlich sehr aufwändig, vereinfacht sich jedoch mit der zunehmenden Erfahrung aufgrund des wachsenden Verständnisses für die Kennzahlendefinition. Entscheidend hierfür ist auch, das alle Ursache-Wirkungs-Beziehungen sowie die hieraus resultierenden Kennzahlen eindeutig und konsistent definiert und dokumentiert werden.

Allerdings gibt es nicht für alle Zielwerte in sich konsistente Messgrößen. In diesen Fällen müssen „Hilfskonstruktionen" definiert werden, weil sonst die Ermittlung des Zielerreichungsgrades und somit die Überprüfung und Evaluierung der Strategie unmöglich ist. Zudem fehlen – bedingt durch die Zukunftsorientierung einer Strategie – manchmal auch für einzelne Messgrößen vergleichbare Vergangenheits- bzw. Benchmarkingwerte. In diesen Fällen müssen zu Beginn Schätz- bzw. Erwartungswerte zu Grunde gelegt werden, die im Rahmen der prozessbedingten Generierung der ersten Ist-Werte mit diesen korreliert und entsprechend angepasst bzw. aktualisiert werden müssen. Wirkgrößen sind somit letztlich „Frühaufklärungsindikatoren", die in einem ersten Stadium die kausale Ablaufprognose für eine Ursache-Wirkungskette ermöglichen[40]. Sie dürfen allerdings nicht isoliert, sondern nur im jeweiligen Kontext bzw. in Relation zu anderen Messgrößen bzw. Indikatoren berücksichtigt werden. Im Gegensatz zur amerikanischen Diktion des „if you can't measure it, you can't manage it" muss allerdings berücksichtigt werden, dass Indikatoren auch sprachlich-qualitative Aussagen (beispielsweise die Verbesserung der Kundenbeziehung, nachhaltige Erwirtschaftung der Eigenkapitalrendite etc.) widerspiegeln müssen. Hier bietet es sich an, mittels der „Fuzzy Logic"[41] die Operationalisierung und Quantifizierung dieser Messgrößen zu realisieren (eine „Quantifizierung um jeden Preis" derartiger Indikatoren würde zu subjektiven, manipulier- sowie fehlinterpretierbaren „Messgrößen" führen). Diese konzeptionsbedingte „Schwachstelle" der Balanced Scorecard kann allerdings von der systemischen Auswirkung her als sehr geringfügig eingestuft werden, weil

- monetäre und nicht-monetäre Leistungsmessgrößen berücksichtigt werden,
- kurz-, mittel- und langfristige Zielgrößen einbezogen werden,
- nachlaufende Zielgrößen sowie diesen vorherlaufende Indikatoren (Leistungstreiber) überwacht werden,
- Ziele sowie Maßnahmen im Sinne von Ursache-Wirkungsketten verbunden werden,
- die einzelnen Ziele, Maßnahmen etc. „multidimensional" vor dem Hintergrund der jeweiligen Dimensionen reflektiert werden sowie
- eine ganzheitliche Betrachtung sowohl der Leistungsentstehung (Geschäfts-/Wertschöpfungsprozesse) als auch der Leistungsergebnisse erfolgt.

Ziele, die zur Umsetzung der Strategie erforderlichen Aktionen bzw. Aktivitäten sowie die hieraus abgeleiteten Wirkgrößen werden ganzheitlich im Kontext der vier Dimensionen (z. B. Finanzwirtschaft, Kunden, Prozessstruktur, Wissens- und Wachstumspotentiale) analysiert, definiert und operationalisiert, so dass die Balanced Scorecard als ein „umsetzungsorientiertes Modell der Strategie" letztere auf der Grundlage konkreter Aktionen bzw. Aktivitäten operationalisiert und dadurch verständlich, nachvollziehbar sowie umsetzungsfähig macht. BSC ist also kein Controllinginstrument[42], sondern ein Steuerungssystem im Kontext des „Enterprise Resource Management" bzw. letztlich ein Modul des Wissensmanagements in der Unternehmung, weil es das Denken in Szenarien, Perspektiven sowie Zusammenhängen verlangt und das ausschließliche „Denken in Quantitäten" (zum Beispiel Umsatzsteigerung, Marktanteile etc.) zurückdrängt. Es umfasst sowohl die Ebene des Wissenstransfer durch die Kommunikation der operationalisierten Strategie als auch die der Wissenstransformation, da sich alle Beteiligten mit den jeweiligen Geschäftsmodellen, Zielsetzungen sowie Ursache-Wirkungs-Ketten auseinandersetzen und sie auf ihre jeweiligen individuellen Bereiche „herunterbrechen" müssen. Es impliziert letztlich einen „kulturellen Wandel", weil diskursiv und partizipativ das strategische Denken und Handeln auf jeder Führungsebene sowie die prozessorientierte, interaktive und interfunktionale Zusammenarbeit in der Unternehmung implementiert werden. Ein diesbezüglicher Strategieentwicklungsprozess aggregiert demnach individuelle, teilweise sich konterkarierende Strategieansichten zu von allen akzeptierten und unterstützten strategischen Zielsetzungen. Die beteiligten MitarbeiterInnen mutieren entsprechend von der „Opferrolle" zu „Prozesstreibern". Gleichzeitig wird die „Diagnosefähigkeit" im Rahmen der Strategieentwicklung erhöht. Das führt unter anderem dazu, dass die unternehmensbezogenen Ressourcen auf die Erreichung der strategischen Ziele sowie zur Kommunikation der Unternehmensstrategie ausgerichtet werden – und löst zwangsläufig Innovations- und Kreativitätsprozesse aus[43]. Deutlich wird jedoch zugleich, dass die Wirkungs- und Funktionsfähigkeit der BSC wesentlich durch die ganzheitliche Struktur der Implementierung sowie der umfassenden Partizipation der MitarbeiterInnen determiniert wird.

Ein Schwerpunkt der BSC ist demnach, sowohl die Zielerreichungsgrade als auch die ermittelten Abweichungen vor dem Hintergrund der Ursachenkategorien zu analysieren und zu interpretieren. Durch die Berücksichtigung der Auswirkungen („Wirkgrößen") sowie Analyse und Aufzeigen der zu Grunde liegenden (qualitativen) Ursachen gelingt es eher, „Schwachstellen" in der eigenen Strategie sowie Struktur zu evaluieren, als wenn ausschließlich quantitativ-monetäre Kennzahlen (zum Beispiel Umsatzwachstum, Marktanteil, Cash-Flow etc.) als „Messlatte" für das Berichtswesen herangezogen werden. Letztere basieren zwangsläufig auf Ex-post-Werten und sind damit für eine strategische und damit zukunftsorientierte Betrachtung nur bedingt tauglich. Allerdings gilt zwangsläufig auch: Die BSC-Reports ersetzen nicht das Berichtswesen des „klassischen" Controllings, sondern ergänzen es vielmehr komplementär. Voraussetzung ist jedoch die Institutionalisierung des hierfür notwendigen Informations- und Wissensmanagements.

5.3 Die Balanced Scorecard als Bezugsrahmen für den iterativen Strategieentwicklungsprozess

Aus den bisherigen Ausführungen wurde deutlich, dass es keine „allgemein gültige" BSC für eine Unternehmung gibt. Sie ist vielmehr eine Methodik bzw. ein Bezugsrahmen zur Steuerung eines Strategieentwicklungsprozesses mit der Zielsetzung, zu selbststeuernden, selbstlernenden und proaktiv anpassungsfähigen Systemen zu gelangen. Durch ihre Implementierung wird ein hierarchisch strukturierter, mit Rückkopplungen und Iterationen geprägter Entwicklungsprozess im Unternehmen „formalisiert" bzw. institutionalisiert, der die proaktive Evaluierung und Anpassung von Strategien ermöglicht (vgl. Abb. 56). Dieser

Strategieentwicklungs- und umsetzungsprozess wird durch folgende Phasen definiert:
- Interfunktionale (interdisziplinäre) sowie teamorientierte Institutionalisierung und Personalisierung der Strategie,
- Überführung der Strategie in ein ausgewogenes Zielsystem,
- Umsetzung der Strategie durch die Definition monetärer und nicht-monetärer Ziel-(Wirk-) Größen,
- Operationalisierung sowie Kommunikation der Ziele durch die Vorgabe von Zielerreichungsgraden,
- Konsistente Ausrichtung aller Managementsysteme auf die ausgewählte Strategie.

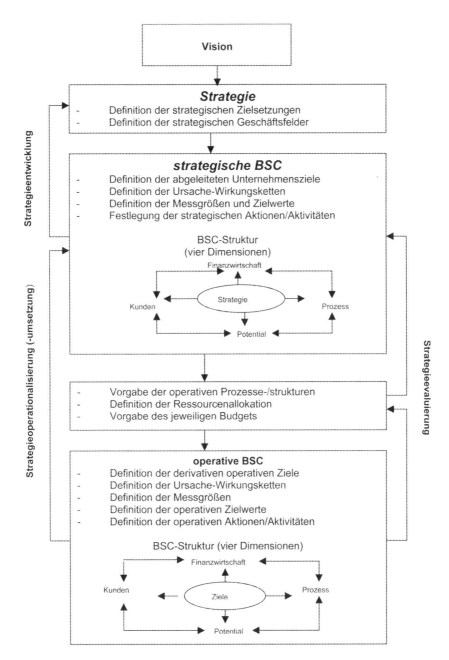

Abb. 56: Struktur des iterativen, hierarchischen sowie interdependenten Strategieentwicklungs- und -umsetzungsprozesses

Diese „Phasen" einer iterativen Vorgehensweise sollen nachfolgend näher beleuchtet werden:

In der ersten Phase werden verschiedene Strategien sowie deren Ziele, die zu Grunde liegenden Hypothesen in Form von „Ursachen-Wirkungsketten" sowie die jeweiligen Interdependenzen als „strategic map" unter Einbeziehung der vier Dimensionen definiert und qualitativ konkretisiert (vgl. Abb. 52).

In der zweiten Phase kann dann relativ einfach aufgrund der sich dabei ergebenden Transparenz der Abhängigkeiten zwischen einzelnen Strategien (horizontale Interdependenzen) als auch zwischen der jeweiligen Strategie und den zu ihrer Umsetzung erforderlichen Maßnahmen, Aktivitäten sowie organisationalen Notwendigkeiten im Bereich der vier Dimensionen (vertikale Interdependenzen) die Entscheidung für die zu ergreifende(n) Strategie(n) getroffen werden: Wenn die zur Umsetzung einer Strategie erforderlichen Instrumente im Bereich der Prozess- und Potentialdimension kurz- und mittelfristig nicht zur Verfügung stehen, kann diese nicht realisiert werden (zum Beispiel, wenn das Target Costing oder die erforderliche Informationstechnologie nicht vorhanden oder die erforderliche Qualifikation der MitarbeiterInnen nicht gegeben ist). Zudem können wettbewerbsrechtliche oder gesellschaftspolitische Gründe die Reduzierung der Kunden auf „ertragsstarke" ausschließen[44].

In der dritten Phase wird die ausgewählte Strategie auf den jeweiligen Geschäftsprozess bzw. Funktionalbereich mittels des BSC-Schemata kaskadenhaft „heruntergebrochen", indem die sich aus der strategischen Zielsetzung heraus ergebenden operativen und terminlichen Ziele, Maßnahmen etc. diskursiv vereinbart werden (vgl. Abb. 57). Dieser Vorgang des „Herunterbrechens" sollte – so weit wie möglich – darin bestehen, dass die Bereiche eigenständig ihre „Sub-Strategien" sowie die daraus resultierenden Zielsetzungen definieren. Häufig werden allerdings die Bereiche im Rahmen der vorgegebenen „übergeordneten" Strategie entweder ihren jeweiligen Zielbeitrag konkretisieren oder die zur Erreichung der Ziele notwendigen Aktivitäten definieren bzw. die hierzu notwendigen Maßnahmenprogramme ableiten. Als nicht sinnvoll erscheint es dagegen, den unteren Bereichen die vorgegebenen Ziele und Maßnahmen nur zu „kommunizieren", sie ansonsten jedoch als „unveränderlich" zu bezeichnen, da diese Vorgehensweise im Rahmen des Wissensmanagements die Transformationsebene negiert und nur auf die Transferebene reduziert wird. Häufig ist die erfolgreiche Implementierung des BSC-Verfahrens nur dann gegeben, wenn das „Herunterbrechen" mit individuellen Zielvereinbarungssystemen (Anreizsystemen) gekoppelt wird. Hierbei ergeben sich für die jeweilige Dimension definierte „Unterziele", die im Rahmen von Zielwertvorgaben präzisiert sowie mittels der dazu gehörenden Mess- bzw. Wirkgrößen quantifiziert werden können (beispielsweise die Senkung der Krankheitsquote um 10 Prozent, Reduzierung der Fluktuationsquote um 30 Prozent, Verbesserung der Qualifizierungsquote um 20 Prozent). Diese operationalisierten und quantifizierten „Unterziele" bzw. die zur Zielerreichung prioritätisch festgelegten Maßnahmen müssen dann im jährlichen Wirtschaftsplan berücksichtigt werden. Die Zielsetzungen dieser Phase lauten zusammengefasst:

- Definition und Präzisierung der „abgeleiteten" Unterziele für nachgelagerte Geschäftsbereiche,
- Operationalisierung der dazu gehörenden Zielwerte bzw. Wirkgrößen sowie die „Personalisierung" der Verantwortlichkeiten[45],
- Ermittlung des Strategiebeitrages dieser Geschäftsbereiche etc.,
- Delegation von Entscheidungskompetenz und -zuständigkeit,
- „Verankerung" der Strategie auf der operativen Ebene,
- Steuerung der Ressourcenallokation unter strategischen Gesichtspunkten,
- Verknüpfung der BSC-Struktur mit dem Target Costing.

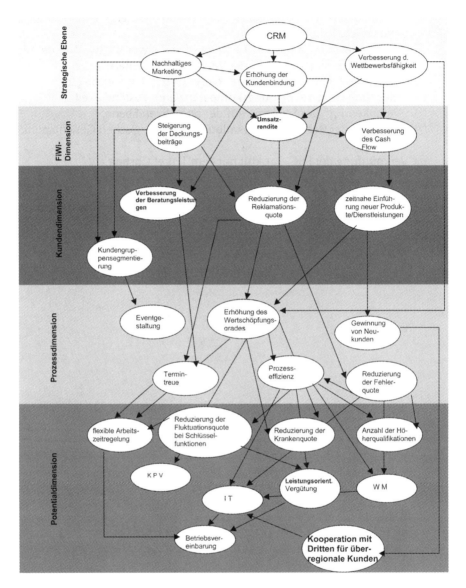

Abb. 57: Beispiel für die „heruntergebrochene" Strategic Map eines Geschäftsbereiches

In der vierten Phase werden diese Ziele bzw. deren quantifizierten Wirkgrößen kontinuierlich gemessen sowie etwaige Abweichungen von den vereinbarten Zielwerten einschließlich der dazu gehörenden Ursachen analysiert. Die daraus erwachsenden „Frühaufklärungsindikatoren" ermöglichen die Evaluierung der zu Grunde liegenden Strategie durch den ständigen Abgleich der Entwicklungen und Trends des Umfeldes sowie deren rechtzeitige Anpassung durch die

Generierung von Handlungsoptionen. Neben dem „normalen" Berichtswesen der BSC erfordert dies – quasi als ein Modul des Wissensmanagements – die Einsetzung von „Beobachtern der Indikatoren" in einzelnen Unternehmensbereichen, um schon frühzeitig anhand der Entwicklung von „Unterindikatoren" (zum Beispiel zeitliche Verzögerung bei der Implementierung der erforderlichen Software der Informationstechnologie) proaktiv sowie reagibel eingreifen zu können. Hierdurch wird auch die Evaluierungsphase „personalisiert".

Deutlich wurde aus den bisherigen Ausführungen, dass es nicht „die" Balanced Scorecard gibt. Sie repräsentiert vielmehr einen Bezugsrahmen bzw. eine Methode, um den unternehmensindividuellen Strategieentwicklungsprozess steuern zu können. Die Festlegung der jeweils zu berücksichtigenden (Kontext-) Dimensionen ist sowohl bei der Unternehmensart (Produktionsunternehmen mit einem Kunden, Dienstleistungsbetrieb, lokal oder global tätige Unternehmung etc.) als auch bei der jeweiligen Strategie (Erschließung neuer Geschäftsfelder, Verbesserung bestehender Produkte etc.) situativ festzulegen. Bei Konzernen sowie unterschiedlichen Kooperationsformen bis zur virtuellen Unternehmung muss jede Unternehmung bzw. Einheit ihre spezifische, originäre und „subjektive" mehrdimensionale Balanced Scorecard aufstellen[46]. Dabei existiert zwangsläufig eine Hierarchie von „strategic maps" in Abhängigkeit von der jeweiligen Betrachtungsebene (Gesamtunternehmen, Geschäftsbereich, Geschäftsprozess etc.), um Ziele sowie deren Derivate als auch die jeweils dazu gehörenden Aktionen, Maßnahmen usw. im Rahmen von Ursache-Wirkungsketten ermitteln und definieren zu können: Die Ziele der „höheren strategic map" definieren quasi die Strategie der nächsttieferen bzw. abgeleiteten. Alle Ziele, Unterziele, Zielwerte etc. implizieren ein ausgewogenes Verhältnis im Rahmen der zu Grunde liegenden Dimensionen, wobei die Konsistenz und Durchgängigkeit der jeweils eingesetzten Messgrößen beachtet werden muss. Die Balanced Scorecard ist damit ein Handlungsrahmen für den unternehmensbezogenen Strategieentwicklungsprozess mit der Zielsetzung, selbststeuernde und selbstlernende, wissensbasierte Unternehmen zu generieren. Gekennzeichnet wird die Ablaufrichtung dieses Prozesses weder durch das „Top down"[47]-, noch das „Bottom up"[48]-Verfahren, sondern durch das „Gegenstromverfahren" (Down up[49]), da zwischen den einzelnen Prozessphasen Rückkopplungen institutionalisiert sind. Hierdurch wird im Rahmen des Wissensmanagement die Transformationsebene gegenüber der Transferebene verstärkt. Durch diese iterative, mit Rückkopplungen zwischen den einzelnen Phasen verbundene Vorgehensweise ist es möglich, die zu Beginn mit großer Unsicherheit aufgrund des mittelfristigen Planungs-/Zeithorizontes verbundene Strategie sukzessiv den sich (im Zeitablauf verändernden) realen Kontextbedingungen der Unternehmung anzupassen und valide zu machen. Plakativ beschrieben ergeben sich hierdurch die nachfolgenden Vorteile für den Strategieentwicklungs- und Umsetzungsprozess:

> Die diskursive/kommunikative Strategieentwicklung und -evaluierung integriert individuelle, teilweise sich konterkarierende Strategieansichten der involvierten Beteiligten zu von allen akzeptierten und unterstützten

strategischen Zielsetzungen – die Funktion der involvierten Prozessbeteiligten mutiert von der „Opferrolle" zur „Treiberfunktion"; durch diese partizipatorische Vorgehensweise wird ein hohes Maß an Übereinstimmung mit der umzusetzenden Strategie erreicht.
- Die Kommunikation der Strategie(n) sowie deren Ziele im Gesamtunternehmen wird verbessert.
- Die mit einer Strategie verbundenen Zielvorgaben werden quantifiziert sowie die für deren Erreichung Verantwortlichen festgelegt, so dass die Eigenverantwortung bewusster wird.
- Strategieevaluierung, -kontrolle und –anpassung werden durch die Konfrontation mit zeitnahen, strategiebezogenen Messgrößen zielorientiert reflektiert, kommuniziert und verbessert.
- Die Implementierung der Strategieentwicklung in den „Alltag" der Geschäftsprozesse wird verbessert.

Die Balanced Scorecard repräsentiert vor diesem Hintergrund eine „Vehikelfunktion", um Strategien von der „philosophischen Ebene" auf die operative Ebene der Unternehmung im Rahmen eines Regelkreismodelles zu transformieren und somit die „Schnittstellenprobleme" zwischen strategischer und operativer Planung zu reduzieren (vgl. hierzu Abb. 58). Sie definiert die Messgrößen für die einzelnen Komponenten der Unternehmensstrategie, die dann Grundlage für die zu definierenden Zielsetzungen der mittelfristigen, strategisch-basierten Aktionsprogramme sowie Aktivitätenpläne sind und letztlich die jährlichen Budgets determinieren. Zielabweichungen können durch den Einsatz der BSC ermittelt, analysiert und durch die sich anschließende Anpassung der Strategie sowie ihrer operativen Komponenten kompensiert werden. Im Gegensatz zu den traditionellen Strategieentwicklungs- und -implementierungsverfahren (top down bzw. bottom up) repräsentiert dieser Ansatz zudem das „Down up"- bzw. „Gegenstromverfahren": Aufgrund der iterativen Vorgehensweise werden die von der Unternehmensführung konzipierten strategischen Zielsetzungen auf der operativen Ebene spezifisch bewertet und transformiert; diese wiederum werden von der Unternehmensführung in der sich anschließenden Phase aus Sicht des Gesamtunternehmens kritisch überprüft, abgeglichen und in den Strategieprozess integriert.

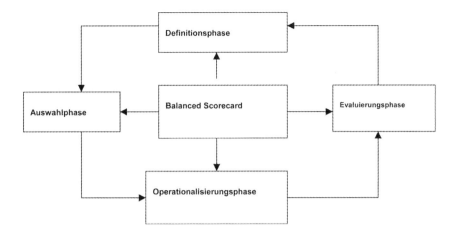

Abb. 58: Das Regelkreismodell des Strategieentwicklungsprozesses im Rahmen der Balanced Scorecard

Die Balanced Scorecard ist mithin kein Vehikel zur Generierung von Visionen – jedoch ein morphologisches Instrument für die Kommunikation der Visionen, deren Entwicklungsprozess sowie deren Transformation. Sie repräsentiert somit ein Verfahren, um strategische Veränderungsprozesse sowie Veränderungen der Strategie kurzfristig im Unternehmen zu kommunizieren, zu personalisieren sowie steuern zu können. Deshalb besitzt sie einen zyklisch-dynamischen und keinen statisch-dogmatischen Charakter. Aufgrund der hiermit verbundenen Komplexität im Rahmen der Implementierung und Institutionalisierung sollte diese Methode nicht „in einem Wurf", sondern im Rahmen des „Rollout"-Verfahrens eingeführt werden. In der relevanten Literatur wird daher eine dreistufige Vorgehensweise

- Definition der strategischen Balanced Scorecard,
- Ableitung und Implementierung der operativen BSC für einen Geschäfts-/Funktionalbereich sowie
- horizontale Ausweitung auf das gesamte Unternehmen (Roll Out)

mit folgenden fünf Phasen empfohlen[50]:

1) Strategiedefinitionsphase – Festlegung der strategischen Grundlagen, Ziele sowie der jeweiligen Strategieausrichtung.
2) Implementierungsphase – diskursive Definition des Implementierungsprozesses sowie Festlegung des Informations-, Kommunikations- und Partizipationsumfanges bei gleichzeitiger Standardisierung der Implementierungsmethoden.
3) Entwicklung der BSC – Ableitung der strategischen Ziele, Generierung der Ursache-Wirkungsketten sowie operatives „Herunterbrechen" bei gleichzeitiger Festlegung der operativen Aktionen, Maßnahmen etc. sowie der jeweiligen Zielwerte und Wirk- bzw. Messgrößen.
4) Durchführung des Roll Out – Nach der Implementierung der BSC auf strategischer Ebene erfolgt die sukzessive, vertikale Ausweitung bei aus-

führlicher Ergebnisdokumentation, um Rückkopplungen und Lernprozesse zu gewährleisten.
5) Stabilisierungsphase – Um die Kontinuität und Konsistenz zu sichern, muss das BSC-Modell in die Management-, Planungs-, Steuerungs- und Kontrollsysteme integriert und mit dem Target Costing verknüpft werden; gleichzeitig sind leistungsorientierte Vergütungssysteme zu installieren.

Erfahrungsgemäß benötigt ein derartiger Implementierungsprozess einen Zeitaufwand von 12 bis 18 Monaten und erfordert einen durchschnittlichen Aufwand von ca. 200.000 bis 400.000 Euro. Akzeptanz und Nutzung der BSC-Methodik können einerseits nachhaltig auch dadurch erhöht werden, dass der erfolgreiche Implementierungsprozess mit Anreizsystemen für die jeweils involvierten Mitarbeiter verknüpft wird. Des Weiteren muss – neben der konsistenten und durchgängigen Kommunikation über alle Ebenen hinweg durch die intensive Einbindung aller in den Prozess – die konsequente und vollständige Umsetzung des Konzeptes im Verantwortungsbereich der obersten Führungsebene liegen.

Zusammenfassend ist festzuhalten, dass die Balanced Scorecard sowohl ein Verfahren zur Strategieentwicklung als auch eine prädispositive Bewertungsmethodik zur Evaluierung und Anpassung definierter Strategien und diesen zu Grunde liegenden Hypothesen ist. Sie zeigt Konsequenzen, Disparitäten sowie Inkongruenzen und deren Ursachen im Rahmen der betrieblichen Leistungserbringung vor dem Hintergrund der strategischen Zielsetzungen durch den Vergleich von Zielvorgaben mit mehrdimensionalen Erfolgskennzahlen auf. Diesbezüglich basiert sie zwar auf einem Data-Warehouse als „Informationspool". Sie ist jedoch mehr als eine multidimensionale OLAP-Anwendung, weil sie qualitative und quantitative Informationen, Faktoren etc. des operativen und strategischen Kontextes miteinander verknüpft. Schließlich macht sie den Strategieentwicklungsprozess aufgrund einer verbesserten Prozesskommunikation transparent (vgl. Abb. 59).

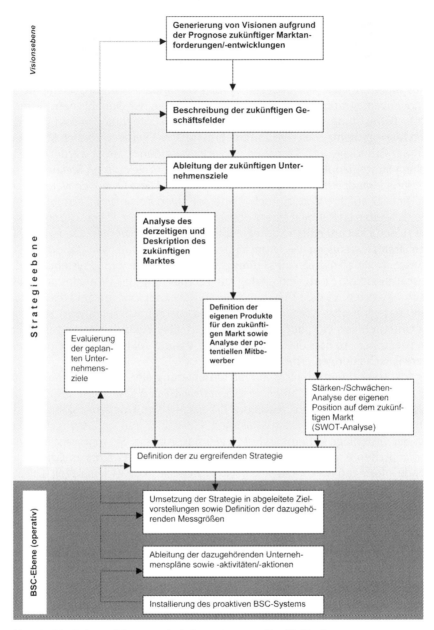

Abb. 59: Die Balanced Scorecard als Bewertungsmethodik für den Strategieentwicklungsprozess

Hierdurch gelingt es im Rahmen eines iterativen, mit Rückkopplungen versehenen Prozesses, Visionen in Strategien mit konkreten Steuerungsgrößen zu transformieren. Die spätere Verknüpfung dieser Strategien mit konkreten Zielvorgaben ermöglicht die Verbindung zwischen strategischer und operativer Planung im Rahmen eines ganzheitlichen bzw. unternehmensweiten Ansatzes. Dies impliziert schließlich die Verknüpfung vorhandener Führungselemente mit innovativen, strategischen Ansätzen im Rahmen einer einheitlichen, systemischen Betrachtungsweise sowie deren vollständige Integration in das Führungs- und Managementsystem der Unternehmung. Des Weiteren können Strategien auf der Grundlage von Szenarien entwickelt werden. Hierbei werden die einzelnen Strategieoptionen durch die Definition der relevanten „Stellhebel" sowie ihrer „Bandbreiten" präzisiert und formalisiert. Diese Optionen werden dann im Hinblick auf ihre Widerspruchsfreiheit evaluiert sowie deren Kombinationsmöglichkeiten im Rahmen einer Konsistenzanalyse eruiert. Hieraus können dann die zu berücksichtigenden Strategieoptionen generiert werden, die zu komplexen Strategieszenarien wiederum aggregiert werden. Durch ein ständiges „Optionscontrolling" mittels eines Frühwarn- bzw. Früherkennungssystems werden anschließend die Strategien analog zur Veränderung des Umfeldes angepasst bzw. verworfen, so dass sich durch diesen Rückkopplungsprozess die relevanten Strategien bzw. Szenarien herauskristallisieren. Hierdurch wird zusätzlich im Unternehmen ein „auf viele Köpfe" verteiltes Zukunftswissen geschaffen und verankert, so dass dieses „Denken auf Vorrat" später schnellere und flexiblere Entscheidungen ermöglicht.

Sie fokussiert demnach nicht auf die Optimierung eines erwünschten Zustandes (zum Beispiel Marktanteil, Preisführerschaft o. ä.), sondern auf die Optimierung von Fähigkeiten sowie auf die nachhaltige Überlebensfähigkeit der Unternehmung durch Selbstregulierung, Flexibilität und Anpassungsfähigkeit auf der Grundlage kybernetischer Regelungsprozesse. Sie repräsentiert einen semantischen Aspekt des Wissensmanagements, während die zu Grunde liegende Informationstechnologie die syntaktische Struktur widerspiegelt. Die BSC beinhaltet also die Funktion eines „Wissensbroker", der parallel zum rechnungswesenorientierten Controlling komprimierte Informationen und Wissen über den Zustand des Strategieprozesses zur Führungsebene transportiert – quasi wie das sensitive Nervensystem Informationen unabhängig vom sympathischen Nervensystem zum Gehirn weiterleitet[51]. Im Rahmen eines derartigen „Business Intelligence-Systems" auf der Grundlage des Informationsmanagements sowie der Transferdimension des Wissensmanagements[52] werden die Phasen „Planung", „Entscheidungsfindung", „Umsetzung" sowie „Monitoring" des strategischen Planungsprozesses durch informationstechnologische Module unterstützt. Grundlage sind die (verdichteten) Daten und Informationen des ERP-Systems, die mittels der Analysewerkzeuge (zum Beispiel OLAP, Data Mining etc.) aufbereitet und ausgewertet sowie durch Berichtsgeneratoren allen beteiligten MitarbeiterInnen auf den unterschiedlichen Ebenen zur Verfügung gestellt werden. Informationstechnologische Charakteristika sind der direkte Zugriff, die schnelle Informationsanalyse auf Basis einer systemübergreifenden Integration sowie die Informations- und Wissensgenerierung unter Einbeziehung eines Frühwarnsystems. Hierdurch mutiert der Controller vom Kosten-

rechnungsexperten zum betriebswirtschaftlichen Redakteur für Wissens-Portale sowie mehrdimensionale kubische Informationsanalysen.
Durch
- die Unterstützung bei der Erarbeitung und Formulierung von Visionen,
- die diskursive Kommunikation und Festlegung der hieraus resultierenden Strategie(n),
- die Entwicklung der mess- und nachvollziehbaren Scorecards,
- die diskursive Kommunikation und Verankerung der Scorecards im gesamten Unternehmen,
- die ständige Überprüfung und Anpassung der jeweiligen Scorecards,
- die diskursive Entwicklung und Kommunikation individualisierter (gruppenbezogener) Leistungsziele bzw. Zielvereinbarungen,
- die outputfokussierte Definition struktureller Veränderungen sowie
- die Evaluierung und Aktualisierung des strategischen Zielrahmens

verbessert somit diese Methodik den Wissenstransfer hinsichtlich der unternehmensfokussierten Strategien sowohl ganzheitlich als auch auf funktions- und prozessbezogener Ebene. Sie macht ihn durch die Aggregation von Strategieentwicklungsprozessen sowie dem operativen „kontinuierlichen Verbesserungsprozess" auch transparent und ist somit ein Modul der „selbstlernenden Organisation" analog zur Aussage des Forrester-Reports[53]:
„Firms will find that the key to business optimization lies in their ability
to make, manage and mesure decisions across the enterprise."
Letztlich impliziert dies, dass die strategische Unternehmensplanung als antizipativer, dynamischer Prozess verstanden werden muss, der in ein kybernetisches Führungssystem eingebunden ist. Ausgehend von den Unternehmensvisionen sowie der qualitativen Definition zukünftiger strategischer Geschäftsfelder[54] werden diese operationalisiert[55] sowie durch Steuerungs-/Wirkgrößen und Zielerreichungsgrade präzisiert. Hieraus resultiert dann der jährliche Wirtschaftsplan bzw. das Sparten- oder Prozessbudget im Rahmen des gezielten, erfolgsorientierten Einsatzes der vorhandenen Ressourcen. Bedingung hierfür ist – wie bereits ausgeführt – die diskursive Kommunikation der strategischen Ziele sowie der operativen Budgets als Zielerreichungsvorgaben im Sinne einer generell akzeptierten Grundlage für das zielorientierte Handeln aller MitarbeiterInnen.
Die mit einer derartigen „strategiefokussierten Unternehmung" verbundenen Zielsetzungen können holzschnittartig wie folgt charakterisiert werden:
- Fokussierung der Unternehmung auf Strategien sowie deren Verankerung im Denken und Handeln aller Organisationsmitglieder.
- Intensivierung des Wissenstransfers sowie Verbesserung der Wissenstransformation.
- Förderung der „soft skills" sowie Verbesserung der Geschäftsprozesse mittels lösungsfokussierter Gruppenprozesse durch das diskursive Herunterbrechen der Makrostrategie in die Mikrostrategien, so dass Strategieplanung und –umsetzung „erlernbar" werden; der Fokus liegt dabei

auf der Ausgewogenheit der jeweiligen Dimensionen bzw. Zielgruppen im Rahmen des Umsetzungsprozesses.
- Verinnerlichung prozessorientierter Strukturen sowie Intensivierung des Verständnisses über Geschäftsprozesse durch KVP[56] im Rahmen einer hohen Transparenz auf allen Unternehmensebenen.
- Höhere Potential- sowie Ressourcennutzungsgrade.
- Integration der horizontalen Geschäftsprozessstrukturen und -strategien in die funktionalen, vertikalen Abteilungs- und Gruppenstrategien durch die paritätische Ausgestaltung sowie Vernetzung der operativen und strategischen Prozesse.
- Verbesserung der systemischen, inhaltlich präzisierten strategischen Zielsetzungen.
- Diskursive Kommunikation und Evaluierung der strategischen Zielsetzungen auf allen Unternehmensebenen im Rahmen eines unternehmensweit einheitlichen Wertesystems. Gleichzeitig werden auf der Grundlage einer dynamischen Kommunikation die individuellen sowie unternehmensbezogenen Strategieauffassungen und -inhalte aggregiert.
- Komprimierte Darstellung der Zielerreichungsgrade sowie der Ursache für Abweichungen analog zur Cockpit- bzw. Dashboard-Methode im Rahmen eines transparenten und regelmäßigen Reportings, das organisch in das Steuerungssystem der Unternehmung eingebunden ist.
- Reduktion der Transaktionskosten und somit Optimierung der Kosten der Geschäftsprozesse.

---

[1] Vgl. D' Areni (1994).
[2] Vgl. Senge (1999).
[3] Vgl. Brown/Eisenhardt (1998).
[4] Vgl. Porter (1980).
[5] Vgl. Porter (1997), S. 42 ff.
[6] Z.B. beim Du-Pont-Kennzahlensystem.
[7] Vgl. Gaiser (1997).
[8] Vgl. die Ausführungen in Abschnitt 7.
[9] Aus Anleger- bzw. Kapitaleignersicht soll hierbei neben der (kurzfristigen) wertorientierten Unternehmensführung vor allem die entsprechende Kontrolle sowie Transparenz zur Stärkung der Eigentümerrechte erreicht werden. (sog. „gläsernes Unternehmen").
[10] Vgl. Stern et al (1995).
[11] Geprägt durch Mc Kinsey.
[12] Geprägt durch die London Business School.
[13] Geprägt durch die Boston Consulting Group.
[14] Z. B. „Discounted Cash-Flow" (DCF), „Cash-Flow-Return of Investment" (CFROI) sowie „Free Cash-Flow" oder „Brutto Cash-Flow"; so soll der DCF Zukunftsentwicklungspotentiale in die Gegenwart projizieren und quantifizieren, so dass qualitative Prognosefaktoren mit allen damit verbundenen Unwegbarkeiten „metrisiert" werden – diese „Zahlenhörigkeit" führt zur Informationsselektion und daher häufig auch zur „Desinformation".
[15] Vgl. Horvath/Kaufmann (1998), S. 39 f.
[16] Diese Verfahren sind im Rahmen einer Unternehmensbewertung gegenüber den

anderen retrospektiven Barwertermittlungen sicherlich sinnvoll, da sie eine sach- und periodengerechtere Abgrenzung ermöglichen – vgl. Volkart al (2001).

17 Vgl. Kirsch (1976).
18 Vgl. Reason (1990).
19 Vgl. z. B. „Performance Pyramid" bzw. „Quantum Performance".
20 Vgl. Kaplan/Norton (1996); BSC kann als „ausgewogenes Zielsystem" verstanden werden.
21 Vgl. Kaplan/Norton (1996).
22 Eine der wesentlichen Aufgaben der Unternehmensführung ist es zwangsläufig, die Unternehmensstrategie zu definieren, hieraus die abgeleiteten Unternehmensziele zu formulieren, diese auf der Grundlage branchen- bzw. marktfokussierter mittel- bis langfristiger Zeithorizonte zu operationalisieren sowie Strategie und Zielsetzungen im Rahmen von Evaluierungs- und Anpassungsprozessen fortzuschreiben.
23 Gemäß einer Untersuchung von Ernst & Young besitzen 75 Prozent der Unternehmen keine schriftlich fixierte und kommunizierte Unternehmensstrategie – von den restlichen 25 Prozent beklagen 40 Prozent, dass die Strategie nicht regelmäßig auf Plausibilität und Akzeptanz überprüft wird.
24 Vgl. Al-Laham (1997), S. 461.
25 Zwar sind im Unternehmen auch operativ und strategisch bedeutsame Daten und Informationen verfügbar (z. B. über das Kundenverhalten etc.) – diese sind jedoch in originären Programmen gespeichert, die häufig nicht kompatibel zum Controllingsystem sind.
26 Sie fokussiert auf die strategischen Erfolgsfaktoren der Unternehmung.
27 Aufgrund seiner Abstützung auf das Rechnungswesen besitzt es vergangenheitsorientierten, kurzfristigen Charakter, um mittels von Kennzahlen sowie Berichten etc. spezifische Frühwarnindikatoren für zeitlich und funktional abgegrenzte Unternehmensbereiche (z. B. Kosten-, Erfolgs- sowie Investitionsrechnung, Marketing- sowie Produktionsbereiche etc.) zu liefern – vgl. Reichmann (2000).
28 Die zahlenfokussierten Operationen sind letztlich das Ergebnis dieser Ursachen.
29 Kaplan/Norton (1996), S. 8.
30 KPI = Key Performance Indicator -wesentliche „Treiber" der Wertschöpfungsprozesse einer Unternehmung.
31 Im kybernetischen Verständnis bedeutet „proaktiv" die weitgehend „automatische" Koordinierung und Steuerung vielfältiger und komplex vermaschter Rechnersysteme bzw. Prozessoren.
32 Sog. „Stress-Zielvorgaben", die das Optimum der Zielerreichung repräsentieren
33 Vgl. die Ausführungen in Abschnitt 2.2.1.
34 Hilfestellung leisten hierbei die Strategieentwicklungswerkzeuge von „Think Tools": die von den Gruppenmitgliedern diskursiv erarbeiteten Ziele, deren Interdependenzen sowie ihre Rangfolge im Zielsystem werden durch mehrdimensionale Graphen dreidimensional und als Netzwerk (die jeweilige Streckenlänge beschreibt die Vereinbarkeit der jeweiligen Ziele) visualisiert, so dass die Gruppenmitglieder dann simultan die weitere Definition und Präzisierung des Zielsystems realisieren können. Des Weiteren können durch Modell-Simulationen (z. B. Witness 2000) Geschäftsprozesse abgebildet und im Rahmen von „was-wäre-wenn"-Szenarien die Auswirkungen strategischer Entscheidungen auf die Prozessstruktur aufgezeigt werden.
35 Der Firmenwert orientiert sich weniger am Anlagevermögen, sondern wird überwiegend durch die Innovationsfähigkeit sowie dem Wissen der Organisation bzw. ihrer MitarbeiterInnen determiniert – dies zeigt sich beispielsweise am Börsenwert der Nasdaq-notierten Unternehmen.
36 Kaplan bezeichnet diese auch als „Perspektiven" – vgl. Kaplan/Norton (1996) sowie Kaplan (2000).

37 Vgl. Kaplan/Norton (1996) sowie Horvath & Partner (Hrsg., 2000); weitere Dimensionen sind u. a Ressourcenschonung, Nachhaltigkeit, Umweltverträglichkeit etc.
38 Vgl. hierzu Gomez /Probst (1997), S. 13.
39 Die Zielwerte geben quasi den „Korridor" für die Messgrößen wieder.
40 Sie sind somit auch keine „klassischen" Kennzahlen des Controllings, da diese ex-post orientiert sind.
41 Die „Fuzzy Logic" wurde 1965 von Lofti Zadek als Theorie der „unscharfen Mengen" (matter of degree – Sache des Grades) entwickelt, da die klassische Mengenlehre keine Zwischenwerte bzw. vage Begriffe kennt, sondern nur „entweder – oder". Sie berücksichtigt einen dem menschlichen Denken nachempfundenen Informations- bzw. Wissensverarbeitungsprozess, bei dem linguistische Variablen (niedrig, mittel, hoch etc.) eingesetzt werden, so dass Abstufungen im Gegensatz zur klassischen Logik (die zwischen „Null" und „Eins" keine Abstufungen kennt), einbezogen werden. Sie bedient sich zusätzlich der Mengenoperationen „Vereinigung", „Durchschnitt" und „Komplement", um die Variablen zu Fuzzy-Regeln zu verknüpfen und die Erfüllungssprache jeder Regel auszuwerten. Mittels mathematischer Methoden (insbesondere der Flächenschwerpunkt-Berechnung durch numerische Integration) wird die „unscharfe Menge" zu einer „scharfen Stellgröße" defuzzifiziert und die für diesen Fall vorgesehene Aktion ausgelöst. In den 70er Jahren wurde sie zur Grundlage der Fuzzy Control (Prozesssteuerung, die mit unscharfen Regeln arbeitet). Diese Regeln orientieren sich entweder an Erfahrungswerten (z.B. wenn der Kaffee zu stark ist, so verdünne ihn mit etwas Wasser) oder werden von künstlichen Systemen generiert, die diese Regeln selbst „erfinden" (sog. soft computing: im Gegensatz zur klassischen Programmierung – bei der jeder Befehl enthalten ist – wird der Maschine nur eine geringe Anzahl von Regeln bzw. Befehlen vorgegeben, dafür jedoch Vorgaben, die es der Maschine erlauben, spezifische Schritte selbst zu machen; beispielhaft seien Programme zur Erkennung von Handschriften, zum Vergleich von Phantombildern mit Karteien oder das Test-Mining genannt). Fuzzy aggregiert gewissermaßen das technologische Kalkül des Rechners mit den Begriffen bzw. Symbolen der menschlichen Sprache.
42 Auch wenn derzeit ein „Balanced Controlling" propagiert wird – vgl. Botta (2000).
43 Vgl. Horvath & Partner (Hrsg., 2000), S. 48.
44 Vgl. hierzu die öffentliche Diskussion im Rahmen der Fusionsgespräche zwischen Deutscher Bank und Dresdner Bank.
45 Z. B als Basis für leistungsorientierte Vergütungssysteme – vgl. die Ausführungen in Abschnitt 2.2.2.
46 Bei der Holding als „finanzieller Organträger" entfällt zwangsläufig die „Kundenebene" – sie liefert dafür den Organgesellschaften die übergeordneten Visionen, Strategien sowie finanzwirtschaftlichen Unternehmensziele.
47 Die Strategie sowie die daraus abgeleiteten Zielsetzungen werden von der Unternehmensführung festgelegt.
48 Die Unternehmensstrategie wird von der Unternehmensführung festgelegt, die Entwicklung und Formulierung der daraus abgeleiteten Ziele sowie Zielerreichungsstrategien erfolgt „unten".
49 Ein iterativer Prozess, bei dem die " bottom up" jeweils erarbeiteten Strategien, Zielsetzungen etc. von der Unternehmensführung aus Sicht des Gesamtunternehmens kritisch reflektiert, abgeglichen und gesteuert werden.
50 Vgl. Horvath & Partner (Hrsg., 2000), S. 55 ff.
51 Vgl. Beer (1973); Jänig, W. (1998), S. 153 ff.
52 Vgl. die Ausführungen in Abschnitt 4.3.
53 Vgl. Forrester-Report June 1999.
54 „Reichweite": ca. 5 – 10 Jahre.
55 „Reichweite": ca. 1- 3 Jahre.
56 KVP = Kontinuierlicher Verbesserungsprozess.

6. Das Risikomanagement als Modul des Wissensmanagementsystems

6.1 Aufgaben und Funktionen des Risikomanagements

Die Globalisierung als Ergebnis von Marktliberalisierung und Evolution der Informationstechnologie[1] führt zu einer immer komplexeren und dynamischeren Unternehmensumwelt. Dies impliziert einerseits, dass die Unternehmen mit neuen komplexen sowie diskontinuierlichen Risiken entlang der gesamten Wertschöpfungskette konfrontiert werden – und sich zu einer Redistribution von Risiken, Chancen und Unsicherheiten bei sinkenden Margen gezwungen sehen. Zum anderen resultiert aus der Marktliberalisierung, dass klassische Marketing- und Produktstrategien, Marktanalysen sowie ein konventionelles Portfoliomanagement bei volatilen Märkten nur noch sehr bedingt anwendbar sind[2]. Das zwingt viele Unternehmen dazu, neu- und fremdartige Marktmechanismen und -instrumente im operativen Geschäftsbereich einzusetzen und/oder mit anderen Unternehmen in Kooperationen (bis zur virtuellen Unternehmung) zusammenzuarbeiten, deren Prozessstrukturen, Handlungsabläufe sowie „Spielregeln" jedoch häufig noch definiert werden müssen. Das impliziert beispielsweise die Notwendigkeit für jedes Unternehmen, seine Bezugs-, Produktions- und Lieferportfolios in einem ausgewogenen Verhältnis zwischen Kosten, Deckungsbeiträgen und Risiken zu positionieren. So repräsentiert beispielsweise das Vertriebsportfolio die Summe aller Kundenverträge. Sein (Markt-)Wert wird somit durch die Struktur der Verträge, den kontrahierten Absatz- bzw. Umatzvolumina sowie den kalkulierten Deckungsbeiträgen definiert. Negativ beeinflusst wird es zum einen durch das Forderungsausfallrisiko sowie zum anderen durch die im Beschaffungsportfolio enthaltenen Risiken. Hieraus resultieren als „Führungsgrößen" für eine diesbezügliche Risikoanalyse der Marktwert, das Forderungsausfallrisiko sowie die Abweichung vom kalkulierten Beschaffungspreis (-korridors). Durch eine derartige risikoadjustierte Betrachtung soll die risikoorientierte Steuerung des Vertriebsportfolio durch die Relation (Kenngröße) zwischen der Portfoliorendite sowie dem Portfoliorisiko effizienter realisiert werden. Zwangsläufig führt dies zu qualitativen und quantitativen Veränderungen des bisherigen Risikomanagements[3] bzw. zu seiner neuen Strukturierung, da hierbei keine „Einzelbereiche" (z. B. Vertriebsportfolio, Beschaffungsportfolio etc.) jeweils für sich analysiert, sondern ihre Interdependenzen aufgezeigt und beachtet werden. Da per se jede wirtschaftliche Betätigung mit der Übernahme von Risiken verbunden sein wird, muss das Risikomanagement – verstanden als systematische Analyse sowie „koordiniertem Management aller betrieblichen Risiken"[4] – ein integraler Bestandteil einer nachhaltigen Unternehmensführung werden. Als unternehmerische Balance zwischen Gewinnerwartung und Schadenseintritt auf der Grundlage eines analytischen Prozesses wird es also zu einer Kernkompetenz der Unternehmensführung in einem liberalisierten, globalen Markt, um durch die Implementierung adäquater und wirksamer Kontroll- und Sicherheitsstrukturen bzw. -mechanismen das Management[5] notwendiger Deckungsbeiträge auf volatilen Märkten unter Einbeziehung physikalischer und monetärer Positionen im Rahmen des Gesamtportfolios zu ermöglichen. Die Zielsetzung fokussiert somit darauf, den Eintritt unternehmensbedrohender Risiken zu verhindern oder zumindest deren Auswirkungen zu minimieren, damit der Unternehmenswert gesichert ist.

Umgangssprachlich versteht man unter einem Risiko die Möglichkeit einer ungünstigen bzw. negativen Zukunftsentwicklung – als Gegensatz zur Chance. Dies beruht daher zwangsläufig auf einem „Informationsdefizit" über deren finalen Bestimmtheit, d. h. der Ungewissheit hinsichtlich des Erreichens der für die Zukunft geplanten Zielsetzungen[6]. Das Risiko als Kennzeichen dieser Unsicherheit resultiert somit aus dem fehlenden Wissen über den quantitativ bestimmten (gemessenen) Wert eines Ereignisses; es beruht daher auf der Unmöglichkeit, entweder den aktuellen Wert exakt zu messen oder die Zukunftsentwicklung exakt zu prognostizieren. Eine Reduzierung dieser Unsicherheit bzw. Ungewissheit verringert zwangsläufig das Risiko. Risiko wird daher durch die Berechnung eines Erwartungswertes, also der Wahrscheinlichkeit des zukünftigen Eintrittes eines Ereignisses mit negativen und somit bestands- oder entwicklungsgefährdenden Auswirkungen definiert. Dieser Erwartungswert ist häufig eine nicht-analytische Funktion mehrerer, teilweise interdependenter Risikofaktoren. Aus monetärer Sicht ergibt sich als Risikohöhe die Eintrittswahrscheinlichkeit, multipliziert mit der maximalen Schadenshöhe. Allerdings mutiert ein Risiko, dessen Erwartungswert sich berechnen lässt, auch zur Chance, weil durch die Einbeziehung mathematischer, entscheidungs- und spieltheoretischer sowie psychologischer Verfahren und Erkenntnisse die Entwicklung kompensierender Risikoinstrumente und -maßnahmen ermöglicht wird. Risikomanagement beinhaltet damit zwangsläufig auch ein Chancenmanagement. Zielsetzung muss es sein, die Wertetreiber (Chancen) sowie Risikotreiber zu identifizieren, definieren, analysieren und in Beziehung zueinander zu setzen. Das hiermit verbundene Management repräsentiert somit einen Prozess, der sämtliche Aktivitäten des ganzheitlichen und systematischen Umganges mit Risiken und Chancen beinhaltet. Prozessphasen bzw. -schritte sind beispielsweise Identifikation, Analyse, Bewertung, Beobachtung, Steuerung, Kontrolle sowie Dokumentation. Es impliziert demnach im Sinne eines wertorientierten Führungs- und Steuerungssystems, die einzelnen Risikofaktoren bzw. Risiken frühzeitig zu erkennen, zu analysieren und zu strukturieren, zu quantifizieren, zu prognostizieren[7] und im Sinne des kybernetischen Controllings sowohl Risikoinstrumente antizipativ zu definieren und kompensierende Maßnahmen einzuleiten (Operationalisierung) als auch Verantwortlichkeiten für diese „Risikobekämpfung" festzulegen (Personalisierung) sowie zu dokumentieren (Dokumentation). Es fokussiert somit nicht nur auf die Frage der mathematischen Erfassbarkeit und Beherrschbarkeit, sondern auch auf die Dimension der Wissens- bzw. der Informationslage aller Entscheidungsträger. Damit ist es demnach nicht nur auf den finanzwirtschaftlichen Bereich begrenzt, sondern umfasst vor allem auch die frühzeitige indikative Erkennung von marginalen, qualitativen Veränderungen (zum Beispiel Veränderung der Kundenerwartungen, des Kundenverhaltens, des Verhaltens von Mitbewerbern etc.), die sich erst mittelfristig finanzwirtschaftlich auswirken werden bzw. würden. Risikomanagement bedeutet demnach, sowohl „Störpotentiale" zu erkennen und zu beschreiben, als auch Indikatoren für diese Störungen zu definieren bzw. zu extrahieren. Diese Indikatoren können sowohl aus dem Unternehmen stammen wie auch aus dem Unternehmensumfeld. Risikomanagement im Sinne eines wertfokussierten Managements muss deshalb die Interdependenzen zwischen Unternehmenszielen, daraus abgeleiteten Maßnahmen sowie den hieraus resultierenden Chancen bzw. Risiken sowie deren Eskalationspotenziale aufzeigen und analysieren, um eventuell erforderliche (Gegen-) Steuerungsmaßnahmen involvieren zu können. Geschäfts- und Risikomanagementprozesse sind deshalb so aufeinander abzustimmen, dass Risikopotentiale erkennbar und beherrschbar werden sowie eine aussagefähige und verlässliche Reprüfung gestatten.

In der Vergangenheit diente das Risikomanagement dazu, abteilungs- und/oder handlungsbezogene, latente Risiken zu lokalisieren, zu analysieren und zu reduzieren[8]. Es fokussierte häufig auf ein ausschließlich reaktives sowie stringentes Kostenmanagement und einen flexiblen Ressourceneinsatz. Auf der Grundlage langfristiger Kontrakte konnten Portfolio- und Risikomanagement „off-line" sowie langfristig geplant und durchgeführt werden. Diese bei statischen Umfeldbedingungen ausreichende Einzelfallbetrachtung genügt jedoch der sich aus der Marktliberalisierung ergebenden höheren Dynamik nicht mehr – sie ermöglicht auch keine kybernetische Steuerung des Unternehmens: Liberalisierung und Evolution der Informationstechnologie erzwingen vielmehr kurzfristige Reaktionen sowie ein entsprechend dynamisches Risikomanagement: Die Trading- und Hedgingaktionen[9] beispielsweise müssen in „Echtzeit" realisiert werden, weil sich die Marktbedienung auf der Grundlage kurzfristiger Verträge immer stärker der Echtzeit – im Sinne einer Tagesaktualität – annähert. Das führt zwangsläufig auch zur wachsenden Bedeutung des Kreditmanagements aufgrund der hohen Preis- sowie Deckungsbeitrags-Volatilität als Folge kurzfristiger Verträge. Dabei werden die operativen Risiken häufig unterschätzt – allerdings sind diese auch sehr schwierig zu definieren und zu klassifizieren[10]. Zwar existieren „handliche" Methoden zur Risikoeingrenzung, wie beispielsweise die „What-if", „Fault-Tree-" sowie „Event-Tree-Analyse". Diese fokussieren allerdings überwiegend auf Transaktionsprozesse zwischen Informationssystemen und deren Nutzern, also auf System- und Prozessrisiken. Aufgrund der Risikoverlagerung in den tagesaktuellen Bereich müssen jedoch häufig mehrere informationstechnologische und manuell gestützte interdependente Prozesse erfasst und auditiert werden. So korrelieren beispielsweise Kreditrisiko und operationelles Risiko miteinander. Zudem ist im Rahmen der Kreditrisiken[11] (beispielsweise im Rahmen der Forderungsausfallrisiken) die Bonität des jeweiligen bilateralen Vertragspartners von Bedeutung. Sie kann einerseits anhand der „Standard & Poor's" Ratingkriterien im Rahmen der „Triple-A-Klassifizierung" ermittelt werden. Dabei werden finanzwirtschaftliche und finanzpolitische Charakteristika, Kapital- und Finanzierungsstrukturen (Rentabilität, Cash Flow etc.) sowie Gesellschaftsstruktur, Reputation und die Realisierung des Risikomanagementsystems (-politik und -struktur) erhoben und in einem „Ratingsystem"[12] bewertet. Dieses ermöglicht somit eine Aussage über die Bonität, d. h. die zukünftige Zahlungsfähigkeit aufgrund der Einstufung in die jeweilige Bonitätsklasse. Ein derartiges „Finanzrating" ermöglicht daher die Bewertung der Profitabilität, der Finanzlage, der Jahresabschlusspolitik sowie der Funktionsfähigkeit des Risikomanagementsystems. Ergänzt wird es überwiegend noch durch ein sog. „Strukturrating", in dessen Fokus die nachhaltige Entwicklung im Hinblick auf Wettbewerbsposition und Zukunftsaussichten, die Qualität des Steuerungs- und Planungsinstrumentariums sowie die Managementqualität steht. Unter Einbeziehung sog. „Migrationsmatrizen" können des Weiteren statistische bzw. wahrscheinlichkeitstheoretische Prognosen über die Entwicklung des Ratings einer Unternehmung gemacht werden. Im Fall des Kreditrisikos kann andererseits das Kreditausfallrisiko beispielsweise im Rahmen eines internen Ranking-Ansatzes analog zur Bewertungsmethode des kreditwirtschaftlichen Bewertungsverfahrens „Basel II"[13] ermittelt werden. Dabei werden individuelle sowie wahrscheinlichkeitstheoretisch-statistische Vorgaben im Rahmen eines Algorithmus quantitativ analysiert[14]: Kreditrisiko = PC x EAD x LGC x M. Das sich hieraus ergebende Finanzprofil wird dann mit Indikatoren des Geschäftsprofils (beispielsweise Branchensituation, Marktposition, Kundensituation, Leistungsangebot, Managementqualität etc.) aggregiert. Dieses Unternehmensrisikoprofil wird anschließend im Rahmen eines Ratings in ein sechsstufiges Klassifikationssystem „importiert". Letzteres erstreckt sich von der „Risikoklasse 1" (keine erkennbaren Risiken, weil nachhaltig überdurchschnittliche gute Verhältnisse) über „2" (keine außergewöhnlichen Risiken), „3" (Indikatoren liegen leicht unter Branchendurchschnitt, daher geringfügige Risiken), „4" (Indikatoren liegen deutlich unter Branchendurchschnitt, daher zu beachtende Risiken), „5" (schwache wirtschaftliche Verhältnisse, daher erhöhte Risiken) bis zur „Risikoklasse 6" (drohende Zahlungsunfähigkeit, daher akutes Risiko). Hierdurch soll eine risikogerechte Ausrichtung der Kreditvergabe durch Banken etc. sowohl auf der Basis eines Risikomanagements als auch durch „Rankings" zur Bonitätseinschätzung gewährleistet werden. Ein derartiges Kreditrisikomanagement erfordert konsequenterweise auch die Einbeziehung der „Cash-Systeme" in das Risikomanagement.

Derartige Risikomanagementsysteme sind allerdings häufig monovalent orientiert: Sie berücksichtigen lediglich einen Risikobereich und negieren die Interdependenzen im Rahmen eines unternehmensweiten Ansatzes. Gleichzeitig unterschätzen sie die sozio-kulturelle Ebene: Wenn die MitarbeiterInnen einerseits die Marktchancen erkennen und selbständig (aus-) nutzen sollen, müssen sie gleichzeitig für die damit verbundenen Risiken sensibilisiert werden. Dies erfordert die Definition eines unternehmensspezifischen Risikoverständnisses, um die Risiken identifizieren, analysieren, messen und handhaben sowie die Ziele des Risikomanagements operationalisieren zu können. Schließlich sind hierfür auch skalierbare, rekonfigurierbare und somit stabile informationstechnologische Systeme und Werkzeuge erforderlich, die in der Lage sind, die Erfolgs- und Risikopotenziale zu modellieren, simulieren und analysieren. Sie müssen in hohem Maße stochastische Risikovolatilitäten abbilden und simulieren können, um die Einflüsse exogener Faktoren ausreichend zu berücksichtigen (zum Beispiel etwa als stochastischer Prozess zur Simulierung des „Verteilungskorridors" zukünftiger Preisentwicklungen[15]). Derartige Systeme generieren jedoch einen zusätzlichen Risikofaktor im Hinblick auf die technologische Systemverfügbarkeit sowie die Integrität und Konsistenz von Datenhaltung und -transformation[16]. Erforderlich sind daher ganzheitliche Konzepte des Risikomanagements, die sowohl historische und gegenwärtige Risiken als auch zukünftige Risikopotentiale einbeziehen und durch mehrdimensionale Messgrößen – analog zur BSC – quantifizierbar sowie deren Interdependenzen analysierbar und „beherrschbar" machen. Hierdurch sollen sowohl die Zeitdimension des jeweiligen Risikos (kurz-, mittel- und langfristig) als auch sein Gefährdungspotential für die nachhaltige Überlebensfähigkeit der Unternehmung ersichtlich werden. Daraus ergibt sich zwangsläufig, dass in das Risikomanagementsystem bzw. seine informationstechnologischen Module das Informationsmanagement vollständig integriert bzw. hierzu offen/kompatibel ist, um sämtliche Geschäftsprozesse bzw. deren Bewegungsdaten durch OLAP-Tools in Echtzeit erfassen, analysieren sowie interpretieren zu können. Voraussetzung hierfür ist die Integration der bestehenden Datenquellen und -flüsse sowie der externen und internen Informationsquellen. Zum anderen müssen in diese Systeme flexible Operationsmodelle als Grundlage für ein operatives sowie strategisches Risikomanagement integriert sein. Letztlich muss jeder Geschäftsprozess bzw. jedes Projekt durch das System „gespiegelt" und Monitoring- bzw. Auditing-Verfahren unterworfen werden. Aus dieser Beschreibung wird der ganzheitliche, unternehmensumfassende Charakter des Risikomanagementsystems deutlich. Bewusst wird auch, dass derartigen Systemen eine inhaltliche und quantifizierte Definition der unternehmensspezifischen Risikopolitik sowie der jeweiligen Risikoverfahren zu Grunde liegen muss – bei der auch die Renditeerwartungen der Shareholder zu berücksichtigen sind.

Risikomanagement beinhaltet vor diesem Hintergrund einerseits die systematische Identifikation der Einzelrisiken, deren Bewertung hinsichtlich der Eintrittswahrscheinlichkeit sowie ihrer Auswirkungen, um durch die frühzeitige Erkennung sowie Bewältigung bestandsgefährdender Entwicklungen deren Vermeidung oder Begrenzung zu gewährleisten sowie einen Risikotransfer (beispielsweise durch Derivate) zu ermöglichen. Dabei ist im Rahmen von Unternehmensstrategie und -politik zu definieren, welche Kernrisiken aufgrund der vorhandenen Kernkompetenzen mit der Zielsetzung einer Vermeidung bzw. Verminderung selbst getragen werden und welche Risiken zu transferieren (quasi zu „versichern") sind. Im Rahmen dieser „Risikobewältigung" ist die Art der Kompensationsmaßnahme, deren Kosten, der erforderliche Zeitaufwand (Zeitpunkt der Eintrittswahrscheinlichkeit, Dauer der Kompensation) sowie der Status festzulegen und regelmäßig zu beobachten (Monitoring). Es muss jedoch andererseits auch die Interdependenzen zwischen verschiedenen Risikofaktoren aufzeigen, analysieren, in einen ganzheitlichen Kontext transferieren sowie proaktive Kompensationsmaßnahmen aufzeigen und personalisieren. Des Weiteren soll es auch die Interdependenzen der risikokompensierenden Maßnahmen zu anderen Risiken sowie Maßnahmen definieren und analysieren, um kontraproduktive Beeinträchtigungen des Gesamtsystems so weit wie möglich zu verhindern.

Letztlich soll durch das Risikomanagement die Steuerung der Risiken sowie der damit verbundenen Chancen im Rahmen einer ganzheitlichen Unternehmenssteuerung realisiert werden. Zwangsläufig müssen aufgrund gesetzlicher Vorgaben Struktur, Zielsetzung und Funktionsweise sowie Methoden und Verfahren des Risikomanagementsystems sowohl intern als auch gegenüber den Eigentümern erläutert und transparent gemacht werden.

Risikomanagement beinhaltet somit die Gesamtheit aller organisatorischen Maßnahmen, Regelungen und Reaktionen zur Risikoerkennung, -erfassung, -analyse, -bewertung und -bewältigung[17] sowie -akzeptanz und ist somit ein Modul des „Corporate Governance", also dem rechtlichen und funktionalen Ordnungsrahmen zur Führung und Überwachung einer Unternehmung. Erforderlich ist daher auch die Definition einer Risikostrategie, die sowohl eine strukturelle (Unternehmensebene) als auch eine „personalisierte" Komponente enthält. Zur ersteren gehören beispielsweise die Definition sowie Vereinheitlichung der Bewertungsmaßstäbe sowie die Festlegung der Regularien für Koordination (der Risikoverantwortlichen), Überwachung (Monitoring), Dokumentation etc. Zum zweiten Bereich zählen beispielsweise die Kriterien der Risikoidentifikation. Neben der Definition und Abgrenzung der Risikofelder sowie Risikofaktoren zur Risikoerkennung und -erfassung impliziert dies auch die Benennung von Indikatoren sowohl für definierte Risiken als auch für diejenigen, für die noch kein definiertes Erscheinungsbild vorliegt[18]. Neben der hieraus resultierenden Definition der Risikobereitschaft im Sinne einer Quantifizierung der einzugehenden Risiken ist zwangsläufig auch die Risikomessung notwendig – der systematische und periodische Vergleich der Risikopositionen mit der realen Entwicklung („mark-to-market"). Das verlangt ein konsistentes und permanentes Risikomonitoring jeder Position, jeder Zielsetzung, jedes Prozesses sowie jeder Kapitalallokation – einschließlich der „underperformanced" Positionen. Aus der hiermit verbundenen Risikoidentifikation, -analyse und -bewertung (-beurteilung) resultiert dann das operative Risikomanagement, die Steuerung aller Risiken. Dabei ist zwischen einmaligen „Feuerwehrmaßnahmen" zur Kompensation einmaliger Effekte sowie strukturellen Verfahren zur Antizipation bzw. Kompensation von Kontextveränderungen zu differenzieren. Wesentlich für ein Funktionieren des Risikomanagementsystems ist sowohl die informationstechnologische Basis als ontologische Ebene als auch ein institutionalisiertes Wissensmanagement (epistemologische Dimension). Diesbezüglich muss zum einen ein Risikobewusstsein bzw. eine Risikokultur generiert bzw. involviert werden. Zum anderen müssen Zielwerte (Limits bzw. Schwellenwerte) definiert werden, die sowohl eine Berichtspflicht als auch kompensierende Maßnahmen auslösen. Dies bedingt die schon angesprochene „Personalisierung" der Verantwortlichkeiten. Sowohl die Risikostrategie als auch die hieraus abgeleitete Risikopolitik sowie das Management der Risiken sind im Risikomanagementhandbuch obligatorisch festzulegen. Risikomanagement ist demnach zwangsläufig nicht die ausschließliche Aufgabe eines Funktionalbereiches (zum Beispiel Innere Revision oder Controlling), sondern ist von allen Entscheidungsträgern zu realisieren und betrifft alle Unternehmensbereiche, Geschäftsprozesse sowie Funktionalitäten. Als iterativer Prozess ist es letztlich Aufgaben- und Verantwortungsobjekt der operativen Einheiten und somit Bestandteil des „Change Managements" zur Beherrschung komplexer, innovativer Prozesse.

Nach dieser generellen Diskussion der unternehmerischen Risiken sowie der Anforderungen an das Risikomanagementsystem sollen nachfolgend die unternehmensbezogenen Risikofelder und -faktoren sowie die Prozessstruktur des Risikomanagements diskutiert werden. Hieran schließt sich dann die Erläuterung der funktionalen Module des Risikomanagementsystems an.

6.2 Die Struktur des Risikomanagements

6.2.1 Unternehmensbezogene Risikofelder und Risikofaktoren

Risiken können grundsätzlich nach Kategorien oder Objekten, ihren wirkungsrelevanten Faktoren, der Eintrittswahrscheinlichkeit[19] sowie dem Eintrittsdatum, der Schadenshöhe[20] sowie der Abhängigkeit von anderen Risiken (Interdependenzen) klassifiziert werden. Überdies unterscheidet man zwischen Projekt- und Geschäftsprozessrisiken, weil bei Projekten die Auswirkungen auf die operative Ebene häufig nicht erkennbar sind. Zum anderen müssen Projektrisiken häufig in Relation zu den damit verbundenen – häufig inhärenten – Chancen einem anderen Bewertungsverfahren bzw. -maßstab unterworfen werden. Aus operationalen Gründen werden im Bereich der Geschäftsprozessrisiken[21] überwiegend im Rahmen eines „Topdown-Verfahrens" zuerst die unternehmensbezogenen Risikobereiche und anschließend die diesbezüglichen Einzelrisiken identifiziert und definiert. Zu berücksichtigen ist hierbei, dass unternehmerische Risiken zwangsläufig nicht nur auf der Grundlage monetärer (finanzwirtschaftlicher) Kriterien zu definieren sind, sondern auch qualitative Dimensionen beinhalten müssen.

Bei einer derartigen Sicht differenziert man zweckmäßigerweise die nachfolgenden Risikofelder bzw. -bereiche (die nachfolgende Auflistung besitzt nur beispielhaften Charakter und ist als Anhalt zu verstehen – sie muss zwangsläufig unternehmenszweck- und -aufgabenspezifisch erstellt und regelmäßig überprüft werden):

a) *Strategische Risiken* – Sie resultieren unter anderem aus den Unternehmensstrategien, Managementkonzepten, Produkt-/Dienstleistungsportfolien, langfristigen Markteinrichtungen sowie geplanten Produktentwicklungen und besitzen in der Regel langfristigen Charakter.

b) *Finanzwirtschaftliche Risiken* – Sie besitzen unmittelbare Auswirkungen auf die Finanz- und Liquiditätskraft der Unternehmung, zum Beispiel Debitoren-/Kreditorenbestand, Bonität.

ba) *Marktrisiken* – Volatile Märkte besitzen überwiegend dynamische Entwicklungen, sowohl im Bereich des Nachfrageverhaltens, der Kundenstruktur als auch des Wettbewerbs (Mengenrisiko).
- *Preisrisiken* – Bei mittel- bis langfristigen Verträgen können Preisschwankungen sowie Preisanpassungsklauseln, Abweichungen zwischen den kontrahierten Fremdprodukten/Dienstleistungen sowie die volatile Marktnachfrage zur Reduzierung bzw. Eliminierung von Deckungsbeiträgen führen (ungesicherte Positionen im Bereich „mark-to-market"). Preisrisiken können durch das „Hedging" als aktive Kompensationsmaßnahme verringert werden[22]. Hierdurch entstehen jedoch Optionsrisiken.
- *Options-/Futurerisiken*[23] – Durch die Diskrepanz zwischen der Werteentwicklung der eingesetzten Option als auch der jeweiligen Basisinstrumente kann ein nichtlineares Risiko aufgrund der asymetrischen Risikoverteilung zwischen Optionsinhaber und Optionsstillhalter entstehen; entsprechende Messgrößen werden durch die „Greeks" repräsentiert:
- Delta[24]
- Gamma[25]
- Vega[26]
- Rho[27]
- Theta[28]
- *Kurvenrisiken* – Die Werte von physischen und derivaten Positionen können durch die Volatilität der Terminpreiskurve im Zeitablauf divergieren und somit zu Verlusten führen.
- *Basis-/Spreadrisiken* – Sie entstehen, wenn die Wertentwicklungen des physischen Grundgeschäftes sowie des jeweiligen Sicherungsgeschäftes nicht positiv korrelieren – zum Beispiel bei Hedging-Instrumenten.

bb) *Währungsrisiken* – Divergenzen zwischen Auslands- und Inlandswährung, die zur Reduzierung bzw. Eliminierung von Deckungsbeiträgen führen.

bc) *Kreditrisiken* – Nichtrealisierung von Zahlungsverpflichtungen eines Vertragspartners.

bd) *Adressenausfallrisiken* – Nichterfüllung von Vertragsleistungen bei Ausfall eines Geschäftspartners bzw. Lieferunfähigkeit des Lieferanten hinsichtlich Konditionen, Qualität und Zuverlässigkeit.

be) *Liquiditätsrisiken*
- *Kurzfristige Liquiditätsrisiken* – Ein Fehlen an Geldmitteln führt zur Nichteinhaltung von Zahlungsverpflichtungen; Ursachen hierfür können sowohl die Kürzung/Nichteinräumung von Kreditlinien als auch der Ausfall von Forderungen sein.

c) *Intraorganisationale Risiken* – Divergenz zwischen den Anforderungen an die sowie der Leistungsfähigkeit aufgrund der Organisationsstruktur.
  ca) *Strukturelle Risiken* – „Organisationsverschulden": sowohl die mangelhafte Strukturierung der Aufbauorganisation (beispielsweise bei unentdeckten Kompetenzüberschreitungen, mangelhaftem Vertragsmanagement, fehlerbehafteten IT-Sicherheitssystemen, unzureichenden Controllinginstrumenten etc.) als auch der Ablauforganisation (fehlerbehaftete Geschäftsprozessstrukturen sowie Informations- bzw. Wissensdefizite) können sowohl zur Erhöhung der Transaktionskosten als auch zu Verlusten führen.
  cb) *Personelle Risiken* – Unzureichende Personalressourcen, zu geringe Sozialkompetenzen sowie fehlendes Wissen führen zur Reduzierung von Deckungsbeiträgen aufgrund der Erhöhung der Transaktionskosten.
  cc) *Unternehmenskulturelle Risiken* – Fehlende bzw. mangelhafte Motivations-/Leistungsanreizstrukturen führen zur Reduzierung von Effizienz und Effektivität der Leistungserstellungsprozesse.
  cd) *Technologische Risiken* – Systemimmanente Risiken durch mangelhafte bzw. ineffiziente Produktions-, Distributions- bzw. Logistiksysteme beeinflussen direkt die Qualität der Leistungserstellung; im Bereich der informationstechnologischen Systeme wirken als Risiken die Systemverfügbarkeit und -zuverlässigkeit, Datensicherheit und Datenqualität; ebenso können sich „Technologiesprünge" sowie neue Technologien negativ auswirken.
  ce) *Rechtliche Risiken*
  Aus Vertragsabschlüssen sowie dem Nichteinhalten gesetzlicher/behördlicher Vorgaben, Auflagen etc. können existenzgefährdende Risiken entstehen.
  cf) *Operationale Risiken* – die Gefahr von Verlusten, die infolge der Unangemessenheit oder des Versagens interner Verfahren, Menschen und Systeme eintreten können.
d) *Gesellschaftsrechtliche/politische Risiken* – Veränderungen der Anteilseignerstruktur können zur Revision der Unternehmensstrategien bzw. -politik führen; unsichere bzw. sich verändernde Rechts- und Gesetzesgrundlagen, politisch implizierte Veränderungen des unternehmerischen Kontextes etc. können langfristig zur Reduzierung der Deckungsbeiträge bzw. zur Erhöhung von Kosten bzw. Aufwand führen; der Einfluss der Politik auf den Unternehmenskontext sowie Veränderungen von Rollenstruktur und -verhalten können die Unternehmensstruktur konterkarieren.
e) *Systemrisiken* – Veränderungen privatrechtlicher, privatökonomischer bzw. intraorganisationaler Tatbestände, die durch kurzfristig wirkende Regulierungs- bzw. Gegensteuerungsmaßnahmen nicht kompensiert werden können (zum Beispiel kurzfristiger Lieferantenausfall etc.).

6.2.2 Die Prozessstruktur des Risikomanagements

Aus pragmatischen Gründen sollte die Strukturierung der unternehmensindividuellen Risikobereiche sowie der daraus abgeleiteten Risikofaktoren bzw. Einzelrisiken im Rahmen eines dreistufigen Prozesses erfolgen:
1. Deduktive Definition der Risikobereiche sowie logische Strukturierung mittels der Baumstrukturen.
2. Definition und Gewichtung der Risikoarten bzw. Einzelrisiken in Form von Matrixstrukturen.
3. Aggregation der Baum- und Matrixstrukturen mittels eines Graphen.

Zu Beginn werden daher die Risikobereiche bzw. -felder deduktiv definiert und mittels der Baumstruktur in einen logischen Kontext gebracht. Nach dieser im „Top-down-Verfahren" durchzuführenden Identifikation und Definition der Risikobereiche bzw. -felder sind in einem zweiten Schritt auf Grundlage des „Gegenstromverfahrens" (down-up) von den Entscheidungsträgern der jeweiligen Geschäftsprozesse die jeweils relevanten Risikofaktoren sowie deren Indikatoren antizipativ zu benennen und zu gewichten; die hierbei definierten Einzelrisiken repräsentieren dann gewissermaßen den „Boden" der Baumstruktur. Die Indikatoren können sowohl qualitativer Natur als auch quantitativer in Form von Kennzahlen sein (vgl. hierzu die nachfolgende Abbildung).

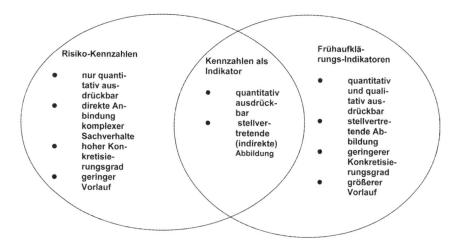

Abb. 60: Der prinzipielle Zusammenhang zwischen Kennzahlen, Indikatoren und „weak signals", abgeändert entnommen aus: Krystek (2000), S. 84

Im Rahmen der Gewichtung werden sowohl die jeweilige Eintrittswahrscheinlichkeit als auch die Schadenshöhe jedem Risikofaktor zugeordnet. Während die Eintrittswahrscheinlichkeit in relativer Form (d. h. prozentual) definiert wird, sollte die Schadenshöhe in absoluten Beträgen ausgedrückt werden. Sie werden allerdings in Relation zu einer vorab definierten Bezugsgröße (zum Beispiel Eigenkapital, Umsatz, Deckungsbeitrag etc.) klassifiziert. Als Resultat ergeben sich dann mehrere Risikomatrizen mit den jeweiligen relativen Risikowerten (vgl. die nachfolgende Abbildung).

Schadenshöhe gemäß der def. Schadensklassen Eintritts- wahrscheinlichkeit	Klasse E unbedeutend (0 € < x ≤ 50 T€)	Klasse D Gering (50 T€ < x ≤ 250 T€)	Klasse C Mittel (250 T€ < x ≤ 1 Mio.€)	Klasse B schwer- wiegend (1 Mio. € < x ≤ 2 Mio. €)	Klasse A existenzbe- drohend (2 Mio. € < x)
sehr wahrscheinlich (75 % ≤ x < 100 %)	2,0	4,0	6,0	8,0	10,0
wahrscheinlich (50 % ≤ x < 75 %)	1,6	3,2	4,8	6,4	8,0
möglich (25 % ≤ x < 50 %)	1,2	2,4	3,6	4,8	6,0
unwahrscheinlich (5 % ≤ x < 25 %)	0,8	1,6	2,4	3,2	4,0
fast unmöglich (0 % = x < 5 %)	0,4	0,8	1,2	1,6	2,0

kein Handlungsbedarf
u. U. Handlungsbedarf
akuter Handlungsbedarf
unbedingter Handlungsbedarf

* beispielhaft bezogen auf Eigenkapital von 10,0 Mio. •;
andere Bezugsgrößen sind zum Beispiel:
- ▷ Umsatz
- ▷ Deckungsbeitrag
- ▷ profitable Kunden
- ▷ Produkte

Abb. 61: Beispiel für eine Risikomatrix mit der Angabe relativer Risikowerte

Eine Risikomatrix repräsentiert quasi ein Unternehmensmodell mit mehreren Variablen, auf die sich die einzelnen Risiken auswirken; letztere werden im Rahmen der Balanced Riskcard[29] analysiert, evaluiert und personalisiert. Die sich aufgrund der „Risikostreubreite" ergebenden Variablenausprägungen sind mathematisch als Streuung um einen Erwartungswert zu verstehen und sollte im Idealfall die Gauß'sche Normalverteilungsfunktion (Glockenkurve) ergeben. Durch die Aggregation dieser einzelnen Risikomatrizen auf der Grundlage der mit Korrelationskoeffizienten bewerteten Einzelrisiken mit der Baumstruktur der

Risikobereiche in Form eines Graphen als dritten Schritt kann dann das Gesamtrisiko der Unternehmung ermittelt und bewertet werden. Hierbei werden zwangsläufig die Interdependenzen zwischen den einzelnen Risikofaktoren deutlich. Des Weiteren werden durch den Graphen die Logik der Risikostruktur nachvollziehbar sowie die finanzwirtschaftlichen (Gesamt-)Auswirkungen ersichtlich.

Im Anschluss an die nunmehr erfolgte Identifikation, Definition und Bewertung der Risikobereiche sowie Analyse der Risikoarten muss das operative Risikomanagement, d. h. die zu ergreifenden Kompensationsmaßnahmen bzw. die Handhabung der Risiken festgelegt werden. Generell kann unterstellt werden, dass die Risikovermeidung Vorrang vor Risikominderung, Risikoüberwälzung oder Akzeptanz des (Rest-)Risikos besitzt. Weil jedoch jedes Risiko auch eine Chance beinhaltet, ist diesbezüglich ein Abwägungsprozess erforderlich. Im Verlauf dieser Prozessphase werden demnach der Maßnahmentyp (Vermeidung, Reduzierung etc.) sowie die jeweils zu ergreifende Maßnahme definiert. Hieran schließt sich dann die Beschreibung der jeweiligen Vorgehensweise an, durch die Verantwortlichkeiten (Personalisierung), Zeitpunkt bzw. Schwellenwert sowie Art der zu ergreifenden Maßnahmen unter Vorgabe der angestrebten Effizienz fixiert werden. Hierdurch soll quasi ein „Automatismus" des Risikomanagements bei Grenzwertüberschreitungen initiiert werden. Die bislang aufgezeigten Prozessschritte werden im Rahmen des operativen Risikomanagements durch die Phasen „Risikomessung[30]", „Risiko-Reporting" (einschließlich Auditing und Monitoring) sowie „Risiko-Controlling" ergänzt, so dass sich der nachfolgende Prozessverlauf ergibt (vgl. die nachfolgende Abbildung):

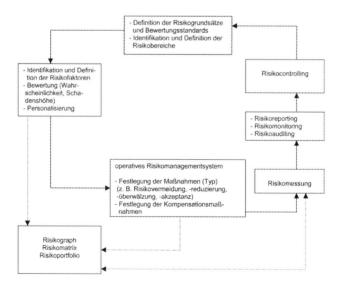

Abb. 62: Die Prozessstruktur des Risikomanagementsystems

Im Rahmen des Risiko-Reporting wird das erforderliche Berichtswesen institutionalisiert. Um die Berichte besser kommunizieren zu können und somit ein effizientes Monitoring zu erreichen, ist es notwendig, die jeweiligen Reports durch angehängte Dokumente, Auswertungen sowie Kommentare transparent und verständlich zu gestalten. Zudem ist der jeweilige Maßnahmenstatus (zum Beispiel beschlossen, eingeleitet, erledigt) anzugeben. Neben den simulierten und prognostizierten Auswirkungen auf die jeweilige Erfolgsrechnung etc. sollte auch eine „Top-Ten-Liste" beigefügt sein, aus der auch die jeweiligen Verantwortlichkeiten ersichtlich sind. Im Bereich des Risikocontrolling erfolgt eine permanente Beobachtung der Risikoentwicklung sowie der Auswirkungen der beschlossenen sowie ergriffenen Maßnahmen. Zugleich müssen die Interdependenzen zu anderen Risiken aufgezeigt und der gesamte Maßnahmenprozess dokumentiert und archiviert werden. Das institutionalisierte Risikocontrolling zwingt die „risc owner" dazu, sowohl „ihre" Risiken als auch die jeweils eingeleiteten Kompensationsmaßnahmen ständig strukturiert und quantifiziert zu erfassen und zu überwachen, so dass das Risikobewusstsein steigt. Die kontinuierliche Risikobeschäftigung führt auch dazu, dass die sich hinter den Risiken „verbergenden" Chancen erkannt und genutzt werden. Aufgabe des Risikocontrollings ist es, alle „betroffenen" Entscheidungsträger sowie die Unternehmensführung ständig zu beraten und auf abweichende Entwicklungen frühzeitig aufmerksam zu machen.

Die bisher aufgezeigten Phasen des Risikomanagementprozesses ergeben beispielhaft in tabellarischer Darstellung folgende Zuordnung bzw. Personalisierung:

Prozessphase	*Verantwortlichkeit*

1. Risikoidentifizierung
2. Risikoklassifikation
3. Risikobewertung
    Funktional-/Prozessbereiche
    Controlling
	Geschäftsführung

4. Risikoverantwortung 5. Risikosteuerung/-management	Funktional-/ Prozessbereiche

6. Risikoberichte
7. Frühwarnsystem[31]
8. Risikodokumentation/-fortschreibung/
    -archivierung
9. Evaluierung der Funktionsfähigkeit und
    Angemessenheit des Risikomanagement-
    Systems
10. Aktualisierung des Handbuches
	Controlling

Das vorstehend beschriebene funktionale bzw. ablauforientierte Risikomanagementsystem schließlich muss im sog. „Handbuch" niedergelegt werden, das häufig die nachfolgenden Abschnitte enthält:
- Zweck und Zielsetzung des Risikomanagementsystems,
- Geltungsbereich,
- Grundlage des Risikomanagementsystems,
- Module des Risikomanagementsystems,
- Funktionen des Risikomanagementsystems,
- Personalisierung des Risikomanagementsystems,
- Struktur des Risikoreportings,
- Katalog der Risikofaktoren,
- Definition der jeweiligen Grenzwerte/Schwellenwerte.

6.3 Die Strukturelemente des Risikomanagementsystems

Nach dieser funktionalen Darstellung des Risikomanagementsystems sollen nunmehr die einzelnen strukturellen Elemente (vgl. Abb. 63) diskutiert werden.

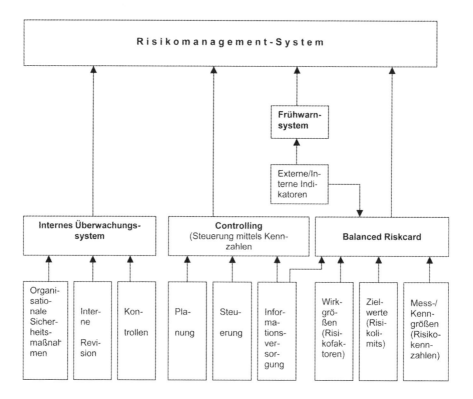

Abb. 63: Die strukturellen Module des Risikomanagementsystems

Das interne Überwachungssystem repräsentiert letztlich den Bereich, der schlagwortartig mit dem Begriff des „klassischen" Organisationsverschuldens gekennzeichnet werden kann. Hierzu gehören neben der strukturellen und prozessualen Organisationssicherheit die Interne Revision sowie die durch Gesetze bzw. Geschäfts-/Betriebsanweisungen vorgeschriebenen operativen Kontrollmechanismen und -instrumente (beispielsweise Kassenprüfungen etc.).

Neben diesem auf interne Abläufe fokussierten System muss ein Risikomanagementsystem die Module „Controlling", „Frühwarnsystem" sowie „Balanced Riskcard" beinhalten. Während das erste ausschließlich auf der ontologischen (Transfer-)Ebene angesiedelt ist, beinhalten die beiden letzteren auch Elemente der Transformations- (epistemologischen) Ebene des Wissensmanagements. Das Controlling ist überwiegend operativ orientiert, während das Frühwarnsystem und die Riskcard strategischen Charakter besitzen.

6.3.1 Controlling

Unter Controlling[32] versteht man generell die Führung und Steuerung einer utilitaristischen Organisation, beispielsweise einer Unternehmung oder eines Betriebes. Dabei unterscheidet man drei grundsätzliche Aufgabenbereiche:
1. Planung und Budgetierung der Entwicklung eines Wirtschafts-(Geschäfts-)zeitraumes (zwischen einem und fünf Jahren) auf der Grundlage der vereinbarten Unternehmensziele, Aufgabenschwerpunkte sowie vorgegebener „Eckdaten" (zum Beispiel Umsatzziele, Marktanteile, Finanzierungsrelationen etc.). Der Controller ist bei der Festlegung langfristiger Pläne und Zielsetzungen involviert. Er ist verantwortlich für deren Ableitung in Form kurzfristiger Sollvorgaben als auch Jahres- und Monatsbudgets.
2. Kontrolle der Abweichungen durch die laufende Erfassung und Analyse der „Ist-Daten" des Rechnungswesens sowie deren Vergleich mit den Sollvorgaben.
3. Erarbeitung und Vorlage von Maßnahmen zur Kompensation der Abweichungen für die Unternehmensführung bzw. Entscheidungsträger.

Generell wird in der wissenschaftlichen Literatur zwischen „strategischem" und „operativem" Controlling differenziert. Unter ersterem versteht man die „institutionelle Planung", das heißt die Planung der grundsätzlichen Unternehmenspolitik sowie die Mitwirkung bei der Zielfestlegung[33]. Das „operative Controlling" beinhaltet dann die „institutionalisierte Kontrolle", also die Maßnahmenfestlegung sowie deren permanente Überprüfung im Hinblick auf die Zielerreichung (präventive Kontrolle). Hieraus ergeben sich die folgenden Einzelaufgaben:
- Aufstellung, Koordinierung und Durchführung von Unternehmensplänen (Wirtschafts-, Finanz- und Investitionspläne, Gemeinkostenbudgets, Kosten-Standards) als Entscheidungshilfen für die Unternehmensführung bzw. Entscheidungsträger.

- Vergleich der Pläne mit den Ist-Resultaten sowie Interpretation dieser Ergebnisse und Berichterstattung mit Vorschlag von Handlungsalternativen; dies beinhaltet die Vorgabe von Buchhaltungs- und Bilanzierungsrichtlinien, Koordinierung und Abstimmung der Systeme des Rechnungswesens sowie Kontrolle und Berichterstattung (beispielsweise Quartalsbericht, Halbjahresbericht etc.).
- Beratung der jeweiligen Verantwortlichen in den einzelnen Hierarchieebenen hinsichtlich
  a) der Erreichung der gesetzten Ziele,
  b) Wirksamkeit/Umsetzung der Richtlinien,
  c) Arbeitsstrukturen und -abläufe.
- Aufstellung und Anwendung von Richtlinien und Verfahren zur Bearbeitung der Steuerangelegenheiten.
- Koordinierung und Kontrolle der Berichte an Dritte (zum Beispiel Staat, Eigentümer, Aufsichtsgremien).
- Vermögenssicherung durch innerbetriebliche Kontrolle und Revision sowie Überwachung des Versicherungsschutzes.
- Erfassung und Auswertung volkswirtschaftlicher Betriebsvergleichszahlen, sozialer und gesetzlicher Eckwertveränderungen im Hinblick auf deren Bedeutung für das Unternehmen.

Controlling beinhaltet demnach zum einen die linien- bzw. prozessorientierte Zusammenfassung bisher dezentraler Teilaufgaben (zum Beispiel das Rechnungswesen, die Erstellung von Wirtschaftsplänen, das Berichtswesen etc.) unter einer einheitlichen Verantwortlichkeit und Zuständigkeit. Es ist zugleich als „Dienstleister" mit Stabs-(Beratungs-)funktion für die Entscheidungsträger aller Ebenen und Bereiche zu sehen und geht wesentlich über den klassischen Aufgabenbereich der „Inneren Revision" hinaus. Zur Aufgabendurchführung unbedingt erforderlich ist der Aufbau eines auf alle Konzern- bzw. Unternehmensbereiche zugreifenden, informationstechnologisch gestützten Berichts- und Kontrollsystems, um auf der Basis dieser Daten- und Informationslage nicht nur die Funktion einer „Berichterstattung", sondern morphologisch auch die eines „aktiven Regelungssystems" zu realisieren[34]. Die hiermit verbundenen, aus der Kybernetik[35] stammenden Grundprinzipien sollen daher kurz skizziert werden. Jedes System[36] – sei es eine Maschine als technisches System, eine Partei als soziales System oder eine Unternehmung als sozio-technisches System – ist „Störungen" aus seiner Umwelt ausgesetzt, die den geplanten, „normalen" Funktionsablauf beeinträchtigen. Um die Funktions- und Überlebensfähigkeit bzw. „Stabilität" des Systems gewährleisten zu können, muß es Mechanismen bzw. Methoden besitzen, diese Störungen in geeigneter Weise zu kompensieren. Bei der klassischen Dampfmaschine existiert beispielsweise ein Überdruckventil, das sich bei einem zu hohen Dampfdruck im Kessel öffnet und diesen „Überdruck" abbaut, bis wieder „normale" Betriebs- bzw. Funktions- oder Systemzustände existieren. Generell gilt, dass in jedem künstlichen System, sei es eine Unternehmung oder Maschine, der Regler ein Teil des Systems und somit die Regelfunktion auf die Gesamtstruktur des Systems verteilt ist. Die Auswirkungen der Funktion des Reglers zeigen sich überwiegend in einer spezifischen Verhaltensweise bzw. einer Änderung der Verhaltensweise des Systems. Ausgelöst wird die Funktion des Reglers durch einen Reiz, der aus der Umwelt des Systems auf dieses einwirkt und von ihm wahrgenommen wird. Ein derartiger Reiz kann z. B. eine Störung sein, die den gewohnten Funktionsablauf des Systems beeinträchtigt – die Reaktion als Funktion des Reglers kann dann nur eine Veränderung des Systems sein, die dem „störenden Reiz" adäquat ist und diese Störung kompensiert: Der Reiz bzw. die an das System herangetragene Störung beeinträchtigt bzw. verändert den Funktionsablauf des Systems – die Reaktion ist eine Antwort des Systems. Das System bzw. die Unternehmung muss demnach bestrebt sein, aktionshemmende Reize zu eliminieren bzw. abzubauen und aktionsfördernde Reize zu verstärken, indem sie bewusst und nicht zufällig reagiert. Dies setzt allerdings voraus, dass es in der Lage ist, aktionshemmende und -fördernde Reize zu identifizieren und zu unterscheiden, um wieder „korrekt zu funktionieren" und damit die „innere Stabilität" zurück zu erlangen. Ein System bzw. Unternehmen muss daher in der Lage sein, das Abweichen von der „inneren Stabilität" zur Instabilität zu messen bzw. zu erfassen und anschließend – basierend auf einer Reihe von Regeln – mit Reaktionen „zu experimentieren", um die innere Stabilität wieder herzustellen. Demnach ist es nicht erforderlich, die Ursache einer Störung prognostizieren zu können – es genügt vielmehr, bestimmte Ereignisse (die von außen oder von innen auf das System einwirken) zu registrieren und den inneren Zustand so lange zu verändern, bis die Auswirkungen dieser Störung kompensiert sind. Derartige Systeme bzw. Unternehmen werden auch als „ultrastabil" bezeichnet.

In der Kybernetik unterscheidet man diesbezüglich zwischen einer Störungskompensation mit und ohne Rückkopplung. Letztere wird auch als Steuerung und erstere als Regelung bezeichnet, wobei in der Realität überwiegend Kombinationen beider Verfahren vorzufinden sind. Voraussetzung für eine derartige Störungskompensation ist allerdings, daß das System spezifische Steuerungseinheiten (zum Beispiel das Überdruckventil bei der Dampfmaschine) besitzt, die unmittelbar bei Auftreten einer Störung ihr bewusst entgegenwirken. Bei der Steuerung, in diesem Fall Störungskompensation ohne Rückkopplung, wird auf eine „Störung" des Systems bzw. eines ablaufenden Systemprozesses seitens des Stellgliedes (Effektor) mit einer vorher festgelegten Kompensations- oder Störungsbeseitigungsmaßnahme reagiert:

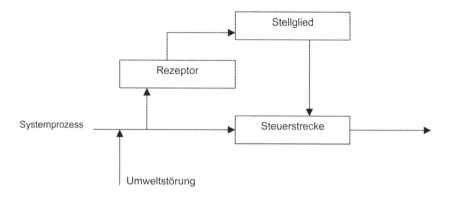

Abb. 64: Das Modell eines Steuerungskreises

Dabei erfasst der „Rezeptor" das Vorhandensein der Störung, gibt die Information an das „Stellglied" weiter, das mit einer vorher festgelegten Maßnahme „reagiert" und über die Steuerstrecke auf den Systemprozeß einwirkt. Eine derartige Steuerung benötigt zu ihrem „ordnungsgemäßen Funktionieren" folgende Voraussetzungen:

- Das Stellglied muss vollständig über den Funktionsablauf im System informiert sein.
- Die Zusammenhänge zwischen Ursachen und Wirkungen müssen determiniert sein.
- Die jeweils auftretende Störgröße sowie die von ihnen ausgelösten Störungen müssen quantitativ bekannt sein.
- Die Steuerungsmethode muss die Störung in vollem Umfang kompensieren.

Bei dynamischen Umweltbedingungen treten jedoch häufig mehrere interdependente, sich teilweise konterkarierende oder verstärkende Störgrößen auf, die nur bedingt repetitiven Charakter besitzen und daher nicht „automatisierbar" sind. Aus diesen Grund wird die Steuerung zur Regelung, das heißt zur Störungskompensation mit Rückkopplung erweitert:

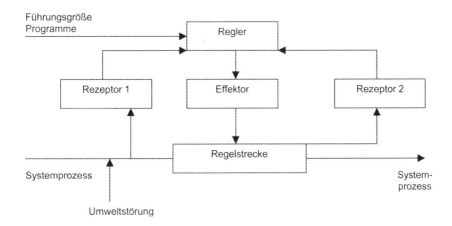

Abb. 65: Das Modell eines Regelkreises

In diesem Fall wird die Auswirkung der Steuerungsmaßnahme über den „Rezeptor 2" zurückgemeldet (Rückkopplung) und für neue Steueranweisungen ausgewertet. Auf die eingangs angesprochene Dampfmaschine bezogen, bedeutet diese autonome[37] Regelung: Ein Rezeptor (Sensor) stellt den Überdruck fest und meldet ihn dem Regler; dieser öffnet das Überdruckventil (Stellglied, Effektor), um „Dampf abzulassen". Ein zweiter Rezeptor (Messfühler) registriert die entstehende Druckreduzierung permanent und meldet sie dem Regler; bei einem vorgegebenen Mindestdruck veranlaßt der Regler das Stellglied zur Reduzierung der Störungskompensation durch Schließen des Überdruckventils. Im kybernetischen Sinn heißt dies, daß dem Regler über den Rezeptor 2 laufend der tatsächliche Zustand des Systems (der Regelstrecke) zurückgemeldet wird (Rückkopplung). Auf der Grundlage einer vorgegebenen Führungsgröße (Programm) greift der Regler so lange mit kontrollierten, kompensierenden Maßnahmen in den Prozess der Regelstrecke ein, bis der jeweils vom Rezeptor 2 gemeldete Ist-Zustand mit dem Soll der Führungsgröße übereinstimmt. Im Rahmen dieser als sekundären Regelung bezeichneten Störungskompensation werden Regelstrecke und/oder Regler mit einer gewissen „Bandbreite" ausgelegt, so dass das System auf eine bestimmte Anzahl bekannter Störgrößen reagieren kann. Nehmen die Störgrößen sowohl in quantitativer als auch qualitativer Dimension Werte an, die außerhalb dieser Bandbreite liegen, so ist eine Störungskompensation durch die sekundäre Regelung nicht mehr möglich. Zwar wird – analog zur Steuerung – dem System auch bei der Regelung der Sollwert vorgegeben – auf der Basis von Rückkopplungen verändert das System bei der Regelung sein Verhalten jedoch selbstständig. – dies entspricht der Führungstechnik der Auftragstaktik. Die in einem Regelkreis auftretenden Funktionen der Rezeptoren, Effektoren, Regler etc. werden von aktiven Elementen bzw. von Subsystemen des sozialen Systems wahrgenommen; hierbei können sowohl einzelne Elemente mehrere Funktionen als auch mehrere Elemente eine Funktion übernehmen[38].

Während die Rezeptoren (Eingabekanäle) „sensorisch" wirken, wirken sich die Effektoren „motorisch" aus. Selbstverständlich besteht das Regelsystem eines realen Systems (z. B. der menschliche Organismus oder eine Unternehmung) nicht nur aus einem derartigen Regelkreis, da es dort eine große Anzahl von Ein- (affektiven) und Ausgabe- (effektiven) Kanälen bzw. Rezeptoren und Effektoren gibt. Bei großen, komplizierten Systemen spricht man daher von einer sog. Übergangsfunktion, die als Regelstrecke mit mathematischer Genauigkeit angibt, welche Art des Überganges zwischen dem sensitiven (Eingabeseite) und dem motorischen (Ausgabeseite) Bereich des Regelkreises stattfindet. Sie hat die Form einer mathematischen Differenzialgleichung, die einfach oder sehr komplex sein kann – die Komplexität beruht darauf, dass sowohl die Anzahl der Rezeptoren als auch die Frequenz, mit der ein Reiz wahrgenommen wird, von System zu System unterschiedlich sein kann. In biologischen Regelsystemen z. B. wäre das Neuron bzw. die einzelne Nervenzelle ein Beispiel für eine derartige Übergangsfunktion – das menschliche Gehirn hat ca. 100^9 Neuronen, von denen keine zwei die gleiche Übergangsfunktion besitzen. Auch bei Unternehmen kann man letztlich ebensowenig einzelne Ein-/Ausgabekanäle bzw. einzelne Regelstrecken identifizieren. Ein derartiges Netzwerk wird als Retikulum, die Vielfalt kybernetisch als anastomotisch bezeichnet: D. h., die zahlreichen Verknüpfungen und Verzweigungen des Netzwerkes sind derart miteinander verflochten, dass es unmöglich ist, den Weg einer Nachricht durch das Retikulum zu verfolgen. Dies bedeutet des Weiteren, dass ein von außen oder innen kommender Reiz von einer Menge von Rezeptoren wahrgenommen wird – die Systemreaktion erfolgt dann zwangsläufig ebenfalls durch eine Menge von Effektoren.

In mathematischer Darstellung kann diese Übergangsfunktion (Steuerungsfunktion) als Umwandlung von Impulsen, die durch Rezeptoren aufgenommen und an Effektoren weitergegeben werden, wie folgt dargestellt werden:

$$f_{(p)} = \frac{a}{e} \quad \begin{array}{l} p = \text{Operator der Transaktion} \\ e = \text{Eingangswerte} \\ a = \text{Ausgangswerte} \end{array}$$

Mathematisch gesehen besagt dies, dass bei einem konstanten Eingangswert ein konstanter Ausgangswert erzeugt wird. Nun ist es jedoch der Regelfall bei dynamischen Systemen, dass sich Eingangs- und Ausgangswerte unsystematisch verändern, so dass eine derartige statische Übergangsfunktion das System zur Instabilität bringen würde. An früherer Stelle ist bereits der Begriff der „Rück-Kopplung" erläutert worden – das System „misst" die Veränderung der Ausgangswerte, d. h. deren Abweichung von der festgelegten Norm und „rückkoppelt" diese veränderten Werte dergestalt, dass z. B. der Eingangswert so eingeregelt wird, dass die jeweilige Übergangsfunktion die berichtigten Ausgangswerte bestimmt (z. B. variable Lagerbestellwerte bei nicht-kontinuierlichem Absatz). Diese Rückkopplung besitzt demnach eine eigene Übergangsfunktion $F_{(p)}$. In der „normalen" Übergangsfunktion muss daher e nunmehr zu e_r werden – e_r ist jedoch mathematisch gesehen

$$e_r = e + a\, F_{(p)}$$

e = Eingang der „normalen" Übergangsfunktion
a = Ausgang der „normalen" Übergangsfunktion
$f_{(p)}$ = Rückkopplungsübergangsfunktion

Bezeichnet man die Zusammenfassung $f_{(p)}$ sowie $F_{(p)}$ als $\emptyset_{(p)}$, so ergibt sich folgende Gleichung:

$$\emptyset_{(p)} = \frac{a}{e} = \frac{f_{(p)}}{1 - f_{(p)}\, F_{(p)}}$$

Hieraus lassen sich die nachstehenden Schlussfolgerungen ableiten:
1. Die Rückkopplungsfunktion ist Null – d. h., das System bedurfte keiner Korrektur, so dass die Übergangsfunktion $f_{(p)}$ als Regelung genügte.
2. Die Rückkopplungsfunktion ist positiv – d. h., der multiplikative Wert von $f_{(p)}\, F_{(p)}$ ist größer als Null, so dass der Nenner kleiner als eins ist.
3. Die Rückkopplungsfunktion ist negativ – d. h. der multiplikative Wert von $f_{(p)}\, F_{(p)}$ ist kleiner als Null.

Im Falle der eingangs erwähnten Ultrastabilität liegt eine negative Rückkopplung vor, die den Ausgang hinsichtlich strukturierender Eingangsstörungen berichtigt bzw. die aufgetretenen Störungen zu kompensieren versucht.
Zusammenfassend kann daher festgehalten werden, dass ein Regelsystem aus dem sensorischen Bereich (Eingabegeräte, Rezeptoren) sowie dem Verbindungsnetz (anastomisches Retikulum) besteht. Entscheidend für die Funktionsfähigkeit ist die quantitative Größe der einzelnen Teileinheiten, d. h. z. B. der Rezeptoren, der Übertragungskanäle, der Sensoren etc., die alle aufgenommenen Reize empfangen und verdichten, sowie der Effektoren, die aufgrund der dazwischengeschalteten Übergangs-/Rückkopplungsfunktion entsprechende Reaktionen veranlassen. Ein Übergewicht an Rezeptoren gegenüber den Sensoren bzw. den Effektoren führt zu einer Informationsüberladung und damit zu einer Informationsvernichtung. Analog gilt auch, dass bei einer zu geringen Anzahl an Übertragungskanälen wesentliche Informationen (Reize) „versanden". Ashby's Gesetz der erforderlichen Varietät (Anzahl der unterscheidbaren Punkte oder Nachrichten) besagt daher, dass eine Regelung nur dann möglich ist, wenn die Varietät des Reglers (bzw. der Reglerteile) zumindest der Varietät der zu regelnden Situationen entspricht. Auf das Regelsystem übertragen bedeutet dies, dass die Varietät des Ausganges der Varietät des Einganges (bzw. der Ein- und Ausgabeelemente) entspricht.
Unterstellt man ein Regelsystem mit je zwei Ein- und Ausgängen sowie der Möglichkeit, Binärinformationen zu übertragen (0 oder 1), so ergeben sich so-

wohl auf der sensitiven als auch der motorischen Hälfte durch n = 2 je vier Möglichkeiten – 00, 01, 10, 11. Die Anzahl der Verknüpfungsmöglichkeiten, d. h. der denkbaren Systemzustände, ergibt sich aus der Multiplikation der sensorischen mit der motorischen Varietät, d. h. $4^4 = 256$.
Sicherlich ist eine Varietät von 4 auf der Ein- bzw. Ausgangsseite unrealistisch, da selbst kleinere Unternehmen auf der Eingangsseite mehr als zwei Mitarbeiter, Maschinen, Kunden, Lieferanten etc. haben. Geht man von einer realistischen Zahl (für Kleinbetriebe) von ca. 400 aus, so ergibt sich aus der Umwelt-(Eingabe-)Varietät von n = 400 ein Verknüpfungsnetz (anastomisches Retikulum) mit einer Varietät von

$$2^{2^{400}^{400}}$$

– sicherlich schon eine kaum handhabbare Größenordnung, trotz der geringen Eingangs- bzw. Ausgangsvarietät. Ein entsprechendes Modell für ein Regelsystem ist demnach nicht „machbar" – die Problemlösung kann nur in einer Verringerung der Varietät, z. B. durch eine entsprechende Organisationsstruktur, liegen.
Generell bekannte Verfahren zur Verringerung derartiger proliferativen Varietäten sind zum einen Algorithmen (Methode oder Mechanismus, der angibt, auf welchem Weg ein Ziel zu erreichen ist – z. B. ein Flugplan, eine Straßenkarte, ein Computerprogramm) und zum anderen die heuristische Vorgehensweise (Methode zur Lösung eines Problems durch systematisches Probieren – allgemeine Regeln zum Erreichen allgemeiner Ziele). Zur Reduzierung der proliferativen Varietät werden von biologischen Systemen überwiegend Kombinationen von algorithmischen und heuristischen Verfahren angewandt. So basiert z. B. die Entwicklung des Menschen auf einem Algorithmus, der DNS (Desoxyrikonukleinsäure – fadenförmiges Molekül von der Struktur einer Doppelspirale) – deren einzelne Moleküle sind nach einem komplizierten Spezialcode angeordnet, die jedoch unterschiedlich variieren und mutieren und dazu geführt haben, dass sich Lebewesen unter bestimmten Umständen weiterentwickeln und neuen Umweltsituationen anpassen konnten. Die genetische Heuristik strebt daher das vage, nicht exakt definierte Ziel „Überleben" an, ohne exakte Lösungsvorschriften hierfür zu besitzen. Heuristische Methoden fördern demnach die Entwicklung von Systemgruppen durch Ausprobieren neuer Mutationen der Regelsysteme, z. B. im Falle der Anpassung. Hierzu benutzen sie zum einen häufig Metasprachen („übergeordnete" Sprachen), in denen Thesen nachrangiger Codes diskutiert werden können, da die „Basissprache" aufgrund ihres begrenzten Wortschatzes bzw. ihrer Syntax (Struktur) hierzu nicht in der Lage ist – beispielhaft hierfür seien die Programmiersprachen der verschiedenen Generationen genannt. Zum anderen werden sog. „algedonische Regelkreise" (algos = Schmerz, hedos = Lust in der griechischen Sprache) eingesetzt, durch die bestimmte Reaktionen verstärkt bzw. abgebaut werden. Ein elementarer Regelmechanismus besteht demnach aus dem Algorithmus, der eine heuristische Methode bestimmt; dieser Algorithmus ist in der Regel in einer „Metasprache" beschreiben. Letzteres impliziert, dass ein System zweiter Ordnung

besteht, das über seinen algedonischen Regelmechanismus mit dem ersteren verknüpft ist. An dieses wiederum ist ein höheres System angeschlossen etc., so dass eine Art Befehls- oder Regelungshierarchie existiert. In Unternehmen besteht eine analoge „Regelungs"- oder Befehlshierarchie: Gruppen werden zu Abteilungen, Abteilungen zu Hauptabteilungen usw. zusammengeschlossen, bei denen die verschiedenen Ebenen relativ autonom sind, während die darüber befindliche Führung algedonisch ist.

Aufgrund der bisherigen Darstellung können die Hauptkriterien der Steuerung und Regelung im Sinne eines kybernetischen Controllings festgehalten werden:

1. Im Rahmen vorgegebener Entscheidungsbereiche (zum Beispiel Einkaufswertgrenzen, Budgets etc.) fungieren die entscheidungsbefugten MitarbeiterInnen der unteren Hierarchieebenen als „autonome" Regelungssysteme („sekundäre Regelung") – sie stimmen sich bei „Störungen" und somit Abweichungen von vorgegebenen Sollwerten innerhalb einer definierten Bandbreite nur mit gleichrangigen „Reglern" ab.
2. Sollten die Abweichungen diese vorgegebene Bandbreite überschreiten, findet eine „Rückkopplung" mit der nächsthöheren Regelungsebene statt; sie führt eine Abstimmung und Störungskompensation im Bereich der niedrigen Regelungssysteme durch eine zentrale Koordination letzterer herbei (primäre Regelung).
3. Bei darüber hinausgehenden Abweichungen von den Plansätzen greift die Unternehmensführung im Sinne eines „controlling overlayer[39]" direkt in die Prozesse ein („Durchgriffsregelung").
4. Erforderlich hierfür ist ein funktionsfähiges Informations- und Kommunikationssystem, das folgende Anforderungen erfüllen muss:
   - Alle Geschäftsvorfälle, Daten, etc. müssen vom Informationsmanagement erfasst und verarbeitet werden (manuelle Dokumentationen der Aufgabendurchführungen sind nur äußerst begrenzt möglich).
   - Alle Teilnehmer müssen sämtliche zur Aufgabenerfüllung erforderlichen Daten und Informationen unverzüglich erhalten können.
   - Alle Geschäftsvorfälle müssen zu kontinuierlichen „Berichten" aggregiert werden (zum Beispiel wöchentliche Status-Übersichten hinsichtlich der Abwicklung der einzelnen Aufträge, monatliche G+V sowie Bilanzen, Liquiditäts- und Finanzübersichten).
   - Abweichungen der Prozessabläufe, die die vorgegebene „Bandbreite" überschreiten müssen „automatisch" den nächsthöheren Regelungsinstanzen angezeigt werden.
   - Unabhängig vom „formalen Dienst- bzw. Informationsweg" müssen der Controlling-Bereich und die Unternehmensführung über zusätzliche Informationswege Einzel- oder aggregierte Informationen sowohl über Einzelaufträge als auch über Prozesse sowie das Gesamtunternehmen erhalten.

Der prozessuale Charakter eines derartigen Regelungsprozesses kann der nachfolgenden Abbildung entnommen werden:

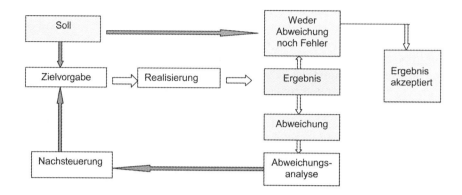

Abb. 66: Das Prozessmodell der Regelung durch Kennzahlen (entnommen aus Botta (2000), S. 46)

Ein Instrument zur Steuerung von Systemen bzw. Organisationen durch das Controlling sind Kennzahlensysteme[40], die sich aus absoluten Kennzahlen (beispielsweise Beschäftigtenzahl, Umsatz, Gewinn, Bilanzsumme) und relativen Kennzahlen[41] (zum Beispiel Deckungsbeitrag, Umsatzrendite, Kapitalrendite, Liquiditätsgrade etc.) zusammensetzen. Die Datenherkunft von Kennzahlen kann dem nachfolgenden Schaubild entnommen werden (vgl. Abb. 67).

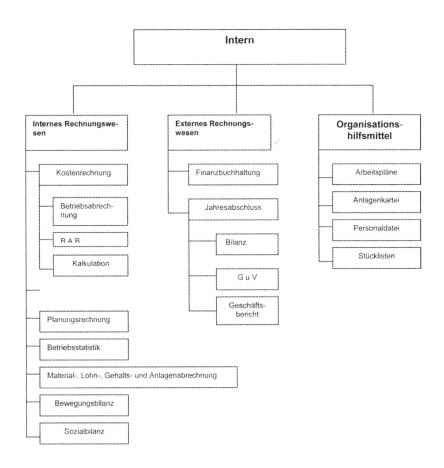

Abb. 67: Die Datenherkunft der Kennzahlen (entnommen aus Botta (2000), S. 9)

Kennzahlensysteme sollten grundsätzlich hierarchisch eindeutig definierte Baumstrukturen widerspiegeln, um Elemente verschiedener Bezugsmengen bzw. Herkunft systematisch abbilden zu können. Sie bestehen somit aus vielen Einzelkennzahlen, die – analog zur Entscheidungsbaumstruktur – aggregiert und miteinander verknüpft sind: Je höher der Verdichtungsgrad ist, desto größer ist die Anzahl der darin enthaltenen Einzelinformationen. Neben der externen Aussagefähigkeit (zum Beispiel im Rahmen des Gläubigerschutzes, der Steuerbemessung bzw. des Benchmarkings) dienen sie im intraorganisationalen Bereich vor allem zur Ermittlung von Planungsabweichungen, um nach deren Analyse erforderliche Steuerungsmaßnahmen auslösen zu können. Zudem liefern sie eine (Nach-) Kalkulationsbasis sowie die Grundlage zur komprimierten Beschreibung von situativen Aspekten, Prozessen, Produkten bzw. Sparten oder

Märkten. Sowohl bei ihrer Definition als auch der Aufbereitung der zu Grunde liegenden Datenbasis sind als Kriterien die Konsistenz und Durchgängigkeit, die hierarchische Baum-Strukturierung sowie die ganzheitliche Wiedergabe der Interdependenzen zwischen den einzelnen Einflussfaktoren zu berücksichtigen. Zu differenzieren ist dabei zwischen der Steuerungsfunktion für funktionale Bereiche bzw. Prozesse sowie für strategische Einheiten. Außerdem müssen sie so konzipiert sein, dass Abläufe und Struktur der Geschäftsprozesse phänotypisch wiedergegeben werden. Neben der semantisch eindeutigen Kennzahlenbildung besitzt daher die Phase „Kennzahlenauswertung" signifikante Bedeutung, um den Steuerungsanforderungen genügen zu können (vgl. hierzu Abb. 68).

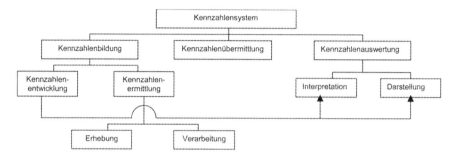

Abb. 68: Die funktionale Struktur eines Kennzahlensystems (in abgeänd. Form entnommen aus: Botta (2000), S.10)

Sowohl die Datenerfassung und -aggregation zur Generierung definierter Kennzahlen als auch deren Auswertung und Interpretation als Grundlage für Steuerungs- und Regelungsprozesse impliziert eine „Vermischung" von Stabs- und Linienfunktionen. Weil Steuerungs- und Regelungsprozesse Module des wertorientierten Führungssystems (Corporate Governance) sind, muss das Controlling direkt der Unternehmensführung unterstellt sein. Die funktionale, interne Gliederung des Controllingbereiches sollte – in Abhängigkeit von der Unternehmensgröße mehr oder weniger stark ausgeprägt – demnach folgende Bereiche umfassen:
- Rechnungswesen (Finanz- und Betriebsbuchhaltung),
- Planung und Budgetierung,
- Innenrevision,
- Berichtswesen und Statistik,
- Steuerangelegenheiten sowie
- Methoden und Verfahren.

Aus den bisherigen Ausführungen wurden die grundsätzlichen Bedingungen einer kybernetischen Führung im Sinne von Steuerung und Regelung der Unternehmensprozesse deutlich. Dieses, seit etwa1970 vorherrschende Verständnis von Führung in der Betriebswirtschaftslehre „bricht" bewusst mit früheren Auffassungen. Zum einen können Effizienz und Effektivität von Organisationen bzw. Unternehmen nur dadurch gesteigert werden, dass das vorhandene Wissen der MitarbeiterInnen auf allen Ebenen einsetzbar gemacht wird. Zum anderen muss die tayloristische Arbeitsteilung und damit die Existenz dysfunktionaler Funktionstrennungen verringert werden, um bürokratische Inflexibilitäten abzubauen. Derzeit wird dies mit Begriffen wie „Lean-Management", „Lean-Production" oder „Business Re-Engineering" versehen – gemeinsam ist allen diesen Vorstellungen, dass die Entscheidungskompetenz und -verantwortung „nach unten" delegiert wird, um Geschäftsprozesse schneller und in ihrer Gesamtheit realisieren zu können. Voraussetzung ist jedoch, dass zur Aufgabenerfüllung alle erforderlichen Informationen sofort abgerufen werden können. Klassische Organisationsstrukturen mit ihren festgelegten Befehls-(Informations-) Wegen sind dabei untauglich. Kybernetische Führung bzw. Organisation bedeutet letztlich auch, dass das „Management" zum einen nur noch Grundsatz- bzw. Ausnahmeentscheidungen trifft. Im Übrigen hat es eine beratende (Dienstleistungs-) Funktion gegenüber den entscheidungsbefugten MitarbeiterInnen der darunterliegenden Ebenen zu erfüllen. Dies erfordert jedoch seitens der Führungskraft die Befähigung zur Selbstreflektion sowie zu einer kritischen Diskussionskultur im Sinne eines „Führens durch Fragen". Dem steht jedoch häufig der praktizierte sowie kognitiv und mental „zementierte" unbedingte Wahrheitsanspruch als auch das Generieren von informationellen sowie mentalen Abhängigkeitsbeziehungen zwischen Führungskraft und Mitarbeiter diametral gegenüber. Zum anderen hat es „strategische" Funktionen zu übernehmen beispielsweise die Festlegung der Unternehmensstrategie oder die Steuerung und Regelung der Unternehmung in ihrer Gesamtheit. Entsprechend ist „Controlling" unter anderem ein Instrument der Unternehmensführung, um mittels seiner „Erkenntnisse", Daten und Informationen die Unternehmung flexibel, reagibel und wirtschaftlich optimiert „steuern" zu können. Controlling ist demnach weder ein „autonomes" Führungssystem noch ein Selbstzweck und kann seine Funktion nur erfüllen, wenn die erforderlichen informations- und datenverarbeitenden Informationssysteme bzw. Programme (zum Beispiel Kostenträgerrechnung, Kostenstellenrechnung, Auftragswesen, Berichtswesen, Kalkulationsprogramme, zeitaktuelle Erfassung aller finanziellen Bewegungen etc.) zur Verfügung stehen. Das gilt sowohl für den/die einzelne/n MitarbeiterIn als auch den Führungsbereich. Zur zeitaktuellen Verarbeitung der anfallenden Daten und Informationen genügen allerdings die „klassischen DV-Systeme" nicht mehr. Erforderlich sind vielmehr optimierte Architekturen der „verteilten Datenverarbeitung", bei denen eine Reihe von rechnenden Servern mit den Datenbankservern vernetzt sind – die Clients fungieren quasi nur noch als Ein-/Ausgabegeräte mit einer begrenzten Anwendungslogik.

6.3.2 Das „Frühwarnsystem"

Aufgrund gesetzlicher Vorschriften[42] ist im Risikomanagementsystem auch ein Frühwarnsystem bzw. Früherkennungssystem zu implementieren, das eine wirksame Risikofrüherkennung, -erfassung, – analyse sowie die Beurteilung ihrer Eintrittswahrscheinlichkeit und Auswirkungen als auch die Beobachtung der Risikoveränderungen ermöglicht. Ziel ist dabei – analog zum generellen Risikomanagement – die Unterstützung der wert- und erfolgsorientierten Unternehmenssteuerung. Das erfordert zum einen die eindeutige Zuordnung von Verantwortlichkeiten sowie dazu gehörender „Beobachtungsbereiche" (Personalisierung) [43]. Zum anderen erfordert es die flexible, zeitadaequate und situative Risikokommunikation und -berichterstellung – also eine Erweiterung des bisherigen Berichtswesens – sowie die dementsprechende Dokumentation. Notwendig ist dazu zwangsläufig die Installierung einer aussagefähigen Risiko- bzw. Wissensdatenbank, um die Prozesse des Wissenstransfer sowie der Wissenstransformation zu unterstützen.

Wie grundsätzlich beim Risikomanagementsystem sind auch im Bereich des – häufig strategisch orientierten – Frühwarnsystems zum einen die relevanten Umwelt- und internen Risikobereiche der Unternehmung zu definieren, die der indikativen Beobachtung unterliegen sollen. Zum anderen sind für die definierten Risikofaktoren die jeweils relevanten Indikatoren und/oder Kennzahlen sowie deren „Schwellenwerte" (Grenzwerte) festzulegen, die eine „Meldepflicht" auslösen. Diese Indikatoren bzw. Kennzahlen können – analog zum Sprachgebrauch der BSC – auch als „Wirkgrößen" bezeichnet werden; der folgenden Tabelle können beispielhaft einige Indikatoren entnommen werden – diese sind jeweils unternehmensspezifisch zu definieren:

Bereich	Indikator bzw. Wirkgröße
1. Unternehmensumfeld Kontextbedingungen Konjunkturelle/wirtschaftliche Entwicklung (makroökonomische Entwicklungen)	▷ Brutto-Inlandsprodukt ▷ Entwicklung der Auftragseingänge ▷ Entwicklung der nationalen/internationalen Zinssätze ▷ Entwicklung der Kaufkraft
Sozio-kultureller-politischer Bereich	▷ Bevölkerungsstruktur/-entwicklung ▷ Erwerbstätigkeitstruktur/-entwicklung ▷ außenpolitische Ereignisse ▷ innenpolitische Ereignisse ▷ Veränderung steuerrechtlicher Rahmenbedingungen
Technologischer Bereich	▷ Veränderung der Produktions-, Verfahrens- sowie Informationstechnologie ▷ Entwicklung der Patentanmeldungen ▷ Veränderung technologischer Trends

Marktbereich
Absatzmarkt
- Entwicklung der Nachfragevolumina bei Schlüsselkunden
- Preispolitik der Mitbewerber
- Produkt-/Dienstleistungspotentiale der Mitbewerber
- Trendentwicklungen bei Produkten/Dienstleistungen
- Entwicklung neuer Geschäftsfelder
- Entwicklung von Kooperationen/Fusionen
- Veränderungen des Nachfrageverhaltens

Beschaffungsmarkt
- Veränderungen der Preise/Konditionen
- Entwicklung von Substitutionsprodukten
- Entwicklung des Lieferantenportfolio
- Entwicklung von Kooperationen/Fusionen

Arbeitsmarkt
- Gehaltsentwicklung bei Schlüsselfunktionen
- Verteilungsquote der Schulabgänger nach Schulformen
- Gewerkschaftsforderungen

Kapitalmarkt
- Zinsentwicklung
- Inflationsrate
- Entwicklung der Aktienkurse

2. Unternehmensinterner Bereich

Produkt-/Dienstleistungsbereich
- Anteil der Star-, Cash- und Problemprodukte
- Entwicklungszeit neuer Produkte/Dienstleistungen
- Verfügbarkeit der Serviceleistung
- Prozesszeiten
- Qualitätsmanagement

Technologisches Equipment
- Altersstruktur
- Innovationsgrad
- Engpasssituationen
- Ausfallzeiten
- Wartungs-/Instandhaltungskosten
- Verfügbarkeit
- Entwicklung der Störmeldungen

Personalbereich
- Fluktuationsrate
- Krankheitsquote
- KVP-Beteiligung
- Gehaltskosten-Benchmarking
- Teilnahmequote an Betriebsveranstaltungen
- Quote der Höherqualifizierungen
- Teilnahmequote an Lehrgängen etc.

Absatz-/Handelsbereich
- Marktanteil
- Quote der Kundenverluste
- Quote der Kundenneuzugänge
- Kundenstrukturveränderungen

Administration	▷ Quote der ertragsstärksten Kunden ▷ Deckungsbeiträge der Produkte/Dienstleistungen ▷ Marketingkostenquote ▷ Flexibilität der Anzeigengestaltung ▷ Beschwerdemanagement ▷ Status und Qualität des CRM-Systems ▷ Benchmarking der Verwaltungskosten ▷ Quote der IT-Kosten ▷ Status der Prozessorientierung ▷ Kostenbenchmarking der Service-Center

Abb. 69: Beispiele für Indikatoren (Wirkgrößen) aus unternehmensinternen und -externen Bereichen

Entscheidende Determinanten bei der Indikatorenauswahl sind unter anderem zum einen die Kriterien „Eindeutigkeit" sowie „Vollständigkeit" und zum anderen deren rechtzeitige Verfügbarkeit im Rahmen des wirtschaftlich zu vertretenden Erhebungsaufwandes. Hilfsmittel bei der Auswahl können beispielsweise die Nutzen-Kosten-Analyse oder die A-fortiori-Analyse sein[44]. Sowohl die Anzahl der Indikatoren als auch deren Auswahlkriterien sind zwangsläufig von der subjektiven Relevanz des zu beobachtenden Bereiches für die Unternehmung abhängig.

Wie bereits dargestellt, sind einige „Frühindikatoren" häufig nur als schwache und unscharfe „weak signals"[45] zu erheben. Sie sind beispielhaft dadurch gekennzeichnet, dass eine offensichtlich plötzliche Häufung gleichartiger Ereignisse, Meinungen bzw. Ideen in unterschiedlichen Medien auftritt oder tendenzielle Veränderungen der Rechtsprechung zu erkennen sind. Dies schließt zwangsläufig offizielle Verlautbarungen bzw. Meinungsäußerungen von Interessengruppen, Verbänden etc. ein. Der Phasenprozess eines derartigen institutionalisierten Früherkennungssystems kann der nachfolgenden Abbildung entnommen werden (vgl. Abb. 70). Entscheidend dabei ist, dass die Erfassung der Frühindikatoren „personalisiert" wird, so dass die Verantwortlichkeit für deren Erfassung, Analyse und unternehmensinterne Kommunikation definiert ist. Wichtig ist außerdem, dass der Kreis der „Beobachter" rückgekoppelte Informationen erhält, um die aktuelle Relevanz der Indikatoren reflektieren zu können. Ein derartiges personalisiertes und institutionalisiertes Frühwarnsystem kann als Modul des von St. Beer (1973) beschriebenen "Viable System Model (VSM)" verstanden werden. Letzteres fokussiert auf die für eine selbstlernende Unternehmung relevanten Informations- und Steuerungsfunktionen "Operationalität", "Koordination", "Synergie", "strategische Veränderungsfähigkeit" sowie "normatives (Veränderungs-)Management" und bietet hierdurch die Möglichkeit, diese ständig zu monitoren, evaluieren und anzupassen. Die hiermit institutionalisierten formalen und informalen Netzwerke sind einerseits essentiell für die Wettbewerbsfähigkeit der Unternehmung; andererseits leisten sie wertvolle Dienste bei Konsensfindung, Kommunikation und diskursiven Anpassungsprozessen.

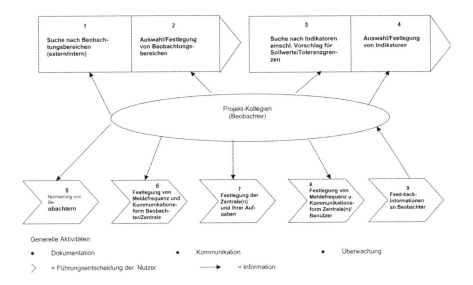

Abb. 70: Ablaufstruktur und Funktionsweise eines indikatororientierten Früherkennungssystems (abgeändert entnommen aus: Krystek (2000), S. 85

Nach der Installierung des „Indikatorensystems" sind im Rahmen eines iterativen Prozesszyklus des Frühwarnsystems zwangsläufig die folgen Phasen zu implementieren (vgl. Abb. 71).

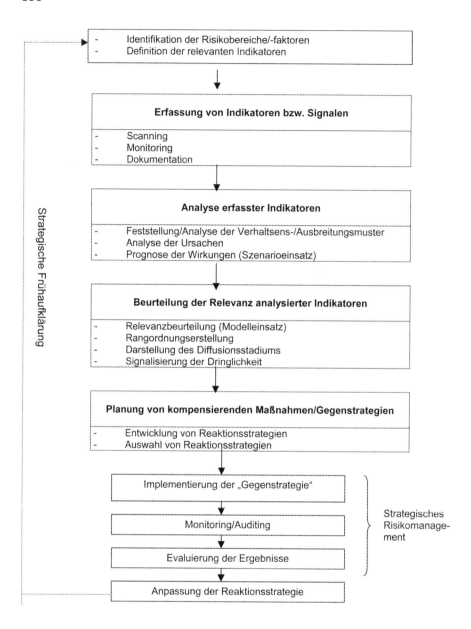

Abb. 71: Der Prozess der strategischen Früherkennung (-aufklärung) nach Hammer (in erweiterter Form entnommen aus Krystek (2000), S. 98)

Im Anschluss an die Erfassung der einzelnen Indikatoren, der Analyse ihrer Ausprägungen sowie deren Ursache sind die unternehmensrelevanten Auswirkungen zu prognostizieren und hierauf aufbauend kompensierende Maßnahmen bzw. Reaktionsstrategien zu entwickeln. Nach ihrer Umsetzung erfolgt das Monitoring ihrer Wirksamkeit sowie die Evaluierung der Ergebnisse, die gegebenenfalls eine Anpassung der Reaktionsstrategie impliziert. Da durch diese „neue" Strategie zusätzliche oder neue Risikobereiche entstehen können, beginnt der Regelungsprozess wiederum mit der Identifikation der Risikofaktoren sowie Definition der relevanten Indikatoren.

6.3.3 Konzeption und Struktur der Balanced Riskcard

Im Risikomanagementsystem besitzt die Balanced Riskcard – analog zur Balanced Scorecard – die Funktion eines „strategisch orientierten Vehikels", um sowohl die Operationalisierung und Kommunikation der Risikobereiche und inhärenten Risikofaktoren als auch deren Personalisierung sowie die Evaluierung der ergriffenen Kompensationsmaßnahmen transparent und nachvollziehbar zu gestalten.

Wie bereits ausgeführt wurde, resultieren höherwertige, komplex strukturierte Risiken – jedoch auch Chancen – vor allem aus denjenigen Maßnahmen und Aktivitäten, die die Umsetzung von Unternehmensstrategien, -zielen sowie -politik realisieren sollen. Im Rahmen des Risikomanagements soll die Balanced Riskcard die deduktive Ermittlung und Analyse der strategischen Risikofelder bzw. Einzelrisiken sowie deren kommunikative „Verankerung" bei den handelnden Personen bewerkstelligen. Sie beruht daher ebenfalls auf einem vierstufigen, zyklischen Regelungsprozess als Bezugsrahmen für das Risikomanagementsystem (vgl. Abb. 72). Hierbei werden in der ersten Stufe die Risikofelder bzw. Risiken mit ihren Relationen sowie Interdependenzen in Form der „strategischen Risikokarte" (vgl. Abb. 73) deduktiv ermittelt, analysiert und visualisiert. Ergänzend hierzu werden die jeweils zugehörigen bzw. relevanten Risikofaktoren abgeleitet sowie die entsprechenden BRC-Kennzahlen (Indikatoren bzw. Wirkgrößen) definiert (Operationalisierung). Im folgenden Schritt wird das hierdurch morphologisch strukturierte Risikomanagementsystem auf die jeweiligen Geschäftseinheiten, Prozesse etc. „heruntergebrochen" sowie die jeweiligen Risikofaktoren diskursiv quantifiziert und somit kommuniziert. In der dritten Stufe erfolgt die Zuordnung der sich ergebenden Risikofaktoren bzw. Indikatoren auf die operativen Gruppen bzw. Teams. Dies beinhaltet neben der Zuweisung von Kompetenzen und Einscheidungsfreiheitsräumen zur Risikohandhabung bzw. der Realisierung kompensierender Maßnahmen zwangsläufig auch die Fixierung der jeweiligen Risikolimits sowie deren Berücksichtigung in den jährlichen Wirtschaftsplänen (Personalisierung). Im letzten Schritt schließlich erfolgt der kontinuierliche Abgleich der Risikolimits mit den sich aus dem BRC-Berichtssystem auf der Grundlage der BRC-Kennzahlen ergebenden Ist-Werte bzw. deren Prognosewerte. Das ermöglicht zum einen die Evaluierung und – wenn erforderlich – Revision der Risikofaktoren; es gestattet jedoch auch die Bewertung und Evaluierung des Risikomangementsystems.

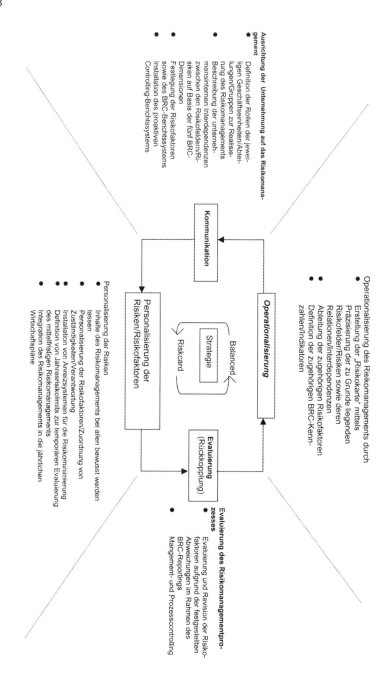

Abb. 72: Die Balanced Riskcard als Bezugsrahmen zur Evaluierung und Anpassung des Risikomanagementsystems

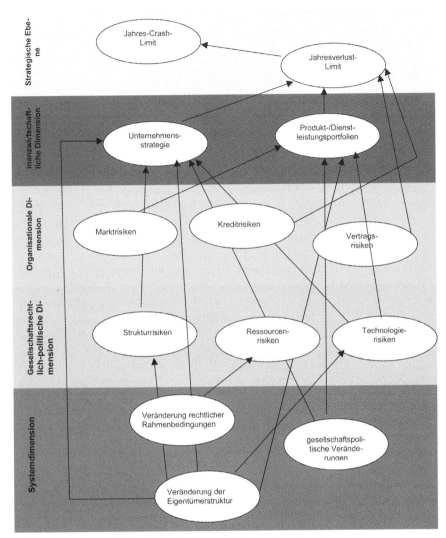

Abb. 73: Ein vereinfachtes Beispiel einer „Strategic Risk Map"

Diese skizzenhafte Beschreibung des BRC-Modells soll nachfolgend näher erläutert werden.
Analog zum BSC-Modell können im Rahmen der Balanced Riskcard die Interdependenzen der Unternehmensrisiken unter Einbeziehung der Dimensionen

1. Unternehmensstrategie,
2. Finanzwirtschaftliche Ebene,
3. Organisationsebene,
4. Gesellschaftsrechtlich-politische Ebene,
5. Systemebene (Steuerungs-/Regelungskapazität).

abgebildet werden – quasi in Form einer „strategic risk map"; die Strategieebene des BSC-Ansatzes wird beim BRC durch das Jahres-Crash-Limit bzw. das Jahres-Verlust-Limit repräsentiert. Im Rahmen des Risikomanagements gilt auch hier, dass sowohl Anzahl als auch inhaltliche Definition der einzubeziehenden Risikobereiche bzw. Risikofaktoren zwangsläufig durch Art und Gegenstand der zu überwachenden Unternehmensbereiche, Funktionen, Projekte bzw. Geschäftsprozesse bestimmt werden – so wird beispielsweise im Bereich des börsenorientierten Handels (zum Beispiel Aktien, Energie etc.) der Schwerpunkt bei den Marktrisiken (beispielsweise Optionsrisiken, Kurvenrisiken, Spreadrisiken) liegen, während technologische Risiken nur marginale Bedeutung besitzen. Durch die „strategic risk map" werden die Interdependenzen zwischen den einzelnen Risikofeldern definiert sowie qualitativ konkretisiert (vgl. Abb. 73). Im nächsten Schritt werden dann für die einzelnen „Risikoträger"(zum Beispiel Produkte/-gruppen, Projekte, Geschäftsprozesse etc.) im Rahmen von Ursache-Wirkungsketten die einzelnen Risikofelder auf die jeweils relevanten Risikofaktoren (KRI)[46] „heruntergebrochen bzw. operationalisiert" (vgl. Abb. 74). Zu berücksichtigen ist dabei, dass die Existenz derivativer Risiken zu beachten ist: Die Absicherungsmaßnahmen für originäre Risiken (zum Beispiel Preisrisiken) in Form des Einsatzes von Finanzierungsinstrumenten (beispielsweise Optionen[47], Forwards[48], Futures[49] etc.) führen häufig zu sekundären Risiken, deren „Beherrschbarkeit" aufgrund unbekannter Strukturen bzw. Algorithmen schwieriger sein kann als das originäre Risiko[50]. Derartige Kapitalmarktinstrumente sind letztlich verrechtlichte und vergeistigte Transaktionen (zum Beispiel Ausgleich von Preisvolatilitäten), deren Einsatz nur dann sinnvoll ist, wenn das Gut bzw. die Ware auf jeden Fall beschafft werden kann, die Beschaffung jedoch nur von der Höhe des Preises abhängig ist (OTC[51]-Geschäfte, das heißt bilaterale Austauschprozesse). Der Einsatz dieser Instrumente führt häufig zu einer Marginalisierung der jeweiligen Deckungsbeiträge. Aus den Risikofaktoren (KRI) werden dann die jeweils relevanten Indikatoren bzw. „Wirkgrößen" abgeleitet, definiert und quantifiziert. Das Hauptaugenmerk muss auf der eindeutigen, in sich konsistenten und semantisch widerspruchsfreien Definition dieser „Wirkgrößen" liegen – der nachfolgenden Tabelle kann beispielhaft eine Auswahl entnommen werden.

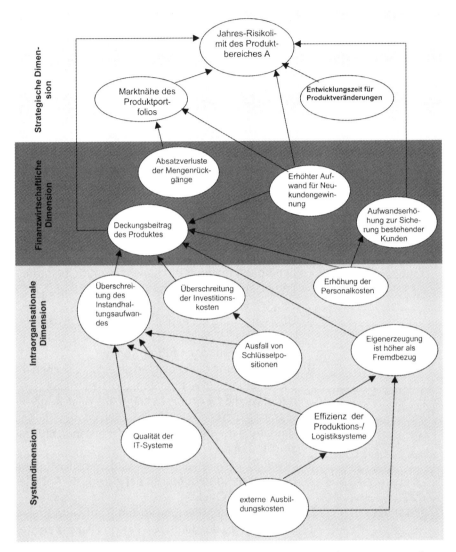

Abb. 74: Ein abstrahiertes Beispiel für das „Herunterbrechen" der „Strategic Risk Map" auf einen Produktbereich

Risikofeld	*Wirkgrößen*
Marktrisiken	▷ Absatzverluste durch Mengenverluste bzw. Abwanderung von Kunden
	▷ Reduzierung der Roherträge bzw. Deckungsbeiträge im Rahmen der Preisverhandlungen mit Kunden
	▷ Erhöhung des Aufwandes (Kundenkontakte, Kundeninformation etc.) zur Sicherung der Belieferung bisheriger Kunden
	▷ Erhöhung des Aufwandes zum Gewinnen neuer Kunden
Intraorganisationale Risiken	
▷ strukturelle	▷ Spezifische Erzeugungskosten sind höher als der Fremdbezug bzw. die aus dem angeschlossenen Kundensegment sich ergebenden Deckungsbeiträge
	▷ Investitionen, die bei einer Vollkostenrechnung einen höheren annuitätischen Finanzmittelbedarf ergeben, als es der Deckungsbeitrag des hierdurch erzeugten Produktes gewährleistet
	▷ Überschreitung der geplanten objektspezifischen Investitionsbeträge, die letztlich zur Unwirtschaftlichkeit der Investitionen führen können
	▷ Überschreitung der geplanten objektspezifischen Instandhaltungsaufwendungen, die letztlich dazu führen, dass die Deckungsbeiträge aus dem Kundensegment dieses Objektes (Straßenleitung, -kabel, Hausanschluss etc.) niedriger als der Instandhaltungsaufwand sind
	▷ Einkauf von Material, Fremd- und Dienstleistungen zu höheren Konditionen als der *günstigste* Anbieter (bei gleicher Qualität)
▷ personelle	▷ Die spezifischen Personalkosten (-aufwendungen) sind höher als der durch den Personaleinsatz entstehende Mehrwert im jeweiligen Geschäftsprozess (zum Beispiel beim Consulting)
	▷ Die Personalkosten sind höher als im Wirtschaftsplan angesetzt (beispielsweise durch Erhöhung der Überstunden, Erhöhung der MitarbeiterInnenzahl, Ausfallzeiten (Krankheit etc.), Zunahme „unproduktiver" Stunden)
	▷ Fehlbesetzung von Positionen/Funktionen (zum Beispiel erhöhter Stellenausschreibungsaufwand)
	▷ Ausfall von „Schlüsselpositionen", die durch erhöhten Aufwand anderer Mitarbeiter oder Dritter kompensiert werden müssen

Gesellschaftsrechtlich-politische Risiken
- ▶ Kostenerhöhung durch gesetzgeberische Maßnahmen (z. B Umweltschutzauflagen)

Systemrisiken
- ▶ externe Ausbildungskosten (zum Beispiel bei Einführung neuer IT-Systeme)
- ▶ Gutachterkosten bei Rechtsstreitigkeiten

Abb. 75: Beispiele für Wirkgrößen bzw. Risikofaktoren

Diesen „Wirkgrößen" werden dann „Zielwerte" bzw. „Schwellenwerte" analog zum Frühwarnsystem zugeordnet, die entweder qualitativer Art sind (Fluktuationsrate soll halb so hoch wie in den vergangenen Jahren sein), durch ganze Zahlen ausgedrückt werden („Forderungsbestand darf xx EURO im Monat nicht überschreiten") oder die Resultate wahrscheinlichkeitstheoretischer/mathematischer Simulationen[52] widerspiegeln, mittels derer die Eintrittswahrscheinlichkeit sowie der Prozessverlauf des jeweiligen Risikos ermittelt wird. Unter Simulation ist in diesem Zusammenhang die Nachbildung (Modellierung) des Prozessverhaltens eines biologischen, physikalischen, finanzwirtschaftlichen etc. Systems mit dem Fokus auf der Prognose seines zeitlichen Verhaltens zu verstehen[53]. Hierbei wird – beispielsweise im Rahmen der stochastischen linearen Optimierungsmodelle – die Unsicherheit der Zukunft durch eine endliche Anzahl von Szenarien abgebildet. Phasen der Simulation sind unter anderem die Analysephase, Modellierungsphase, Evaluierungsphase sowie Adaptions- bzw. Implementierungsphase (Transformation der Modellergebnisse auf das Realverhalten des Systems). Derartige Verfahren bieten sich vor allem bei inhomogenen und komplexen Liefer- und Bezugsverträgen an, weil hier neben der Preisgestaltung auch spezifische Vertragselemente bzw. -konditionen substantiell berücksichtigt werden müssen. Diesbezüglich haben sich Simulationsverfahren vor allem bei Kontrakten mit zeitlich fixierten Terminen sowie analogen Szenarien bewährt, da fast jede Realisierungsstrategie involviert werden kann:
- ▶ Eine beliebige Anzahl zu Grunde liegender Preise sowie anderer Risikofaktoren sind simulierbar.
- ▶ Für alle quantifizierbaren Risikofaktorwerte berücksichtigt die Simulation sowohl Forward-Kurven als auch Volatilitätsstrukturen.
- ▶ Alle Sensitivitäten können berücksichtigt werden.

Es kommt hinzu, dass neben einer relativ einfachen Implementierung mehrere korrelierte Preise bzw. Risikofaktoren simuliert und eigene Erwartungen sowie im Zeitablauf reale Marktdaten integriert werden können. Zu den am häufigsten dabei eingesetzten Verfahren gehören zum Beispiel:
- ▶ Monte Carlo-Methode[54],
- ▶ analytische Ansätze[55] und
- ▶ Baumstrukturen[56].

Die jeweils situativ definierten Zielwerte repräsentieren dann die jeweiligen Risikolimits, während die Ziel- bzw. Wirkgrößen durch die jeweiligen Risikokennzahlen abgebildet werden. Im Gegensatz zum BSC-Ansatz sind diese allerdings ausschließlich quantitativ definiert: Die Unter- bzw. Überschreitung der Zielwerte wird durch die permanente und aktuelle Ermittlung der Risikokennzahlen durch das BRC-Berichtswesen realisiert und im Rahmen des Risikomanagements gesteuert. Als Präsentationsform bietet sich hier beispielsweise die „Cockpit-Methode" (Dashboard) oder das Verfahren der „Ampelskala" an. Verbindet man diese schließlich noch mit Frühwarn-Indikatoren, kann in die BRC das „Frühwarnsystem" involviert werden. Diesbezüglich übernehmen die Indikatoren die Funktion der „Wirkgrößen" mit den jeweiligen Zielwerten.

Durch eine derartige Implementierung des Verfahrens der Balanced Riskcard wird es möglich, neben der ganzheitlichen Betrachtung der Risikofelder sowie dem Aufdecken der jeweiligen Korrelationen bzw. Interdependenzen auch die „Operationalisierung" sowie „Personalisierung" der Risiken vornehmen zu können, um durch die sich anschließende Definition „eigenverantwortlicher Handlungsfreiheitsräume" das Management dieser Risiken zu ermöglichen. Das auf den angesprochenen Wirkgrößen bzw. Kennzahlen beruhende tagesaktuelle Reportingsystem des BRC ermöglicht einerseits den jeweiligen MitarbeiterInnen, im Rahmen dieser „kalkulierten Risikokorridore" die aufgetretenen Abweichungen zu analysieren und – unter Berücksichtigung der zeitdimensionalen Ausprägung bzw. Auswirkung – dementsprechende Kompensations- bzw. Reduzierungsmaßnahmen zu ergreifen. Zum anderen werden Abweichungen aus den Bandbreiten dieser „Risikokorridore" ersichtlich, so dass übergelagerte Regelungssysteme („controlling overlayer[57]") die Störungskompensation im Sinne ultrastabiler Systeme realisieren können. Ziel muss es dabei sein, mittels pragmatischer, jedoch aussagefähiger Kennzahlen das Ausmaß der Korrelation von Risikofaktoren zu ermitteln, zu analysieren und im Rahmen des unternehmensbezogenen Risiko-Gesamtportfolio steuern zu können. Das ermöglicht die konsolidierte, ganzheitliche Gesamtsicht der Wertschöpfungs- und Geschäftsprozesse, um die Variabilität sowie Volatilität der Erträge zu reduzieren und letztere zu verstetigen. Es liefert zugleich die Entscheidungsgrundlage dafür, welche Risiken mit welchen Limitierungen eingegangen werden können – in Abhängigkeit von der Beherrschbarkeit des jeweiligen Risikos auf der Grundlage der Ansätze des „Value-at-Risk" (VaR)[58] bzw. des „Profit-at-Risk" (PaR). VaR wird bei kurz- bis mittelfristigen Risikopositionen mit hoher Auswirkung auf die Liquidität als parametrischer Ansatz eingesetzt; es definiert diejenige größtmögliche Wertminderung (Verlust), die eine Risikoposition bzw. das gesamte Portfolio auf der Basis definierter Wahrscheinlichkeiten innerhalb eines vorgegebenen Zeitraumes bei ungünstigen Marktverhältnissen erreichen kann – bei ganzheitlicher Betrachtung des Risikoportfolio sind zwangsläufig die risikoreduzierenden Korrelationen zwischen den einzelnen Risikofaktoren zu berücksichtigen. Ermittelt wird somit derjenige monetäre Betrag, der bei ungünstiger Risikoentwicklung ohne ein „Schließen der offenen Positionen" entstehen kann. Dabei wird unter Vorgabe eines Konfidenzintervalls der zu erwarten-

de Verlust innerhalb einer definierten Periode bei einer angenommenen Marktentwicklung „gemessen". bzw. quantifiziert. Es ist somit kein Indiz für die Qualität des Risikos, da es nur angibt, welchen Wert etwaige Verluste mit hoher Wahrscheinlichkeit nicht überschreiten werden. Weiterhin wird unterstellt, dass eine Strategie zur Risikominderung durch das „Schließen der offenen Positionen" definiert ist und rechtzeitig angewandt werden kann. Im Gegensatz zu den Finanzmärkten existieren auf den Märkten physischer Produkte auch physische Marktbedingungen, die als „Mengenrisiken" wirksam werden und nicht durch Preisrisiken ausgelöst werden. Marktpreisbewegungen werden vielmehr häufig erst durch physisch intendierte Mengenrisiken zum Zeitpunkt der realen Lieferung ausgelöst, weil sie ein Ungleichgewicht zwischen Angebot und Nachfrage implizieren. Sie können zwangsläufig nicht schon „im Vorfeld glatt gestellt" werden. Bei derartigen Marktbedingungen und -gegebenheiten bietet sich die PaR-Methode an, bei der unterstellt wird, dass die einzelnen Positionen bis zur Lieferung geführt und nicht schon vorher „glatt gestellt" werden. Simulationen untersuchen den gesamten Bereich derjenigen Risikofaktoren, die die Marktpreise (Kassakurse) zum Zeitpunkt der Lieferung beeinflussen können – somit auch die Mengenrisiken bzw. die hiermit zusammenhängenden Portfoliopositionen. Weil für letztere zwangsläufig keine geschlossenen Gleichungssysteme im Hinblick auf Marktwert, Delta- oder Gamma-Position etc. existieren, werden heuristische Simulationsverfahren eingesetzt. Dieses Verfahren wird beispielsweise bei langfristig wirksam werdenden Risikopositionen mit geringer Auswirkung auf die Tagesliquidität eingesetzt; dabei werden die langfristigen Risikopositionen auf der Grundlage diskontierter Cash-Flows bewertet, indem beispielsweise die Marktpreise über den gesamten Betrachtungszeitraum simuliert und die hieraus resultierenden Portfolio-Werte barwertmäßig erfasst und hinsichtlich des vorgegebenen Risikolimits auf das jeweilige Geschäftsjahr bezogen werden. Vergleicht man den unterschiedlichen methodischen (theoretischen) Ansatz beider Verfahren sowie deren algorithmenbasierte Vorgehensweise, erscheint es als sinnvoll zu sein, bei der Risikosteuerung von physischen Produkten mit definierten, unveränderlichen Lieferzeitpunkten eine Kombination beider Verfahren anzuwenden. Hierdurch kann das Verlustpotential im Rahmen einer Wahrscheinlichkeitsaussage – abgesehen von den Modellrisiken – definiert und entsprechende Grenz-/Schwellenwerte abgeleitet werden, die anschließend durch das Risikomanagementsystem überwacht werden. Durch die Analyse wird demnach eine Aussage (Information) über das quantitative Ausmaß des Marktpreisrisikos eines Handelsgeschäftes getroffen, das dann in Beziehung zu den für die Risikoübernahme erforderlichen Eigenmitteln, dem „Risikokapital", gesetzt wird[59]. Letzteres kennzeichnet den Betrag, der zur Deckung möglicher unerwarteter Verluste bereitgestellt wird bzw. werden muss. Das zur Verlustabdeckung allozierte Risikokapital korreliert damit direkt mit dem Prognosewert der Analyse, so dass das genehmigte Risikokapital das mögliche Verlustlimit (Crash-Limit) im Rahmen des Risikomanagementsystems markiert.
Dieses hierarchische „Limit-System" wird auf der strategischen Ebene durch das „Jahres-Crash-Limit" begrenzt. Darunter ist dann das „Jahresverlust-Limit"

angesiedelt, das durch das alle 10 oder 20 Jahre maximal zu erwartende Risiko definiert wird. Durch die Korrelation von „Jahres-Crash-Limit" sowie „Jahresverlust-Limit" mittels der Risikoanalysen lassen sich dann die jährlichen Risikolimits[60] für einzelne Produkte/-gruppen bzw. einzelne Unternehmenseinheiten definieren, die wiederum Ableitungen für spezifizierte Zeiträume (Wochen, Monate) oder geographische Regionen (Absatzmärkte) ermöglichen, so dass ein zeitaktuelles Risiko-Controlling realisiert werden kann (vgl. Abb. 76).

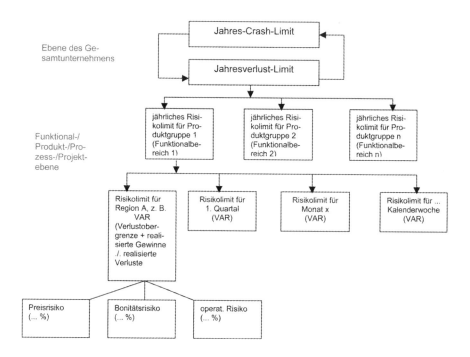

Abb. 76: Beispiel für ein hierarchisches System der Zielwerte (Risikolimits)

Zu beachten ist allerdings, dass bei den Risikowerten der einzelnen Produkte nicht nur ein monovalenter Risikofaktor (zum Beispiel der zu erwartende Verlust als Saldo der realisierten Gewinne sowie zu erwartende Verluste) als „Korsettstange" eingezogen wird, sondern noch weitere (Umsatzgrößen, Marktanteile etc.) berücksichtigt werden. Hierdurch soll verhindert werden, dass beim stichtagsbezogenen Risiko-Controlling der erste Faktor den Wert „Null" ergibt und damit „risikolos" ist, während die anderen nicht interdependenten Faktoren als „offene Positionen" kurz- bis mittelfristig den ersten Faktor überkompensieren können. Diese ganzheitliche Betrachtung lässt dann auch die Übertragung einzelner Limits auf andere Produkte/-gruppen, Unternehmenseinheiten etc. zu. Umgekehrt lassen sich durch die alle Unternehmensbereiche übergreifende Analyse der Risikostrukturen der Einzelbereiche Einzelrisiken, die durch ihre unternehmensweite Aggregation zu bedenklichen oder gefährdenden Konstellationen führen können, identifizieren, vermeiden oder verringern. Hervorgehoben werden muss an dieser Stelle, dass die Messgrößen bzw. Kennzahlen der Balanced Riskcard nicht das Risikomanagement bzw. Risiko-Controlling repräsentieren, sondern „nur" instrumentalen bzw. analytischen Charakter besitzen.

Risikomanagement unter Einbeziehung der „Balanced Riskcard" in Analogie zum BSC-Ansatz ermöglicht somit auch ein „Risk Controlling", das mittels der angesprochenen Messgrößen (Risikokennzahlen) die eingegangenen Risiken überwacht und auf Basis der Zielwerte in Form von Risikolimits steuert. Letztere sind konsequenterweise im Rahmen eines hierarchischen Systems strukturiert, um sowohl die Risikofähigkeit (Belastbarkeit) des Gesamtunternehmens zu berücksichtigen als auch Rendite-Erwartungen einzubeziehen, da jedes Risiko auch (zusätzliche) Chancen und damit Ertragsmöglichkeiten impliziert. Die Konzeption dieses Limitsystems geht daher vom VaR- bzw. PaR-Wert als Verlustobergrenze aus und quantifiziert die sich dann ergebenden „Unterlimits" (je nach Unternehmensgegenstand sind Preis-, Bonitäts- sowie operationales Risiko durch die jeweils relevanten Risikofelder zu ersetzen bzw. zu ergänzen – der jeweilige prozentuale Ansatz orientiert sich analog). Zu beachten ist dabei, dass die einzelnen Partiallimits unterjährig verändert werden können bzw. müssen, um unternehmensübergreifend die einzelnen Risiko-Portfolien jederzeit optimieren zu können. Dies bedingt allerdings, dass die spezifisch vorgegebenen personalisierten „Unterlimits" von den handelnden Akteuren weder aus statischer noch dynamischer Sicht zu keinem Zeitpunkt überschritten werden dürfen, um die übergreifende Optimierung nicht zu gefährden. Zur Überwachung der Einhaltung ist zwangsläufig ein Kontrollsystem zu institutionalisieren, das – hierarchisch aufgebaut – wie folgt gegliedert sein kann:

- Eigentümerversammlung,
- Geschäftsführung/Vorstand,
- Externe Auditoren (eventuell aus dem Kreis der Eigentümer).

Inhaltlich und funktional ist die Balanced Riskcard – ebenso wie die Balanced Scorecard – ein prädispositives Managementsystem, um die nachhaltige Unternehmensentwicklung mittels eines Regelkreissystems zur Risikosteuerung gewährleisten zu können. Vom Gegenstand her ist es allerdings eher dem Controllingbereich im Sinne einer operativen Steuerung der Unternehmens-/Geschäftsrisiken zuzuordnen. Sie fungiert zusätzlich als ein „Wissensbroker", der unabhängig vom Controllingsystem – quasi wie das sensitive Nervensystem in Ergänzung zum sympathischen Nervensystem[61] – komprimierte Informationen sowie aufbereitetes „Wissen über die Risikolage der Unternehmung" direkt an das Führungssystem der Unternehmung liefert. Der Controller ist somit auch für die Informationsintegrität der Datenstruktur verantwortlich.

Deutlich wurde durch die bisherigen Ausführungen, dass die BRC die strategische Komponente des zu institutionalisierenden Risikomanagementsystems – neben den operativen Komponenten „Internes Überwachungssystem" sowie

„kennzahlengestütztes Controlling" – ist. Aufgrund der identischen Zielsetzungen sowie strukturellen Gemeinsamkeiten erscheint es als sinnvoll, in die BRC das Frühwarnsystem zu integrieren, um neben dem ex-post-orientierten Controlling die strategische „ex-ante-Funktion" des Risikomanagementsystems zu realisieren. Sie bildet hierdurch das „Scharnier" zwischen den strategisch sowie operativ induzierten Risikofeldern bzw. -faktoren und verbessert den systemischen und ganzheitlichen Wissenstransfer im Risikomanagement. Neben dieser Scharnierfunktion ermöglicht die BRC vor allem ein Risikomonitoring und -auditing, das allein durch ein kennzahlengestütztes Controlling nicht geleistet werden kann. Dieses Risikomonitoring soll auch dazu beitragen, der menschlichen Risikomentalität entgegenzuwirken: Jeder Mensch hat das grundsätzliche Bedürfnis, die Zukunft und das damit einhergehende Risiko „unter Kontrolle" zu bekommen. Der „mentale Super-Gau" wäre somit die Gefahr des absoluten Kontrollverlustes. Allerdings verlaufen Schäden bzw. Risiken zu Beginn überwiegend linear, später jedoch exponentiell; analog hierzu besitzt die menschliche Risikoeinschätzung anfangs einen idealistischen Status („wird schon nichts passieren"), die erst später linearisiert wird – da sich diese lineare Einschätzung sowie der reale exponentielle Verlauf jedoch „scherenmäßig" auseinander bewegen, werden Schadenshöhe und -wirkung zu niedrig prognostiziert. Diesbezüglich haben die wegweisenden empirischen Untersuchungen von D. Kahnemann und A. Tversky ergeben, dass bei kleineren oder größeren Chancen eine spezifische Risikofeindlichkeit besteht (der berühmte „Spatz in der Hand"), während bei drohenden Verlusten die Risikobereitschaft steigt. Ursache hierfür ist, dass die Optionen nicht mit dem absoluten Ergebnis, sondern mit Referenzpunkten vor dem Hintergrund des derzeitigen Status bewertet werden – „man will nicht schlechter dastehen als vorher". Die „Werte" dieser Referenzpunkte sind zum einen abhängig von den bisherigen Sozialisations- und Lerneffekten. Zum anderen werden sie relativiert bzw. variabel gestaltet durch den Vergleich „mit den Anderen": Wenn andere auch verlieren, ist der eigene Verlust nur halb so schlimm[62]. Manipulationsmöglichkeiten bestehen entsprechend in der mehrdimensionalen und somit Bewertungsoptionen bietenden Darstellung der potenziellen Gewinn- bzw. Verlustchancen als auch durch die Verschiebung des Referenzpunktes. Allerdings verfällt der menschliche Entscheider häufig dann in eine Agonie, wenn diese Referenzpunkte als „Ankerpunkte" nicht mehr realistisch bzw. gültig sind. Wie das „Kaninchen vor der Schlange" ist er zu keiner Bewegung bzw. Entscheidung mehr fähig und „ergibt sich seinem Schicksal". Die menschliche Risikomentalität wird zugleich durch die Realitätsnähe und Konkretisierung der jeweiligen Risikosituation beeinflusst: Je unbestimmter und abstrakter das Risiko ist, um so größer ist die hierdurch ausgelöste Angst. R. Bergler charakterisierte dieses Paradoxon der menschlichen Natur zutreffend als „die Angst des Rauchers vor dem Schlangenbiss". Dies impliziert, dass der Mensch Risiken, denen er täglich begegnet und diese somit „kennt" sowie zu kontrollieren glaubt, grundsätzlich unterschätzt. Dagegen werden unbekannte und unbestimmbare Risiken oder solche, die er subjektiv nicht zu beeinflussen glaubt, überschätzt (das Gefühl der vermeintlichen aktiven Selbststeuerung gegenüber dem passiven „Ausgeliefertsein"). Ursachen für diese Risikomentalität sind sowohl das derzeitige gesellschaftspolitische System mit der Folge einer „Vollkaskomentalität" als auch genetisch bedingte Verhaltensweisen: Seit dem Urmenschen reagiert der Mensch entweder mit „Angriff", „Flucht" (um sich der Situation zu entziehen) oder „Apathie" („sich tot stellen") – die je nach Typus unterschiedlichen Verhaltensweisen entziehen sich somit einer rationalen Begründung bzw. Erklärung.

Die durch die Balanced Riskcard initiierte morphologische Transparenz der spezifischen Risikointerdependenzen kann zum einen eine Effizienzerhöhung der operativen Ebene des Risikomanagementsystems herbeiführen. Zum anderen kann durch Verknüpfung der Wirkgrößen mit Kompetenzen bzw. Zuständigkeiten die „Personalisierung" des Risikomanagements involviert werden. Diese „Personalisierung" beinhaltet zum einen die verantwortungs- und umsetzungsbewusste Integration aller Entscheidungsträger in das System. Sie impliziert im Sinne des „controlling overlayer" jedoch auch die davon unabhängige (neutrale) Personifizierung der Funktion des Risiko-Controller sowie des Risiko-Auditor.

Aggregiert man nun die Balanced Riskcard mit dem Controlling als operatives Steuerungssystem des Risikomanagements, wird ein „selbstlernendes System" im Sinne des „proaktiven Controllings" generiert (vgl. Abb. 77). Diese Aggregation der deduktiven Methode[63] mit dem induktiven Verfahren[64] ermöglicht die morphologische Generierung des iterativen, zyklischen Risikomanagementsystems als dynamisches Regelungssystem im kybernetischen Sinn (ultrastabiles System).

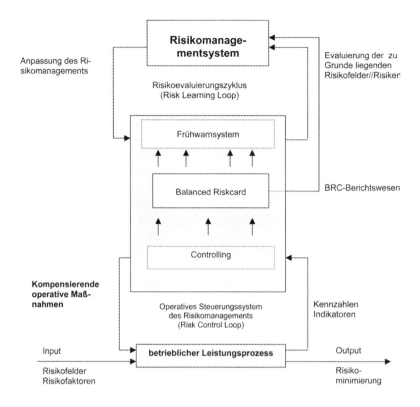

Abb. 77: Die Integration von Risikoevaluierungszyklus und Balanced Riskcard im Rahmen des Risikomanagements als „selbstlernendes System" im Sinne des „proaktiven Controllings"

Verknüpft man das vorstehend beschriebene Risikomanagement (einschließlich der Balanced Riskcard) mit Wertsteigerungsmanagement sowie Prozesscontrolling durch die Aggregation der Unternehmensbereiche mit Funktionen sowie Entscheidungen der Wertschöpfungs- und Geschäftsprozesse, erhält man letztlich die Basis für ein „Balanced Controlling", das neben den Risiken auch die inhärenten Wertschöpfungspotenziale aufdecken soll. Es repräsentiert daher ein proaktives Informations- und Wissensmanagement, um antizipativ die Risikopotenziale verringern sowie im Eintrittsfall die negativen Auswirkungen in ökonomischer Hinsicht minimieren zu können.

6.4 Die Implementierung des Risikomanagementsystems

Das vorstehend erläuterte Risikomanagementsystem besteht zum einen aus strukturellen Organisationsmodulen, deren Implementierung in der Aufbauorganisation relativ einfach ist. Schwieriger ist dagegen die Implementierung des

komplexen funktionalen Ablaufes bzw. Prozesses. Dabei bietet sich ein phasenbezogenes Vorgehen entlang des nachfolgend skizzierten „Entwicklungspfades" an:
  a) Risikofokussierte Steuerung der monetären Aktivitäten bzw. Operationen (zum Beispiel Cash-Management).
  b) Risikofokussierte Steuerung der Produktionsabläufe auf der Grundlage des Produktverlaufs bzw. der Marketingaktivitäten.
  c) Risikobewusste Steuerung kurzfristiger Lieferverträge zur Wahrnehmung situativer Marktchancen sowie deren „Online-Realisierung" (zum Beispiel risikobewusste Optimierung der Deckungsbeiträge).
  d) Risikofokussierte Steuerung der Material- bzw. Produktbeschaffung aufgrund sich kurzfristig ergebender Marktmöglichkeiten (zum Beispiel im Rahmen von E-Procurement) sowie der Produktions- und Vermarktungsmöglichkeiten im Kontext mit kurzfristigen Lieferverträgen (Deckungsbeitragsoptimierung im Rahmen des „mark-to-market accounting"); es impliziert ein ausgeprägtes „Marktdenken" bei allen, so dass jedes Unternehmensziel im Marktkontext gesehen und realisiert wird – der Produktverkauf wird im Kontext des vollständigen Geschäftsprozesses bzw. der Wertschöpfungskette gesehen.
  e) Risikobewusste Steuerung der Geschäfts- und Wertschöpfungsprozesse durch eine „Personalisierung" der inhärenten Risiken auf eine Gruppe bzw. ein Team.
  f) Risikobewusste Steuerung einer langfristigen und nachhaltigen Unternehmensperformance durch eine ganzheitliche Optimierung der Allokation aller Ressourcen auf der Grundlage konsistenter und vollständiger Geschäftsprozesse mit dezentralen Entscheidungsstrukturen; „Risikolimits" für die jeweiligen Beschaffungs- und Transaktionskosten sind dabei beispielsweise die internen und externen Marktpreise.

Ersichtlich wird aus diesem „Entwicklungspfad", dass das handhabbare Risiko mit jeder weiteren Stufe komplexer wird. Hierdurch soll eine kontinuierliche Steigerung und „Verankerung" sowohl des individuellen als auch des organisationalen Risikobewusstseins erreicht werden. Letzteres geht zwangsläufig mit der analogen Entwicklung eines „Markt- und Kundenbewusstseins" einher, um neben den Risiken auch die Chancen erkennen und optimieren zu können.

---

[1] Vgl. die Ausführungen im ersten Abschnitt.
[2] Vgl. Abschnitt 7.
[3] Der Gesetzgeber hat diesbezüglich durch das KonTraG (Gesetz zur Kontrolle und Transparenz im Unternehmensbereich) vom 30.05.1998 reagiert; dieses schreibt zwingend die Bestimmung und Analyse aller Risiken, die wesentlichen Einfluss auf die Ertrags- und Vermögenslage besitzen (auch derjenigen, die nicht dem singulären Unternehmensbereich entstammen) vor; ergänzend hierzu sind konkrete Aussagen zu den Ursachen sowie über den Zeitpunkt des Eintretens

4 und der prognostizierten Auswirkungen zu machen. Das System ist im Rahmen der Jahresabschlussprüfung vom Wirtschaftsprüfer zu evaluieren.
4 Vgl. Helten (1984), S. 16.
5 Verstanden als rational gesteuerten, nachhaltigen sowie verantwortlichem Umgang mit einem Gut.
6 Vgl. Helten (1994), S. 21.
7 Im mathematischen Sinn beinhaltet eine Prognose die Berechnung der Eintrittswahrscheinlichkeit genau definierter Ereignisse mit den dazu gehörenden Konfidenzintervallen bei exakt bestimmten Zeitperioden.
8 Vgl. hierzu vor allem Berner/Danigel (2000).
9 Vom engl. „hedge" (Hecke, Schutz).
10 Vgl. das umfassende Arbeitspapier der „Bank for International Settlements (BIS)", Basel aus 2001.
11 Vgl. Amman (2001).
12 Generell differenziert man beim „Rating" zwischen dem externen (z. B. durch eine unabhängige Ratingagentur) sowie dem internen durch das Unternehmen im Hinblick auf seine Debitoren sowie Kreditinstituten hinsichtlich ihrer Kreditnehmer.
13 Der Vorläufer von „Basel II" war die Baseler Eigenkapitalverordnung des Baseler Ausschusses für Bankenaufsicht von 1988, bei der für ein „angemessenes Eigenkapital" ein Risikomaß definiert wurde; während Basel I 1992 umgesetzt wurde, gilt Basel II ab 2006 als geltendes nationales Recht.
14 PD = Probability of Default (individuelle Ausfallwahrscheinlichkeit des Kreditnehmers),
EAD = Exposure at Default (Kredithöhe zum Ausfalltermin),
LGD = Loss Given Default (Verlustquote),
M = Maturity (Restlaufzeit).
15 Bei Energieversorgungsunternehmen impliziert dies des Weiteren, dass Energie- bzw. Lastmanagementsysteme involviert sind, um Abweichungen online zu erfassen und hinsichtlich ihrer Auswirkungen auf das Risikomanagement analysieren sowie bewerten zu können; zwangsläufig müssen die definierten Risikoprofile sowie -limits dementsprechend strukturiert bzw. kompatibel sein.
16 Hilfestellungen geben hierbei sog. Standards, z. B. ISO 17799, BS 15000 sowie ITIL (IT Infrastructure Library).
17 Vgl. die Definition in § 91 (2) AktG.
18 Vgl. hierzu den IDW-Prüfungsstandard (IDWPS) 340.
19 Differenziert nach Eintrittswahrscheinlichkeitsklassen in quantifizierter (5, 25, 50, 75, 100 Prozent) oder relativer Form (z. B. fast unmöglich, unwahrscheinlich, möglich, wahrscheinlich, sehr wahrscheinlich).
20 In Relation zum Unternehmensergebnis, differenziert in absoluter Form (monetäre Beträge) bzw. in relativer (z.B. unbedeutend, gering, mittel, schwerwiegend, existenzbedrohend) oder im Hinblick auf die finanzwirtschaftliche Auswirkung
21 Diese sollen im Fokus der nachfolgenden Ausführungen stehen.
22 hierdurch soll der Preis eines physischen Geschäftes durch ein darüber gelegtes, abstraktes Sicherungsgeschäft „stabilisiert" und damit kalkulierbar gemacht werden, z. B. durch Swap, Optionen, Futures etc.
23 Stellen ein Recht, jedoch keine Verpflichtung dar und wirken somit „versicherungsartig".
24 Quotient aus Preisveränderung der Option sowie Marktpreisveränderung des Basisinstrumentes; mathematisch: 1. Ableitung der Optionspreisfunktion nach dem Basiswert.
25 Spiegelt die Veränderung des Deltas aufgrund der Änderung des Marktpreises des Basisinstrumentes und somit die Sensitivität des Deltas wider.

26 Veränderung des Optionspreises aufgrund einer Veränderung der Schwankungsbreite des Marktpreises (Volatilität) des Basisinstrumentes.
27 Sensitivität des Optionswertes gegenüber der Veränderung des risikofreien Zinssatzes.
28 Änderung des Optionspreises aufgrund der Änderung der Restlaufzeit dieser Option (Zeitwertverfall).
29 Vgl. Abschnitt 6.4.
30 Neben den monetären existieren im Rahmen der „economic dispatch methodology" folgende Messgrößen: mark-to-market, earnings-at-risk, value-at-risk, operating margin-at-risk, cash flow-at-risks, portfolio „Greeks".
31 Vgl. Abschnitt 6.3.2.
32 Vom engl. „to control" – lenken, steuern.
33 Das vorstehend diskutierte Modell der Balanced Scorecard findet hier Berücksichtigung.
34 Seit der Einbeziehung system- und entscheidungstheoretischer Grundlagen in die Betriebswirtschaftslehre wird Unternehmensführung auch als „Steuerung und Regelung sozialer bzw. sozio-technischer Systeme" verstanden.
35 Kybernetik, vom griech. Kybernos (der Steuermann); dieser Begriff wurde erstmals von N. Wiener verwandt – vgl. Wiener, N. (1948).
36 Verstanden als Beziehungsgefüge mehrerer Elemente bzw. Teile, wobei diese Menschen und/oder Maschinen sein können.
37 Griech.: Selbstgesetzgebung.
38 Vgl. Jänig (1984), S. 53 ff.
39 Vgl. Etzioni (1975) sowie Jänig (1984), S. 57 ff.
40 Kennzahlen sind – generell gesagt – einzelne Zahlen zur Darstellung komplexer quantifizierbarer Sachverhalte durch Datenverdichtung.
41 Diese sind entweder Gliederungszahlen (z. B. Eigenkapitalquote), Beziehungszahlen (Relationen zwischen Elementen verschiedener Bezugsmengen, z. B. Anlagevermögen zum Eigenkapital) oder Indexzahlen (Entwicklung des Sachverhaltes im Zeitablauf).
42 KonTraG.
43 Vgl. hierzu die Aussagen des IDW (Institut der deutschen Wirtschaftsprüfer)
44 Vgl. Jänig (1984), S. 183 ff.
45 Weak signals sind Informationsrudimente, die von Menschen initiierte Diskontinuitäten/Paradigmenwechsel frühzeitig und mit zunehmender Häufigkeit signalisieren – vgl. Ansoff/Brandenburg (1967).
46 KRI = Key Risk Indicator.
47 Mit Zahlung des Optionspreises wird das Recht erworben, ein anderes „Asset" zu einem festgelegten Preis (strike) zu erwerben (Call Option) oder zu veräußern (Put Option) – unabhängig vom realen Marktpreis des Asset.
48 Wird im Rahmen des Hedgings zur Absicherung von Preisänderungsrisiken am Spotmarkt als lineares Finanzierungsinstrument mit kundenspezifischer Struktur (OTC-Geschäft) eingesetzt.
49 Standardisiertes, an der Börse gehandeltes Papier; hierbei definiert die Börse die Quotierung der Preise.
50 Vgl. Bielecki/Rutkowski (2001).
51 OTC = Over the Counter.
52 Die Simulation gehört als „Experimentiermodell" zu den mathemathischen Modellen, wie beispielsweise die Lineare Programmierung als „Optimierungsmodell" bzw. die Netzplanmodelle als „Prognosemodelle".
53 Da jede Simulation inhärent Abstraktion und Formalisierung beinhaltet, resultieren hieraus zwangsläufig zu berücksichtigende Restriktionen im Rahmen der Simulationsergebnisse.
54 Die Monte Carlo-Methode wurde 1944 durch v. Neumann und Ulam als „stoch-

astische Simulation" zur Simulation des Verhaltens von Neutronen in der Atombombe im Rahmen des Manhattan-Projektes eingesetzt und dient zur Reduzierung der Umfeldkomplexität eines Risikofeldes bzw. Risikofaktors.

55 Hierunter subsummiert man sog. „offene Modelle mit einer Anzahl analytischer Ausdrücke", die numerisch gelöst werden können, z. B. Black-Scholes für Plain-Vanilla-Optionen sowie Black 76 für Optionen auf Forwards/Futures.

56 Allerdings ist die pfadfokussierte Bewertung z. B. eines Kontraktes mittels der Baumstruktur schwierig sowie die Technik der rückwärtigen Induktion problematisch.

57 Vgl. Etzioni (1975), Jänig (1984), S. 57 ff. sowie die Ausführungen in Abschnitt 6.3.1.

58 Die VaR-Methode beruht auf dem Metrikmodell von J. P. Morgan.

59 Aufgrund der Modellrisiken wird der durch die VaR-Analyse errechnete Prognosewert in der Regel mit dem Faktor „3" multipliziert, um auch die operationalen Risiken mit abzudecken (vgl. die Grundsätze des Bundesaufsichtsamtes für das Kreditwesen – BAKred).

60 Beim Handelsunternehmen kann vereinfacht dieses Risiko in das Preisrisiko (60 Prozent), das Bonitätsrisiko (25 Prozent) sowie das operationale Risiko (15 Prozent) differenziert werden.

61 Vgl. Jänig, W. (1998), S. 153 ff.

62 Dies entspricht der Keynes'schen Feststellung des konventionellen Verlustes anstelle eines unkonventionellen Gewinns.

63 Gedankliche Ableitung der Risikofelder, Risiken sowie Risikoträger aus der Unternehmensstrategie.

64 Ständige Erfassung, Bewertung und Evaluierung der Risiken etc. auf Basis der operativen Daten.

7. Kundenbeziehungsmanagement (Customer Relationship Management) als Modul des Wissensmanagements

7.1 Die „neuen" Anforderungen liberalisierter Märkte

Wie bereits ausgeführt, ist das Kundenbeziehungsmanagement (CRM) ein Modul des korporativen Wissensmanagements einer Unternehmung. Dies soll nachfolgend teilweise am Beispiel der Energieversorgungsunternehmen[1] verdeutlicht werden, bei denen sich aufgrund der Liberalisierung eine Fokusverschiebung von der Energieproduktion bzw. -verteilung auf den Handel mit Energieprodukten und -dienstleistungen vollzogen hat. Aus Marketingsicht besitzt das Produkt „elektrische Energie" zwei nachteilige Attribute: So ist es zum einen ein „Commodity-Produkt", das fast schon Allgemeingut ist und daher nicht (mehr) hinterfragt wird. Zum anderen ist es ein „Low-Interest-Produkt", das im Rahmen des Gesamtbudgets häufig nur marginalen Charakter besitzt (die Handy-Rechnung beträgt häufig das Dreifache der monatlichen Stromrechnung). Weil jedoch die Marktliberalisierung hinsichtlich des Handels der „Commodity-Produkte" bei vielen Unternehmen anderer Branchen gleiche Auswirkungen impliziert, können die nachfolgenden Ausführungen grundsätzlich verallgemeinert werden – auch wenn der Verkauf von Energie (-dienstleistungen) sporadisch und beispielhaft angeführt wird. Vorab soll jedoch betont werden, dass das Kundenbeziehungsmanagement nicht das Marketing ersetzt, sondern „nur" ein Modul hiervon ist. Generell kann unter Marketing[2] die Optimierung der Interaktionen zwischen Kunden und Unternehmung sowie deren interne Strukturen bzw. Prozessabläufe subsummiert werden – Marketing geht somit über die reine Produktwerbung bzw. -vermarktung hinaus. In einer weiten Definition beinhaltet es die Optimierung sämtlicher Transaktionen mit den Marktpartnern auf den jeweils relevanten Beschaffungs-, Absatz-, Finanzierungs- und Arbeitsmärkten. Dieser ganzheitliche Ansatz fokussiert die Ausrichtung des Gesamtunternehmens, aller Geschäfts- und Wertschöpfungsprozesse etc. auf die Kundenbedürfnisse, -erwartungen und -anforderungen. Zu konstatieren ist allerdings – unabhängig von dieser „theorielastigen" Definition -, dass der liberalisierungsbedingte Wandel vom Verkäufer – zum Käufermarkt die klassischen Marketingkonzepte und -strategien in Frage stellt, da der Käufer " per Mausklick" den Anbieter aufgrund der Vielfalt der Angebote und Kommunikationskanäle wechseln kann sowie individualisierte Produkte/Dienstleistungen anstelle der „standardisierten" Commodities nachgefragt. Um dieser „Wettbewerbsschere" zu entgehen, ist daher das kurzfristige Transaktionsdenken zu Gunsten eines langfristigen Beziehungsmodells sowie die Produktorientierung zu Gunsten einer ganzheitlichen, kundenfokussierten (Dienst-) Leistungsorientierung aufzugeben.

Grundsätzlich muss daher eine marketingfokussierte (Neu-)Ausrichtung auf Wettbewerbsmärkten die nachfolgenden Kriterien beinhalten bzw. berücksichtigen:
- Die inhaltlich exakte Definition der kundenfokussierten Unternehmensstrategie, der hieraus abgeleiteten Zielsetzungen sowie der zur Umsetzung erforderlichen Marketingstrategie(n).
- Die Generierung einer kundenzentrierten Unternehmenskultur sowie des hierauf basierenden unternehmensbezogenen „Selbstverständnisses".
- Die vollständige prozessorientierte und kundenfokussierte (Um-)Strukturierung der Unternehmung.
- Die vollständige und ganzheitliche (interfunktionale) Analyse der Kundenstruktur sowie der hierin enthaltenen Potenziale.
- Die Definition der zur Potenzialerschließung notwendigen Methoden, Verfahren und Ressourcen sowie Kommunikations- und Distributionskanäle.

Häufig ermöglicht die Marktliberalisierung im Bereich traditioneller sowie standardisierter und normierter Massenprodukte (Commodities) neuen Marktteilnehmern den direkten Marktauftritt und Kundenkontakt, so dass hierdurch „konventionelle" KMU[3] in eine „Sandwichposition" zwischen den neuen, dynamischen Wettbewerbern und den Marktführern geraten. Dabei übernehmen die neuen Marktteilnehmer teilweise keine Produzenten-, sondern „nur" eine Maklerfunktion, indem sie für den Endkunden global das preisgünstigste Angebot suchen und kontrahieren. Zusätzlich führt die mit der Marktliberalisierung verbundene größere Transparenz zur wachsenden Illoyalität der Kunden gegenüber den „angestammten" Lieferanten, so dass Kundenverluste die Folge sind. Analog zu den drei Darwin'schen Anpassungsformen[4] können sich Unternehmungen ebenfalls den Marktveränderungen anpassen – entweder im Rahmen eines *Selektionsprozesses* (quasi eine natürliche Auslese, weil nur diejenigen überleben, die sich den Veränderungen anpassen können), durch *Spezialisierung* im Sinne einer Defensivstrategie (das Suchen von „Nischen", die das Überleben aufgrund der eigenen spezifischen Merkmale bzw. Eigenschaften ermöglichen) oder durch *Mutation* im Sinne einer Offensivstrategie (dem sprunghaften Verändern eigener Attribute bzw. dem Finden neuer Märkte, der Nutzung neuer Technologien[5] oder Kooperationsformen). Da sowohl Selektion und damit der Untergang der eigenen Unternehmung als auch die Defensivstrategie als keine empfehlenswerten Vorgehensweisen im Sinne einer nachhaltigen Unternehmensentwicklung erscheinen, verbleibt nur die Offensivstrategie. Dies soll nachfolgend anhand der beiden komplementären Möglichkeiten „Mutation vom Produktanbieter zum Dienstleister" sowie „Entwicklung von Markenstrategien" skizziert werden. Aus thematischen Gründen soll letzeres vorab nur „holzschnittartig" dargestellt werden.

Bei einer Markenstrategie besteht der Fokus darin, ein Commodity-Produkt mit einem geringen Differenzierungspotenzial in eine unverwechselbare Marke zu transformieren, weil der Endkunde auch auf globalen Märkten einem ihm bekannten und vertrauten Markenprodukt aus mentalen sowie emotionalen Gründen den Vorzug vor anderen, meistens auch gleichwertigen Produkten gibt. In einem ersten Schritt wird hierbei das Commodity-Produkt im Rahmen einer (häufig) marginalen Anpassung an individuelle, jedoch clusterhomogene Kundenbedürfnisse angepasst. Anschließend erfolgt eine weitere Ausdifferenzierung durch die Erweiterung um kundenspezifische und -individuelle Dienstleistungskomponenten; durch diese Markenprofilierung soll das Produkt für den Kunden als einzigartig wahrnehmbar, wiedererkennbar sowie unterscheidbar von Wettbewerbsprodukten werden. Diese Schrittfolge muss durch eine über alle Marketing- und Kommunikationskanäle konsistente Kommunikation ergänzt werden, um die entsprechenden Assoziationen beim Kunden durch die Produktidentität mit seinen Wahrnehmungsmustern hervorzurufen. Dies beinhaltet auch die gelungene visualisierte Repräsentation als Grundlage für die ästhetische Wahrnehmung. Marken entstehen somit auch durch die Kommunikation mit Bilderwelten bzw. durch die visuelle Identität mit Wahrnehmungsmustern[6]. Durch die Widerspiegelung der individuellen „Key Benefits" des Kunden sollen homogene Commoditiy-Märkte künstlich heterogenisiert werden, um die „Unique Selling Position (UPS)" zu erlangen. Hierdurch sollen neben der Vermeidung eines ruinösen Preiswettbewerbs auch die „Handlungsspielräume" für die Preis- und Deckungsbeitragsgestaltung vergrößert sowie der Unternehmenswert gesteigert werden. Eine Marke zeichnet sich dabei überwiegend durch ihre Unverwechselbarkeit (Individualität), Eigenständigkeit (Charakter), Kontinuität (mittel- bis langfristiges Erscheinungsbild) sowie Kommunizierbarkeit (meistens nur für ein spezifisches Kundensegment) aus. Sie muss allerdings die mit ihr inhärent verbundenen Attribute auch glaubwürdig nachweisen können. Diese Attribute ermöglichen die Entwicklung eines (fast grenzenlosen) Vertrauens des Käufers gegenüber dem Anbieter. Ziel ist es, die Qualität der Kernkompetenz, die Leistungsfähigkeit sowie das Leistungsversprechen des Unternehmens mental „in den Köpfen der Kunden zu verankern" und somit den Status eines „emotionalen Monopolisten" zu erhalten und hierdurch eine qualitativ nachhaltige Kundenbindung herstellen zu können. Sie spricht daher emotionale Werte und Normen an, so dass sie unterbewusst die mentalen „Kaufentscheidungsprogramme" beeinflusst und somit die Kaufentscheidung determiniert. Bekanntlich sind Vertrauen, Glaubwürdigkeit und Sympathie die inhärenten Antriebskräfte bei Kaufentscheidungen. Hierdurch wird eine „quasi-religiöse" Bindung im Sinne des lateinischen Begriffes „religare"[7] generiert. Sie genießt einen virtuellen, mental verankerten Qualitätsvorsprung gegenüber gleichartigen und gleichwertigen Produkten. Gleichzeitig ermöglicht sie die Bestimmung der eigenen Identität des Käufers, der sich hierdurch als Mitglied einer „Community Gleichgesinnter" fühlt. Voraussetzung hierfür ist zwangsläufig, dass die Marke ein „Markenversprechen" gegenüber dem Käufer erfüllen kann (Carry Light), das subjektiv sowohl bedeutsam als auch unterscheidbar von anderen ist: Aus einem austauschbaren „Low-interest-Produkt" muss somit eine unverwechselbare Marke werden. Hierdurch wird eine Marke sowohl Objekt als auch Subjekt. Im letzteren Fall übernimmt sie die Funktion des Garanten für den Wert bzw. die Qualität sowie für die Attribute des Produktes. In der Objektfunktion mutiert sie selbst zum Produkt: Sie repräsentiert eine frei bewegliche Idee, die „auf Oberflächen" aufgetragen[8] wird und Status- bzw. Symbolcharakter besitzt. Dies impliziert das „Branding": Die Marke an sich besitzt die Bedeutung und nicht ihre Funktion als Produktattribut, um eine gradlinige Beziehung zwischen Käufer und Verkäufer aufzubauen bzw. aufrecht zu erhalten. Der Wert einer Marke manifestiert sich demnach gegenüber generialen Produkten durch die erhöhte Preisbereitschaft sowie stärkere Loyalität der Kunden. Einschränkend muss allerdings festgehalten werden, dass diese höhere Preisbereitschaft des Kunden nur dann gegeben ist, wenn sie neben der ökonomischen Dimension (Relation zwischen hoher Bedürfnisbefriedigung und dem hierfür zu zahlenden Preis) auch die soziale (Identität mit dem Wertesystem des Käufers) erfüllt. Dies erfordert die intensive und ständige Kommunikation des gesamten Unternehmens mit dem Käufer, damit dieser diese Attribute und Werte vor dem Kauf wahrnehmen und während der Produktnutzung „erfahren" kann.

Um dieses Ziel erreichen zu können, ist neben ihrer „flächendeckenden" Bekanntheit und der subjektiven Wahrnehmung der Markenattribute durch den Kunden auch die klar definierte Assoziation des Kunden mit der Marke erforderlich. Letztere kann allerdings als Wissenstransformation fast ausschließlich nur durch einen lokalen Bezug bzw. eine lokale, direkte Präsenz erzielt werden; hier macht sich der an früherer Stelle angesprochene Effekt des „Glokalismus" bemerkbar. Eine Markenbildung, die primär durch eine überregionale bzw. globale Werbung geniert werden soll, ist zum Scheitern verurteilt[9]. Durch das „Branding" wird der eigentliche Produktwettbewerb durch einen „Wettbewerb von Konzepten" ersetzt, so dass die Kommunikation mit dem Kunden über das eigentliche Produkt fast nachrangig wird. Ein Markenkonzept muss daher auch Werte, Überzeugungen sowie Einstellungen beinhalten bzw. befrieden können, damit das Markenprodukt symbiotisch mit der „Persönlichkeit" des Käufers durch diesen gleichgesetzt werden kann bzw. dieser entspricht. Um eine Marke dementsprechend positionieren zu können, muss die durch das Markenprodukt repräsentierte Unternehmung ebenfalls den Status einer „Persönlichkeit" besitzen[10] – aufgrund der Unternehmenskultur kommunizierte Visionen sowie der entsprechenden Positionierung auf dem Markt. Eine Voraussetzung für eine dementsprechende Glaubwürdigkeit ist zwangsläufig, dass die jeweiligen Kernaussagen im gesamten Unternehmen konsistent und irreversibel verankert sind. Dies bedingt, dass alle MitarbeiterInnen, Multiplikatoren, Kommunikationsmittel und -kanäle sowie letztlich die „Corporate Identity" des Unternehmens das Markenversprechen glaubhaft widerspiegeln. Zum anderen erfordert dies, dass das Unternehmen eine offene Informationspolitik hinsichtlich seiner marktwirtschaftlichen, gesellschaftspolitischen und sozialen Ausrichtung bzw. Engagements realisiert, um quasi die „Innensicht" in eine „Außensicht" zu transformieren. Das Unternehmen muss in seinem sozialen Umfeld durch Sponsoring sowie gezielte, systematisch aufeinander abgestimmte lokale und regionale Aktivitäten, Aktionen etc. „verankert" sein. Kritische Größen hierbei sind somit sowohl effektive Corporate-Governance-Prozesse als auch die Fähigkeit zur Kommunikation der Markenstrategien. Dies intendiert den Wandel von der reaktiven zur proaktiven Kommunikationspolitik, die die internen Entscheidungsprozesse begleitet und unterstützt. Die Ziele einer derartigen offensiven Kommunikationspolitik sind neben der Erhöhung des Bekanntheitsgrades der Unternehmung sowie ihrer klaren Positionierung auf dem Markt auch in der Legitimation des unternehmerischen Handelns zu sehen – quasi die „license to operate": die Einhaltung von Spielregeln genügt allein nicht, weil das Unternehmen auch eine gesellschaftspolitische Akzeptanz bzw. Legitimation des unternehmerischen Handelns besitzen muss („Reputation Management" bzw. die Position des „corporate citizen"). Das verlangt Dialogfähigkeit sowie eine umfassende und offene Positionierung. Verhindert werden sollen hierdurch Glaubwürdigkeitslücken („creditability gaps" – Abweichung zwischen kommunizierten Anspruch und Wirklichkeit) sowie Identitätslücken („identy gaps" – Abweichung zwischen Außenwirkung und Selbstwahrnehmung) und Umsetzungslücken („performance gaps" – Abweichungen zwischen Ist und Soll der Kommunikation). Ausgangsbasis hierfür ist, dass sich die Käufer nicht nur für das Produkt, sondern – neben Preis und Qualität – auch für das anbietende Unternehmen interessieren: The world that lies behind the product – they want to know, where and by whom the product has been produced and selled. Im Sinne einer derartigen „Personalisierung" will der Kunde „das Gesicht sehen", dass das Produkt herstellt, verkauft und liefert bzw. die Dienstleistung erbringt. Schließlich müssen Kommunikation, Distribution, Preispolitik und Produktqualität mit der Marke identisch sein, damit die Marke für den Kunden „erlebbar" und „erfassbar" ist. Nur dann gelingt es, Präferenzen aufzubauen und somit Kundenbindung durch die Aggregation von push- und pull-Effekten zu generieren – hierauf wird an späterer Stelle noch ausführlicher eingegangen werden. Basis eines derartigen „Branding" ist somit zum einen, dass die Marke auf einer differenzierten und expliziten Beschreibung basiert und sich nahtlos in die „Corporate Identy" als auch das „Corporate Branding" des Unternehmens einfügt sowie das Unternehmensprofil umfassend repräsentiert bzw. kommuniziert. Dies beinhaltet allerdings einerseits, dass es nicht am Selbstbild des Unternehmens, sondern am Wettbewerb ausgerichtet ist, um sich von diesem zu differenzieren. Andererseits erfordert es eine prägnante, einfache Kommunikation der Einzigartigkeit sowie des individuellen Kundennutzens (eine Aussage mit maximal drei Kriterien). Zudem muss es vom Unternehmen „vorgelebt" werden – Inhalt, Identität und Glaubwürdigkeit müssen sowohl durch den Außenauftritt des Unternehmens als auch durch die MitarbeiterInnen repräsentiert werden (mentale Verankerung). Dies erfordert bei den MitarbeiterInnen neben den fachlichen Kompetenzen die Entwicklung zusätzlicher „soft skills", beispielsweise Innovations- und Veränderungsbereitschaft, Konflikt- und Kommunikationsfähigkeit sowie unternehmerisches Denken, Zielorientierung und Teamfähigkeit. Die klassischen vier „P" des Marketing (Produkt, Preis, Platzierung und Promotion) werden somit um ein fünftes erweitert: Personal. Die Mitarbeiter sind es, die ständig mit dem Kunden interagieren und somit letztlich das Corporate Branding – Imagination, Authentität und Partizipation – definieren. Strategisch beinhaltet dies eine segmentspezifische Kombination von „Kern"-, „Einzel"- als auch „Dachmarkenstrategie" oder fallweise die segmentspezifische Fokussierung auf ein Strategieelement, das neben emotionalen auch rationale (ökonomische) Vorteile für den Kunden aufweisen muss. Ein derartiges „innovatives" Marketing muss kommunikativ die Dimensionen „Produktinhalt", „Innovation", „Service" und „Zeit" im Kontext darstellen und auch marktsegmentspezifisch die jeweils relevanten Medien (von der Anzeige bis zum interaktiven Internetangebot) gezielt einsetzen, um durch das innovative „Erfinden neuer Spielregeln" Wettbewerbsvorteile zu generieren. Als deutliche Botschaft muss dabei grundsätzlich jedoch die „alte" Marketingaussage gelten: We use what we sell.

Weil Aufbau und Verfestigung einer Marke einen Zeitraum von zwei bis vier Jahren erfordern, ist zu Beginn auch eine Kommunikationsstrategie festzulegen. Diese sollte ein umfassendes Portfolio an Kommunikationsmaßnahmen, -kanälen sowie -instrumenten im Rahmen einer ganzheitlichen, integrierten Kommunikation beinhalten, um kommunikative Synergiepotenziale erschließen zu können. Dies setzt allerdings voraus, dass Markenauftritt und -erscheinungsbild (Logo, Struktur, phänotypisches Erscheinungsbild etc.) unabhängig von dem jeweiligen Kommunikationskanal immer identisch sein müssen. Des Weiteren muss jeder Kanal den Verweis auf die Nutzungsmöglichkeiten der anderen enthalten, um dem Kunden die Auswahlmöglichkeit des ihm genehmen Mediums zu gestatten. Eine „Branding-Konzeption" muss also eine integrierte Lösung für alle Kommunikationskanäle beinhalten. Kernelemente sowohl der Marke als auch der des Branding als Strategie sind unter anderem Seriosität, Kompetenz, Professionalität sowie Innovationsfähigkeit und Qualität. Wie jede andere Strategie auch[11], so muss sowohl die Marke als auch deren Strategie einer ständigen Evaluierung und somit einem Controlling unterworfen werden, um Bekanntheitsgrad, Sympathiewert, Glaubwürdigkeit, Positionierung sowie Wahrnehmung der Identität durch den Kunden in Erfahrung zu bringen und zu messen[12]. Marken- als auch Brandingstrategie müssen flexibel an veränderte Marktbedingungen und Kundenerwartungen angepasst werden können. Nur im Rahmen dieses ganzheitlichen Kontextes ist es möglich, dass das Branding zur Kundenbindung und Verbesserung der Deckungsbeiträge führt. Ergänzt werden muss die Implementierung von Markenprodukten im Markt immer durch eine Dachmarkenstrategie (Corporate Branding), weil hierdurch Kundenbindung und -loyalität zusätzlich unterstützt werden[13] – auch bei den „Wechselkunden", die ständig etwas Neues „ausprobieren" wollen.

Eine im Frühjahr 2001 erstellte Studie[14] ergab allerdings, dass häufig diese Kernelemente einer Markenstrategie nicht berücksichtigt werden, so dass trotz eines hohen finanziellen Aufwandes die Zielsetzung des „Marken-Brandings" nicht erreicht wurde. So besaßen 82 Prozent der involvierten Unternehmen keine ganzheitliche und umfassende Strategie – fast zwangsläufig wechselten dann 80 Prozent schon nach kurzer Zeit ihren rudimentären Ansatz. Konsequenterweise resultierte hieraus, dass bei ca. 54 Prozent die Umsetzung der

Markte durch die spezifischen Werbekampagnen misslang. Des Weiteren waren ca. 58 Prozent der Marken „unscharf" definiert, weitere 40 Prozent unterschieden sich nicht von denjenigen der Wettbewerber. Überwiegende Ursachen hierfür waren (mehr als 50 Prozent), dass vor der Publizierung der Marke weder eine schriftliche Definition und Fixierung des Markeninhaltes noch ein empirischer Feldversuch durchgeführt und während der Werbekampagnen kein Markencontrolling betrieben wurde, um Image und Bekanntheitsgrad zu ermitteln bzw. zu evaluieren.

Letztlich muss eine Marke daher einerseits wie jedes andere Produkt gemanaged und andererseits durch ein intensives Kundenbeziehungsmanagement komplementär im Bewusstsein des Kunden manifestiert werden[15]. Ersichtlich wird zum einen hierdurch, dass die klassischen Produktmerkmale (Qualität, Langlebigkeit etc.) allein kaum zur Profilierung einer Marke geeignet sind. Zum anderen sollen sich Unternehmen nur auf wenige Marken beschränken, weil sich eine zu große Anzahl nicht beim Käufer mental „verankern" lässt und einen übermäßig hohen Ressourceneinsatz erfordert. Berücksichtigt werden muss schließlich, dass sich einige „Commodities" grundsätzlich nicht kunden- und marktadäquat durch Differenzierungen in eine „unverwechselbare Marke" transformieren lassen, so dass die Generierung einer entsprechenden Markenstrategie illusorisch und ökonomisch unsinnig wäre. In diesem Fall ist es sinnvoller, die „lokale Kundennähe" und damit den regionalen Bezug in den Fokus der Marketingkonzeption zu stellen.

7.2 Der Paradigmenwechsel vom produktorientierten zum beziehungsfokussierten Marketing

7.2.1 Die Mutation der Produktions- zu Dienstleistungsunternehmen

Parallel bzw. ergänzend zur Markenstrategie muss – gerade auf Commodity-Märkten – das Produktionsunternehmen zum Dienstleistungsunternehmen mutieren: Untersuchungen ergaben, dass häufig nicht das Produkt, sondern der individuell gestaltete Service als „Zusatznutzen" (Value added Services) die Kaufentscheidung beeinflusst. Dieser Zusatznutzen, beispielsweise mittels einer zielgerichteten und serviceorientierten „individuellen" Kundenbeziehung, impliziert häufig die Steigerung der Kundenzufriedenheit sowie -bindung. Letzteres ist per se nur durch den Verkauf von Commodity-Produkten aufgrund ihrer Identität von Struktur, Inhalt sowie Nutzungsmöglichkeit und deren damit verbundenen (fast) beliebigen Austauschbarkeit bzw. Substituierbarkeit durch den Nutzer nicht erreichbar.

Hierdurch vollzieht sich der Paradigmenwechsel von der Massenproduktion mit statischen, funktional-hierarchischen Strukturen zur flexiblen (individualisierten) Einzelfertigung, bei der Information und Wissen sowie prozessfokussierte Strukturen wesentliche „Produktionsmittel" sind. Dies impliziert den Wechsel von der bisherigen „Inside-Out-Perspektive" (marktspezifische Aktivitäten werden aus der Sicht der Unternehmensressourcen und -abläufe gene-

riert) zur „Outside-In-Perspektive": Produkte, Dienstleistungen und Aktivitäten werden auf Grundlage der ermittelten Kundenerwartungen und -anforderungen entwickelt. Für diese „Individualisierung der Massenfertigung" wurde von B. J. Pine der Begriff „mass customization" geprägt[16]. Plakativ ist dieser Paradigmenwechsel dadurch gekennzeichnet, dass nicht Käufer für Produkte, sondern Produkte für Kunden gesucht werden. Erfolgsfaktoren sind dabei Schnelligkeit (time to market), Flexibilität, Innovationsfähigkeit, Marktkenntnisse sowie die medial unterschiedlichen Formen der spezifischen Kundenansprache und das „Wissen über den Kunden". Entscheidend ist dabei nicht das unternehmensintern Leistbare, sondern die individuelle Nutzenerhöhung beim Kunden. Dieser Kundennutzen (bzw. -mehrwert) als Benchmarking-Messlatte differenziert sich in einen Grund- und einen Zusatznutzen – letzterer wird durch den Grad der „Dynaxity" beim Kunden definiert. Die Zielsetzung muss demnach sein, die sich aus der Aggregation von Komplexität und Dynamik für den Kunden ergebende „Dynaxity"[17] zu reduzieren. Letztere führt nachgewiesenermaßen zu steigender Unsicherheit sowie Kontrollverlusten („hilflos ausgeliefert sein"), für deren punktuellen Beseitigung der Kunde bereit ist, einen „Mehrwert" zu bezahlen. Zu dieser „Aufgabe der informationellen Selbstbestimmung" in Teilbereichen ist der Kunde jedoch nur bereit, wenn sich hierdurch sein Komfort bzw. seine Bequemlichkeit durch den Zusatznutzen wesentlich verbessert. Der Kunde ist allerdings nur dann bereit, Informationen über sich preiszugeben und mit einem Unternehmen zu kooperieren bzw. interagieren, wenn er subjektiv für sich einen zusätzlichen Nutzen erhält. Hierdurch werden die Kriterien des „Synegoismus" erfüllt, weil eine „Win-win-Situation" entsteht. Dies erfordert jedoch häufig spezifische Infrastrukturen, häufig auf lokaler Ebene – dies impliziert den eingangs angesprochenen „Glokalismus"[18]. Die Beziehung zum Kunden beruht somit überwiegend auf „soft facts", während die „hard facts" (Preisrationalität, Rationalität des wirtschaftlichen Handelns) eine geringere, häufig jedoch überschätzte Bedeutung haben[19]. Vor dem Hintergrund einer immer stärker fragmentierten und individualisierten Welt wächst die individuelle Sehnsucht nach altruistischen Werten (Vertrauen, Verlässlichkeit etc.), so dass mittels der Reduzierung der Dynaxity ein Vertrauensverhältnis als emotionale Komponente des Marketings generiert werden kann. Die hierdurch entstehende emotionale Kundenbeziehung „kennt" keine Begründung, da sie rational-logisch nicht erklärungsfähig und -bedürftig ist – sie ist rationalen Einwänden und Analysen entzogen und somit auch nicht reproduzierbar bzw. „kopierbar".
Marketingstrategien, die ausschließlich rationale Aspekte (zum Beispiel Niedrigstpreis) fokussieren, sprechen entweder nur das Kundensegment an, das aus ökonomischen Gründen grundsätzlich zum Niedrigstpreis tendiert bzw. hierzu gezwungen ist, oder dasjenige, das die spielerische Art des Risikos „ausleben" will bei Produkten, die keinen essentiellen und/oder existentiellen Lebensbereich betreffen. Dieses Kundensegment ist allerdings häufig irrelevant für die Unternehmung im Rahmen einer nachhaltigen Wertschöpfungs- bzw. Deckungsbeitragsbetrachtung. Letztlich bedingt eine diesbezügliche Anreicherung tradi-

tioneller Produkte sowohl durch Markenidentitätsbildung als auch durch kundenindividuelle Dienstleistungen zwangsläufig spezifische, jederzeit anpassungsfähige sowie evaluierbare Marketingstrategien auf der Grundlage von Produkt-, Preis- und Leistungsdifferenzierungen sowie einem detaillierten Risikomanagementsystem. Diese bislang allgemein gehaltenen Ausführungen sollen nachfolgend am Beispiel der Energiedienstleistung bzw. ihrer Genese ausführlicher erläutert werden.

Generell haben sich bei liberalisierten Energiemärkten unter anderem die nachfolgenden Wettbewerbskriterien ergeben:

- Der Paradigmenwechsel von der vorbeugenden über die bedarfsorientierten zur ereignisorientierten, risikogesteuerten Instandhaltung.
- Pretiale Lenkung des Netzführungs- und Lastmanagements (der am Markt erzielbare Preis determiniert den netztechnischen Aufwand, so dass zum Beispiel Versorgungssicherheitskriterien oder Redundanz zugunsten ökonomischer Kriterien (Preisgünstigkeit) zweitrangig werden – mit dem Risiko einer höheren Quote an Netzstörungen und -ausfällen).
- Profit-Center-Struktur auch in dem Bereich „Netzbetrieb".
- Flexibilität im Energieeinkauf (Wahl kurzfristiger Lieferanten, Kauf von Spotmengen etc.) durch Portfolio-Management sowie „Commoditicing" (Verlagerung von langfristigen zu kurzfristigen Verträgen).
- Flexibilität, Individualisierung, Substituierbarkeit und Varietät der Produkte/Dienstleistungen bei gleicher Qualität.
- Erhöhung der Volatilität bei gleichzeitigem Margenverfall.
- Vermarktung kundenfokussierter Produkte/Dienstleistungen.
- Überzeugende Marken-/Dienstleistungsstruktur mit transparenten Preisen sowie überzeugendem Service.
- Nutzung neuer Medien sowie Kommunikationsplattformen als interaktive Dialoginstrumente (sog. „Kommunikationsführerschaft").
- Intensivierung der Kundenbindung.
- Qualität und Schnelligkeit bei Leistungserbringung und Service[20].
- Proaktive Involvierung des Kunden als „Arbeitgeber" sowie Installierung eines dementsprechenden Kundenbeziehungsmanagements (CRM) aufgrund sinkender Kundenloyalität sowie einer Verschiebung des POS[21].
- Weiterentwicklung der Organisation in Richtung prozessfokussiertes, wissensbasiertes „selbstlernendes Unternehmen".

Durch die Liberalisierung des Energiemarktes ist bekanntlich die Energie kein „zuteilbares Produkt" mehr, sondern eine Ware, deren Akzeptanz unter anderem durch das Verhältnis von Angebot und Nachfrage bestimmt wird. Dabei ist der Preis bekanntlich nur eine Komponente, deren Einfluss jedoch durch psychologische Kriterien, wie „Produkttreue" und „Kundenbindung", reduziert werden kann[22] (im Konsum- und Verbrauchsgüterbereich beispielsweise die Marken „Persil", „Jägermeister" etc.). Während die Liberalisierung des Energiemarktes für die Bundesrepublik noch relativ neu und in ihren Auswirkungen noch „unscharf" ist, haben andere Länder schon länger Erfahrungen hiermit gemacht. Die dabei gewonnenen Erkenntnisse zeigen, dass (Energie-) Dienstleistungsunternehmen schon frühzeitig eine klare Vision über ihre zukünftige Positionierung im Wettbewerb entwickelt und diese in ein schlüssiges Konzept umgesetzt haben müssen. Letzteres ist Fokus und Korrektiv zugleich – sowohl für Investitionsentscheidungen als auch für Marketingstrategien[23], deren Anpassungsprogramme sowie für Entscheidungen über strategische Allianzen und Kooperationen. Grundbedingung hierfür ist, dass jedes Unternehmen im liberalisierten Markt auf der Grundlage eines definierten, strukturierten und operationalisierten Kundenbeziehungsmanagements[24] seine derzeitige Position und diejenige der Mitbewerber analysiert sowie als Folgerung hieraus seine zukünftige definiert. Ergänzt wird dies durch das Erkennen sowie Umsetzen derzeitiger, vor allem jedoch zukünftiger Trends. Hieraus resultieren dann sowohl Kunden- und Lieferantensegmentierung als auch die Bestimmung der Kernkompetenzen und Produkte sowie Dienstleistungen. Dies mündet in ein Portfolio-Mix auf der Grundlage eines modularen bzw. „molekularen" Produkt- und Dienstleistungsangebotes, bestehend unter anderem aus Preis, Preisgarantie, Lieferfähigkeit, Lieferqualität sowie Servicequalität. Da liberalisierte Energiemärkte neue Technologien, neue Formen der Unternehmensführung sowie kundenfokussierte Produkte und Dienstleistungen hervorbringen, führt dies auch zu einer Erhöhung der Energieeffizienz durch eine Verbesserung der Betriebs- bzw. Prozesseffizienz (etwa durch Reduzierung der Übertragungsverluste im Verteilungsnetz).

Nach der (teilweise) vollzogenen Optimierung der produktionsspezifischen bzw. logistischen Ressourcen sowie der innerbetrieblichen Prozesse steht zwangsläufig der Kunde (Bindung, Loyalität, Zufriedenheit) im Mittelpunkt des wirtschaftlichen Unternehmensinteresses – und damit das Kundenbeziehungsmanagement (CRM)[25]. Das erfordert eine ganzheitliche Betrachtung und Umsetzung der Beziehungen des Unternehmens zum Kunden – auf strategischer, taktischer und operativer Ebene. An jedem Arbeitsplatz muss beispielsweise unternehmensweit die vollständige Kundenhistorie jederzeit transparent und konsistent verfügbar sein, damit jeder auskunfts- und beratungsfähig ist: Die Zielsetzung ist der umfassend betreute und in eine dauerhafte Geschäftsbeziehung eingebundene Kunde, um der Substituierbarkeitsfalle aufgrund von Markt- und Preistransparenz zu entgehen. Erforderlich ist hierfür unter anderem die abteilungs-/funktionsübergreifende informationstechnologische Kompatibilität sämtlicher Applikationen, die eine Kundenrelevanz besitzen, um alle Kundendaten und -kontakte zu erfassen und zeitnah allen MitarbeiterInnen zur Verfügung stellen zu können. Hieraus resultiert letztlich die Optimierung des innerbetrieblichen Informationsflusses bei einer vollständigen Integration der internen und externen Kommunikation. Durch eine derartige zeitaktuelle Übersicht über die Kundenkontakthistorie sowie deren Inhalte, unabhängig vom durch den Kunden gewählten Medium, soll für jeden Mitarbeiter die kompetente und serviceorientierte Kommunikation und Interaktion mit dem Kunden ermöglicht werden. Ein damit verbundenes Konzept der Unternehmenskommunikation beinhaltet die Gesamtheit aller Kommunikationsinstrumente und -maßnahmen, die eingesetzt werden, um das Unternehmen und seine Leistungen den relevanten internen und externen Zielgruppen darzustellen[26]. Dies setzt zum einen die zeitaktuelle, prozessfokussierte und schnittstellenfreie Integration bzw. Aggregation von Front- und Back-Office sowie der jeweiligen Vertriebs-, Marketing-, Service- und Abrechnungsapplikationen voraus Es impliziert andererseits eine Produktivitäts- und Effizienzerhöhung. Eine derartige ganzheitliche Kundensicht führt fast zwangsläufig zu neuen Prozess- und damit auch Arbeitsablaufstrukturen. Ein ganzheitliches Kundenbeziehungsmanagement erfordert demnach sowohl die strikte Prozessorientierung als auch die systemische und umfassende Integration teilweise heterogener Informationstechnologien, um die Integration und Aggregation aller mit dem Kunden zusammenhängender Funktionen und Prozesse auf operativer und strategischer Ebene zu gewährleisten. Dies beinhaltet letztlich auch die Integration der Kundenprozesse in das SCM[27]. Eine diesbezügliche, unternehmensweit einheitliche Sicht des Kunden erfordert die Vernetzung aller Funktionsbereiche sowie externen Mitglieder der jeweiligen kundenorientierten Geschäftsprozesse im Sinne eines ganzheitlichen Konzeptes mit strategischer Bedeutung. Erforderlich ist daher der Aufbau von „Netzwerken" mit den Kunden, das sog. „Clienting". An die Stelle der bilateralen Management- und Marketingbeziehungen treten Netzwerke, in denen die Kunden, das bzw. die Unternehmen sowie deren Mitarbeiter voneinander abhängige Partner sind. Implizit wird hierdurch für jeden Mitarbeiter neben der effizienteren Einbindung in die Geschäftsprozesse auch eine bessere Erreichbarkeit sowie eine höhere fachliche Kompetenz erreicht. Letztere betrifft nicht nur das Wissen über Kunden und Wettbewerb, sondern auch über leistungsspezifische Konditionen (Lieferzeit, individuelle Konditionen für wichtige Kunden etc.). Durch eine derartige Integration der Kundenprozesse in die unternehmenseigenen sowie deren Vernetzung gelingt es, die „unique selling position" zu erlangen.

Da die Akquisition neuer Kunden bekanntlich um den Faktor „8" aufwendiger als die Pflege der bestehenden Kundenbindungen ist, ergeben sich hieraus zwei Zielsetzungen:

- die Bestandssicherung (Kundenbindung),
- die Bestandserweiterung (Kundengewinnung).

Besonderheiten im Bereich der Kundenbindung ergeben sich zwangsläufig aus der heterogenen Zusammensetzung der Kundengruppen mit ihren unterschiedlichen – teilweise inhärenten – Anforderungen im Hinblick auf die nachgefragte Energiedienstleistung: Der Kunde fragt nicht das monolithische Produkt „Kilowattstunde" nach, sondern den für ihn damit verbundenen Nutzen (Nutzenergie). Dies impliziert einerseits, dass der Lieferant der „monovalenten und wenig erklärungsbedürftigen Kilowattstunde" Energie aus der Sicht des Kernnutzens für den Kunden jederzeit austauschbar ist, so dass die Verbesserung seines individuellen Sekundärnutzens (zum Beispiel Nutzenergie, Dienstleistung, Service) den Ausschlag bei der Wahl des Lieferanten bewirkt: Zukünftig wird der Kunde steigenden Wert auf komfortable, bedienungsfreundliche sowie umweltverträgliche Energiesysteme legen. Zum anderen werden mittels der Informationstechnologie auch Privatkunden ein „Global Sourcing" betreiben, weil sich das Internet als „Marktplatz" etablieren wird. Die hierdurch implizierte Produkt- und Preistransparenz führt dazu, dass der Produktlebenszyklus „reifer" Produkte nicht mehr durch eine zusätzlich Vermarktung auf bisher unerschlossenen Märkten verlängert werden kann. Dies ergibt sich zwangsläufig auch aus der „Ansoff-Matrix", bei der vier differierende Ausgangssituationen im Hinblick auf den erforderlichen Vertriebsaufwand unterschieden werden: Der Vertriebsaufwand für bekannte Produkte auf bekannten Märkten umfasst das Null- bis Vierfache; dieser Aufwand erhöht sich bei der Einführung bekannter Produkte auf neuen Märkten auf das Fünf- bis Achtfache, bei neuen Produkten auf bekannten Märkten auf das Neun- bis Zwölffache sowie bei neuen Produkten auf neuen Märkten auf das Dreizehn- bis Sechzehnfache. Um auf derartigen Märkten als Unternehmen bzw. Anbieter bestehen und überleben zu können, existieren drei Vorgehensweisen bzw. Strategien. Zum einen kann man die **„Preisführerschaft"** anstreben: Der Angebotspreis für das eigene Produkt ist grundsätzlich niedriger als die Konkurrenzpreise, so dass die Kunden aufgrund wirtschaftlicher Vorteile überwiegend bei diesem Unternehmen kaufen. Eine derartige Strategie führt allerdings häufig dazu, dass die Angebotspreise einem „Dumping-Wettbewerb" ausgesetzt werden, der häufig zur Konsequenz hat, dass die Preise nicht mehr kostendeckend sind und somit Verluste entstehen. Die Grundüberlegung bei dieser Wettbewerbsstrategie ist, dass ein „Verdrängungswettbewerb" ausgelöst wird, der dazu führt, dass sich andere Wettbewerber von diesem Markt zurückziehen werden. Am Ende eines derartigen Prozesses bleiben dann nur wenige Anbieter übrig, die sich anschließend diesen Markt aufteilen und die Preise wieder erhöhen, um die vorher entstandenen Verluste auszugleichen.

Eine andere Strategie beruht auf der **„Kostenführerschaft"**: Durch eine erhebliche Reduzierung der eigenen Kosten soll es ermöglicht werden, günstige Preise anbieten zu können und somit viele Kunden zu gewinnen. Weil auf dem Energiemarkt ca. 70 Prozent der Kosten Fixkosten sind, die aufgrund der fragmentierten Wertschöpfungsprozesse und dem dadurch hohen Anteil vorgegebener externer Kosten – wenn überhaupt – nur langfristig gesenkt werden können (zum Beispiel aufgrund der Kosten für Kraftwerke, Verteilungsnetze), muss der variable Anteil reduziert werden – die Personalkosten. Dies führt häufig zur deutschen Variante des „Lean managements", dem Personalabbau. Diese Strategie hat allerdings zwei wesentliche Nachteile. Zum einen wird mit dem Personalabbau auch das „Wissen der Unternehmung" reduziert, da jede/r entlassene MitarbeiterIn „sein Wissen" im Kopf gespeichert hat und zwangsläufig mit seinem Kopf auch dieses Wissen mitnimmt. Es fehlt dann in der Unternehmung und kann auch durch Neueinstellungen nicht schnell genug wieder aufgebaut werden, weil es aufgrund von Lernprozessen erworben wurde und die „Neuen" diese Lernprozesse erst durchmachen müssen. Zum anderen ist diese Vorgehensweise auch von jeder anderen Unternehmung „kopierbar", so dass der Kostensenkungseffekt von anderen ebenfalls sehr schnell nachgeholt werden kann. Der Vorsprung gegenüber den Wettbewerbern ist daher nur kurzfristiger Natur. Aus einsichtigen Gründen ist daher die Strategie der Kostenführerschaft ebenfalls nicht anzuwenden.

Diese beiden unternehmenspolitischen bzw. marketingtheoretischen Grundsätze basieren letztlich auf der Darwin'schen Evolutionstheorie: Bei zwei gleichwertigen und gleichpreisigen Produkten setzt sich derjenige Anbieter durch, der einen zusätzlichen Mehrwert aus Kundensicht anbietet. Ziel eines Unternehmens muss es daher sein, eine Produkt-/Dienstleistungsführerschaft in Verbindung mit einer **Kundenbeziehungsführerschaft** zu erzielen[28] :

> „A Customer Intimate company builds bonds with customers; it knows the people it sells to and the products and services they need."[29]

Strategisch erfordert dies seitens der Anbieter einerseits die Bildung translokaler Cluster[30] (Kundensegmente mit gleichen oder ähnlichen Anforderungen). Im Rahmen dieser Segmentierung eines heterogenen Gesamtmarktes in homogene Teilmärkte bzw. Nachfragergruppen wird häufig die Kombination von soziodemographischen (Alter, Geschlecht, Beruf etc.), verhaltenswissenschaftlichpsychologischen (Kaufverhalten, Kundenpräferenzen in Abhängigkeit vom Lebenszyklus, Einstellungen, Motive), verbrauchsdeterminierenden (Wohnungsgröße, Lebensstil) sowie nutzenbedingten Kriterien zu Grunde gelegt. Der Segmentierungsprozess erfolgt häufig gemäß der nachfolgenden Stufen:

- Bildung der Cluster (Kundengruppen mit identischen Wahrnehmungsmustern bzw. Milieus).
- Gewichtung der Cluster (ABC-Analyse gemäß der Kundenwerthaltigkeit).
- Analyse der Erwartungen des segmentspezifischen Kunden (Differenzierung in Grund- und Zusatznutzen, branchenspezifische Produkte/Dienstleistungen etc.).

Dies setzt zwangsläufig eine operationale Effizienz bei der Datenanalyse sowie bei der Clusterbildung und somit konsistente und valide Kundendaten und -informationen voraus. Die Zielsetzung hierbei ist, einen ganz- und einheitlichen Informations- und Wissensstand sowie konsistente Aussagen sowohl über Kundensequente als auch Individualkunden zu erhalten. Je präziser der Kunde im Sinne eines derartigen „Targetings" angesprochen werden kann, desto niedriger sind die spezifischen Marketing- und Transaktionskosten. Hieran schließt sich dann die Entwicklung dementsprechender Produkte bzw. Dienstleistungen im Rahmen einer bedürfnisfokussierten bzw. kundenproblemlösungsorientierten modularen bzw. polymorphen oder *molekularen Produkt-/Dienstleistungsgestaltung* an, bei der ein „Kernprodukt" segmentspezifisch und variabel um weitere (Dienstleistungs-)Elemente „angereichert" wird[31] . Bildhaft kann dies mit dem Aufbau eines Moleküls verglichen werden, bei dem der Kern „atomar" um weitere – standardisierte und genormte – Elemente angereichert wird und somit „Moleküle" unterschiedlicher Natur ergibt. Die jeweilige Kombination der individuell besten Einzelmodule („Atome") muss aus Kundensicht dem Anspruch des „best of breed" genügen. Dies impliziert – im Gegensatz zu Zusatzleistungen – einen Zusatznutzen für den Kunden, der an die Kernleistung gekoppelt und somit nicht eigenständig zu vermarkten ist. Entscheidend hierbei ist nicht die „Breite" des Leistungsangebotes, sondern dessen „Tiefe": wenige standardisierte Elemente, die in verschiedenen Kombinationen bzw. Variationen angeboten werden und somit zu vergleichsweise „hohen Stückzahlen" im Sinne des „economies of scale" führen. Diese „individuellen Maßanfertigungen" repräsentieren häufig „Gesamtlösungen" für den Kunden und gestatten somit eine optimierte Strukturierung des Marktes bzw. Wettbewerbes. Ansatzpunkte sind dabei die Phasen der Leistungsbereitschaft und -erstellung sowie die Leistungsnutzung durch den Kunden. Dies erfordert neben der Problemlösungsfähigkeit zwangsläufig auch das Verständnis für die kundenindividuellen Aufgabenstellungen sowie Abläufe und Strukturen und impliziert eine inter- bzw. multidisziplinäre oder multifunktionale Zusammenarbeit. Eine weitere Bedingung ist die differenzierte Kenntnis der jeweils vorherrschenden in- und extrinsischen Motive beim Kunden sowie der „Hygienefaktoren". Dies führt zwangsläufig zu umfassenden Kenntnissen auf einem sicherlich (lokal) begrenzten, jedoch exakt definierten Markt. Hieraus resultiert dann die Fähigkeit, Trends sowie Marktentwicklungen und -veränderungen frühzeitig erkennen zu können und diesen antizipativ zu begegnen, indem die Bedürfnisse des Kunden mit dem richtigen Angebot zum richtigen Zeitpunkt befriedigt werden. Merkmale derartiger Dienstleistungen sind unter anderem[32]

- Immaterialität (gekennzeichnet durch Nichtlagerfähigkeit sowie Nichttransportierbarkeit),
- Simultanität von Produktion und Absatz,
- Leistungsbereitschaft ausschließlich durch den Anbieter,
- Involvierung des Nutzers bzw. seiner Anlagen als „externen Produktionsfaktor"[33],
- unterschiedliche Diversifikationsebenen:
  - horizontal (Erweiterung des bisherigen Produktes durch Synergiefaktoren, beispielsweise in Form des Cross-Selling bzw. des „Multi Utility"),
  - vertikal (Einbeziehung vor-/nachgelagerter Funktionen),
  - lateral (innovative, neue Dienstleistungen zur Erschließung neuer Geschäftsfelder[34]).

Die im Rahmen der Leistungsentwicklung angesprochene Genese der kundenfokussierten (Dienst-) Leistungen kann dem nachfolgenden „Phasenmodell"[35] entnommen werden:

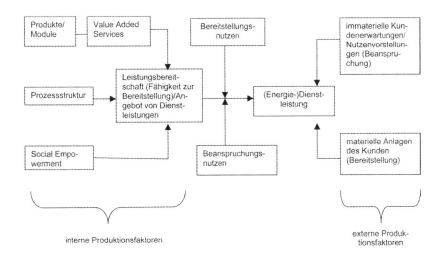

Abb. 78: Das Phasenmodell der Dienstleistungsgenese (in abgeänderter Form entnommen aus Meffert/Bruhn (1997))

Aus schematischer Sicht beinhaltet ein derartiger Entwicklungsprozess die nachfolgenden Phasen:
- Bedarfs- bzw. Leistungsermittlung,
- Konzeption der zukünftigen (Dienst-)Leistungen bei Vermeidung von Imitationen sowie eines „Bauchladenspektrums" (gebündeltes Leistungsspektrum mit größerer Tiefe anstelle der Breite),
- Ermittlung des Ressourcenbedarfs bei gleichzeitiger Konzentration auf jene Ressourcen und Kompetenzen, die von Mitbewerbern weder imitiert noch substituiert werden können,
- Kostenkalkulation der zukünftigen (Dienst-)Leistung,
- Marktanalyse,
- Ermittlung von Akzeptanz und Profitabilität bei „Pilot-Kunden" (Feldtest) sowie Ermittlung der optimalen Kommunikations- und Distributionspolitik,
- Markteinführung nach Reorganisation der notwendigen Ablaufstrukturen sowie Schulung der MitarbeiterInnen,
- Evaluierung sowie Optimierung des Leistungsangebotes.

Deutlich wird, dass die Leistungsbereitschaft in Verbindung mit dem Bereitstellungs- sowie dem Beanspruchungsnutzen als Basis für das Angebot von (Energie-) Dienstleistungen Vorlaufkosten in Form von Fixkosten generiert. Sie führen bei unzureichender Nachfrage zwangsläufig zu Leerkosten (Fixkostenanteil für die ungenutzte Kapazität). Diese unzureichende Nachfrage wird überwiegend durch die ungenügende Integration der externen Produktionsfaktoren impliziert. Letzteres ist dann der Fall, wenn die Immaterialität der Dienstleistung gegenüber dem potentiellen Anwender nicht ausreichend konkretisiert und – überwiegend durch Ersatzindikatoren – kommuniziert wird. Eine ungenügende Nachfrage kann allerdings auch auf nicht marktgerechte Preisstellungen zurückzuführen sein. Hierbei bietet sich zur Preisermittlung das Verfahren des „Target Costing" an. Dessen Grundidee besteht darin, vom am Markt erzielbaren Preis und nach Abzug des geplanten Gewinnes die Kosten abzuleiten und nicht – wie traditionell üblich – den „Marktpreis" anhand der Kosten zu ermitteln. Hierdurch soll eine kundenorientierte Leistungsgestaltung durch die Abstimmung von Kundennutzen und erzielbarem Marktpreis erreicht werden; hierbei wird der Kundennutzen durch das Kano-Modell definiert, das die Kundenanforderungen mittels der drei Kategorien „Basisanforderungen", „Leistungsanforderungen" sowie „Kundenbegeisterungsfaktoren" differenziert und klassifiziert[36]. Um nun den am Markt erzielbaren Preis zu ermitteln, wird der Target-Costing-Prozess in die drei Phasen „Zielkostenfindung", „Zielkostenspaltung" sowie „Zielkostenerreichung" unterteilt[37]. In der ersten Phase wird die „Conjoint-Analyse" eingesetzt, um eine konsequente Marktorientierung der Preis- und Produktpolitik zu gewährleisten und somit die Zielkosten bestimmen zu können[38]. Im zweiten Schritt werden dann die Gesamtkosten der Dienstleistung auf die einzelnen Komponenten im Rahmen einer funktionsorientierten Verteilung unter Berücksichtigung der definierten Zielkosten sowie des jeweiligen Nutzenbeitrages der einzelnen Komponenten aufgespalten. In der letzten Phase schließlich werden – häufig auf der Grundlage von Benchmarks – die Kostensenkungspotenziale und -maßnahmen zur Angleichung von Zielkosten (= Marktpreis) und Leistungserstellungskosten ermittelt.

Zu beachten ist, dass die lokale Angebotspräsenz von Dienstleistungen sowie deren technische Verfügbarkeit zunehmend bei allen Kundensegmenten eine wesentliche Funktion bei der Produktvermarktung übernehmen wird. Dies ermöglicht jedoch, die bei den „Commodity-Märkten" aufgrund der „economies of scale"[39] implizierte wirtschaftliche (Mengen-)Mindestgröße durch die „economies of scope" zu kompensieren und somit zu kleineren, wirtschaftlichen „Stückzahlen" zu gelangen (vgl. hierzu die folgende Abbildung):

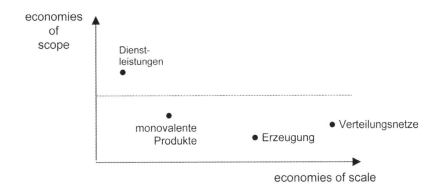

Abb. 79: Die Interdependenzen zwischen „economies of scope" und „economies of scale" bei Dienstleistungen

Diese „kundenindividuellen" Dienstleistungen müssen
- „einzigartig" und damit nicht vergleichbar sein, d. h. vom Wettbewerb nicht imitiert werden können; sie dürfen jedoch keinen „Modetrends" unterliegen,
- in ihren Attributen subjektiv bedeutsam für den Kunden sein und originäre Vorteile für ihn besitzen,
- in Verbindung mit dem daraus für den Kunden resultierenden Nutzen positioniert werden,
- auf wenige, jedoch profitable Kundensegmente beschränkt sein,
- semantisch hinsichtlich der Kommunikation ihrer Vorteile mit der jeweiligen Assoziation dieser Begriffe seitens des Kunden übereinstimmen, um eine positive Ansprache des Kunden zu gewährleisten[40] sowie von ihm wahrgenommen werden,
- durch eine fast permanente Präsenz in den Medien auf der Grundlage einer eindeutigen, langfristigen Strategie zu einer ständigen „persönlichen" Kommunikation mit den Kunden führen sowie
- das Unternehmen als „Marke" gegenüber dem Wettbewerb positionieren.

Überpointiert ausgedrückt kann die Realisierung derartiger Dienstleistungen den vollständigen Beschaffungs-, Versorgungs- und Entsorgungsprozess des Kunden im Rahmen eines integrierten, ganzheitlichen Managementsystems beinhalten. Hierdurch mutiert ein „Low-interest-Produkt" aus der Kundenperspektive zu einem „High-interest-Produkt". Derartige „innovative" Dienstleistungen müssen im Prinzip drei Zielsetzungen realisieren: Zum einen müssen die vorhandenen kundenseitigen Probleme gelöst werden. Weiterhin müssen sie antizipatorisch dafür sorgen, dass hierdurch keine Folgeprobleme induziert werden. Schließlich dürfen aus Gründen der Nachhaltigkeit keine langfristig sich auswirkenden sozialen oder ökologischen Problemstellungen impliziert werden. Zumindest theoretisch führt eine derartige modulare bzw. molekulare Produkt- und Dienstleistungsgestaltung zur Inhomogenisierung des eigenen Produkt- und Leistungsangebotes, weil die Kundenbedürfnisse auch in homogenen Kundengruppen inhomogen sind. Voraussetzung für eine derartige Produktgenese ist daher zum einen die notwendige Flexibilität, um sich antizipativ den sich ändernden Kundenbedürfnissen und -erwartungen anpassen und konforme Leistungen anbieten zu können[41]. Zum anderen erfordert dies Innovationsfähigkeit und Kreativität, um die vorhandenen Elemente molekular bzw. modular jeweils „neu" zu aggregieren sowie neue Elemente zu integrieren. Grundbedingung hierfür ist die – auch mentale – Verankerung einer entsprechenden Innovationsstrategie im Unternehmen.

Nicht zu vernachlässigen ist bei einer derartigen „modularen" bzw. „molekularen" Produkt- und Leistungsgestaltung einerseits der Sachverhalt, dass eine erforderliche Anpassung dieser Produkte an sich verändernde Marktgegebenheiten grundsätzlich preiswerter als deren Neuentwicklung ist. Zum anderen müssen diese Produkte bzw. Dienstleistungen vor dem Zenit ihres Umsatzpotenzials durch Weiterentwicklungen ersetzt werden, um den Innovationsvorsprung auf dem Markt behalten zu können. Hieraus wird deutlich, dass nicht die Kostenreduzierung im Sinne der deutschen Version des „Leanmanagement" den Wettbewerbsvorsprung auf liberalisierten Märkten gewährleistet, sondern die Fähigkeit zur Produkt- und (Dienst-)Leistungsinnovation. sowie deren qualitätsgerechte, zeitnahe und zielgruppenorientierte Vermarktung. Zielsetzung ist somit die Generierung neuer „Nutzenmärkte". Diese entstehen jedoch nicht dann, wenn der „wirtschaftliche Leidensdruck" des Kunden am größten ist – erforderlich ist vielmehr die antizipative Entwicklung der Dienstleistung vor dem Hintergrund des potenziellen Nutzens für den (zukünftigen) Kunden sowie dessen situationsspezifische Vermarktung. Voraussetzung ist zwangsläufig nicht die marginale Verbesserung bestehender Produkte, sondern die permanente Entwicklung neuer Leistungen und Produkte – deren Halbwertszeit sollte nicht größer als drei bis vier Jahre sein. Gemäß der Aussage „advertising follws sales" sollte nicht in Marketingmaßnahmen für Produkte/Dienstleistungen investiert werden, für die der Markt nicht (mehr) vorhanden ist – vielmehr sollten neue Märkte bzw. Potenziale erschlossen werden. Plakativ formuliert muss das traditionelle „cost cutting" durch ein „sales pushing" ersetzt werden, um die Leistungsaustauschbeziehungen zwischen Kunde und Unternehmung optimieren zu können. Überraschenderweise hat allerdings eine Untersuchung von Ernst & Young im Jahr 2000 ergeben, dass sich nur 19 Prozent der befragten Unternehmen in der Lage sehen, ihre Produkt- bzw. Leistungspalette den kurz- bis mittelfristigen Markt- und Nachfrageveränderungen anzupassen. Eine Ursache hierfür ist darin zu sehen, dass die derzeitigen Produkte monovalenten Charakter besitzen und häufig nicht modular in ein Gesamtkonzept eingebunden sind.

Notwendig seitens des Anbieters derartiger Dienstleistungen sind als notwendige „unternehmerische soft skills" beispielsweise Schnelligkeit bei der marktgerechten Entwicklung von Dienstleistungen („time-to-market"), Zielorientierung, Kreativität, Initiative und Dynamik sowie Kommunikationsfähigkeit, um diese zu vermarkten. Dies beinhaltet sowohl das Wissen über die eigene Kernkompetenz im Hinblick auf die Qualität der Leistungserbringung oder einer spezifischen Produkteigenschaft, um gegebenenfalls durch die Involvierung Dritter entsprechende Mängel zu kompensieren. Es beinhaltet jedoch auch die Aufgabe des konventionellen (aristotelischen) Fragens und Denkens sowie die richtige Definition der jeweiligen Problemstellung, um kreativ individualisierte Lösungsmöglichkeiten zu finden. Zudem wird vom Kunden die jederzeitige Erreichbarkeit und Ansprechbarkeit, kurze Reaktionszeiten sowie die Bereitstellung von Informationen bzw. Wissen über die Dienstleistung erwartet. Das erfordert konsequenterweise eine vorherige vollständige Reorganisierung der kundenfokussierten Informations- und Kommunikationskanäle. Neben den notwendigen informationstechnologischen Systemen bedarf es hierzu zwangsläufig auch entsprechender organisatorischer Umstrukturierungen (zum Beispiel Geschäftsprozessorientierung), dem Informations- und Wissensmanagement sowie einer kundenfokussierten Unternehmenskultur.

Die Entwicklung von Dienstleistungen ist zwar eine notwendige, nicht jedoch die hinreichende Bedingung für die Wettbewerbsfähigkeit auf liberalisierten Märkten. Sie muss daher durch zielgruppenorientierte, differenzierte Preisstrukturen sowie das Angebot unterschiedlicher „Leistungspakete" (analog zu den Erwartungen bzw. Vorstellungen des/der Kunden) vervollständigt werden. Dabei sind zwangsläufig auch kundenfokussierte, unterschiedliche Kommunikations- und Vertriebskanäle einschließlich Dritter als Marktpartner einzubeziehen. Die bessere Kundenorientierung durch die Analyse spezifischer Kundenprofile, der systematischen Aggregation verschiedener Kommunikations- und Distributionskanäle sowie die Entwicklung kundenindividueller Leistungsangebote erschwert die Vergleichbarkeit bzw. reduziert die Markttransparenz. Grundsätzlich gilt jedoch auch hier: Die Wirtschaftlichkeit für das Unternehmen (Deckungsbeitragsfähigkeit) sowie die Erfüllung des tatsächlichen, nicht des vermuteten Kundennutzens stehen im Vordergrund.

Aufgrund der derzeitigen „Mengenhysterie" im Energiehandel stehen häufig nur die Geschäftskunden im Fokus des Unternehmensinteresses der (Energieversorgungs-)Unternehmen – vergessen wird dabei einerseits, dass die Privatkunden (Haushalte) ca. 27 Prozent der gesamten elektrischen Energie abnehmen. Zum anderen wird übersehen, dass der Kunde „unteilbar" ist. Letzteres beinhaltet primär, dass der Geschäftskunde gleichzeitig ein Privatkunde ist, so dass negative Erfahrungen im letzteren Bereich auch Entscheidungen im ersteren Bereich beeinflussen können. Sekundär bedeutet es, dass der Kunde keine „Einzelberatung" für spezifische Energieanwendungen erwartet, sondern beispielsweise eine „Komplettberatung" in den Bereichen Haustechnik, Haushaltstechnik und „Wärme im Haushalt". Jeder Kontakt muss daher zur „Gesamtansprache" des Kunden genutzt werden – vor allem im Hinblick auf die Vermarktung neuer Dienstleistungen bzw. im Rahmen des „Bundlings" als integriertem Vermarktungsansatz[42]. Dies bedeutet allerdings auch, dass dem „unteilbaren" Kunden der „unteilbare Ansprechpartner" im Unternehmen gegenübersteht – gemäß der Marketingweisheit „one face to the customer". Zur Erfüllung dieses Postulates wird ein strukturiertes, ganzheitliches Kundenbeziehungsmanagement benötigt, das alle MitarbeiterInnen des Unternehmens in die Lage versetzt, jederzeit dem Kunden gegenüber auskunftsfähig zu sein. Der strategische Fokus liegt somit auf Kommunikation und Interaktion mit dem Kunden. Die unternehmenspolitischen Zielsetzungen im Wettbewerb können daher plakativ aggregiert werden zu folgenden Aussagen:

> Kundenbindungspotenziale aufdecken und entwickeln.
> Bestehende Kundenbindungen erhalten und vertiefen.
> Geschäftsprozesse beschleunigen sowie effizienter und effektiver gestalten.
> Zusätzliche Geschäftsfelder generieren und bestehende ausweiten.

Die hiermit verbundenen Marketing- und Markttransaktionen erfordern zwangsläufig einen intensiven Einsatz moderner Informationstechnologien zur Marktkommunikation, um den hohen Transaktionsaufwand zu optimieren sowie die Transaktionen effektiv, effizient und flexibel gestalten zu können. Allerdings gilt auch hier: die Informationstechnologie soll assistieren, nicht dominieren. Deutlich wurde aus den bisherigen Ausführungen zum einen, dass die Entwicklung kundennaher Produkte und Dienstleistungen ohne detaillierte Informationen über die Erwartungen, Anforderungen und Wünsche des Kunden nicht möglich ist. Zum anderen müssen die eigenen Potentiale in Relation zum Problemlösungsanspruch des Kunden bekannt sein, was eben häufig nicht der Fall ist. Die Generierung von „Marken" sowie „kundenindividualisierten Dienstleistungen" beruht demnach sowohl auf dem „Wissen" über den Kunden und die unternehmensspezifischen Potentiale als auch dem interaktiven, diskursiven Dialog mit ihm. Ersteres repräsentiert die ontologische (Transfer-) Dimension des Kundenbeziehungsmanagements als Modul des Wissensmanagements, während die diskursive Kommunikation die Transformationsebene beinhaltet.

7.2.2 Die Professionalisierung der wertschöpfenden Beziehung zum Kunden

Weil die elektrische Energie wie auch Finanzmarktprodukte prinzipiell den Charakter eines „Commodity-Produktes" besitzen, ist es langfristig nicht sinnvoll, verschiedene Commodity-Produkte mit geringen Margen zu bündeln (Cross-Selling)[43], sondern diese Commodities mit Zusatzleistungen anzureichern, um die Synergie- und Wertschöpfungseffekte beim Kunden auszuschöpfen. Unbestritten bleibt zwar, dass durch ein systematisches Cross-Selling[44], bei dem über bestehende Kundenkontakte neben dem „Hauptprodukt" weitere additive Produkte angeboten werden, zusätzliche Ertragspotentiale erschlossen werden können. Da es sich jedoch überwiegend um die Kombination bestehender bzw.

bekannter Commodity-Produkte handelt, sind diese vom Wettbewerb sehr schnell imitierbar, so dass der anfangs bestehende Vorteil schnell in einen „Preisführungskonflikt" umschlägt. Dieser führt dann zur Reduzierung der früher an sich auskömmlichen Deckungsbeiträge des „additiven" Produktes, so dass ein zusätzlicher Margendruck und somit ein Kostendruck entsteht. Berücksichtigt werden muss dabei auch, dass die Diversität derjenigen Kunden, die Cross-Selling-Produkte akzeptieren, steigen wird – aufgrund ihres Informationsstatus sind sie jedoch häufig auch illoyal. Eine negative Verstärkung implizieren Cross-Selling-Produkte aufgrund ihrer Homogenität und Identität häufig noch dadurch, dass der Kunde „abgeholt" werden muss: Er kommt nicht von sich aus zur Unternehmung. Dagegen kommt der Kunde bei einem individuellen Dienstleistungsangebot, das häufig auch noch emotionale Bindungen impliziert, zum Unternehmen. Außerdem fokussieren Cross-Selling-Strategien häufig nicht auf die Erhöhung der Profitabilität der bestehenden Kundenbeziehungen, sondern werden durch das „klassische Produktmanagement" dominiert sowie fehlendem Wissen über den Einzelkunden geprägt, so dass die Skalengesetze (economies of scale) für homogene Produkte wiederum wirksam werden. Das bestätigt – indirekt – auch eine IMU-Studie[45], der gemäß der überwiegende Teil der befragten Unternehmen nur auf Wiederholungsverkäufe und nicht auf Kundenpotenzial und -wert fokussiert ist. Marketingstrategien und Produktstrategien müssen jedoch gesellschaftlichen Trends und Veränderungen folgen – und somit dem Trend von der Massengesellschaft zur fragmentierten Gesellschaft. Dies impliziert letztlich die Individualisierung sowie die „One-to-one-Ansprache"[46]. Zu beachten ist dabei allerdings, dass Begriffe wie „Cross-Selling" sowie „Multi Utility" sowohl von den Kunden als auch von deren Anbietern häufig mit sehr differierenden Inhalten versehen werden. Hierdurch ist es auch Kundensicht häufig kaum möglich, den für ihn spezifischen Mehrwert zu erkennen[47].

Diese Entwicklung führt letztlich zur Triade „Cross-Selling ⊙ Multi-Utility ⊙ Lebenszyklusversorgung", das heißt, dass dem Kunden die für seinen jeweiligen Lebensabschnitt notwendigen und umfassenden Dienstleistungen offeriert werden. Im Hinblick auf eine Reduzierung der jeweils beim Kunden vorhandenen „situativen Dynaxity" beinhaltet dieses „Paketangebot" beispielsweise alle Produkte und Dienstleistungen (Value added services) von der Energielieferung, der Wartung und Instandhaltung der energieverbrauchenden Geräte und Anlagen, den notwendigen Versicherungsschutz über das „Facility-Management" (einschl. Reinigungsdienste, Hausmeisterfunktion, Gebäudebewachung) bis zur Erledigung sonstiger Funktionen (Einkaufs- und Beschaffungsfunktionen, Ticketreservierung für Veranstaltungen etc.)[48]:

> „A tradtitional utility which is expanding its capability from one or two commodities (...) and its trying to differentiate itself from other market participants by bundling its services with additional commodities and non-commodities products or services"[49].

Letztendlich beinhaltet dies die Befriedigung aller Kundenbedürfnisse und somit die Sicherstellung der gesamten „Infrastruktur seines privaten bzw. beruflichen Lebens". Zielsetzung ist es dabei, den Kunden mit allen Dienstleistungen, die seine Dynaxity reduzieren, zu binden und zugleich seine Loyalität wesentlich zu erhöhen. Außerdem wird ihm sowohl ein direkter Preisvergleich als auch ein Wechsel (fast) unmöglich gemacht – im letzteren Fall müsste er seine „outgesourcte" persönliche Infrastruktur neu generieren und organisieren. Der Terminus **_Kundenlebenszyklus_** besitzt hierbei eine doppelte Bedeutung. Zum einen definiert er den jeweiligen Prozessstatus zwischen der Unternehmung und dem Kunden: Er beginnt mit der Gewinnung des Kunden (als Neukunden), erstreckt sich über die Verbesserung der bilateralen Beziehung bzw. der Kundenzufriedenheit und soll letztlich zur langfristigen, loyalen und profitablen Bindung führen. Während die erste Phase funktional überwiegend durch einseitige Aktivitäten der Unternehmung gekennzeichnet ist (zum Beispiel Direktmarketing, monovalente Produkte), wird die zweite Phase durch das Anbieten von Cross-Selling- bzw. Up-Selling-Produkten sowie produktnaher Dienstleistungen sowohl aufgrund besserer Kenntnisse über den Kunden als auch durch eine gezielte Nachfrage des Kunden bilateral geprägt. Hieraus soll die „Kundenzufriedenheit" als Ergebnis des vom Kunden subjektiv durchgeführten Vergleiches zwischen seiner Erwartungshaltung sowie dem Leistungsangebot resultieren: sind Erwartung und Leistungsangebot identisch, so ist der Kunde zufrieden – übersteigt die Leistung die Erwartung, so ist der Kunde überzeugt. Die dritte Phase wird durch eine antizipative, interaktive Kommunikation zwischen Unternehmung und Kunden bestimmt, durch die umfassende Problemlösungen bzw. Dienstleistungen zwischen Kunden und Unternehmung eruiert und vereinbart werden. Ziel ist es einerseits, aufbauend auf der Kundenzufriedenheit das Stadium der Kundenloyalität zu erreichen – zu verstehen als „Wahrscheinlichkeit des Wiedererwerbs einer Leistung/Produktes" bzw. das Eingehen einer längerfristigen Beziehung. Dies setzt zwar die Kundenzufriedenheit voraus – geht jedoch über diese hinaus, da weitere Faktoren (z. B. Marktsituation, kundenindividuelle Situation sowie Entscheidungsgrundlagen etc.) teilweise restriktiv wirken. Notwendig ist daher ein interaktives, effizientes Kundenbeziehungsmanagement. Des Weiteren sollen in dieser Phase Profitabilitätspotenziale durch eine langfristige Kundenbindung aufgedeckt und konserviert werden. Zum anderen bedeutet „Kundenlebenszyklus", dass das Unternehmen dem Kunden in Beziehung zu seiner momentanen Lebenssituation (als Single, Berufseinsteiger, Familie, Rentner etc.) die für ihn dann jeweils relevanten und „zugeschnittenen" Produkte bzw. Dienstleistungen offeriert. Sie müssen seine situativen und temporären Problemlagen beantworten. Eine Bedingung ist die von Godin[50] als „Permission Marketing" bezeichnete Konzeption: Sie beinhaltet zum einen, dass der Kunde diese Marketingaktivitäten erwartet und diese Leistungen für ihn eine hohe Relevanz besitzen. Sie impliziert zum anderen, dass die Marketingaktivitäten personalisiert und individualisiert sind. Dies impliziert (fast) zwangsläufig, dass innovative Produktveränderungen bzw. -entwicklungen durch die Antizipation der Kundenbedürfnisse und -erwartungen intendiert werden. Der Kunde definiert die Leistung des anbietenden Unternehmens. Um dies bewältigen zu können, ist ein extensives und leistungsfähiges Kundenbeziehungsmanagement erforderlich[51], um frühzeitig detaillierte Informationen über den jeweiligen Status des „Lebenszyklus" zu erhalten und in entsprechende Leistungsangebote umsetzen zu können. Dabei kann unterstellt werden, dass der Zeitraum zwischen Datenanalyse, Leistungsgenerierung sowie deren Vermarktung nicht mehr als drei Monate umfassen darf. Notwendig sind neben produkt- und soziodemographischen Faktoren auch Informationen über kaufentscheidungsrelevante Aspekte des Kunden, zum Beispiel hinsichtlich seiner Wünsche und Bedürfnisse, Charakteristika des individuellen (Kauf-) Entscheidungsverhaltens sowie Grundlagen für eine emotionale Bindung zum Lieferanten. Dies bedingt, dass alle relevanten Daten und Informationen im Verlauf des Kundenlebenszyklusses[52] erfasst, analysiert, ausgewertet und umgesetzt bzw. eingesetzt werden. Die unternehmerische Sichtweise des Kunden mutiert somit von der eines „Abnehmers" zu derjenigen eines „Vermögenswertes für das Unternehmen", beispielsweise in seiner Funktion als Ertragsqualitätsfaktor. Derartige „Dienstleistungsangebote" machen schon aufgrund der „Vorhalteleistungen" und Kosten hinsichtlich der Sicherstellung von Leistung und Service das Anstreben einer Preis- bzw. Kostenführerschaft unmöglich, so dass dem Preiswettbewerb ein Differenzierungswettbewerb entgegen gestellt wird. Dieser erfordert zwangsläufig eine hohe Professionalität des Dienstleisters sowie ein Vertrauensverhältnis zwischen Kunde und Dienstleister, weil der Kunde nur dann bereit ist, einen Bereich seiner Privatsphäre dem Dritten anzuvertrauen. Eine Voraussetzung für die Akzeptanz des Kunden im Rahmen derartiger „gebündelter, heterogener Produkte bzw. Dienstleistungen" ist auch das Image sowie das „Branding" des anbietenden Unternehmens[53]. Es muss schließlich auch über die strukturellen und organisatorischen Fähigkeiten zur Bildung „virtueller Unternehmen" verfügen, um die Kernkompetenzen verschiedener Dienstleister als „integrierte Kundendienstleistung" zu bündeln. Hierdurch übernimmt es die Position bzw. Funktion eines Systemintegrators zur Befriedigung der übergeordneten Kundenbedürfnisse. Diese Funktion kann von Dritten im Wettbewerb mangels der erforderlichen Kundenbeziehungen sowie der notwendigen Kompetenzen nur bedingt übernommen werden. Letztlich wird hierdurch der Paradigmenwechsel vom produkt- zum leistungszentrierten Wachstum ausgelöst. Nicht unterschätzt werden darf hierbei die Komplexität der erforderlichen informationstechnologischen Architektur: Zum einen müssen im Rahmen eines „Supply Chain Managements (SCM)" die unterschiedlichen Prozessstrukturen der involvierten (Teil-) Leistungsanbieter integriert und homogenisiert werden – quasi im Sinne eines „plug and play". Zum anderen müssen die erforderlichen Abrechnungssysteme („Billing") mit einer ausreichenden Skalierbarkeit zur Verfügung stehen, um auch kurzfristig die heterogenen, molekular gestalteten Dienstleistungen unter Berücksichtigung der Kosten der involvierte Partner in Rechnung stellen zu können[54]. Es bedingt zudem seitens der Unternehmung eine hohe Affinität sowohl zu den eigenen Produkten/Dienstleistungen wie zu den Problemen bzw. Geschäftsprozessen des Kunden. Im Rahmen dieses Ansatzes mutiert der „Consumer" durch seine aktive Mitwirkung bei der Gestaltung von Produkten bzw. Dienstleistungen zum „Prosumer", der zum einen durch seine Nachfrage den eigentlichen „Produktions- bzw. Entwicklungsprozess" erst auslöst[55] und zum anderen in den Wertschöpfungsprozess integriert wird[56]. Voraussetzung dabei ist zwangsläufig, dass die MitarbeiterInnen über die erforderliche Produkt-, Kunden- und Methodenkompetenz verfügen. Das verlangt neben dem grundlegenden strukturellen Wissen über die Leistungsfähigkeit der eigenen Produkte, Dienstleistungen und der Unternehmensorganisation auch das Wissen und Verständnis für bzw. über Kundenbedürfnisse, -interessen und -ziele. Es bedingt überdies im Rahmen der Methodenkompetenz das Wissen über Kundenwertanalysen, Prozessanalysen, Warenkorb- bzw. Data-Mining-Analysen sowie ein permanentes Vertriebscontrolling. Deutlich wird, dass die Wettbewerbsfähigkeit auf liberalisierten Märkten wesentlich von einem kundenorientierten, qualitativ hochwertigen Kundenbeziehungsmanagement bestimmt wird.

Bei einer derartigen Betrachtungs- und Vorgehensweise ist der Kundenwert die Grundlage und Steuerungsgröße für die Planung und Umsetzung der Leistungsentwicklungs- sowie Kundenbeziehungsaktivitäten: Der Grad der Kundenorientierung muss sich analog zum Kundenwert verhalten. Dieser repräsentiert den abgezinsten Wert der Einnahmeüberschüsse (Deckungsbeiträge) im Verlauf der Kundenbeziehung. Dies erfordert eine ständige Evaluierung der Werthaltigkeit der Kunden im Sinne des sog. „Event History Modeling"[57]; dies gilt auch für die sog. „loyalen" Kunden, da Werthaltigkeit und Loyalität nicht zwei Seiten der gleichen Medaille sind. Eine Voraussetzung hierfür ist zwangsläufig, dass im Unternehmen das produktorientierte Denken durch ein wertschöpfungsfokussiertes ersetzt wird. Nicht der momentane Umsatz, sondern die Summe der Barwerte aller gegenwärtigen und zukünftigen Ein- und Auszahlungen dient langfristig den Unternehmenszielen. Nur bei einem positiven Wert sollten sowohl eine intensive Kundenakquisition betrieben als auch verstärkte Anstrengungen zur Kundenbindung unternommen werden. Mittels einer derartigen periodenübergreifenden Betrachtung bzw. Deckungsbeitragsrechnung wird schnell ersichtlich, dass bei Kunden mit einem geringen Wert eine aufwendige Betreuung nicht sinnvoll ist, weil dann der Kundenwert negativen Charakter erhält. Bei Kunden mit einem negativen Wert ist als erstes die Gestaltung der Produkt-/Leistungsinhalte sowie der Betreuungsintensität zu prüfen und anschließend die Möglichkeit einer Wertverbesserung (beispielsweise durch das Angebot neuer/anderer Produkte) zu analysieren. Dieser „scheinbare" Spagat zwischen der kostenfokussierten Optimierung des Betreuungsaufwandes sowie dem optimalen Ressourceneinsatz zur Erhöhung des Kundenwertes führt häufig zur Erkenntnis, dass das Ziel der Kundenakquisition gegenüber dem Ziel der Kundenbindung überbewertet bzw. übergewichtig ist. Notwendig ist daher zwangsläufig die Strukturierung sowohl des Kundenbindungsprozesses als auch der Entwicklung der kundenfokussierten und -individualisierten Dienstleistungsangebote. Im Rahmen der Prozessstruktur[58] muss in der Phase der Kundenanalyse nach der Identifikation der attraktiven Segmente im vorhandenen Kundenstamm die Bestandsaufnahme der bisherigen Leistungsnutzung durch den Kunden sowie die Analyse des vorhandenen Kundenpotenzials aufgrund seiner Geschäftsaktivitäten, Marktdynamik etc. erfolgen. Dies setzt neben dem fundierten Wissen über den Kunden[59] vor allem auch die Analyse des derzeitigen und zukünftigen Kundenwertes voraus. Aus pragmatischen Gründen kann neben einer „Atomisierung" bzw. individuellen Ermittlung des Kundenwertes auch das Verfahren einer Segmentierung bzw. Clusterung[60] herangezogen werden. Hieran schließt sich in der Phase der Leistungsbewertung der Abgleich der Kundenbedürfnisse mit dem vorhandenen Leistungsangebot sowie die Identifikation der „Angebotslücken" an. Relativ einfach kann dies mittels der „SWOT-Analyse" erfolgen, bei der die eigenen Stärken (Strength) und Schwächen (Weakness) als interne Faktoren den externen Faktoren „Chancen" (Opportunities) sowie „Risiken" (Threats) gegenübergestellt werden. In der folgenden Phase der Leistungsentwicklung (Genese des vom Kunden geforderten Leistungsspektrums) werden die notwendigen Leistungsangebote definiert und generiert sowie die zur Vermarktung notwendigen Maßnahmen geplant. In der Umsetzungsphase erfolgt das Angebot an den Kunden sowie die kontinuierliche „Bearbeitung" und Betreuung des Kunden mittels eines personalisierten „Face-to-face-Marketings". Hierzu gehört zwangsläufig auch die systemische, individuelle oder segmentspezifische Strukturierung der Produkt-, Preis-, Distributions- und Kommunikationspolitik. Die letzte Phase dieses Prozesses bildet das Vertriebscontrolling, in dessen Rahmen die Potenzialausschöpfung sowie die Steigerung von Kundenbindung und Kundenprofitabilität kontinuierlich analysiert werden. Ziel ist es dabei, die Überprüfung der Vertriebseffizienz auf der Grundlage der Werthaltigkeit der Kundenbindung durchzuführen. Das kann einerseits durch die Instrumente der Marktforschung (zum Beispiel Zufriedenheitsuntersuchungen) sowie durch die Installierung spezifischer Kennzahlensysteme erfolgen. Ergänzend hierzu sollten Kundenwertanalysen im Hinblick auf das Abwanderungsverhalten („Churn Management") sowie Verfahren der „Fraud Detection" (Ermittlung der kundenspezifischen Deckungsbeiträge) eingesetzt werden. Zusätzlich ist im Rahmen des Vertriebscontrollings auch die Effektivität der Kundenbindung bzw. -orientierung durch regelmäßige Überprüfungen der fachlichen und sozialen „skills" der Mitarbeiter sowie deren Ergebnisumsetzung im Rahmen des „Personalentwicklungsplanes (PEP)" durchzuführen, um auch qualitative „Wertetreiber" der Kundenbindung zu erfassen. Zusammengefasst im Rahmen eines Vertriebsmonitoring, ermöglichen diese Maßnahmen die Evaluierung und gegebenenfalls auch Anpassung des Kundenbeziehungsmanagements; sie bieten somit die Grundlage für das Management der bestehenden profitablen Kundenbindungen sowie für eine wertorientierte, individualisierte Neuakquisition und ermöglichen hierdurch die Gestaltung und Strukturierung der wertschöpfenden Beziehungen zum Kunden unter Einbeziehung der Hauptkriterien des Kundenbeziehungsmanagements: Identifizierung – Loyalität – Profitabilität. Ein diesbezüglich strukturierter und teilweise auch formalisierter Prozessablauf führt zur Reduzierung der administrativen sowie logistischen Kosten, weil die vorhandenen Kommunikationsmittel, -kanäle und Distributionswege häufig ohne Zusatzaufwand genutzt werden können, so dass sich echte Synergieeffekte ergeben. Überdies bietet er die Grundlagen für eine dauerhafte und nachhaltige Bindung der profitablen Kunden. Es

ist jedoch kein Prognoseinstrument, sondern „nur" eine Managementmethode.
Deutlich wurde jedoch im Rahmen der bisherigen Ausführungen auch, dass eine derartige Aggregation des Kundenlebenszyklus mit dem Unternehmens- bzw. Produktlebenszyklus sowohl eine andere Quantität als auch und vor allem Qualität der Daten und Informationen benötigt, als diese bislang im Unternehmen vorzufinden sind. Aus statischen Zeiten resultierend besitzen die am Markt (noch) tätigen Unternehmen häufig nur eine Unmenge an Daten über ihre Kunden (Name, Anschrift, monatliche bzw. jährliche Umsatzzahlen, nachgefragte Produkte etc.). Diese sind jedoch häufig in unterschiedlichen, inkompatiblen Datenhaltungssystemen gespeichert und stehen deshalb einer marketing-orientierten Verdichtung bzw. Aggregation sowie Auswertung nicht zur Verfügung. Sie verfügen zudem kaum über kundenfokussierte Informationen (Art und Zielsetzung des Produkteinsatzes, Produktzufriedenheit etc.) noch über externe Informationen (soziodemographische Faktoren, Ergebnisse von Kundenbefragungen etc.)[61]. Zwangsläufig „wissen" sie auch nichts über ihre Kunden, deren Erwartungen, Anforderungen und Wünsche – als Ergebnis der Aggregation verschiedener Informationen. Da dieses Wissen – quasi auf einer Metaebene gegenüber den originären Daten und Informationen – nicht vorliegt, sind sie kaum in der Lage, spezifische Produkte und Dienstleistungen zielorientiert bzw. segmentbezogen anbieten zu können[62]. Die heterogene Anzahl anonymer Kunden kann somit nicht auf homogene Cluster reduziert werden, denen dann spezifische, „zugeschnittene" Produkte bzw. Dienstleistungen angeboten werden können. Weil dieses Wissen fehlt, geschieht es immer wieder, dass dem jeweiligen Kunden bzw. -segment Produkte angeboten werden, die er als Verhöhnung verstehen muss – wenn beispielsweise einem überzeugten Mitglied der „Bündnisgrünen" „preisgünstiger Atomstrom" angeboten wird. Des Weiteren impliziert Wettbewerb auf liberalisierten Commodity-Märkten konsequenterweise auch eine Reduzierung der jeweiligen Deckungsbeiträge und somit den Zwang für ein vorausschauendes Risikomanagementsystem im Hinblick auf Forderungsausfälle. Zwar besitzen die Unternehmen sehr viele kundenbezogene Daten (Nichteinhaltung der Zahlungsziele, Anzahl und Art der Mahnverfahren etc.). Sie werden jedoch nicht zu aussagekräftigen Informationen verdichtet, mit anderen Informationen (konjunkturelle Daten, Zwangsvollstreckungsmaßnahmen etc.) verknüpft und in „Wissen" über die wirtschaftliche Situation des jeweiligen Kunden transformiert und schließlich für das Risikomanagementsystem verfügbar gemacht.
Diese Funktion der Wissensgenerierung und -anwendung soll durch das strategisch konzipierte Kundenbeziehungsmanagement wahrgenommen werden[63]. Eine derartige Kundenbindungsstrategie definiert – basierend auf Unternehmenspolitik und -zielen –, die Wertigkeiten der wirtschaftlich relevanten Segmente intensiver Kundenbetreuung, die Inhalte, Intensitätsstufen sowie Methoden und Instrumente der jeweils notwendigen Kundenbetreuung und letztlich die Vorgabe der erforderlichen ökonomischen Rahmenbedingungen. Sie umfasst die ganzheitliche und integrierte Steuerung der Kundenbeziehungen

als strategische Funktion im Rahmen einer unternehmensumfassenden bzw. übergreifenden Konzeption sowie einen multipersonalen und multifunktionalen Ansatzes entlang der gesamten Wertschöpfungskette. Sie erfordert daher den Aufbau „strategischer Beziehungsnetzwerke", bei denen der Kunde vom Abnehmer zum Kooperationspartner mutiert. Hierdurch soll der gesamte Kundenprozess von der ersten Kontaktaufnahme über den Vertragsabschluss bis zur Beendigung der Kundenbeziehung (also während des gesamten Kundenlebenszyklus) sowohl medienbruchfrei als auch mit eindeutigen und validen Zuordnungs- und Klassifizierungskriterien gesteuert sowie begleitet werden. Der Erstkontakt durch oder mit dem Kunden kann nur der Beginn eine langfristigen Kommunikationsprozeses sein – und nicht gleichzeitig dessen Ende. Dieser Kommunikationsprozess durchläuft zwangsläufig verschiedene Phasen, die weder struktur- noch inhaltsgleich sind. Demzufolge muss für jede Phase ein unterschiedliches Instrumentarium an „Kundenpflegemaßnahmen" existieren, die kundenindividuell und situationsgerecht eingesetzt werden. Diese Kontakt- bzw. Kommunikationsphilosophie sowie deren Instrumente dürfen jedoch nicht auf einer theoretisierenden Metaebene angesiedelt sein, sondern müssen exakt definiert, pragmatisch praktiziert und permanent intraorganisational kommuniziert werden. Erforderlich hierfür ist daher der Perspektiven- bzw. Paradigmenwechsel von der „Inside-Out-" zur „Outside-In-Perspektive" sowohl bei Unternehmensstrategie, -politik und -führung als auch auf der Prozessebene, da bekanntlich der „Engpassfaktor" nicht die Interaktion bzw. Kommunikation zum Kunden, sondern letzterer selbst ist. Es erfordert somit die unternehmensweite Erfassung und konsistente Speicherung aller kundenbezogenen Daten, deren Verdichtung sowie Aggregation mit anderen Informationen, um dieses kundenfokussierte Wissen an allen Arbeitsplätzen situativ und prozessorientiert zur Verfügung zu stellen. Eine Integration der häufig dezentralen Datenspeicherungen als auch die Koordination aller kundenbezogenen Informationsflüsse und Kommunikations- sowie Distributionskanäle in der Unternehmung führt zur zentralen Verfügbarkeit aller vertriebsnotwendigen Daten und Informationen. Verständlich wird daher, dass gemäß einer Prognose der Gartner Group die Investitionen zur Optimierung der ERP-Systeme auf einen prozentualen Anteil von 37 Prozent aller informationstechnologischen Investitionen zurückgehen, während Investitionen im Bereich des Kundenbeziehungsmanagements auf über 40 Prozent steigen werden. Konzeption und Implementierung eines Kundenbeziehungsmanagements ist jedoch kein ausschließlich informationstechnologisches, sondern ein strategisches Projekt. Hierauf soll an späterer Stelle noch detaillierter eingegangen werden.
Zum einen bietet eine Kundenbindungsstrategie bzw. das hierauf basierende Kundenbeziehungsmanagement somit die Möglichkeit, kundenorientierte Produkte und Dienstleistungen zeit- und marktnah zu entwickeln und anzubieten, um eine „unique selling position" einnehmen zu können. Voraussetzung hierfür ist unter anderem, den Kunden lokal und direkt durch ein Mix vielfältiger Kommunikations- und Distributionskanäle zu erreichen sowie mittels vielfältiger analoger sowie digitaler Kommunikationsmethoden anzusprechen[64]. Zum

anderen ist es auch ein Vehikel, um den Paradigmenwechsel vom funktionalen (Abteilungs-) Denken zur Prozessorientierung mit dem Fokus auf den Kunden mental im Unternehmen „verankern" zu können. Hierdurch kann die Involvierung des „Teamgeistes" anstelle der häufig im Vertrieb – vor allem bei den „Key-Account-Managern" – vorzufindenden „Einzelkämpfermentalität" erreicht werden. Des Weiteren muss die Kundenorientierung zum Zentrum der Unternehmenskultur werden, so dass die wertschöpfende Beziehung zum Kunden intensiviert bzw. professionalisiert wird: die Kundenbedürfnisse, -erwartungen und -anforderungen im Rahmen spezifischer Lebenssituationen sowie sein Verhalten werden zur Basis der unternehmerischen Produkt- und Dienstleistungsentwicklungen und -entscheidungen gemacht. Kundenorientierung ist somit vor allem ein unternehmenskulturelles sowie individuell-mentales Problem, da es von allen sowohl prozess- als auch funktionsorientiert „gelebt" werden muss. Dies impliziert einerseits, dass die Unternehmensführung die Bedeutung der Kunden nach innen und außen „vorleben" muss. Zum anderen müssen die einzelnen (Prozess-)Schritte zur Erhöhung der Kundenbindung ständig evaluiert und neue intendiert werden. Dies bedingt zwangsläufig auch, dass die „soft skills" der Mitarbeiter ständig weiterentwickelt werden müssen (sog. „skills development" als permanenter Prozess). Schließlich muss ein Innovations- und Ideenmanagement institutionalisiert werden, damit neue Ideen im Unternehmen „nicht untergehen", sondern in neue Produkte und Dienstleistungen als Lösungen für Kundenprobleme und -erwartungen umgesetzt werden können. Dies erfordert sowohl einen unternehmenskulturellen Wandel als auch eine mentale Veränderung der MitarbeiterInnen: Kundenbeziehungsmanagement darf nicht als „persönliche Bedrohung" gesehen werden. Das bedeutet, dass alle vom Nutzen überzeugt, bei ihren subjektiv-individuellen Veränderungsprozessen unterstützt und regelmäßig geschult werden. Ein diesbezüglicher ganzheitlicher, systemischer und im Unternehmen verankerter Ansatz ermöglicht letztlich die kundenoptimierte Abstimmung von Leistungs-, Kontrahierungs-, Distributions-, Kommunikations-, Service- und Personalpolitik auf der Grundlage unterschiedlicher Strategien für unterschiedliche Segmente. Die dazu notwendige Implementierung der Informationstechnologie unterstützt das systematische Management der bestehenden und potentiellen Kundenbeziehungen auf der Grundlage der klassischen Beziehungsstruktur des „Tante-Emma-Ladens" als Synonym für ein hohes Maß an Individualisierung, um neue Geschäftspotentiale bei den vorhandenen sowie zusätzliche bei Neukunden zu akquirieren. Eine diesbezügliche Schwerpunktverlagerung auf eine enge, individualisierte Kundenbindung sowie einem individualisierten Service soll quasi die „Vereinsamung" des Kunden im Massenkonsumzeitalter kompensieren und ihn so positiv gegenüber dem Unternehmen einstellen. Die hiermit einhergehende Analyse der Wertschöpfungsprozesse führt zur Steigerung des Unternehmens- und des Kundenwertes. Sie unterstützt zudem durch das „Customization"[65] auch die Wertschöpfung des Kunden und impliziert eine „Win-win-Situation".

Zur Entwicklung eines derartigen wissensbasierten Kundenbeziehungsmanagements im Rahmen eines dynamischen Prozesses sowie einer langfristig angelegten Investition bietet sich idealtypisch ein „Fünf-Phasen-Modell" an[66]:
(1) Kundenanalyse und -segmentierung nach Wert und Profitabilität durch entsprechende „Tools" zur Analyse der vorhandenen fundierten und umfassenden Daten und Informationen über die Kunden[67].
(2) Installation einer zielkundenorientierten Kommunikation.
(3) Entwicklung zielkundenorientierter Produkte mit spezifischer Ausprägung der Leistungsmerkmale sowie der Preis- und Distributionspolitik.
(4) Entwicklung und Implementierung kundensegmentspezifischer Aktivitäten sowie Beziehungsstrategien, bezogen auf Distributionskanäle, Kommunikationsmedien sowie Produktentwicklungen.
(5) Implementierung eines permanenten Evaluierungsprozesses als „Learn-Loop-Zyklus" auf der Grundlage des Vertriebscontrollings.

Hierdurch wird das Kundenbeziehungsmanagement zu einem strategischen Wettbewerbsfaktor, der sowohl durch die Reduzierung der preisfokussierten zu Gunsten der leistungsbezogenen Aktivitäten als auch durch die Verringerung des Zeitaufwandes für die interne Koordination letztlich höhere Deckungsbeiträge erbringt[68]. Seine Qualität wird somit zum wettbewerbsentscheidenden Faktor bzw. zum „Schlüsselindikator" für am Markt erfolgreiche Unternehmen[69]. Der hiermit verbundene Veränderungsprozess vom transaktionsorientierten zum Beziehungsmarketing hat die Zielsetzung, nachhaltig profitable Kundenbeziehungen zu generieren. Neben der Verbesserung der Kundenbeziehung sowie Minimierung der Verlustrate liefert es auch die „Werkzeuge", um systematisch verlorene Kunden zurückzugewinnen (Retention-Management). Erfahrungen sowie empirische Untersuchungen[70] bestätigen allerdings häufig, dass kundenfokussierte Strategien sowie Neupositionierungen häufig im Rahmen ihrer Umsetzung konterkariert werden. Ursächlich verantwortlich ist hierfür auf der „organisationskulturellen" Ebene, dass Machtfragen inhaltliche Entscheidungen dominieren und somit Sachthemen instrumentalisiert werden, um persönliche Ziele durchzusetzen. Hierdurch verlieren die Inhalte sowie die Stringenz der vorab definierten Strategien und Ziele an Bedeutung. Zusätzlich wird die objektive Ist-Analyse häufig durch Schuldzuweisungen bzw. -freisprechungen „verschleiert". Auf der „operativen Ebene" dominieren des Weiteren häufig organisationsstrukturelle Fragen der „Machbarkeit" gegenüber der strategischen Ausrichtung sowie inhaltlicher Definitionen[71]. Verstärkt wird dies durch die Tatsache, dass Strategie und Konzept häufig von einer isolierten Arbeitsgruppe erstellt werden, während die hiervon „Betroffenen" nicht eingebunden sind, so dass Mutmaßungen, Gerüchte und Spekulationen krebsartig wuchern. Die Folge hiervon ist sowohl ein intraorganisationales „Chaos" in Form von operativer Hektik sowie Entscheidungsstress aufgrund einer weder ganzheitlich-partizipativen noch kontinuierlichen Planung als auch ein diffuses Erscheinungsbild gegenüber der Umwelt. Schließlich dominieren häufig das Festhalten an tradierten Verfahren und Methoden sowie Risikoangst gegenüber dem Ansatz, „Neue

Wege auszuprobieren". Unter Berücksichtigung dieser „Negativkriterien" sollen im folgenden Abschnitt daher Struktur, Konzeption sowie Inhalt eines pragmatischen und effizienten Kundenbeziehungsmanagements erörtert werden.

7.3 Konzeptionelle und strukturelle Grundlagen des Kundenbeziehungsmanagements (CRM)

Beim „klassischen Produktionsunternehmen" bestanden von Beginn an mehrere Kontakte zum Kunden, die jedoch aufgrund der hierarchisch-funktionalen Arbeitsteilung nicht aggregiert wurden. Zwar wurden durch die Homogenisierung und Vernetzung der ERP-Systeme zentrale Datenhaltungs- und -speicherungssysteme geschaffen – deren Inhalte jedoch überwiegend nur funktionsspezifisch bzw. „atomar" genutzt wurden -, um neben der Analyse auch strategische Szenarien (zum Beispiel durch Anwendung der BSC-Methodik) sowie deren Risiken ermitteln zu können. Verstärkt wurde dieses Informations- und Wissensdefizit häufig noch durch den „Abteilungsegoismus": So „verwaltete" beispielsweise beim Energieversorgungsunternehmen die Technik den technisch fokussierten Datenbestand der Leitungsnetze, Hausanschlüsse etc., während das Rechnungswesen die mit Investition, Betrieb und Unterhaltung verbundenen monetären Daten verarbeitete sowie die dazu gehörende Debitoren- und Kreditorenbuchhaltung führte. Nach einem Zeitraum von dreißig bis vierzig Jahren war es dann schon fast ein „energetisches Gesetz", dass die Differenzen zwischen der Anlagenbuchhaltung sowie dem technisch verwalteten Mengengerüst bis zu 30 Prozent betragen konnten. Parallel dazu wurden vom Vertrieb die über dieses Leitungsnetz angeschlossenen Kunden „verwaltet" und abgerechnet – mit der Konsequenz, dass ein Energiekunde wegen einer offen stehenden Forderung einen Mahnbescheid erhielt, während er gleichzeitig in seiner Funktion als Lieferant in der Kreditorenbuchhaltung geführt wurde. Ebenso häufig kam und kommt es vor, dass dem Energiekunden eine geringfügige Überzahlung der Energieverbräuche ausgezahlt wird – während der gleiche Kunde aufgrund von Verbindlichkeiten aus anderen Lieferungen und Leistungen im Rechnungswesen als Debitor geführt und manchmal zahlungsunfähig wird. Eine Aggregation sowie ein Abgleich der verschiedenen Daten, die ein Kunde sowohl in seiner Abnehmer- wie auch Lieferantenfunktion erzeugt, fand und findet häufig nicht statt.

Die auf Grundlage dieser vielfältigen Kundenbeziehungen dezentral entstehenden Daten und Informationen sowie die zur Verfügung stehenden Informations- und Kommunikations- sowie Vertriebskanäle sollen daher im Rahmen des Kundenbeziehungsmanagements zentral standardisiert, synchronisiert, aggregiert, und gesteuert sowie das Wissen über die Kunden durch ein „Informations- und Wissensmanagement" aufbereitet werden. Hierdurch soll letztlich die Individualisierung der Kundenbeziehungen ermöglicht werden. Erforderliche Module hierfür sind neben der Datenerhebung und -speicherung eine umfassende Berichterstattung (Reporting für Controllingzwecke sowie für das Monitoring der Kundenbeziehungen), ein Kampagnenmanagement unter Einbeziehung verschiedener Kommunikationskanäle auf der Grundlage einer antizipativ geplanten Marketingkommunikation sowie die Entwicklung von Kreativkonzepten für spezifische Kundensegmente[72]. Das Ziel ist es dabei, strategisch die Position der Kundenbeziehungs- bzw. Kundenbindungsführerschaft zu übernehmen, weil für viele Unternehmen die Realisierung der beiden anderen marktfokussierten Strategien (Kostenführerschaft bzw. Produktführerschaft) auf den „Commodity-Märkten" als nicht wirtschaftlich sinnvoll erscheint[73]. Die hiermit verbundenen Marketing- und Markttransaktionen erfordern zwangsläufig den extensiven Einsatz innovativer Informationstechnologien, um den hohen Transaktionsaufwand zu optimieren sowie effektiv, effizient und flexibel gestalten zu können. Ermöglicht wird dies durch informationstechnologische Verfahren, Werkzeuge sowie Konzepte, um Massendaten in Echtzeit zu aggregieren, verdichten und speichern, mit anderen Daten bzw. Informationen zu verknüpfen und durch Analyseverfahren (OLAP, Data Mining[74], Text-Mining[75], Web-Mining[76] etc.) segment- bzw. clusterweise und/oder individuell auszuwerten. Die hieraus resultierenden „Verhaltensmuster" machen den Kunden aus „Unternehmenssicht" transparent und können zur Administration und Steuerung aller kundenbezogenen Projekte bzw. Prozesse herangezogen werden. Hierdurch ist es dann möglich,

- Umfassende, konsistente Kundenprofile zu erstellen,
- kundenindividuelle Produkte und Dienstleistungen zu entwickeln,
- repetitive Verkaufsprozesse und -prozeduren auf Grundlage der Produkte/Dienstleistungen sowie unter Einbeziehung mehrerer Kommunikationskanäle zu generieren,
- die Kundenprofitabilität zu steigern,
- die Kundenloyalität sowie -zufriedenheit durch die Schaffung von Zusatznutzen für den Kunden zu erhöhen sowie
- proaktive sowie interaktive Kundenbeziehungen zu entwickeln.

Deutlich wird, dass das Kundenbeziehungsmanagement als strategisch konzipierter, dynamischer Prozess verstanden werden muss, in dessen Verlauf das Kundenverhalten sowie die Kundenanforderungen und -erwartungen durch eine kontinuierliche, interaktive und diskursive Kommunikation erfasst, analysiert und ausgewertet wird, um Kundenloyalität und -profitabilität zu verbessern. Dieser sich ständig verändernde und weiterentwickelnde Prozess beginnt – in chronologischer Sicht – häufig mit der Phase „Kundenorientierung", an die sich nach der Befriedigung der singulären Kundenbedürfnisse die Phase der „Kundennähe" anschließt. Nach dem Realisieren der Kundenerwartungen folgen – aus Sicht des Kunden – die Phasen „Kundenloyalität" und „Kundenzufriedenheit", die im Falle einer emotionalen „Vereinnahmung" des Kunden zur nachhaltigen „Kundenbindung" führen[77]. Erforderlich zur erfolgreichen Prozessumsetzung ist daher eine (individuell) ausgewogene Kombination von „Push"- (Markenpolitik, Bonusprogramme etc.) sowie „Pull-Effekten" (Gesprächskreise, Kooperationen, Involvierung in die Produkt- und Leistungsentwicklung etc.). Ziel ist die Generierung der optimalen Beziehung zum Kunden – die allerdings nicht zur „Gleichbehandlung" aller Kunden bzw. -segmene führen darf, weil das Ineffizienz und Unprofitabilität zur Folge hat. Voraussetzung hierfür ist – wie bereits ausgeführt – die anfangs erfolgte Abstimmung von Unternehmensstrategien, -politik und -prozesen sowie der zu verändernden Unternehmenskultur: Kundenbeziehungsmanagement ist vor diesem Hintergrund ein systemisches und strategisches Marketingkonzept mit stringenten Auswirkungen auf die Unternehmenskultur. Das führt fast zwangsläufig zu einer anderen Unternehmensphilosophie, die neue Verhaltens- und Denkmuster, prozessfokussierte Abläufe sowie andere Mentalitäten impliziert. Es bedingt konsequenterweise auch die Einbindung aller MitarbeiterInnen, die direkt oder indirekt Kontakt zum Kunden haben sowie aufgrund der Arbeitsteiligkeit unterschiedliche Informations- bzw. Wissensstände über die Produkte, die Kunden sowie deren Historie besitzen. So muss es institutionell (Aufbau- und Ablauforganisation) sowie mental im Unternehmen verankert und durch entsprechende Informations- und Kommunikationsstrukturen unterlegt werden. Zu definieren sind unter anderem Art und Weise der zielgruppenfokussierten Ansprache, deren Inhalte, die Selektion der jeweils notwendigen Kommunikationskanäle etc. Es repräsentiert somit ein ganzheitliches, die gesamte Unternehmung umfassendes Konzept, das eine andere Kultur und Mentalität sowie Denkmuster erfordert, die weder intraorganisational noch (informations-)technologisch geprägt sind[78]. Die durchgängige und konsistente Informationstechnologie anstelle einzelner Insellösungen besitzt nunmehr instrumentellen Charakter, um durch die Integration aller Unternehmensbereiche eine effiziente und effektive Kundenbetreuung zu gewährleisten. Nur auf dieser Basis ist es möglich, eine zielfokussierte, wertschöpfungsorientierte und dynamische Integration von Marketing-, Vertriebs- und Service- sowie technischen Unterstützungsprozessen über alle Geschäftsfelder und Unternehmensbereiche hinweg kosten- und zeitoptimiert zu ermöglichen und somit individualisierte Leistungssegmente anbieten zu können. Dies impliziert letztlich die prozessorientierte Aggregation von

- (Produktions-) Technischem Management,
- Kundenmanagement (einschließlich Beschwerdemanagement),
- (Dienst-)Leistungsmanagement,
- Prozessmanagement und
- Wissensmanagement.

Die zu integrierenden (Teil-)Prozesse besitzen allerdings keine lineare Reihenfolge, sondern iterative und interdependente Abhängigkeiten. Das kann dem nachfolgenden schematischen (unvollständigen) Regelkreismodell entnommen werden (vgl. Abb. 80).

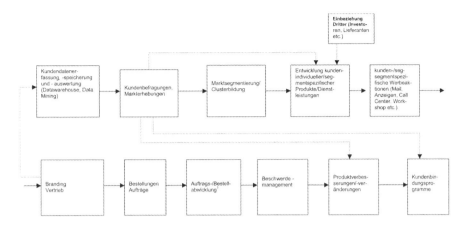

Abb. 80: *Beispielhaftes Regelkreismodell der interaktiven und interdependenten (Teil-) Prozesse des Kundenbeziehungsmanagements (inkl. Fakturierung, Rechnungsstellung, Überwachung des Zahlungseinganges, evtl. Mahnwesen etc., die allerdings als parallel verlaufende Prozesse ihrerseits Rückkopplungen zu anderen Prozessen aufweist)*

Deutlich wird durch den Regelkreis jedoch auch, dass die ausschließliche Fokussierung auf „den Kunden" (in der Regel häufig der derzeitige und weniger der potentielle) den Nachteil hat, dass andere wichtige Elemente (Lieferanten, Investoren, Beschäftigte etc.) vernachlässigt werden (können). Kundenbeziehungsmanagement ist als systemischer und ganzheitlicher Ansatz demnach so zu verstehen, dass alle aktuellen und potentiellen Beteiligten schon bei der Planung der Geschäfts- und Wertschöpfungsprozesse einbezogen werden, um ein ausgewogenes Gleichgewicht (Balance) der jeweiligen Interessengruppen zu erhalten.

Im wörtlichen Sinne beinhaltet das Customer Relationship Management „die Verwaltung von Kundenbeziehungen" zur Verbesserung des Prozessmanagements sowie zur Institutionalisierung eines Vertriebscontrollings. Ursprung dieser Definition war der Sachverhalt, dass 1997 amerikanische Anbieter von „Sales-Force-Automation-Systeme" ihre bisherigen Systeme des klassischen „Contact Managements" mit der neuen Bezeichnung „Customer Relationship Management" vermarkteten. Diese Systeme beinhalteten allerdings nur die informationstechnologisch unterstützte Auswertung der vorhandenen Kundendaten verschiedener Komponenten des ERP-Systems. Zwar ermöglicht die „dv-gestützte", gezielte Erfassung von Kundeninformationen eine hieraus abzuleitende Generierung „individualisierter" Produkte bzw. Dienstleistungen sowie das Umsetzen in entsprechende Angebote mittels der individuell relevanten Distributionskanäle bzw. Vertriebswege. Das kann zwangsläufig auch zielgruppenspezifische „Multi Utility-Produkte" im Rahmen einer „Bündelung aus einer Hand" umfassen, die aufgrund der möglichen Mischkalkulation zu einer Margenverbesserung führen können, weil der ansonsten seitens des Kunden zu realisierende Koordinationsaufwand „gegen Entgelt" übernommen wird. Wie bereits an früherer Stelle ausgeführt, besteht dabei jedoch aufgrund der Imitierbarkeit derartiger Commodity-Produkte das Risiko eines Preiswettbewerbes. Zudem werden keine diskursiven, konsensuiven sowie emotionalen, individualisierten Beziehungen zum Kunden generiert, weil der „Sales-Force-Automation"-Ansatz ausschließlich die Transferebene gegenüber dem Kunden berücksichtigt, nicht jedoch die Transformationsebene. Im Gegensatz zu dieser „verkürzten" Definition repräsentiert Kundenbeziehungsmanagement jedoch – wie bisher deutlich wurde – einen ganzheitlichen Ansatz und umfasst ein vermaschtes, vernetztes Informations- und Wissensmanagement über und mit den Kunden sowie seinen Wünsche und Anforderungen und deren Trends unter Involvierung analoger und digitaler – multimedialer sowie interaktiver – Marketing- und Distributionskanäle, um hierdurch antizipativ Produkt-, Dienstleistungs- sowie Prozessinnovationen zu ermöglichen.

Diese inhaltliche Zielsetzung wird annäherungsweise durch die Definition des Deutschen Direktmarketing Verbandes erreicht, nach der das Kundenbeziehungsmanagement ein ganzheitlicher Ansatz der Unternehmensführung ist, der abteilungsübergreifend alle kundenbezogenen Prozesse im Marketing, Vertrieb, Kundenservice sowie Forschung und Entwicklung integriert und optimiert. Umfassender wird dies allerdings durch die Definition der Sweeny-Group wiedergegeben:

> „CRM includes all the tools, technologies and business procedures to attack and retain customers, prospects and business partners. (...) any and all technologies, processes and procedures that facilitate or support the Sales and Marketing functions."

Das „Kundenbeziehungsmanagement" muss daher informations- bzw. wissensmäßig aus Kundensicht alle Prozessphasen von der Produktgenerierung, der Angebotsabgabe über die kontrahierten Verträge bis zur Abrechnung sowie dem Beschwerdemanagement umfassen. Dies erfordert zum einen die einheitliche und konsistente Sicht auf alle im Unternehmen vorhandenen Kundendaten und -informationen „just in time". Zum anderen bedeutet dies zwangsläufig die individualisierte Datenpflege sowie im Rahmen des Controllings die Wertermittlung der Kundenbeziehung durch Target Costing bzw. Target Prizing[79]. Das Kundenbeziehungsmanagement repräsentiert demnach einen ganzheitlichen Strategieansatz, der abteilungs- und funktionsübergreifend alle kundenbezogenen Prozesse und Strukturen in Marketing, Vertrieb, Kundendienst sowie Dienstleistungs- und Produktentwicklung aus Kundensicht integriert sowie optimiert[80]. Der bereits angesprochene Paradigmenwechsel vom produkt- bzw. transaktionsorientierten zum kundenfokussierten Marketing repräsentiert somit ein Bündel von Strategien, Zielen, Geschäftsregeln und Maßnahmen, um die Beziehungen zwischen Kunden und Unternehmen nachhaltig und langfristig zu verbessern und ihren Wert zu erhöhen. Dies inkludiert zwangsläufig auch die Lieferanten und fallweise die Mitbewerber. Hierdurch sollen Mehrwerte auf Kunden- und Lieferantenseite im Rahmen vorher definierter Verkaufs- sowie Geschäftsprozesse ermöglicht werden. Diese Geschäftsphilosophie fokussiert somit auf die Optimierung der Kundenidentifizierung und -bestandssicherung sowie des Kundenwertes. Im Gegensatz zur Auffassung der Meta-Group beinhaltet dies jedoch nicht nur die informationstechnologische Dimension durch eine Automatisierung aller horizontal integrierten Geschäftsprozesse, um über eine Vielzahl von Kommunikationskanälen die „Customer-Touch-Points" Vertrieb, Marketing und Kundenservice zu aggregieren. Neben dieser digitalen „High-Tech-Komponente" darf vielmehr die emotionale Qualität der Kundenbeziehungen nicht vernachlässigt werden, um statt des „High-Tech-Image" ein „High-Touch-Image" zu erlangen. Die Informationstechnologie ist daher „nur" eine instrumentelle Komponente des Kundenbeziehungsmanagement, sie repräsentiert nicht das Kundenbeziehungsmanagement. Entscheidend für ein erfolgreiches Kundenbeziehungsmanagement sind demnach die unternehmensstrategischen Vorgaben, das Ziel- und Wertesystem der Unternehmung sowie organisationsstrukturelle Voraussetzungen, da die Qualität des CRM durch Motivation, mentale Verhaltensweisen und Bewusstsein der MitarbeiterInnen bestimmt wird. Kundenbeziehungsmanagement fokussiert auf den Umgang mit Menschen, weil – trotz aller Technologieeuphorie – derzeit immer noch Menschen mit Menschen Geschäfte realisieren. Voraussetzung hierfür ist neben Empathie, Freundlichkeit und Verantwortung vor allem auch die Existenz einer Vertrauensbasis. Diese wird generell durch drei Faktoren determiniert: neben der Qualität der Leistungserstellung sowie der für beide Seiten langfristigen, harmonischen Partnerschaft auch durch die aufrichtige und nachvollziehbare gegenseitige Respektierung im Sinne eines „Corporate Citizenship". Hieraus resultiert dann zwangsläufig die sorgsame, respektvolle und langfristige Gestaltung der Beziehungen zum Kunden, die die kundenindividuelle Strukturierung und Personalisierung ermöglicht. In Abwandlung einer gängigen Formulierung gilt demnach: Process follows strategy ⊃ structure follows process ⊃ information technology follows structure, um ein ganzheitliches „total customer processing" zu erreichen, bei dem die Unternehmenskultur wichtiger als die Informationstechnologie ist. Ausgangspunkt dieses integrierten Gesamtansatzes sind somit Unternehmensvisionen, -strategien sowie daraus abgeleitete Zielsetzungen, die zur Definition der Geschäftsprozesse bzw. -modelle führen. Analog zur Strategieentwicklungsmethodik (BSC) sowie dem Risikomanagementsystem ist das Kundenbeziehungsmanagement ein Modul des Wissensmanagementsystems der Unternehmung.

Betont werden muss an dieser Stelle daher ausdrücklich, dass die informationstechnologischen Werkzeuge im Rahmen des Kundenbeziehungsmanagements nur die Ebene des Wissenstransfer sowie die Segmente Kommunikation und Information unterstützen können. Die Umsetzung und Anwendung dieses Wissens auf der für das CRM an sich wichtigeren Ebene der Wissenstransformation[81] kann ausschließlich durch die prozessinvolvierten MitarbeiterInnen in bilateraler Kommunikation mit dem Kunden erfolgen (zum Beispiel im Rahmen des kollaborativen CRM). Das CRM im Sinne eines ganzheitlichen Managementansatzes beinhaltet sowohl den Wissenstransfer als informationstechnologische Komponente als auch die Wissenstransformation als kulturell-soziale Komponente (vgl. Abb. 81).

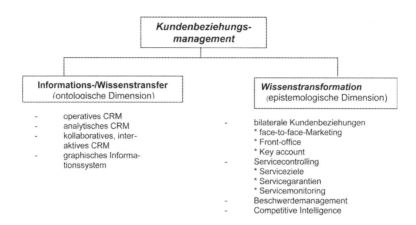

Abb. 81: Die strukturellen Komponenten des Kundenbeziehungsmanagements

Durch die relevante Literatur sowie vor allem durch das Marketing der Anbieter von CRM-Systemen wird häufig der Eindruck hervorgerufen, dass ein Kundenbeziehungsmanagement ausschließlich durch die informationstechnologischen Werkzeuge realisiert werden kann. Wie eingangs bereits ausgeführt wurde, muss ein an den Unternehmenszielen ausgerichtetes Kundenbeziehungsmanagement – analog zum Wissensmanagement – sowohl die Funktion der Informations- und Wissensgenerierung als auch die Anwendung dieses Wissens im Rahmen der Entwicklung kundenspezifischer Produkte und Dienstleistungen sowie zur gezielten, individuellen Ansprache der Kunden bzw. -segmente umfassen. Vor diesem Hintergrund soll nachfolgend die Konzeption des Kundenbeziehungsmanagements anhand der vom Wissensmanagement her bekannten Differenzierung in die Komponenten „ontologische Dimension" (Wissenstransfer) sowie „epistemologische Dimension" (Wissenstransformation) vorgestellt werden.

7.3.1 Die ontologische Dimension (Wissenstransfer)

Grundlage für den Wissenstransfer ist zwangsläufig ein ganzheitliches, offenes und systemisches Informationsmanagement, das sowohl alle Kommunikationskanäle als auch das unternehmensweite ERP-System integriert, um alle funktionalen und prozessorientierten Bereiche der Kundenbeziehung unterstützen zu können. Hierdurch sollen einerseits alle interaktiven Kommunikationskanäle bzw. -medien sowie die operativen Applikationen aggregiert und synchronisiert werden, um alle kundenbezogenen (harten und weichen) Daten in Echtzeit in die jeweiligen Geschäfts- bzw. Kundenprozesse zu integrieren. Zum anderen sollen abteilungs- und funktionsübergreifend alle vorhandenen Kundendaten analysiert und ausgewertet werden. Erforderlich hierfür ist quasi ein „Databasemanagement", um in jeder Phase der Kundenbeziehung individuell auf den Kunden eingehen zu können. Das führt in letzter Konsequenz zur Mutation des Informationsmanagements von der binnenorientierten Informations- und Datenlogistik zum unternehmensübergreifenden Planungs- und Steuerungssystem. Allerdings werden diesbezüglich Wettbewerbsvorteile weniger durch die eingesetzte (Informations-) Technologie, als vielmehr durch die konsistente Implementierung von Applikationen zur Unterstützung der strategischen Marketingfunktionen erzielt. Erforderlich hierfür ist eine integrierte, modulare sowie skalierbare Daten-, Informations- und Applikationsarchitektur mit prozessintegrativen Benutzeroberflächen, die eine ständige Erweiterbarkeit durch eigene Applikationen gewährleistet. Ergänzt wird dies durch ein „Multi-channel-Konzept"[82], da für jedes definierte Produkt auch die notwendigen Informations- und Kommunikationsmedien (fast) individuell generiert sowie die angestrebten „Service-Level" (Reaktions- und Ausführungszeit je Kundenanliegen) bei einer Vorgabe der Informations- und Kommunikationskanäle definiert werden müssen. Grundlage ist eine neue Definition des informationstechnologischen Konzeptes sowie seiner Struktur einschließlich des komplexen Routing. Auch vor diesem Hintergrund beinhalten CRM-Projekte zum großen Teil Integrations- und Aggregationsprojekte zur applikationsübergreifenden Konsolidierung der vor- und nachgelagerten informationstechnologischen Systeme sowie der heterogenen Datenqualitäten. Ziel ist demnach die Generierung einer „Hybridstruktur", die neben konventionellen sowie internetbasierten Marketingkanälen auch kollaborative Geschäftsmodelle und -prozesse berücksichtigt. Das hierfür erforderliche informationstechnologische System beinhaltet in Abänderung der Strukturierung der Meta Group im Wesentlichen vier Module im Sinne eines „CRM-Ökosystems" (vgl. Abb. 82):

- das operative Modul,
- das Graphische Informationssystem (GIS),
- das kollaborative, interaktive Modul und
- das analytische Modul.

7.3.1.1 Das operative Modul des ontologischen CRM

Das operative Modul soll im Rahmen der Vertriebsunterstützung den Daten- und Informationsaustausch zwischen den einzelnen kundenbezogenen Back- und Front-Office-Funktionen und Applikationen (Sales Force Automation, Marketing Automation, Billing System etc.) sowie dem unternehmensweiten ERP-System kundenzentriert integrieren und aggregieren. Es unterstützt somit den direkten Kontakt zwischen Unternehmen und Kunden durch die Synchronisierung sowie Optimierung der Informations- und Kommunikationskanäle. Unter Einbeziehung eines ganzheitlichen systemischen Internet-Computing-Konzeptes[83] unterstützt es alle funktionalen Bereiche des kundenfokussierten Marketings, indem es auch inhärente Potenziale durch Simulations- und Optimierungsalgorithmen ausschöpft. Hierdurch wird eine Optimierung der gesamten Wertschöpfungskette aus Kundensicht intendiert, um das jeweilige Produkt bzw. die Dienstleistung sowie die dazu gehörenden Informationen zur richtigen

Zeit in der verlangten Qualität und Quantität aus Sicht des Kunden am „richtigen Ort" zur Verfügung zu stellen. Das erfordert die funktions- und unternehmensübergreifende Integration und Optimierung aller Daten- und Informationsflüsse unter Fokussierung auf die Kundenanforderungen. Voraussetzung hierfür ist, dass informationstechnologisch[84] auf alle Daten und Informationen des ERP-Systems sowie auf Systeme Dritter unter Einbindung des Internet zugegriffen werden kann. Es setzt zwangsläufig die realitätsgetreue Abbildung der Geschäftsprozesse durch das ERP-System sowie Rückkopplungen zwischen den einzelnen Teil-Systemen sowohl durch Datenaustausch als auch durch Logik voraus. Dieses Modul basiert demnach auf dem EAI-Konzept[85] bzw. dem eingangs erläuterten Informationsmanagement, dessen Voraussetzungen neben den semantischen Standardisierungen der Objekte vor allem in der Standardisierung sowohl des Mensch-(Browser-)zu-Programm Interface (C2B)[86] als auch der Programm-zu-Programm-Interaktionen (A2A)[87] zu sehen sind. Hierdurch ergibt sich – schematisch vereinfachend – folgende Regelkreisstruktur (vgl. Abb. 83).

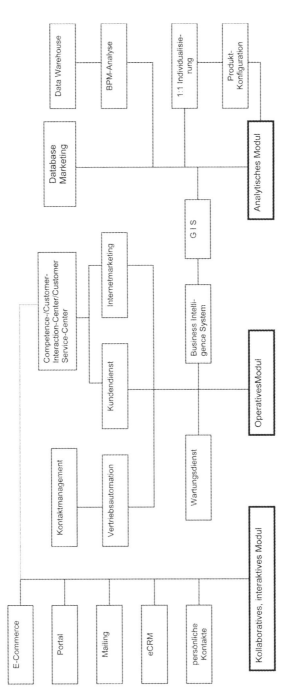

Abb. 82: Die ontologischen Module des Kundenbeziehungsmanagements (in wesentlich veränderter Form übernommen von Meta-Group)

Sie bietet die Möglichkeit, umfassend Daten sowie Informationen aus folgenden Quellen zu extrahieren und ganzheitlich zur Verfügung zu stellen:
- Akquisition,
- Kontaktmanagement,
- Angebotsverfolgung sowie Vertragsabwicklung,
- Marketingkampagnen,
- Back-Office,
- Abrechnungssystem,
- Wartungs- und Serviceverträge,
- Servicestörungen,
- Serviceanfragen.

Durch die Vergrößerung der Daten- und Informationsbasis ermöglicht dies die Rationalisierung der Arbeitsabläufe im Vertrieb durch die Reduzierung der Transaktionskosten in den „Bereichen" Informationsbeschaffung sowie -bereitstellung für den Kunden. Gleichzeitig wird hierdurch die „Reaktionsgeschwindigkeit" erhöht und der Mitarbeiter von „unproduktiven", repetitiven Tätigkeiten entlastet – dieser kann die dadurch verfügbare Zeit für eine intensivere Kundenbetreuung nutzen. Nicht unterschätzt werden darf zum einen das Problem der Dateninkonsistenzen zwischen den einzelnen Modulen, die häufig von verschiedenen Systemlieferanten stammen. Im Fokus stehen somit sowohl die Integration heterogener Datenquellen als auch die Generierung flexibler Datenfilter. Zum anderen müssen geeignete „Werkzeuge" zur Verfügung stehen, um die anfallende Datenmenge analysieren und auswerten zu können, um hieraus kompaktes, konsistentes und zielorientiertes Wissen über Kunden und -beziehungen generieren zu können. Notwendig ist daher ein „Customer Information Management" (CIM), um die Datenqualität durch Analyse, Bereinigung, Integration, Anreicherung (Erweiterung) und Synchronisation zu verbessern.

Wie bereits mehrfach angesprochen, wird der Kundenwettbewerb häufig durch eine höhere Qualität der jeweiligen Informations- und Servicedienstleistungen gewonnen; sie müssen zwangsläufig einen hohen Kompetenzlevel aufweisen. Ein wesentliches Element des operativen CRM-Moduls ist daher das standortunabhängige Competence- bzw. Customer-Interaction-Center, das nicht mit einem „klassischen" Call-Center gleichgesetzt werden darf. Im Rahmen der Optimierung von Kundenbegegnung und -beziehung integriert es Kundenservice, Support, Marketing, Vertriebsaktivitäten sowie Beschwerdemanagement auf einer ganzheitlichen Basis[88], wobei dem Kunden die freie Wahl des Kommunikationsmediums überlassen bleiben muss. Im Sinne eines „Value Added Center" mit uneingeschränkten Öffnungszeiten als zentralen Kontaktpunkt auf der Grundlage der „One-to-One-Kommunikation" wird – ausgehend vom konkreten Kundenkontakt – ein lückenloser Informations-und (Re-)Aktionsprozess initialisiert. Dabei wird unter Zugrundelegung der gespeicherten Kundendaten und -informationen mittels einer ständigen Verfeinerung des Kundenprofils das „Wissen über den Kunden" in die anderen Unternehmensbereiche transferiert.

Dort löst es (auf Workflow-Basis) dementsprechende Vertriebs- und Marketingaktivitäten, Produkt-/Dienstleistungsentwicklungen sowie Angebotsabgaben aus. Hierdurch wird eine Verbesserung der Kundenbetreuung erreicht, weil beispielsweise Anfragen und Beschwerden schneller und effektiver beantwortet sowie „kundenindividualisierte" Zusatz- und Preisangebote erstellt werden können. Der klassische Marketingprozess mutiert so zur „Enterprise Marketing Automation" (EMA) durch die Automatisierung der unterstützenden Prozessaktivitäten im Marketing- und Vertriebsbereich. Wesentlich für Effizienz und Effektivität des Competence-Center ist – neben der informationstechnologischen Infrastruktur – vor allem die Qualität der personellen Ressourcen, um im Sinne der Kundenbindung als sympathischer, dynamischer sowie flexibler Partner des Kunden auftreten zu können. Neben der (vorhandenen) persönlichen Identifizierung mit den Unternehmenszielen sowie der Unternehmenskultur ist ein ständiges Coaching der beteiligten MitarbeiterInnen erforderlich, um Konformität und Corporate Identy des Unternehmens konsistent nach Außen wirken lassen zu können. Streng genommen repräsentiert das Competence- bzw. Customer-Interaction-Center die Schnittstelle zwischen der ontologischen sowie der epistemologischen Dimension des Kundenbeziehungsmanagements. Zusammenfassend ergibt sich hieraus, dass das operative Modul

- in das unternehmensübergreifende Informationsmanagement integriert ist,
- die Basis für ein vernetztes Informations- und Wissensmanagement hinsichtlich der Markttrends, Kundenanforderungen etc. im Sinne eines ERM[89] bildet,
- automatisierte Vertriebsunterstützungssysteme, wie zum Beispiel KIS[90], CAS[91], SFA[92], TES[93], TERM[94], involviert und
- zu antizipativen Produkt-, Dienstleistungs- und Prozessinnovationen beiträgt.

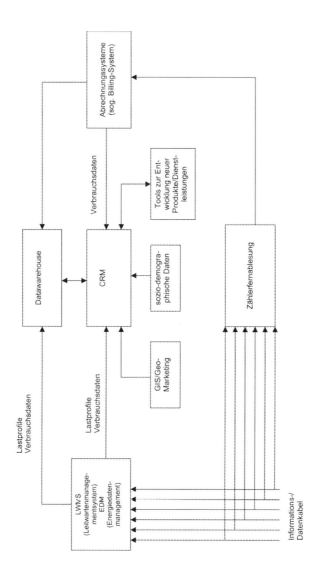

Abb. 83: Die Einbindung des CRM-Systems in den konsistenten Daten- und Informationsfluss (Regelkreismodell) auf der Grundlage des EAI-Konzeptes

7.3.1.2 Das analytische Modul des ontologischen CRM

Basis für die angesprochenen Auswertungen sowie daraus resultierenden Produkt-, Leistungs- und Prozessinnovationen ist das analytische Modul. Es analysiert statistisch signifikant einerseits alle über den Kunden vorhandenen Daten sowie Informationen aus eigenen und fremden Quellen sowohl zur Erstellung von Kundenprofilen, -segmenten und Verkaufsanalysen als auch zur Realisierung des Marketing-Controllings (zum Beispiel im Rahmen des Risikomanagementsystems bzw. der wertorientierten Klassifizierung einzelner Kunden/-gruppen). Es generiert relevante Markt- und Kundeninformationen sowohl für die operative Realisierung der Kundenbeziehungen als auch für Produkt-/Leistungsanpassungen und -entwicklungen sowie für Strategieveränderungen im Sinne eines kontinuierlichen Verbesserungsprozesses (KVP). Die gewonnenen Informationen dienen beispielsweise zur Entscheidungsunterstützung bei der Frage, welche Kundensegmente über welche Kommunikationskanäle mit welchen Maßnahmen und Methoden anzusprechen bzw. welche Marketingaktionen oder -kampagnen für die avisierte Zielgruppe am besten geeignet sind. Ziel ist letztlich der „gläserne Kunde", um im Rahmen der Wertschöpfungsorientierung zum einen profitable Kunden von weniger profitablen zu differenzieren. Zum anderen sollen im Rahmen der Verkaufsstrategien Informationen über den Kunden bzw. das jeweilige Segment schnell und effizient in die erforderlichen Markt- bzw. Verkaufsförderungskampagnen einfließen. Hierdurch soll dem – auch potenziellen – Kunden ein individueller Mehrwert angeboten werden, um ihn hierdurch zu binden bzw. gegenüber konkurrierenden Angeboten zu halten. Kritisch angemerkt werden muss allerdings, dass die objektorientierte, individualisierte Kundenprofilerstellung durch Verwendung von direkt zuordnungsbaren Daten aus verschiedenen Quellen im Sinne des BDSG[95] problematisch ist; die erfolgte Datenverwendung muss daher offen und aktiv mit dem Kunden diskutiert werden, weil die Einhaltung des Datenschutzes und damit die Respektierung der Privatsphäre des Kunden ein wesentliches Element der Kundenbindung bildet.

Mittels des analytischen Moduls werden die Daten des operativen Systems durch entsprechende Werkzeuge, Verfahren und Methoden auf der Basis eines Data-Warehouse identifiziert, aggregiert und analysiert, um anschließend in Form von Kunden-/Segmentprofilen für Abfragen zur Verfügung zu stehen. Aus den vorhandenen bzw. dem direkten Zugriff unterliegenden Daten und Informationen wird somit Wissen über den Kunden generiert. Erforderlich sind hierfür „Werkzeuge", die Analysen im Sinne eines „Data-Mining", eine konsistente Berichterstattung sowie die Unterstützung der Entscheidungsfindung und -optimierung in Echtzeit ermöglichen. Für eine derartige Informationsaufbereitung und -bereitstellung wird in der Literatur häufig die Bezeichnung „Business Intelligence" zu Grunde gelegt[96]. Hierunter versteht man die Kombination von ETL-Verfahren sowie Datawarehouse-Systemen und OLAP-Werkzeugen. Die ETL-Verfahren bzw. Werkzeuge aggregieren Informationen und Daten aus verschiedenen Datenhaltungen, die über ein OLTP-System in relationaler Beziehung zueinander stehen, objekt- bzw. themenorientiert zu gemeinsamen Datenbanktabellen und transferieren sie in ein Datawarehouse. Dort werden sie dann mittels der multidimensionalen OLAP-Analysen (mehrdimensionaler Würfel) gemäß der spezifischen Suchkriterien des Marketings verdichtet, konsolidiert und ausgewertet. Als Standard für das dabei erforderliche „Schnittstellensystem" zur Kombination der OLAP-Module verschiedener Anbieter kristallisiert sich derzeit das Microsoft-Produkt „ODBO" (Object Linking and Embedding Database for Online Analytical Processing) heraus. Gegenüber dem „klassischen" Analyseverfahren mit dem durch das EAI strukturierten Zugriff auf die Daten des ERP-Systems können hierbei zum einen auch Daten aus anderen (externen) Quellen einbezogen und zum anderen marketingfokussierte Fragestellungen und Suchbegriffe berücksichtigt werden. Neben diesen „unternehmenseigenen" Kundendaten analysiert dieses Modul des Weiteren die Daten der eigenen sowie der Konkurrenzprodukte, der jeweils relevanten Märkte und Mitbewerber sowie der relevanten Prozesse, um hieraus im Sinne des Benchmarkings eigene Innovationen ableiten zu können. Wesentlich ist beim analytischen CRM die „richtige" und effiziente Daten- und Informationsauswertung durch entsprechende Werkzeuge, um aus den vorliegenden Kunden- und Transaktionsdaten marketingrelevante Informationen generieren zu können. Im Fokus steht einerseits die Veri- bzw. Falsifikation der angenommenen Hypothesen über Zielgruppen, Produktakzeptanz oder Kampagnenzielsetzungen sowie andererseits das Aufdecken von Mustern bzw. Trends im Kundenverhalten durch ein „Clustering". Dabei differenziert man zwischen dem „Ähnlichkeitsprinzip" (Proximity Principle) sowie der „hypothesenfreien Analyse" (A-priori-Clustering). Im ersten Fall wird unterstellt, dass zwei oder mehr Datensätze, die in einem Teil ihrer Attribute ähnlich sind, mit hoher Wahrscheinlichkeit auch in den anderen übereinstimmen. Hierzu wird beispielsweise in einem ersten Schritt ermittelt, ob es bei Kunden eines Produktes typische Häufungen (Cluster) von Attributen (zum Beispiel soziodemographische Merkmale) gibt. Mittels des sich dabei ergebenden Cluster werden im zweiten Schritt alle „Nichtkunden" dieses Produktes überprüft. Die hierdurch „selektierten" Personen mit analogen Attributen sind zwangsläufig potenzielle Kunden dieses Produktes und werden anschließend direkt beworben. Im Gegensatz zur klassischen OLAP-Analyse, die auf Grundlage einer spezifischen Fragestellung vordefinierte Datenmodelle generiert und daher „nur" getroffene Hypothesen veri- bzw. falsifiziert, sind bei diesem Verfahren auch Prognosen möglich. Bei dem Verfahren der „hypothesenfreien Analyse" werden Cluster ohne Zielvorgaben definiert (beispielsweise die Attribute-Häufigkeit im Hinblick auf ein definiertes Produkt), so dass alle Attribute die gleiche Wertigkeit besitzen. Hierdurch erhält man homogene Kundengruppen auf induktivem Wege, die dann gezielt angesprochen werden können. Zu berücksichtigen ist allerdings, dass vorher nicht-definierte Attribute und „Business-Rules" auch nicht aus den untersuchten Daten extrahiert werden können (ist beispielsweise das Geschlecht ausschlaggebend für den Konsum eines Produktes, jedoch nicht als Attribut definiert, so wird diese Abhängigkeit auch nicht angezeigt). Neben der Beherrschung der zu Grunde liegenden mathematisch-statistischen Verfahren ist für die sinnvolle Anwendung beider Methoden auch die Kenntnis über die zu Grunde liegenden Geschäftsprozesse und Zielsetzungen entscheidend, weil sonst in den Phasen „Problembeschreibung", „Datenevaluation" sowie „Modellinterpretation" die falschen Fragestellungen sowie Datenmodelle definiert werden. Ohnedies sind nur dann auch „ad-hoc-Anfragen" und individuelle Auswertungen möglich. Die Zielset-

zungen und Aufgabenstellungen des analytischen Moduls erfordern daher die systembedingte Integration des folgenden Aufgabenclusters auf der Basis von Kunden- und Produktdeckungsbeitragsrechnungen:
- Marketing
  - Account Management
  - Kontaktmanagement
  - Lead Management (nur qualifizierte Kontakte)
  - Opportunity Management (Potenzialanalyse des Kontaktmanagements)
- Vertrieb
  - Vertriebscontrolling
  - Einbindung der verorteten sowie digitalen Competence Center
  - Einbindung aller Distributions- und Kommunikationskanäle

Hierdurch können folgende Funktionen/Funktionalitäten realisiert werden:
1. Informations- bzw. Wissensgewinnung (analytische Verfahren zur Zielkundenidentifikation, Bildung von Kundengruppen bzw. -segmenten, Prognose- oder Scoring-Modelle bzw. Verfahren zur Entwicklung neuer, zielgruppenkonformer Produkte bzw. Dienstleistungen sowie Bewertung der Kundenprofitabilität).
2. Generierung und Vermarktung kundenfokussierter Produkte/Dienstleistungen (Nutzung verschiedener Vertriebskanäle[97]).
3. Monitoring der realisierten Marketingaktivitäten (Analyse der Auswirkungen sowie Involvierung zusätzlicher Steuerungsmaßnahmen).
4. Monitoring des Marktes sowie Unternehmensumfeldes (Mitbewerber, Veränderung wirtschaftlicher Rahmenbedingungen etc.).
5. „Selbstlernende" Verbesserung der Datenbestände und Informationen (iterative und inkrementelle Verbesserung der gespeicherten Informations-/Wissensbestände sowie Verbesserung der Prognosefähigkeit).
6. „Closed Loop-Architecture" (sämtliche operativen und dispositiven Daten und Informationen aus allen internen sowie definierten externen Quellen werden einbezogen).
7. Prozessfokussierung (sämtliche Teilnehmer der Geschäfts- bzw. Wertschöpfungsprozesse sind aktiv involviert).

Die damit verbundenen Zielsetzungen sind neben der Kontaktindividualisierung sowie der prohibitiven Bedürfnisbefriedigung vor allem im Wissen über die Kundenerwartungen und dem Verstehen der dahinter liegenden Bedürfnisstruktur zu sehen. Hierdurch soll neben der Neukundenakquisition auch die Wirtschaftlichkeit bzw. Deckungsbeitragsfähigkeit der Kundensegmente, Produkte, Marketingaktivitäten bzw. -kampagnen evaluiert werden. Vor allem bei Akquisitionskampagnen muss neben der Steuerung der internen Ressourcen (Personal, Finanzmittel etc.) phasenaktuell der jeweils optimale Distributionskanal sowie ein permanenter Soll-Ist-Vergleich realisiert werden. Dies ermöglicht neben der objektiven und systematischen Analyse des nachhaltigen Erfolges der eigenen Marketingaktivitäten (unter Umgehung des Abteilungsegoismus) auch die Bewertung der Marktsituation im Vergleich zum Wettbewerb. Dabei geht es darum, zum einen diejenigen Mitbewerber zu identifizieren, die auf die eigenen Produkte, Kunden sowie Segmente fokussieren. Außerdem muss eine Einschätzung deren Strategien sowie eine Stärke-/Schwächen-Analyse vorgenommen werden. Diese Ergebnisse erfahren dann eine Rückkopplung zur eigenen Strategie sowie deren eventuell notwendigen Anpassung. Zum anderen fließen diese Informationen in das „Competitive Intelligence-System" ein[98]. Parallel hierzu ist die Sensibilisierung der MitarbeiterInnen für die Aktionen, Aktivitäten und Angebote der Mitbewerber erforderlich, um auch diese „sekundär" erhobenen Daten und Informationen in das Wissensmanagement des Kundenbeziehungssystems einfließen lassen zu können.

In diesem Kontext kann das analytische Modul auch als Rationalisierungsinstrument des Marketings durch Reduktion der intraorganisationalen Transaktionskosten[99] verstanden werden. Es liefert Daten und Informationen für ein Vertriebscontrollingsystem (VCS), das im Gegensatz zu dem klassischen Controlling nicht intraorganisational- bzw. produktorientiert ist, sondern kundenbezogene Daten sowohl aus dem finanzwirtschaftlichen als auch dem Marketing- bzw. „Wissensbereich" liefert. Hierdurch werden Nachkalkulationen bzw. „Nachbetrachtungen" ermöglicht, die die Ursache für Potenzialverluste[100] aufzeigen bzw. den Erfolg der verschiedenen Kommunikations- und Distributionskanäle bestimmen lassen. Das Vertriebscontrolling tritt dadurch gleichwertig neben das klassische Kostenmanagement. Erforderlich hierfür ist – ergänzend zur Bildung der „klassischen" Controllingkennzahlen[101] - unter anderem die Durchführung der nachfolgenden Analysen:

> Kunden-/Produktanalysen,
> Produktakzeptanzanalysen[102],
> Kunden-/segmentspezifische Deckungsbeitragsrechnungen,
> Prognoserechnungen,
> Ermittlung der jeweiligen Wertschöpfung[103].

Ein weiteres wesentliches Auswertungspotenzial des analytischen CRM-Moduls ist die Möglichkeit der Differenzierung des Massenmarktes in abgrenzbare, homogene Teilmärkte mit jewels identischen Verhaltensmustern – letztlich die Individualisierung und Personalisierung der einzelnen Marktteilnehmer. Eine derartige Segmentierung bzw. „Atomisierung" kann als methodischer Ansatz der struktur- bzw. musterbasierten Informationsfusion verstanden werden, um adaptive und konfigurierbare Segmentbildungen realisieren zu können. Grundlage der strukturbasierten Informationsfusion ist die (realistische) Annahme, dass die Elemente struktur- bzw. musteridentischer Segmente auch identische Erwartungen, Auffassungen, Ansichten sowie Verhaltensweisen besitzen. Neben der klassischen „ABC-Analyse" zur Bildung von Kunden- bzw. Segmentanalysen wird seit kurzem als deren Weiterentwicklung der „Klassifizierungswürfel" eingesetzt[104], der in einem zweistufigen Verfahren neben der Beurteilung von Kundenakzeptanz[105] und -marktpotenz[106] (1. Schritt) auch das zu erwartende

Kundenpotenzial für das eigene Unternehmen einbezieht. Hierdurch wird es möglich, neben den „klassischen" Marketingzielen auch die jeweilige Profitabilität des Kunden für das eigene Unternehmen zu berücksichtigen. Zum ergänzenden Einsatz kommt dabei häufig das „RFM-Verfahren"[107], das allerdings vergangenheitsorientiert ist. Verbindet man dieses Verfahren mit der Prognose des Kundenlebenszyklus (Customer Life Cycle), so ergibt sich durch die jeweilige Diskontierung auf den gegenwärtigen Zeitpunkt der „Customer Lifetime Value". Die Aggregation aller entsprechend ermittelten Kundenwerte definiert die „Customer Equity" als Summe aller „Kundenlebenswerte". Zu berücksichtigen ist jedoch, dass dieses algorithmische Verfahren um so ungenauer wird, je größer der Prognosezeitraum ist. Zudem werden keine „weichen" Faktoren berücksichtigt – dieses Verfahren sollte daher grundsätzlich mit einer Portfolio-Analyse kombiniert werden und nur als Entscheidungsgrundlage und nicht als Basis für automatisierte Prozesse dienen. Generell ermöglicht jedoch diese Vorgehensweise quasi die parallele, interfunktionale und interoperable Verarbeitung von mehrschichtigen Kundeninformationen sowie die Ergänzung imperfekter Kundendaten durch konsistente Informationen.

Zwangsläufig müssen neben diesen quantitativen Evaluierungen auch qualitative – analog zur Methodik der BSC – realisiert werden, um Zielabweichungen ermitteln zu können. Analog zur BSC kann das analytische Modul im Rahmen einer Forecast-Planung ständig angepasste Prognosen liefern, die letztlich bis zum Einzelkunden „heruntergebrochen" werden können, um ein „Frühwarnsystem" zu generieren. Daraus resultiert – bei entsprechenden Abweichungen – die Entwicklung und Umsetzung neuer Strategien und Maßnahmen zur Störungskompensation[108], bei denen implizit auch bestehende Abläufe und Strukturen in Frage zu stellen sind.

Konzeption, Implementierung und ständige Evaluierung eines derartigen analytischen CRM-Moduls müssen vor diesem Hintergrund als Prozess verstanden werden, der aus den nachfolgenden Hauptstufen im Sinne einer „Closed Loop Architecture" besteht (vgl. Abb. 84):

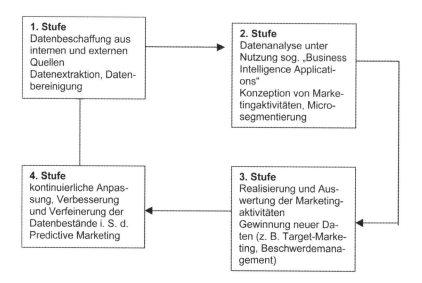

Abb. 84: Die Grund-/Prozessstruktur des analytischen CRM-Moduls

Ein derart konzipiertes „integriertes analytisches CRM-Modul" besteht zumindest aus den nachfolgenden Werkzeugen:
- Vorstrukturierte „Market-Cubes" mit intuitiven Auswertungswerkzeugen auf OLAP-Basis sowie einer „Cockpit-Oberfläche".
- Redundanzfreie Speicherung von Personen etc. als Objekt sowie die Existenz Von „Matching- bzw. Cluster-Verfahren", um zum Beispiel Personen (Objekte) wieder zu spezifischen Marktsegmenten (beispielsweise Haushalte, Unternehmen, Vereine etc.) aggregieren zu können und in entsprechenden Entitäten zur Verfügung zu stellen.
- Die einzelnen Datenaggregationsstufen müssen – in Abhängigkeit von der „Tiefe" der Informationsrecherche – jederzeit wieder aufrufbar und analysierbar sein („Top-Down" – bzw. „Tele-Zoom-Ansatz").
- Die jeweils relevanten Informationen müssen im Rahmen eines Benchmarkings mit vergleichbaren Daten der Wettbewerber relativiert werden können.
- Kundenbewertungsmodule (Scoring-Modelle).
- Trendanalysewerkzeuge als „Frühwarnsystem".
- Customer Retention Management.

Festzuhalten ist (leider), dass die derzeit auf dem Markt befindlichen analytischen CRM-Module nur den Status eines Kundeninformationssystems besitzen, mit dem die überwiegend dezentral in den funktionalen Teilbereichen gespeicherten Daten aggregiert werden. Der Zugriff im Rechnungswesen erfordert eine andere „Sicht" der Kundendaten als derjenige aus dem Vertriebsbereich. Eine derartige „operationale Beschränkung" genügt jedoch nicht, um die sich sowohl aus Geschäftsprozessfokussierung als auch Marktdynamik ergebenden Anforderungen erfüllen zu können. Das erforderliche unternehmensumfassende „analytische Modul" muss vielmehr in der Lage sein, den Kunden in seiner Gesamtheit zu identifizieren, seine Verhaltensmuster zu analysieren und zu verstehen und anschließend Strategien zu entwickeln, um das konstatierte Kundenverhalten zu beeinflussen. Entwickelt werden daher gegenwärtig skalierbare und durch Customizing-Tools an die individuellen Nutzerbedürfnisse angepasste Standardsoftwareprodukte[109]. Dabei lautet das Ziel eindeutig: die Anzahl und den Wert der profitablen Kundenbeziehungen zu erhöhen. Kritisch angemerkt sei des Weiteren, dass die derzeit zur Verfügung stehenden Produkte aufgrund ihrer Fokussierung auf die Informationstechnologie eine Einschränkung der Analyse- und Berichtsqualität sowohl durch inkompatible Technologien als auch durch mangelnde analytische Funktionalitäten für flexible Berichte sowie multidimensionale Auswertungen (zum Beispiel OLAP) beinhalten. Diese anbieterbedingte Qualitätseinschränkung kann teilweise durch das eingangs erläuterte System der „Enterprise Business Intelligence" kompensiert werden[110]. Verstärkt wird dieser Mangel häufig noch durch fehlende Personalressourcen und -qualifikationen, nicht definierte Erfolgskenngrößen, Erhebungsprobleme bei der Messung mehrerer Zyklen, dem häufig unzureichenden Distributionskanalmanagement sowie der nicht rechtzeitigen Verfügbarkeit und unzureichenden Qualität der Kunden- und Kampagnendaten. Weil die derzeit auf dem Markt vorzufindenden CRM-Tools überwiegend noch Insellösungen und nur bedingt in die bestehende informationstechnologische Infrastruktur einzubinden sind, ist die notwendige Integration der analytischen und operativen Tools kaum möglich. Die Effizienz der ontologischen Dimension eines CRM-Systems wird daher entscheidend durch die vorherige Definition und Implementierung der Geschäfts- und Wertschöpfungsprozessstrukturen sowie der relevanten (Kunden-)Datenmodelle und deren Implementierung in das Kundenbeziehungsmanagement determiniert.

7.3.1.3 Das interaktive, kollaborative Modul des ontologischen CRM

Das interaktive kollaborative Modul umfasst die Synchronisation der unterschiedlichen Informations- und Kommunikationskanäle zwischen Unternehmung und Kunden und aggregiert dadurch alle Kundenkontakte, -daten und -informationen. Die Kommunikation mit dem Kunden muss somit über sämtliche „individualisierten" bzw. personalisierten Kommunikationskanäle kontinuierlich und nicht nur sporadisch realisiert werden. Dies beinhaltet zwangsläufig neben den digitalen auch analoge Kanäle, da der Kunde zwischenzeitlich vom „Anrufer" zum „Channel-Hopper" mutiert ist. Voraussetzung hierfür ist sowohl die ständige Erreichbarkeit aller Kommunikationskanäle als auch eine einheitliche „Multi-Channel-Strategie" aus Kundensicht, die letztlich zum angesprochenen „Customer-Interaction-Center" führt. Hierdurch soll der Informationsfluss systemisch und ganzheitlich strukturiert sowie die Datenaktualität, -redundanz und -konsistenz gewährleistet werden. Jeder Prozessteilnehmer soll jederzeit die vollständige Kundenhistorie zur Verfügung gestellt bekommen. Dieser Ansatz impliziert zwangsläufig die Integration von Workflow-Systeme für repetitive sowie Workgroup-Systeme für individuelle „ad-hoc"-Prozesse. Ein entsprechendes digitalbasiertes interaktives Kooperationsmodell kann als Schritt zum „Collaborating Commerce" bzw. zum „Collaboration Relationship Management" gesehen werden, das die „Brücke" zum SCM darstellt und die Potenziale virtueller Organisationen generiert. Letzteres erfordert jedoch die Standardisierung bzw. Homogenisierung der Prozesse, Daten und der informationstechnologischen Infrastruktur. Es bedingt somit sowohl die optimierte Infrastruktur zum Austausch von Informationen und Wissen entlang der Wertschöpfungskette als auch ein korporatives Wissensmanagement. Die damit verbundene ganzheitliche Betrachtung und Ansprache des Kunden soll einerseits zum Aufbau des Customer-Lifetime-Value führen und andererseits den Faktor „Time-to-Market" verkleinern.

Hierdurch ergibt sich die Möglichkeit, einen ganzheitlichen Dialog mit dem Kunden herzustellen und so die Potenziale des „Direkt-Marketings" auszuschöpfen:

- Dialogmarketing in Form der direkten Kundenkommunikation anstelle des anonymen Massenmarketing;
- Multimedialer Dialog durch gezielten Einsatz derjenigen Kommunikations- und Distributionskanäle, über die der Kunde erreichbar ist;
- Geringere Marketingkosten, weil die „Streuverluste" des anonymen Massenmarketings geringer sind;
- Cross-, Up-Selling und Life Cycle-Marketing, weil der Kunde in differenzierter und differierender Weise mehrfach mit Produkten/Dienstleistungen konfrontiert werden kann (mehrstufige, bilaterale Kommunikation).

Vor allem im zweiten Bereich können die „neuen" Formen des multimedialen bzw. digitalen Dialoges gezielt, kombiniert und effizient eingesetzt werden. So bietet zum Beispiel die Kombination von Competence-Center und E-Commerce mittels eines CRM-Portals die Möglichkeit, alle Kundenanfragen, -anforderungen und -informationen etc. unabhängig vom jeweiligen Medium (Telefon, Fax, E-Mail etc.) einheitlich, konsistent und systemisch an das Front-Office zu leiten, dort durch Browser- sowie multimediale Techniken unter Einbeziehung des „Mobile Computings" „online" zu bearbeiten und durch ein Monitoring-System sowohl zu überwachen als auch in das CRM zu integrieren[111]. Ein derartig konzipiertes, internetbasiertes „Bill Presentment"[112] beispielsweise impliziert den bis zu 90 Prozent besseren, individuelleren und vor allem schnelleren Kundenservice, der durch den automatisierten, bilateralen Austausch von Verbrauchs- und Abrechnungsdaten ein höheres Kundenbindungspotential ermöglicht[113]. Hierdurch lassen sich einerseits die Transaktionskosten eines Kunden um ca. 60 Prozent reduzieren, weil die Möglichkeit der digitalen Automatisierung von Beschaffungsvorgängen und Verträgen besteht: durch die „Maschine-zu-Maschine-Kommunikation". Dies impliziert allerdings, dass das Unternehmen die datenschutzrechtliche Zuverlässigkeit seines System von einem Dritten zertifizieren lassen muss. Andererseits können spezifische Serviceleistungen sowie tagesbezogene „Sonderangebote" (beispielsweise günstigere kWh-Preise zu spezifischen Tageszeiten) flexibel und zeitnah dem jeweiligen Kundensegment direkt angeboten werden. Durch eine diesbezügliche Einbindung des Internets als weiterer Vertriebs- bzw. Marketingkanal auf Grundlage einer „Multi-Channel-Strategy" wird neben der „online-Entwicklung" neuer Dienstleistungen und Produkte auch das „One-to-one" sowie das „Target-Marketing" generiert, weil sich aus den Daten der „Besucher" personalisierte und gezielte Verkaufsangebote im Bereich von Cross- und Up-Selling erstellen lassen. Zudem können über entsprechende Portale auch „After Sales-Instrumente" involviert werden. Neben der guten Service-Unterstützung gehören hierzu auch die Aufnahmen von „FAQ's"[114], die interaktiv und zeitnah „in das Netz" gestellt werden sollten. Die Aufnahme und Beantwortung muss im Rahmen einer „Customer Integration" durch den Kunden ausgelöst werden (das führt letztlich zum Prosuming). Schließlich können hier auch sog. „Expertenpanels" installiert werden, um „neutral" Kundenanfragen zu beantworten. Die Attraktivität derartiger Portale führt dann dazu, dass der Kunde auch zum Einkaufen „surft". Nicht übersehen werden darf dabei jedoch die andere Seite der Medaille: Durch das E-Commerce sowie speziell durch entsprechende Portale hat der Kunde wesentlich mehr Informationsmöglichkeiten hinsichtlich der „individualisierten" Produkte, so dass die Wechselbereitschaft wachsen wird. Allerdings wird die bei „heterogenen" Produkten erforderliche Beratungsleistung (zum Beispiel bei der Produktauswahl) auf den Kunden verlagert, was zwangsläufig zu einer Erhöhung seiner „Netto-(Informations-)Kosten" bei gleichzeitiger Senkung der unternehmensspezifischen Transaktionskosten führt. Überdies wird sich das Verbraucherverhalten an den (sicherheits-)technischen Risiken und Möglichkeiten sowie der zufriedenstellenden Lösung rechtlicher Problemstellungen (zum Beispiel Vertragssignatur) orientieren. In Abhängigkeit hiervon müssen die Unternehmen allerdings antizipativ und rechtlich ihre Strukturen und Prozesse vorher ändern.

Die Einbindung der internetbasierten Technologien sowie darauf basierender Geschäftsprozesse sowohl in eine einheitliche Datenbasis als auch in aggregierte Informations- und Kommunikationsstrukturen führt zwangsläufig zu einer besseren Daten- und Informationsqualität sowie zu einer Erweiterung des „Wissens über die Kunden" und impliziert so Wettbewerbsvorteile[115]. Ein derart konzipiertes „kollaboratives Modul" führt zum Paradigmenwechsel von der „Automatisierung der Produktverteilung" zur „Automatisierung des Vertriebes"[116] durch die Fokussierung auf teamzentrierte Informations-, Beratungs- und Kommunikationsprozesse, bei denen zum einen der Kunde im Mittelpunkt der Prozesse steht und zum anderen die gesamte Wertschöpfungskette logisch integriert ist. Es repräsentiert somit die multidimensionale Verknüpfung von kunden-, geschäftsprozess- sowie wertschöpfungsrelevantem Wissen im Rahmen eines wissensbasierten Kundenmanagementsystems. Hierdurch ermöglicht es die Aggregation von Projekt- und Prozessfunktionen im Rahmen einer Kundenbetreuung während des gesamten Kundenlebenszyklus durch die situative Nutzung der jeweils adaequaten Kommunikationskanäle. Diesbezüglich ist jedoch zu beachten, dass immer die intelligente Ergänzung anstelle einer „Kannibalisierung" im Fokus stehen muss. Diese Technologien ermöglichen zugleich die mobile Anbindung an die installierte informationstechnologische Komponente des Kundenbeziehungsmanagements sowie die individualisierte Anbindung wichtiger Kunden mittels spezifischer Passworte bzw. „PIN's". Letzteres erlaubt zusätzlich die individualisierte Digitalisierung aufwändiger Produkt- sowie Leistungserklärungen bzw. erklärungsbedürftiger Leistungen. Einschränkend muss allerdings derzeit noch konstatiert werden, dass die für diese Applikationen notwendigen Bedienungsprozeduren im Rahmen der Portale[117] noch gewöhnungs- und lernbedürftig sind.

Zusammenfassend sind somit für ein erfolgversprechendes Informations- und Wissensmanagement im Bereich der Transferebene „holzschnittartig" folgende Voraussetzungen unabdingbar:

- Konsistente und langfristig strukturierte Erfassung und Speicherung aller relevanten Kundendaten sowie peripheren Informationen;
- „Nahtlose" Integration aller kundenrelevanten Medien bzw. Kommunikationskanäle;
- In sich stringente Bildung von Kundensegmenten bzw. -cluster
- Erstellung und ständige Evaluierung der Kundenprofile sowie -analysen unter dem Gesichtspunkt der Profitabilität;
- Regelmäßige, antizipative Erstellung von Prognosen hinsichtlich der Kundenerwartungen sowie des Kundenverhaltens unter Einbeziehung dementsprechender Modelle bzw. „Werkzeuge";
- Ganzheitliche Priorisierung der Kundendialoge sowohl im Hinblick auf die auszuwählenden Kommunikationskanäle als auch auf „maßgeschneiderte" Angebote unter Berücksichtigung der Profitabilität;
- Controlling der Interaktionen, Kommunikationskanäle sowie der Kampagnen im Sinne eines Regelkreismodells auf der Grundlage einer „Personalisierung" der jeweiligen Aktivitäten und Aktionen;
- Prozessfokussierte Modellierung und Abbildung der Kundeninteraktionen, -aktivitäten sowie -kommunikationen.

Im Fokus steht dabei – wie bereits mehrfach ausgeführt – die wissensgestützte Kommunikation und Interaktion mit dem Kunden auf der Basis vernetzter, heterogener Daten und Informationen unterschiedlicher Quellen. Das erfordert fast zwangsläufig „offene Architekturen" im Rahmen der eingesetzten Informations- und Kommunikationssysteme. Dadurch sollen die Kommunikationskanäle zum Kunden einheitlich und effizienter gemanaged, mehr Wissen über den Kunden generiert und somit Service und Kundenbindung durch Verkürzung der Informationswege sowie Reaktionszeiten verbessert werden. Die informationstechnologische Architektur soll gewährleisten, dass die Informations- und Kommunikationskanäle für die internen und externen Nutzer der Geschäfts-

und Prozessdaten durch die Nutzererfahrung sowie aus Kundensicht definiert werden. Deshalb wird es erforderlich werden, verschiedene heterogene Eigen- und Fremdapplikationen im Sinne einer „best-of-breed"-Lösung des EAI[118] kundenzentriert zu aggregieren bzw. integrieren. Nur dann besteht die Möglichkeit, aktiv kontextsensitive Ansichten der selben Basisinformation durch individuell angepasste kollaterale Informationen zu ergänzen bzw. zu erweitern. Der diesbezügliche Informations- und Wissenstransfer als ontologische Komponente des Kundenbeziehungsmanagements repräsentiert somit in gewisser Beziehung die syntaktische sowie pragmatische Ebene der Kommunikation mit dem Kunden. Ziel ist dabei die wissensgestützte Interaktion mit dem Kunden auf der Basis der Vernetzung heterogener Detaildaten und -informationen. Dadurch soll gewährleistet werden, dass die Informationen des Unternehmens als (Ab-)Sender vollständig und konsistent beim Kunden als „Empfänger" ankommen. Erforderlich für deren Akzeptanz und Annahme ist jedoch vor allem die Wissenstransformation, durch die externes Wissen internalisiert wird, indem der Empfänger die kommunizierten Inhalte semantisch einwandfrei und im Rahmen seines Normenkontextes als „richtig" interpretiert[119]. Zwar gilt die Marketingweisheit, dass das beste Produkt keine wirtschaftliche Relevanz besitzt, wenn es keiner kennt. Ebenso gilt jedoch, dass ein gutes Produkt seine Marktchancen verfehlt, wenn es vom Empfänger weder inhaltlich verstanden noch (mit seinem Normen- bzw. Regelwerk) als konform eingeschätzt wird. Ein ausschließlich informationstechnologisch basiertes Kundenbeziehungsmanagement kann zwar Bedingungen der ontologischen Dimension erfüllen. Es muss jedoch erfolglos bleiben, solange die notwendige Wissenstransformation auf der Grundlage einer personalisierten, individuellen Kommunikation/Interaktion nicht realisiert wird.

7.3.1.4 Das Graphische Informationssystem (GIS) als Modul des ontologischen CRM

Um die holzschnittartig" beschriebene Produkt- bzw. Dienstleistungsführerschaft mit der für KMU typischen Untervariante des „Moskito- bzw. Guerilla-Marketings" realisieren zu können, müssen zwangsläufig umfassende, konsistente und aussagefähige Markt- und Kundeninformationen zeitnah, vollständig und im Kontext zu anderen objektbezogenen Daten und Informationen in die Wertschöpfungsprozesse bzw. Workflows einfließen. Das impliziert, dass die in verschiedenen Daten-(-bank-)systemen (beispielsweise Auftragsabrechnung, KIS[120], GIS[121], FiBu[122] etc.) verteilt gehaltenen Informationen aggregiert, verdichtet, kontextualisiert und visualisiert werden müssen, weil die klassische Darstellung in Form der Tabellenkalkulation nur begrenzte Aussagefähigkeit besitzt. Die Transformation von Daten bzw. Informationen aus „Spread-sheets" in GIS-Systeme dagegen ermöglicht eine Erweiterung und Verbesserung sowohl der strategischen Unternehmensplanung als auch des Marketings, da im letzteren Bereich ca. 85 Prozent aller Unternehmensdaten einen geographischen Bezug besitzen. Die Basisfunktion eines GIS-Systems im Bereich des Geo-Marketings besteht darin, die sehr hohe Datendichte der Planwerke datenverarbeitungstechnisch aufzubereiten, in Informationen umzuwandeln und mit den Daten bzw. Informationen anderer Informationssysteme (Kundeninformationssystem, Auftragsabrechnung, Marktanalysen etc.) zu verknüpfen, um hieraus „Wissen" für Unternehmensstrategie- und politik sowie Marketingaktivitäten zu generieren. Ermöglicht wird dies durch das „Layer-Konzept", also dem Übereinanderlegen verschiedener Anwendungsschalen sowohl alphanumerischer als auch graphischer Daten auf dem Grundbaustein „Flurkarte", so dass Informationsverknüpfungen und -kontexte deutlich werden, die in zweidimensionalen Tabellen zwangsläufig inhärent bleiben müssen – dies ist ein Baustein des „Geo-Marketings". Ein entsprechendes „Business-Mapping-System" ermöglicht effizientere Marktanalysen, die Entwicklung von Zielgruppenstrategien sowie die detaillierte „Kundenanalyse": heruntergebrochen bis zur geographischen Ebene eines Stadtviertels bzw. einer Straße. Die Aggregation des „Business Mapping" mit Markt- und Kundenanalysen sowie externen „Milieudaten" (z. B. sozioökonomischer und demographischer Daten etc.) generiert das geographische Aufzeigen der jeweiligen Kundensegmente und -potenziale sowie der jeweiligen Wettbewerbssituation (zum Beispiel in Form geographisch differierender Marktanteile). Als Basis gewährleistet es das Erkennen von Trends sowie eine detaillierte Analyse des Kundenverhaltens unter Berücksichtigung differenzierter Bedürfnisse sowohl des Einzelkunden als auch homogener Kundengruppen. Das „Gießkannenprinzip" wird durch ein zielorientiertes Micromarketing ersetzt. Zu berücksichtigen ist schließlich, dass bei minimalen Produkt- und Preisdifferenzen der Kundenservice eine ausschlaggebende Funktion besitzt. Der Einsatz visualisierter GIS-Systeme in Aggregation mit aktuellen Transaktionsdaten ermöglicht die optimierte Planung und Realisierung der Servicefunktionen, etwa bei der Aufnahme und Erfassung von Leistungsstörungen beim Kunden sowie deren Beseitigung. Hierdurch ergibt sich die Möglichkeit, kartographische Informationen sowie flächenartige Bilder mit den zugehörigen Operatoren zu erzeugen und Simulationsberechnungen etc. zu realisieren[123]. Dieses Potenzial wird noch verstärkt werden, weil durch die Evolution der Informationstechnologie in Verbindung mit dem Internet immer mehr Systeme und Objekte, die mit Prozessen verbunden sind, miteinander kommunizieren werden. Da auch Internet-Adressen einen geographischen Bezug besitzen, werden Geschäftsprozesse sowie deren Objekte im Zusammenhang mit E-Business und E-Services im „virtuellen Raum" räumlich-geographisch geortet. Bezieht man schließlich noch mikrogeographische Daten und Informationen aus externen Quellen (beispielsweise Mikrozensus, regionale und lokale Kaufkraftentwicklung, soziodemographische Daten und Entwicklungen etc.) ein, können Zusammenhänge und Interdependenzen aufgezeigt, Marktsegmente identifiziert sowie Segmentelemente personalisiert werden. Informationen können hierdurch im Rahmen des Geo-Mappings „verortet" und miteinander verbunden werden[124]. Durch eine derartige „Verortung" in Verbindung mit dem „Zeitstempel" entstehen dynamische Karten, die auf der Grundlage des „Spatial Resource Planning" das ERP-System um Geo-Datensysteme erweitern[125] und somit zusätzliches „Wissen" über die Kunden für das Kundenbeziehungsmanagement generieren. Zusätzlich können im Rahmen des EAI-Ansatzes Dritte (Gebietskörperschaften, externe Dienstleister, Kunden etc.) prozessfokussiert involviert werden, so dass letztlich virtuelle Organisationen realisiert werden, bei denen die Geodaten mit den übrigen unternehmensbezogenen Daten und Informationen verknüpft sind. Hierdurch wird quasi ein Paradigmenwechsel für das GIS impliziert: der Wandel von der proprietären, statischen Karte mit raumbezogenen Daten als Insellösung (graphische DV) zum dynamischen Modul des Informations-Mainstreams der Geschäftsprozesse bzw. der Wandel von der „passiven Landkarte" zum Business Mapping oder Geospatial Resource Management. Das GIS wird so ein integraler Bestandteil der bestehenden Geschäftsprozesse im Sinne eines „Object mapping", da GIS-Sachdaten und Objekte automatisch integriert, aktualisiert und konsistent sowie transparent gehalten werden. Bei der Einbindung in Workflowsysteme[126] ermöglicht es sowohl einen schnelleren aktuellen Zugriff sowie kundenfokussierte Analysen als auch einen geringeren Pflegeaufwand bei Verringerung der Redundanz sowie kürzere Geschäftsprozesszeiten, weil alle systemrelevanten Daten, Betriebsmittel- und Kundeninformationen sowie deren Interdependenzen redundanzfrei in einem Datenbanksystem verwaltet werden. Ein derartiges, auf Komponenten- und Objekttechnologie basierendes Data-Warehouse-Konzept unterstützt sowohl die Integration und Kompatibilität heterogener Daten und Datenquellen als auch die unterschiedlichsten Geschäftsprozesse sowie Unternehmensabläufe. Es kann allerdings nicht – wie in der Literatur häufig zu lesen ist – als „Geodata-Warehouse" (GDW) bezeichnet werden, da es dem grundsätzlichen Ansatz und Anspruch[127] eines Data-Warehouse widerspricht – häufig wird ein GDW auch synonym für ein dezentralisiertes, vernetztes Datenbanksystem mit definierten Zugriffsmechanismen und -prozeduren verstanden, quasi eine spezifische Ausprägung einer Datenbankarchitektur.

Im Rahmen der Transferebene des Kundenbeziehungsmanagements muss dem Competence- bzw. Customer-Interaction-Center der direkte Zugriff auf das geographische Informationssystem möglich sein, um – in Abhängigkeit von dem jeweiligen Kommunikationskanal –

- die ständige Ansprechbarkeit für den Kunden „rund um die Uhr" zu gewährleisten,
- eine Qualitätssteigerung herbeizuführen, da immer die „richtige" Auskunft erteilt wird und
- die MitarbeiterInnen in den Geschäftsprozessen zu entlasten.

Neben der hiermit möglichen Senkung der Transaktionskosten sowie einer qualitativen Verbesserung der kundenfokussierten Geschäftsprozesse lassen sich zwangsläufig auch die logistischen Prozesse optimieren, also deren Kosten reduzieren. Das soll am Beispiel der Energiedienstleistungsunternehmen skizziert werden. Durch das im Energiewirtschaftsgesetz (EnWG) festgeschriebene „Unbundling" der Bereiche Produktion/Erzeugung, Verteilung (Netz) sowie Handel ist automatisch ein Zwang zur Reduzierung der Kosten für das Verteilungsnetz ausgelöst worden. Während in der Monopolsituation alle Verteilungskosten – auch die „vorbeugende Instandhaltung" bei mehrfacher Redundanz – in die Produktpreise integriert werden konnten, sind diese Kosten sowohl aus Wettbewerbsgründen als auch im Rahmen der weiterberechnungsfähigen Netznutzungsentgelte zu reduzieren. Hier gilt der Slogan: „Von der vorbeugenden über die zustandsorientierte zur ereignisorientierten, risikofokussierten Instandhaltung." Im Rahmen der ereignisorientierten Instandsetzung soll ein Ausgleich der per se konträren Forderungen nach maximaler Verfügbarkeit und Betriebssicherheit sowie der Kostenoptimierung ermöglicht werden. Das führt mittelfristig zwangsläufig zur Reduzierung von Spannungsqualität sowie Zuverlässigkeit des Versorgungs- bzw. Verteilnetzes, so dass die Kosten für Versorgungsstörungen[128] vom Kunden getragen werden (müssen)[129]. Es ermöglicht weiter beispielhaft bei Energiedienstleistungsunternehmen die optimierte Nutzung der vorhandenen Leitungskapazitäten (bis zur kurzfristigen Überbelastung) und reduziert somit das Neubaupotential bei gleichzeitiger Erfüllung der gesetzlich garantierten Durchleitungsansprüche sowie der jeweiligen Durchleitungsfahrpläne bei genauer Kenntnis der Einspeisungen und Abnahmen unter Einbeziehung digitaler Messgeräte. Erforderlich ist hierfür die Aggregation des „klassischen" GIS-Systems mit Marketing- und Abrechnungssoftware, Lastflussberechnungen, der Instandhaltungsplanungssoftware sowie Modulen der Auftragsabrechnung (Leistungsverzeichnisse, Materialpreise etc.). Der früher im Fokus stehende technische (Versorgungssicherheits-) Aspekt wird nunmehr durch kostenorientierte Faktoren überlagert.

Ermöglicht wird so ein optimiertes Asset Management – verstanden als Management des gesamten Lifecycle der Betriebsmittel bzw. Anlagengüter. Um die Kosten der Verteilungslogistik (Verteilnetz) reduzieren zu können, sind einerseits im investiven Bereich die eingesetzten Betriebsmittel zu standardisieren und zu normieren. Zudem muss ein Instandhaltungsmanagement implementiert werden, das eine wirtschaftliche Optimierung der eingesetzten Betriebsmittel unter Berücksichtigung der realen Inanspruchnahme ermöglicht. Voraussetzung sind Netzmodelle und -berechnungen, Topologieoptimierung sowie rationelle Netzsteuerung und -überwachung. Die zu Grunde liegenden Datenmodelle müssen im GIS hinterlegt und gepflegt werden, so dass sich bei einer Implementierung des GIS-Systems in die CRM-Architektur folgende Vorteile ergeben:

- GIS-Daten und -Objekte können direkt in die jeweiligen Workflows bzw. Geschäftsprozesse übernommen werden.
- Zu allen GIS-Objekten können die laufenden Workflows angezeigt werden (bzw. vica versa).
- Aus den GIS-Objekten heraus können selektierte Workflows mit Datenübergabe gestartet werden (z. B Instandhaltungsmaßnahmen).
- Die GIS-Objekte sowie Betriebsmittel können mit anderen Datenbeständen (zum Beispiel Anlagenbuchhaltung) konsistent abgeglichen werden.
- Die Workflows werden effizienter durchgeführt, wenn durch die online-Einbindung aller geographisch lokalisierter Objekte (Betriebsmittel, Kundendaten etc.) ein umfassender Datenzugriff möglich ist.

> Datenveränderungen während eines Workflow-Prozesses werden konsistent in das GIS überführt.
> Reports (über Instandhaltung, Vermögenswerte etc.) können aus dem GIS extrahiert und automatisch in das Berichtswesen integriert werden.

So wird die Bereitstellung relevanter Daten und Informationen über die jeweiligen Anlagengüter in „Echtzeit" auf der Grundlage eines gemeinsamen Datenschlüssels sowie entsprechender Namenkonventionen bei ansonsten getrennter Datenhaltung realisiert. Wesentlich ist dabei jedoch die Beschränkung auf die wesentlichen Daten (nicht alles, was wünschenswert wäre, ist auch notwendig) im Rahmen des vorgegebenen ökonomischen, technologischen sowie unternehmenspolitischen Kontextes. Das GIS ist somit die Daten- und Informationsbasis für den ökonomisch optimierten Netzbetrieb im Sinne des „Emergencymanagements", um durch antizipatives Handeln das Risiko kritischer Störungen reduzieren sowie im Eintrittsfall die negativen Auswirkungen verringern zu können. Es ist parallel dazu auch ein Modul des analytischen CRM sowie eine Informationsbasis des Competence Centers.

Um die intern und extern verfügbaren Daten, Informationen, Reports über Marktpreise etc., Kundenwünsche und Produkte/Dienstleistungen zeitaktuell bei allen relevanten MitarbeiterInnen verfügbar machen zu können, sind zwangsläufig „offene" Geschäftsprozessmanagementsysteme[130] erforderlich. Nur durch sie wird es möglich sein, ein umfangreiches Produkt- bzw. Dienstleistungsportfolio zu „managen" und kurzfristig sich bietende Chancen auch ergreifen bzw. entstehende Risiken absichern zu können. Das impliziert, wie bereits an früherer Stelle ausgeführt, weitreichende bzw. schon fast „revolutionäre" Veränderungen von Aufbau- und Ablauforganisation sowie der informationstechnologischen Architektur. Problematisch sind allerdings noch Struktur und Architektur der derzeitigen GIS-Systeme: Proprietäre Datenmodelle und -formate implizieren aufwendige Transformationsprozesse im Rahmen der Verknüpfung mit anderen informationstechnologischen Systemen und erschweren die Integration. Zudem sind die vorhandenen Datenbestände kaum oder schlecht aufbereitet, so dass die Bestände eher einem „Datenfriedhof" denn einem konsistenten und aussagefähigen Datenbanksystem mit der Möglichkeit der Wissensgenerierung entsprechen. Letztlich sind auch häufig Dateninkonsistenzen aufgrund ihrer Herkunft und „Pflege" in verschiedenen Systemen festzustellen. „Business-Mapping" bzw. Geo-Marketing bietet demnach durch die Aggregation geographischer und aktivitäts- bzw. produktfokussierter Informationen auf der Basis der Vernetzung bisher getrennter Daten(-bank-)systeme durch Intra- und Internet die Möglichkeit, bisher verborgene Informationspotentiale zu erschließen bzw. in anwendbares Wissen zu transformieren. Dies führt zur Optimierung der Geschäfts- bzw. Wertschöpfungsprozesse und generell zur Steigerung der Profitabilität des Unternehmens. Der strategische Marketingvorteil einer geographischen Kundennähe allein ist nicht sehr hilfreich – er muss informativ und kommunikativ begleitet und genutzt werden.

7.3.2 Die epistemologische Dimension (Wissenstransformation)

Neben der „informationstechnologischen" Strukturkomponente eines Informations- bzw. Wissenstransfer beinhaltet das Kundenbeziehungsmanagement auch die epistemologische Dimension: die Wissenstransformation im Sinne einer Wissensverarbeitung sowie -aneignung (vgl. Abb. 81). Dieser Prozess der Wissenstransformation ist bei einem Kundenbeziehungsmanagement zwangsläufig bilateral strukturiert: Einerseits soll das Unternehmen befähigt werden, sich Wissen über den Kunden, seine Anforderungen etc. anzueignen und im Rahmen des Produkt- bzw. Dienstleistungsangebotes zu verarbeiten. Andererseits soll der Kunde animiert werden, sich Wissen über die Angebote des Unternehmens im Rahmen einer individuellen, personellen Verfügbarmachung zu beschaffen und im Rahmen seiner Kaufentscheidungsprozesse zu verarbeiten bzw. in diese einfließen zu lassen. Auf der ontologischen Ebene werden sprachliche Begriffe sowohl mentaler als auch physischer Natur „wertfrei" transferiert. Diese Begriffe repräsentieren undifferenziert und nicht spezifisch artikuliert sowohl deskriptive (semantische) als auch normative (präskriptive, normensetzende) Inhalte[131]. Erst durch die Internalisierung der transferierten (externen) Informationen bzw. des Wissens wirken sich diese verhaltens- und entscheidungsdeterminierend aus. Neurobiologische Untersuchungen der Wahrnehmungsprozesse haben beispielhaft ergeben, dass Wahrnehmungen konstruktivistisch und subjektiv im Verlauf deterministischer neuronaler Prozesse „gemacht" werden. Das gilt analog auch für die Wahrnehmung von Informations- und Kommunikationsaktivitäten bzw. -prozessen[132]. Eine „Rationalisierung" des eigenen Verhaltens und Handelns wird überwiegend erst im Nachhinein argumentativ identifiziert bzw. „vernünftig" begründet. Das hat jedoch mit der Ursache bzw. dem Anlass hierfür in der Regel nichts gemeinsam. Verbindet man diesen Sachverhalt mit der Inferenzialismustheorie von Brandom[133], so ist es für die Akzeptanz eines sprachlichen Begriffes (zum Beispiel bei einer Produktaussage) durch den Empfänger wesentlich, dass er die inhaltliche Bedeutung des Begriffes „versteht" und ihn als konform zu seinem individuellen normativen Regel- bzw. Normenwerk anerkennt. Entscheidend für den Erfolg der Wissenstransformation ist daher, dass der (Ab-)Sender einer Produkt- bzw. Dienstleistungsinformation beim Kunden (Empfänger) die Gründe (Beweggründe) für den Kaufentscheid semantisch zweifelsfrei vermitteln sowie deren Identität mit dem subjektiven, normativen Kontext des Kunden hervorrufen kann. Allein der (informationstechnologisch gestützte) Transfer der Information genügt häufig nicht, da in diesem Fall keine Rückkopplung hinsichtlich der Akzeptanz möglich ist. Die Ebene der Wissenstransformation erfordert deshalb auch die bilaterale (persönliche) Kommunikation, um semantische Missverständnisse bzw. die Nicht-Identität mit dem jeweiligen normativen Kontext zu erfassen und – soweit möglich – zu korrigieren. Um das hierfür notwendige Wissen über den Kunden hinsichtlich seiner propositionalen Anforderungen (semantischer Kontext) sowie seines normativen Kontextes zu erhalten, muss eine intensive Marktforschung (Marktanalysen, Kundenbefragungen etc.) betrieben werden. Unabhängig hiervon erhält jedoch jedes Unternehmen verlässliche und valide Daten und Informationen über den Kunden im Rahmen der Dienstleistungs- bzw. Servicesysteme sowie durch das Beschwerdemanagement. Die Verknüpfung dieser Daten und Informationen mit denjenigen aus externen Quellen (Marktforschung, Stellenangebote, Durchsuchung von Web-Inhalten bzw. Online-Datenbanken durch „intelligente Agenten" etc.) sowie deren Aufbereitung zu aussagefähigem, validem Wissen über die propositionalen und normativen Kontexte des Kunden erfolgt durch das „Competitive Intelligence-System". Hierunter versteht man generell die ständige, zeitnahe und systematische Beobachtung der Entwicklung von Märkten, Kunden und Mitbewerbern durch Ausschöpfung der verfügbaren analogen und digitalen Quellen sowie die hierauf basierende Analyse der gewonnenen Daten und Informationen sowie deren Aufbereitung zu kompaktem Wissen (zum Beispiel in Form von Wettbewerbs-, Markt- und Konkurrenzanalysen). Ziel dabei ist das Erreichen des entscheidenden Informations- und damit auch Wettbewerbsvorsprunges, um proaktiv handeln zu können. Nicht unterschätzt werden darf dabei die Problematik der systematischen und zielorientierten Analyse und Auswertung der anfallenden Datenmenge, die fast überwiegend kompetent durch Menschen erfolgen muss. Im Unternehmen werden dabei häufig – analog zum Risikomanagement – Beobachterkollegien eingesetzt; zwischenzeitlich werden allerdings derartige Leistungen auch von Dritten, von „Informations-Brokern", angeboten. Überdies existieren auf dem Markt Programme zur autonomen Suche in digitalen Datenquellen. Im Gegensatz zur Marktforschung werden allerdings kaum vergangenheitsbezogene Daten, sondern aktuelle Daten und Informationen einerseits sowie „Frühindikatoren" („weak signals") andererseits erhoben, um Diskontinuitäten sowie Paradigmenwechsel frühzeitig erkennen und handlungsfähig umsetzen zu können. Diese – fast überpointiert – vertretene Auffassung hinsichtlich der Bedeutung der aktiven und bilateral-direkten Kommunikation mit den Kunden soll allerdings nicht den Wert der passiven und monolateralen Kommunikation mittels der „klassischen" Medien (Werbung, Kundenzeitungen, Internetseiten etc.) marginalisieren. Trotz des Nachteils, dass dabei keine Rückkopplungen und somit Korrekturen semantischer Missverständnisse möglich sind, besitzen sie weiterhin ihren Stellenwert – vor allem im Hinblick auf ihre Breitenwirkung sowie „flächendeckende" Ansprache vorhandener und potenzieller Kunden. Trotz aller Interneteuphorie darf diesbezüglich die wichtige Funktion von Kunden- und Mitarbeiterzeitungen beim Management der Kundenbeziehungen nicht unterschätzt werden. Mittels eines professionellen journalistischen Stils sowie dementsprechender Layouts ist der „analoge" Transfer der Glaubwürdigkeit der kommunizierten Inhalte eher als in digitalisierter Form „per Bildschirm" möglich. Auch ist es für den Leser häufig nicht zumutbar, Texte mit einer Länge von mehr als fünf Seiten am Bildschirm zu lesen.

An dieser Stelle soll der sicherlich beim Leser entstandene Eindruck, dass die Differenzierung zwischen der Transfer- und der Transformationsdimension des Kundenbeziehungsmanagements analytischer Natur und daher an manchen Stellen „theoretisch" ist, bestätigt werden. So ist beispielsweise das „Compet-

ence-/Customer-Interaction-Center" einerseits ein Element des operativen Moduls der Transferdimension. Da funktional jedoch auch die direkte Kommunikation mit dem Kunden erfolgt sowie Dienst- bzw. Serviceleistungen gegenüber dem Kunden erbracht werden, impliziert dies zwangsläufig auch die Transformationsebene. Trotzdem soll an dieser Differenzierung festgehalten werden, um die für das Kundenbeziehungsmanagement wesentliche Bedeutung der Informations- und Wissenstransformation als „nicht-technologisch" fokussierte Dimension zu verdeutlichen.
Eine wichtige kommunikative „Schnittstelle" zum Kunden und ein Modul der Transformationsdimension sind zum einen die Dienst- und Serviceleistungen. Sie repräsentieren – wie bereits mehrfach betont wurde – einen integralen Bestandteil der Kundenbeziehungen; die Erfahrungen im Rahmen der Liberalisierung der Telekommunikation sowie Energieversorgung haben gezeigt, dass die Unzufriedenheit mit dem Service häufig der ausschlaggebende Grund für einen Anbieterwechsel war bzw. ist. Diese Unzufriedenheit fokussiert häufig nicht auf den Preis, sondern auf sozio-emotionale Komponenten der Kundenbeziehung, wie zum Beispiel schnelle und umfassende sowie verbindliche Beantwortung von Anfragen, Verständlichkeit der Produktinformationen, Verträge sowie sonstiger schriftlicher Unterlagen, die Intensität und Qualität der Betreuung einschließlich der kundenorientierten Freundlichkeit der MitarbeiterInnen sowie die Genese von Eskalationsroutinen, um Schlüsselkunden regelmäßig zu informieren und kontaktieren. Vernachlässigt wird hierbei häufig die Bedeutung der Zählerableser (bei Energieversorgungsunternehmen) sowie der Rechnungsstellung (das „Billing-System"). Diese sind eine der wenigen Ebenen der Kundenbeziehung, auf denen die Unternehmung einen ständigen Kontakt zum Kunden besitzen – ihr „Marketing- bzw. Beziehungswert" darf daher nicht unterschätzt werden. Zwar repräsentiert die Rechnung nicht den ersten Eindruck, den der Kunde vom Unternehmen bekommt. Sie ist jedoch die sich am dauerhaftesten und langfristigsten auswirkende Impression aus Kundensicht[134]. Aufgrund der häufig festzustellenden Angleichung bzw. Identität der Preiskomponenten steht aus Sicht des Kunden der Service sowie dessen Qualität im Vordergrund. Service und Servicequalität implizieren zwar auch die Dimension des Wissenstransfers im Rahmen des Kundenbeziehungsmanagements; sie werden allerdings nicht per se schon durch diese gewährleistet. Ein Kundenbeziehungsmanagement basiert vielmehr auf einer ganzheitlichen, das ganze Unternehmen umfassenden Serviceorientierung. Das setzt eine entsprechende Wissenstransformation voraus. Vervollständigt wird dieses Servicebewusstsein durch die Definition der Servicequalität, der Festlegung von Servicegarantien sowie dem Service-Controlling. Unter letzterem aggregiert man Planung, Steuerung, Koordination sowie Kontrolle sämtlicher kundenorientierter Prozesse, die Einfluss auf die vom Kunden wahrgenommene Dienstleistungsqualität haben[135].
Im Rahmen eines mehrstufigen, iterativen Prozesses müssen dabei (ausgehend von der Unternehmensstrategie bzw. den Unternehmenszielen) zu Beginn die Serviceziele, -qualität sowie -standards definiert werden. Hieraus werden dann die Servicegarantien sowie Art und Weise ihres kommunikativen Transfers zum

und ihrer Transformation beim Kunden abgeleitet. Diese Garantien sind zwangsläufig für die jeweiligen Kundensegmente unterschiedlich und umfassen sowohl segmentbezogene als auch individuelle Garantien. Im nächsten Schritt werden Inhalt und Struktur des Servicemonitorings sowie des Servicecontrollings definiert. Diese iterative, mit Rückkopplungen verbundene Prozessvorgehensweise ermöglicht sowohl eine kontinuierliche Evaluierung der Serviceziele und -garantien als auch die permanente Überprüfung und gegebenenfalls notwendige Veränderung der Kundenbeziehungsprozesse. Zu den Monitoring- bzw. Controllinginstrumenten gehören traditionell die Kundenumfrage bzw. die Messung der Kundenzufriedenheit sowie ein effektives Beschwerdemanagement. Ergänzt werden sie durch entsprechende Benchmarkings – auch mit branchenfremden Unternehmen. Eine dementsprechende ganzheitliche, unternehmensumfassende Implementierung des Servicecontrollings soll zur Institutionalisierung der Kundenfokussierung in allen Geschäftsprozessen und somit auch häufig zu mentalen Veränderungen bei allen MitarbeiterInnen führen. Die organisatorische Einbindung des Servicecontrollings sollte jedoch nicht im Controllingbereich, sondern im Marketing realisiert werden, um Akzeptanzbarrieren zu reduzieren und so eine Reaktanz bei den MitarbeiterInnen zu verhindern.

Das „klassische" Instrument der Wissenstransformation zwischen Unternehmung und Kunde im Sinne eines „one-to-one-Marketings" ist jedoch seit jeher das Beschwerdemanagement. Kundenbeschwerden bzw. -reklamationen sind sowohl ein Zeichen des Kunden für Kommunikationsbedarf als auch für das Aufrechterhalten der Beziehung zum Anbieter[136]. Eine Illusion ist allerdings die Vermutung, dass ein Kunde, der sich nicht beschwert, ein zufriedener Kunde ist – analog gilt, dass sich jeder unzufriedene Kunde sofort beschwert. Empirische Untersuchungen ergaben, dass ca. 70 Prozent der Kundenbeschwerden aus kundenunfreundlichen oder -unverständlichen Organisationsabläufen resultieren. Sie enthalten deshalb wichtige Informationen für das Unternehmen, weil sie Probleme der organisationalen Strukturen, Abläufe, Produkt- und Dienstleistungsangebote sowie Serviceprozesse etc. aus der Kundensicht aufzeigen[137]. Sie sind häufig der Impulsgeber bzw. Ausgangspunkt für innovative Veränderungen, Produkt- und Prozessoptimierungen sowie zur Steuerungsoptimierung. Die sowohl in der Unternehmensstrategie bzw. -politik als auch in der Unternehmenskultur sowie mental in den Köpfen der MitarbeiterInnen „zu verankernde" Doktrin fokussiert demnach auf der Erkenntnis, dass jede Beschwerde ein willkommener Anlass ist, die Beziehung zum Kunden zu verbessern, so dass – analog zur Prämisse „Kundenbindung geht vor Kundenrückgewinnung" – unzufriedene Kunden zu zufriedenen mutieren können. Das gilt um so mehr, da Beschwerdeführer häufig eine Multiplikatorenfunktion besitzen: Der Kunde soll vom „Gegner" zum Partner der Unternehmung mutieren, um sowohl eine Referenzwirkung auf potenzielle Kunden auszuüben, als auch die Kundenbeziehung zu stabilisieren und somit die Kundenbindung zu erhöhen. Beschwerden bieten des Weiteren neben der Chance für die Intensivierung der Kundenbeziehung die Basis für eine Individualisierung von Produkt/Dienstleistung und damit deren Nicht-Substituierbarkeit, weil sie Informationen über die eigentlichen Kundenbedürfnisse liefern. Voraussetzungen für eine positive Wirkung des Beschwerdemanagements sind daher:

- Das Unternehmen muss eine aktive Beschwerdestrategie realisieren (Stimulierung der Kunden zum aktiven Dialog mittels des Beschwerdemanagements).
- Das Antwortverhalten muss sehr kurzfristig sein (max. 24 Stunden) und eine Sicherheit von annähernd 100 Prozent besitzen (der „organisatorische Ablauf" des Beschwerdemanagements muss durch unternehmenseinheitliche Vorgaben und Standardisierungen repetitiven Charakter erhalten, ohne die „Individualität" der Antwort zu verlieren), da der Kunde prioritär hieraus Rückschlüsse auf die zukünftige Qualität der Partnerschaft ableitet.
- Das Beschwerdemanagementsystem muss sowohl zentralisiert als auch „interfunktional" strukturiert sein, um sämtliche Kundenkontakte der Geschäfts- bzw. Wertschöpfungsprozesse zu erfassen.
- Ein Monitoring hinsichtlich der Wirkung der Antwort auf den Kunden muss stattfinden (gezielte Auswertung der erhaltenen Informationen müssen kurzfristig sowohl zur Prozessoptimierung als auch zur Verbesserung der Produkte/Dienstleistungen führen).
- Alle MitarbeiterInnen müssen eine „intuitiv" positive Einstellung gegenüber dem Vorbringen von Beschwerden besitzen (positives Beschwerdebewusstsein bzw. positive Beschwerdekultur); das verlangt, dass sich jeder Mitarbeiter für Beschwerden verantwortlich fühlt, in der Handhabung von Beschwerden geschult ist sowie aus den Beschwerden lernt.
- Neben den „klassischen" Kommunikationskanälen sind „Beschwerdeforen" im Internet (Unternehmensportal) einzurichten, damit der Kunde die von ihm präferierte Kommunikationsform nutzen kann.
- Für jeden Kommunikationskanal des Beschwerdemanagements müssen „persönliche" Ansprechpartner definiert und kommuniziert werden.
- Alle gewonnenen Informationen über den Kunden müssen allen Prozessbeteiligten zur Verfügung gestellt werden (Einbindung in das Workflowsystem).

Erforderlich ist es daher, zu Beginn zu definieren, welche Kundenäußerungen als Beschwerden gelten, sowie festzulegen, wie diese stimuliert werden können. Anschließend gilt es, deren Kanalisierung und Bearbeitung im Unternehmen sowie deren Evaluierung vor dem Hintergrund der Unternehmensprozesse zu bestimmen. Neben dieser strukturellen Konzeption sind in dem Beschwerdemanagementhandbuch auch die Qualitätsstandards (wie Bearbeitungsdauer, Kulanzspielräume, semantisch klare Form, ansprechendes Layout etc.) festzulegen. Ziel dabei muss die Transformation der „Kontrolle" in ein „Monitoring" sein. Das erfordert neben organisationsstrukturellen Veränderungen zwangsläufig auch die entsprechende Schulung der MitarbeiterInnen im Hinblick auf ihre Kommunikationsfähigkeit bzw. ihrer fachlichen, sozialen, psychologischen sowie rhetorischen Fähigkeiten. Sogenannte „soft facts" des Beschwerdemanagements sind daher die Sensibilisierung gegenüber Beschwerdeführern, die Formen der Konfliktlösung bei der Beschwerdeannahme, Kommunikations- und Verhaltenstechniken sowie Gestik und Rhetorik. Eine derartige „Gefühlsarbeit" ist vor allem dann erforderlich, wenn der Kunde seine Emotionen als „ultima ratio" einsetzt – analog zu pubertären Verhaltensweisen, bei denen Emotionen als Instrument zur Erreichung spezifischer Ziele eingesetzt werden. Da jede Beschwerde neben der rationalen Sachebene auch eine emotionale Komponente besitzt, müssen die MitarbeiterInnen neben Gesprächs- und Verhandlungstechniken auch über die Fähigkeit zur Empathie, d. h. der Fähigkeit zur Einfühlsamkeit (in den Beschwerdeführer) verfügen. Elemente dieser auf Empathie beruhenden Vorgehensweise sind unter anderem:

- konzentriert zuhören, um zwischen sachlicher und emotionaler Ebene differenzieren zu können,
- zu Beginn die emotionale Dimension durch aktives Zuhören „aufzulösen",
- das sachliche Problem erkennen und durch Hintergrundfragen zu bewerten und neu zu formulieren,
- nach gemeinsamen Lösungsmöglichkeiten zu suchen,
- für die Reklamation zu danken bzw. sich für das Entstehen des Beschwerdeproblems zu entschuldigen sowie
- Information über weitere (andere) Produkte und Dienstleistungen zu geben.

Neben der Wiederherstellung der Kundenzufriedenheit sowie der Minimierung negativer Auswirkungen durch die schnelle Lösung des kundenindividuellen Problems sollen organisationale bzw. personelle Fehlerquellen bzw. „Schwachstellen" aufgedeckt werden, da diese häufig die Ursache der Kundenunzufriedenheit sind. Da sich jedoch ca. 90 Prozent der unzufriedenen Kunden ohne Reaktion bzw. Beschwerde vom Unternehmen abwenden[138], muss eine gezielte Stimulierung von Beschwerden realisiert werden, beispielsweise in Form von Kundenbefragungen. „Messgrößen" können unter anderem die Frage nach der Zufriedenheit mit der Geschäftsbeziehung, einer Wiederwahl sowie späteren Weiterempfehlung als auch die Angabe definierter Vorteile (aus Kundensicht) sein.

Die Komplexität des vorstehend skizzierten Beschwerdemanagements impliziert zum einen, dass ein „Beschwerdecontrolling" installiert wird, um sowohl das zeitliche Antwortverhalten steuern als auch Kosten-Nutzen-Relationen erhalten zu können (Return on Complaint Management). Zum anderen muss das Beschwerdemanagement in das CRM implementiert sein, um Beschwerdegründe und -qualitäten reaktiv durch Produkt-/Dienstleistungsverbesserungen sowie Marketingaktivitäten positiv umsetzen zu können. Das Beschwerdemanagement muss somit zwangsläufig als Prozess verstanden werden, der die ökonomischen Zielsetzungen des Dienstleistungsunternehmens durch die Generierung von Kundenzufriedenheit realisiert. Dieser Prozess besteht vorwiegend aus den Phasen[139]

- Beschwerdestimulierung (der Kunde soll zur Artikulierung seines Missfallens angeregt werden, um den „kommentarlosen Wechsel" zum Mitbewerber zu verhindern),
- Beschwerdeannahme (soll sowohl die Wiederherstellung der Kundenzufriedenheit als auch die Verringerung der Unzufriedenheit herbeiführen),
- Beschwerdebearbeitung (zeitliche/funktionale Optimierung der internen Prozesse),
- Beschwerdereaktion (Antwort sowie Angebote zur Wiedergutmachung),
- Beschwerdeanalyse (Ermittlung der Ursachen für die Kundenunzufriedenheit als qualitativer Aspekt sowie Analyse deren relativer Bedeutung als quantitative Komponente),
- Beschwerdecontrolling (Kosten-Nutzen-Analyse sowohl des Beschwerdemanagements als auch der sich aus der Verdichtung von Beschwerden ergebenden Veränderungen bei der Produkt/Leistungsgestaltung bzw. den Prozessabläufen) und
- Beschwerdereporting (qualitative und quantitative Verdichtung der wichtigsten Beschwerdefaktoren sowie Evaluierung und Revision der zur Kompensation eingeleiteten Maßnahmen)[140].

Während Beschwerdestimulierung, -annahme, -bearbeitung sowie -reaktion die operative Ebene des Beschwerdemanagementsystems repräsentieren, definieren Beschwerdeanalyse, -controlling und -reporting die strategische. Die Aggregation beider Ebenen ergibt dann den zyklischen Prozess des Beschwerdemanagement (vgl. die nachfolgende Abbildung). Im Fokus der Konzeptionierung und Strukturierung des (reaktiven) Beschwerdemanagements muss letztlich auch die Intention stehen, dass dieses funktional quasi der „Pfadfinder bzw. Lotse durch den Dschungel der unternehmensspezifischen Ablauforganisation" für den Kunden ist; diese Schnittstelle oder dieses „Grenzelement" zwischen der Unternehmung und der (Kunden-) Umwelt soll die Navigation für den Kunden durch das Unternehmen nicht nur erleichtern – das institutionalisierte Beschwerdemanagement muss die Navigation übernehmen.

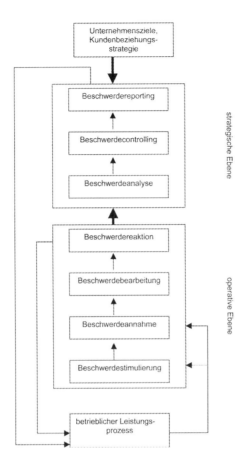

Abb. 85: Die operativen und strategischen Ebenen des zyklischen Beschwerdemanagementprozesses

Hinsichtlich der Involvierung informationstechnologischer Instrumente bzw. Applikationen gilt auch hier, dass nur das automatisiert werden soll, was aus Kundensicht automatisiert werden kann[141]. Nicht das technologisch höchstwertigste und anspruchsvollste System sollte implementiert werden, sondern die prozessual und emotional aus Kundensicht effizienteste Technik. Das verlangt vor der eigentlichen Installation den Test verschiedener Prototypen unter Einbeziehung der Nutzer (Kunden).
Insgesamt gesehen bietet ein aktives Beschwerdemanagement die Chance sowohl für einen kontinuierlichen Verbesserungsprozess als auch zur Wiederherstellung der Kundenzufriedenheit durch einen interaktiven Dialog. Hierdurch soll ein interaktives Beziehungsgefüge zum Kunden generiert werden, bei dem jedoch nicht nur die „Einhaltung von Spielregeln" genügt. Vielmehr muss das

Unternehmen auch die gesellschaftliche (resp. gesellschaftspolitische) Akzeptanz bzw. aus Kundensicht die Legitimation für das unternehmerische Handeln besitzen – das „Reputation Management"[142]. Das erfordert sowohl die Harmonisierung der funktionalen Ablaufprozesse als auch die partizipative Einbindung aller MitarbeiterInnen. Nur dann ergibt sich die Möglichkeit, dass eine Prozessverbesserung auch eine Leistungsverbesserung impliziert und vice versa eine Produktverbesserung eine höhere Prozesseffizienz zur Folge hat. Trotz dieser unbestrittenen Bedeutung des Beschwerdemanagements haben empirische Erhebungen in jüngster Zeit[143] den Eindruck hervorgerufen, dass diese Kundenfokussierung für viele Unternehmen sekundäre Bedeutung besitzt und deshalb vernachlässigt wird. So erfolgt die Kommunikation mit dem Kunden überwiegend über die Produkttechnik und nicht über die Problemlösungsfähigkeit des Produktes. Zudem werden Aussagen über die Kundenzufriedenheit häufig nach der Auftragsabwicklung – quasi als „Nachkalkulation" – in Form eines „einmaligen Vorganges" erhoben, ohne dass deren Erkenntnisse in den Produktions- bzw. Marketingprozess einfließen. Eine der Ursachen hierfür kann in der Tatsache gesehen werden, dass Leistungszulagen fast ausschließlich am einmaligen Umsatz, nicht jedoch am langfristig zufriedenen Kunden orientiert sind. Diese ausschließlich reaktive, unsystematische sowie aperiodische Vorgehensweise impliziert zwangsläufig, dass eine effektive „After-Sales-Betreuung" nicht stattfinden kann. Schließlich verfügt nur jedes zehnte Unternehmen über eine Strategie zur Bindung der werthaltigen Kunden, so dass es nicht verwundert, dass 63 Prozent der befragten Unternehmen die Loyalität der Kunden nicht messen und 46 Prozent niemals den Versuch unternommen haben, verlorene Kunden zurückzugewinnen. Dieser Sachverhalt steht allerdings konträr zu einer von Accenture im Jahr 2003 veröffentlichten weltweiten Studie: die wirksamste CRM-Maßnahme ist neben der Rückgewinnung ein effektives Beschwerdemanagement, da die Kunden dann (erst) spüren, dass sie in ihrer Funktion akzeptiert und ernst genommen werden.

7.3.3 Die Implementierung des Kundenbeziehungsmanagements

Aufgrund der Marktliberalisierung hat sich auf den hieraus resultierenden Wettbewerbsmärkten der Fokus vom Anbieter zum Nachfrager, d. h. dem Kunden, verschoben und somit eine Veränderung der Machtbalance ergeben: Wettbewerbsmärkte werden von dem multioptionalen Kunden geprägt bzw. sogar determiniert. Die Unternehmung kann strategisch auf diese Machtverschiebung zum einen durch das Anstreben der Preisführerschaft reagieren – hierdurch wird jedoch ein Verdrängungswettbewerb ausgelöst, der kurzfristig zu negativen Deckungsbeiträgen und langfristig zum Rückzug vom jeweiligen Markt bzw. zur Existenzvernichtung führen kann. Zum anderen kann im Fokus das Erreichen der Kostenführerschaft stehen. Da kurzfristig häufig nur die variablen Kosten gesenkt werden können, führt dies zur deutschen Variante des „Lean management", der Personalreduzierung. Dies impliziert allerdings auch die Reduzierung des im Unternehmen vorhandenen Wissens und führt somit nachhaltig zu einer Verschlechterung der Wettbewerbsposition. Des Weiteren kann der Kostensenkungseffekt von den Mitbewerbern relativ schnell „kopiert" werden, so dass dieser Wettbewerbsvorsprung von kurzfristiger Natur ist. Im strategischen Fokus einer nachhaltigen Unternehmensstrategie muss daher die Zielsetzung der Produkt-/Dienstleistungsführerschaft in Verbindung mit der Kundenbeziehungsführerschaft stehen. Die hierdurch involvierte Kundenbindungsführerschaft erfordert allerdings eine „Individualisierung der Massenfertigung" in Form individualisierter Produkt-/Dienstleistungsangebote. Letzteres impliziert eine „molekulare Leistungsgestaltung", bei der ein Kernprodukt bzw. eine Kernkompetenz um standardisierte und genormte Elemente segmentspezifisch und variabel aus Kundensicht „angereichert" wird. Entscheidend ist hierbei nicht die „Breite", sondern dessen „Tiefe": wenige standardisierte Elemente, die in verschiedenen Kombinationen bzw. Varianten angeboten werden und somit zu vergleichsweise hohen Stückzahlen im Sinne der „economies of scale" führen. Des Weiteren müssen diese Produkt-/Dienstleistungen im Rahmen der engen Kundenbindung auf den „Kundenlebenszyklus" abgestellt sein: Produkt- und Kundenlebenszyklus konvergieren. Beachtet werden muss im Rahmen einer derartigen Strategie zwangsläufig auch die Kundenwerthaltigkeit – der Kundenwert bzw. der hieraus resultierende Deckungsbeitrag ist Grundlage und Steuerungsgröße für die Planung und Realisierung der Leistungsentwicklungs- sowie Kundenbeziehungsaktivitäten. Dies impliziert den Paradigmenwechsel vom produktorientierten zum wertschöpfungsfokussierten Denken. Diese skizzierten Aspekte -Kundenbindungsführerschaft, molekulare Produkt-/Dienstleistungsgstaltung, Konvergenz von Produkt- und Kundenlebenszyklus sowie Fokussierung auf die Werthaltigkeit – repräsentieren quasi das **„wettbewerbswirtschaftliche Credo"** einer Unternehmung auf liberalisierten Märkten und sind somit die Ausgangsbasis für das notwendige Kundenbeziehungsmanagement.

„Holzschnittartig" kann für dieses vorstehend beschriebene und definierte strategisch ausgerichtete Kundenbeziehungsmanagement als Resultat einer marktfokussierten Unternehmensführung festgehalten werden:

1. Ein systemisches, ganzheitliches Kundenmanagement soll mittels der Bündelung aller kundenfokussierten Aktivitäten den Wert der Kundenbeziehungen durch ein langfristiges, interaktives sowie proaktives Beziehungsmanagement sowie die hieraus resultierenden Faktoren „Kundenbindung", „Kundenloyalität" und „Kundenzufriedenheit" erhöhen, in dem der aus Kundensicht negativ besetzte Faktor „Gebundenheit durch Abhängigkeit" durch den Faktor „Gebundenheit durch Zufriedenheit" ersetzt wird.
2. Es soll die Bindung bestehender und die Gewinnung neuer Kunden durch ein „one-to-one-Marketing" sowie die Berücksichtigung deren individueller Bedürfnisse gewährleisten und somit zur Intensitätserhöhung potenziell ökonomisch attraktiver Kundenbeziehungen führen.
3. Es dient zur Differenzierung von den Wettbewerbern im Wahrnehmungsbereich des Kunden.
4. Das System soll den „individuellen Kundenlebensweg" jederzeit nach-

vollziehbar und analysierbar machen, um hieraus antizipativ „maßgeschneiderte" Produkte sowie Dienstleistungen einschließlich der adäquaten Kommunikationskanäle entwickeln zu können (Customer-Life-Cycle-Management).
5. Es soll den kundenorientierten „Nutzwert" einer jeden mittel- bis langfristigen Produkt- bzw. Dienstleistungsinvestition im Rahmen einer detaillierten Prozesskostenrechnung im Sinne der „Cost of Opportunity" aufzeigen (im Rahmen von „Cross-Sellings" etc.) und somit die „Kostentreiber" eliminieren.
6. Es soll zu einer Reduzierung der Transaktionskosten durch die informationstechnologisch gestützte Aggregation der Geschäftsprozesse in den Bereichen „Vertrieb", „Marketing", „Service" und „Support" sowie einem effizienteren Ressourceneinsatz führen.
7. Es soll zu einer Erhöhung der Umsatzerlöse sowie der Deckungsbeiträge beitragen (zum Beispiel soll das aktive Beschwerdemanagement zu einer sinkenden „Kundenverlustrate" führen), und somit neben der Effizienz der Kundenbeziehung auch deren Effektivität (Profitabilität) erhöhen (dies impliziert die Verknüpfung mit dem Risikomanagementsystem).
8. Es soll das Management der kundenfokussierten Geschäfts- bzw. Wertschöpfungsprozesse durch eine durchgängige informationstechnologische Unterstützung der Marketing- und Vertriebsaufgaben effizient und effektiv gestalten – sowohl im Sinne einer aktiven Verkaufsunterstützung als auch einer Forecast-Planungshilfe sowie des „Interactive Sellings".
9. Es muss am Kunden und nicht am Produkt orientiert sei, um kurzfristig richtige und fundierte Informationen und Auskünfte bereitstellen zu können.
10. Es besitzt den Charakter eines Prozesszyklus im Sinne eines antizipativen und proaktiven CRM.

Plakativ formuliert soll es die gezielte, funktionsorientierte und permanente Bereitstellung der jeweils relevanten Daten und Informationen von und über Kunden an jedem Arbeitsplatz im Unternehmen gewährleisten. Dies schließt zwangsläufig auch die Einbindung mobiler Geräte (Handy, Laptop etc.) ein, um bei Gesprächen beim Kunden auf alle Daten und Informationen zugreifen zu können. Dadurch soll quasi der Kunde als ein „Gleichungssystem mit vielen Unbekannten" in ein Gleichungssystem mit überwiegend bekannten Faktoren transformiert werden, um nachhaltig den loyalen Kunden profitable Produkte bzw. (Dienst-) Leistungen verkaufen zu können. Es verhilft dazu, sich nicht am Mitbewerber, sondern an der eigenen Authentizität auszurichten – im Sinne eines effizienten, antizipativen und systemischen Ansatzes anstelle des „Trial-and-error-Prinzips". Schließlich verhilft es zur Aufhebung der Abteilungsgrenzen zwischen dem Marketing sowie den anderen Funktionsbereichen wie auch zu den Geschäftsprozessen der Unternehmung. Es generiert daher neben der Kundenorientierung „nach außen" auch eine interne. Hierdurch erhält es eine „Klammerfunktion" für die Organisations- und Controllingprozesse der Ver-

triebs- und Marketingaktivitäten, um deren individuellen Zentrifugalkräfte zu kompensieren.
Mittels des Kundenbeziehungsmanagements soll vor diesem Hintergrund die Identifikation und Analyse des Kundenverhaltens bzw. der Kundenwünsche ermöglicht werden, um proaktiv und antizipativ die zur Erfüllung der Kundenwünsche erforderlichen Potenziale und Möglichkeiten aufzuzeigen. Während bei „abgeschotteten" bzw. regulierten Märkten beispielsweise ein Competence-Center mit dem Fokus auf der „Information für den Kunden" genügt, werden auf liberalisierten Wettbewerbsmärkten dagegen „Informationen über den Kunden" benötigt, um kundenindividualisierte Leistungsangebote generieren sowie die profitablen von den nicht-profitablen Kunden differenzieren zu können. Die Generierung der internen Kundenprofile erfordert jedoch eine offene „Privacy-Politik", damit der Kunde sicher sein kann, dass seine Daten nur in dem von ihm akzeptierten Rahmen verwandt werden. Zu beachten sind dabei die – verschärften – Bedingungen des Bundesdatenschutzgesetzes (BDSG) in der Fassung vom 23. Mai 2001. Das in Paragraph 3 a definierte Gebot der Datenverminderung und -sparsamkeit impliziert, dass ohne Einwilligung der Betroffenen viele Daten weder erhoben noch gespeichert und/oder verarbeitet werden dürfen. Jeder Kunde ist demnach individuell darüber zu informieren, welche Daten zu welchen Nutzungszwecken erhoben und gespeichert werden: Überdies muss sein direktes Einverständnis hierzu eingeholt werden. Für eine derartige Personalisierung bzw. „Privatisierung" der Kundenbeziehung ist allerdings eine andere als die tayloristisch geprägte Unternehmenskultur erforderlich. Zugleich ermöglicht ein diesbezüglich strukturiertes Kundenbeziehungsmanagement die ganzheitliche Integration der Kunden-, Lieferanten- und eigenen Unternehmensprozessstrukturen. Hieraus resultiert dann letztlich die doppelte Synchronisierung der Marketingaktivitäten sowohl auf den verschiedenen strategischen Dimensionen als auch in den jeweiligen funktionalen (operativen) Unternehmenseinheiten. Betont werden soll jedoch, dass sowohl die dem CRM zu Grunde liegende strategische Konzeption als auch die Implementierungsstrategie eine größere Relevanz als die zu involvierende Hard- und Software besitzen: Die Informationstechnologie kann nur assistieren – sie darf nicht dominieren. Das setzt neben der modularen Vorgehensweise beim Implementierungsprozess eine umfassende Schulung als auch eine einfache Navigation im System voraus, um die Nutzerakzeptanz zu erhöhen. Zudem muss eine konsistente Verbindung zwischen der ontologischen sowie der epistemologischen Dimension bestehen.
Aufgrund der inhärenten Zielsetzung eines „Total Relationship Management" ist es als permanenter Prozess zu verstehen, der die Aggregation von Change-, Projekt-, Integrations- und Prozessmanagement beinhaltet. Die Integration der ontologischen Transfer- sowie der epistemologischen Transformationsdimension führt letztlich zu einem „selbstlernenden System" mit entsprechenden „Learning Loops" (vgl. die nachfolgende Abbildung).

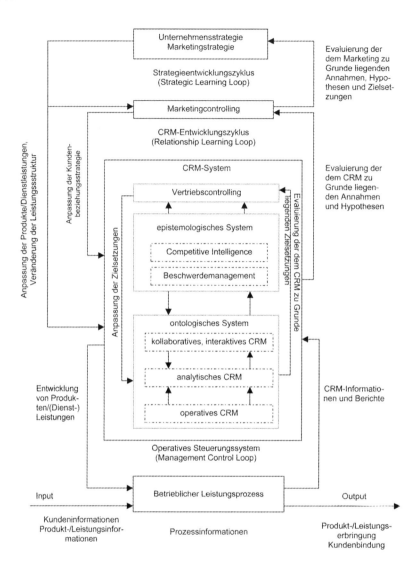

Abb. 86: *Das Kundenbeziehungsmanagement als „selbstlernendes System"*

Kundenbeziehungsmanagement ist demzufolge ein zyklischer, rückgekoppelter und aktiver Lernprozess vieler Initiativen und Aktivitäten als ganzheitlicher Ansatz, bei dem der Fokus auf den Kundenbedürfnissen sowie dem höheren Kundenwert und nicht auf der intraorganisationalen Zweckmäßigkeit liegt. Dies erzwingt den ständigen und unmittelbaren Kontakt zum Kunden, der ca. 60 Prozent der Arbeitszeit umfassen sollte – nicht nur auf der spezifischen Mitarbeiterebene, sondern auch bei den jeweiligen Führungskräften. Der hierfür erforderliche Zeitbedarf kann durch die Senkung der innerbetrieblichen Transaktionszeiten (und -kosten) sowie mittels eines konsistenten Informations- und Wissensmanagements auf der Grundlage prozessfokussierter, teamzentrierter Strukturen generiert werden. Das „Wissen" des Kundenbeziehungsmanagements fließt in Form von Daten und Informationen zum einen in das Vertriebscontrollingsystem, wo die Evaluierung der zu Grunde gelegten Kundenbindungsmethoden und -instrumente erfolgt. Falls erforderlich, findet deren entsprechende Anpassung und somit eine Veränderung des Kundenbeziehungsmanagements statt. Verdichtete sowie im Hinblick auf die zu Grunde liegende Marketingstrategie strukturierte Informationen gelangen des Weiteren vom CRM-System in das Marketingcontrollingsystem, um dort – quasi auf einer Meta-Ebene – die dieser Strategie zu Grunde liegenden Hypothese und Modelle zu monitoren sowie zu evaluieren. Bei negativen Diskrepanzen bzw. Abweichungen findet dann auf dieser höheren Ebene eine Anpassung der Marketingstrategie (und gegebenenfalls auch der Unternehmensstrategie) statt, die wiederum zu Veränderungen des Kundenbeziehungsmanagements führen.

Grundbedingung für eine erfolgreiche Implementierung eines CRM-Systems ist eine „andere" (neue) Kombination der organisationalen Felder „Mensch", „Organisation(sstruktur)" sowie „Technik" (= Informationstechnik). Korreliert man deren Bedeutungen in relativen Werten, so ergibt sich das Verhältnis von 50 (Mensch) zu 30 (Organisation) sowie 20 (Informationstechnik). Die dazu erforderlichen Voraussetzungen beinhalten im organisatorischen Bereich sowohl das Vorhandensein prozessorientierter Strukturen als auch die Bildung „virtueller Organisationen" (zum Beispiel in Form von Kooperationen als unternehmensübergreifende Konstellationen), um dem Kunden ein umfassendes (Dienst-) Leistungsspektrum anbieten zu können, das häufig über die eigenen Kernkompetenzen hinausgeht. Informationstechnologisch setzt es sowohl Workflow- bzw. Workgroup-Systeme als auch intakte, übersichtliche und funktionierende Netzwerke sowie ein Wissensmanagement voraus. Neben diesen formalen Kriterien erfordert es auf personeller (mentaler) Ebene ein kundenorientiertes Dienstleistungsdenken bei allen MitarbeiterInnen, das letztlich auf einer „Vertrauenskultur" in der Unternehmung beruht. Zwangsläufig erfordert es auch die ständige Messung der „Kundenzufriedenheit" (durch punktuelle/situative Auswertungen des Beschwerdemanagements, regelmäßige Befragungen etc.), um durch ein derartiges ECR[144] als ganzheitlicher Betrachtung des vollständigen Geschäfts- bzw. Wertschöpfungsprozesses mit dem Kunden das jeweilige Beziehungsgefüge aufrecht zu erhalten. Marketingstrategisch impliziert es schließlich die Kombination von

- Signalstrategien (Erzielen von Aufmerksamkeit)
- Normstrategien (Formalisierung bzw. Generierung repetitiver Strukturen) und
- Ressourcenstrategien (Einsatz von materiellen und immateriellen Ressourcen zur Manipulation des Entscheidungsverhaltens Dritter).

Nur bei Beachtung dieser Bedingungen ist gewährleistet, dass das Kundenbeziehungsmanagement seine Funktion als Marketinginstrument erfüllen kann.

In der populärwissenschaftlichen Literatur und Diskussion wird CRM häufig als „neues" Marketingkonzept dargestellt[145] – so, wie auch überwiegend informationstechnologische Vertriebsmodule (KIS, KAS etc.) zur Prozessunterstützung als CRM bezeichnet werden. Aus den bisherigen Ausführungen wurde allerdings deutlich, dass es „nur" ein instrumentelles Modul eines ganzheitlichen, das gesamte Unternehmen umfassenden strategischen Marketingkonzeptes sein kann. Zur Erfüllung dieser instrumentellen Funktion ist unter anderem erforderlich, dass

- die Konzeption und Struktur des Wissensmanagementsystems existiert, genutzt und „gelebt" wird,
- eine prozessorientierte Organisationsstruktur vorhanden ist,
- die auf der Unternehmenskultur beruhende Mentalität aller MitarbeiterInnen den Kunden nicht als „Störenfried", sondern als „Arbeitgeber" sieht und
- ein auf einer ERM-Architektur basierendes und vollständig vernetztes Informationsmanagement installiert ist.

Das Umsetzen bzw. die Integration dieser Grundlagen sowie Anforderungen in die Konzeption des Kundenbeziehungsmanagements erfordert zwangsläufig einen prozessualen Verlauf, der in verschiedene wohldefinierte Phasen mit eindeutig definierten Zielsetzungen sowie Kosten-Nutzenvorgaben unterteilt werden muss. Er sollte zweckmäßigerweise analog zu dem nachfolgend beschriebenen Phasenschemata bzw. „Leitfaden" erfolgen. Die dazu gewählte analytische Prozessstruktur mit der Differenzierung in verschiedene, gegeneinander abgegrenzte Phasen orientiert sich an der Vorgehensweise bei der Implementierung von Informationssystemen[146]; die durch die Transformationsebene bedingten Abweichungen gegenüber ausschließlich transferfokussierten Systemen werden in den jeweiligen Phasen spezifisch definiert und diskutiert. Grundsätzlich differenziert man dabei die nachfolgenden Prozessschritte bzw. Phasen:
(1) Konzepterstellung,
(2) Prozessmodellierung,
(3) Systementwicklung/-auswahl/-anpassung,
(4) Implementierung sowie Einbindung in die vorhandenen Geschäftsprozesse bei gleichzeitiger Abstimmung mit sonstigen organisationalen Struktur-/-prozessveränderungen,
(5) Systeminbetriebnahme,
(6) ständige Evaluierung und Anpassung.

Im Rahmen der *Konzepterstellung* sind vor allem die nachfolgenden Schritte bzw. Kriterien zu berücksichtigen:
a) Diskursive Festlegung der kundenfokussierten Unternehmensstrategien und der daraus abgeleiteten Marketingstrategie sowie der hieraus resultierenden Leistungs-, Markt-, Kunden- und Servicestrategien. Hierauf basierend wird dann die CRM-Strategie entwickelt.
b) Definition der eigenen Rolle sowie Position am Markt und der daraus

abgeleiteten mittelfristigen Ziele; hieraus werden dann die Funktionalitäten des Systems abgeleitet.
c) Analyse, Definition und Veränderung bzw. Harmonisierung der Geschäftsprozesse sowie der Unternehmensstruktur mit dem Fokus auf „Kundenorientierung".
d) Definition der Projektziele.
e) Analyse der internen sowie externen Abhängigkeiten, Kontextbedingungen sowie Quellen der Kundendaten und –kontakte.
f) Segmentierung und Typisierung der Kunden und -prozesse sowie der jeweiligen Wertschöpfungen (Profitabilitäten).
g) Spezifikation der Soll-Prozesse, der zu unterstützenden Marketingkonzepte und -funktionen sowie Kommunikationskanäle.
h) Design der Relationship-Prozesse aus Sicht des Kunden ,(sog. „Line of Visibility").
i) Spezifikation der Einbindung in das vorhandene ERP- bzw. Legacy-System, Bestimmung der zu integrierenden Applikationen und Schnittstellen zu anderen Systemen sowie der zu involvierenden informationstechnologischen Hilfsmittel, Systeme, Werkzeuge etc., um eine modulare und skalierbare informationstechnologische Architektur zu erhalten; dies beinhaltet zwangsläufig auch die Definition des „informationstechnologischen Führungssystems".
j) Festlegung des Stufenkonzeptes für Systemauswahl sowie Implementierung.
k) Identifizierung der kritischen Erfolgsfaktoren.
l) Definition des Implementierungsprozesses sowie der relevanten „Meilensteine" bzw. Ankerpunkte, um den Projektprozess steuern zu können.
m) Berücksichtigung und Einbeziehung von „Lernphasen" und hieraus eventuell resultierenden (grundlegenden) Konzeptveränderungen.

Im Rahmen der letzteren Komponente sind neben einer „ABC-Klassifizierung" der Kunden[147] vor allem die zeitkritischen organisatorischen Rahmenbedingungen (Strukturierung der CRM-Prozesse, Mitarbeiterschulung/-ausbildung[148] etc.) sowie Handlungsnotwendigkeiten zu berücksichtigen und zu bewerten.
Diese relativ einfach und prägnant erscheinende Kriterienauflistung für die Konzepterstellung darf nicht darüber hinwegtäuschen, dass sowohl für die inhaltliche Ausgestaltung als auch prozessuale Umsetzung strategische Vorgaben von evidenter Bedeutung sind[149]. Dazu zählen neben der präzisen Definition der Unternehmensstrategie sowie -ziele und des Unternehmensanspruches die Vorgaben für die wettbewerbliche Neupositionierung (Kundensegmente, Produkte/Dienstleistungen, Preissegmente etc.). Weiterhin müssen die zu nutzenden Kommunikations- und Distributionskanäle eindeutig festgelegt werden. Schließlich muss vorher die prozessorientierte Organisationsstruktur geplant und implementiert sowie die hierzu erforderliche informationstechnologische Architektur[150] abgestimmt sein. Im Rahmen dieser Phase sind des Weiteren aus

inhaltlicher Sicht sämtliche Bausteine des Marketing-Mix (Produkte, Preise, Vertriebsform, Logistik etc.) mit der neuen Organisationsstruktur sowie den erforderlichen informationstechnologischen Voraussetzungen sowie sonstigen instrumentalen Grundlagen in Kongruenz zu bringen. Dabei sind neben der erforderlichen Harmonisierung die nicht mehr benötigten Funktionalitäten, Produkte etc. zu eliminieren sowie die neu zu schaffenden zu generieren.

Unbedingt notwendig ist schon in der Phase der Konzepterstellung die diskursive und partizipatorische Einbindung aller „betroffenen" MitarbeiterInnen sowie eine lückenlose, transparente Kommunikation von Beginn an. Hierdurch soll einerseits das Verständnis für das System sowie den „Wert" der umfangreichen Daten- und Informationssammlung geschaffen werden. Die konsequente und konsistente Datenerfassung impliziert zumindest am Anfang eine erhebliche Mehrarbeit. Andererseits gelingt es nur dann, sowohl die unterschwellige Angst vor der „Kontrollfunktion" des Systems als auch die Mentalität des „Absicherns nach innen" aufgrund eines überwiegend intern orientierten Rationalisierungsdenkens[151] anstelle des kundenfokussierten Denkens zu verringern. Grundsätzlich muss immer die Zielsetzung eines ganzheitlichen Ansatzes im Sinne einer geschäftsprozess- und kundensegmentübergreifenden Optimierung der Kundenbeziehungen unter Einbeziehung aller „betroffenen" Funktionalitäten und Prozesse im Mittelpunkt stehen, um die Generierung einer konsistenten und gemeinsamen Wissensbasis für die kundenfokussierten Geschäfts- und Wertschöpfungsprozesse zu ermöglichen. Als „Entwicklungsverfahren" für dieses Konzept bietet sich die Methodik der „Balanced Scorecard" an[152], um die aus der Strategie abzuleitenden Zielsetzungen sowohl zu operationalisieren und kommunizieren als auch zu personalisieren. Die diesbezüglich zu generierende „strategic map"[153] beruht auf den vier „klassischen" Dimensionen Finanz-, Kunden-, Prozess- und Mitarbeiterperspektive. Aus dem „Herunterbrechen" dieser unternehmensfokussierten Karte auf die einzelnen Bereiche, Funktionalitäten und Prozesse ergeben sich (fast) zwangsläufig die Projektziele, die zu unterstützenden Prozesse, Marketingfunktionen und Kommunikationskanäle sowie das Design der Relationship-Prozesse. Aufgrund der Aufgaben- und Prozesskomplexität hat es sich als „erfolgsentscheidend" herausgestellt, dazu eine professionelle Projektorganisation zu institutionalisieren. Aus diesen Ausführungen wird deutlich, dass und warum der Aufwand in der Konzeptionsphase wesentlich größer als der eigentliche Implementierungsaufwand ist – mit der Anforderungs- und Abbildungsgenauigkeit der Konzeption steht und fällt der Systemnutzen.

Im Mittelpunkt der Phase „*Prozessmodellierung*" steht vor allem die Erstellung der relevanten Geschäfts- und Datenmodelle. Dabei sind das „Business Case Model" (Geschäftsprozesse), das „Business Object Model" (Kundendatenmodelle) sowie die „Business Rules" (Regeln für den Austausch von Daten und Informationen zwischen den jeweiligen Prozessen) zu definieren und zu präzisieren. Neben der Aufwärtskompatibilität des Datenmodells sowie der konsistenten Datenhaltung bei allen Teilfunktionen sind ebenso die Integrationsfähigkeit in die bestehende Architektur und die Unterstützung der Workflows zu beachten. Vor dem Hintergrund der phasenweisen bzw. iterativen Vorgehensweise sollte – wenn möglich – auf das Verfahren des „Prototypings" zurückgegriffen werden.

Hinsichtlich der **Systemauswahl** bzw. -entwicklung und -anpassung hat sich die nachfolgende iterative Vorgehensweise als „erfolgsträchtig" herausgestellt[154]:

1. Erstellung eines Pflichtenheftes, das die aufgrund einer mittelfristigen Unternehmensstrategie definierten Anforderungen an die CRM-Applikationen sowie alle Schnittstellen zu sämtlichen Prozessen/Funktionen innerhalb der Unternehmung, bei denen Kundenkontakte bestehen, enthält; Bestandteil sollten des Weiteren alle relevanten Prozess- und Datenmodelle sein, die auf den vorher durchzuführenden Kundenanalysen (Segmentierungskonzepte, Lifetime-Value etc.) basieren.
2. Vorauswahl bei allen CRM-Anbietern mittels dieser „Check-Liste".
3. Begrenzte Ausschreibung des CRM-Systems an den sich dann ergebenden Anbieterkreis; dabei sollten Angaben bzw. Beschreibungen der jeweiligen Prozess- und Datenmodelle sowie die Systemeinbindung in das heterogene ERP-System der Unternehmung abverlangt werden.
4. Weitere Reduzierung der Anbieter aufgrund eines angebotsbezogenen, „theoretischen" Benchmarkings.
5. Konfrontation dieser Systeme in der realen Unternehmensumgebung mit „echten" Daten sowie realen Verknüpfungen.
6. Auswahlentscheidung.

Zu beachten ist dabei, dass das ausgewählte System „Customizing-Fähigkeit" besitzt, dass es also jederzeit an die bestehenden und zukünftigen Strukturen der Geschäfts- und Wertschöpfungsprozesse angepasst werden kann – und nicht umgekehrt. Deutlich wird, dass ein Kundenbeziehungsmanagement unternehmensindividuell generiert werden muss. Eine generelle oder „branchentypische Blaupause" wird zwar seitens der Systemanbieter offeriert. Sie kann jedoch die spezifischen Funktionalitäten weder erfüllen noch die originären Prozesse exakt abbilden. Vielmehr müssen zielgerichtet diejenigen Funktionalitäten und Module aus dem gesamten CRM-Spektrum identifiziert und implementiert werden, die in Abhängigkeit von der definierten CRM-Strategie sowie aufgabenspezifisch benötigt werden. Sowohl aufgrund der aufwändigen Integration der vorhandenen „Altdaten" in das System als auch im Hinblick auf eine relativ schnelle Nutzungsmöglichkeit – wenn auch nur fragmentiert – sollte die Implementierung und Aktivierung modular erfolgen. Das Warten auf den „großen Wurf" demotiviert die MitarbeiterInnen und macht den Schulungsaufwand „unkontrollierbar" – das Prinzip des „Learning by doing" lässt eher den Nutzen und die Systemvorteile deutlich werden.

Voraussetzung für eine erfolgreiche *Implementierung* sind die nachfolgenden Voraussetzungen:

- Eindeutige, diskursive Definition der zu erreichenden Zielsetzungen sowie Strategie(n),
- offensives, iteratives Projektmanagement,

- Priorisierung und Realisierung des einvernehmlich vereinbarten Implementierungszeitplanes,
- Koordinierung und Steuerung der zu involvierenden funktionalen Bereiche,
- Involvierung aller „betroffenen" MitarbeiterInnen während des gesamten Prozesses[155],
- Reduktion der „Wunschvorstellungen" auf lösbare und machbare Funktionalitäten,
- Vermeidung einer „a priori"-Wirtschaftlichkeitsberechnung,
- iterative, modulare sowie evolutionäre Implementierung gemäß des Motto „Think big, start small" sowie
- umfassende Schulung aller involvierten Nutzer.

Der notwendige Implementierungsprozess bedingt eine partizipative Umsetzung des erstellten Konzeptes unter ausreichender Berücksichtigung der notwendigen Zeit als auch das Vorhandensein der erforderlichen internen und externen Informations- und Kommunikationskanäle. Grundbedingung ist – wie bei allen partizipatorischen Projekten – eine umfassende Prozesstransparenz bei allen involvierten MitarbeiterInnen.

Nach der *Inbetriebnahme* des Gesamtsystems muss zwangsläufig seine ständige Evaluierung und Anpassung vor dem Hintergrund sich verändernder Wettbewerbs- und Marktbedingungen, Produkt- sowie Leistungsentwicklungen und Geschäfts- bzw. Wertschöpfungsprozesse erfolgen. Dabei ist zwangsläufig auch die Transformationsebene des Kundenbeziehungsmanagements einzubeziehen. Im Rahmen dieser Systemevaluierung ist es ratsam, spezifische Metriken auf der Grundlage der „Key Performance Indicatos" (KPI)[156] einzusetzen, um Implementierungsfehler, Akzeptanzprobleme sowie Strukturmängel der definierten Geschäftsprozesse ermitteln und kompensieren zu können. Derartige „KPI" sind beispielsweise Datenqualität und -konsistenz, Nutzungsgrad seitens der Anwender, Prozesslaufzeit (Beantwortung von Anfragen, Realisierung von Aufträgen) sowie Prozesskosten. Unabhängig von diesen Evaluierungsmetriken hinsichtlich der Effizienz des Kundenbeziehungsmanagements sind noch Metriken zur Effektivitätsverbesserung zu generieren. Sie werden stringent aus den strategischen Zielsetzungen abgeleitet und bis zur operativen Ebene „heruntergebrochen" – analog zur Methodik der Balanced Scorecard[157]. Auf der strategischen Ebene wird beispielsweise die Steigerung des Vorsteuergewinnes (Ebit) um 10 Prozent definiert. Das impliziert auf der Geschäftskundenebene die Steigerung der Deckungsbeiträge um 15 Prozent (Prozessebene). Auf die operative Ebene „heruntergebrochen" kann dies die Reduzierung der Akquisitionskosten pro Kunde um 20 Prozent oder die Erhöhung der Profitabilität pro Kunde um 10 Prozent beinhalten. Auf dieser Ebene erfolgt dann auch die „Personalisierung" dieser Zielvorgaben, indem sie mit den jeweiligen Mitarbeiter vereinbart und gegebenenfalls auch durch die Anbindung an leistungsorientierte Vergütungsbestandteile „attraktiver" gemacht werden.

Konzeptionsentwicklung und Implementierung stellen einen hoch komplexen iterativen Prozess dar, der in einzelne Teilprojekte sowie in ein Stufenmodell für die schrittweise, partizipative Implementierung der Teilprozesse untergliedert werden sollte. Hierdurch können einerseits einzelne Phasenziele abgeleitet und deren Erreichung überwacht werden. Zum anderen ermöglichen die iterativen Rückkopplungen zwischen den einzelnen Prozessphasen die Evaluierung der einzelnen Prozessschritte sowie des gesamten Prozesses im Sinne eines proaktiven Risikomanagements. Sowohl aus Kosten- wie auch aus Zeitgründen empfiehlt es sich, die jeweiligen „Meilensteine" der Prozessiterationen sowohl in Form von Prioritäten als auch durch den Einsatz von Kosten- und Zeitvorgaben zu definieren, weil derartige Projekte aufgrund ihrer Komplexität erhebliche Ressourcen sowohl im personellen als auch im finanziellen Bereich binden. Sinnvoll ist es deshalb, sowohl ein Gesamtbudget als auch einen definierten Zeitplan vorzugeben. Nicht unterschätzt werden darf diesbezüglich die Diskrepanz zwischen dem kurzfristigen Erwartungs- und Erfolgsdruck der involvierten Nutzer einerseits sowie der mittel- bis langfristigen Entwicklungshorizonte andererseits. Das wirkt sich häufig in einer unrealistischen Erwartungshaltung (sowohl Funktionalität als auch Zeit- und Kostenumfang) aus und führt häufig zum Scheitern dieser Projekte. Weitere Ursachen hierfür sind neben der fehlenden Prozesstransparenz bei allen involvierten MitarbeiterInnen vor allem auch das Fehlen einer umfassenden Strategie sowie ein monofunktionales Herangehen anstelle eines unternehmensdurchgängigen bzw. -übergreifenden Ansatzes, weil das Kundenbeziehungsmanagement das gesamte Unternehmen betrifft. Zu berücksichtigen ist letztlich auch, dass die vorher im Unternehmen durchzuführenden und aktiv zu steuernden Veränderungsprozesse (mental und strukturell) abgeschlossen sein müssen. Notwendig ist neben dem funktionsfähigen und effizienten Prozess- und Projektmanagement ein ständiges Monitoring. Zudem ist es im Sinne eines effizienten und effektiven Projektprozesses ratsam, neben den „Fachpromotoren" seitens der involvierten Nutzer auch einen zu der obersten Hierarchieebene gehörenden „Machtpromotor" zu involvieren, der sowohl Entscheidungsbefugnisse hinsichtlich Umfang, Kosten und Struktur des Prozesses als auch Machtbefugnisse für dessen Umsetzung besitzt.

Aus der bisherigen Darstellung wurde die wesentliche Bedeutung der Konzeptphase ersichtlich. Trotz der durch Rückkopplungen gekennzeichneten iterativen Vorgehensweise sind grundsätzliche Fehler bei der Konzepterstellung in späteren Phasen nur sehr aufwändig oder gar nicht korrigierbar. Notwendig ist deshalb die konsistente und frühzeitige Definition der Anforderungen, weil Planungsfehler sonst zu Akzeptanzproblemen bei den Anwendern führen. Nur bei der Einhaltung bzw. Erfüllung dieser Vorgaben bzw. Maßnahmen wird es möglich sein, die erfahrungsgemäßen Kosten eines CRM-Systems von ca. 5.000 Euro pro Arbeitsplatz[158] einzuhalten sowie das sog. erste „Roll out" nach 12 bis 18 Monaten zu ermöglichen. Zu berücksichtigen ist dabei allerdings, welchen Status die prozessbezogene Umstrukturierung der Unternehmung bereits besitzt; derartige Reorganisationsprozesse erfordern aufgrund ihrer unternehmenskulturellen sowie mentalen Komplexität häufig einen anderen (größeren) Zeitansatz gegenüber desjenigen für die Implementierung des CRM-Systems.

Die Nichtbeachtung bzw. Nichtberücksichtigung der vorstehenden Kriterien (fehlerbehaftete Konzeptentwicklung, unvollständige, inkonsistente Prozessabläufe, unsystematische Implementierungsprozesse etc.) führen derzeit häufig noch zum Scheitern von CRM-Projekten oder zumindest zur ineffizienten Realisierung[159]. Eine entsprechende Untersuchung der Forrester Group ergab als „Hauptkriterien" für das Scheitern dieser Projekte, dass zum einen die vorhandenen Unternehmensstrukturen und -abläufe nicht kundenzentriert reorganisiert waren. Zum anderen wurden vor allem die „weichen" Faktoren (Mentalitätsveränderungen, kundenorientiertes Denken, Schulungen etc.) vernachlässigt. Außerdem wurden im Rahmen der Projektdurchführung Organisation und Struktur der notwendigen Projektgruppen sowie die erforderlichen Personalkapazitäten nicht umfassend berücksichtigt. Schließlich wurden bei der Systemlieferantenauswahl die „klassischen" Rahmenbedingungen (wie Branchenkompetenz, Nutzerfreundlichkeit, Kostenentwicklung, technische Funktionalität sowie Integrationsmöglichkeit in die bestehende informationstechnologische Architektur) sowie deren Marktposition, Wettbewerbs- und Innovationsfähigkeit nicht als (zusätzliche) Entscheidungskriterien zu Grunde gelegt. Bei derartigen organisatorischen Mängeln im Rahmen der Implementierung entsteht häufig der Eindruck, dass die ausschließliche Begründung für die Installation eines Kundenbeziehungsmanagements der abgewandelte Satz von Gorbatschow war: Wer zu spät implementiert, den bestraft der Kunde. Zu einem ähnlichen Ergebnis kommt eine Studie der Gartner-Group, die darüber hinaus als „K. o.-Kriterien" die mangelnde Einbindung in die Unternehmensstrategie, die nicht realisierte vorherige Reorganisation bzw. Implementierung von Geschäftsprozessstrukturen, die „unscharfe" Definition der Zielvorgaben sowie das Fehlen von Projekt- und Businessplänen vor Projektbeginn herausstellt. Ergänzend hierzu wird häufig die Projektkomplexität sowie der Aufwand zur „Homogenisierung" unterschiedlicher „Abteilungskulturen" unterschätzt. Ursachen für diese „Gründe des Scheiterns" sind also häufig das zu geringe eigene Wissen, die unzureichenden Kalkulationsmöglichkeiten für die Kosten der Konzepterstellung und Systemimplementierung sowie die (noch) ungenügende Produktqualität der auf dem Markt angebotenen Systeme bzw. Applikationen. Zudem stand häufig die Leistungsfähigkeit der ausgesuchten informationstechnologischen Applikation gegenüber dem konzipierten „Soll-Zustand" im Vordergrund. Das führte dann zu isolierten, abteilungs- bzw. funktionalorientierten Applikationsimplementierungen, die später nicht kompatibel im Sinne des Gesamtsystems waren. Andererseits ergab sich bei den „erfolgreichen" Implementierungen, dass die hiermit zwangsläufig verbundene Prozessbetrachtung und -strukturierung zu einer Reduzierung der innerbetrieblichen Transaktionskosten – im Hinblick auf den Kunden – in Höhe von 80 bis 90 Prozent aufgrund der erzielten Verbesserung und Beschleunigung der internen Prozessabläufe führte. Die damit verbundene Verbesserung von Kundenservice, Kundenbindung sowie Kundenprofitabilität implizierte häufig eine Erhöhung der Umsatzrendite zwischen 10 und 20 Prozent. Zu beachten ist allerdings – wie bereits an anderer Stelle ausführt: Ein Kundenbeziehungsmanagement kann die Beziehungen zwischen dem Unternehmen und seinen Kunden nur in dem Maße unterstützen, wie die jeweils zu Grunde liegenden Geschäftsprozesse effizient und effektiv sowie kundenfokussiert strukturiert und optimiert sind. Ineffiziente Prozessstrukturen werden durch das CRM nicht besser – ihre Strukturschwächen bzw. -fehler werden allerdings früher deutlich. Zusammengefasst ergeben sich hieraus die zwölf "Gesetze" bei der Implementierung eines Kundenbeziehungsmanagementsystems, die bei einer Nichtbeachtung während der Systemeinführungen für die derzeitige „Fehlquote" von ca. 65 Prozent verantwortlich sind:

(1) Die Strategie des Kundenbeziehungsmanagements muss eindeutig beschrieben sowie ein integraler Bestandteil der Unternehmens- wie auch der Marketingstrategie sein[160].

(2) Die Anforderungen an das System müssen eindeutig definiert sein und die Erwartungen der Nutzer konsistent abbilden.

(3) Im Rahmen der Planungsphase muss die Implementierungsstrategie sowie der Implementierungsprozess definiert sein, in der die zu erreichenden Unternehmensziele, die zu verstärkenden Vorteile sowie zu verringernden Schwächen, die quantifizierten und realisierbaren Einzelschritte sowie die Kontrollmechanismen zur Überprüfung des jeweiligen „Reifestadiums" enthalten sein müssen.

(4) Da die Einführung eines CRM-Systems derzeit noch häufig mit einem Paradigmenwechsel für die Unternehmung verbunden ist, muss eine zentrale Steuerungs- und Koordinierungsinstanz direkt unterhalb der Geschäftsführungsebene installiert sein.

(5) Vor der Systemimplementierung muss die Reorganisation der Unternehmung sowie die hierdurch implizierte Veränderung der Datenmodelle abgeschlossen sein.

(6) Vor oder parallel zur Systemimplementierung muss die Vereinheitlichung bzw. Kompatibilität der informationstechnologischen Architektur und Infrastruktur gewährleistet werden (beispielsweise im Rahmen eines EAI-Konzeptes).

(7) Die bisher dezentral in mehreren Abteilungen gehaltenen (Alt-)Daten und Informationen müssen kurzfristig in das neue System auf einer zentralen Datenbank integriert und konsistent sowie aktuell gepflegt werden.

(8) Während des gesamten Prozesses muss eine offene, diskursive Kommunikation mit den Nutzern geführt werden, damit deren Bedürfnisse und Erwartungen berücksichtigt werden können (dies impliziert ein Veränderungsmanagement)[161].

(9) Die Produktangebote müssen vor dem Hintergrund der strategischen Zielsetzungen sowie individuellen Erwartungen, der Systemkompatibilität, des vorgegebenen Zeit- und Kostenplans etc. funktional kritisch geprüft sowie im Rahmen von Probeinstallationen getestet werden.

(10) Die Implementierung sollte modular erfolgen, um sowohl die Prozesskomplexität zu reduzieren als auch die Nutzerakzeptanz zu erhöhen.

(11) Für die Evaluierungsphase müssen im vorhinein entsprechende Metriken auf der Grundlage der „KPI" definiert werden, um System- und Implementierungsfehler erkennen zu können.
(12) Für den gesamten Prozess (die Implementierung eines CRM-Systems ist kein Projekt mit detailliertem Anfangs- und Endzeitpunkt) muss eine realistische Zeit- und Kostenkalkulation auf der Basis exakter Zielvorgaben sowie Kosten-Nutzen-Analysen[162] erstellt werden.

Abschließend sei nochmals ausdrücklich betont: Das Kundenbeziehungsmanagement ist kein Marketingkonzept, sondern „nur" ein Marketinginstrument. Es repräsentiert gewissermaßen einen „strukturierten Bezugsrahmen", durch den das Wissen über die Kunden flexibel erfasst und verwaltet sowie (unternehmens-)zielorientiert ausgewertet und einfach genutzt werden kann. Es stellt somit einen ganzheitlichen, integrierten Ansatz dar, durch den funktionale, hierarchische sowie informationstechnologische Grenzen überwunden werden (sollen). Durch die Involvierung der digitalen Kommunikationswege ist es möglich, diejenigen „Softfacts" zu erheben, die der potenzielle Kunde beim „Surfen" über Portale etc. im Rahmen der „elektronischen Schleifspur" hinterlässt. Diese Kundeninformationen können dann prozessbezogen in die Wertschöpfungskette einbezogen und nicht – wie bisher – zur Unterstützung tradierter Marketingfunktionen eingesetzt werden. Außerdem ermöglicht es die aktive Kundenbetreuung durch eine multikommunikative Ansprache[163]. Die hieraus resultierende „Kundenansprache" bzw. der Umgang mit den Kunden ist allerdings vor allem auch eine Frage der gelebten Unternehmenskultur. Letzteres mag auch der Grund[164] dafür sein, dass das Kundenbeziehungsmanagement trotz aller betrieblichen Marketinganstrengungen und -aufwendungen sowie der zahlreichen (wissenschafts-)theoretischen Veröffentlichungen noch eine untergeordnete Rolle ausübt[165]. Neben der Dominanz traditionell funktionaler Ablauf- und Organisationsstrukturen überwiegen im Marketing häufig noch Hardfacts (Umsatz, Marktanteile, Quantität der Beschwerden etc.), nicht jedoch die kundenrelevanten Softfacts (psychographische Merkmale, Profile etc.). Hinzu kommt letztlich, dass CRM-Systeme überwiegend auf (informations-)technologischer Basis diskutiert werden und nicht vor dem Hintergrund ihrer aufgrund der Transformationsdimension inhärenten emotionalen Vorteile und Möglichkeiten. Die letzte Aussage gilt derzeit auch grundsätzlich für das E-Marketing[166] als Modul des E-Business[167]. Es soll neben einer individualisierten und intensivierten Kundenbindung mittels des digitalen Informations- und Datenaustausches sowohl zu höherer Transparenz als auch zur Beschleunigung der jeweiligen Geschäftsprozesse beitragen. Es ist jedoch ausschließlich als ergänzende Komponente[168] zu den vorhandenen Kundenbindungsmaßnahmen bzw. -instrumenten zu sehen, in dem interaktive und intelligente Kommunikationsforen etc. involviert werden[169].
Aufgrund des momentanen Status der auf dem Markt angebotenen CRM-Systeme mit ihrer eindeutigen Fokussierung auf die informationstechnologische Transferkomponente wirkt sich derzeit nachteilig aus[170], dass sich zwangsläufig

die Anzahl der Mitbewerber aufgrund der „Marktanonymität" erhöht sowie die eigenen Produkte, Prozessabläufe etc. aufgrund ihrer „digitalen Verständlichkeit"[171] leichter imitierbar sind. Erschwerend kommt hinzu, dass die marktüblichen Angebote (noch) keinem ganzheitlichen CRM-Ansatz entsprechen, sondern ihren Schwerpunkt entweder im Design oder im „Ausschöpfen" aller informationstechnologisch denk- und machbaren „Features" haben. Die ökonomischen „Hardfacts" sowie sozialen „Softfacts" bleiben häufig unberücksichtigt. Streng genommen können diese Applikationen nur einen zusätzlichen Kommunikationskanal im Rahmen des CRM-Konzeptes darstellen – sie sind jedoch kein Konzept. Zynischerweise kann daher derzeit festgestellt werden, dass bislang vom E-CRM vor allem die Anbieter dieser Produkte, nicht jedoch die Nutzer profitiert haben.

Der wirtschaftliche Erfolg eines CRM-Systems (zum Beispiel in Form des ROI) lässt sich – wie bei vielen Marketingmaßnahmen bzw. konzepten – häufig nicht eindeutig monetär bewerten, da viele „weiche Faktoren" (zum Beispiel Kundenbindung, Kundenloyalität) bzw. qualitative Komponenten zu berücksichtigen und zu bewerten sind. Ein – häufig angewandter – Ansatz besteht darin, die erzielten Effizienzsteigerungen (wie Verbesserungen im Ablauf der Geschäftsprozesse) periodisch wiederkehrend zu ermitteln. Zudem können Indikatoren auf der Grundlage periodischer Erhebungen für die Ermittlung des wirtschaftlichen Erfolges des CRM im Sinne einer Steigerung des Wertschöpfungsbetrages herangezogen werden; hierzu zählen unter anderem Kundenzuwächse bzw. -abwanderungen, Zunahmen von Cross-Selling- bzw. Multi-Utility-Verträgen, ROR[172] sowie die Systemakzeptanz bei den MitarbeiterInnen. Dies erfordert jedoch, Kennzahlen[173] (Customer Value, Customer Lifetime Value, Kundenzufriedenheit etc.) zu definieren, die vor und periodisch nach der CRM-Implementierung erhoben bzw. gemessen werden, um hierdurch „indirekte" Renditekriterien zu erhalten. Generell kann jedoch unterstellt werden, dass die Erhöhung der Kundenbindung bzw. -treue um 2 Prozent einer Senkung der operativen Kosten in Höhe von 10 Prozent entspricht.

7.4 Die Einbindung des CRM-Systems in das unternehmensweite Ressourcen-Managementsystem (ERM)

Kundenbeziehungen sind an sich „so alt wie der Handel selbst"[174]. Neu sind nur die informationstechnologischen Instrumente und Werkzeuge sowohl im operativen Bereich als auch auf der analytischen Ebene, um – auf die einzelnen Produkte und Dienstleistungen bezogen – den „gläsernen Kunden"[175] zu generieren und durch das Angebot „maßgeschneiderter" Produkte Wettbewerbsvorteile zu erhalten. Diese Produkte/Dienstleistungen repräsentieren die (fast) beliebige Aggregation von standardisierten Einzelmodulen[176], so dass diese zu einem – subjektiv – höheren Mehrwert bei einem – objektiv – höheren Preis und somit zu zusätzlichen Deckungsbeiträgen führen können. Das impliziert letztlich die „Abschöpfung der Zahlungsbereitschaft des Kunden"[177].

Die Entwicklung derartiger innovativer Dienstleistungen in Kombination mit einem wie vorstehend konzipierten Kundenbeziehungsmanagement kann zu einer nachhaltigen Differenzierung gegenüber anderen Mitbewerbern am Markt führen und Wettbewerbsvorteile implizieren. Es erfordert jedoch im Vergleich zum klassischen Vertrieb ein „Change-Management". Der künftige Markterfolg verlangt demnach ein innovatives, dynamisches Marketing[178] sowohl mit Makro-, als auch Mikrosegmentierung, auf deren Grundlage die Kunden durch zielgruppenspezifische Produkte/Dienstleistungen individuell angesprochen werden können. Diese Individualisierung kann – zumindest theoretisch – zu einer Atomisierung der Clusterbildung führen, indem jedem Kunden ein individuelles und originäres Produkt- bzw. Dienstleistungsangebot unterbreitet wird. Das ermöglicht sowohl die Akquisition neuer Kunden als auch die Bindung der bestehenden. Die Preissensitivität loyaler Kunden ist bekanntlich geringer; gleichzeitig sinken diesbezüglich die Transaktionskosten im Prozessverlauf. Erforderlich ist daher, dass neue Produkte bzw. Dienstleistungen schnell und flexibel bei sich ändernden (volatilen) Kundenerwartungen[179] generiert und realisiert werden. Diese höhere Flexibilität sowie kürzere Reaktionszeiten gegenüber den Marktveränderungen bieten weiterhin eine gewisse Gewähr dafür, dass Fehlinvestitionen aufgrund falscher Marktprognosen bzw. Fehleinschätzungen wegen der ungenügenden Informationslage reduziert werden[180].

Neben einer ausgeprägten Problemlösungskompetenz erfordert das innovative Marketing sowohl das Verständnis für die kundenindividuellen Problemstellungen als auch das Wissen über deren Produktverwendungsprozesse und -strukturen. Ergänzend hierzu muss auch die Fähigkeit zur Aneignung neuer (Er-)Kenntnisse sowie zur teamorientierten, interfunktionalen (-disziplinären) Zusammenarbeit vorhanden sein. Nur dann ist es möglich, die an sich immaterielle Dienstleistung aus Sicht des Kunden zu materialisieren. Voraussetzung hierfür ist, wie deutlich wurde, dass zwischen dem Anbieter von Produkten bzw. Dienstleistungen sowie den Kunden als „Nutzern" ein bilaterales, intensives Beziehungsnetzwerk aufgebaut wird. Beziehungen sind generell subjektiv, personenfokussiert und damit interpersonal aufgrund persönlicher Verbundenheit. Aus psychologischer Sicht reduzieren sie egoistische Motive zugunsten gemeinsamer Vorteile und werden durch Offenheit, Interaktion, Dynamik sowie Einfachheit (als Gegensatz zur Komplexität) gekennzeichnet. Sie beruhen auf Wissen, dem Willen zur Beziehungsaufnahme und -pflege sowie einem adaequaten Verhalten (aus der Sicht des anderen) und Vertrauen. Sie werden benötigt, um

- den intraorganisationalen Ressourceneinsatz als auch das Marketing der eigenen Dienstleistung als Ressource für nachgelagerte Wertschöpfungsprozesse effizienter zu gestalten,
- den Transaktionsprozess von Produkten/Dienstleistungen repetitiv und damit effektiver zu gestalten,
- den Transaktionsprozess stabiler zu gestalten und damit die unternehmerische Unsicherheit bei dynamischem Marktverhalten zu reduzieren,
- die Identität von Unternehmen gegenüber „gesichtslosen" Mitbewerbern und somit Wettbewerbsvorteile zu generieren, weil Beziehungen ein subjektives, nicht imitierbares und damit nicht adaptives, knappes Gut sind,

- die Identität von an und für sich substituierbaren Produkten zu erhöhen und somit Wettbewerbsvorteile durch Schaffung einer großen Kundenloyalität zu generieren.

Deutlich wird hieraus, dass Beziehungen sowohl aufgrund ihrer Genese als auch ihrer Individualität nur in geringem Maße durch Algorithmen abbildbar bzw. formalisierbar sind.
Obwohl Beziehungen generell zwischen den Objekten „Mitarbeiter", „Unternehmung/einheit", „Kunden" sowie „externen Unternehmungen" (als Lieferanten bzw. Mitbewerber) bestehen können, werden beim Kundenbeziehungsmanagement jedoch nur die Beziehungen gegenüber dem Kunden als Abnehmer von Produkten/Dienstleistungen unter Reduktion auf das Struktur- und Prozessmanagement betrachtet. Das CRM-System muss demnach homogen in das bestehende Unternehmensressourcenmanagementsystem (ERM) bzw. dessen Architektur integriert sein sowie die bestehenden Geschäftsprozessstrukturen unterstützen, um das im Unternehmen über den Kunden vorhandene interne Wissen optimal zu nutzen und mit externen Informationen zu verknüpfen. Es ist ein Modul des Ressourcenmanagementsystems (vgl. Abb. 46). Durch die Integration in das unternehmensweite ERM-System ergeben sich daher die nachfolgenden Vorteile:

- Mehrwertinformationen sowie Serviceleistungen werden online und interaktiv sowie individuell dem Kunden offeriert (zum Beispiel neben Produktinformationen auch Testberichte, Tipps, Such- und Vergleichsfunktionen).
- Eine „Community" mit den Kunden kann aufgebaut werden (zum Beispiel Online-Kommunikation zwischen Kunden, vom Kunden generierter Informations- und Kommunikationsinhalt).
- Die intelligente Kommunikation mit den Kunden sowie die spezifische Ausrichtung an den Interessen der Zielgruppen ist möglich (dies kann durch „Treue-Bonus-Systeme" bzw. „Pay-Back-Verfahren" unterstützt werden).
- Die virtuelle „Personalisierung" der Kundenbeziehung kann realisiert werden (Prinzip: „One face to the Customer").
- Eine weitergehende Nutzung der Kundendaten im Rahmen des „Permission Marketings"[181] kann erfolgen.
- Die kundenbezogenen Transaktionskosten können verringert werden.

Ein CRM als Modul eines derartigen ERM-Systems beinhaltet des Weiteren „Business-Intelligence-Verfahren[182]", um den „Time-to-Market-Faktor" durch eine schnellere Antizipation der sich häufig und schnell verändernden Kundenanforderungen und -bedürfnisse ermöglichen zu können. Das CRM repräsentiert demnach die mehrdimensionale Verknüpfung von kundenspezifischen, geschäftsprozess- sowie wertschöpfungsrelevantem Wissen. Letzteres ist aus ökonomischer Sicht die relevante Grundbedingung für eine – neben der Kundenorientierung – auch wertorientierte Segmentierung, also eines innovativen

Marketings im Sinne einer kostenoptimalen Betreuung unter Einbeziehung einer kundensegementspezifischen Deckungsbeitragsrechnung. In der Literatur wird häufig die Ansicht vertreten, dass das CRM-System ein Bestandteil des „Supply Chain Managementsystems" (SCM) sein muss. Abgesehen von der akademisch zu sehenden Diskussion über die Systemführerschaft dominiert das produktionsfokussierte SCM bei Dienstleistungsunternehmen nicht zwangsläufig[183]. Bei ihnen wird der – teilweise minimale – SCM-Anteil vielmehr als Subsystem des Prozessmanagements realisiert[184]. Das setzt allerdings – vor allem gegenüber dem Kunden – die „E-Business-Fähigkeit" des CRM-Systems voraus. Auch im Falle einer „BOT-Dienstleistung" wird die Einbindung anderer Unternehmen (zum Beispiel durch Wartungsverträge) nur sekundäre Bedeutung für den gesamten Wertschöpfungsprozess besitzen, so dass auch dabei das CRM-System systemführend sein wird. Die Architektur der einer prozessorientierten Organisation zu Grunde liegenden informationstechnischen Infrastruktur mündet letztlich in die „Business Intelligence-Strategy" im Rahmen einer Vernetzung aller digitalen Informations- und Wissenssysteme.

Durch den Einsatz eines Kundenbeziehungsmanagements soll unter anderem das „klassische" Denken in Kostenstellen und -trägern (was kostet die Leistung für den Kunden) zugunsten des Denkens „über den langfristigen Wert einer Geschäftsbeziehung" auf der Basis einer Kategorisierung und Priorisierung der Kundenbeziehungen aufgegeben werden[185]. Das setzt zum einen voraus, dass alle in die Prozesse involvierten MitarbeiterInnen über dieselben aktuellen wie umfassenden Informationen verfügen und darauf zurückgreifen können. Zum anderen impliziert dies auch einen Mentalitätswechsel: von der „Feststellungs- bzw. Bedenkenträgermentalität" zur „Aktivitäts- und Innovationsmentalität". Kundenbeziehungsmanagement umfasst entsprechend das ganzheitliche Management der Interaktionen zwischen Kunden und Unternehmen als wichtiges Element der zu Grunde liegenden Geschäftsstrategie. Es kann somit theoretisch auch manuell bzw. analog erfolgen, weil die Informationstechnologie keine Kundenbeziehungen organisieren, sondern nur die MitarbeiterInnen unterstützen kann. Voraussetzung für ein erfolgreiches „CRM" ist demnach das mental verankerte kundenorientierte Denken und Handeln. Kundenbeziehungsmanagement beginnt „in den Köpfen" – und nicht durch die Installation eines informationstechnologisch gestützten Systems. Die Informationstechnologie besitzt „nur" instrumentellen Charakter, um die einzelnen prozessuralen Funktionalitäten und Untersysteme (beispielsweise Competence Center, SFA etc.) sowie Database-Marketingsysteme (vom Abrechnungssystem über Service-Management bis zum E-Business) zu aggregieren und dem Anwender bzw. Prozessbeteiligten sämtliche Informationen zur Verfügung stellen zu können[186]. Zielsetzung ist und bleibt dabei die – auch mentale – Fokussierung sämtlicher Unternehmensaktivitäten auf den Kunden. Der Mensch steht somit im Fokus und nicht die Maschine – daher wird es auch kein „vollautomatisches" Kundenbeziehungsmanagement geben können.

7.5 Appendix

Nachfolgend sollen in Form eines auf den ersten Blick thematisch zusammenhanglosen Anhanges einige Thesen zum Energiemarketing vorgestellt werden. Im Sinen einer nachhaltigen Unternehmensentwicklung sowie aufgrund der globalen Klimaproblematik können die angeführten Kernaussagen zum ökologisch sowie gesellschaftspolitisch fundierten Marketing sicherlich auch auf andere Wirtschaftsbereiche transformiert werden.

7.5.1 Grundlagen des „Energie-Marketings"

Die Liberalisierung eines Marktes erfordert grundsätzlich eine zweifache Effizienzsteigerung: zum einen die (Re-)Organisation der Wertschöpfungs- und sonstigen Geschäftsprozesse mit der Zielsetzung der Produktivitätssteigerung; zum anderen die Involvierung der Kunden in den Fokus dieser Prozesse (nicht nur strukturell, sondern vor allem auch mental), um wettbewerbsgerechte Strukturen und Kosten sowie kundenorientierte Produkte bzw. Dienstleistungen zu gewährleisten. Beides basiert einerseits auf der Implementierung digitaler und vernetzter, das gesamte Unternehmen durchdringender informationstechnologisch fundierter Strukturen, um operationalisierte und instrumentalisierte Informationen sowie Wissen über den Kunden anstelle der bisherigen Daten vollständig und aussagefähig an jedem Arbeitsplatz zur Verfügung stellen zu können. Zum anderen erfordert es neben dem Informations- und Wissensmanagement als Transferebene auch die Wissensaneignung und -umsetzung als Transformationsebene. Letzteres impliziert neben der Strukturierung kundenfokussierter Geschäfts- und Wertschöpfungsprozesse auch eine „andere" Unternehmensphilosophie und -kultur – deren Inhalte und Anforderungen sind an früherer Stelle ausführlich erörtert werden.

Diese Anforderungen der Marktliberalisierung erzwingen auf dem Energiemarkt den Wandlungsprozess vom Energieversorgungs-(-verteilungs-)-unternehmen (EVU) zum Energiedienstleistungsunternehmen (EDU)[187], bedingt durch den Paradigmenwechsel vom statischen (monopolistischen) Verteilermarkt zum wettbewerbsintensiven Käufermarkt. Kurzfristig erfordert das die Erarbeitung einer überlebensnotwendigen Preis-(Kampf)-Strategie; mittel- bis langfristig ist die Ausrichtung an einer dedizierten Kundenorientierung sowie die Entwicklung einer erfolgsorientierten Wettbewerbs- bzw. Marktpositionierung erforderlich. Das impliziert die individuelle Kundenansprache sowie die Entwicklung kundenspezifischer Dienstleistungen zur Gewährleistung der Kundenbindung („Charn-Management"). Die hiermit verbundene radikale Strukturveränderung impliziert neben der Fixierung neuer (anderer) Unternehmensziele, -strategien und Produkte/Dienstleistungen auch zwangsläufig ein vollständig anderes Marketing, als dieses bei der Monopolsituation mit dem Prototyp des „gefangenen Kunden" erforderlich war.

Grundsätzlich beinhaltet Marketing

„… die Planung, Koordination und Kontrolle aller auf die aktuellen und potentiellen Märkte ausgerichteten Unternehmensaktivitäten. Durch eine dauerhafte Befriedigung der Kundenbedürfnisse sollen die Unternehmensziele verwirklicht werden."[188]

Weil das energetische Produkt „Kilowattstunde" generell den Typus eines „nicht dauerhaften Produktes" darstellt, der entweder im Produktionsprozess „untergeht" bzw. zur Erzielung einer Nutz-/Dienstleistung (zum Beispiel Beleuchtung, Brauchwärme etc.) eingesetzt wird, ist es aus volkswirtschaftlicher Sicht weder ein klassisches Konsum-, noch ein Investitionsgut. Die Bereitstellung von Energie sowie der damit gegebenenfalls verbundenen Zusatzleistungen (Value Added Services) repräsentiert somit primär den Typus einer Dienstleistung und tangiert nur sekundär den Konsum- und Investitionsgüterbereich.[189] Grundsätzlich jedoch unterscheidet sich jede Dienstleistung – wie auch die Energiedienstleistung – von Konsum- bzw. Investitionsgütern durch folgende konstitutiven Merkmale[190]:

- Tätigkeitsorientierung (die Dienstleistung steht im direkten Zusammenhang mit dem „Verbrauch", sie kann nicht „auf Lager produziert" werden),
- Prozessorientierung (der Prozess der Leistungserstellung kann nicht vom Verwertungsprozess beim Kunden „abgekoppelt" werden),
- Ergebnisorientierung (die Immaterialität der Dienstleistung wird erst durch die Kommunikation mit dem Kunden materialisiert und damit ergebniswirksam),
- Potenzialorientierung (die unternehmensbezogenen Potenziale werden mit den kundeneigenen aggregiert).

Das führt in einem ersten Schritt zu der Überlegung, das Instrumentarium des Dienstleistungsmarketings analog anzuwenden.

Bekanntlich subsummiert man unter „Dienstleistungen" selbständige, marktfähige Leistungen, die mit dem Einsatz von Leistungspotentialen verbunden sind (Potentialorientierung) und durch die Kombination interner und externer Faktoren generiert werden (Prozessorientierung). Schließlich sollen durch sie an Menschen oder Objekten nutzenstiftende Wirkungen erzielt werden (Ergebnisorientierung)[191]. Eine Dienstleistung – wie auch die Energiedienstleistung – wird demnach durch die Kombination der Merkmalsausprägungen „Potential", „Prozess" und „Ergebnis" definiert, die in jeweils unterschiedlicher Ausprägung auftreten sowie materielle (beispielsweise die Energieeinheit) als auch immaterielle (zum Beispiel Contracting) Komponenten bzw. Faktoren umfassen. Sie involviert häufig Zusatzdienste (value added services), die das Grundprodukt (Energieeinheit) aufwerten und implizieren somit teilweise auch konsumptive und investive Marketingfaktoren[192]. Häufig steht bei einer Dienstleistung nicht mehr das Produkt im Fokus, sondern der Zusatznutzen, beispielsweise in Form eines individuell gestalteten Service. Aufgrund der spezifischen Charakteristika der Energiedienstleistung, unter anderem definiert durch

- die nur bedingt gegebene Transport- und Lagerfähigkeit,
- die zeitliche Identität von Erzeugung/Erstellung und Verbrauch sowie
- die Einbeziehung externer Faktoren in materieller (zum Beispiel Heizungsanlage des Kunden) und immaterieller Form (Vertrags- und Finanzierungssysteme etc.)

erscheint demnach das eingangs angesprochene Instrumentarium des Dienstleistungsmarketings als unzureichend und nicht zielorientiert. Wietfeld[193] ist demnach zuzustimmen, der eine spezifische Marketingvariante (das Energiemarketing) unterstellt, die neben den ökonomischen Kriterien auch die ökologische Orientierung[194] berücksichtigt. Das Marketing-Mix des Energiemarketing umfasst somit die nachfolgenden Module[195]:
- Leistungs-/Produktpolitik (product),
- Kommunikationspolitik (promotion),
- Distributionspolitik (place),
- Preispolitik (price),
- Wissenspolitik (Knowledge management),
- Personalpolitik (personnel),
- Prozesspolitik (process) sowie
- Kundenbeziehungsmanagement (Customer Relationship Management).

Die Relevanz der beiden letzteren Elemente ergibt sich dadurch, dass der Kunde/Nutznießer der Energiedienstleistung im Mittelpunkt des Wertschöpfungs- bzw. Leistungsprozesses stehen muss. Zu ihm muss unter Einbeziehung der sozialen Kompetenz ein langfristiger, persönlicher und interaktiver Kontakt während der gesamten Lebens-/Zykluszeit der Energiedienstleistung aufgebaut bzw. unterhalten werden. Nur ein entsprechend strukturiertes Kundenbeziehungsmanagement mit den darin geschulten MitarbeiterInnen generiert zeitaktuell und flexibel das Erkennen und wirtschaftlich erfolgreiche Umsetzen von bisher inhärenten Zusatzbedürfnissen der Kunden. Das bedeutet, dass nicht der Kunde dem Produkt, sondern das Produkt bzw. die Energiedienstleistung dem Kunden zugeordnet wird. Ironisierend ausgedrückt ist der „Königsweg" des Kundenbeziehungsmanagement immer „der Weg zum König Kunde" – unabhängig von der jeweils individuellen Gestaltung. Es impliziert jedoch grundsätzlich auch eine Diversifizierung der Preis- und Abnehmerstrukturen, um Volumen- und Renditebetrachtungen voneinander trennen zu können.

In der relevanten Marketingliteratur[196] wird immer wieder auf die Bedeutung der Kundenbindung bei liberalisierten Märkten als strategischer Aufgabe hingewiesen. Diese Kundenbindung hat zum einen faktische Grundlagen (beispielsweise rechtlich-vertragliche, ökonomische, technisch-funktionale etc.). Zum anderen beruht sie auf emotionalen Kriterien (zum Beispiel Freiwilligkeit aufgrund der Zufriedenheit des Kunden etc.). Eine hohe Zufriedenheit und damit Kundenbindung impliziert unter anderem die nachfolgenden Effekte[197]:

- Qualitativ und quantitativ höhere Kaufbereitschaft,
- höhere Cross-Selling-Bereitschaft,
- geringere Betreuungskosten aufgrund der stabilen Geschäftsbeziehung,
- niedrigere Preisvolatilität,
- geringeres Substituierbarkeitsrisiko sowie
- höhere Profitabilität.

Weil eine Kundenbindung aufgrund ihrer Emotionalität jedoch sehr volatil ist, muss die Kundenzufriedenheit regelmäßig eigenständig ermittelt bzw. „gemessen" werden (per Umfrage, Events, Foren, Chat-Rooms etc.). Dabei müssen die Kundenbindungsinstrumente bzw. Leistungsbestandteile (Produkte, -qualität, Preis, Art und Inhalt der Kundenkommunikation, Distribution, Service, Termintreue, Qualität des Beschwerdemanagements etc.) als Befragungsparameter berücksichtigt werden. Die Verlässlichkeit der dabei zu gewinnenden Aussagen ist beim richtigen Einsatz der spezifischen statistischen Verfahren (zum Beispiel multivariate Regressionsanalyse, Kausalanalyse etc.) sehr hoch. Nur dann ist es auch möglich, die meist inhärenten individuellen Kundenwünsche extrahieren, analysieren und evaluieren zu können. „Flächendeckende", globale Kundenbefragungen und -bewertungen vernachlässigen den lokal-individuellen Charakter – letztlich ein Indiz für den bereits angesprochenen Aspekt des „Glokalismus" im Rahmen der Globalisierung.

Diese generelle Form der Kundenbindung beinhaltet bei richtig verstandener Integration des Kunden nicht nur das traditionelle Beratungs- bzw. Verkaufsgespräch, sondern vor allem auch die multimediale „Ansprache" des Kunden
- während des Entwicklungsprozesses von „neuen" Dienstleistungen,
- innerhalb der Zykluszeit und
- während der permanent erforderlichen Evaluierung und Optimierung der bestehenden Dienstleistungsprodukte im Rahmen eines Target-Pricing bzw. Target-Costing, bei dem die Kosten der Dienstleistung auf der Grundlage des kundenorientierten Zielpreises optimiert werden.

Parallel zur Kundenbindung kann die beabsichtigte Marktdurchdringung der angebotenen Energiedienstleistungen nur durch ein „multimediales" Energiemarketing erfolgen, um sowohl alte Produkte auf alten Märkten als auch neue Produkte in neuen Segmenten etablieren zu können. Für kleine und mittlere Unternehmen bietet sich diesbezüglich auch das „Moskito-/Guerilla-Marketing" an. Dieser Ansatz unterstellt, dass durch kleine, beharrliche Aktionen und Aktivitäten („Sticheleien") ein nachhaltiger Verkaufseffekt erzielt werden kann. Das setzt zum einen ein konsistentes „Energiemarketing-Management" voraus, bei dem Produkte und Dienstleistungen zu Leistungssystemen im Sinne einer engen und effizienten Kundenbindung aggregiert werden. Grundlage für ein derartiges „Micro-Marketing" ist zum einen die Existenz eines detaillierten, strukturierten und vernetzten Kundeninformationssystems. Zum anderen bedarf es eines intensiven Beziehungsnetzwerkes mit den Kunden und Marktpartnern sowie Informationen über Mitbewerber, konkurrierende Produkte und Branchentrends. Es beruht also auf einer ganzheitlichen, unterschiedliche Medien aggregierende Kommunikation mit dem Kunden (Multi-Channel-Strategie), die auf der „Glaubwürdigkeit" beruht[198]. Ein entsprechend konzipiertes Kundenbeziehungsmanagement generiert erst die Möglichkeit bilateraler und damit effektiver Service-Orientierung, kurzer Reaktionszeiten bei der Entwicklung neuer Produkte bzw. Angebote sowie die Fähigkeit, Dienstleistungen konsequent auf die Kundenbedürfnisse auszurichten. Das bietet einerseits die Möglichkeit der gewollten Differenzierung und Abgrenzung gegenüber den Mitbewerbern. Es stellt andererseits die Basis für ein positives Image und einen hohen Bekanntheitsgrad dar, so dass anstelle „flächendeckender Werbekampagnen" ein zielorientiertes „personalisiertes" Direktmarketing eingesetzt werden kann. Letzteres beinhaltet weniger Mailing-Aktivitäten etc. als vielmehr die zeitlich begrenzte und – teilweise auch – kostenfreie Überlassung spezifischer Produkte bzw. Dienstleistungen. Der beste Beweis einer guten Dienstleistung ist die mit seiner Inanspruchnahme gemachte Erfahrung des Kunden. Deutlich wird dabei jedoch, dass Kundenbindung und -marketing nicht mehr nur auf spezifische Organisationseinheiten beschränkt bleiben darf. Kundenorientierung umfasst alle Unternehmensbereiche und muss als Teil der Unternehmenskultur von allen „gelebt" werden. Das verlangt eine langfristig orientierte Vision samt Strategie, weil Branding und Kundenbindung langfristigen Charakter besitzen. Kundenorientierung umfasst so sowohl eine interne als auch eine externe (nach außen gerichtete) Komponente: Die interne ermöglicht es dabei, innerbetriebliche Prozesse und Wertschöpfungsketten zu beschleunigen und ergebnisorientiert zu strukturieren. Sie impliziert letztlich eine „innerbetriebliche Marktwirtschaft", die tradierte Abteilungsgrenzen und -egoismen aufhebt und sowohl zur Optimierung der internen Prozesse führt als auch „flache Hierarchien" und „kurze Entscheidungswege" generiert. Aus informationstechnischer Sicht erfordert dies die Vernetzung aller Unternehmenseinheiten, weil vor allem durch das hierdurch eröffnete Informations- und Wissenspotential die Zielsetzung der kundenfokussierten, prozessorientierten und lernenden Organisation erreicht werden kann. Die externe Komponente soll – im Sinne des „Reputation Managements" – die Legitimation dieses unternehmerischen Handelns aus der Sicht der potenziellen und bestehenden Kunden generieren[199].

7.5.2 Bedingungen des nachfragefokussierten „ökologischen Energiemarketings"

Basierend auf diesen Überlegungen soll nachfolgend der Versuch unternommen werden, den durch die Liberalisierung des Energiemarktes implizierten Paradigmenwechsel von der „Energieverteilung" zum „Energiemarketing" zu skizzieren. Dabei liegen die nachstehend aufgeführten Annahmen zu Grunde:
1. Der Kunde fragt nicht die monolithische Kilowattstunde „Primärenergie", sondern die hieraus resultierende Nutzenergie (zum Beispiel Beleuchtung, Raumwärme) bzw. damit verbundene Energiedienstleistungen zu für ihn kostenoptimierten Konditionen nach.

2. Um die – teilweise – inhärenten Nutzenergieanforderungen und –erwartungen des Kunden bewusst werden zu lassen, muss der individuelle Kunde durch ein strukturiertes Kundenbeziehungsmanagement (CRM) in die Geschäfts- und Marketing- bzw. Vertriebsprozesse des Energiedienstleistungsunternehmens integriert werden.
3. Weil der Kunde nur zum geringen Teil ökologische, sondern vor allem individuell ökonomisch-(kosten)optimierte Produkte bzw. Dienstleistungen fordert, muss das Energiemarketing aufgrund der notwendigen Nachhaltigkeit der Energieversorgung[200] um ein ökologisches sowie gesellschaftspolitisches Marketing erweitert werden.

Dieser unternehmensbezogene Wandel durch die Fokussierung auf die Dienstleistungserwartung bzw. den Anspruch des Anwenders führt fast zwangsläufig aus Wettbewerbsgründen heraus zu der notwendigen Erhöhung der Energieeffizienz. Die Auffassung, dass ein ökologisch orientierter Wertewandel beim Einzelnen allein schon zu einer anderen Nachfrageorientierung – die auch „teurer" ist – führen wird, muss skeptisch aufgrund der bisherigen Erfahrungen beurteilt werden. Vielmehr ist die individuelle Nachfrage nach – zwangsläufig teurerem – Ökostrom wesentlich hinter den Erwartungen zurückgeblieben. Des Weiteren wird die überwiegende Zahl neuer Windenergieanlagen nicht aus ökologischen, sondern (fast) ausschließlich aus ökonomischen (steuerreduzierenden) Gründen durch Beteiligungsmodelle installiert.

Diese fehlende ökologisch dominierte Nachfrageorientierung ist anscheinend darauf zurückzuführen, dass die bisherige Umweltpolitik subjektiv offenbar erfolgreich war: Symbole hierfür sind zum Beispiel „der blaue Himmel über dem Ruhrgebiet", die wiedererreichte (Schein-)Sauberkeit der Gewässer (plakativ: Fische im Rhein) etc. Diese „Erfolge" implizieren ein gewisses „laszives Verhalten", weil der Einzelne zwar die Problematik der ökologischen Situation anerkennt – aber nur global, weit entfernt und nicht objektiviert. Da im subjektiv wahrgenommenen, eigenen Umfeld Verbesserungen ersichtlich und auch tatsächlich vorhanden sind, verringert sich der Druck für sofortige, wirkungsvolle und einschneidende Aktivitäten und Maßnahmen sowie individuelles Engagement. Eine der Ursachen hierfür ist auch in dem Sachverhalt zu sehen, dass klimatische Veränderungen erst im Verlaufe von Jahrhunderten global und spürbar wirksam werden, während das Wetter nur lokalen sowie kurz- bis mittelfristigen Veränderungen unterworfen ist; letztlich ist das Klima eine statistische Größe, während das Wetter eine momentane Situation beschreibt. Verstärkt wird diese Tendenz auch dadurch, dass die kassandrahaften Prophezeiungen sowohl der Umweltschutzverbände als auch Zukunftsforscher bzw. zukunftsforschender Institutionen bislang weder in der Qualität der Vorhersage als auch hinsichtlich des Prognosezeitpunktes für jedermann ersichtlich eingetroffen sind – erinnert sei an das „Waldsterben", den Bericht des „Club of Rome" über die Grenzen des Wachstums etc. Letztlich ist auch jeder Politiker und erst recht jede/r einzelne BürgerIn aufgrund des zeitlichen Prognosehorizontes im Hinblick auf seine individuellen Planungshorizonte bzw. Vorstellungskraft häufig überfordert. In psychologischen Untersuchungen wurde diesbezüglich nachgewiesen, dass der Mensch kurzfristige Risiken überschätzt und langfristige unterschätzt, weil er deren Folgen nur geringfügig direkt wahrnehmen bzw. erkennen kann. Kurzfristige Erfahrungen werden fortgeschrieben, während Wendepunkte für langfristige Trendveränderungen „übersehen" werden. Verstärkt wird dies noch durch eine gewisse „erlernte Sorglosigkeit": Bei positiven bzw. positiv empfundenen Zuständen sinken sowohl Motivation als auch die Fähigkeit, Gefahren wie auch negative Konsequenzen erkennen zu können bzw. zu wollen und diese als Prämissen für das eigene Verhalten bzw. eigene Handlungen aufzunehmen. Grundsätzlich muss bzw. kann daher konstatiert werden, dass eine „ökologische Effizienz" weder im individuellen noch im staatlichen bzw. globalen Verhalten gemäß der Definition des WBCSD bislang erreicht wurde[201]:

„Eco-efficiency is reached by the delivery of competitively-priced goods and services that satisfy human needs and bring quality of life, while progressively reducing environmental impacts as resource intensity throughout the life cycle, to a level at least in line with the earth's estimated carrying capacity".

Das engt zwangsläufig das Spektrum eines nachfrageorientierten ökologischen Energiemarketings auf die pretial determinierten Strategien ein, also auf jene Strategien, bei denen der Anwender Kosten-(Preis-)Vorteile erhält:

a) Verminderung unnötigen Energieverbrauchs durch rationellere Nutzung ohne Komforteinbuße
b) Senkung des individuellen Energieverbrauches durch entsprechende Energiedienstleistungen
c) verstärkter Einsatz CO_2-ärmerer Energieträger (zum Beispiel Erdgas)
d) Substitution CO_2-emittierender Energieträger durch CO_2-freie Energieerzeugung (zum Beispiel Wasser, Wind, Solarenergie, Geothermie, Biomasse etc.)
e) Verzicht auf energieintensive Dienstleistungen (beispielsweise die Warmwasserbereitung mittels elektrischer Energie), energieintensive Produkte und Prozesse.

Derartige Maßnahmen führen durch eine Reduzierung des Energieeinsatzes sowie der Schadstoffemissionen zwangsläufig zu einer Verbesserung der Klimaschutzproblematik und impliziert die Ökodiversität der Energieversorgung, die neben fossilen Energieträgern vor allem auf nachwachsenden (Biomasse) sowie regenerativen basiert.

Der Kunde[202] will, sowohl im privaten als auch im Sektor der Geschäftskunden, – wie bereits mehrfach ausgeführt – nicht mehr die „monolithische" Kilowattstunde Strom oder Erdgas, sondern die entsprechende Nutzenergie kaufen. Er fragt letztlich nicht das Produkt „Energie", sondern den durch den Energieeinsatz erzielbaren Nutzen nach – also die Energiedienstleistung. Sie repräsentiert den Endpunkt des Energieerzeugungs- und -nutzungsprozesses und beinhaltet das Zusammenwirken von

◌ Primärenergie,
◌ Umwandlungstechnik (einschließlich der Anlagentechnik) und
◌ Verbraucherverhalten (bzw. dessen Beeinflussung).

Im direkten Verständnis bedeutet daher Energiesparen eine Reduktion des Einsatzes von Energieleistungen (etwa die Herabsetzung der Raumtemperatur oder die Ersetzung von innerstädtischem Kraftfahrzeugverkehr durch Fahrradverkehr). Im technischen Sinne wird unter Energiesparen die Bereitstellung derselben Energiedienstleistung mit einem geringeren Aufwand an Primärenergie verstanden (etwa durch Wärmedämmung oder durch Thermostate im Raumheizungsbereich bzw. Mikroelektroniksteuerung von industriellen Elektromotoren usw.). Im dritten, weniger populären Verständnis des Energiesparens geht es um die Anpassung der Energiequalität an die Erfordernisse der jeweiligen Dienstleistung (Stichworte: Zweiter Wirkungsgrad, Energiebetrachtung). Letztlich entsteht hierdurch (zum Beispiel im Rahmen des Contractings) eine dreifache „win-Situation": der Kunde reduziert seine Energiekosten, ein Teil dieser Kostenreduzierung verbleibt als Deckungsbeitrag beim Unternehmen, während das ökologische System durch die Reduzierung der Schadstoffemissionen gewinnt.

Eine damit verbundene Konzentration auf die Reduzierung der CO_2-Emissionen ist angesichts der Klimaproblematik ohne weiteres geboten und zulässig. Die Klimakonvention ist als UN-Rahmenübereinkommen seit dem 21. März 1994 völkerrechtlich verbindlich. Damit begann die Jahrzehnte dauernde politische Umsetzung des in der Konvention vorgegebenen Ziels der Stabilisierung bzw. Reduzierung der Treibhausgaskonzentration in der Atmosphäre. Das sollte dazu genutzt werden, die fossilen Kohlenstofflager unseres Planeten für sinnvollere Anwendungen als dem bloßen Verbrennen zu nutzen und das menschliche Tun wieder näher an naturbezogene Kreisläufe heranzuführen[203]. Schlagwortartig gilt hierfür die Losung des „Least Cost Planning" bzw. IRP[204]: Vom MEGAwatt zum NEGAwatt. Dies impliziert überpointert den Einstieg in den Ausstieg aus der Nutzung fossiler Brennstoffe und damit – auf lange Sicht – die notwendige Rückkehr zu einer Solargesellschaft.

Dieser Sachverhalt erfordert zwangsläufig die Notwendigkeit eines „ökologischen Energiemarketings"[205], das – quasi als strategische Zielsetzung – zur nachhaltig wirksamen Reduzierung des Verbrauches knapper und endlicher Ressourcen sowie der Umweltbelastung im Sinne des „sustainable development" zu führen hat. Es erfordert daher eine „Effizienzrevolution", die sowohl durch vermindertes Wachstum des Energieverbrauches als auch des Primärenergieeinsatzes gekennzeichnet ist[206]. Diese Effizienzrevolution hat allerdings zwei diametral wirkende Konkurrenzbedingungen:

1) Der Wettbewerb um das „knappe Kapital": Zwar sind einzelne Öko-Technologien wirtschaftlich schon realisierbar – allerdings mit Amortisationszeiten, die ungünstiger für den Investor als andere Investitionen sind.

2) Die wirtschaftlichen, gesellschaftspolitischen und neutralen Anreizstrukturen unserer Gesellschaft sind durch das industrielle Zeitalter geprägt, das auf Wachstum und nicht auf Effizienzrevolution fokussiert ist – menschliche Leistung wird durch maschinelle Leistung im Hinblick auf Produktivitätserhöhung, bei gleichzeitiger Erhöhung des Ressourcenverbrauches, ersetzt.

Dieser ökologische Marketingansatz muss daher, um die Zielsetzungen auch erfüllen zu können, durch ein gesellschaftspolitisches Marketing ergänzt werden, um mittels des hierdurch entstehenden Dialoges mit Kunden, Marktpartnern, ökologisch orientierten Bevölkerungsgruppen, Umweltverbänden, Politikern etc. sowohl entstehende Konflikte zu reduzieren bzw. zu kompensieren als auch eine breite öffentliche Unterstützung gewinnen zu können. Unternehmen, die umweltstrategische Probleme, Chancen und Risiken bewusst erkennen und im Sinne einer nachhaltigen Wertsteigerung berücksichtigen sowie soziale Kompetenzen und gesellschaftspolitische Interessen als Faktoren in ihre Entscheidungsprozesse involvieren, erzielen häufig höhere Wertsteigerungsraten als andere Unternehmen[207]: Der künftige wirtschaftliche Erfolg eines Unternehmens aus Sicht des Kunden hängt überwiegend von der Bereitschaft ab, sich selbst als Akteur eines „nachhaltigen Wirtschaftens" zu positionieren[208]. Hierunter wird die Ausbalancierung bzw. Abstimmung und Ausgleich der sozialen, ökonomischen, ökologischen, kulturellen, (informations-)technologischen sowie strukturellen Komponenten einer Unternehmung auf lange Sicht verstanden.

Zusammenfassend kann daher festgehalten werden, dass eine Erhöhung der Energieeffizienz durch die nachfolgenden Marketingmodule des Energiedienstleistungsunternehmens erreicht werden kann:

- Paradigmenwechsel der bisherigen „Energiever-(zu-)teilung" zum nachhaltig wirksamen „Energiemarketing",
- Involvierung des ökologischen und gesellschaftspolitischen Marketings,
- Fokussierung auf die individuellen Kundenerwartungen durch ein Kundenbeziehungsmanagement (CRM) sowie
- Einbeziehung pretialdeterminierter Strategien.

Ein strukturiertes, wissensbasiertes Marketing ermöglicht die Verknüpfung von kunden-, geschäftsprozess- sowie wertschöpfungsrelevanten Informationen. Mittels des hierin involvierten Informations- und Wissensmanagement kann ein Portfolio individueller, modularer Produkt- und Dienstleistungsangebote mit Preisgarantie, Lieferfähigkeit sowie Liefer- und Servicequalität generiert werden. Es gewährleistet letztlich, dass – auch unter Einbeziehung pretialer Strategien – ökologisch fokussierte Energiedienstleistungen vor dem Hintergrund der individuellen Kundenwünsche bzw. -anforderungen entwickelt und vermarktet werden können, die neben der Bereitstellung der Nutzenergie auch Zusatzleistungen (Value Added Services) beinhalten. Hierdurch kann – quasi als aus Kundensicht unbeabsichtigter Nebeneffekt – eine Verbesserung der Energieeffizienz realisiert werden[209].

1 Dem beruflichen Aufgabenbereich des Verfassers.
2 Kombination aus dem englischen „market" sowie „getting", d. h. „den Markt bekommen" bzw. sich den Markt nehmen – vgl. die Ausführungen in Abschnitt 7.5.
3 Kleine und mittlere Unternehmen.
4 Charles Darwin entwickelte diese im Rahmen seiner Untersuchungen zur Anpassungsfähigkeit biologischer Systeme – vgl. Darwin (1859) „Über den Ursprung der Arten".
5 Von Clayton Christensen auch als „disruptive technology" bezeichnet – Innovationen, die Technologien und Märkte sowie deren Teilnehmerzahlen verändern und somit traditionelle Marktstrukturen destabilisieren.
6 Vgl. Schulze (2000).
7 Etwas aufgrund einer gemeinsamen, ideellen Zielsetzung bzw. etwas im Rahmen eines gemeinsamen Ausdruckes vereinbaren: Community in einem gemeinsamen Glauben.
8 Beispielsweise als Label auf Textilien etc.
9 Diese Erfahrung mussten E.ON und RWE machen; E.ON hat daher mittlerweile den Fokus von der Produkt- auf die Imagewerbung im Sinne des „Corporate Branding" verlagert.
10 Analog zur Persönlichkeitsdefinition von Alfred Adler – vgl. Adler (1974).
11 Vgl. Kapitel 5.
12 Vgl. hierzu die Diskussion im Web-Forum „brandchannel.com".
13 Umgekehrt ist eine Dachmarkenstrategie ohne gleichzeitige Vermarktung der dahinter stehenden Produkte ebenfalls nicht sinnvoll, da sich kein potentieller Käufer angesprochen fühlen kann – vgl. die Anfangswerbung von E.ON: der Name war relativ bekannt, dennoch wusste anfangs kein Kunde trotz des großen finanziellen Aufwandes, welche Produkte von dieser Unternehmung vertrieben werden, so dass eine mentale Verankerung nicht stattfand.
14 Durchgeführt von der WH Koblenz, VDI-nachrichten sowie C4Consulting mit dem Fokus auf sog. „Start up-Unternehmen".
15 Vgl. Köhler et al (2001).
16 Vgl. Pine (1996).
17 Vgl. Abschnitt 1.1; die Ergebnisse der sog. „Umstellerstudie" beweisen seit 1992 diesen massiven Trend.
18 Analog zum klassischen Motto „All business is local".
19 Dies haben beispielsweise die empirischen Untersuchungen zum sog. „Rationalitätsschleier" ergeben – vgl. Kirsch (1976), Kutschker (1976).
20 Vgl. Bentin/Werner (1999), S. 548 ff.
21 POS = Point of Sale.
22 Gemäß einer Diebold-Erhebung beinflussen der Preis zu 39 Prozent, die Produktdifferenzierung zu 60 Prozent sowie die Servicedifferenzierung zu 84 Prozent die Kundenentscheidung.
23 In diesem Verständnis repräsentiert eine Strategie die Kombination von Logik und Vision, basierend auf dem analytischen sowie emotionalen Verständnis komplexer Systemzusammenhänge.
24 Durch die informationstechnologische Aggregation bzw. Integration der Bereiche Management, Produktion, Marketing, Vertrieb und Service – vgl. hierzu die Ausführungen in Abschnitt 7.3.
25 Vgl. die ausführliche Diskussion in Abschnitt 7.3.
26 Vgl. Bruhn (1995).
27 Vgl. Abschnitt 4.3.
28 Dessen ungeachtet überwiegt derzeit häufig noch die Produkt- gegenüber der Problemlösungsorientierung im Marketing – vgl. Krafft et al (2000).

[29] Treacy/Wiersema (1995), S. 58.
[30] Zu beachten ist allerdings, dass aus Vereinfachungsgründen zugunsten einer Clusterbildung nicht die Individualität des Kunden im Rahmen eines umfassenden Kundenbeziehungsmanagements „geopfert" wird.
[31] Dies reicht von der Kombination verschiedener Produkte (sog. multi-utility bzw. cross-selling) über die Anreicherung durch Dienstleistungskomponenten (sog. Value Added Services) bis zum BOT-Prinzip (d. h. Komplettversorgung aus einer Hand – Produkt, Service, Wartung etc.) – vgl. hierzu den Abschnitt 1.1.
[32] Vgl. Meffert/Bruhn (1997), S. 47 ff.
[33] Diese Involvierung kann unterschiedlich ausgeprägt sein: bei hoher Standardisierung und damit niedrigen Kosten der Leistungsbereitstellung ist der Integrationsgrad niedriger – allerdings auch die individuelle Akzeptanz bzw. Präferenz des Kunden.
[34] Diese Art der Diversifizierung erfolgt nicht per se, sondern wird determiniert durch die Fokussierung auf periphere Zusatzleistungen im Sinne der VAS bzw. des BOT-Prinzips; dies impliziert den Paradigmenwechsel von Produkten zu Innovationen und Ideen.
[35] Vgl. hierzu Maleri, R. (1991) sowie Meffert/Bruhn (1997).
[36] Vgl. Rösler (1996), S. 107 ff.
[37] Vgl. Seidenschwarz (1993), S. 115 ff.
[38] Vgl. Hagenloch (1997), S. 320 ff.
[39] Bedingt durch hohen Fixkostenanteil, stagnierendes Mengenwachstum sowie hohe Wechselbereitschaft der Kunden aufgrund der Austauschbarkeit der Produkte
[40] Untersuchungen ergaben allerdings, dass nur 29 Prozent der Kunden die jeweiligen Dienstleistungen kannten bzw. inhaltlich verstanden.
[41] Vgl. Hammer (2002).
[42] Produkte und Dienstleistungen werden analog zu den Lebenszyklen des Kunden unterschiedlich „gebündelt".
[43] Häufig auch als „Multi-Utility" i. e. S. bezeichnet, bei dem gleichartige Produkte miteinander kombiniert werden – z. B. Gas und Strom bzw. Finanz- und Versicherungsleistungen.
[44] Allerdings ergab eine Untersuchung des Instituts für Marktorientierte Unternehmensführung an der Universität Mannheim, dass Cross-Selling nur bei Finanzdienstleistern sowie Unternehmensberatungen systematisch betrieben wird – vgl. Homberg/Schäfer (2000).
[45] Vgl. Homberg/Schäfer (2000).
[46] Dies bestätigt auch die Entwicklung der Werbungsausgaben: im Jahr 2000 wurden ca. 70 Mrd. DM für die „klassische" Werbung aufgewendet, während der Anteil der sog. „below-the-line-Werbung" (z. B. Sponsoring, sog. Events etc.) einen Betrag von 60 Mrd. DM überstieg.
[47] Vgl. Pabsch (2002), S. 26 ff.
[48] Häufig auch als „Multi-Utility" i. w. S. bezeichnet.
[49] Vgl. Roth (2002), S. 46.
[50] Vgl. Godin (1999).
[51] Vgl. diesbezüglich die Ausführungen in Abschnitt 7.3.
[52] In zweifacher Sicht: sowohl die Position des Kunden im Unternehmenslebenszyklus als auch die Position der Unternehmung im Kundenlebenszyklus.
[53] Beispielhaft seien „npower" sowie „Centrica" in Großbritannien angeführt
[54] Im Telekommunikationsmarkt hat sich herausgestellt, dass die erforderliche Abrechnungssoftware häufig erst.
sechs Monate nach der Produktvermarktung zur Verfügung stand.
[55] Beispielhaft hierfür kann die kundenorientierte, „individualisierte" Gerätefertigung der Fa. Dell gesehen werden.

56 Vgl. Grün/Brunner (2002).
57 Vgl. Reinartz/Kumar (2000).
58 Vgl. Homberg/Schäfer (2000).
59 Gemäß einer Markterhebung der MCN-Group besitzen nur ca. 30 Prozent der Unternehmen gute bis sehr gute Informationen über ihre Kunden.
60 Gemäß der gleichen Untersuchung sind 65 Prozent der derzeitigen Segmentierungen als schlecht zu bezeichnen.
61 So ergab eine repräsentative Umfrage im Jahre 2000, dass nur 29 Prozent der Unternehmen sich über die vorhandenen Kundendaten zufriedenstellend äußerten.
62 Dies mag ein Grund dafür sein, dass z. B. Yello pro Kunde durchschnittliche Marketing- und Akquisitionsaufwendungen in Höhe von ca. 1.000 € hatte – bei einem jährlichen Deckungsbeitrag von ca. 50 €.
63 Als eine der Funktionen – vgl. die Ausführungen in Abschnitt 7.3.
64 Global definierte und strukturierte Werbekampagnen haben gezeigt, dass diese häufig im lokalen Bereich negative Wirkungen auslösen (z. B. bei Coca Cola bzw. 7 Up).
65 Individuelle Anpassung des Produktes an den Kunden anstelle des anonymen Massenproduktes.
66 Vgl. Rapp (2000).
67 Derartige Softwareprodukte unterstützen auf der Basis des Data-Mining die Phasen „Profiling" (Sammlung und Analyse expliziter sowie impliziter, strukturierter und unstrukturierter Daten) sowie „Match Making" des Personalisierungsprozesses: Bei letzterer Phase werden entweder statische, regelbasierte Systeme (z. B. CASE: Computer-assisted self explication) oder dynamische Verfahren (z. B. Collaborative Filtering, Softwareagenten etc.) eingesetzt.
68 Empirische Untersuchungen ergaben eine Erhöhung der Umsatzrendite von 1 – 2 Prozent bei einem systematischen Beziehungsmanagement.
69 Vgl. die Accenture-Studie (2002).
70 Vgl. Laker (2001a).
71 Allerdings sind diese häufig vorher nicht präzise definiert, so dass Unternehmensstrategie und Kundenbeziehungsstrategie divergieren.
72 Segmentierung beinhaltet die Differenzierung des Massenmarktes in abgrenzbare, in sich homogene Teilmärkte mit jeweils identischen Verhaltensmustern
73 Vgl. Treacy/Wiersema (1995) sowie die Ausführungen in Abschnitt 7.2.1.
74 Diesbezüglich repräsentiert Data Mining einen Prozess, der von Datenselektion und -aufbereitung über das Generieren interessierender Datenmuster bis zur Ergebnispräsentation und -interpretation reicht; dieser ist derzeit nur in Teilbereichen automatisierbar (z. B. Analyse großer Datenbestände nach Auffälligkeiten mittels intelligenter Algorithmen), da meist nur der Anwender die sachgerechte und aufgabenbezogene Datenaufbereitung und Ergebnisinterpretation realisieren kann.
75 Analyse von Mustern in unstrukturierten Daten- bzw. Informationsmengen (z. B. durch Instrumente der künstlichen Intelligenz).
76 Datenfokussierte Analyse von inhaltsbezogenen Informationen sowie die Erstellung sog. Log-Files, die Aufschluss über das Navigationsverhalten der „Surfer" bzw. Nutzer liefern.
77 Vgl. Schneider (2002), S. 46 ff.
78 Die mitarbeiterindividuelle Kundenorientierung (Freundlichkeit etc.) erwartet der Kunde per se, so dass diese als ausschließliches Vehikel zur Steigerung von Effizienz und Profitabilität nicht ausreicht.
79 Vgl. hierzu Bullinger/Loff (1997).

80 Analog sind auch die Bemühungen der öffentlichen Verwaltung zu sehen, ein sog. „citizen relationship management" zu installieren, um den Bürger als „Kunden" wie bei Unternehmen betreuen zu können.
81 Analog zum Wissensmanagement – vgl. die Ausführungen in Abschnitt 4.2.2.
82 Vgl. Lewis (1968).
83 Dessen Module u. .a. sind: multimediale und interaktive Internet-Technologie, Browser, WWW, Komponenten des Mobile Computing, Objekttechnologie sowie UMS (Unified Messaging System) etc.; dies setzt die Vernetzung, Prozessorientierung sowie Harmonisierung der funktionalen Anwendungssysteme sowie Vereinheitlichung der Schnittstellen voraus.
84 Ohne die Installation „manueller" Bypässe.
85 EAI = Enterprise Application Integration – Unterstützung der unternehmens-(marketing-)relevanten Geschäftsprozesse durch Integration der unterschiedlichen informationstechnologischen „Welten" zur Realisierung eines konsistenten Daten- und Informationsflusses – vgl. die Ausführungen in Abschnitt 3.3.1.
86 C2B = Consumer-to-Business bzw. Browser-to-Server.
87 A2A = Application-to-Applikation.
88 Vgl. Rapp (2000).
89 ERM = Enterprise Resource Management, verstanden als „Management-Architektur".
90 KIS = Kundeninformationssystem.
91 CAS = Computer Aided Selling.
92 SFA = Sales Force Automation.
93 TES = Technology Enabled Sales.
94 TERM = Technology Enabled Relationship Management.
95 BDSG = Bundesdatenschutzgesetz.
96 Vgl. Abschnitt 3.3.3.
97 Vgl. Stern (1969).
98 Vgl. Abschnitt 7.3.2.
99 Unternehmen überleben unter anderem, wenn sie längerfristige, ständig wiederkehrende Transaktionen dann selbst durchführen, wenn das „Insourcing" preiswerter als die Realisierung dieser Transaktionen durch andere Marktteilnehmer ist („cost-of-market-transaction"). Die Realisierung dieser Transaktionen durch Marktpartner oder Dritte (sog. „Outsourcing") erfolgt dann, wenn der Marktpreis niedriger als die innerbetrieblichen Kosten (incl. der zur Koordination der Arbeitsteilung erforderlichen Managementkosten etc.) ist – vgl. Coase (1988).
100 Z. B. im Rahmen des sog. „Sales-Trichter-Konzeptes", bei dem die Daten potenzieller Kunden die Phasen „Qualifizierung", „Angebot", „Verhandlung" sowie „Kontrahierung" durchlaufen und hierdurch quantitativ reduziert werden – unbekannt ist jedoch häufig, warum welche Daten eliminiert wurden.
101 Vgl. Abschnitt 6.3.1.
102 Beispielsweise mittels der FRAC-Analyse (Frequent, Recency, Amount, Category-Abstandhäufigkeit, Zeitpunkt der Inanspruchnahme, Menge, Kategorie).
103 Z. B. durch die Verfahren Net Present Value (NPV) bzw. Life Time Value (LTV)
104 Vgl. hierzu die Informationen unter www.acquisa.de.
105 Bevorzugung des eigenen Unternehmens oder des Wettbewerbers durch den Kunden.
106 Klassifizierung der potenziellen Kunden im Sinne von Zukunftsfähigkeit und Wachstum.
107 RFM = Recency (wann letzter Verkauf), Frequency (Kaufhäufigkeit), Monetary (Wert).
108 Dieses Konzept impliziert letztlich ein Regelkreismodell.
109 Vgl. Brendel (2002).

110 Vgl. Abschnitt 3.3.
111 Dieses sog. „Internet-Computing" transformiert die Mainframe- bzw. Client-Server-fokussierte Datenverarbeitung zum internetzentrierten Geschäftsprozess-, Informations- und Wissensmanagementsystem; Front-Office sowie das „klassische" Call-Center mutieren dann zu einem „Communication-Center".
112 Vom konsequenten „Bill payment" ist derzeit noch abzuraten.
113 Beim „Online-Zugriff" sollte grundsätzlich nur auf den „Backup-Pool" und nicht auf die Originaldaten zugegriffen werden können, da unerlaubte Zugriffe sowie Manipulationen generell nicht verhindert werden können.
114 FAQ: frequently asked questions.
115 Das häufig als „eigenständiges" Kundenbeziehungsmanagement bezeichnete „eCRM" repräsentiert in Wirklichkeit nur eine Kanalerweiterung im Bereich der elektronischen Informations- und Kommunikationsmedien bzw. die Substitution der traditionellen Vertriebskanäle im Rahmen einer „Multi-Channel-Distribution"; es repräsentiert letztlich nur eine instrumentelle Unterstützung des Informations- und Wissenstransfer.
116 Gemäß der japanischen Erkenntnis zu Beginn der 80er Jahre: automate, innovate or evaporate.
117 Vgl. die Ausführungen in Abschnitt 3.3.2.1.
118 EAI = Enterprise Application Integration – vgl. Abschnitt 3.3.1.
119 Vgl. die Ausführungen in Abschnitt 4.2.2; dies erfordert zwangsläufig auch die dem Kunden/-segment angepasste Verwendung von Aussagen bzw. Begriffen – das"Marketing-Denglisch" ist nicht für jeden verständlich.
120 KIS = Kundeninformationssystem.
121 GIS = Graphisches Informationssystem.
122 FiBu= Finanzbuchhaltung.
123 Z. B. mengentheoretische, wie Durchschnitts- und Komplementärbildung.
124 So besitzen z. B. Gefahrtguttransporter Chips mit Angaben über die aktuellen Stoffbestandteile, die per GPS den zuständigen Stellen der Gebietskörperschaften schon vorab für den Gefährdungsfall bereitgestellt werden.
125 Bei Oracle z. B. das Modul „Oracle Spatial".
126 Vgl. die Ausführungen in Abschnitt 3.2.
127 Vgl. Abschnitt 3.3.3.
128 Die statistischen Ausfallzeiten betrugen z. B. 1999 in Frankreich jährlich ca. 10 Stunden gegenüber 8 Minuten in Deutschland.
129 Diese nur mittels eines „Angstfaktors" zu kalkulierenden Kosten führen zwangsläufig zum Angebot von Zusatzdienstleistungen bzw. Garantien (Premiumqualität), z. B. in Form von Stromausfallversicherungen.
130 Vgl. Abschnitt 3.2.
131 Vgl. die Ausführungen in Abschnitt 4.2.
132 Durch Nachdenken allein gelangt man demnach nicht zu verlässlicher Erkenntnis.
133 Vgl. die Ausführungen in Abschnitt 4.2.2.
134 Ca. 80 – 90 Prozent des quantitativen Umfanges der Kundenbeziehungen beinhalten Rechnungsstellungs- und Bezahlungstransaktionen – vgl. Roth (2003), S. 26 f.
135 Vgl. hierzu Laker, M. (Hrsg., 2000).
136 Empirische Untersuchungen ergaben, dass unzufriedene Kunden zu 85 Prozent den Anbieter wechseln; bei einem aktiven (positiv empfundenen) Beschwerdemanagement bleiben jedoch davon 95 Prozent beim Anbieter.
137 Im Rahmen von „Benchmarking" vergleichen Unternehmen häufig ihre eigenen Produkte/Leistungen mit denjenigen der Mitbewerber ausschließlich aus ihrer eigenen, subjektiven und häufig technologischen Sicht.
138 Vgl. Kalakota/Robinson (1999).

139 Vgl. Strauss/Seidel (1998), S. 69 ff.
140 Analog zum Berichtswesen im Rahmen der Balanced Riskcard.
141 So existieren z. B. Anrufweiterleitungssysteme, die den Kunden aufgrund vorgegebener und formalisierter Definitionen zum „aktiven Element" werden lassen; häufig sind die vorgegebenen Auswahlkriterien für den Kunden zweideutig bzw. fehlinterpretierbar, so dass sich letztlich wieder der „Buchbinder Wanninger-Effekt" einstellt.
142 Erinnert sei an „Brent Spar" bei Shell bzw. die Kinderarbeit zur Herstellung von Nike-Produkten sowie das jeweilige Käuferverhalten.
143 Vgl. Krafft et al (VIP 2000 sowie die Studie „Kundenmonitor Deutschland 2000") sowie die Studie von Ogily One aus 2002.
144 ECR = Efficient Consumer Response.
145 Abgesehen von der Tatsache, dass derzeit mit der Bezeichnung CRM eine vermarktungsfokussierte Begriffsinflation verbunden ist.
146 Vgl. Jänig (1984), S. 179 ff.
147 Hinsichtlich der Einbeziehung in das CRM-System.
148 Die Schulung betrifft nicht nur den informationstechnologischen Teil, sondern vor allem den mentalen Bereich bezüglich eines „ganzheitlichen Verständnisses" des Kunden sowie seiner Bedürfnisse etc.
149 Vgl. Laker (Hrsg., 2000).
150 Vom Grundsatz her bedingt ein CRM-System eine „offene" Architektur der eingesetzten Informationstechnologie.
151 Die deutsche Variante des „Lean managements" hat Spuren hinterlassen ...
152 Vgl. die Ausführungen in Abschnitt 5.
153 Vgl. Abb. 52.
154 Vgl. auch Muther (2001).
155 Vgl. Bjoern-Andersen et al (1978), Hedberg/Mumford (1975), Jänig (1984), Mambrey/Oppermann (1983).
156 Vgl. die Ausführungen in Abschnitt 5.1.
157 Vgl. Abb. Nr.57.
158 Hiervon entfallen jeweils ca. 25 Prozent auf Hardware, Software, Schulung sowie Datenpflege/Datenqualität.
159 Gemäß einer Studie von Cranfield Research/Gartner Group (2000) scheitern ca. 60 % aller CRM-Projekte; eine empirische Erhebung der Meta-Group ergab eine entsprechende „Ineffizienz-Quote" von 83 Prozent; des Weiteren setzen gemäß des Gartner-Berichtes 42 % ihre erworbenen CRM-Lizenzen nicht ein – vgl. Cranfield Research/Gartner Group (2000).
160 Vgl. Grant (2002).
161 Vgl. Abschnitt 8.
162 Vgl. Meta Group/IMT (2000).
163 Z. B. Informationen und Newsletter über Portale bzw. per e-Mail, Konferenzeinladungen auf postalischem Wege sowie Geburtstagsgrüße per Telefon.
164 Gemäß einer Ploenzke-Studie von 1999.
165 Gemäß einer Studie der Meta-Group im Jahre 1999 bezweifeln über 50 Prozent der befragten Unternehmen den wirtschaftlichen Nutzen des CRM.
166 E-Marketing ist ein Element des Marketings, nicht der digitale „Ersatz".
167 Vgl. Abschnitt 1.1.
168 Nur teilweise substituierend.
169 Es repräsentiert somit das sog. „Mobile Relationship".
170 Vgl. die Ausführungen im ersten Abschnitt.
171 Komplexe und erklärungsbedürftige Produkte sind im Internet nicht darstellbar.
172 ROR = Return on Relationship als Messgröße für den monetären Wert der Kundenbeziehungen.

[173] Z. B. im Rahmen der BSC-Methodik.
[174] So formulierte schon im 12. Jahrhundert Hans Heinrich Path im Kloster Eismar als Credo der Kundenbeziehung: „Ein Kunde ist die jeweils wichtigste Person in einem Betrieb. Er ist nicht von uns abhängig, sondern wir von ihm. Er bedeutet keine Unterbrechung in unserer Arbeit, sondern ist ihr Inhalt. Er ist kein Außenseiter unseres Geschäfts, er ist ein Teil von ihm. Er ist niemand, mit dem man sich streitet. Denn niemand wird jemals einen Streit mit einem Kunden gewinnen. Ein Kunde ist eine Person, die uns ihre Wünsche mitteilt. Unsere Aufgabe ist es, diese zu seiner und unserer Zufriedenheit auszuführen."
[175] Dessen Verhaltensmuster werden „online" transparent.
[176] Vgl. die Ausführungen in Abschnitt 7.2.
[177] Vgl. Heuser (2000).
[178] Im Gegensatz zum reaktiven Marketing, bei dem auf Nachfrageveränderungen mit neuen Produkten/Technologien reagiert wird, impliziert das innovative Marketing die Entwicklung neuer Produkte/Dienstleistungen, die die noch zu befriedigenden Bedürfnisse spezifischer Marktsegmente erst generieren (vgl. die Mobilfunkbranche).
[179] Dieser Prozess wird auch durch die – per Internet – schnelleren und umfassenderen Informationsmöglichkeiten der Kunden beschleunigt; durch diese „Informationsmobilität" werden die Kunden zu „Bewohnern transitorischer Räume".
[180] Allerdings erfordert dieses größere Informations-/Wissenspotenzial auch einen größeren Zeitaufwand für die Informations- bzw. Wissensrecherche.
[181] Hierbei werden erhaltene Kundendaten *nach* der ausdrücklichen Genehmigung des Kunden an Dritte veräußert bzw. nur die vom Kunden definierte Werbung ihm zugesandt – eine Infas-Studie ergab, dass nur 48 Prozent der Kunden die Preisgabe persönlicher Daten nicht wünschen.
[182] Verfahren der systematischen Informationsgewinnung aus Datawarehouse-Systemen zur aktiven digitalen Steuerung operativer Anwendungen.
[183] Bei Produktionsunternehmen steht „supply chain management" als Akronym einerseits für die ganzheitliche, prozessorientierte Betrachtung der gesamten Lieferkette zwischen Produzenten von Einzelteilen, dem Produktintegrator (klassisch: der eigentliche Produzent), dem Händler bzw. Lieferanten und dem Kunden. Andererseits wird derzeit hierunter häufig die „alles umfassende Vision" gesehen, bei der der Kundenbedarf den gesamten Informationsfluss im unternehmensübergreifenden Netzwerk der Geschäfts- und Wertschöpfungsprozesse aller Beteiligten ohne Medienbrüche steuert, so dass sämtliche relevanten Informationen allen Beteiligten (Kunde, Unternehmung, Dritte etc.) zur Verfügung stehen und sämtliche Wirkungszusammenhänge bzw. Workflows für alle transparent sind – dies setzt voraus, das alle ERP-Systeme kompatibel und miteinander vernetzt sind.
[184] Durch dieses Prozessmanagement werden alle Aktivitäten, die zur Herstellung und Distribution eines Produktes bzw. einer Dienstleistung erforderlich sind, logisch aggregiert – dies wird durch die ausführlich erörterte Prozessorientierung bzw. -fokussierung erreicht (vgl. Abschnitt 2.2).
[185] In letzter Konsequenz beinhaltet dies allerdings auch, dass sich das Unternehmen selbst „wie ein Markt" zu organisieren hat.
[186] Entsprechende Basissysteme werden ab 2002/2003 zur Verfügung stehen.
[187] Vgl. Jänig (1997).
[188] Meffert (1998), S. 7.
[189] Vgl. Wietfeld (1999), S. 124.
[190] Vgl. die Ausführungen in Abschnitt 7.2.1.
[191] Vgl. Abschnitt 7.2.1.
[192] Vgl. Meffert/Bruhn (1997), S. 21.
[193] Vgl. Wietfeld (1998), S. 84.

[194] Vgl. Jänig (1997).
[195] Vgl. Wietfeld (1999), S. 125 f sowie Meffert/Bruhn (1997), S. 289 und Jänig (1998a).
[196] Vgl. z. B. Bruhn/Homburg (Hrsg. 1999).
[197] Vgl. Diller (1996).
[198] Wie bei jeder Kommunikation ist die Glaubwürdigkeit des Senders entscheidend für die Wahrnehmung und Interpretation beim Empfänger.
[199] Vgl. die Ausführungen in Abschnitt 7.3.2.
[200] Vgl. Jänig (2002).
[201] World Business Council for Sustainable Development: ECO – efficient Leadership, Genf 1996.
[202] Diese Aussage scheint im Widerspruch zu den vorherigen Ausführungen zu stehen – um inhärente Bedürfnisse zu wecken, ist zwangsläufig ein innovatives Marketing erforderlich (vgl. hierzu die Ausführungen in Abschnitt 7.4).
[203] Vgl. Graßl, H. (1995).
[204] IRP = Integrierte Ressourcenplanung.
[205] Vgl. Jänig (1995), S. 15 ff. sowie (1998a), S. 4 ff.
[206] Vgl. v. Weizsäcker et al (1995).
[207] Dies zeigt die Entwicklung der Aktienkurse des NAX (Natur-Aktien-Index) bzw. des an Nachhaltigkeit orientierten DJSGI des Verlagshauses Dow Jones sowie entsprechende Fonds.
[208] Vgl. „Dialoge" (2000) Nr. 5.
[209] Z. B. die Installation von Brennwertgeräten beim Nahwärmecontracting – der Kunde hätte bei einer Investitionstätigkeit sehr wahrscheinlich andere Wärmeerzeuger installiert.

8. Die wissensbasierte, selbstlernende Unternehmung

8.1 Strukturmerkmale der wissensbasierten, selbstlernenden Organisation

Die an verschiedenen Stellen dieses Buches diskutierten Auswirkungen der Globalisierung bzw. der Marktliberalisierung lassen sich dahingehend zusammenfassen, dass sich zum einen traditionelle soziale und gesellschaftpolitische Milieus und Strukturen auflösen sowie die Wirtschaftsstrukturen und Arbeitsformen des industriellen Zeitalters ihre Funktions- und Wirkungsfähigkeit verlieren. Die wissensbasierte Dienstleistungsgesellschaft wird durch Individualisierung, Pluralisierung und Digitalisierung gekennzeichnet. Daher lassen sich Berufsbiographien und Lebensentwürfe nicht mehr wie bisher planen. Zwar wird die Gestaltbarkeit der beruflichen Lebenswege größer – allerdings auch der Gestaltungszwang, wobei Chancen, Optionen und Risiken indifferent bzw. „unschärfer" und somit vage werden. Ambivalenz wird somit zum zentralen Paradigma: Die Chancen zur beruflichen Lebensgestaltung steigen bei gleichzeitiger Reduzierung der Planbarkeit. Zum anderen erodieren die sozialstaatlichen Systeme des Nationalstaates, während gleichzeitig deren Regierungen an Einfluss und Handlungsfähigkeit verlieren. Dessen ungeachtet intendieren diese Regierungen derzeit einen strategie- und konzeptionslosen Populismus als genuinen Nachfolger postideologischer Strömungen und ersetzen hierdurch die ideologischen Grundströmungen der letzten beiden Jahrhunderte (zum Beispiel Sozialismus, Konservatismus, Liberalismus). Im Rahmen dieses Populismus definiert sich die Politik allerdings als „legitimes Kind" des Informationszeitalters: Jeder kann sich – gefragt oder ungefragt – folgen- und konsequenzlos zu allem und zu jedem mittels der multimedialen Kommunikationstechnologien äußern. Weil die klassischen Medien häufig auf eine kritik- und recherchefreie Suche nach „verkaufsfördernden Schlagzeilen und Mainstreams" fokussieren, werden Verzerrungen zwischen der virtuellen sowie der realen Meinungsführerschaft impliziert, so dass der „Blick für das strategische Kalkül" verloren geht. Allerdings ist festzuhalten, dass die Globalisierung sehr wahrscheinlich nicht der Auslöser dieser Veränderungsprozesse war, sondern nur ihr „Beschleuniger". Dennoch ist aus heutiger Sicht eine Abschottung gegenüber dem zu Grunde liegenden Prozess der Marktliberalisierung nicht (mehr) möglich, so dass nur eine proaktive Gestaltung dieses Prozesses die Handlungsfähigkeit des (Trans-) Nationalstaates wieder ermöglicht. Deutlich wurde des Weiteren, dass Globalisierung bzw. Globalismus derzeit zu einer dreifachen Asymmetrie führen:

- zur gravierenden Verschärfung des „Nord-Süd-Gefälles" (internationale Ebene),
- zur Polarisierung zwischen den transnationalen Unternehmen sowie dem Nationalstaat (nationale Ebene) sowie

▷ zur Polarisierung zwischen den transnationalen Unternehmen sowie den KMU's (Unternehmensebene).

Die aus dem letzten Aspekt resultierenden Konsequenzen und Anforderungen für KMU's sollen Gegenstand der folgenden Ausführungen sein, um deren Überlebensfähigkeit als „selbstlernende Organisation" im Rahmen liberalisierter Märkte zu ermöglichen. Dabei wird bewusst der Terminus „selbstlernend" anstelle „lernend" benutzt, da zum einen „Lernen" im traditionellen Sinn als Reaktion auf Umwelt- bzw. Umfeldeinflüsse und somit als fremdinitiiert und -gesteuert verstanden wird. Auf dynamischen Märkten müssen sich Unternehmen jedoch proaktiv verhalten und somit „vorausschauend" und eigenständig Lernprozesse auslösen und umsetzen – ohne dass beispielsweise bereits erfolgte Marktveränderungen diesen Lernprozess anstoßen. Zum anderen wurde an früherer Stelle erläutert, dass die Ultrastabilität das Kennzeichen einer wirtschaftlich nachhaltigen Unternehmung ist – sie besitzt somit durch und aus sich heraus die Fähigkeit, selbstständig aus Ungleichgewichtszuständen zu einem neuen Gleichgewicht zu gelangen – dies bedingt zwangsläufig die Befähigung zum „selbständigen und selbstinitiierten Lernen". Im Kontext der bisherigen Ausführungen besteht die Zielsetzung der selbstlernenden Organisation darin, das in der Unternehmung vorhandene Innovations-, Kreativitäts- und Wissenspotenzial für die Geschäfts- bzw. Wertschöpfungsprozesse nutzbar zu machen. Dies ist dann die Basis für die proaktive, eigenständige Initiierung von Veränderungsprozessen, um antizipativ auf Umfeld- bzw. Marktveränderungen zu reagieren. Die organisatorische Gesamtkonzeption sowie die Unternehmensstruktur ist demnach so zu gestalten, dass autonom die Erhöhung und Veränderung der organisationalen Wert- und Wissensbasis, die Verbesserung der Problemlösungs- und Handlungskompetenz sowie die Veränderung des gemeinsamen Bezugsrahmens von und für die Mitarbeiter der Unternehmung realisiert wird[1].

Aufgrund hierarchisch-funktionaler Strukturen sind Unternehmen zu statischen, unbeweglichen Größen mit mechanistischen Strukturen mutiert. Zynisch wird dies häufig auch als ein Konglomerat von nutzlosem Wissen sowie sinnlosem Geschwätz bezeichnet. Unstrittig ist jedoch als eine der (Überlebens-)Grundbedingungen der Marktliberalisierung, dass Unternehmen gestaltende und gestaltbare Organismen sind. Das erfordert zum einen den effizienten internen Wissenstransfer sowie die Fähigkeit, über aktuelle Informationen von Märkten bzw. deren Veränderungen, Mitbewerbern sowie Kunden (-potenziale) jederzeit verfügen zu können. Zum anderen muss diese Transferkomponente durch die Befähigung zur eigenständigen Wissenstransformation erweitert werden. Nur ein derartiges Informations- und Wissensmanagement bietet die Grundlage für selbstlernende Organisationen und ermöglicht proaktives Handeln. Gleichzeitig sind – ergänzend hierzu – prozessfokussierte Organisationsstrukturen notwendig, um die produkt- bzw. geschäftsfeldübergreifende Koordination der arbeitsteilig bedingten Funktionalitäten sowie abteilungsfokussierten Tätigkeiten zu ermöglichen. Dadurch soll gleichzeitig die Institutionalisierung von Innovationsprozessen durch die Generierung von „Innovationsplattformen" ermöglicht werden, um mittels der Neustrukturierung der Kernkompetenzen sowie der Anreicherung durch die Kernkompetenzen Dritter (beispielsweise auf Basis virtueller Unternehmen) die Innovationsfähigkeit zu erhöhen. Durch diese Einbeziehung Dritter entstehen häufig mehrfach miteinander vermaschte Netzwerke („extended enterprise") in Form von „Fluid Networks", bei denen sich bestimmte Gruppen in Abhängigkeit von der Problemstellung sowie den jeweils benötigten Kernkompetenzen immer wieder neu formieren und organisieren. Eine derartige Vorgehensweise bzw. Strukturierung repräsentiert das eigentliche „lean management" im Gegensatz zur deutschen Variante des „Wegrationalisierens". Die „selbstlernende Organisation" zeichnet sich durch die optimale Kombination der Faktoren „human resource management", „Informations- und Wissensmanagement" sowie „leistungsfähige, prozessfokussierte Organisationsstrukturen" aus, um im kybernetischen Sinne „ultrastabil" zu sein bzw. werden zu können. Determiniert wird sie somit einerseits durch die Fähigkeit, das individuale und das organisationale Wissen durch (komplex) strukturierte Informations- und Wissensnetzwerke integrieren und aggregieren zu können und hierdurch Wissenstransfer und -transformation zu prozessualisieren und zu institutionalisieren. Neben dieser „Zentralisierung" von Informationen und Wissen erfordert dies andererseits die dezentrale Generierung "sozialer" Netzwerke in Form der problemfokussierten, zeitlich befristeten Kombination kleiner, fluider Gruppen mit antizipativen Fähigkeiten, um auf der Grundlage ultrastabiler Anpassungs- und Adaptionsfähigkeiten dieser Netzwerke den "permanenten Wandel" zu institutionalisieren und somit auf kontingente Ereignisse und Einflüsse aus dem Unternehmenskontext strukturbildend reagieren zu können.

Wie deutlich wurde, implizieren prozessorientierte Organisationsstrukturen einen Paradigmenwechsel gegenüber der funktional-hierarchischen, sequentiellen Ablauforganisation. Letztere gewährleistet sicherlich bei Einhaltung der bestehenden dominanten Struktur sowohl den organisierten Informationsfluss als auch geregelte (reglementierte) Kommunikationsstrukturen – allerdings auf Kosten längerer Informationslaufzeiten, geringerer Übertragungskapazitäten sowie einer ausgeprägten Beharrungsmentalität, die die bei dynamischen Umweltverhältnissen erforderlichen und kurzfristigen Anpassungsprozesse nicht ermöglichen. Prozessorientierte Strukturen in Verbindung mit informationstechnologisch basierten Informations- und Wissenssystemen ermöglichen dagegen ein digitales Beschreibungsmodell der unternehmensbezogenen Wertschöpfungsprozesse und dadurch die parallele bzw. sich zeitlich überlappende objektorientierte Vorgangsbearbeitung auf der Grundlage einer durchgängigen Nutzung des Daten-, Informations- und Wissensbestandes der gesamten Unternehmung bei gleichzeitiger Reduzierung der Durchlaufzeiten sowie Transaktionskosten. Das erfordert bzw. beinhaltet zwangsläufig die Analyse und Deskription einer Abfolge von Funktionen und Aktivitäten, die die Erstellung einer spezifischen Leistung als Resultat implizieren. Neben dieser funktionalen Dimension repräsentiert die Prozessorientierung noch eine strukturelle im Sinne eines organisatorischen Gestaltungs- und Strukturierungsprinzips, das die durch statische Hierarchiemuster geprägte funktional-hierarchische Aufbauorganisation durch eine prozessorientierte bereichs- bzw. funktionenübergreifende Ablauforganisation ersetzen soll. Die Prozessorientierung ist einerseits ein Vehikel zur Erhöhung von Effizienz und Effektivität durch das Ausschöpfen unternehmensinterner Potenziale bzw. der Reduzierung der Transaktionskosten. Andererseits ist sie ein Steuerungs- und Gestaltungsobjekt im Sinne eines ganzheitlichen „Corporate Governance" und generiert die ausgewogene Steuerung und Optimierung aller betrieblichen Aktivitäten[2] durch die Bildung und Strukturierung eines dezentralen, flexiblen Unternehmensnetzwerkes. Eine derartige Orientierung an den Prozessen der Unternehmung, nicht jedoch an dem statischen Organisationsmodell, impliziert zwangsläufig eine radikale Veränderung der horizontalen und vertikalen Strukturen, weil die strategischen und operativen Geschäftsprozesse im Fokus stehen, während Hierarchie, detaillierte Arbeitsteilung sowie funktionale Strukturen (fast) bedeutungslos werden. Zudem erhalten politische, kulturelle sowie emotionale Faktoren (Kommunikationsfähigkeit, Lernkultur, Prozessdenken etc.) ein Übergewicht gegenüber den „klassisch-rationalen" Faktoren, beispielsweise der Förderung individueller Leistungsträger oder klassische Vergütungssysteme. Durch die hiermit verbundene Förderung und Stärkung der „soft skills" (letztlich alle Fähigkeiten, die über die Fachkompetenz hinausgehen), soll ein Wandel von der eindimensionalen (fachlichen) zur mehrdimensionalen (Mitarbeiter-)Persönlichkeit initiiert werden. Basis hierfür ist (analog zum Münchener Human-Capital-Club) die Überzeugung, dass der Mitarbeiter ein Wertschöpfungsgarant ist – vor allem in wirtschaftlich schwierigen Zeiten. Die hiermit verbundene Veränderungsbereitschaft generiert durch ein hohes Maß an Eigenverantwortung – quasi als permanente Herausforderung – die innovative, diskursive Entwicklung neuer Geschäftsoptionen sowie Prozessinnovationen. Letztere führen fast zwangsläufig auch zu Produkt- bzw. Dienstleistungsinnovationen. Dadurch wird die Unternehmung befähigt, sich flexibel, antizipativ und proaktiv (im Sinne des „geplanten organisationalen Wandels") an sich verändernde Umwelten anzupassen. Erforderlich sind hierfür (fast) zwangsläufig neue bzw. andere Unternehmenskulturen und -visionen, die auf Faktoren wie zum Beispiel „Querdenken", Innovationsfähigkeit („Erfindungsgeist"), Kreativität, Teamorientierung sowie Um- und Durchsetzungsvermögen beruhen, um neue Lösungen mit alten Werten verbinden zu können. Den hierzu erforderlichen Unternehmensvisionen im Sinne einer diskursiv erarbeiteten Antizipation der erwünschten und gestaltbaren Zukunft der Unternehmung fällt dabei eine doppelte Funktion zu. Zum einen sind sie der Kohäsionsfaktor, um der durch Prozessorientierung, Teamarbeit etc. quasi „atomisierten" Struktur eine kohärente Entscheidungsgrundlage zu geben; gewissermaßen der „genetische Code" der Unternehmung, der sowohl rational als auch emotional verbindet und strukturiert. Zum anderen werden sie hierdurch gleichzeitig auch zu „Handlungsanweisungen", indem die auf der Metaebene angesiedelten Zielvorstellungen einer Vision kaskadenhaft letztlich bis zur Gruppe heruntergebrochen werden, um die Vision operationalisierbar zu machen, quasi als „Blaupause" für den Veränderungsprozess. Ziel ist dabei, die zum Überleben notwendigen Grundtugenden „Schnelligkeit", „Flexibilität" etc. strukturiert und zielgerichtet („die Bahn vorgebend") einsetzen zu können. Neben dieser Richtungsvorgabe muss die Vision jedoch auch nachvollziehbar und realisierbar sowie kommunizierbar und erstrebenswert sein. Letzteres erfordert neben der Einbeziehung von Wertvorstellungen auch Transparenz und Inspiration, so dass inhaltliche Handlungsempfehlungen individuell abgeleitet werden können. Das bedingt zwangsläufig eine – aus Unternehmenssicht – neuartig bzw. anders strukturierte „Work-Life-Balance", die im Rahmen eines „Job Sculptings" ein individualisiertes Design der Arbeitsformen und -inhalte impliziert. Grundlage hierfür sind Kreativität, Risikobereitschaft und Teamfähigkeit als Bestandteile einer neuen Unternehmenskultur, die dann auch ein Instrument zur Selbststeuerung auf der Grundlage gemeinsamer Lernprozesse anstelle der fremdbestimmten Kontrolle wird. Dies erfordert neben dem uneingeschränkten Zugang zu Informationen und Wissens sowohl den Freiheitsraum „anders denken zu können" als auch den Freiraum, spielerisch experimentieren zu können. In Analogie zu Ralph Waldo Emerson[3] sind Selbstvertrauen, Eigenverantwortung sowie der freie Wille zum Wandel nicht nur die Triebfedern für eine freie Gesellschaft, sondern auch für eine erfolgreiche, „ultrastabile" Unternehmung. Veränderungsmanagement ist somit ein „natürliches" Element der Unternehmenskultur. Überpointiert bzw. in extensio gedacht bedeutet dies den Übergang von der Ordnung zur Unordnung, zum innovativen Chaos. Notwendig ist dazu die Möglichkeit, im Sinne des „Learning by doing" eigenverantwortlich handeln zu können – im Gegensatz zum Nachvollziehen von Anweisungen, Vorschriften etc.. Das bedingt die Existenz algedonischer Regelkreise mit entsprechenden Fehlertoleranzen. Das „Fehler machen dürfen" ist die Voraussetzung für Erfahrung, Lernen und Wissensaneignung – ansonsten „lernt" man nur das Funktionieren bzw. Reproduzieren. Hierdurch entwickeln sich (fast) zwangsläufig auch Innovationsplattformen, die die Kernkompetenzen wissensmäßig und bereichsübergreifend vernetzen sowie eine Grundlage für kollaborationsintensive, projektfokussierte Prozessstrukturen bilden. Eine auf dieser „anderen" Unternehmenskultur sowie der Förderung und Forderung des „human capitals" beruhende Innovationskultur erfordert zwangsläufig eine Ambiguitätstoleranz, die Widersprüche und Vielschichtigkeiten nicht nur erlaubt, sondern fördert. Die inhärente individuelle Gestaltungskompetenz führt zur Genese psychosozialer Ressourcen, dem Auffinden realisierbarer Alternativen sowie zur Fähigkeit, Beziehungsnetzwerke aufzubauen und durch Eigenaktivitäten aufrecht zu erhalten. Für diese Nutzung des innovativen „human capital"[4] sind allerdings andere Konzepte der Persönlichkeitsentwicklung sowie Mitarbeiterführung erforderlich. Dies erfordert jedoch seitens der Führungskraft die Befähigung zur Selbstreflektion sowie zu einer kritischen Diskussionskultur im Sinne eines „Führens durch Fragen". Dem steht jedoch häufig der praktizierte sowie kognitiv und mental „zementierte" unbedingte Wahrheitsanspruch als auch das Generieren von informationellen sowie mentalen Abhängigkeitsbeziehungen zwischen Führungskraft und Mitarbeiter diametral gegenüber. Bekanntlich prägt das „Sein" das Bewusstsein: Führung darf daher nicht auf einer exegetisch-philosophischen Ebene stattfinden, sondern muss im Sinne eines gelebten „Leadership" persönlich erfolgen. Dies beinhaltet aus motivationaler Sicht beispielsweise

- das Aufzeigen von präzisen, nicht anonymisierten Zielvorstellungen sowie Perspektiven,
- die Weitergabe von Wertvorstellungen sowie Orientierungshilfen,
- die Vermittlung von Fähigkeiten und Kompetenzen,
- die Einbeziehung von Dialog und Dialektik als Kommunikationsstil,
- die Existenz persönlicher Überzeugungen sowie deren diskursiver Durchsetzungsfähigkeit auf der Grundlage von Reflexions-, Kommunikations- und Konfliktfähigkeit sowie sozialer Kompetenz und
- das Erkennen sowie die Förderung und Entwicklung der Fähigkeits- und Wachstumspotentiale der MitarbeiterInnen in einem ständigen, diskursiven Dialog auf der Grundlage strukturierter Mitarbeitergespräche sowie eines „Personal-Monitorings" durch systematische, potenzialanalytische Beurteilungen.

Unbestritten ist, dass die Motivation der Mitarbeiter wesentlich durch die Wertschätzung seitens der Führungskraft determiniert wird. Dieter Frey charakterisiert dies durch „Tough to the issue, soft on the person". Dieses auch als „Coaching" bezeichnete Führungsverhalten unterstützt, berät und begleitet den Mitarbeiter bei seiner beruflichen und persönlichen Weiterentwicklung. Gleichzeitig soll hierdurch präventiv Wissen aufgebaut sowie das Erlernen neuer Fähig- und Fertigkeiten im Sinne des „Horizonte erweitern" ermöglicht werden. Die Führungskraft mutiert somit zu einem „Sparringspartner", der beobachtete Verhaltensweisen reflektiert, um so neue Lösungsvorschläge zu generieren. Hierdurch setzt er – quasi als „Hilfe zur Selbsthilfe" – Potenziale bei seinen Mitarbeitern frei und ermöglicht ihnen die Optimierung der eigenen Leistung im Sinne des „Stärken verstärken, Schwächen reduzieren". Dabei wird deutlich, dass die traditionellen Rekrutierungsverfahren für Führungskräfte untauglich werden: Häufig werden diese Positionen aufgrund fachlicher Kriterien besetzt, so dass anschließend – überpointiert – dem Unternehmen eine gute Fachkraft fehlt, während eine schlechte Führungskraft mehr vorhanden ist. Führung verlangt ein Übergewicht an Emotion und Kommunikation gegenüber fachspezifischen Spezialkenntnissen, weil gute Arbeitsleistungen stärker durch die Unternehmens- und Arbeitssphäre sowie den Führungsstil gefördert als durch den „Arbeitsdruck" negativ beeinflusst werden. Eine entscheidende Rolle spielt somit das offene, transparente und gerechte Verhalten des Moderators bzw. Coach und nicht die funktionale Qualifikation des „obersten Sachbearbeiters". im Sinne eines Experten, eines autoritativ-normativen Beurteilers[5]. Dies erfordert jedoch seitens der Führungskraft die Befähigung zur Selbstreflektion sowie zu einer kritischen Diskussionskultur im Sinne eines „Führens durch Fragen". Dem steht jedoch häufig der praktizierte sowie kognitiv und mental „zementierte" unbedingte Wahrheitsanspruch als auch das Generieren von informationellen sowie mentalen Abhängigkeitsbeziehungen zwischen Führungskraft und Mitarbeiter diametral gegenüber.

Jede Reorganisation mit der Zielrichtung der „prozessorientierten Organisation" bleibt allerdings dann eine „Alibiveranstaltung", so lange deren Intention nicht bei allen MitarbeiterInnen „mental" verankert ist (intrapersonelle Komponente) sowie durch aktive Interaktionen aller in die Geschäftsprozesse Involvierten realisiert wird (interpersonelle Komponente). Das setzt sowohl das Bewusstsein der „Connected People" als auch das der „Connected Company" voraus. Dies erfordert zum einen eine frühzeitige interne Kommunikation, um emotionale Diskussionen zu verhindern – statt Meinungen müssen Fakten diskutiert werden[6]. Zum anderen muss die Konzeption zukünftiger Prozesse und Strukturen „bottom up" diskursiv und gemeinsam erarbeitet werden (beispielsweise unter Einbeziehung des sog. MECE-Schemata[7]), um überschneidungsfreie Abläufe sowie die eindeutige prozessorientierte Zuordnung der arbeitsteiligen Funktionalitäten zu Prozessen zu gewährleisten. Sonst führt eine derartige Reorganisation „nur" zur Realisierung eines „Lean managements" in Form von Rationalisierung bzw. Verschlankung und nicht zu einer ständigen Veränderungsbereitschaft und -fähigkeit – mit der Konsequenz, dass 70 bis 90 Prozent aller Veränderungsprozesse scheitern (müssen). Derartige Veränderungsprozesse sind somit nicht „endlich", da auch der Wettbewerbsmarkt zu keinem Zeitpunkt einen „Endstatus" besitzen wird.

Eine derart konzipierte und strukturierte prozessorientierte Unternehmung ist allerdings noch nicht identisch mit der „selbstlernenden Organisation", beinhaltet jedoch schon einige ihrer wesentlichen Elemente:

- Die Aggregation der Wissensbasis der Organisation mit dem expliziten und impliziten Wissen der Organisationsmitglieder,
- die Veränderung der kognitiven und mentalen Denk- und Verhaltensstrukturen sowie des Rollenverständnisses auf allen Hierarchieebenen; dies impliziert auch die Fähigkeit und Bereitschaft zur Veränderung der individuellen Fähigkeiten, Einstellungen und Überzeugungen,
- die Existenz „algedonischer Regelkreise" sowie einer „Fehlertoleranz", durch die „Fehlleistungen" im Sinne einer Veränderungsfähigkeit und -bereitschaft der Organisation positiv transformiert werden (bei festgestellten Fehlern steht nicht die „Suche nach dem Schuldigen", sondern die Suche nach Problemlösungen im Vordergrund, da man aus der Vergangenheit zwar lernen, nicht jedoch in ihr leben soll),
- die Unternehmenszielfindungs- und Wertesysteme sowie die Unternehmenskultur werden im Sinne einer permanenten Weiterentwicklung der Organisation partizipatorisch-kooperativ diskutiert, definiert und auch verändert bzw. den sich ändernden Rahmenbedingungen angepasst sowie
- durch die Existenz bzw. Entwicklung von Transparenz, Offenheit, Dialog- und Kommunikationsfähigkeit sowie Vertrauen verändern sich auch die „klassischen" Karrieresysteme („Kaminkehrerkarrieren", bei denen sich der hierarchische Vorgesetzte als „Ober-Sachbearbeiter" versteht) und Karriereplanungen.

Deutlich wird aus diesen Ausführungen, dass sich eine prozessfokussierte Organisationsstruktur nicht dichotom zur funktional-hierarchischen verhält bzw. einen entsprechenden normativen Konflikt zu ihr repräsentiert: Sie ist vielmehr die evolutionäre Weiterentwicklung organisationaler Strukturen. Ein derartiger Paradigmenwechsel impliziert demnach eine quasi „tektonische Verschiebung" im Rahmen der Strukturierung utilitaristischer Organisationen, der plakativ durch folgende Attribute geprägt wird:
- Prozessorientierung,
- Informations- und Wissensmanagement,
- Teamorientierung,
- Management der „Human Resources" sowie
- individuelle und organisationale Lernprozesse.

Ausschließlich instrumentellen Charakter für die Funktionsfähigkeit prozessorientierter Strukturen besitzt – wie deutlich wurde – die eingesetzte Informationstechnik, weil Kreativität sowie Effizienz und Effektivität qualifizierter und motivierter MitarbeiterInnen auch durch ineffiziente und starre Informations- und Kommunikationsstrukturen beeinträchtigt werden. Prozessorientierung mit den Attributen „asynchron" und „ageographisch" impliziert den ortsunabhängigen Zugriff auf das in der gesamten Unternehmung vorhandene Gesamtwissen unter Verwendung einer multimedialen Kommunikation. An dieser Stelle muss betont werden, dass die Informationstechnologie zwar von grundsätzlicher Bedeutung ist – allerdings nur aus „instrumenteller Sicht". Eine informationstechnologisch optimierte „Business Process Intelligence" bewirkt per se noch keine Optimierung der Geschäftsprozesse. Daneben müssen beispielsweise – auch institutionalisiert – andere „nichttechnologische" Informations- und Kommunikationsformen bzw. -foren existieren. Beispielhaft hierfür sei die „Open Space Technology" von H. H. Owen angeführt: Durch „spontane" Selbstorganisation (zum Beispiel Kaffeepausen bei Tagungen) werden bessere Informationen mit einer höheren Wertigkeit als durch angeordnete Besprechungen und Referate ausgetauscht bzw. generiert. Im Rahmen einer „Institutionalisierung" (wie Räume für Kaffeepausen etc.) ist es möglich, diskursive Gruppenprozesse zu initiieren, die von der Divergenz subjektiver Ansichten, Meinungen etc. zur Konvergenz über die durchzuführende Strategie bzw. Vorgehensweise sowie Prozessgestaltung führen. Die technologische Komponente des Informations- und Wissenstransfer muss daher um die „soziale Komponente" erweitert werden – der freiwilligen (selbstlosen) Weitergabe von relevantem, implizitem Wissen an den „betroffenen" (zuständigen) Kollegen. Hier zeigt sich ein deutlicher Unterschied zur funktional-hierarchischen Struktur, bei der der Informationsfluss durch eine reglementierte Differenzierung zwischen „Bring- und Holschuld" organisiert ist. Diese Vorgehensweise konterkariert zwangsläufig das Teamverständnis sowie eigenverantwortliche Aktivitäten.

Die „neuen" Informations- und Kommunikationstechnologien sind derzeit schon in der Lage, Informationen und Wissen ageographisch und asynchron für spezifische, objektbezogene Prozesse zur Verfügung zu stellen; hierdurch kann das

Abteilungsdenken, auch durch die Bildung virtueller Teams, aufgelöst werden. Eine Bedingung hierfür sind jedoch spezifische Workflow- und Workgroup-Systeme[8], durch die unterschiedliche Objekte, Problemstellungen und Benutzeranforderungen intra- und interorganisational vernetzt werden. Sie fördern dadurch sowohl Kooperation und Koordination sowie die freie Interaktion aller Prozessbeteiligten als auch den Aufbau eines „corporate memory". Das kann bzw. soll letztlich zur Effizienzerhöhung der Gruppenarbeit, der gemeinsamen Ergebnisfindung in der Gruppe sowie zur ständigen Anpassung als auch dynamischen Evolution und Transformation der Unternehmensziele führen. Ermöglicht wird dies durch die Zusammenarbeit von Spezialisten und Funktionsträgern, so dass deren spezifischen Wissensbestände während des gesamten Wertschöpfungsprozesses miteinander verknüpft werden. Prozessorientierung sowie Informations- und Wissensmanagement repräsentieren quasi ein „strategisches Vehikel", um folgende Effekte zu erzielen:

- Effizienz- und Effektivitätssteigerung sowie Erhöhung des prozessbezogenen Nutzens;
- Verringerung des „Time-to-market" sowie Erhöhung der Flexibilität durch die Ausrichtung am Kunden und seinen Bedürfnissen als Objekt des Geschäftsprozesses bzw. die Erschließung neuer Kundenpotentiale aufgrund der Generierung selbständiger, prozessbezogener kleiner Einheiten (bis hin zur virtuellen Gruppe bzw. Unternehmung);
- Steigerung des „Wir-Gefühls" bei den MitarbeiterInnen (Corporate Identity im engeren Sinn) als Ergebnis der induzierten organisatorischen und unternehmenskulturellen Auswirkungen im Sinne eines „Cultural Change"
- Generierung hierarchisch übergreifender, bedarfsorientierter Information, Kommunikation und Wissensbereitstellung anstelle kontrollierbarer, gesteuerter Informationsflüsse;
- Ausgangsbasis für einen permanenten „geplanten organisationalen Wandel", bei dem die „Haftreibung" in eine „Gleitreibung" übergeht.

Berücksichtigt werden muss jedoch die Tatsache, dass es derzeit – im Gegensatz bis zum Ende der 80er Jahre – nicht mehr möglich ist, sich das erforderliche „neue Wissen" im Rahmen des „Learning on the job" anzueignen – sowohl aufgrund der beruflichen Beanspruchung als auch der „Wissens-Halbwertszeit" von ca. fünf Jahren. Den MitarbeiterInnen muss daher regelmäßig die Möglichkeit einer „Auszeit" bzw. zu einer „Sabbath-Zeit" gegeben werden. Nur bei Beachtung dieser Kriterien bzw. Aspekte können prozessfokussierte Strukturen die Unternehmenskultur in eine Vertrauenskultur transformieren und sich selbst tragende, ständig selbst initiierende Reorganisations- und Transformationsprozesse gewährleisten, sowie Transparenz, Informationsverfügbarkeit, Koordination und Kooperation verbessern. Nur dann ist es auch möglich, offene Informationsflüsse und auf Vertrauen basierende Kommunikationsstrukturen zu generieren, die zwar die Existenz individueller Informationsmonopole (und damit von Machtpositionen) aufheben, andererseits jedoch eine ständige Lern- und Verbesserungsbereitschaft sowie dessen Prozessualisierung als Bestandteil einer neuen Unternehmenskultur „produzieren". Mit der verknüpften Installierung formeller und informeller Wissensnetzwerke auf der Grundlage kleiner, flexibler und sich selbst steuernder Organisationseinheiten bzw. Wissensträger erreicht die Unternehmung die bei dynamischen Umweltsituationen erforderliche Ultrastabilität durch die Schaffung von Gestaltungs- und Handlungsfreiräumen sowie Nutzung informeller Informations- und Kommunikationsnetze. Der „prozessorientierte Quantensprung" realisiert daher keine kurzfristigen Rationalisierungspotentiale, sondern bedarf eines langfristig konzipierten Prozessdesign und -managements. Das Management bei der Implementierung prozessfokussierter Strukturen kann als eine „hierarchisch-fraktale" Vorgehensweise verstanden werden: Sie bedeutet ein mehrstufiges Verfahren, bei dem jeder Zwischenschritt (bzw. dessen Ergebnis) anhand vorher bekannter und definierter Strukturmerkmale geprüft und entweder verworfen oder weiterentwickelt wird. Die Prozessorientierung repräsentiert somit keine perfekte, unternehmensbezogene Organisationsstruktur – sie ist allerdings zum einen transparent und zum anderen offen für diskursiv sich entwickelnde Verbesserungen und Veränderungen.

Notwendig ist daher die systematische Pflege und Förderung bzw. das Management der „human resources", so dass beispielsweise die Erfahrungen vergangener Projekte genutzt werden können anstelle einer mehrfachen „Verschleuderung" von Ressourcen zur Lösung der gleichen Problemstellungen. Die Grundlagen hierfür werden, wie bereits ausgeführt, einerseits in der Aufhebung der Trennung zwischen Prozesswissen und funktionalem Wissen, andererseits in der Reduzierung des Ressort-/Abteilungsegoismus und der damit verbundenen „Atomisierung der Organisation" sowie letztlich in der eindeutigen Zuordnung von Kompetenz und Verantwortung, die die berüchtigte „Sozialisierung der Verantwortung" verhindert, geschaffen. Verbunden hiermit ist die Überzeugung, dass es keine idealtypischen Algorithmen bzw. Organisationsstrukturen für wirtschaftliches (Entscheidungs-) Verhalten gibt. Ebenso wenig gibt es die „perfekte" Organisation, bei der sich jeder „blindlings" und ohne eigenes Engagement auf das „perfekte Funktionieren" verlässt – weil keiner den Sinn und die Notwendigkeit erkennt, selbständig und rechtzeitig einzugreifen, wirkt sich jeder Fehler exponentiell aus. Bei einer dynamischen, komplexen sowie diskontinuierlichen Unternehmensumwelt sind Unternehmensprozesse vielmehr interpersonelle sowie interdisziplinäre Prozesse des „trial and error", die mittels antizipativer Suchstrategien bewältigt werden müssen. Ein einmaliger „Misserfolg" wird daher bewusst in Kauf genommen und nicht als „Fehler" pönalisiert, da Risiken ein prozessdeterminierender Faktor und kein Ausschlussgrund für das Ergreifen oder Beibehalten einer Strategie sind. Das intendiert eine andere inhaltliche Begriffsbestimmung des „stakeholder-value", weil alle intraorganisationalen sowie interorganisationalen Personen (MitarbeiterInnen, Kunden, Lieferanten, Dienstleister etc.) einbezogen werden. Derartige Konzepte erfordern jedoch auch von den MitarbeiterInnen

- die Fähigkeit zur Selbstorganisation der Arbeit;
- die (Selbst-)Erarbeitung und Aushandlung informeller Regeln und Nor-

men, sowie Zielsetzungen, die zur effizienten Aufgabenerledigung in der Gruppe notwendig sind;
- die Entwicklung eines „Tacit knowledge", demnach die Erarbeitung und Reflektion von Wissen über die Arbeitsdurchführung der anderen Gruppenmitglieder, um daran die eigene Tätigkeit zu bewerten und in den Prozess zu integrieren;
- die Kontextualisierung der zu erfüllenden Tätigkeiten, um ein gemeinsames Verständnis für Gruppenarbeit und -ergebnis zu erhalten;
- die eigenverantwortliche Übernahme von Kontroll- und Koordinierungsfunk tionen im Rahmen der asynchron und dezentral ablaufenden Teilprozesse bzw. Prozessschritte;
- die Befähigung zum „unternehmerischen Denken"; dies beinhaltet sowohl die Sensibilität gegenüber den Veränderungssignalen aus dem Umfeld, die Fähigkeit zum Erkennen antizipativer Handlungsmöglichkeiten sowie deren Risikoeinschätzung als auch die Umsetzungsfähigkeit der getroffenen Entscheidung. Voraussetzung dabei ist sowohl die Befähigung zum Bewältigen höherer Komplexität als auch die Übernahme einer höheren Eigenverantwortung;
- die soziale Kompetenz im Hinblick auf Sensibilität gegenüber und Solidarität für andere sowie Konfliktfähigkeit und
- die Bereitschaft zur „lebenslangen Weiterentwicklung" der eigenen Persönlichkeit.

Neben der Involvierung prozessorientierter Strukturen fokussiert die „selbstlernende Organisation" auf die „human resources" der Unternehmung. Die hieraus resultierende Nutzung der individuellen Kreativität sowie Problemlösungskompetenz erfordert zum einen komplexe, vernetzte Informationsstrukturen, eine offene und transparente Kommunikation sowie ein Wissensmanagement. Zum anderen bedingt es – gemäß Chr. Argyris[9] – die Übereinstimmung von „theory-in-use" (dem realen Verhalten) und „espoused theory" (dem gewünschten, erwarteten Verhalten). Grundvoraussetzung ist allerdings die Identifikation aller mit den Unternehmensvisionen, -zielen sowie -prozessen, weil persönliche Kompetenzerweiterung sowie Gruppenlernprozesse hierdurch stark beeinflusst werden. Nur durch diese Ressourcenvernetzung (wie Kompetenzen, Wissen etc.) bleibt gewährleistet, dass die MitarbeiterInnen mit ihren ethisch-sozialen Pluralitäten die antizipative Generierung von Optionen sowie deren schnelle Umsetzung realisieren können, um die Unternehmung kontinuierlich, flexibel, nachhaltig und dauerhaft an die sich ständig verändernde Umwelt anpassen zu können. Gleichrangig neben die Bedeutung des finanziellen Kapitals treten somit

- das intellektuelle Kapital (Systematisierung sowie Formalisierung von Erfahrungen, Kenntnissen etc.; Medienkompetenz; „geistiges" Kapital in Form von Visionen usw.) sowie
- das soziale Kapital (soziale Netzwerke (Gruppen, Teams), Beziehungen, Vertrauen, Teamfähigkeit usw.).

Unabdingbare Voraussetzungen für die Einbindung dieser sozialen Kohäsionsfaktoren sind unter anderem:

- Die diskursive Generierung und gemeinsame Fixierung sowohl der Unternehmensziele als auch der jeweiligen Kernkompetenzen sowie die Identifizierung hiermit;
- die gemeinsame Extrahierung, Analyse und Bewertung sowohl der „Hard-" als auch der „Soft-Facts" der Wertschöpfungsketten als Objekt der Organisationsprozesse vor dem Hintergrund sowohl der Prozessoptimierung als auch der gezielten Weiterbildung aller involvierten MitarbeiterInnen;
- die Installierung qualitativ definierter Leistungs- bzw. erfolgsorientierter Vergütungssysteme anstelle der quantitativ angelegten Gehaltssysteme[10] sowie
- die Implementierung der relevanten informationstechnologischen Infrastruktur, die sowohl die Wissens- und Erfahrungstransformation (explizit und implizit), die Kommunikation als auch die gemeinsame Projekt- bzw. Vorgangsbearbeitung lokal verteilter (virtueller) Teams unterstützt; sie muss daher ein plattformübergreifendes, ganzheitliches Konzept auf der Basis eines funktionsfähigen, individuell optimierbaren Intranet/Extranet beinhalten.

Der Paradigmenwechsel zur selbstlernenden Organisation ruft fast zwangsläufig auch normative Belastungen hervor, die interpersonelle und intraorganisationale Konflikte relativ leicht auf- und ausbrechen lassen. Das gilt vor allem, wenn die bisherigen Kohäsionsfaktoren einer Unternehmung (Regelwerke, Geschäfts- und Betriebsanweisungen etc.) wesentlich an Einfluss verlieren. Prozess- als auch teamorientierte Strukturen – bis hin zu virtuellen Unternehmen – erfordern ein „social empowerment" als sozialen Kohäsionsfaktor. Letzterer ist die Basis sowohl für eine nachhaltig ökonomische als auch ökologisch orientierte Unternehmensentwicklung. Allerdings wird die Reagibilität dieser sozialen Kohäsion auch durch die pluralistisch fundierte Entwicklung bzw. Veränderung gesellschaftspolitischer Werte, Normen, Zielvorstellungen und Konsensbedingungen sowie entsprechender Kommunikationsstrukturen und normativer Konflikthandhabungsmechanismen beeinflusst. Zu definieren ist daher – analog zu E. Durkheim – der Grad der normativen Konsensfähigkeit als „kollektives Gewissen": ein gemeinsamer (minimaler) Normenkatalog, der von allen akzeptiert wird und mehrheitlich gewünschte Veränderungen ermöglicht. Nur dann ist seitens der Organisationsmitglieder eine spezifische „Opferbereitschaft" zu erwarten – auch wenn das Opfer „nur" die Zurückstellung des individuellen Vorteiles zugunsten des Gruppenvorteiles bzw. der Ein-/Unterordnung in die Gruppe bedeutet. Eine der Voraussetzungen ist, dass die Arbeit auch Identität stiften muss; nur dann ermöglicht sie kritische Reflektionen gegenüber der Arbeits- bzw. Unternehmensrealität und ermöglicht den „permanenten Wandel" als evaluierten Anpassungsprozess im Sinne eines „organisationalen Lernens". Die Führungskraft muss daher in höherem Maße als bisher soziale Kompetenzen (Kommunikationsfähigkeit, Überzeugungskraft, Initiative Empathie, Teamführungsfähigkeit etc.) sowie die Befähigung zu Konfliktmanagement, Kreativität und Risikobereitschaft besitzen und realisieren[11]. Im Fokus des kooperativen und kompetitiven Vorgesetzten steht nicht die Durchsetzung seiner eigenen Identität, seiner Ansichten und Meinungen, sondern die Moderation derjenigen Prozesse, die allen Beteiligten die Möglichkeit zur Mitarbeit und Kooperation bei der Erreichung gemeinsamer Zielsetzungen bietet. Im Mittelpunkt steht also nicht die Formierung von „Verhinderungsallianzen", sondern die Generierung kreativer „Gestaltungsallianzen"[12]. Positiv wirkt sich dabei das psychologische Kriterium der „Interdependenz" aus: Ist eine Aufgabenstellung oder Problemlösung nur als Gruppen- bzw. Teamarbeit zu realisieren, so „erkennen" die involvierten Akteure eher Gemeinsamkeiten mit den übrigen Gruppenmitgliedern als mit Dritten und sind eher zum Konformismus bereit[13]. Hierbei muss berücksichtigt werden, dass die soziale bzw. mentale Akzeptanz sowie Weiterentwicklung selbstlernender Strukturen sehr aufwändig ist. Erforderlich ist daher das Bereitstellen spezifischer „Werkzeuge", um durch

- die Förderung der Selbstorganisation,
- die Optimierung der von allen akzeptierten Spielregeln sowie
- den Einsatz rechnerbasierter Planungsinstrumente

die Gruppenprozesse selbststabilisierend gestalten zu können. Nur dann sind die Vorteile prozessorientierter Strukturen sowohl durch eine Produktivitätserhöhung auf der Grundlage des fokussierten Einsatzes heterogener, individueller Erfahrungen und Wissen als auch durch die Generierung aufgabenorientierter und prozessbezogener Lernprozesse in der Unternehmung realisierbar.

8.2 Konzeption und Struktur der Lernprozesse in der Unternehmung

Das erfordert die aktive Unterstützung sowohl des intra- und interpersonellen Lernens (zum Beispiel Gruppenprozesse) als auch des organisationalen Lernens. Die Effizienz des „Organisationalen Lernens" mit der Zielsetzung eines „collaborative Learning" wird vor allem durch drei Faktoren bestimmt[14]: Neben der Partizipation der Lernenden sowie der Entwicklung von Rollen als konstitutives Element des Lernprozesses übt die Wissensintegration als Ergebnis der Generierung eines kollektiven Verständnisses über Lerninhalte, Lernziele und -ergebnisse einen wesentlichen Einfluss aus. Die Entstehung neuen Wissens erfolgt demnach auf der Grundlage eines Verständigungs- bzw. „Bargaining-Prozesses" über Inhalte, Verlauf und Zielsetzung des gemeinsamen Lernprozesses. Im Gegensatz zum „klassischen" Partizipationsbegriff im Sinne einer quantitativen Prozessinvolvierung muss bei einem organisationalen Lernprozess der „Lernende" jedoch qualitativ und damit aktiv auf inhaltlich-fachlicher, organisatorischer und sozial-kommunikativer Ebene involviert bzw. sogar „eingefangen" werden. Eine überwiegend passive Involvierung führt zwangsläufig zu einer hohen „Drop-out-Quote", weil zum einen die individuelle Motivation reduziert wird. Zum anderen weisen individuelle Lernstrategien häufig erhebliche Unterschiede gegenüber den kollaborativen auf, wenn die Intentionen,

Verhaltensweisen und Kognitionen zum Wissenserwerb differieren. Somit unterscheiden sich zwangsläufig sowohl die Selbststeuerungsmechanismen des effektiven und motivationalen Lernzustandes als auch die Formen, durch die Informationen ausgewählt, organisiert, erworben oder in das vorhandene Wissen integriert werden[15]. Das führt dazu, dass der letzte Schritt der Triade „transferieren – transformieren – transpondieren"[16], nämlich die Überführung fremden Wissens in das eigene, nicht vollzogen wird. Weil kollektives Lernen im Rahmen des sozialen Systems „Learning Community" erfolgt, muss dieser Prozess durch „Rollen" strukturiert werden[17], die sich aus Erwartungshaltungen, Handlungen sowie sozialen Strukturen heraus konstituieren. Je inhomogener diese sozialen Systeme bzw. Gruppen sind, um so niedriger ist auch deren Selbstorganisationsfähigkeit ausgeprägt, so dass die individuelle Lernbereitschaft aufgrund einer höheren, individuellen Akzeptanzschwelle ebenfalls geringer ausfällt. Entsprechend erscheint es als sinnvoll bzw. notwendig, zu Beginn einzelne Rollen in diesem kollektiven Lernprozess zu formalisieren bzw. normativ festzulegen, um den Prozess der Selbstorganisation zu initiieren und zu einem dauerhaften Prozess zu machen[18]. Die individuelle Wissensaneignung im Rahmen kollektiver Lernprozesse benötigt überdies einen gemeinsamen kognitiven Bezugsrahmen als „kollektives Verständnis" der Lerninhalte und -ziele, weil erst dann ein effizienter Lernprozess institutionalisiert und die Generierung von neuem individuellen und damit auch kollektiven Wissen ermöglicht wird. Ursache hierfür ist zum einen, dass zwar neues Wissen durch die Verarbeitung derselben Information durch unterschiedliche Akteure mit unterschiedlichen „Wissensbeständen" auf der Grundlage eines „common ground" generiert werden kann[19]. Dieser Lernprozess kann jedoch dadurch beeinträchtigt werden, dass sowohl das subjektiv unterschiedliche Befinden der Lernenden hinsichtlich der Lerninhalte als auch der Zielsetzungen diese zu einem „Ausklinken aus dem Prozess" veranlasst – beispielsweise aufgrund von Desinteresse, Langeweile, Missverständnissen etc. Das bedingt auch das Wissen über die Lernperspektiven bzw. den jeweiligen Lernbezugsrahmen der anderen und somit über deren Inferenzmechanismen, weil sonst die Wissensaneignung erschwert wird. Erst durch die Berücksichtigung dieser Determinanten kollektiver Lernprozesse sowie deren organisationaler Unterstützung bzw. Institutionalisierung wird der unternehmensbezogene Kontext generiert, der „erfolgreiche" unternehmensbezogene Lernprozesse ermöglicht. Zum anderen wird der Lernprozess sowie die Qualität der Wissensaneignung durch das „Vertrauen in die Richtigkeit des Wissens" der anderen mit beeinflusst (distributed knowledge). An früherer Stelle[20] sind die Inhalte, Kontextbedingungen und Prozessstrukturen des individuellen Lernens skizziert worden. Da organisationales Lernen letztendlich – unabhängig von den angesprochenen Rahmenbedingungen – im Kern aus der Aggregation vieler individueller Lernprozesse be- und entsteht, erscheint es an dieser Stelle aus analytischen Gründen als sinnvoll und zweckmäßig, die Struktur des organisationalen Lernprozesses analog zur Regelkreisstruktur des individuellen Lernens zu beschreiben (vgl. die Abb. 87):

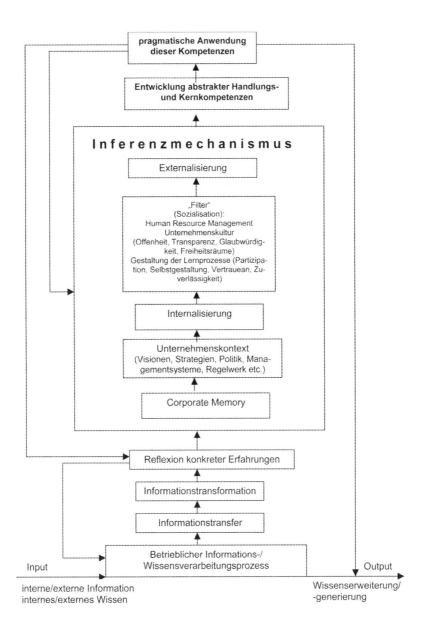

Abb. 87: Ein Regelkreismodell des organisationalen Lernprozesses

Organisationale Module des „unternehmensbezogenen Inferenzmechanismus" sind zum einen die vorhandene Wissensbasis der Unternehmung sowie der Unternehmenskontext in Form der diskursiv und partizipativ vereinbarten Unternehmensvisionen wie auch der hieraus abgeleiteten -politik und -ziele. Stimmt dieses „kollektive Verständnis" nicht mit den individuellen Auffassungen, Intentionen und Kognitionen der „Lernenden" überein, so wird die Lernmotivation erheblich beeinträchtigt und die Lernbereitschaft aufgrund der hohen Akzeptanzschwellen reduziert. Werden beim individuellen Lernen des Weiteren die Inferenzmechanismen durch individuelle Faktoren (Sozialisation, Werte, Verhaltensmuster etc.) bestimmt, begründen sich die „Filter" bzw. Faktoren der Inferenzmechanismen beim organisationalen Lernen in der bzw. durch die Organisation. Der organisationale Lernprozess wird schließlich – analog zum individuellen – durch Kontextbedingungen geprägt. Sind dies beim individuellen Lernprozess das Lernumfeld, der individuelle Sozialisationsprozess etc., so wird die „Sozialisation" im Rahmen des organisationalen Lernprozesses durch die Unternehmenskultur, Führungsstrukturen und -prinzipien sowie durch das „human resource management" geprägt. Ergänzt wird dies durch die Operationalisierung und Personalisierung der Unternehmensvisionen, -strategien und -ziele sowie durch lernfokussierte Strukturen, die diejenigen „Entscheidungsfreiräume" und somit „Lernorte" generieren, die zur selbstkritischen Aneignung und Erweiterung bestehenden sowie zur Schaffung neuen Wissens sowie dessen Internalisierung erforderlich sind. Das impliziert die freie Gestaltung der Lernprozesse sowie die qualitative Partizipation der Lernenden. Nur eine ganzheitliche, unternehmens- und aufgabenspezifisch optimierte und anpassungsfähige Kombination dieser Faktoren bzw. Determinanten ermöglicht somit den handlungsrelevanten, ganzheitlichen und mehrdimensionalen Prozess des „organisationalen Lernens" und somit die Transformation von Informationen in Wissen und deren Transpondierung in Handlungs- sowie Kernkompetenzen. Analog zu P. Senge muss die „selbstlernende Organisation" demnach der Ort sein,

> „wo Menschen kontinuierlich ihre Fähigkeiten erweitern, um die Ergebnisse zu erreichen, die sie eigentlich anstreben; wo neue, sich erweiternde Muster des Denkens gefördert werden; wo gemeinschaftliche Wünsche offen werden und wo Menschen kontinuierlich lernen, wie man miteinander lernt".[21]

Die „selbstlernende Organisation" zeichnet sich demnach durch die optimale Kombination der „human resources", des „verfügbaren Wissens" bzw. entsprechender Informations- und Wissensmanagementsysteme, leistungsfähiger, ultrastabiler und somit prozessfokussierter Organisationsstrukturen, individueller und organisationaler Lernfähigkeit sowie einer „anderen" Unternehmenskultur aus. Dies impliziert die bessere Vernetzung der MitarbeiterInnen (Connecting People) mittels einer ausgeprägten Informations- und Wissenslogistik, um den „Problem Owner" mit dem „Solution Provider" zusammenzuführen. Die Architektur der hierzu erforderlichen Informations- und Kommunikationssysteme beinhaltet neben hierarchisch strukturierten und vermaschten Netzen zum einen „Filtersysteme" auf der Sensorebene, um Informationen aufzubereiten und ganzheitlich zur Verfügung zu stellen. Zum anderen sind föderal organisierte Meta-Datenbanksysteme involviert, um auf der Basis gemeinsam definierter Begriffssysteme vorhandene interne und externe Informationen zu aggregieren und als „anwendbares und abrufbares Wissen" zur Verfügung zu stellen. Ergänzt wird dies durch monetäre Anreizsysteme für den interpersonalen Wissenstransfer sowie der Möglichkeit zur Sichtbarkeit und Empowering der eigenen Arbeit. Eine derartige Steuerung der Unternehmensprozesse durch Wertevorstellungen anstelle durch monetäre Quartalsergebnisse führt zur Involvierung der MitarbeiterInnen auf der Grundlage von Übereinstimmung sowie Eigenverantwortlichkeit und transformiert somit „Betroffene" in „Beteiligte" bzw. „macht Beteiligte betroffen". Hierdurch wird es ermöglicht werden, dass Unternehmen einerseits das kollektive Lernen als Synonym für die Einheit von Denken und Handeln gewährleisten. Andererseits bietet es die Grundlage für die Antizipation von dynamischen Markt- und Umweltveränderungen sowie -unsicherheiten und ein hieraus resultierendes proaktives Verhalten. Dadurch wird auch der Forderung Genüge getan, dass eine Unternehmung nicht als Aggregation von Produktionsmitteln und -einrichtungen verstanden werden darf, sondern eine „Ansammlung von Wissen" ist: Der „Wert einer Unternehmung" ist zukünftig nicht identisch mit dem bilanziellen Wert der Produktionsmittel und -einrichtungen, sondern vielmehr mit dem vorhandenen individuellen und organisationalem Wissen sowie der Fähigkeit, dieses kreativ zu nutzen und zu generieren.

Die durch die Gestaltung einer „selbstlernenden Organisation" mögliche Selbstreflexion, Supervision und Kontextsteuerung fokussiert letztlich auf eine permanente Selbsterneuerung der Unternehmung im Sinne eines „geplanten organisationalen Wandels" – also auf der Grundlage von Methoden und Verfahren, um notwendige Anpassungen an veränderte Rahmenbedingungen antizipativ zu erkennen und zu bewältigen. Das bedeutet zwangsläufig auch die Veränderung von Strukturen, Prozessen, Inhalten und Beziehungsmustern, inhärenten Kommunikations- und Verhaltensmustern sowie Kulturen. Veränderungsprozesse verlaufen anfangs häufig schleichend und latent, so dass deren Manifestation zu spät erkannt wird – analog zu Verhaltenskonflikten[22]. Dabei werden überwiegend nur die Symptome wahrgenommen, während die eigentlichen Ursachen unerkannt bleiben. Um sowohl diesen Risiken zu entgehen als auch eine proaktive und antizipative anstelle der reaktiven Vorgehensweise generieren zu können, muss ein Veränderungsmanagement institutionalisiert werden. Unter „Veränderungsmanagement" wird generell ein strategisch fokussierter Planungsprozess verstanden, der zukünftige Markt- und Umweltveränderungen bzw. -entwicklungen antizipativ aufgreift, sie ent-emotionalisiert, in Veränderungsaktivitäten transformiert und in die Unternehmensprozesse integriert. Veränderungsmanagement repräsentiert damit eine antizipative Vorgehensweise. Es ist ganzheitlich und systemisch strukturiert und verfolgt keine wechselnden Teilkonzepte. Gegenüber einem „revolutionären" Prozessdesign bei grundlegenden „Richtungswechseln" repräsentiert der Veränderungsprozess im Sinne der selbstlernenden Organisation eine evolutionäre Struktur. Da auf liberalisierten Märkten fast ständig situative Veränderungen geschehen, muss der Veränderungsprozess permanent initialisiert und institutionalisiert werden. Das erfordert eine entsprechende Veränderungskultur im Unternehmen, basierend auf Veränderungsbereitschaft und -befähigung sowie Lernbereitschaft und -fähigkeit mit der Zielrichtung eines permanenten Wandels. Zu beachten ist dabei das „Paradoxon der Veränderung": In „guten Zeiten" wird der Mensch kognitiv inflexibel, weil er Angst vor dem Verlassen der „Erfolgssträhne" (wie ein Spieler) hat, obwohl gerade dann genug Handlungsoptionen zur Verfügung stehen. In „Krisenzeiten" besteht dagegen häufig nur noch die Option des „Alles oder Nichts". Wichtig ist es daher, zum einen die zu verändernde Situation kognitiv zu emotionalisieren und Handlungsdruck zu erzeugen, der dann methodisch konsequent realisiert und gesteuert wird. Zum anderen muss verhindert werden, dass routinehaft mit bekannten – aber nicht mehr wirksamen – Erfolgsmustern reagiert wird, anstatt zu experimentieren und Neues auszuprobieren. Notwendig sind daher

- eine Vision als Konzept zur Gestaltung der erwünschten Zukunft,
- ein Veränderungskonzept im Sinne einer Veränderungsprozessarchitektur,
- wertefokussierte Zielvorgaben, d. h. immaterielle Entscheidungskriterien, aus denen inhaltliche Handlungsempfehlungen abgeleitet werden können,
- Macht- und Fachpromotoren,
- humane und materiell-finanzielle Ressourcen,
- die partizipatorische Involvierung der „Betroffenen",
- eine Personalentwicklungsplanung sowie
- die Generierung von „Erfolgsmythen", um mittels dieses „Vehikels" die Veränderungsnotwendigkeit zu kommunizieren und zu „transportieren".

Berücksichtigt werden muss hierbei grundsätzlich, dass jede Veränderung zwar das gegenwärtige Problem löst, jedoch (fast) zwangsläufig ein neues Problem oder sogar Paradoxon generiert. Veränderungsmanagement ist somit ein ständiger Prozess, der nicht durch inkrementale Innovationen zur schrittweisen Veränderung linearer Strukturen, sondern durch eine Basisinnovationsfähigkeit auf Grundlage permanenter Lernprozesse realisiert wird. Um diesen aufrecht erhalten zu können, muss daher seitens der Unternehmung ein „Erprobungsfeld" institutionalisiert werden, innerhalb dessen verschiedene Lösungsansätze und -wege parallel diskutiert und simuliert werden können. Andererseits muss bei den Mitarbeitern die Bereitschaft vorhanden sein, neue Lösungswege „auszuprobieren". Des Weiteren müssen, um ihn nicht „versanden" zu lassen, sondern quasi zu „automatisieren", die Zielsetzungen kommuniziert, personalisiert und möglichst schnell erreicht werden. Zwangsläufig führt ein Veränderungsprozess zu Rollen-, Funktions- und Aufgabenveränderungen, so dass die intrinsischen und extrinsischen Motive des Einzelnen[23] mit den angestrebten Zielsetzungen der Unternehmung „ausbalanciert" werden müssen – nur so gelingt es, das menschliche Beharrungsvermögen in die Bereitschaft und Fähigkeit zur evolutionären Veränderung zu transformieren. Ein derartiges „change management" muss daher sowohl individuale (biologisch-genetische) als auch systemimmanente Faktoren berücksichtigen. Zur ersten Gruppe gehört beispielsweise der aus der Neurobiologie stammende „Balance-Faktor": Menschen wollen aus Angst vor dem Unbekannten das Erreichte bewahren. Dem steht allerdings häufig der „Dominanz-Faktor" gegenüber, der sowohl durch den Willen zum Überleben als auch durch den „Spaß an dosierter Abwechslung bzw. Veränderung" determiniert wird. Ein systemimmanenter Faktor ist schließlich die Tatsache, dass dynamische Ungleichgewichtsprozesse („hart am Rande des Chaos") in Organisationen die größten Antriebskräfte für Veränderungen bieten. So definiert die „Theorie komplexer-adaptiver Systeme" eine Unternehmung als eine (Teil-) Menge von Modulen, die untereinander agieren und sich ständig an veränderte Umweltbedingungen anpassen und somit neue qualitative Systemeigenschaften herausbilden, um zum Zustand der Ultrastabilität zu gelangen. Dieser Emergenzfaktor berücksichtigt letztlich, dass eine Organisation bzw. Unternehmung mehr als die Summe ihrer Teile ist. Derartige komplexe Systeme sind allerdings nur schwer „führbar", da die Führung selber ein Teil des Systems ist. Die Veränderungs- bzw. Anpassungsprozesse bedürfen daher eines „controlling overlayer" als höherer Führungsebene, um stabile Ordnungsstrukturen dem sich bei Veränderungsprozessen häufig einstellenden „Chaos" entgegenzustellen und so eine Ausgewogenheit zwischen dem Schumpeter'schen Zerstörungsprinzip einerseits sowie stabilen Strukturen andererseits zu generieren. Hieraus resultiert fast zwangsläufig die Forderung, dass Veränderungsprozesse von der Führungsebene durch die Vorgabe von Visionen, Werten und Zielen „top down" initiiert und mittels des Informations- und Wissensmanagement koordiniert werden. Allerdings darf der „angestoßene" Veränderungsprozess nicht seitens der Führung anschließend zielorientiert strukturiert werden, weil sonst eine hierarchische Reglementierung überwiegen würde. Vielmehr müssen durch die Vorgabe von Rahmenbedingungen „Win-win-Partnerschaften" zwischen allen Beteiligten (Betroffenen) ermöglicht werden, so dass Veränderungen nicht als Bedrohung, sondern als Chance begriffen werden. Nachfolgend soll – analog zur selbstorganisierenden Generierung von Hirnstrukturen beim Menschen – ein konzeptionelles Modell eines derartigen „Change Managements" vorgestellt werden, das auf die Informations- und Wissensverarbeitungsprozesse in der Unternehmung – analog zu den Hirnfunktionen – fokussiert. Zur besseren Verständlichkeit soll jedoch vorab eine Skizzierung der entsprechenden (Lern-) Prozesse beim Menschen erfolgen[24].

Bekanntlich ist individuelles Lernen ein „lebenslanger Prozess", dessen Struktur schon in der früheren Kindheit determiniert wird, indem die anfangs „verbindungslosen" Neuronen durch die Weiterleitung elektrischer Kontakte anfangen, lokale Geflechte (Netzwerke) zu bilden. Die Elemente bzw. Partner dieser Netzwerke werden mittels molekularer Signalsysteme gefunden und identifiziert. Diese „selbst erzeugten" Aktivitätsmuster werden zunehmend durch interne sowie aus der Umwelt stammenden Sinnesreize moduliert, so dass sich ständig neue Möglichkeiten der Selbstorganisation eröffnen, die durch Aktivitätsmuster geprägt werden und letztlich erfahrungsabhängig sind. Dabei erfolgt ein ständiger Umbau von Nervenverbindungen bzw. Netzwerken, von denen nur ca. 30 Prozent auch langfristig erhalten bleiben – dann nämlich, wenn diese Verbindungen häufig auftreten und somit „evaluiert" bzw. bestätigt werden. So bilden sich beispielsweise beim Erlernen der Erstsprache unbewusst ablaufende Automatismen für die Decodierung und Produktion von Sprache aus, die das Erlernen zum „Kinderspiel" machen. Die Zweitsprache dagegen wird regelbasiert und unter Kontrolle des Bewusstseins gelernt, so dass die beim assoziativen Lernen erfolgende „automatische" Bildung von Verschaltungsmustern nicht möglich ist. Die Verschaltungsmuster zum Erlernen der Zweitsprache müssen demnach „trainiert" werden, damit sie der Evaluierung durch die Bewertungssysteme (Inferenzmaschine) standhalten. Sonst werden sie als „unwichtige" oder sinnlose Neuronenverbindungen eingestuft und unumkehrbar „eingeschmolzen". Durch die Intensität des Trainings nimmt somit die Zahl der Kontakte zwischen den Neuronen und somit die Komplexität der Verschaltungsmuster zu – bei zu geringem Training wird das Verschaltungsmuster als mittlerweile „unnötig bzw. sinnlos" bewertet und eliminiert. Hirnstrukturen als Aggregation von vielen Verschaltungsmustern sind somit das Ergebnis eines ständigen Dialoges zwischen genetischen (Bewertungssysteme zur Evaluierung von Verschaltungsmustern) sowie außergenetischen Faktoren (Sinnesreize bzw. -signale als Ergebnis aktiver Interaktionen mit der Umwelt). Der Vollständigkeit halber muss diesbezüglich allerdings noch angemerkt werden, dass es zum einen verschiedene Entwicklungsphasen und somit „Zeitfenster" in der Hirnentwicklung gibt – vor allem in der Ausprägung präfrontaler Hirnstrukturen. Letztere determinieren unter anderem die Fähigkeit zur Einordnung sozialer Wertgefüge, ein Konzept vom eigenen „Ich" zu entwickeln sowie Handlungen von vorausgehenden Überlegungen abhängig zu machen. Spezifische Sinnesreize bzw. -signale aus der Umwelt können daher dann nicht adäquat verarbeitet und in Verschaltungsmuster überführt werden, wenn das entsprechende „Entwicklungs- bzw. Zeitfenster" (noch) nicht offen steht und somit diese Signale nicht interpretiert (verstanden), bewertet und verarbeitet werden können. Zum anderen wird die differenzierte Entwicklung kognitiver Fähigkeiten, also das Bilden der „Verschaltungsmuster", auch von den individuellen Kommunikationsfähigkeiten und -möglichkeiten bestimmt. Ein wichtiger Bereich ist dabei die nichtsprachliche Kommunikation, deren emotionalen Signale (Mimik, Gestik, Intonation) ihrer semantischen Bedeutung gemäß dechiffriert und bewertet werden müssen. Gelingt das nicht, wird die Kommunikation auf die rationale Sprache reduziert, die jedoch häufig nicht in der Lage ist, emotionale Inhalte zu transferieren – gerade die zur Stabilisierung sozialer Systeme notwendigen Informationen bleiben daher auch bei hoher Sprachkompetenz unberücksichtigt.

Das Veränderungsmanagement als Kriterium selbstlernender Organisationen kann analog zu den vorstehenden Ausführungen als das Ergebnis einer interaktiven Kommunikation der Unternehmung mit seiner Umwelt verstanden werden. Wahrnehmung, Aufnahme und Verarbeitung von Signalen bzw. Informationen aus der Umwelt durch die organisationalen Elemente generieren aktivitätsfokussierte „Verschaltungsmuster" bzw. Aktivitätsstrukturen. Sie werden auf der Grundlage der von der Unternehmung definierten Bewertungsmuster (analog zu den genetischen beim Menschen) unter Berücksichtigung ihrer Intensität durch ein " übergeordnetes System" (analog zum Gehirn) evaluiert. Dabei entscheidet sich dann, ob diese Aktivitätsmuster verworfen oder in Strukturveränderungen der Unternehmung transformiert werden bzw. diese auslösen. Die dazu nötigen „Bewertungssysteme" (analog zum menschlichen Gehirn) sind zwangsläufig artifizieller und kognitiver Natur. Ihre erfahrungsabhängige, funktionale Architektur muss strukturiert und ständig angepasst werden. Erforderlich hierfür sind regelbasierte Systeme mit neuronalen, erfahrungsdeterminierten Strukturen, beispielsweise die Module Balanced Scorecard und Risikomanagement des organisationalen Wissensmanagements. Dabei muss das bewusste und zielgerichtete Aufnehmen bzw. Erkennen von Signalen bzw. Informationen aus der Umwelt – zum Beispiel durch das Frühwarnsystem – sowie die hierdurch implizierte Generierung aktivitätsabhängiger „Verschaltungs- bzw. Aktivitätsmuster" permanent erfolgen, weil sonst Intensitätsreduzierungen zur suboptimalen Ausbildung der jeweiligen Strukturen führen würden.

In Analogie zur Verwendung der biologischen Begriffe „Ontogenese" (Einzelentwicklung) und „Phylogenese" (Stammesentwicklung) kann das individuelle Lernen als „Autognosis"[25] sowie das organisationale Lernen als „Koinognosis"[26] bezeichnet werden. Dementsprechend intendiert die „Autognosis" das organisationale Lernen bei dem Vorliegen der vorstehend beschriebenen Rahmenbedingungen. Dabei entsteht quasi eine Metapher bzw. Ikonographie, mittels derer epistemische Objekte in einem „geschlossenen Regelkreissystem" definiert und platziert sowie deren interdependente Relationen aufgezeigt werden. Deren Transformation in Verhaltensveränderungen, Aktivitäten und Handlungen generiert die Veränderungsprozesse. Organisationales Lernen ist daher mehr als die Summe der Lernprozesse der Organisationselemente, weil durch deren Verknüpfung und Aggregation zusätzliches über das individuelle hinausgehendes Wissen geschaffen wird.

Die Struktur der „selbstlernenden Unternehmung" sowie deren Anpassungsfähigkeit sind also das Resultat eines ständigen Dialoges zwischen der Umwelt sowie den organisationalen Strukturelementen und somit der hierdurch intendierten Aktivitätsmuster. Die Intensität dieses Dialoges sowie die Qualität des regelbasierten Bewertungssystems definieren die Fähigkeit zu Veränderungen der „Verschaltungs- bzw. Aktivitätsmuster" und somit für Strukturveränderungen. Die Struktur eines derartigen proaktiven und iterativen Veränderungsmanagements kann modellhaft der nachfolgenden Abbildung Nr. 88 entnommen werden (die als Elemente der „Außenwelt" angeführten Module sind nur beispielhaft zu verstehen).

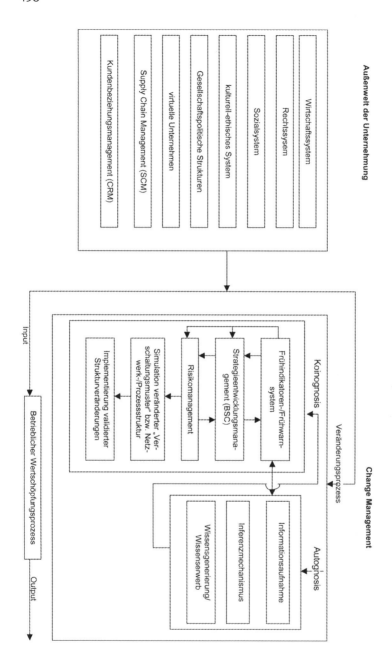

Abb. 88: Die Struktur des proaktiven, iterativen Veränderungsmanagements der selbstlernenden Unternehmung

Die bisherigen Ausführungen gehen von der Prämisse aus, dass aufgrund der Globalisierung sowie der hierdurch induzierten Dynamik und Komplexität der Marktveränderungen „andere" Organisationsstrukturen und -abläufe erforderlich sind, weil die tradierte funktional-hierarchische Struktur nicht mehr effizient und effektiv genug ist. Um Aussagen über Effizienz sowie Erfordernisse künftiger Organisationsstrukturen machen zu können, ist es jedoch notwendig, die Anforderungen aus zukünftigen gesellschaftspolitischen, sozialen und marktwirtschaftlichen Rahmenbedingungen antizipativ zu beschreiben und zu analysieren, um auf dieser Grundlage schließlich die Strukturbedingungen definieren zu können. Im Kontext der bisherigen Ausführungen wird die zukünftig „optimale" Organisationsstruktur demnach einerseits durch ihre Fähigkeit zur antizipativen Adaption der sich ändernden Kontext- bzw. Rahmenbedingungen und damit durch ihre permanente, „selbstlernende" Anpassungsfähigkeit[27] gekennzeichnet sein. Zum anderen muss eine adäquate Wechselwirkung zwischen eher regelbasierten Organisationsprinzipien einerseits sowie der Selbstorganisationsfähigkeit und -möglichkeit von Gruppen bzw. dem Empowering des Einzelnen andererseits gewährleistet sein; dabei repräsentieren die Regelwerke nur die Grundlage, auf der sich individuelle, neuronale Strukturen ständig neu bzw. weiterentwickeln können[28]. Eine derartig verstandene intraorganisationale Evolution der Unternehmensprozesse ist nicht identisch mit Kaizen bzw. KVP. Zwar werden auch hier bewährte, bestehende bzw. geplante Prozesse ständig überarbeitet. Nur erfolgt das bei der selbstlernenden Organisation auf der Basis eines umfassenden Informations- und Wissensmanagementsystems, das Workflow- und Groupwaremodule beinhaltet. Dies gewährleistet, dass nicht einzelne Funktionen individuell optimiert, sondern eine ständige Verbesserung der informalen und formalen Netzwerke der Unternehmung realisiert wird. Nur dann kann auch das Wissen die gleichberechtigte Rolle neben Kapital und Arbeit übernehmen[29]. Sie impliziert weiterhin den permanenten Zwang zur (Neu-)Festlegung der erforderlichen Leistungstiefen sowie die Definition der „Kernbereiche" im jeweiligen Prozess. Dabei muss unter anderem die Einhaltung der nachfolgenden Kriterien gewährleistet werden[30]:

1. Selbstorganisationsfähigkeit und -kompetenz,
2. frei wählbare Form der wechselseitigen Vernetzung,
3. Institutionalisierung von Workflow- und Workgroup-Systemen zur Vereinfachung der Kooperation einerseits sowie der qualitativen und quantitativen Verbesserung des Informations- und Wissensaustausches andererseits,
4. Installierung dezentraler Informationssysteme, die auch das implizite Wissen der MitarbeiterInnen einbeziehen.
5. Generierung sog. „Meta-Informationssysteme" zur Verknüpfung der dezentralen bzw. föderalen Datenbanksysteme; diese enthalten unter anderem auch Begriffssysteme und sog. „Thesauri" als Referenzpunkte,
6. Installierung „interner Informationsmärkte mit Preisen" als Anreizsysteme für den individuellen Wissenstransfer (quasi als Weiterentwicklung des „Betrieblichen Vorschlagwesen" bzw. des Kaizen),

7. Vernetzung des intraorganisationalen Wissens mit externem Wissen (Datenbänke etc.),
8. Entwicklung von Indikatoren für „Alarmierungssysteme", die den Beginn der für die Unternehmung relevanten Veränderungsprozesse der Umwelt anzeigen.

Plakativ lässt sich die „selbstlernende Organisation" im Vergleich zur virtuellen Organisation[31] dadurch charakterisieren, dass sie wesentliche Investitionen im „human capital" tätigt, auf Kooperation, Koordination sowie Selbstorganisationsfähigkeit beruht sowie auf einem konsistenten, von jedem jederzeit abrufbaren Informations- und Wissensmanagement basiert. Hieraus resultieren ihre Attribute, die „plakativ" als soziale und informationstechnologische Netzwerkorientierung, hohe Flexibilität und Prozessdynamik, Ambitioniertheit sowie Risikobereitschaft und -management bezeichnet werden können. Das führt letztlich auch zu einem „permanenten Zwang zur Veränderung", der einerseits das Erreichen der Ultrastabilität ermöglicht. Andererseits soll hierdurch im Sinne des Postindividualismus eine Stärkung der Kohäsionskräfte einer Unternehmung in der hochgradig mobilisierten und globalisierten Gesellschaft der Gegenwert erreicht werden.

Im Hinblick auf die Theorie des „geplanten organisationalen Wandels" kann daher unter Einbeziehung der Hegel'schen Dialektik[32] folgende Entwicklungstendenz organisationaler Strukturen prognostiziert werden:
- These: funktional-hierarchische Struktur
- Antithese: prozessorientierte, vernetzte Struktur
- Synthese: hybride, selbstlernende Strukturen, Heterarchien.

Letztere entsprechen hinsichtlich ihrer Strukturen, Prozesse sowie Informations-, Wissens- und Führungssysteme der vorstehend diskutierten „wissensbasierten, selbstlernenden Unternehmung". Die Umsetzung derartiger Konzepte wird allerdings auch dazu führen, dass die bisher zehnjährige „Halbwertszeit" definierter Stellen innerhalb einer Aufbau- bzw. Ablauforganisation auf zwei bis drei Jahre verkürzt wird. Das hat zum einen zur Folge, dass der Fluktuationsverlust „klassischer Funktionen" wesentlich größer als bisher werden wird und entweder durch die Generierung neuer Stellen oder durch Freisetzungen kompensiert werden muss. Zum anderen führt es dazu, dass die klassische Berufsausbildung nicht mehr eine „lebenslängliche" Tätigkeit zur Folge hat[33]. Dies impliziert, dass im Lebensablauf mehrere Qualifikationen und Fortbildungen zu realisieren sind – teilweise parallel zur momentanen Berufstätigkeit. Letztlich hat dies zur Konsequenz, dass die repetitiven Tätigkeiten, die „automatisierbar" bzw. „digitalisierbar" sind, entfallen dürften. Der „humane" Arbeitssektor umfasst dann „nur" diejenigen Funktionen, bei denen der Mensch aufgrund seiner Fähigkeit zu Kreativität und Intuition sowie Innovation kaum oder gar nicht ersetzbar ist. Dies führt zu dem prognostizierten Aufstieg des Wissensarbeiters sowie dem Niedergang des industriellen Berufsmenschen. Im Rahmen einer gesellschaftspolitischen Negativbetrachtung kann unterstellt werden, dass der Wissensarbeiter zum „Electronic Lancer" – dem elektronisch/ digital vernetzten Freiberufler – als frei flottierendes Individuum mit einer „Patchwork- Erwerbsbiographie" mutiert. Dies könnte allerdings zum „Sozialdarwinismus" mit den Konsequenzen

- der Entsozialisierung,
- einer entfesselten Flexibilisierung,
- einer grenzenlosen Verfügbarkeit,
- einer wachsenden Komplexität sowie
- ausschließlich ergebnisorientierter Vergütung

führen. Dabei kann der Effekt einer „Atomisierung" des Arbeitsmarktes ausgelöst werden, der Rekrutierungsprozesse erschweren wird. Berücksichtigt werden muss hierbei allerdings, dass der Wissensarbeiter die „Produktionsmittel besitzt" – und sie beim Verlassen des Unternehmens mitnimmt. Auf gesellschaftspolitischer Ebene ist es daher unerlässlich, sowohl regulierende Maßnahmen als auch „soziale Netzwerke" zu generieren, um die Bildung der „80:20-Gesellschaft" zu verhindern. Das verlangt sowohl andere Curriculae im Schul- und Hochschulbereich als auch die Möglichkeit der berufsbegleitenden Weiterbildung. Überdies sind im Rahmen einer „Dematerialisierung" der Produktions- und Dienstleistungsprozesse Arbeitsplätze für diejenigen zu schaffen, die aus individuellen Gründen heraus die Anforderungen der wissensbasierten Dienstleistungsgesellschaft nicht erfüllen können bzw. wollen.

1   Vgl. Probst/Büchel (1994), S. 15.
2   Vgl. Roß et al (2002), S. 57 ff.
3   Essay „Self-Reliance" von R. W. Emerson (1803- 1882).
4   Ein wichtiger Wachstumsfaktor, an dem sich allerdings kein Eigentum erwerben lässt.
5   Vgl. Brandom (1996), S. 86.
6   Eine Untersuchung von Mercuit International ergab, dass mehr als 80 % aller Mitarbeiter in Krisensituationen gar nicht oder nur mangelhaft informiert und involviert werden.
7   MECE = Mutually Exclusiv-Collectivity Exhaustive.
8   Vgl. die Ausführungen in Abschnitt 3.2.
9   Vgl. Argyris (1962).
10 Allerdings definiert nicht die bloße Leistungsbemühung, sondern der Grad der Zielerreichung das Entgelt (sowohl Bonus wie auch Malus).
11 Vgl. die Gemini-Consulting-Studie „Reif für Veränderungen", Bad Homburg 1999.
12 Analog zum angelsächsischen Sprachgebrauch beinhaltet Management das „Organisieren", während Führung als „Leadership" zu verstehen ist.
13 Experimente mit Menschen sowie Computern anstelle des menschlichen Gruppenakteurs bestätigen diese Interdependenz, die sich auch zwischen Mensch und Maschine einstellt (die Maschine wurde als „sozialer" Akteur anerkannt und in den Gruppenlösungsprozeß einbezogen).
14 Vgl. hierzu vor allem Carell et al (2002), S. 26 ff.
15 Vgl. Wild (2000).

[16] Der engl. Begriff „transponder" ist ein Kunstwort, das aus „transmitter" und „responder" besteht.
[17] Vgl. Luhmann (1991).
[18] Vgl. Parsons (1976).
[19] Vgl. die Ausführungen in Abschnitt 4.2.2.
[20] Vgl. Abschnitt 4.2.2.
[21] Senge (1999).
[22] Vgl.Handy (1969).
[23] Vgl. v. Rosenstiel (1975).
[24] Diese Ausführungen beruhen auf Singer (2001).
[25] Autognosis bezeichnet im Altgriechischen den Prozess des Selbsterkennens, der Selbsterkenntnisse.
[26] Koinognosis definiert im Altgriechischen die Erkenntnisse aller bzw. einer Gruppe etc.
[27] Verstanden als Kaskade algorithmischer Evolutionsprozesse im Sinne einer „simulierten Härtung".
[28] Vgl. Radermacher (1997), S. 21.
[29] Vgl. Abschnitt 3.1.
[30] Vgl. Radermacher (1977).
[31] Vgl. Abschnitt 1.2.3.
[32] Gemäß des Hegel'schen Gesetzes der Dialektik impliziert eine These das Entstehen einer Antithese; beide münden dann in der Zukunft in etwas Neuem der Synthese.
[33] Gemäß einer EU-Studie wird in wenigen Jahren jeder Beschäftigte mindestens drei Berufe im Rahmen seiner Erwerbstätigkeit ausüben, die zum großen Teil auch keine Vollzeittätigkeiten beinhalten.

Literaturverzeichnis

Accenture: Reaching New Heights in Customer Relationship Management: What Every Utility Should Know, Kronberg 2002

Adler, A.: Praxis und Theorie der Individualpsychologie, Frankfurt/M. 1974

Agamben, G.: Homo Sacer, Frankfurt/M. 2002

Albrecht, G.: Neue Anforderungen an Ermittlung und Bewertung von beruflicher Kompetenz, in: Arge (Hrsg., 1997), S. 85 – 140

Al-Laham, A.: Strategieprozesse in deutschen Unternehmen: Verlauf, Struktur und Effizienz, Wiesbaden 1997

Ammann, M.: Credit Risk Valuation – Methods, Models and Application, 2. Auflage, Berlin-Heidelberg 2001

Ansoff, H. J., Brandenburg, R. G.: A Program of Research in Business Planning, in: Management Science, Vol. 13, 1967, S. 219 – 239

Ansoff, H., I., Mc Donell, E. J.: Implementing Strategic Management, Cambridge 1990

Anton, J.: Modeerscheinung oder Evolution, in: UNIX open 1995, Jg., Nr. 5, S. 75-78, Trostberg 1995

Arbeitsgemeinschaft Qualifikations-Entwicklungs-Management (Hrsg.): Kompetenzentwicklung 1996: Strukturwandel und Trends in der betrieblichen Weiterbildung, Münster 1996

Arbeitsgemeinschaft Qualifikations-Entwicklungsanagement (Hrsg.): Kompetenzentwicklung '97, hrsg. von der Arbeitsgemeinschaft Qualifikations-Entwicklungs-Management, Münster 1997

Arbeitsgemeinschaft Qualifikations-Entwicklungs-Management (Hrsg.): Kompetenzentwicklung 1999, Münster 1999

Argyris, C.: Interpersonal Competence and Organisational Effectiveness, Homewood (Ill.) 1962

Argyris, C.: Intervention theory and method – a behavioral science view, Reading (Mass.) usw. 1970

ASEW (Hrsg.): Erfolgsfaktor Energiedienstleistung, in: Praxis der Energiedienstleistungen, Band IV, Bochum 1998

Bamberger, I., Wrona, T.: Der Ressourcenansatz im Rahmen des Strategischen Managements, in: WiSt 1996, 8. Jg., Nr. 25, S. 386 – 391

Bauer, M.: Die schöne neue E-Welt wird die IT verändern, in: Computerwoche 2000, Nr. 47, S. 36, 27. Jg., München 2000

Baumol, W. J.: The Free Market Innovation Machine, Princeton/N. J., 2002

Beck, U.: Was ist Globalisierung?, 4. Auflage, Frankfurt/M. 1998

Beck, U., Beck-Gernsheim, E. (Hrsg.): Riskante Freiheiten. Individualisierung in modernen Gesellschaften, Frankfurt/Main, 1994

Beer, St.: Kybernetische Führungslehre, Frankfurt/New York 1973

Berger, P. L.: Allgemeine Betrachtungen über normative Konflikte und ihre Vermittlung, in: Berger (Hrsg., 1997), S. 581-615

Berger, P. L. (Hrsg.): Die Grenzen der Gesellschaft – Ein Bericht der Bertelsmann-Stiftung an den Club of Rome, Gütersloh 1997

Bergmann, B.: Lernen im Prozess der Arbeit, in: Arge Q-E-M (Hrsg., 1996), S. 153 – 262

Bergmann, B.: Training für den Arbeitsprozess: Entwicklung und Evaluation aufgaben- und zielgruppenspezifischer Trainingsprogramme, Zürich 1999

Berner, Chr., Danigel, St.: Die Risikovielfalt im Energiehandel, in: ME – Marktplatz Energie, Zeitschrift für Handel, Risikomanagement und Informationstechnik in der Energiewirtschaft, Jg. 1., Vol. 1, S. 31-34, Herrsching 2000

Bielecki, T. R., Rutkowski, M.: Credit Risk: Modeling, Valuation and Hedging, Berlin-Heidelberg-New York 2001

Bjoern-Andersen, N., Hedberg, B., Mercer, D., Sole, A.: System Design, Work Structure and Work Satisfaction, Elmsford, New York 1978

Bohm, D.: Der Dialog: Das offene Gespräch am Ende der Diskussionen, Stuttgart 1998

Botta, V.: Vergangenheits- und Analysekennzahlen in der praktischen Anwendung, unv. Vortrag, Köln 2000

Brandom, R. B.: Expressive Vernunft, Frankfurt/M. 2000

Brandom, R. B.: Begründen und Begreifen. Eine Einführung in den Inferentialismus, Frankfurt/M. 2001

Brendel, M.: CRM für den Mittelstand – Voraussetzungen und Ideen für die erfolgreiche Implementierung, Wiesbaden 2002

Brenner, W., Zarnekow, R., Wittig, H.: Intelligente Softwareagenten – Grundlagen und Anwendungen, Berlin/Heidelberg 1998

Brodie, R. J., Coviello, N. E., Brookes, R. W., Little, V.: Towards a paradigm Shift in marketing? An Examination of current marketing practices, in: Journal of Marketing Management 1997, 1. Jg., S. 383-406

Brown, J. et al   2001   The World Café: Living Knowledge, Through Conversations That Matter, in: The Systems Thinker, Vol. 12, Juni/Juli 2001

Brown, S. L., Eisenhardt, K. M.: Competing on the Edge. Strategy as Structured Chaos, Harvard Business School Press, Boston 1998

Bruhn, M.: Integrierte Unternehmenskommunikation. Ansatzpunkte für eine strategische und operative Umsetzung integrierter Kommunikationsarbeit, 2. Aufl., Stuttgart 1995

Bruhn, M., Homburg, Ch. (Hrsg.): Handbuch Kundenbindungsmanagement, Grundlagen – Konzepte – Erfahrungen, 2. aktualisierte und erweiterte Auflage, Wiesbaden 1999

Brynjolfsson, E.: The Productivity Paradox of Information Technology, in: Communication of the ACM 36, 12. Jg. (1993), S. 67-77

Bullinger, H.-J.: Knowledge meets Process: Wissen und Prozesse managen im Intranet, Fraunhofer IAO, Stuttgart 2001

Bullinger, H.-J. (Hrsg.): Dienstleistung 2000plus, Bände 1 – 6, Stuttgart 1997

Bullinger, H.-J. (Hrsg.): Effizientes Informationsmanagement in dezentralen Organisationsstrukturen, Berlin/Heidelberg 1999

Bullinger, H.-J. (Hrsg.): Content Management: Systeme-Auswahlstrategien, Architekturen und Produkte, FIAO Stuttgart 2000

Bullinger, H.-J.,

Kern, P.: Arbeitsgestaltung im hochautomatisierten Produktionssystem, in: etz 1991, Bd. 112, S. 676 ff., Offenbach 1991

Bullmann, P.: Konfiguration von Produktionsnetzwerken, in: Pfeiffer (Hrsg., 1997), S. 79 ff.

Bürgel, H. D.: Forschungs- und Entwicklungsmanagement 2000 plus: Konzepte und Herausforderungen für die Zukunft, Berlin usw. 2000

Carbon, M.: Folgen der Dezentralisierung – Anforderungen an das Informationsmanagement, in: Bullinger (Hrsg., 1999), S. 43 – 72

Carbon, M.: Wechselwirkung von Organisation und Technik, in: Bullinger (Hrsg., 1999), S. 165 – 170

Carell, A., Jahnke, I., Reiband, N.: Computergestütztes kollaboratives Lernen: Die Bedeutung von Partizipation, Wissensintegration und der Einfluss von Rollen, in: Journal Hochschuldidaktik, 13. Jg., Nr. 2, S. 26 – 35, Universität Dortmund 2002

Castells, M.: Das Informationszeitalter, Bd. 1: Die Netzwerkgesellschaft; Bd. 2: Markt der Identität; Bd. 3: End of Millenium, München 2001

Cerny, K.: Making Local Knowledge Global, in: Harvard Business Review, 1996, Vol. 74, Nr. 3, S. 22 – 38

Chomsky, N.: Aspekte der Syntax Theorie, Frankfurt/M. 1973

Cruise o'Brien: Trust-Releasing the Energy to Succeed, New York 2002

D'Areni, R.: Hypercompetition. Managing the Dynamics of Strategic Maneuvering, New York 1994

Davis, St., Meyer, Chr.: Das Prinzip Risiko, München 2001

De Bono, E.: Serious Creativity. Die Entwicklung neuer Ideen durch die Kraft lateralen Denkens, Stuttgart 1996

De Michaelis, G., Dubois, E., Jarke, M., Mattlus, F., Mylopoulos, J. Papazoglou, M., Schmidt, J. W., Woo, C., Yu, E.: Cooperative information systems – a manifesto, in: Papazoglou/Schlageter (Hrsg., 1998), S. 315 – 363

Deutsch, K. W.: Einige Grundprobleme der Demokratie in der Informationsgesellschaft, in: Kaase, M. (Hrsg., 1986), S. 40 – 51

Dialoge: Trends, Werte, Ziele, Hrsg. von der Stern-Bibliothek, Hamburg 2000

Dittmar, C.: Wissen sichtbar machen – Vom Data- zum Knowledge-Warehouse, in: Computerwoche Extra, Nr. 4, vom 16.06.2000, S. 14 – 17, Jg. 27, München 2000

Dzida, W.: Das IFIP-Modell für Benutzerschnittstellen, in: Office Management, Sonderheft, S. 6 -8, 1983

Eccles, J. C.: Die Evolution des Gehirns – die Erschaffung des Selbst, 3. Auflage, München/Zürich 1994

English, L. P.: Improving Data-Warehouse and Business Information Quality, New York 1999

Etzioni, A.: Die aktive Gesellschaft, Opladen 1975

Eusthaler, J., Gesmann-Nuissl, D.: Virtuelle Unternehmen in der Praxis – eine Herausforderung für das Zivil-, Gesellschafts- und Kartellrecht, in: Betriebsberater 2000, 55. Jg., Nr. 45, S. 2.265 – 2.271

Fensel, D.: Ontologies: A Silver Bullet for Knowledge Management and Electronic Commerce, Berlin/Heidelberg 2001

Festinger, L. A.: A theory of cognitive dissonance, Stanford University Press 1957

Fieten, R.: Defizite nicht durch vermehrten IV-Einsatz kompensieren, in: CW EXTRA, Nr. 5 vom 01.12.1995, Supplement zur Computerwoche Nr. 48, 22. Jg., München1995

Fischer, M. M., Fröhlich, J. (Hrsg.): Knowledge, Complexity and Innovation Systems, Berlin/Heidelberg 2001

Franz, W., Gutzeit, M., Lessner, J., Oechsler, W. A., Pfeiffer, F., Reichmann, L., Rieble, V., Roll, J.: Flexibilisierung der Arbeitsentgelte und Beschäftigungseffekte, Dokumentation Nr. 00-09 des Zentrum für Europäische Wirtschaftsforschung GmbH (ZEW), Mannheim 2000

Frenkel, M., Menkhoff, L.: Stabile Weltfinanzen? Die Debatte um eine neue internationale Finanzarchitektur, Berlin/Heidelberg 2000

Frieling, E.: Unternehmensflexibilität und Kompetenzerwerb, in: Arge Q-E-M (Hrsg., 1999), S. 147 – 212

Frieling, E., Kauffeld, S., Grote, S., Bernard, H.: Flexibilität und Kompetenz. Schaffen flexible Unternehmen kompetente und flexible Mitarbeiter? Münster/New York/München/Berlin 2002

Gaiser, B.: International Perspectives: German Cost Management Systems, in: Journal of Cost Management, 1997, Vol. 11, Nr. 5, S. 35 – 41 sowie Nr. 6, S. 41 – 45

Gaitanides, M., Staehle, W. H., Trebesch, K.: Reorganisationsprobleme bei der Einführung formalisierter Informationsverarbeitungs- und Entscheidungssysteme – Zur Neotaylorismuskritik, in: ZO 1978, 47. Jg., S. 61 ff.

Gaugler, E. Jacobs, O. H., Kieser, A. (Hrsg.): Strategische Unternehmesführung und Rechnungslegung, Stuttgart 1984

Ganter, H.-D., Schienstock, G. (Hrsg.): Management aus soziologischer Sicht. Unternehmensführung, Industrie- und Organisationssoziologie, Wiesbaden 1993

Ghoshal, S.: Global Strategy: An Organization Framework, in: Strategic Management Journal 1987, Vol. 8, S. 425 – 440

Giddens, A.: Jenseits von Links und Rechts – Die Zukunft radikaler Demokratie, Frankfurt/M. 1997

Gilder, G.: Microcosm, New York 1989

Gilder, G.: Telecosm: How Infinite Bandwidth will Revolutionize Our World, New York 1999

Godin, S.: Permission Marketing: Turning strangers into friends, and friends into customers, New York 1999

Goldenson, R.: Longman dictionary of psychology and psychiatrie, New York 1984

Goldman, St., Nagel, R., Preiss, K., Warnecke, H.-J.: Agil im Wettbewerb, Berlin/Heidelberg 1996

Golemann, D.: EQ2. Der Erfolgsquotient, München 1999

Gomez, P., Probst, G.: Die Praxis des ganzheitlichen Problemlösens, 2. Aufl., Bern et al 1997

Grant, R. M.: Contemporary Strategy Analysis – Concepts, Techniques, Applications, 2., überarb. Auflage, New York 2002

Graßl, H.: Lässt sich das Klima in die Karten schauen?, in: Standpunkt, Nr. 2, S. 10 – 15, 1995

Gross, P.: Das Verschwinden monogamer Arbeit? in: Hauswirtschaft und Wissenschaft, 44. Jg., S. 99 – 105

Grossmann, L. K.: The Electronic Republic, New York 1995

Grün, O., Brunner, J.-C.: Der Kunde als Dienstleister, Wiesbaden 2002

Habermas, J.: Faktizität und Geltung. Beiträge zur Diskurstheorie des Rechts und des demokratischen Rechtsstaates, Frankfurt/M. 1993

Habermas, J.: Theorie des kommunikativen Handelns (2 Bände); Band 1: Handlungsrationalität und gesellschaftliche Rationalisierung. Band 2: Zur Kritik der funktionalistischen Vernunft, Frankfurt/M. 1995

Habermas, J.: Warum braucht Europa eine Verfassung?, in: Die ZEIT, 56. Jg., Nr. 27, S. 7, Hamburg 2001

Hacker, W.: Allgemeine Arbeitspsychologie. Psychische Regulation von Arbeitstätigkeiten, Bern 1998

Hagenloch: Conjoint-Analyse, in: krp 1997, S. 319 – 327

Hamel, G., Prahalad, C. K.: Managing Strategic Responsibility in the MNC, in: Strategic Management Journal 1983, Vol. 4, S. 341 – 351

Hammer, M.: Business back to Basics. Die 9-Punkte-Strategie für den Unternehmenserfolg, München 2002

Hammer, M., Champy, J.: Business Reengineering, Frankfurt/M. 1993,

Handy, C.: The Age of Unreason, London 1969

Harsanyi, J. C., Selten, R.: A general theory of equilibrium selection. Chapter 5: The solution concept, Universität Bielefeld 1984

Hedberg, B., Mumford, E.: The Design of Computer Systems: Man's Vision of Man as an Integral Part of the Systems Design Process, in: Mumford, E., Sackmann, H. (Hrsg., 1975)

Hegel, G. W. F.: Phänomenologie des Geistes, Bd. 2 der Hegel-Ausgabe, hrsg. von Glockner, H., Stuttgart 1964

Heidack, C. (Hrsg.): Lernen der Zukunft. Kooperative Selbstqualifikation – die effektivste Form der Aus- und Weiterbildung im Betrieb, 2. überarb. und erw. Aufl., München 1993

Helten, E.: Ist Risiko ein Konstrukt? Zur Quantifizierung des Risikobegriffes, in: Hesberg et al (Hrsg., 1994), S. 19 – 25

Hennig, E. (Hrsg.): Glokalisierung, Frankfurt/M. 2003

Hermann, E.: Binnenmarkt-Richtlinien für Strom und Gas – Gestaltungsspielräume und Tendenzen bei einer Umsetzung in den EU-Mitgliedsstaaten; in: Kühne, Straßburg, Hermann, Rupp (Hrsg., 1997)

Herzinger, R.: Republik ohne Mitte, München 2001

Hesberg, D., Nell, M., Schott, W. (Hrsg.): Risiko, Versicherung, Markt-Festschrift Karten, Karlsruhe 1994

Heussler, J., Koch, W. (Hrsg.): Mediation in der Anwaltspraxis, Bonn 2000

Hickel, R.: Die Risikospirale. Was bleibt von der New Economy, Frankfurt/M. 2001

Hodgson, B.: Économics as Moral Science, Berlin/Heidelberg 2001

Homburg, Chr., Schäfer, H.: Profitabilität durch Cross-Selling, empirische Studie des Instituts für Marktorientierte Unternehmensführung, Mannheim 2000

Horváth & Partner: Studie „Prozessorientierung in der Energiewirtschaft", Düsseldorf 2001

Horvath & Partner (Hrsg.): Balanced Scorecard umsetzen, Stuttgart 2000

Horváth, P., Kaufmann, L.: Balanced Scorecard – ein Werkzeug zur Umsetzung von Strategien in: Harvard Business Manager, Nr. 5, Vol. 20, Jg.1998, S. 39-40

Huang, K.-T., Lee, Y. W., Wang, R. Y.: Quality Information and Knowledge, New Jersey 1999

Inmon, W. H.: Building the Data-Warehouse, New York 1993

James, H.: The End of Globalization, Princeton 2001

Jänig, Chr.: Konzeption und Implementierung eines computergestützten Informationssystems als „Geplanter Wandel" der Verwaltungsorganisation, Krefeld 1984

Jänig, Chr.: Technische und technologische Grundlagen der technikunterstützten Informationsverarbeitung, in: Petri, W., Jänig, Chr. (1988)

Jänig, Chr.: Ökologisch-ökonomische Reorganisation eines kommunalen EVU – dargestellt am Beispiel der Stadtwerke Unna GmbH, in: Elektrizitätswirtschaft Nr. 26, 94. Jg., Frankfurt/M. 1995

Jänig, Chr.: Wandel vom Energieversorgungs(verteilungs-) unternehmen zum ökologisch fokussierten Energiedienstleistungsunternehmen, VDI Berichte Nr. 1309

Jänig, Chr.: Wissensgesellschaft und Organisation- die Instrumentalisierung der Information als Grundlage für prozessorientierte Strukturen, Vorlesungsskript Bremerhaven 1998

Jänig, Chr.: Das Konzept des „UN-Nahwärmeservice" als Wärmedirektservice, in: Wärmedirektservice, 2. Auflage, hrsg. von ASEW, Bochum 1998

Jänig, Chr.: Paradigmenwechsel zu dezentralen Erzeugungsstrukturen aus der Sicht der Stadtwerke Unna GmbH, in: Tagungsband Energie Innovativ 2002, Düsseldorf 2002

Jänig, W.: Vegetatives Nervensystem, in: Schmidt, R. F. (Hrsg., 1998), S. 151 – 200

Jarke, M., Lenzevini, M., Vassilioin, Y., Vassiliadis, P.: Fundamentals of Data Warehouses, 2. Aufl., Berlin/Heidelberg, 2001

Jaspers, K.: Philosophie, 3 Bände, 3. Auflage, Heidelberg/Berlin 1956

Johanson, J., Vahlne, J.-E.: The Mechanismus of Internationalization, in: International Marketing Review 1990, Vol. 7, Nr. 4, S. 11 – 24

Jung, R., Winter, R.: Data Warehousing Strategie – Erfahrungen, Methoden, Visionen, Berlin/Heidelberg usw. 2000

Kaase, M. (Hrsg.): Politische Wissenschaft und politische Ordnung, Opladen 1986

Kahnemann, D.: Judgment under uncertainty: heuristics and biases, Cambridge usw. 1991

Kalakota, J., Robinson, E.: E-Business, Roadmap to Success, Reading (Mass.) 1999

Kant, I.: Kritik der reinen Vernunft, 2 Bde., in: Kant, Theorie-Werkausgabe, Bd. 3 und 4, hrsg. von Weischedel, W., Wiesbaden 1956

Kant, I.: Schriften zur Metaphysik und Logik, 2. Band: Logik, in: Kant, Theorie – Werkausgabe, Bd. 6, hrsg. von Weischedel, W., Wiesbaden 1958

Kaplan, R. S.: Using the Balanced Scorecard to Create a Strategy-Focused Organization, unv. Vortrag am 31.05.2000, Frankfurt/Main

Kaplan, R. S., Norton, D. P.: The Balanced Scorecard -Translating Strategy into Action, Boston 1996

Kaplan, R. S., Norton, D. P.: The Strategy-Focused Organization. How Balanced Scorecard Companies Thrive in the New Business Environment, Harvard Business School Press 1999

Kastner, M.: Syn Egoismus – Nachhaltiger Erfolg durch soziale Kompetenz, Freiburg i. B. 1999

Kauffeld, S., Grote, S.: Der Job Diagnostic Survey (IDS) – Darstellung und Bewertung eines arbeitsanalytischen Verfahrens, in: Zeitschrift für Arbeits- und Organisationspsychologie, 43. Jg., S. 55 – 60

Kauffels, H.-J., Baumgarten, U.: Betriebssysteme müssen künftig Rechner und Netzwerke steuern, in: Computerwoche 1992, Nr. 41, S. 23 ff., Nr. 42, S. 21 ff.; Nr. 43, S. 29 f., Nr. 44, S. 20 ff.; Nr. 45, S. 27 f., 19.Jg., München 1992

Kirsch, W.: Entscheidungsverhalten und Handhabung von Problemen, München 1975

Kirsch, W., Klein, H.: Management-Informationssysteme, 2 Bde., Stuttgart 1977

Klages, H. 1981 Anspruchsdynamik und Bürokratisierung, in: Klages, H. (Hrsg., 1981), S. 135 ff.

Klages, H. (Hrsg.) 1981 Überlasteter Staat – verdrossene Bürger? In den Dissonanzen der Wohlfahrtsgesellschaft, Frankfurt/New York, 1981

Klynes, M. E., Kline, N. S.: Cyborgs and Space, in: Astronautics 1960, Vol. 5

Kogut, B.: Designing Global Strategies: Profiting from Operational Flexibility, in: Sloan Management Review 1985, Vol. 27, Nr. 1, S. 27 – 38

Köhler, R., Majer, W., Wiezorek, H.: Erfolgsfaktor Marke – Neue Strategien des Markenmanagements, München 2001

Kondratieff, N. D.: Die langen Wellen der Konjunktur, in: Archiv für Sozialwissenschaft und Sozialpolitik 1926, Band 56, S. 573-609

Kornwachs, K., Jacoby, K. (Hrsg.): Der Informationsbegriff aus interdisziplinärer Sicht, Berlin 1995

Kosiol, E.: Die Unternehmung als wirtschaftliches Aktionszentrum, Reinbek 1966

Kotler, P.: Kotler on Marketing – How to create, win and dominate markets, New York 1999

Krafft, M., Kainer, St., Marzian, S. H., Schwarz, P., Wille, K.: Vertriebs-Informations-Panell 2000, Vallendar 2000

Kramer, R. M.: Trust in Organizations, Thousand Oaks 1996

Krcmar, H.: Die Flexibilität stößt oft an Grenzen, in: cw-focus vom 22.07.1997, Supplement zur Computerwoche Nr. 15, 24. Jg., München 1997

Krystek, U.: Frühaufklärungsorientierte „Kennzahlen" für operative und strategische Unternehmensführung: Von Kennzahlen zu Weak Signals, unv. Vortrag am 13.07.00 in Köln

Kuhn, T.: The Structure of Scientific Revolution, 2. Aufl., Chicago 1970

Kutschker, M.: Rationalität und Entscheidungskriterien komplexer Investitionsentscheidungen – Ein empirischer Bericht, unv. Manuskript des SFB 24 der Universität Mannheim, Mannheim 1976

Laker, M.: Sind es die Kunden wert? Customer Relationship Management und Kundengewinnung im Lichte von Kundenwertanalysen, in: Horizonte in Vertrieb und Marketing, Nr. 5, hrsg. von Simon l Kucher & Partners, Bonn 2001

Laker, M.: Fusionen: Häufig nur Kon-Fusionen an der Marktfront?, in: Horizonte in Vertrieb und Marketing, Nr. 4, hrsg. von Simon l Kucher & Partners, Bonn 2001

Laker, M. (Hrsg.): Marketing für Energieversorger – Kunden binden und gewinnen im Wettbewerb, Wien/Frankfurt/M. 2000

Lauenstein, T., David, V., Böseler, U., Bockelmann, K.: Informationswohlstand schaffen, Dortmund 1994

Lewin, K.: Group Decision and Social Change, in: Maccoby et al (Hrsg., 1958), S. 197 ff.

Lewis, E. H.: Marketing Channels: Structure and Strategy, New York usw. 1968

Löffler, K. Meinhardt, J., Werner: Taschenbuch der Informatik, Leipzig 1992

Luhmann, N.: Soziale Systeme, 4. Auflage, Frankfurt/M. 1991

Maccoby, E. E. et al (Hrsg.): Readings in Social Psychology, 3. Aufl., New York 1958

Maleri, R.: Grundlagen der Dienstleistungsproduktion, 2. völlig neu bearbeitete und erweiterte Auflage, Berlin usw. 1991

Mambrey, P., Oppermann, R. (Hrsg.): Beteiligung von Betroffenen bei der Entwicklung von Informationssystemen, Frankfurt/New York 1983

Mandel, M. J.: The Coming Internet Depression – crash.com., New York 2001

Mandelbrot, B.: The Fractal Geometry of Nature, New York 1982

März, W.: Informations- und Telekommunikationstechnik der EVU als Instrument im Wettbewerb, in: Elektrizitätswirtschaft, Jg. 97 (1998), Heft 5, S. 26, Frankfurt/M. 1998

Matthiessen, G., Unterstein, M.: Relationale Datenbanken und SQL, Konzepte der Entwicklung und Anwendung, 2. aktualisierte Auflage, München usw. 2000

Maturana, H., Varela, F. J.: Der Baum der Erkenntnis. Die biologischen Wurzeln des menschlichen Erkennens, München 1991

Mc Luhan, M.: Die Gutenberg-Galaxis, Bonn 1995

Meffert, H.: Marketing: Grundlagen marktorientierter Unternehmensführung. Konzepte- Instrumente – Praxisbeispiele. 8., vollständig neu bearbeitete und erweiterte Auflage, Wiesbaden 1998

Meffert, H., Bruhn, M.: Dienstleistungsmarketing Grundlagen – Konzepte – Methoden. 2., überarbeitete und erweiterte Auflage, Wiesbaden 1997

Mertins, K., Heisig, P., Vorbeck, J.: Knowledge Management – Best Practice in Europe, Berlin-Heidelberg 2001

Meta Group: Studie „Supply Chain Management & Collaboration", 2001

Meta Group/IMT: Strategic Study, March 2002

Miegel, M., Wahl, St.: Das Ende des Individualismus – Die Kultur des Westens zerstört sich selbst, München/Landsberg am Lech 1996

Mohn, R.: Die gesellschaftsrechtliche Verantwortung des Unternehmers, München 2003

Morfill, G., Scheingraber, H.: Chaos ist überall ... und es funktioniert. Eine neue Weltsicht, Frankfurt/M., Berlin 1991

Müller, M.: Wissenschaftsfreiheit? Eine Schimäre, in: Die ZEIT, 56. Jg., Nr. 35, S. 7, Hamburg 2001

Mumford, E., Sackmann, H. (Hrsg.): Human Choice and Computers, Amsterdam 1975

Muther, A.: Electronic Customer Care. The Supplier-Customer-Relationship in the Information Age, Berlin-Heidelberg 2001

Myrdal, G.: Asiatisches Drama. Eine Untersuchung über die Armut der Nationen, Frankfurt/M. 1973

Nefiodow, L. A.: Der fünfte Kondratieff – Strategien zum Strukturwandel in Wirtschaft und Gesellschaft, 2. Auflage, Wiesbaden 1991

Nolte, P.: Die Ordnung der deutschen Gesellschaft, München 2000

Nonaka, I.,

Takeuchi, H.: Die Organisation des Wissens. Wie japanische Unternehmen eine brachliegende Ressource nutzbar machen, Frankfurt a. M./New York 1997

o. V.: CRM – mehr Wille als Wirklichkeit, in: Computerwoche Nr. 21 vom 24.05.2002, 29. Jg., München 2002

Odiorne, G. S.: Management by Objectives, Führung durch Vorgabe von Zielen, München 1967

OECD: Flexibility in the Labour market: The current debate, Paris 1986

OECD: Labour market flexibility: trends in enterprises, Paris 1989

Oechsler, W. A.: Wie lässt sich individuelle Leistung flexibel honorieren, Referat im Rahmen des Experten-Workshops „Flexibilisierung des Arbeitsentgelts" des ZEW am 27.09.00 in Mannheim

Ohmae, Kenicki: Der unsichtbare Kontinent. Vier strategische Imperative für die New Oeconomy, Wien/Frankfurt 2001

Owen, H.: Open Space Technology: Ein Leitfaden für die Praxis, Stuttgart 2001

Pabsch, M.: Multi Utility 2002 – Königsweg oder Sackgasse? in: DVGW Energie/Wasser-Praxis, 33. Jg., Nr. 9, S. 26 – 31, Frankfurt/M. 2002

Papazogluo, M., Schlageter, H. (Hrsg.): Cooperative information systems – trends and directions, New York 1998

Parsons, T.: Zur Theorie sozialer Systeme, Opladen 1976

Peters, T.: Jenseits der Hierarchien, Liberation Management, Düsseldorf, Wien etc. 1993

Petri, W., Jänig, Chr.: Kommunale Datenverarbeitung in Niedersachsen, in: Praxis der Gemeindeverwaltung, 159. Nachlieferung Niedersachsen, April 1988, Wiesbaden 1988

Pfeffer, J.: The human equation: building profits by putting people first, Harvard Business School Press (Boston) 1998

Pfeiffer, (Hrsg.): Systemdenken und Globalisierung. Folgerungen für die lernende Organisation im internationalen Umfeld, Frankfurt/M. 1997

Phelau, P., Berg, T.: Strategic Analysis Report: Implementing Business Application in a collaborative Environment, Gardner Group 2000

Pine, B. J.: Mass Customization: The New Frontier in Business Competition, New York 1996

Platon: Der Staat, München 1963

Polanyi, M.: The Tacit Dimension, Garden City/New York 1967

Pongratz, H. J., Voss, G. G.: Fremdorganisierte Selbstorganisation, in: Zeitschrift für Personalforschung, 7. Jg., S. 30 – 53

Popper, K. R.: Objektive Erkenntnis – Ein evolutionärer Entwurf, Hamburg 1973

Porter, M. E.: Competitive Strategy, New York 1980

Porter, M. E.: Wettbewerbsstrategie, 6.Auflage, Wiesbaden 1990

Porter, M. E.: Nur Strategie sichert auf Dauer hohe Erträge: Im Brennpunkt, in: Harvard Business Manager, Vol. 19, Nr. 3, 1997, S. 42 – 58

Prahalad, C. K., Hamel, G.: The Core Competence of the Corporation, in: Harvard Business Review 1990, Vol. 68, Nr. 3, S. 79 – 91

Priddat, B. P.: Ideen statt Ideologie, in: DIE ZEIT, 2001, Nr. 3, S. 21, Hamburg 2001

Probst, G. B. J., Büchel, B. S. T.: Organisationales Lernen – Wettbewerbsvorteil der Zukunft, Wiesbaden 1994

Probst, G., Raub, S., Romhardt, K.: Wissen managen – Wie Unternehmen ihre wertvollste Ressource optimal nutzen, Wiesbaden 1998

PWC: Die Balanced Scorecard im Praxistest: Wie zufrieden sind die Anwender? Frankfurt/M. 2001

Radermacher, F. J.: Lernende Organisation und Wissensmanagement, unv. Vortrag am 20.01.1997 in Unna

Radermacher, F. J.: Globalisierung und soziale Marktwirtschaft, Band 13 der Ulmensien, Universitätsverlag Ulm 1999

Radermacher, F.-J.: Globalisierung – Ausgleich oder Untergang, in: Informatik Spektrum, Band 25, Heft Nr. 6, S. 411 – 426, Heidelberg 2002

Rapp, R.: Customer Relationship Management – Das neue Konzept zur Revolutionierung der Kundenbeziehungen, Frankfurt/New York 2000

Rawls, J.: A Theory of Justice, Oxford University Press 1978

Reason, J.: Human Error, Cambridge (MA) 1990

Reichmann, Th.: Controlling mit Kennzahlen und Managementberichten, 6. Auflage, München 2000

Reinartz, W., Kumar, V.: On the Profitability of Long-Life Customers in a Noncontractual Setting: An Empirical Investigation and Implications for Marketing, in: Journal of Marketing, Oktober 2000, S. 17 – 35

Reiß, M., v. Rosenstiel, L., Lanz, A. (Hrsg.): Change Management, Stuttgart 1991

Rigby et al: Avoid the four perils of CRM, in: Harvard Business Review Nr. 2, Vol.80, 2002

Robbe, B.: SAN – Storage Area Network, Technologie und Konzepte komplexer Speicherumgebungen, München 2000

Robertson, R.: Globalization, London 1992

Rock, R., Ulrich, P., Witt, Frank, H.: Dienstleistungsrationalisierung im Umbruch – Weg in die Kommunikationswirtschaft, Opladen 1990

Rojas, R.: Theorie der neuronalen Netze – Eine systematische Einführung, korr. Nachdruck der 1. Auflage, Heidelberg usw. 1996

Rösler, K.: Target Costing für die Automobilindustrie, Wiesbaden 1996

Roß, A., Fink, C. A.,

Krieger, A.: Prozessorientierung – Ein Thema für die Energiewirtschaft, in: BWK-Magazin, Heft 1/2, 2002, S. 57 – 60, Düsseldorf 2002

Roth, St.: A Step Beyond, in: Energy Markets, S. 46 – 52, Houston 2002 Vol. 7, Nr. 5, S. 46-52, Houston 2002

Roth, St.: Energy Markets, Vol. 8, Nr. 2, S. 26 – 36, Houston 2003

Sattelberger, T.: Wissenskapitalisten oder Söldner? Personalarbeit in Unternehmensnetzwerken des 21. Jahrhunderts, Wiesbaden 1999

Saxby, D.: Customer Loyality: Alive and Well?, in: Energy Markets, Vol. 8, Nr. 2, S. 48, Houston 2003

Scharpf, F. W.: Der globale Sozialstaat, in: DIE ZEIT 2000, 55. Jg., Nr. 24, S. 26-28, Hamburg 2000

Schmidt, R. F., (Hrsg.): Neuro- und Sinnesphysiologie, 3. Aufl., Berlin, Heidelberg usw. 1998

Schmidt-Bleek, F.: Wieviel Umwelt braucht der Mensch? MIPS – Das Maß für ökologisches Wirtschaften, Basel 1993

Schneider, R.: Kundenorientierung und Kundenbindung in der Energieversorgung, Düsseldorf 2002

Schneider, R.: Arbeitsgestaltung und IT, in: Bullinger (Hrsg., 1999), S. 149 – 163

Schulze, G.: Die Erlebnisgsellschaft. Kultursoziologie der Gegenwart, Frankfurt/M. 2000

Schumann, J.: Grundzüge der mikroökonomischen Theorie, 2., verb. Auflage, Heidelberg 1976

Schumpeter, J. A.: Konjunkturzyklen, 2 Bände, Göttingen 1961

Seidenschwarz: Target Costing, München 1993

Selten, R.: A general theory of equilibrium selection games. Chapter 7: A bargaining problem with transaction costs on one side, Universität Bielefeld 1984

Senge, P. M: Die Fünfte Disziplin – Kunst und Praxis der lernenden Organisation, Stuttgart 1999

Sennet, R.: Der flexible Mensch. Die Kultur des neuen Kapitalismus, Berlin 1998

Simmet, H.: Generelle Marketinganforderungen bei EVU, unv. Vortrag vom 29.09.1999 in Unna

Singer, W.: Lernen, bevor es zu spät ist, in: www.mpik-frankfurt.mpg.de/global/up/mckinsey.htm

Soeffky, M.: Von befriedigenden Lösungen noch weit entfernt, in: cw focus Nr. 2, Supplement zur Computerwoche vom 06.06.1997, München 1997

Sonntag, K. H. (Hrsg.)   1992   Personalentwicklung in Organisationen, Göttingen, 1992

Sonntag, K.-H., Schaper, N.: Förderung beruflicher Handlungskompetenz, in: Sonntag (Hrsg., 1992), S. 187 – 210

Soros, G.: Moral an die Börse, in: Die ZEIT 2002, 57. Jg., Nr. 41, S. 27, Hamburg 2002

Sprenger, R. K.: Vertrauen führt – Worauf es im Unternehmen wirklich ankommt, Frankfurt/M. – New York 2002

Staab, S.: Wissensmanagement mit Ontologien und Metadaten, in: Informatik Spektrum, Band 25, Heft Nr. 3, S. 194 – 209, Heidelberg 2002

Staehle, W. H.: Redundanz, Slack und lose Kopplung in Organisationen – keine Verschwendung von Ressourcen?, in: Staehle, H. W., Sydow, J. (Hrsg. 1991), S. 313 – 345

Staehle, W. H., Sydow, J. (Hrsg.): Managementforschung 1, Berlin/New York 1991

Stalker, P.: Workers without Frontiers, New York 1999

Stauss, B., Seidel, W.: Beschwerdemanagement: Fehler vermeiden – Leistung verbessern – Kunden binden, 2. Auf., München/Wien 1998

Stern, J. M., Stewart III G. B., Chew, D. H. Ir.: The EVA -Financial System, in: Journal of Applied Corporate Finance, Vol. 8, Nr. 2, Summer 1995, S. 32-46

Stern, L. W.: Distribution Channels: Behavioral Dimensions, Boston usw. 1969

Stiglitz, J. E.: Die Schatten der Globalisierung, Berlin 2002

Storp, H.: Middleware und Workflow, in: it Fokus 1999, Nr. 11, S. 73-76, München 1999

Strauss, B.: „Wollt ihr das totale Engineering" – Ein Essay, in: DIE ZEIT, 55. Jg., Nr. 52, S. 59 – 61, Hamburg 2000

Stürzel, W.: Lean Production in der Praxis: Spitzenleistungen durch Gruppenarbeit, 3. Aufl., Paderborn 1993

Sydow, J.: Strategie und Organisation international tätiger Unternehmungen – Managementprozesse in Netzwerkstrukturen, in: Ganter, H.-D., Schienstock, G. (Hrsg., 1993), S. 47 – 82

Szyperski, N., v. Kortzfleisch, H., Kutsch, H.: Internetbasierte Anwendungen in deutschen Untenehmen, Lohmar-Köln 2002

Taylor, F. W.: Die Grundsätze wissenschaftlicher Betriebsführung (The Principles of Scientific Management), München 1919

Tichy, N. M.: The Leadership Engine, New York 1975

Treacy, K., Wiersema, St.: The Discipline of Market Leaders, München usw. 1995

v. Kroh, G., Ichjia, K., Nonaka, I.: Enabling Knowledge Creation – Wissen ermöglichen, Oxford University Press 2000

v. Rosenstiel, L.: Die motivationalen Grundlagen des Verhaltens in Organisationen – Leistung und Zufriedenheit, Berlin 1975

v. Rosenstiel, L.: Grundlage der Organisationspsychologie, 3. überarb. Aufl., Stuttgart 1992

v. Weizsäcker, E. U., Lovins, A.B., Lovins, L.H.: Faktor 4 – Doppelter Wohnstand, halbierter Verbrauch, München 1995

Vasko, T.: The Long Wave Debate, Heidelberg usw. 1987

Versteegen, C., Versteegen, G.: Content Management -Lösungen, Perspektiven und Werkzeuge im Vergleich, Studie von IT-Research 2001

Volkart, R., Labhart, P. Suter, R.: Unternehmensbewertung auf „EVA"-Basis, abrufbar unter: www1.treuhaender.ch/04-98/Rechnungswesen/13dvoka/13dvolka.html

Volkmann, H.: Zukunft und kulturelles Gedächtnis; Städte des Wissens als Stätten der Begegnung. Vortrag beim VDI/BDE am 29.11.1993 in München

Volkmann, H.: Städte des Wissens – Metropolen der Informationsgesellschaft, in: Kornwachs, K., Jacoby, K. (Hrsg., 1995)

Voss, G. G., Pongratz, H. J.: Der Arbeitskraftunternehmer, in: Kölner Zeitschrift für Soziologie und Sozialpsychologie, 1. Jg., S. 131 – 158

Voß, S.,

Gutenschwager, K.: Informationsmanagement, Heidelberg – Berlin, 2000

Weber, M.: Wirtschaft und Gesellschaft – Grundriss der verstehenden Soziologie, 5. rev. Auflage (J. Winckelmann), Tübingen 1972

Weinberg, J.: Kompetenz lernen, in: Chem Bulletin, 1. Jg., S. 3 – 6

Weingart, P.: Die Stunde der Wahrheit, Weilerswist 2001

Weiß, P.: Unemployment in Open Economies. A Search Theoretic Analysis, Berlin/Heidelberg 2001

Wexlberger, L. P.: Lernen im Arbeitsprozess, in: Heidack (Hrsg., 1993), S. 299 – 310

Wibera/PWC: Die Balanced Scorecard im Praxistest – Einsatz und Erfahrungen in Versorgungsunternehmen, Düsseldorf 2002

Wiechert, P.: Wissensmanagement in Multinationalen Unternehmungen – Ergebnisse einer empirischen Studie, Diplomarbeit Universität Dortmund 1999

Wiener, N.: Cybernetics or Control and Communication in the Animal and the Machine, New York usw. 1948

Wieselhuber & Partner: Handbuch Lernende Organisation. Unternehmens- und Mitarbeiterpotentiale erfolgreich erschließen, Wiesbaden 1997

Wietfeld, A. M.: Energiemarketing: Evaluierung von Demand-Side-Management Programmen unter dem besonderen Aspekt von Dienstleistungskriterien, Diss. BTU Cottbus 1998

Wietfeld, A. M.: Marketingerfordernisse für Energiedienstleistungsunternehmen, in: Energiewirtschaftliche Tagesfragen 1999, 49. Jg., Heft Nr. 3, S. 124 - 126, Essen 1999

Wild, K.-P.: Lernstrategien im Studium: Strukturen und Bedingungen, Münster 2000

Wildemann, H.: Delphin-Studie: Entwicklungs-, Produktions- und Vertriebsnetzwerke, München 2000

Wittgenstein, L.: Philosophische Untersuchungen, Oxford 1953

Wittgenstein, L.: Philosophische Untersuchungen, in: Schriften, Bd. 1, Frankfurt/M. 1969

Wöhe, G.: Einführung in die Allgemeine Betriebswirtschaftslehre, 17. Auflage, München 1989

York, B.: During difficult times invest in people, MCE Yearbook 1994

Ziegler, J.: Die neuen Herrscher der Welt und ihre globalen Widersacher, München 2002

Verzeichnis der Abbildungen

1. Die langen Wellen der Konjunktur und ihre Basisinnovationen
2. Von der Industrie- zur Dienstleistungs- bzw. Wissensgesellschaft
3. Veränderungen der Prozesskomplexität im Rahmen volkswirtschaftlicher Entwicklungsstufen
4. Analytische Abgrenzung von Old, New und Hybrid Economy
5. Die Dimensionen und Schichten der „Globalisierung"
6. Vergleich verschiedener Kooperations- bzw. Interaktionsformen
7. Die Differenzierung verschiedener Organisationsstrukturen
8. Neurobiologisch fokussierte Differenzierung der Lernformen
9. Abgrenzung von emotionaler und kognitiver Intelligenz
10. Die Disloziierung von Old, New und Hybrid Economy im dreidimensionalen Gestaltungsraum
11. Die Charakteristika der funktional-hierarchischen und der prozessorientierten Struktur
12. Funktional-hierarchische, flache sowie vernetzte Teamstrukturen im Vergleich
13. Der Prozess des Management by Objectives als Zielvereinbarungsprozess
14. Prozessstrukturierung als ständiger, zyklischer Regelkreis
15. Phasen bzw. Evolutionsstufen der Wertschöpfungsprozesse
16. Das Wissensmanagement als Kernfunktion der organisationalen Gestaltungsfelder
17. Das Intelligenzsystem der Unternehmung
18. Die Wachstumskurve der Wissensgenerierung bei Transfer und Transformation
19. Die Entwicklungsphasen der Daten- bzw. Informationsverarbeitung
20. Das Informationsmanagementsystem der Unternehmung
21. Die Prozessdimension des Informationsmanagements
22. Die Architekturdimension einer Workflow-Anwendung
23. Funktionalitätenvergleich zwischen Workflowsystem und Workgroupsystem
24. Die funktionale Dimension des Informationsmanagements
25. Bedeutung und Integrationsfokus einzelner EAI-Technologien
26. Aspekte neuer IT-Anwendungen
27. Die dreidimensionale Portalarchitektur der Unternehmung
28. Das EIP-Modell der Delphi-Group
29. Die Funktionen des „Portal Service Provider" als „Content Syndicate"
30. Das Grundmodell eines Software-Agenten
31. Die Einbindung von OLAP-Werkzeugen in ein interaktives Informationssystem

32	Die Prozess- und funktionalorientierten Ebenen des Informationsmanagements
33	Die Module des Informationsmanagements
34	Vier Ebenen der Informationsverarbeitung und der Erzeugung von Wirkung
35	Die Grundbedingungen des Wissensmanagements
36	Die strukturellen Komponenten des Wissensmanagements
37	Die Ebenen des Wissenstransfer
38	Die informationstechnologischen Komponenten zum Transfer des expliziten Wissens
39	Die Prozessstruktur der „automatisierten" Wissensgenerierung
40	Die Informationstechnologische Architektur des Wissenstransfer (sog. Business Intelligence System)
41	Schematisch vereinfachte Struktur des individuellen Lernprozesses
42	Die Spirale der organisatorischen Wissenserzeugung in Multinationalen Unternehmungen
43	Die Dimensionen des Wissensmanagements
44	Die Prozessstruktur des Wissensmanagements
45	Die Episoden des zyklischen, iterativen Wissensmanagementprozesses
46	Das Ressourcen-Managementsystem der Unternehmung
47	Das Operational Data Store
48	Die Prozessstruktur des Supply Chain Managements
49	Die Evolutionsstruktur der unternehmensübergreifenden Zusammenarbeit im Rahmen des SCM
50	Ursachen-Wirkungsketten der Balanced Scorecard
51	Die Balanced Scorecard als Bezugsrahmen zur Evaluierung und Anpassung der Unternehmensstrategien
52	Beispiel einer „strategic map" auf Unternehmensebene
53	Integration von Strategieentwicklungszyklus und proaktivem Controllingzyklus im Rahmen eines „selbstlernenden Systems"
54	Vereinfachtes Schema für strategische Zielsetzungen sowie die zu deren Umsetzung erforderlichen Maßnahmen, Aktivitäten etc.
55	Beispielhafte dimensionale Wirkgrößen
56	Struktur des iterativen, hierarchischen sowie interdependenten Strategieentwicklungs- und -umsetzungsprozesses
57	Beispiel für die „heruntergebrochene" Strategic Map eines Geschäftsbereiches
58	Das Regelkreismodell des Strategieentwicklungsprozesses im Rahmen der Balanced Scorecard
59	Die Balanced Scorecard als Bewertungsmethodik für den Strategieentwicklungsprozess
60	Der prinzipielle Zusammenhang zwischen Kennzahlen, Indikatoren und „weak signals"
61	Beispiel für eine Risikomatrix mit der Angabe relativer Risikowerte
?	Die Prozessstruktur des Risikomanagementsystems

63 Die strukturellen Module des Risikomanagementsystems
64 Das Modell eines Steuerungskreises
65 Das Modell eines Regelkreises
66 Das Prozessmodell der Regelung durch Kennzahlen
67 Die Datenherkunft der Kennzahlen
68 Die funktionale Struktur eines Kennzahlensystems
69 Beispiele für Indikatoren (Wirkgrößen) aus unternehmensinternen und -externen Bereichen
70 Ablaufstruktur und Funktionsweise eines indikatororientierten Früherkennungssystems
71 Der Prozess der strategischen Früherkennung (-aufklärung) nach Hammer
72 Die Balanced Riskcard als Bezugsrahmen zur Evaluierung und Anpassung des Risikomanagementsystems
73 Ein vereinfachtes Beispiel einer „Strategic Risk Map"
74 Ein abstrahiertes Beispiel für das „Herunterbrechen" der „Strategic Risk Map" auf einen Produktbereich
75 Beispiele für Wirkgrößen bzw. Risikofaktoren
76 Beispiel für ein hierarchisches System der Zielwerte (Risikolimits)
77 Die Integration von Risikoevaluierungszyklus und Balanced Riskcard im Rahmen des Risikomanagements als „selbstlernendes System" im Sinne des „proaktiven Controllings„
78 Das Phasenmodell der Dienstleistungsgenese
79 Die Interdependenzen zwischen „economies of scope" und „economies of scale" bei Dienstleistungen
80 Beispielhaftes Regelkreismodell der interaktiven und interdependenten (Teil-) Prozesse des Kundenbeziehungsmanagements
81 Die strukturellen Komponenten des Kundenbeziehungsmanagements
82 Die ontologischen Module des Kundenbeziehungsmanagements
83 Die Einbindung des CRM-Systems in den konsistenten Daten- und Informationsfluss (Regelkreismodell) auf der Grundlage des EAI-Konzeptes
84 Die Grund-/Prozessstruktur des analytischen CRM-Moduls
85 Die operativen und strategischen Ebenen des zyklischen Beschwerdemanagementprozesses
86 Das Kundenbeziehungsmanagement als „selbstlernendes System"
87 Ein Regelkreismodell des organisationalen Lernprozesses
88 Die Struktur des proaktiven, iterativen Veränderungsmanagements der selbstlernenden Unternehmung

Überzeugende Konzepte für die Praxis

R. Alt, H. Österle, Universität St. Gallen (Hrsg.)

Real-time Business

Lösungen, Bausteine und Potenziale des Business Networking

Um zum Netzwerk- oder Echtzeit-Unternehmen zu werden, ist ein Vorgehen in kleinen, wohlüberlegten Schritten erfolgversprechender als „der große Wurf". Jeder Schritt benötigt eine Geschäftslösung, einen Kooperationsprozess zwischen Unternehmen und eine offene Infrastruktur. Dazu hat die Universität St. Gallen gemeinsam mit neun namhaften Unternehmen eine Architektur erarbeitet, die eine Ausgestaltung der Schritte auf den Ebenen Strategie, Prozess und System unterstützt. Anhand dieser Architektur werden verschiedene marktgängige Produkte und Technologien eingeordnet.

2003. Etwa 400 S. Geb. € **49,95**; sFr 80,- ISBN 3-540-44099-2

Besuchen Sie uns im Internet: www.springer.de/economics

Bitte bestellen Sie bei Ihrem Buchhändler!

L. Kolbe, H. Österle, W. Brenner, Universität St. Gallen (Hrsg.)

Customer Knowledge Management in der Praxis

Kundenwissen erfolgreich einsetzen

Das in diesem Buch vorgestellte Modell kombiniert Customer Relation und Knowledge Management in einer Rahmenarchitektur kundenzentrierter Prozesse. Diese integrierte Sicht ermöglicht wesentliche Ergebnisverbesserungen in Marketing, Vertrieb und Service, aber auch in internen Leistungsbeziehungen. Die gezeigten Fallstudien dokumentieren die realisierbaren Potentiale aus Management- und IT-Sicht. Aus ihnen werden Handlungsempfehlungen für das Projektmanagement und der Ausblick auf zukünftige Herausforderungen abgeleitet.

2003. Etwa 280 S. Geb. ca. € **39,95**; ca. sFr 64,- ISBN 3-540-00541-2

E. von Maur, R. Winter, Universität St. Gallen (Hrsg.)

Extended Data Warehouse Management

St. Galler Konzepte für die Praxis

Ein ganzheitliches proaktives Datenqualitätsmanagement und integriertes Metadatenmanagemt sind für ein effektives Data-Warehouse-System heute ebenso elementare Voraussetzung wie Datenschutz und Datensicherheit, die im Data-Warehouse-Umfeld neue Bedeutung erlangt haben. Zahlreiche Synergiepotenziale bestehen mit Customer Relationship Management, Enterprise Application Integration und Knowledge Management.

2003. Etwa 280 S. Geb. € **44,95**; sFr 72,- ISBN 3-540-00585-4

All Euro and GBP prices are net-prices subject to local VAT, e.g. in Germany 7% VAT for books.
Prices and other details are subject to change without notice. d&p · BA 00103/1